重庆
2017
经济年鉴
CHONGQING ECONOMY
YEAR BOOK

图书在版编目(CIP)数据

重庆经济年鉴·2017 / 重庆社会科学院、重庆市人民政府发展研究中心. — 重庆 : 重庆出版社, 2017.12

ISBN 978-7-229-12999-6

Ⅰ. ①重… Ⅱ. ①重… Ⅲ. ①区域经济—重庆—2017—年鉴 Ⅳ. ①F127.719-54

中国版本图书馆 CIP 数据核字(2017)第 329492 号

重庆经济年鉴·2017

CHONGQING JINGJI NIANJIAN·2017

重 庆 市 人 民 政 府 办 公 厅 主管

重庆市人民政府发展研究中心
重 庆 社 会 科 学 院 主办

责任编辑：袁婷婷

责任校对：李小君

封面设计：陈 刚

重 庆 出 版 集 团
重 庆 出 版 社 出版

重庆市南岸区南滨路 162 号 1 幢 邮编：400061 http://www.cqph.com

重庆出版集团艺术设计有限公司制版

重庆巍承印务有限公司印刷

重庆出版集团图书发行有限公司发行

E-MAIL:fxchu@cqph.com 邮购电话：023-61520646

全国新华书店经销

开本：889mm×1194mm 1/16 印张：29.125 字数：740 千

2018 年 4 月第 1 版 2018 年 4 月第 1 次印刷

ISBN 978-7-229-12999-6

定价：498.00 元

如有印装质量问题，请向本集团图书发行有限公司调换：023-61520678

《重庆经济年鉴》编辑部

不忘初心　砥砺前行

——《重庆经济年鉴(2017年卷)》序

2017年,是党和国家发展史上的重要一年,举世瞩目的中国共产党第十九次全国代表大会胜利召开,引领中华民族伟大复兴的征程揭开新的一页。在这一年,全市人民坚定不移沿着中国特色社会主义道路,努力拼搏、艰苦奋斗,向着实现民族复兴的伟大梦想奋勇前进。《重庆经济年鉴(2017年卷)》忠实地将这些画面记录下来,呈现给广大读者。

扬鞭策马征程急,放眼渝州气象新。过去的一年,全市上下坚持以习近平新时代中国特色社会主义思想为指导,全面落实习近平总书记视察重庆重要讲话精神,认真贯彻中央决策部署,坚持稳中求进工作总基调,统筹推进“五位一体”总体布局、协调推进“四个全面”战略布局,持续推进供给侧结构性改革,着力稳增长、促改革、调结构、惠民生、防风险。特别是十九大以来,深入贯彻党的十九大作出的战略部署,结合重庆实际全面抓好落实,提出了以智能化为引领的创新驱动发展战略行动计划、乡村振兴战略行动计划,基础设施建设提升战略行动计划、军民融合发展战略行动计划、科教兴市和人才强市战略行动计划、内陆开放高地建设战略行动计划、以需求为导向的保障和改善民生战略行动计划、生态优先绿色发展战略行动计划等“八项战略行动计划”;打好防范化解重大风险攻坚战、精准脱贫攻坚战、污染防治等“三项攻坚战”,全市经济持续保持了稳中有进、稳中向好的良好发展态势。

一年来,全市发展结构调整有力。产业上中下游垂直整合集聚共生,先进制造业和生产性服务业融合发展。电子信息、汽车等“6+1”支柱产业稳定增长,战略性新兴产业快速发展,战略性新兴服务业比重不断提高,商业零售、全域旅游、金融服务等服务业在经济社会中的比重不断加大。供给侧结构性改革扎实推进,靶向施策、精准发力,矫正供需结构错位和资源要素错配,切实有效去除钢铁、煤炭等过剩产能。土地政策合理调控,房地产市场平稳、有序、健康发展。

一年来,全市发展新动能加快形成。开放领域不断破题,改革事项逐次展开。中国(重庆)自贸试验区挂牌启动,中新战略性互联互通示范项目加快建设,金融、航空、交通物流、信息通信等领域合作全面展开,中欧(重庆)班列量质提升、南向大通道合作顺畅。"放管服"改革不断推向深入,带动市场主体活力不断增强,国有企业整体竞争力不断提升。各个开放平台功能不断优化,两江新区、两路寸滩保税港区和西永综合保税区作用进一步发挥。加快以科技创新为核心的"双创",聚焦新产业、新技术、社会创新活力不断迸发。

一年来,全市发展红利全民共享。抓好"三农"工作,加快美丽乡村建设,优化农村人居环境,培育新型职业农民,农民群众更有获得感。狠抓生态保护,坚持"绿水青山就是金山银山",坚持"共抓大保护、不搞大开发",切实加强生态建设。扎实推进精准扶贫,强化就业服务,教育、医疗、养老等百姓关心的内容持续完善。社会治安防控体系不断完善,百姓安全感持续提升,社会和谐稳定情况不断向好。

重庆经济社会发展取得的成绩,根本在于以习近平同志为核心的党中央坚强领导。展望新的一年,全市上下必将以更加昂扬的斗志、更加坚定的信心,更加紧密团结在以习近平同志为核心的党中央周围,认真学习习近平新时代中国特色社会主义思想,深入贯彻落实党中央、国务院决策部署,牢牢把握新时期发展的阶段性特征,牢牢把握人民群众对美好生活的向往,立足国情、市情、民情,不忘初心、牢记使命,奋勇拼搏、砥砺前行,把党的十九大精神全面落实在重庆大地上,为决胜全面建成小康社会作出新的更大贡献。

目　　录

·第一编　重要经济文献·

·第二编　经济与社会发展综述·

·第三编 经济运行与部门管理·

·第四编 产业状况·

·第五编　开发区与园区建设·

·第六编　区县经济·

·第七编　附　录·

Contents

Part I Important Economic Literatures

Part II Overview Economic & Social Development

Part III Operation of Economy and Divisional Management

Part IV Industry Situation

Primary Industry

Secondary Industry

Tertiary Industry

Part V The Construction of Development Zones and Industrial Parks

Part VI Regional Districts

Part VII Appendix

第一编
重要经济文献

2017年重庆市人民政府工作报告

——2017年1月15日在重庆市第四届人民代表大会第五次会议上

张国清

各位代表：

我代表市人民政府，向大会报告工作，请予审议，并请各位政协委员提出意见。

一、2016年工作回顾

2016年是在经济发展新常态下全面贯彻新发展理念、推进供给侧结构性改革的关键之年，是"十三五"开局起步之年。年初，习近平总书记视察重庆，明确提出"一个目标""两点定位""四个扎实"的要求，为推动重庆新的更大发展指明了方向。一年来，我们以习近平总书记系列重要讲话和视察重庆重要讲话精神为基本遵循，在市委坚强领导下，攻坚克难，团结奋进，推动经济社会有速度、有质量、有效益的发展，实现了"十三五"良好开局。

——**经济保持持续较快发展**。全市生产总值达到17559亿元，比上年增长10.7%；主要经济指标持续向好，规模以上工业增加值增长10.3%、利润增长12%，固定资产投资增长12.1%，社会消费品零售总额增长13.2%，一般公共预算收入达到2228亿元、增长7.1%。

——**结构调整扎实有力**。支柱产业持续发力，新兴产业接续成长，汽车、电子制造业产值分别增长11.7%、17.7%，战略性新兴制造业产值超过2700亿元、增长50%以上。服务业增加值占GDP比重达到48.4%，战略性新兴服务业快速发展。

——**发展新动能加快生成**。各领域标志性引领性支柱性改革事项渐次展开，供给侧结构性改革成效明显。中国(重庆)自由贸易试验区获准设立，中新战略性互联互通示范项目启动建设。国家自主创新示范区获批创建，全社会研发经费支出增长20%，占GDP比重达到1.7%。

——**民生福祉持续改善**。25件城乡民生实事务实暖心。城镇新增就业超过70万人。59.6万人摆脱贫困。居民人均可支配收入达到22034元、增长9.6%，农村居民收入增速连续7年快于城镇居民。

一年来，我们围绕"十三五"决胜全面小康进行系统性谋篇布局，以供给侧结构性改革为主线，全力稳增长、促改革、调结构、惠民生、防风险，主要做了以下工作：

（一）着力推动产业集群发展，经济转型升级步伐加快

坚持调优存量、做优增量，推动产业上中下游垂直整合和集聚共生，加速先进制造业与生产性服务业融合发展。全市工业总产值达到2.6万亿元。电子信息产业高端品牌加速集聚，大宗订单持续增长，电脑产量6765万台，手机产量2.9亿部。汽车新产品投放量和单车均价不断提升，主力车型持续热销，汽车产量达到316万辆。汽车、电子两大产业对全市工业增长贡献率达到55%。装备、化医和消费品等行业产值增速分别为9.3%、7.5%、11.7%。十大战略性新兴制造业快速发展，集成电路、新型显示等核心产业链基本成型，生产液晶显示屏3949万片、集成电路芯片3.3亿片，页岩气产能达到70亿立方米，新能源及智能汽车、工业机器人、生物医药、节能环保等产业快速增长。园区产业集中度提高到81%。

改造提升传统服务业，大力发展十大战略性新兴服务业，现代服务业比重不断提高。中央商务区高端要素不断集聚，城市商圈零售业加快向休闲性、体验式消费服务转型，节庆营销展会成效明显，批发、零售、餐饮、住宿、交通等服务业提质增效，商品销售总额突破2.3万亿元，外来消费占比超过30%。国内重要功能性金融中心加快建设，金融业服务实体经济能力进一步提升，增加值占比达到9.4%。实现电子商务交易额8500亿元，离岸金融结算达到900亿美元，跨境人民币结算超过1000亿元，服务外包营业收入增长45.1%，软件和信息服务业增长20%。文化产业增加值增长13%。旅游总收入增长17.5%，达到2645亿元。

（二）扎实推进供给侧结构性改革，供给体系质量和效率提升

围绕“三去一降一补”重点任务，制定实施“1+4+X”工作方案，靶向施策、精准发力，矫正供需结构错位和资源要素错配。严格实施“注销执照、拆除设备、安置职工”的标准，去除钢铁产能517万吨、煤炭产能2084万吨。合理调控土地供给，信贷、货币化安置等多渠道引导住房消费，商品住宅销售面积增长14%，房地产市场平稳健康运行。落实营改增等结构性减税举措和社保阶段性降费等政策，实施售电侧改革试点和天然气大户直供，加快企业存量债务置换，优化转贷应急和政银担合作机制，为企业降低各类成本500亿元以上。整顿规范金融秩序，加强P2P网络借贷等互联网金融排查整治，严厉打击非法金融活动，守住了不发生系统性、区域性金融风险的底线。

（三）全面深化改革开放，市场活力加速释放

坚持问题导向，有序推进重点改革专项。深化商事制度改革，推进“五证合一、一照一码”，市场主体突破200万户。全面推进国有企业分类分层改革和监管，改组组建资本投资公司和资本运营公司，商社集团整体上市，国有资本布局持续优化，国有企业活力、主业集中度和整体竞争力不断提升。积极实施财税体制改革，市对区县转移支付制度进一步完善。深化投融资体制改革，新实施一批政府与社会资本合作项目，创设1000亿元中新互联互通股权投资基金。富民银行顺利开业。渤海银行重庆分行获准筹建，所有全国性股份制商业银行来渝设立了分行。重庆石油天然气交易中心正式获批，全国保险资产登记交易系统试运行。新增上市公司和新三板挂牌企业57家。

坚持以扩大开放促改革、促发展，内陆开放高地建设实现新突破。重庆自由贸易试验区建设务实启动。中新战略性互联互通示范项目实施150亿美元项目包，金融服务、航空、交通物流、信息通信技术等领域服务合作全面开启。渝新欧铁路班列实现每天1班常态开行，国际铁路运邮、铁空联运等取得重大进展。两江新区管理体制调整优化，开放和创新水平进一步提升，产业集聚和辐射带动作用明显增强。两路寸滩保税港区和西永综合保税区围绕产业链供应链拓展保税功能，作用进一步发挥。

（四）加快实施创新驱动发展战略，发展后劲不断增强

贯彻落实市委四届九次全会部署，加快推进以科技创新为核心的全面创新。聚焦战略性新兴产业，支持汽车智能制造、机器人、页岩气等高端研发机构建设，建成3D打印、物联网、新药创制等协同创新联盟。一批国家级众创空间和孵化器建成运行，新型孵化平台入驻创客和企业增长30%以上。加强对创投引导基金的政策支持和管理运营，基金规模达到172亿元，支持37家科技型企业上市。高新技术企业达到1450家，高成长类企业和科技型中小企业加速发展，规模工业新产品产值率达到22%。两江新区成为国家大众创业万众创新示范基地，璧山高新区升级为国家高新区。围绕激发创新活力，实施科研成果评价、转化激励、院所体制等改革，初步构建起覆盖项目孵化和成果转化全过程的创新生态链。全市发明专利授权量增长19.1%，社会创新活力不断迸发。

（五）持续推进基础设施建设，发展空间有效拓展

编制实施“一区两群”城镇规划，深入推进

城乡规划全覆盖。加快“五通八联三保障”项目建设,基础设施投资增长30%。渝万高铁实现通车,重庆北站、沙坪坝站、西站等铁路综合交通枢纽加快建设,在建铁路达到1000公里。开通酉阳至沿河、江津至綦江、忠县至万州等6条高速公路,新增通车里程292公里。机场集团移交我市管理,江北国际机场T3A航站楼和第三跑道建成,旅客吞吐量达到3589万人次。四大枢纽水港建设强力推进,港口货物和集装箱吞吐量持续增长。互联网骨干直联点关键技术指标形成优势。轨道交通通车213公里,日均载客量突破180万人次。保护修缮了一批城乡传统风貌街区和村落,改造棚户区630万平方米,建成一批桥梁隧道和市政设施,城市精细化智慧化管理持续推进。大都市功能和形象不断提升,各区县城面貌进一步改善,特色小镇建设扎实推进。

(六)加强“三农”工作,农业农村持续发展

粮食、生猪、蔬菜等主要农产品供给能力稳中提质,柑橘、榨菜、生态渔业、草食牲畜、中药材、茶叶、调味品等七大特色产业链综合产值达到1040亿元,增长15%。休闲农业和乡村旅游蓬勃发展。实施行政村通畅工程5000公里,提前实现行政村通畅目标。所有行政村实现光纤接入。扎实推进重点水利工程,新增蓄引提能力1.96亿立方米,巩固提升了65万贫困人口饮水安全。加快美丽乡村建设,建成100个美丽宜居村庄,实现66.8%行政村生活垃圾治理,完成500个行政村环境连片整治。有序推进土地流转和农业基础开发,土地适度规模经营占比提高到42.1%,建成高标准农田670万亩、标准化产业基地796万亩,耕种机械化水平提高到45%。发展新型农业经营主体1.8万个,培育新型职业农民1.7万人。围绕安稳致富、生态保护和地灾防治,实施三峡后续项目2519个,建成一批互联互通基础设施、公共服务设施和产业发展项目。推进地质灾害巡防治理,避险搬迁实现应搬尽搬。

(七)狠抓生态保护和环境治理,城乡生态环境持续改善

落实长江经济带“共抓大保护、不搞大开发”要求,加强三峡库区生态屏障建设、水土流失预防和综合治理,推动新一轮退耕还林还草工程,推进消落区治理,库区生态功能不断增强。全市单位生产总值能耗和二氧化碳排放量均下降6%,超额完成国家下达的节能减排任务。全面执行国家大气环境质量新标准,巩固治理成果,主城区空气质量优良天数增至301天。饮用水源保护不断加强,流域和湖库污染治理持续推进,长江干流水质为优、支流水质总体良好。城市生活污水和垃圾得到较好处理。全市森林覆盖率、建成区绿化覆盖率分别达到45%和40.1%。以中央环保督察为契机,主动查找整改了一批环境突出问题。生态保护红线划定、环保机构监测监察执法垂直管理、生态环境损害赔偿、环境资源交易市场化建设等改革扎实推进。

(八)切实保障和改善民生,社会保持和谐稳定

“六个一批”精准扶贫工程扎实推进,7个区县脱贫摘帽,885个贫困村整体脱贫。金融扶贫行动有力有效,扶贫专项贷款余额达到700亿元。加强大中专毕业生就业创业服务,引导返乡农民工就业创业32万人,分流安置去产能企业职工3万人。城乡养老、医疗保险参保率稳定在95%,首次同步调整机关事业单位和企业退休人员养老待遇。低保和医疗救助标准持续提升,特困人员救助制度更加完善。教育公共服务水平不断提高,学前三年毛入园率达到82.5%,义务教育发展基本均衡区县增加到26个,基本实现学生就近入学,高中阶段毛入学率达到95.1%,高等教育毛入学率达到43%。国家教育改革综合试点扎实推进。国有文化单位改革取得新进展。建成一批文化项目和产业示范基地,新增文化企业1.8万家。推出《海棠依旧》《大后方》等优秀文艺作品。全国综合医改试点工作全面启动,公立医院改革实现市、区县全覆盖。分级诊疗体系不断完善,区县域就诊比例提高到85%。乡镇卫生院和村卫生室全部实现标准化,建成2606个撤并村卫生室。全民健身运动蓬勃开展,成功举办市五运会,我市运动员奥运会和残奥会成

绩取得新突破。

围绕保障社会和谐稳定，深化平安重庆建设。立体化社会治安防控体系不断完善，有效防止“三类恶性案事件”发生。依法打击各类违法犯罪，刑事案件、严重暴力案件和侵财案件持续下降，非法集资、电信网络诈骗等涉众经济犯罪得到遏制。加强联动排查和源头预防，有效化解一批重点矛盾纠纷和信访事项。城镇社区和行政村网格化管理实现全覆盖。充分发挥群工信息服务系统功能，受理解决群众问题50万件。安全生产形势总体稳定，食品药品安全保障水平持续改善，防灾减灾救灾和突发事件应急处置能力不断增强，人民群众安全感和满意度进一步提升。

(九)落实全面从严治党责任，政府自身建设有新进步

认真学习贯彻党的十八届六中全会精神，扎实开展“两学一做”学习教育，不断加强法治政府、创新政府、廉洁政府和服务型政府建设。着力推进政府职能转变，取消全部地方非行政许可审批，清理规范131项市级行政审批中介服务，全流程网上办理和流转成为常态，一般性行政审批提速1/3以上。市级行政权项累计减少60%，初步建成市、区县、乡镇三级行政权力清单体系。完成商务、中小企业、物价、审计等领域管理体制调整。开县、梁平、武隆撤县设区。事业单位改革稳步推进，精简收回事业编制2.5万名。提请市人大常委会审议地方性法规草案6件，制定政府规章10件。认真办理人大代表建议和政协委员提案，满意率分别达到98.5%和97.7%。完善政府决策规则和程序，深入推进政务公开，改进和加强行政复议。严肃查处一批贪污腐败案件，有力促进了廉政建设。

国防动员、人民防空和后备力量建设稳步推进，军民融合发展步伐加快，军转安置、拥军优抚工作和军民共建等活动成绩显著。民族宗教、国家安全、外事、侨务、港澳台、统计、档案、保密、参事、社科、史志、气象、地震工作取得新成绩，妇女、儿童、老龄、慈善、青少年、残疾人、红十字等事业又有新进步。

各位代表！过去一年取得的成绩，是我们认真贯彻习近平总书记系列重要讲话和视察重庆重要讲话精神，坚决落实以习近平同志为核心的党中央各项决策部署，坚持创新、协调、绿色、开放、共享发展的结果；是全市广大干部群众在市委带领下同心协力、砥砺奋进的结果。在此，我代表市人民政府，向全市各族人民，向人大代表和政协委员，向各民主党派、工商联、人民团体和社会各界人士，向驻渝部队和武警官兵，致以崇高敬意！向所有关心和支持重庆发展的中央各部门、各兄弟省区市以及港澳台同胞、海外侨胞和国际友人，表示衷心感谢！

在充分肯定成绩的同时，我们也清醒看到，城乡区域差距较大、基础设施不完善等问题尚未根本解决，又面临不少新的困难和问题。主要是：支柱产业发展压力增大，战略性新兴产业支撑不足，进出口持续下滑；创新要素配置效率不高，创新能力有待提升；非金融企业债务负担较重，一些企业经营困难，潜在风险仍在累积；生态建设和环境保护任务依然艰巨，资源环境约束趋紧；社会治理难度增大，社会事业发展相对滞后，民生保障工作仍需加强，脱贫攻坚长效机制尚待完善；一些重点领域改革任务繁重，尚需进一步攻坚突破。政府职能转变和作风建设永远在路上，少数干部不会为、乱作为的问题不容忽视，永川金山沟煤矿瓦斯爆炸事故暴露出主体责任和执法监管不到位等问题。我们要进一步增强忧患意识和担当精神，下更大力气解决好这些问题，推动政府各项工作再上新台阶。

二、2017年目标任务

今年，我们将迎来党的十九大，迎来市第五次党代会和重庆直辖20周年，做好各项工作意义重大。当前，世界经济仍处于缓慢复苏的进程中，短期增长态势尚需观察。国内长期积累的深层次矛盾逐渐显现，区域、行业和企业走势分化，实体经济发展面临诸多困难。我们更应看到，我国经济仍运行在合理区间，结构调整和动

能转换步伐加快，支撑经济基本面的积极因素在不断积聚。习近平总书记视察重庆并发表重要讲话，对我市干部群众产生了巨大的激励作用；我市深度融入“一带一路”建设和长江经济带发展，全市发展的整体性、协调性和可持续性不断增强；在中央支持下，我们启动中新战略性互联互通示范项目和自贸试验区建设，为改革、开放、创新增添了强大新动能；西部大开发和直辖市体制仍在发挥新潜能，全市已开始进入从量变到质变、从蓄势到突破、从局部到全局加快发展的新阶段。对经济形势的严峻性复杂性，我们要有充分估计；对前进中的困难和挑战，我们要有应对准备；对赢得未来发展，我们要坚定信心。我们要牢固树立底线思维和辩证思维，保持战略定力，抢抓发展机遇，主动应对挑战，努力实现全面建成小康社会的历史性目标。

今年政府工作的总体要求是：更加紧密团结在以习近平同志为核心的党中央周围，全面贯彻党的十八大、十八届三中四中五中六中全会精神和中央经济工作会议精神，深入贯彻习近平总书记系列重要讲话精神和治国理政新理念新思想新战略、视察重庆重要讲话精神，统筹推进“五位一体”总体布局和协调推进“四个全面”战略布局，坚持稳中求进工作总基调，牢固树立和贯彻落实新发展理念，适应把握引领经济发展新常态，坚持以提高发展质量和效益为中心，坚持以推进供给侧结构性改革为主线，大力发展实体经济，更加注重经济结构调整和动力转换，更加注重供给与需求良性互动，更加注重改革开放和创新驱动，更加注重城乡协调发展，更加注重保障和改善民生，更加注重生态保护和绿色发展，更加注重风险防范管控，促进经济平稳健康发展和社会和谐稳定，以优异成绩迎接党的十九大和市第五次党代会胜利召开。

今年经济社会发展主要预期目标是：全市生产总值增长10%左右，规模以上工业增加值增长10%，全社会研发经费支出占GDP比重达到1.85%。固定资产投资增长10%，社会消费品零售总额增长12%，进出口结构持续优化。一般公共预算收入增长8.5%，居民收入增长与经济增长基本同步。居民消费价格涨幅控制在3%以内，城镇登记失业率控制在4.5%以内。单位生产总值能耗、主要污染物排放等约束性指标完成国家下达任务。

各位代表！实现上述目标，我们必须秉持正确的发展理念、发展战略和发展路径，在稳的前提下奋发有为，努力做到“六个坚定不移”，扎实干”，把重庆各项事业不断向前推进。

——坚定不移以新发展理念引领经济发展新常态。主动适应把握引领经济发展新常态，用新发展理念统领发展全局，着力解决制约发展的结构性、体制性矛盾和问题，努力开创发展新境界。以推进供给侧结构性改革为主线，切实提高供给体系质量和效率，为经济持续健康发展打造新引擎、构建新支撑。

——坚定不移强化改革开放创新三大动力支撑。着力推动发展动力转换，坚持问题导向抓重点、关键突破带全局、结果导向求实效，强化改革引领、开放支撑、创新驱动，加快形成更多依靠创新驱动、更多体现先发优势的经济体系和发展模式。

——坚定不移落实以人民为中心的发展思想。始终把保障和改善民生作为一切工作的出发点和落脚点，更加注重发展社会事业，深入推进基本公共服务均等化，滚动实施重点民生实事，妥善解决城乡群众最关心、最直接、最现实的民生问题，增强市民的获得感和幸福感。

——坚定不移推进全面依法行政。坚决贯彻落实宪法法律，推进依法行政，强化权力监督，将政府工作全面纳入法治轨道。坚持用法治思维和法治方式推动经济社会发展，防范化解各类矛盾和风险，努力营造公平、公正、透明、稳定的法治环境。

——坚定不移贯彻全面从严治党要求。坚持把纪律和规矩挺在前面，牢固树立“四个意识”特别是核心意识、看齐意识，严格落实全面从严治党责任，充分发挥领导干部示范带头作用，以党的建设新成效推进事业发展新进步。

三、2017年的重点工作

(一)构建现代产业发展新体系

以产业接续和转型升级为主攻方向，推动产业高端发展、融合发展、创新发展，加快形成新的经济增长点。

推动支柱产业集群升级换代。汽车产业要着力提升产品档次，提升配套水平，提升自主品牌，促成长安汽车城、北京现代、众泰等项目尽快投产达产。电子信息产业要加快OPPO、VIVO智能手机，京东方智慧电子等项目建设，拓展智能家居、智能穿戴等新品种，推动中光电触控一体化等配套项目投产。推进化工、装备、食品等行业技术进步、优化重组、产业协同和商业模式创新，促进产品更新换代，努力实现企稳回升。持续推进传统产业转型升级，实施一批智能制造示范项目，引进和培育一批关键生产设备分享平台，努力提升产品技术、工艺装备、能效环保等水平。加强军民融合产业体系建设，促进民用高端装备和国防装备协调发展。

发展壮大战略性新兴制造业。培育和引进一批重大项目，带动新兴制造业产值增长30%以上。惠科液晶面板项目实现投产，推进康宁玻璃基板、AOS芯片、奥特斯二期等项目，构建有竞争力的电子核心基础部件供应链。加快实施一批智能装备重点项目，建成国家级机器人检测评定中心。加强汽车智能化、网联化、自动驾驶技术及动力电池等关键核心部件攻关，发展新能源汽车和智能汽车，扩大充电设施布局，提高城市公共服务领域新能源汽车应用比例。发展高端交通装备制造业，扩大新型轨道交通装备产品规模，发展高技术船舶。发挥股权投资基金、龙头企业、口岸平台等优势，加快建设国家物联网产业基地，实施一批生物医药、新材料、节能环保重点项目，扩大页岩气产能，促进产业集群发展。跟踪世界科技前沿，加大增材制造、无人机、人工智能、服务机器人、虚拟现实等产业项目储备、引进和研发，不断拓展新的产业领域。

加快发展现代服务业。以十大战略性新兴服务业为重点，推动生产性服务业向专业化、标准化和价值链高端延伸，生活性服务业向精细化、定制化和高品质转变。做强银行、证券和保险业，发展消费金融、金融租赁、私募基金等新兴业态，争取相互保险公司、合资证券公司、地方资产管理公司等新牌照，发展产业链、供应链金融，丰富金融核心功能。探索跨境人民币使用、跨境投融资便利化、资本项目可兑换、外资金融机构准入等制度和政策创新。支持钱宝等支付机构构建区块链标准，拓展跨境贸易清算结算服务。培育和引进一批具有国际竞争力的服务外包龙头企业。进一步完善物流集疏运网络体系，促进物流园区、物流枢纽、分拨中心、配送中心、末端配送的合理配置，提高物流配送效率。推进电子商务示范城市和跨境电子商务综合试验区建设。建设国家大数据综合试验区，延伸数据增值业务产业链。积极发展高端医疗服务、健康咨询、康复保健等大健康服务业。加快建设国际知名旅游目的地，做靓山水都市、长江三峡、世界遗产等十大旅游名片，加快主题乐园和旅游度假区建设，丰富旅游业态，推进全域旅游示范试点，努力把旅游业培育成综合性战略支柱产业。推进中央商务区、智慧商圈和社区便民网点建设，办好渝洽会等节庆展会，打造具有重庆特色的夜市品牌，培育新型消费增长点，促进消费提档升级。

(二)深化供给侧结构性改革和关键性改革

聚焦经济领域供需失衡问题，优化资源要素配置，激发市场活力和社会创造力。

推进"三去一降一补"各项任务。在继续抓好去产能、去库存的同时，重点推进去杠杆、降成本、防风险。运用市场化、法治化方式推进债务、资产、企业重组，实现出表、出清、出效，降低工商实体企业杠杆率。有序开展市场化债转股，支持银行向资产管理公司打包转让不良资产，鼓励渝康等资产管理公司参与企业低效资产盘活重组和风险资产收购处置。推进企业兼并重组，优化产业链布局，盘活存量资产，提升企业运营效率和经营效益。加强企业资金集中管理，运用资产证券化、股权投资基金等创新融资工具，帮助企业置换高成本债务，优化债务结构，减轻企业负担。抓好“企业减负30条”政策落地，清理规范涉企税费、交易、物流、用能等收费，落实好营改增等结构性减税政策，实施流通体制改革、售电侧改革和天然气市场化改革，切实降低实体经济成本。引导企业突出主业、降本增效，顺应市场需求，提高质量标准，培育“工匠精神”，扩大高质量产品和服务供给。

积极防范各类风险。加强对跨界金融产品、互联网金融、信用卡透支等领域的风险监测预警，着力防范资产泡沫，积极预防交叉性、跨行业、跨市场金融风险。强化新型金融机构负面清单管理，加大对小贷、担保、要素市场的监管力度。加强市场执法监管，综合施策，坚决遏制炒房行为，保持房地产市场平稳健康发展。加强政府性债务风险防控，规范区县政府举债行为。

以改革激发国有企业活力。加快国企集团层面混合所有制改革，推进国有资本运营公司、资本投资公司规范改造及健康运行。分类实施企业专业化重组整合，围绕核心业务，提升产业集中度，向战略性新兴制造业和新兴服务业加快布局，坚定不移把国有企业做强做优做大。加强国企党的建设，落实党组织在公司法人治理结构中的法定地位。压缩企业法人层级，加快剥离企业办社会职能。健全国资监管体系，从严监管和规范国有资本运营。

大力发展非公有制经济。依法保护各种所有制经济组织和公民财产权，保护企业家精神，构建“亲”“清”新型政商关系，营造平等竞争、健康发展的市场环境。培育楼宇产业园和小企业创业基地，完善中小企业公共服务体系，推动转贷应急、风险补偿等机制扩面，支持中小微企业提质发展，促进大众创业、万众创新。深化商事制度改革，健全市场行为负面清单管理制度，完善市场主体分类监管平台，加快企业信用信息公示系统建设。

推进财税、投融资和金融改革。调整优化市与区县事权和支出责任，建立财政预算滚动平衡机制，推进预决算信息制度化公开，更好发挥税制改革在促进实体经济发展中的重要作用。拓宽公私合作领域及融资渠道，增强对社会资本的吸引力，继续实施一批政府与社会资本合作项目。加强市与区县政府引导类投资基金的衔接联动，完善市场化营运机制，提升财政资金、国有资本的引导和驱动效应。优化社会融资结构，扩大企业股权投资规模，支持有条件的企业上市融资，丰富债券品种和发债主体，稳步开展投贷联动试点，推动重庆股份转让中心开展私募基金份额转让、科创板挂牌等创新，满足企业多层次融资需求。加强要素交易市场建设，依托全国保险资产登记交易系统搭建保险资金运用平台，支持金交所打造机构间金融资产交易市场，建设重庆石油天然气交易中心，提升联交所、药交所、土交所等要素市场的资源配置和价格发现功能。支持有特色的外资银行入驻重庆，引导更多金融机构在渝设立创新性、结算性专营机构。规范各类资产投资平台，为市民日益增长的财富管理需求提供安全有效的渠道。

(三)积极培育内陆开放新优势

主动融入国家区域发展和对外开放新格局，强化体制机制创新和开放功能拓展，高效整合各类开放要件，加快建设内陆国际物流枢纽和口岸高地，形成全方位开放新局面。

推动开放型经济体制机制创新。坚持以制度创新为核心任务，完善自贸试验区总体方案，制定实施细则和管理办法，复制推广其他自贸试验区成熟经验，探索贸易便利化、投资自由化、金融国际化等新的体制机制。实施市场准入负面清单管理，加快将外商投资准入转向备案管理，建立事中事后监管体系，形成与国际投资贸易通行规则相衔接的基本制度框架。坚持中新战略性互联互通示范项目与自贸试验区一体规划、一体推进，完善项目合作机制，扎实推动体制机制和政策创新、合作平台和人才队伍建设，加快推进果园港多式联运示范基地、股权投资基金、机场商业合作、国际数据通道等功能性标志项目,以项目为核心呈现实体展示。

增强开放平台的承载功能。加快两江新区高端资源要素集聚,强化开放口岸、现代金融、服务贸易、检验检测认证等领域的功能创新,推进开放型经济新体制综合试点,开展服务贸易创新发展试点,增强开放示范的带动效应。推动两路寸滩保税港区、西永综合保税区转型升级,借助保税功能,推动加工贸易创新发展、保税贸易扩大规模,形成集聚效应。推进万州保税物流中心建设,争取设立江津、涪陵综合保税区和一批保税物流中心。拓展进口整车、冰鲜产品、水果、肉类等口岸功能,争取设立木材、医药、生物制品等口岸。加快果园港、万州、丰都等口岸开放,建设国际贸易单一窗口,优化通关环境。提升高新区、经开区和特色工业园区开放辐射功能,办好一批国际合作产业园。

促进外贸稳定增长。依托渝新欧国际铁路联运大通道、各类交通枢纽和开放口岸,吸引大企业,争取大订单,集聚大物流,促进外贸企稳回升。拓展进出口货源,增开渝新欧支线班列,力争全年双向开行500班。围绕支柱产业发展,利用开放政策和资源优势,吸引一批跨国经营总部企业、供应链龙头企业、转口贸易商和贸易集成商,打造一批公司集聚、市场繁荣、运作规范、贡献突出的外贸集聚区,扩大总部贸易、转口贸易、服务贸易规模。积极探索境外先进设备、平行进口汽车等产品展示交易,积极发展离岸贸易、集散分拨、非国产货物入区维修、委内加工及检测等业务,把保税的政策优势尽快转化为经济优势。密切与港澳台的经贸往来,加强与长江经济带沿线地区合作,推动内外贸联动发展。

(四)深入实施创新驱动发展战略

坚持市场需求导向,围绕产业链布局创新链,整合国内外创新资源,促进技术、资本、创新生态协同发力,支撑经济转型升级。

强化企业技术创新主体地位。深入推进企业研发投入倍增计划,全面落实研发准备金制度和重大新产品研发补助政策,推动企业加大研发投入强度,提高规模工业新产品产值率。以跻身国家创新企业百强为目标,实施巴渝创新型领军企业培育计划。建立科技型企业重点培育库,发展一批高技术性和高成长性企业。支持企业联合高校、科研院所,组建产业技术创新联盟、新型高端研发机构和制造业创新中心。鼓励企业组建科技人员持股、社会资本参股的法人化研发机构。推动研发公共服务平台开放共享,扩大科技创新券试点范围,支持中小微企业技术创新及转化应用。

推进全方位开放式创新。发挥国家自主创新示范区先行先试作用,加快体制机制创新,吸引集聚各类优质创新资源。大力引进全球百强创新型企业、国内外著名研发机构和知名大学来渝设立研发机构,吸引国内外科技组织、标准化组织、检验检测和科技咨询机构在渝设立区域总部。支持企业加入国际创新联盟。建设商标审查协作重庆中心。支持第三方机构为企业提供工业设计、样机制造、中试生产等创新服务。鼓励社会力量兴办众创空间、孵化器和加速器。完善项目甄别、培训指导、风险投资、收购转化、哺育上市等全程孵化服务,形成完备的创新创业生态链。

深化科技体制改革。创新财政科技资金使用方式,用好重大科技创新专项资金和高层次人才引进专项资金,支持重大创新平台和领军人才团队建设。发挥政府创投引导基金的杠杆作用,完善科技股权投资、债权融资和众筹募资。创新知识产权保护机制和开发利用方式,筹建科技要素交易中心,发展第三方成果转移转化机构。扩大高校、科研院所科研项目资金管理权限和收入分配自主权,落实科技成果转化股权和分红激励政策,构建体现增加知识价值的收入分配机制。支持科研人员依法依规兼职兼薪,鼓励科研人员离岗从事科技成果转化活动。进一步清理与创新发展不相适应的政府规章和规范性文件,确保政策落地。

(五)持续推进新型城镇化建设

坚持以人为核心,转变城市发展方式,优化功能布局,强化互联互通,提升国家中心城市承载力、协调性和宜居度。

统筹城镇空间布局。推动大都市区一体化发展，构建"一心多极网络化"高度融合的空间格局，提升大都市区的同城效应和整体功能。引导渝东北城镇群特色发展，推动"万开云"板块交通互联、产业协同、发展联动、一体繁荣。支持渝东南民族地区经济发展，依托交通干线、区县城和重点镇，构建民俗生态城镇群。按照成渝城市群规划，完善功能性基础设施，推动产业链接、服务共享、生态共建，提升成渝城市群一体化发展水平。集中发展一批特色小镇。深入开展国家新型城镇化综合试点，深化户籍制度改革，引导农业转移人口合理流动。

推进内畅外联互通基础设施建设。围绕建设全国综合性铁路枢纽，加快构建"米"字形高铁网和"三主两辅"铁路站场，推进渝西、渝湘高铁等项目前期工作，开工渝昆高铁和重点港区支线铁路项目，提速郑万高铁、枢纽东环线等在建项目，建成渝黔铁路，投用沙坪坝站、西站一期等铁路综合交通枢纽项目。推进"三环十二射多联线"高速公路网建设，加快实施开州至城口等高速公路项目，扩能射线高速通道，完善内部联结网络，通车总里程达到3000公里。投用江北国际机场T3A航站楼和第三跑道，培育基地航空公司，增辟国际航线，推进国家临空经济示范区建设。建设一批支线机场和通用机场。加快果园枢纽港建设，完成港区铁水联运接驳改造，加快承接寸滩港分流的货运量。建成投用珞璜、龙头、新田港区一期主体工程。优化街区路网结构，建成一批跨江大桥和穿山隧道，打通一批"断头路"，提升城市通透性和微循环能力。实施大都市区轨道交通一体化规划，加密中心区域轨道交通线。建成川渝电网500千伏第三通道。建设一批大中小型水库，提高城乡用水保障能力。

提升城市规划建设管理水平。完成法定城乡规划全覆盖编制任务，推进区县"多规合一"，建设城乡空间规划共享数据平台。完成主城区城市总体风貌设计，做好重点区域城市设计。实施城市修补和生态修复，保护和修缮一批传统风貌街区，推进老厂房改造利用，加快棚户区改造，拆除违法建筑，促进城市有机更新。全面落实"适用、经济、绿色、美观"建筑方针，提高建筑设计水平和质量，发展装配式建筑，促进钢结构建筑的推广应用。加强城市立体综合开发，推进地下综合管廊建设和海绵城市试点，实施智慧城市应用示范工程，推动城市精明增长、集约发展。持续推进道路节点渠化，落实公交优先道，发展特需公交，综合治理占道停车，疏缓道路拥堵。深化城市管理体制和综合执法体制改革，持续推进市容环境综合整治，继续实施景观照明提升工程，切实加强园林绿化工作，让我们这座城市更加靓丽。

（六）推动农业农村转型发展

深入推进农业供给侧结构性改革，把增加绿色优质农产品供给放在突出位置，加快转变农业发展方式，构建现代农业产业体系，促进农业增效、农民增收、农村繁荣。

深化"三农"领域改革。积极发展多种形式适度规模经营，提升龙头企业、农民合作社、家庭农场等新型经营主体带动能力。探索农村集体土地所有权、承包权、经营权分置改革的有效实现形式，扩大农村集体资产量化确权范围，推动经营性资产折股量化到户，健全非经营性资产集体统一运行管理机制，激活农村资源资产，增加农民财产性收入。培育新型职业农民。开展集体林业综合改革试点。完成国有林场改革，深化供销社和农垦改革。

加快特色效益农业发展。稳定粮食、生猪、蔬菜等基础产业，保障主要农产品供给。促进七大特色产业链全环节升级、全链条增值，推动休闲农业、乡村旅游和区域特色产业提质发展。推进农产品初加工、精深加工发展及副产品综合利用，完善市场流通体系和冷链物流体系，促进一、二、三产业融合，延伸农业产业链。统筹农产品生产基地布局，新建一批特色产业基地和出口示范区。健全标准体系，加强品牌建设，发展农村电商，增强特色农产品的市场竞争力。

筑牢农业农村基础。完成永久基本农田划定,推进高标准农田、标准化产业基地建设,提升农业技术装备和信息化水平,持续改善农业农村发展条件。完善财政支农政策,深化农业项目财政补助资金股权化改革试点。完善农业农村发展用地保护机制。开展农业设施权属证融资试点。发展农村普惠金融。扩大政策性农业保险覆盖面,深化农产品收益和价格指数保险试点。

持续推进三峡后续工作。完成年度项目申报,落实库区基础设施、特色产业、生态环保等后续项目。推进城镇移民安置小区综合帮扶和农村集中安置区精准帮扶,促进安稳致富。实施地质灾害监测预警与避险搬迁,加强库岸环境综合整治、危岩处理和移民安置区高切坡防护,切实保障库区群众生命财产安全。

(七)加大生态环境保护力度

坚持生态优先、绿色发展,严守"五个决不能"底线,筑牢长江上游重要生态屏障,努力使重庆成为山清水秀美丽之地。

推进绿色循环低碳发展。严格管控生态空间,认真落实差异化环保政策,加强产业项目全过程环保监管。落实节约优先战略,实行能源、水资源、建设用地总量和强度双控行动,开展能效、水效、环保"领跑者"引领行动,促进资源节约和高效利用。实施工业污染源全面达标排放计划,降低排放强度,削减污染物排放总量。建设一批节能环保产业园区,打造国家重要的环保产业基地。实施循环发展引领计划,推动国家循环经济示范区县建设,加快园区循环化改造。积极控制温室气体排放,深入开展低碳城市、低碳产业园、低碳社区等试点,发展绿色建筑。完善绿色消费政策。

加强生态建设和环境治理。全面落实中央环保督察整改要求,持续实施"五大环保行动",打好大气、水、土壤污染防治攻坚战,加快沿江及城区环境污染隐患企业搬迁治理,加大主城区生活垃圾分类试点力度,着力解决一批群众反映突出的环境问题。加强大气污染防治,严控机动车尾气、挥发性有机物和扬尘污染,强化餐饮油烟治理和露天焚烧执法。加强饮用水源保护,深化重点支流整治和湖库管护,全面推行河长制,深入开展水域垃圾清漂,建设一批城市和工业园区污水处理设施,乡镇污水处理设施基本实现全覆盖。推进交通、工业、建筑施工、社会生活噪声治理,着力解决噪声扰民问题。把修复长江生态环境摆在压倒性位置,细化生态保护红线划定,抓好水土流失及岩溶地区石漠化治理,探索消落区治理新模式,强化自然生态空间保护利用,保护生物多样性。加强污染土壤治理修复和安全利用。实施好农村垃圾治理专项行动和畜禽养殖污染防治规划。

加快生态文明体制改革。深化环保垂直管理和用能权、碳排放权、排污权、水权交易制度改革,创新环保产业股权投资基金运作模式,健全社会资本参与机制,推广环境污染第三方治理。推动环保督察常态化、制度化、规范化开展。推进领导干部自然资源资产离任审计和生态环境损害赔偿制度改革,强化生态环境损害追责。

(八)着力保障和改善民生

按照"五个坚持"原则,做好各项普惠性、基础性、兜底性民生工作,让改革发展成果更多更公平惠及人民群众。

决战决胜脱贫攻坚。整合财政资金和各类资源,扎实推进"六个一批"精准扶贫工程,确保现行标准下所有贫困区县摘帽、贫困村销号、贫困人口脱贫。精准对接脱贫攻坚多元化融资需求,落实贫困地区企业上市、易地扶贫搬迁贷款、扶贫再贷款等金融扶贫政策,加快贫困地区产业发展、高山生态扶贫搬迁和重大基础设施建设。探索完善扶贫开发长效机制,推动制度保障与开发造血、区域扶贫与到户到人的有机结合,巩固脱贫攻坚成果。

完善就业社保体系。加强技能培训、创业扶持和就业援助,推动重点群体充分就业和自主创业,做好去产能企业职工的分流安置工作。按照国家部署,推进职工基础养老金全国统筹、渐进式延迟退休、养老保险基金投资运营等改革。实施职业农民、技能人才、小微创业者等七大群体增收激励计划。制定支出型贫困家庭救助政策,适时提高城乡低保标准。强化临时救助和专项救助,全面推行“救急难”制度。积极应对人口老龄化问题,支持社会化养老服务业发展。做好妇女、儿童、残疾人工作,规范发展社会慈善事业。

推动教育公平和质量提升。优化教育经费支出结构,稳步提高生均拨款标准。加强普惠性幼儿园建设。推动义务教育均衡发展,扩大优质教育资源覆盖面。鼓励普通高中特色办学。加快构建现代职业教育体系,强化中职与高职、应用技术本科衔接,深化产教融合、校企合作。推动一流大学、一流学科建设,培育重点学科和特色学科群,加大科技创新投入,推进市属高校转型发展。深化教育综合改革。加强教师队伍建设。加快教育信息化。做好流动人口随迁子女入学工作。加强特殊教育。支持和规范民办教育发展。

不断完善卫生与健康服务。全面推开公立医院综合改革,取消药品加成,合理调整医疗服务项目价格。健全分级诊疗制度。深化医保支付方式改革,推行以总额控制付费为主、单病种付费相结合的复合型付费方式,提高城乡居民大病保险报销比例。依托重庆药交所,推进药品采购“两票制”和集中带量采购。健全重大疾病防控工作机制,优化公共卫生服务,倡导健康文明的生活方式,促进健康关口前移。支持中医药事业发展。扶持和规范社会办医。提升妇幼健康服务能力,落实全面两孩政策。

繁荣发展文化事业。坚持社会主义先进文化前进方向,培育和践行社会主义核心价值观,加强公民思想道德建设,树立高度的文化自信和文化自觉。统筹推进文化行政管理、国有文化资产监管和文化事业单位改革。构建现代公共文化服务体系,实施全民阅读、全民艺术普及等文化惠民工程。推出一批有全国影响的优秀文艺作品。实施钓鱼城、巫山人遗址等重点文物保护利用工程。加强历史文化名镇和传统村落保护。发掘巴渝文化,培育品牌文化企业,推进一批重大文旅融合项目,引导文化产业集聚发展。实施全民健身计划,备战第十三届全运会,加快发展体育产业,更好满足群众体育健身需求。

滚动实施民生实事。计划投入421亿元,继续推进15万人高山生态扶贫搬迁、新建小区与配套学校同步覆盖、4万公里农村电网改造升级等民生实事,增补农村建卡贫困户D级危房改造、公共停车位建设、农村人居环境改善、背街小巷治理、城乡居民家庭医生签约服务、贫困人口和困难家庭医保救助等民生工程。

(九)全面加强社会治理

坚持专项治理、系统治理、综合治理、依法治理、源头治理相结合,推动政府治理、社会自我调节、居民自治良性互动,不断提升社会治理水平。

创新社会治理方式。推进基层民主协商和农村社区建设试点,引导社会组织广泛参与社区公共事务,促进社区、社会组织、社会工作者联动。依托区县、镇街、村社三级公共服务中心,完善一体化工作平台和大综治格局。依法管理宗教事务。完善矛盾纠纷多元化解机制,推广人民调解驻公安派出所机制,依法分类处理信访诉求。加强现代科技手段与社会治理深度融合,建好全市公共信用信息平台,在行政审批、监管服务等领域率先记录使用信用信息。

深化平安重庆建设。完善社会治安防控体系,推进治安防控网格化信息化建设,促进跨部门信息资源共享。坚持公共安全风险制度化排查评估,提升预测预警预防能力。严防“三类恶性案事件”发生。深化警务机制改革。加强治安乱点整治,依法打击各类违法犯罪,严防电信网络诈骗等网络新型犯罪。创建国家食品安全城市,深化食品药品重点对象、重点场所、重点产品专项整治,强化农产品质量安全全程监管,确保市民“舌尖上的安全”。加强防灾救灾减灾能力建设,进一步完善应急管理体系,提高突发事件防范控制、应急响应、有效处置能力。强化国防动员和后备力量建设,做好新形势下拥军优属工作,巩固军政军民团结。

强化安全生产工作。牢固树立红线意识,强化企业主体责任和政府监管责任,以负面清单倒逼各种责任主体筑牢安全防线。抓好煤矿、交通、建筑、消防、危化品、特种设备等领域常态化大排查大整治,依法查究安全生产违法违规行为,坚决防控重特大事故。推进企业安全生产标准化,实施一批安全生产重点工程,提高安全基础保障能力。强化安全技能培训,普及安全知识,提升全民安全自觉。

四、切实加强政府自身建设

做好今年的工作,对政府自身建设提出了更高要求。我们要坚持党的领导,全面落实法治政府建设实施纲要,在法治轨道上推进政府各项工作,努力提高施政水平和服务能力。

(一)深化"放管服"改革

深化行政审批制度改革,实施行政许可标准化,严控新设行政许可,推动项目投资、创业创新、生产经营、公共服务等领域精准放权,进一步简化流程、优化程序、提高效率。清理规范行政审批中介服务。动态管理市、区县、乡镇三级行政权力清单、责任清单。加快负面清单制定颁布,强化事中事后监管,推动"双随机一公开"监管方式全覆盖。推广"互联网+政务服务",建成适应大众创业、万众创新需要的网上平台,实现政务服务智能便捷、公平可及。

(二)深入推进依法行政

提高公务员队伍的法治思维和服务管理能力,严格依照法定权限和程序行权履职。科学制定政府规章,强化规范性文件监督管理,扩大立规工作的公众参与度。健全行政决策机制,落实公众参与、专家论证、风险评估、合法性审查、集体讨论决定等法定程序,严格实施重大行政决策终身责任追究和责任倒查。加快推进行政执法体制改革,建立统一、互联、共享的行政执法信息和监督网络平台,健全行政裁量权基准制度,探索跨部门综合执法,分类推进乡镇综合行政执法。严格行政执法责任追究,确保执法行为严格、规范、公正、文明。

(三)强化权力运行监督

全面加强对政府公务员行使权力的监督,依法接受人大及其常委会的法律监督和工作监督,主动接受政协的民主监督,自觉接受司法监督、舆论监督和社会监督。完善政府内部层级监督,健全常态化、长效化监督机制。扎紧制度笼子,强化工程建设招投标、公共资源配置、国资转让、政府采购、财政补贴、行政审批、执法检查、行政处罚等行政行为的监督约束。深化政务公开,拓宽政府信息公开渠道,创新政务公开方式,促进互联网便民服务平台信息共享。加大对重大政策措施、重大项目建设、重要资源开发等事项审计督察力度,健全廉政风险防控机制。保持惩治腐败高压态势,高悬反腐利剑,有腐必惩,有贪必肃,决不让腐败分子有任何藏身之地。

(四)持续加强作风建设

坚决把全面从严治党的各项要求落实到政府工作和公务员个人修为的各个环节。严格执行有关法规,规范政府公职人员行为。进一步密切同群众的血肉联系,在情感上贴近群众,在发展上依靠群众,坚持问政于民、问需于民、问计于民,真心实意为群众办实事、解难事,当好人民公仆。全面落实党风廉政建设主体责任,以更高的标准、更严的举措正风肃纪,促进干部清正、政府清廉、政治清明。推进节约型政府建设,严控"三公"经费和公款消费。坚决整治庸政懒政怠政行为,强化政务督察、绩效管理和履职问责,健全激励机制和容错纠错机制,营造愿干事、敢干事、能干成事的良好氛围。加强公务员队伍思想道德和能力建设,强化宗旨意识,做到恪尽职守、勇于担当,不断提高政府执行力和公信力。

各位代表!实干成就梦想,奋斗赢得未来。让我们更加紧密团结在以习近平同志为核心的党中央周围,在中共重庆市委坚强领导下,矢志改革、锐意创新,推动重庆各项事业不断取得新的更大成就,向党的十九大、市第五次党代会和重庆直辖20周年献礼!

关于重庆市2016年国民经济和社会发展计划执行情况及2017年计划草案的报告

——2017年1月19日在重庆市第四届人民代表大会第五次会议上

重庆市发展和改革委员会 沈晓钟

各位代表：

受市人民政府委托，现将2016年国民经济和社会发展计划执行情况及2017年计划草案提请大会审查，并请各位政协委员提出意见。

一、2016年国民经济和社会发展计划执行情况

2016年，我市全面贯彻党的十八大和十八届三中四中五中六中全会精神，深入贯彻习近平总书记系列重要讲话和视察重庆重要讲话精神，牢固树立创新、协调、绿色、开放、共享的发展理念，紧扣供给侧结构性改革主线，全市经济社会发展保持稳中有进、稳中向好势头。地区生产总值增长10.7%，总量达到17559亿元；规上工业、服务业增加值分别增长10.3%、11%，固定资产投资、社会消费品零售总额分别增长12.1%、13.2%，一般公共预算收入、规上工业企业利润、居民人均可支配收入分别增长7.1%、12%和9.6%。总体上较好地完成全年主要目标任务，实现"十三五"良好开局。

(一)产业结构持续优化，质量效益同步提升

支柱产业运行稳健，战略性新兴产业加速推进，特色效益农业提速提质。一、二、三产业占比为7.4:44.2:48.4，结构进一步优化。电子制造、汽车产值分别增长17.7%和11.7%(图1)，装备、化医、消费品等行业产值分别增长9.3%、7.5%和11.7%。十大战略性新兴制造业产值超过2700亿元，增长50%以上。新型显示、集成电路全产业链体系基本构建，生产液晶显示屏3949万片、集成电路芯片3.3亿片。十大战略性新兴服务业加速崛起，带动服务业增加值占比提高0.7个百分点。国家大数据综合试验区获批，互联网和相关服务业营业收入增长40%以上。国内重要功能性金融中心建设步伐加快，金融业增加值占比达到9.4%。南岸获批国家服务业综合改革试点区。粮食、生猪、蔬菜等主要农产品供给稳中提质。农业七大特色产业链综合产值达到1040亿元，增长15%。新增涪陵、长寿、江津、永川4个国家级农业科技园区。农村居民人均可支配收入达到11549元，增长9.9%，高于城镇居民收入增速1.2个百分点。

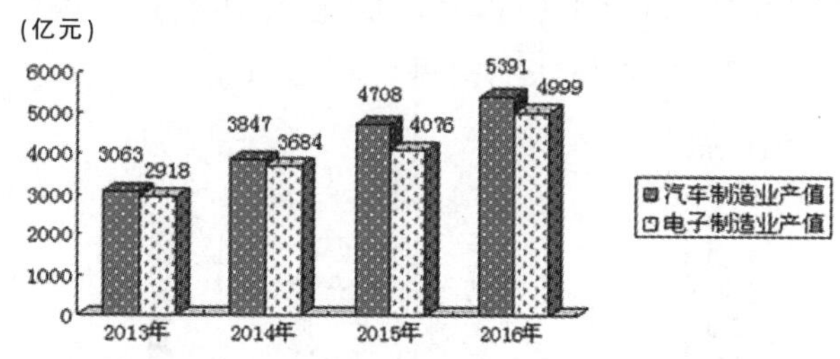

图1 2013—2016年汽车、电子制造业产值图

(二)投资消费双轮驱动，传统动能协同发力

投资总量稳中有进，投资结构持续优化(图2)。"100+600"重点项目完成投资4520亿元，带动全社会投资17361亿元(图3)。互联互通重大基础设施建设提速，新增高速公路292公里、铁

路 302 公里、轨道交通 11 公里,196 公里轨道交通在建工程加快推进。工业投资 5664 亿元,增长 13.5%,其中十大战略性新兴制造业投资超过 1000 亿元。民间投资增长 11%,占全社会投资比重超过 50%。

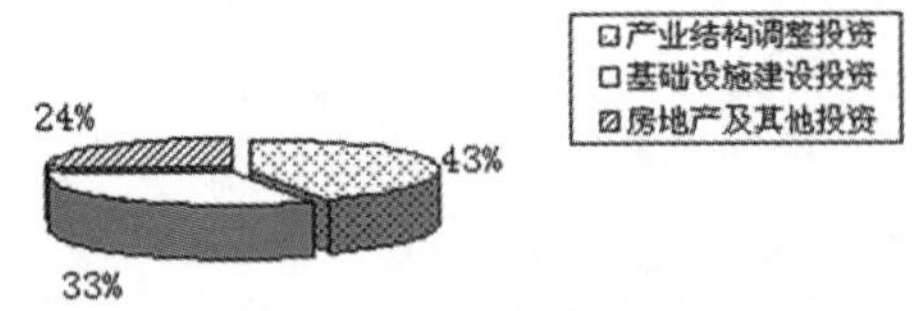

图 2　2016 年固定资产投资结构图

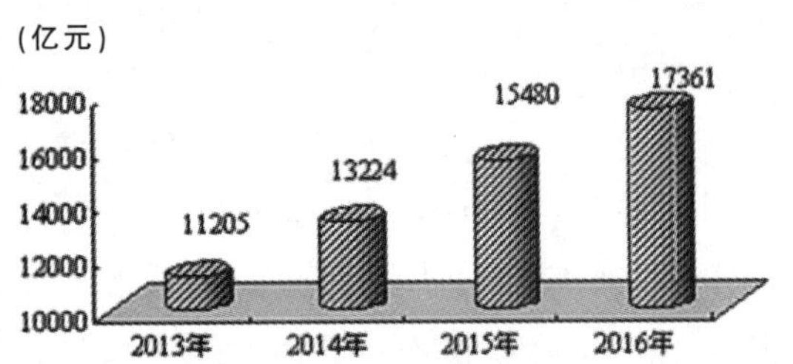

图 3　2013—2016 年固定资产投资总量图

消费实现较快增长，新兴消费业态加快培育。批发、零售、餐饮、住宿、交通等服务业提质增效,社会消费品零售总额达 7271 亿元,对经济增长的支撑作用进一步增强(图 4)。实施十大扩消费行动,信息消费、健康养老、旅游休闲等新兴消费快速发展,旅游总收入增长 17.5%。实施"互联网+流通"行动计划,电子商务交易额增长 41.7%。商品住宅销售面积增长 14%。

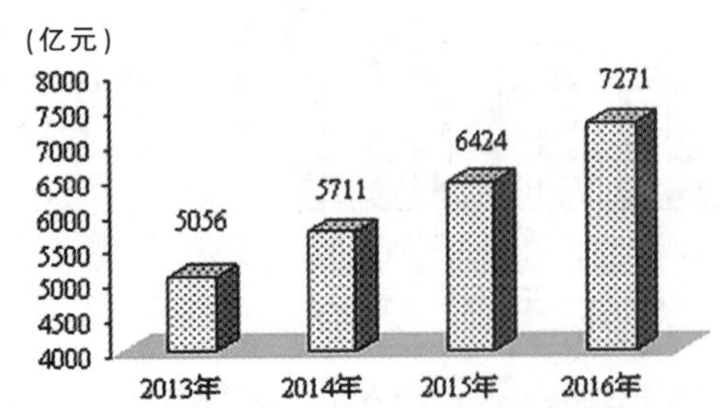

图 4　2013—2016 年社会消费品零售总额图

内外贸易同步加强,服务贸易较快增长。商品销售总额突破 2.3 万亿元。市外消费显著增加,渝新欧班列货物中有 40%来自市外,通过港口转口市外货物量达到 45%。服务贸易进出口 207 亿美元,增长 22%。中国(重庆)跨境电子商务综合试验区获批,跨境电子商务、保税商品展示交易、保税贸易、互联网云计算大数据、跨境结算等新型服务贸易放量增长。

(三)改革开放创新不断深化,增长后劲持续增强

供给侧结构性改革深入推进，供给体系质量效率有效提升。出台全市供给侧结构性改革工作方案,形成"1+4+X"工作体系。煤炭、钢铁去产能全面完成国家下达目标任务。全年去除商品住宅库存 984 万平方米，去化周期保持在合理范围内。清理市属国有僵尸企业空壳公司 231 家。出台"企业减负 30 条"政策措施,从金融、税费、用工等方面减轻企业负担。人民币贷款、非金融企业债券加权平均利率同比降低 1 个百分点左右,为企业节约融资成本 120 亿元以上。推动售电侧改革,实施大工业直供电交易,放开工业直供用户用气价格,降低工业企业用电、用气成本 17 亿元。设立渝康资产经营管理公司,化解处置一批不良资产。银行业不良率 1.14%,风险总体可控。

积极融入国家"一带一路"和长江经济带发展战略,对内对外开放取得新进展。中国(重庆)自由贸易试验区获批，编制完成自贸试验区总体方案。中新(重庆)战略性互联互通示范项目"11+7"政策举措加快落实,签约 3 批 60 多个重点项目,累计金额达 150 亿美元。两江新区纳入全国开放型经济新体制综合试点。渝新欧开行超过 420 班,成为中欧班列运邮试点城市。江北国际机场国际(地区)航线增加 14 条,接待境外旅客人数增长 30%以上。获批建设国家临空经济示范区。建立长江上游地区省际协商合作机制,加快建设沿江承接产业转移示范区,涪陵、合川、永川工业园区获批长江经济带转型升级示范开发区。深化川渝合作,推动成渝城市群建设,推进与贵州、湖南等省市产业合作。

创新发展能力持续提高，创新活力不断增强。加快推进以科技创新为核心的全面创新,全社会研究与试验发展(R&D)经费支出达到 300

亿元,占 GDP 比重提高到 1.7%(图 5)。获批国家自主创新示范区,两江新区获批国家首批“双创”示范基地,九龙坡获批国家小微企业创业创新基地示范城市。建立并实施企业研发准备金制度,鼓励企业加大研发投入,新增高新技术企业 791 家。科技成果加快转化,高技术产业增加值增长 24.2%。创新平台体系建设持续推进,国家工程(技术)研究中心、工程实验室、企业技术中心、国家地方联合工程研究中心(工程实验室)达到 73 家,新增国家级众创空间 30 家,新型孵化平台入驻企业 9400 家。引进培育新型高端研发机构 37 个。强化金融对创新的支撑功能,新增知识产权质押融资 14.2 亿元。

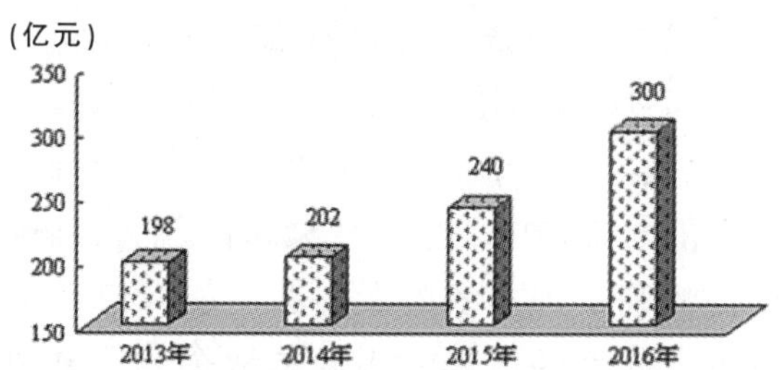

图 5 2013—2016 年 R&D 经费支出图

(四)各区域特色彰显,生态文明建设持续加强

进一步优化区域功能空间布局和资源要素配置,全市一体化科学发展态势良好。现代服务业发展提速,服务业增加值占比 83.8%,提高 1.8 个百分点。新型工业化和城镇化提速加力,工业增加值增长 11.1%;固定资产投资增长 17%,工业投资占全市 60%以上。“万开云”板块一体化协同发展全面启动,巫山神女峰、奉节白帝城、云阳龙缸积极创建 5A 级景区,开州汉丰湖、梁平百里竹海等景区开发提速。仙女山旅游度假区获批国家级旅游度假区,黔江、秀山、彭水接待游客数增长 30%以上,黔江、彭水页岩气勘探开发加快推进。

生态文明建设持续加强。长江干流重庆段水质为优。主城区空气质量优良天数达到 301 天,PM2.5 平均浓度下降 5.3%。城市生活污水集中处理率、城市垃圾无害化处理率分别达到 92%和 99%以上。单位地区生产总值能耗和二氧化碳排放量均下降 6%。新治理水土流失面积 1655 平方公里。

(五)脱贫攻坚步伐加快,社会民生持续改善

精准扶贫工程加快实施,贫困户大病医疗补充保险试点、高山生态扶贫搬迁等各项工作进展顺利。交通、水利、健康、教育、农网改造、环境改善、金融等扶贫行动加快推进,全面完成 7 个贫困区县(自治县)摘帽和 885 个贫困村、59.6 万贫困人口脱贫目标。社会民生事业持续改善。农村危房改造、行政村光纤全覆盖等 25 件重点民生实事完成年度目标,5 件提前完成全部任务,完成投资 396 亿元。在园幼儿普惠覆盖率达到 75%,提高 2.6 个百分点,义务教育发展基本均衡区县增加到 26 个。职业教育基础能力不断加强,新增市级实训基地建设项目 21 个。公立医院改革实现市、区县全覆盖,区县域内医联体实现全覆盖。城镇新增就业 72.1 万人。居民消费价格指数 101.8%,物价稳定在合理水平。

二、2017 年国民经济和社会发展计划目标

2017 年,将迎来党的十九大,迎来市第五次党代会和重庆直辖 20 周年,做好经济社会发展各项工作意义重大。总体要求:更加紧密团结在以习近平同志为核心的党中央周围,全面贯彻党的十八大、十八届三中四中五中六中全会精神和中央经济工作会议精神,深入贯彻习近平总书记系列重要讲话精神和治国理政新理念新思想新战略、视察重庆重要讲话精神,统筹推进“五位一体”总体布局和协调推进“四个全面”战略布局,坚持稳中求进工作总基调,牢固树立和贯彻落实新发展理念,适应把握引领经济发展新常态,坚持以提高发展质量和效益为中心,坚持以推进供给侧结构性改革为主线,大力发展实体经济,更加注重经济结构调整和动力转换,更加注重供给与需求良性互动,更加注重改革开放和创新驱动,更加注重区域和城乡协调发展,更加注重保障和改善民生,更加注重生态保护和绿色发展,更加注重风险防范管控,促进经济平稳健康发展和社会和谐稳定,以优异成绩迎接党的十九大和

市第五次党代会胜利召开。

根据中央经济工作会议精神和市委四届十一次全会总体要求，按照底线思维、把握主动的原则，综合分析2017年宏观形势和经济增长支撑因素，提出全市经济增长预期目标10%左右。该目标既考虑了当前发展环境、基础条件和面临困难，也与“十三五”规划目标进行了衔接。总量目标是预期性、导向性、区间性的，关键是要实现结构优化、转型发展。为此，设立19个主要指标，其中4个约束性指标，15个预期性指标。

三、2017年实现国民经济和社会发展计划的重点措施

为确保国民经济和社会发展达到预期目标，2017年要着力推进一批重大项目建设，推动一批重要改革发展事项，全力做好经济运行调度和风险防控，重点抓好以下几方面工作。

（一）着力推进重大项目建设，扩大重点领域有效投资

继续狠抓重点项目建设，扩大有效投资，增强支撑经济增长的关键性作用。一是保持适度的投资强度。突出投资重点，优化投资结构，全年投资总量达到1.9万亿元，增长10%。产业结构调整、基础设施、房地产及其他投资占比保持在45:30:25左右。二是加快推进重大项目建设。围绕国家和我市“十三五”规划确定的重大项目，充分发挥重大项目建设调度机制作用。抓好一批年度重大基础设施投资项目和重大产业类投资项目。三是促进民间投资增长。深入推进投融资体制改革，新推出一批PPP项目，加快实施已签约项目。鼓励各类企业参与和扩大在交通、能源、农业、市政、水污染治理等领域投资。四是加快城市危旧房、棚户区改造等住房建设。

（二）着力推动产能接续放量，持续增加有效供给

以战略性新兴制造业为重点狠抓工业经济发展。推动集成电路产业重点突破和整体提升，促进机器人、新能源汽车等拓展市场销路，加强页岩气开发央地合作和全产业链打造，加快建设国家科技重大专项“涪陵页岩气开发示范工程”。加大战略性新兴产业产品本地消纳力度，支持企业拓展市场，力争十大战略性新兴制造业全年产值增长30%以上。稳住汽车和电子优势产业，支撑全市规上工业总产值达到2.6万亿元。推动一批重点项目投达产，新增产值1200亿元；释放既有产能，新增产值1000亿元。加大招商引资力度，培育和引进一批重大产业项目。巩固提升传统产业在研发设计、生产制造、营销服务等环节的全产业链技术改造，全年技术改造投资占工业投资比重30%以上。不断丰富产品种类，提高产品技术含量和附加值，新产品产值力争达到6000亿元以上。

（三）着力加强经济运行监测与调度，积极稳妥去杠杆降成本防风险

抓好经济运行监测与调度，做好政策储备，适时推出政策措施。增强要素保障能力，确保重点项目顺利推进。统筹做好去产能背景下本地煤炭生产和市外煤炭调入、本地企业发电和外购电工作，确保全市煤炭、电力供需基本平衡和价格稳定。全面推进LNG高效利用推广。强化资金、用地、运输、用工保障，满足企业生产需求。

巩固去除钢铁煤炭产能、商品住宅库存及僵尸企业空壳公司成果，重点推进去杠杆、降成本、防风险各项工作。一是多措并举降低企业杠杆率。积极推进企业兼并重组，支持优势企业聚焦上下游企业在市内牵头兼并重组，聚焦钢铁、煤炭等重点行业推进兼并重组。优化企业资产和债务结构，积极盘活存量资产，剥离低效无效资产，大力发展股权融资，有序开展市场化债转股。稳步开展投贷联动试点，运用资产证券化、股权投资基金等创新融资工具，降低有市场、有技术、有回款的实体经济企业债务负担，缓解企业融资难题。二是切实降低实体经济负担。继续落实“企业减负30条”各项政策。深化售电侧改革，全面启动增量配电业务试点，加强电网投资监管。出台输配电价改革政策，实施煤电价格联动，完善可再生能源上网电价，逐步放开城市燃气销售价格。推进渝东北、渝东南等地方电网和

两江新区新增配网融合发展。三是积极防范各类风险。加大政府性债务管控力度,控制区县投融资平台数量,确保区县政府性投融资平台债务风险安全可控。强化对产能过剩行业等领域的风险监测和防控。

（四）着力激发创新主体活力,以科技创新带动全面创新

推动以科技创新为核心的全面创新,促进大众创业、万众创新。一是进一步强化企业创新主体地位。深入实施企业研发投入倍增计划,力争规上工业企业研发投入300亿元,增长20%以上。二是推进全方位开放式创新。加快落实与中科院等高端研发机构引进培育协议,打造一批高端研发机构。推动两江新区、重庆高新区、璧山高新区建成创新创业主阵地。引进提档升级一批品牌化特色众创空间和科技企业孵化器。三是实施海内外高层次人才引进工程。引进一批高层次海外人才、工匠型高技能人才,推动一批教师和工程师交流兼职。四是引导市属高校转型发展。支持不同层次、不同类型的高校积极参与国家一流大学和一流学科建设,增强市属高校科研创新能力,提升我市高校教育整体水平。五是落实创新驱动政策措施。抓好市委四届九次全会确定的45件重点任务落地。完善以增加知识价值为导向的分配政策,进一步激发科研人员创新活力。抓紧设立30亿元重大科技创新专项资金,切实提高全社会R&D经费支出占GDP比重。

（五）着力推进对外开放重点事项,加快扩大开放新优势

全面深度融入国家"一带一路"和长江经济带发展战略,完善开放平台功能,加快打造内陆开放高地。一是加快自贸试验区建设。建立行政权责清单制度和外商投资负面清单。积极向国家争取自贸试验区突破性政策支持,谋划一批条件成熟的试验事项,推动一批金融机构落户。二是深入推动中新互联互通示范项目。积极推进12个标志性重大项目和一批创新举措落地见效,加快以两江新区为核心的四大领域8个实体展示区建设。三是加快建设内陆国际物流枢纽和口岸高地。力争全年运行渝新欧班列500班,推动渝新欧正式运邮,培育"渝新欧+4小时航空"铁空联运。推动南方航空公司加快完成重庆航空公司重组,成立新重庆航空公司。推进国家临空经济示范区规划建设。推动南彭公路保税物流中心(B型)发展,促进重庆至东盟"五定"公路货运班车稳定运行。推动两路寸滩保税港区和西永综合保税区向制造、研发、维修、物流、贸易、结算等"六大集聚区"转型升级。推进万州保税物流中心建设,争取设立江津、涪陵综合保税区和一批保税物流中心。推动有条件的区县设立海关、检验检疫等机构。四是推动一般贸易、加工贸易、转口贸易、总部贸易更好发展。巩固电子、汽车等产品出口优势,加快培育高端饰品、生物医药、服装箱包等加工贸易产业集群。扩大整车进口数量,加快澳洲肉牛进口。

（六）滚动实施区域建设年度专项,促进全市一体化发展

继续滚动实施区域建设6方面15项年度专项工作,加快全市一体化科学发展步伐。一是推进大都市区一体化发展。编制完成大都市区轨道交通、道路网一体化规划,推进国铁、市郊铁路、城市轨道的无缝衔接,加强主城区与城市近郊和渝西片区的互联互通。二是加强大三峡库区和渝东南地区点上开发力度。三峡库区着力实施"万开云"板块一体化协同发展重点事项,加快奉节—巫山—巫溪长江三峡旅游一体化建设。渝东南地区重点推动生态经济走廊建设,依托仙女山、桃花源等景区资源,塑造具有国际影响力的山地旅游度假区品牌,优化发展民俗文化体验、边城古镇古村(寨)等主题旅游。三是提升基础设施互联互通水平。强化市域统筹,健全基础设施规划、建设和运营管理的体制机制。加快渝长扩能等高速公路建设,力争渝西水资源配置部分骨干工程、綦江藻渡水库等一批水利项目开工。推动智能电网建设,鼓励天然气分布式能源发展。四是优化配置资源要素。推动劳动力、资本、技术和资源等生产要素合理配

置。完善市对区县转移支付制度,调整营改增以后市与区县收入划分。全面完成土地利用总体规划的调整完善,研究出台人地挂钩实施细则。加快开州等13个区县(自治县)"两权"试点。五是提升人力资源集聚能力。持续推进户籍制度改革,深化统筹城乡综合配套改革,深入推进国家新型城镇化、国家中小城市、农民工返乡创业等试点,以进城务工人员、大中专学生、高层次人才等为重点,努力提升国家中心城市人力资源集聚能力。健全区县对口帮扶机制,建立劳动力转移对口联系机制,开展就业技能定向培训,优化基本公共服务,促进人口有序转移、合理分布。

(七)着力实施十大扶贫行动,切实加强和改善社会民生

全力推进精准扶贫、精准脱贫工作,努力完成脱贫攻坚任务。深入实施交通、水利、文化、金融、科技、环境改善等"十大扶贫行动",认真落实产业带动、搬迁安置、转移就业、教育资助、医疗救助、低保兜底"六个一批"精准到人到户措施,积极开展国家网络扶贫试点,巩固脱贫成果,完善扶贫开发长效机制,如期完成9个贫困区县(自治县)摘帽、226个贫困村整体脱贫和20.6万人脱贫的目标。

做好普惠性、基础性、兜底性民生工作,全面提高公共服务共建能力和共享水平,织就密实的民生保障网。谋划实施好一批重点民生实事,创新工作思路、改进工作方法、倒排时间表,确保完成既定年度工作任务。做好高校毕业生、退伍军人、就业困难人员、返乡人员等重点群体的就业工作,全年新增就业60万人。稳步推进医疗价格改革和重大疾病防治。落实好推进医疗卫生与养老服务相结合的实施意见,推动医养融合发展。改善薄弱学校和寄宿制学校办学条件。推进城市新建小区配套学校建设。实施一批文化惠民和全民健身工程。保障重要商品供给,保持居民消费价格稳定。

(八)着力实施生态文明建设重点专项,增强绿色发展能力

坚持生态优先、绿色发展,坚守"五个决不能"底线,深入推进蓝天、碧水、宁静、绿地、田园五大环保行动,推动绿色永续发展。一是筑牢长江上游重要生态屏障。严格管控生态保护红线区域内开发建设行为。实施山水林田湖生态保护与修复等工程,扩大退耕还林范围,加强水土流失及岩溶地区石漠化治理,综合整治三峡库区消落区岸线环境。加大农林剩余物绿色高效资源化利用。二是推进绿色循环低碳发展。抓好重点领域、重点企业节能减排降耗,力争单位地区生产总值能耗和二氧化碳排放量分别下降3.4%和4%。实施环保产业集群发展规划,重点发展"环保综合服务、资源综合利用、环保技术装备"三大领域环保产业。三是贯彻落实好大气、水、土等"国十条"。深化大气污染防治,主城区空气质量优良天数达到300天以上。抓好主城区湖库污染整治、乡镇污水处理设施全覆盖、农村环境连片整治、农村垃圾处理设施建设、土壤污染治理与修复等环保事项。编制实施农村环境保护和农业面源污染防治规划,完成禁养区内养殖场关闭搬迁。四是深化生态文明体制改革。深化用能权、碳排放权、排污权、水权等交易制度改革,全面推行河长制。探索环保领域资产证券化试点。推进环保机构监测监察执法垂直管理制度改革,建成生态环境大数据平台。

各位代表,做好2017年工作任务艰巨、责任重大。我们将坚决贯彻中央各项决策部署,在市委坚强领导下,在市人大监督下,按照"五位一体"总体布局和"四个全面"战略布局要求,牢固树立新发展理念,紧紧围绕"如期全面建成小康社会、开启社会主义现代化建设新征程"目标而努力奋斗!

关于重庆市2016年财政预算执行情况和2017年财政预算草案的报告

——2017年1月19日在重庆市第四届人民代表大会第五次会议上

重庆市财政局　封毅

各位代表：

受市人民政府委托，现将重庆市2016年财政预算执行情况和2017年财政预算草案的报告提请大会审查，并请各位政协委员提出意见。

一、2016年预算执行情况

2016年，我们以习近平总书记视察重庆重要讲话为基本遵循，在市委坚强领导下，以供给侧结构性改革为主线，落实积极财政政策，全力稳增长、促改革、调结构、惠民生、防风险，不断深化财税体制改革，实现了"十三五"良好开局。按照市四届人大第四次会议批准的《关于重庆市2015年财政预算执行情况和2016年财政预算草案的报告》，以及市第四届人大常委会第二十九次会议批准的调整预算，2016年全市和市级预算执行情况如下：

（一）全市财政预算执行情况

1.一般公共预算（表1）

表1　2016年全市一般公共预算收支平衡情况

单位：亿元

收　入	执行数	支　出	执行数
总　计	4982.0	总　计	4982.0
一、本级收入	2227.9	一、本级支出	4001.9
税收	1438.4	二、转移性支出	980.1
非税	789.5	上解中央	23.2
二、转移性收入	2754.1	地方政府债务还本支出	630.3
中央补助	1516.0	安排预算稳定调节基金	87.7
调入预算稳定调节基金	119.8	结转下年	238.9
调入资金	117.9		
地方政府债券收入	760.1		
上年结转	240.3		

——全市一般公共预算收入2227.9亿元，同口径增长7.1%，加上中央补助收入1516.0亿元、地方政府债券收入760.1亿元，以及调入预算稳定调节基金、上年结转收入、调入资金等478.0亿元后，收入总计4982.0亿元。

——全市一般公共预算支出4001.9亿元，增长4.9%，加上上解中央支出23.2亿元、地方政府债务还本支出630.3亿元，以及安排预算稳定调节基金和结转下年支出等326.6亿元后，支出总计4982.0亿元。

2.政府性基金预算（表2）

——全市政府性基金预算收入1497.3亿

表 2　2016 年全市政府性基金预算收支平衡情况

单位:亿元

收　入	执行数	支　出	执行数
总　计	2682.9	总　计	2682.9
一、本级收入	1497.3	一、本级支出	1738.1
二、转移性收入	1185.6	二、转移性支出	944.8
中央补助	95.5	调出资金	77.7
地方政府债券收入	810.3	地方政府债务还本支出	541.3
上年结转	279.8	结转下年	325.8

元,下降 8.9%,加上中央补助收入 95.5 亿元、地方政府债券收入 810.3 亿元,以及上年结转收入 279.8 亿元后,收入总计 2682.9 亿元。

——全市政府性基金预算支出 1738.1 亿元，增长 0.4%，加上地方政府债务还本支出 541.3 亿元，以及调出资金和结转下年支出等 403.5 亿元后,支出总计 2682.9 亿元。

3.国有资本经营预算(表 3)

表 3　2016 年全市国有资本经营预算收支平衡情况

单位:亿元

收　入	执行数	支　出	执行数
总　计	104.1	总　计	104.1
一、本级收入	90.5	一、本级支出	72.7
二、转移性收入	13.6	二、转移性支出	31.4
中央补助	10.5	调出资金	22.9
上年结转	3.1	结转下年	8.5

——全市国有资本经营预算收入 90.5 亿元,与 2015 年基本持平,加上中央补助收入 10.5 亿元、上年结转收入 3.1 亿元后,收入总计 104.1 亿元。

——全市国有资本经营预算支出 72.7 亿元,与 2015 年基本持平,加上调出资金 22.9 亿元、结转下年 8.5 亿元后,支出总计 104.1 亿元。

4.社会保险基金预算

——全市社会保险基金预算收入 1328.2 亿元,增长 7.6%,其中,基本养老保险基金预算收入 873 亿元,基本医疗保险基金预算收入 409 亿元,失业保险基金预算收入 20 亿元,工伤保险基金预算收入 17.9 亿元，生育保险基金预算收入 8.3 亿元。

——全市社会保险基金预算支出 1218.8 亿元,增长 10.7%,其中,基本养老保险基金预算支出 786.1 亿元，基本医疗保险基金预算支出 384.1 亿元，失业保险基金预算支出 15.8 亿元，工伤保险基金预算支出 19.2 亿元，生育保险基金预算支出 13.6 亿元。加上结转下年支出 109.4 亿元后,支出总计 1328.2 亿元。

(二)市级一般公共预算执行情况(表 4)

1.收入执行情况

市本级一般公共预算收入 836.5 亿元,同口径增长 8.9%。其中,税收收入 516.3 亿元,同口径增长 6.9%,主要是受营改增等因素影响;非税收入 320.2 亿元,增长 12.1%。

市本级一般公共预算收入加上中央补助收入 1516.0 亿元、地方政府债券收入 760.1 亿元、区县上解收入 58.7 亿元、调入预算稳定调节基金 51.4 亿元、上年结转收入 91.7 亿元、调入资金 50.5 亿元后,收入总计 3364.9 亿元。

2.支出执行情况

市本级一般公共预算支出 1124.7 亿元,增

表4　2016年市级一般公共预算收支平衡情况

单位：亿元

收　入	执行数	支　出	执行数
总　计	3364.9	总　计	3364.9
一、本级收入	836.5	一、本级支出	1124.7
税收	516.3	二、转移性支出	2240.2
非税	320.2	上解中央	23.2
二、转移性收入	2528.4	补助区县	1328.6
中央补助	1516.0	地方政府债务还本支出	247.4
区县上解	58.7	安排预算稳定调节基金	62.7
调入预算稳定调节基金	51.4	转贷地方政府债券支出	488.2
调入资金	50.5	结转下年	90.1
地方政府债券收入	760.1		
上年结转	91.7		

长3.6%，加上市对区县补助支出1328.6亿元、上解中央支出23.2亿元、转贷地方政府债券支出488.2亿元、地方政府债务还本支出247.4亿元、安排预算稳定调节基金62.7亿元、结转下年支出90.1亿元后，支出总计3364.9亿元。

——市本级一般公共服务支出58.1亿元，补助区县0.9亿元。主要用于保障党委、人大、政府、政协、民主党派和群众团体等履行职能。

——市本级公共安全支出61.3亿元，补助区县16.3亿元。主要用于保障公安、检察、法院、司法等单位依法履职，维护公共安全和社会公平正义。

——市本级教育支出98.3亿元，补助区县96.8亿元。主要用于提高财政教育经费保障水平。完善财政资金补助政策，扩大普惠性学前教育资源。推进薄弱学校改造计划，改善城乡义务教育办学条件。加快实训基地和重点专业建设，提升职业教育教学质量。支持重点学科、特色专业建设，促进高等教育内涵发展。推进一流高校和一流学科建设，支持高校科技创新。统筹教育资源，发展特殊教育、民办教育和成人教育等。

——市本级科学技术支出19.6亿元，补助区县1.2亿元。主要用于支持重点基础性研究，促进应用研究。培养高端创新人才和团队，增强源头创新能力。推动重大科技创新研发平台建设，支持搭建“众创空间”和孵化器等科技服务平台，完善科技创新条件和服务。实施国家高新技术产业培育计划，支持共性关键技术创新。采用事后补贴和以奖代补等方式，引导企业加大研发投入。壮大科技股权投资引导基金规模，充分发挥政府引导基金作用，撬动更多社会资本参与天使投资和创业投资。保障科学技术普及、社会科学研究和知识产权保护等投入。

——市本级文化体育与传媒支出13.9亿元，补助区县5.7亿元。主要用于保障文化、体育、广播电视、新闻出版等支出。深化文艺院团改革，提供公益性文化艺术产品和服务。支持图书馆、博物馆、体育馆等公益文体场馆向社会免费或低收费开放。健全城市社区和农村贫困地区公共文化服务网络。支持文艺创作和文化创意产业发展。加强文物保护，传承历史文化遗产。发展群众性和竞技性体育。支持传统和新兴媒体融合发展。

——市本级社会保障和就业支出332.9亿元，补助区县106亿元。主要用于保障社保、就业、民政、残联等支出。提供公共就业服务，扶持“大众创业”。加大城镇企业职工和城乡居民养老保险财政补助力度。落实社会救助和保障标准与物价上涨挂钩的联动机制，提高城乡低保、城市“三无”、农村“五保”和重点优抚对象保障水平,为困难群众发放猪肉补贴,实行自然灾害生活救助,保障困难群众基本生活。支持残疾人就业和脱贫,促进社会福利和红十字事业发展。

——市本级医疗卫生与计划生育支出31.6亿元,补助区县142亿元。主要用于保障卫生、计生、中医药和食品药品监管等支出。落实医药卫生体制改革政府投入责任,推进市级和区县公立医院综合改革,兑现基层医疗卫生机构和乡村医生等补助政策,提高城乡居民医疗保险和基本公共卫生服务财政补助标准。建立分级诊疗制度,健全重特大疾病保障机制。完善医疗救助体系,推进健康扶贫。保障群众食品药品安全。

——市本级节能环保支出25.6亿元,补助区县72.6亿元。主要用于保障节能环保相关支出。开展污水、垃圾处理和大气、土壤污染防治,实施主要污染物总量减排。保护农村环境和天然林资源,治理湖泊、水库污染,开展江河综合整治,建设生态安全防护带。开展医疗和工业等固体废弃物污染防治,保障环境监测与监察执法。发展循环经济,促进资源综合利用。发展可再生能源,促进能源节约利用。建立生活垃圾异地处理奖补机制。支持新能源汽车推广应用。建设和改造农村电网。

——市本级城乡社区支出150.7亿元,补助区县22.2亿元。主要用于保障建设、规划、市政、园林等支出。加快城市道路、桥梁、隧道等城市基础设施建设,支持海绵城市、城市地下管廊试点。推进PPP模式改革,引导社会资本投入。加强城乡社区规划与管理,开展市容环境和卫生整治。保障市政道路照明、主城公厕等公共设施运行维护,加快小城镇道路、燃气、水电等基础设施建设。规范工程建设编制标准,加强建筑工程质量、安全、勘察设计等监督和市场管理。促进发展绿色建筑,支持农民新村完善功能。

——市本级农林水支出60.1亿元,补助区县157.6亿元。主要用于保障农业、林业、水利、扶贫和农业综合开发等支出。助推精准脱贫,开展农村基础设施建设和高山生态扶贫搬迁。兑现涉农补贴,促进耕地地力保护和粮食适度规模经营。发展特色农业产业,推进高标准农田建设,提高农产品质量。实施新一轮退耕还林,加强森林、湿地保护和公益林管护。实现主要农产品种养殖保险全覆盖,扩大农产品价格保险试点范围。支持大中型水库建设和山坪塘整治,保障农村生产生活用水安全。实施村级公益事业"一事一议"财政奖补。落实涉农贷款奖励等政策,引导金融资源向农村倾斜。

——市本级交通运输支出179.3亿元,补助区县51.4亿元。主要用于保障公路、铁路、航空、水运、港口等交通运输事务支出。加快高速公路、港口和铁路等综合交通枢纽建设,支持江北机场新建第三跑道和T3航站楼建设。推动城市轨道和公交站场等交通设施建设,提升城市公共交通运行水平。落实城市轨道和公交优惠政策,兑现公共交通运营补贴。推进国道、省道和农村公路建设,加强公路养护和港口设施维护,实施农村客运保险补贴。

——市本级工业商业金融等支出34亿元,补助区县29.9亿元。主要用于保障工业、商业、金融、旅游、安全监管等支出。推动汽车、电子等传统优势企业技术改造和稳产增效,支持互联网+、智能制造等战略性新兴产业发展。促进冷链物流和电子商务进农村示范建设,打造跨境电商公共服务平台和加工贸易产业示范园,支持转口贸易和服务贸易发展。推动旅游公共服务和智慧旅游建设。加强安全生产监管、安全隐患治理和应急救援。支持粮油物资储备和电力、电煤供应,平衡供需矛盾。设立转贷应急周转金,建立政府、银行、担保公司小微贷款风险三方共担机制,实施创业补助、财政贴息、保费补贴和场租补贴等政策,支持中小微企业发展。兑现财税奖补政策,促进企业在资本市场挂牌上市。保障金融监管投入,防控非法集资、金融诈骗等风险。

——市本级国土海洋气象等支出24.6亿元,补助区县3.6亿元。主要用于保障国土、气象、测绘、地震、勘探等支出。开展土地整治，落实耕地保护政策。促进矿产资源保护和开发，支持战略性新兴资源勘探。支持开展地质灾害监测和治理。保障气象预报预测服务。加强防震减灾基础信息管理。支持测绘工程建设。

——市本级住房保障支出19.5亿元，补助区县41.2亿元。主要用于支持城市棚户区、国有企业棚户区改造，加快配套基础设施建设和修缮加固。推进农村危旧房改造，改善农村人居环境。保障公租房平稳有序运行。

——市对区县财力补助579.3亿元。主要用于提升区县财力水平和统筹能力，保障区县正常运转，提高基本公共服务均等化水平。

（三）市级政府性基金预算执行情况（表5）

表5　2016年市级政府性基金预算收支平衡情况

单位：亿元

收　　入	执行数	支　　出	执行数
总　计	1880.0	总　计	1880.0
一、本级收入	836.8	一、本级支出	470.3
二、转移性收入	1043.2	二、转移性支出	1409.7
中央补助	95.5	补助区县	545.8
区县上解	43.0	调出资金	37.4
地方政府债券收入	810.3	地方政府债务还本支出	94.9
上年结转	94.4	转贷地方政府债券支出	604.3
		结转下年	127.3

1.收入执行情况

市本级政府性基金预算收入836.8亿元，下降11.3%，加上中央补助收入95.5亿元、地方政府债券收入810.3亿元、上年结转收入94.4亿元、区县上解收入43.0亿元后，收入总计1880.0亿元。

——国有土地使用权出让收入774.9亿元，下降9.5%。

——新增建设用地土地有偿使用费收入20.9亿元，下降4.8%。

2.支出执行情况

市本级政府性基金预算支出470.3亿元，下降11.7%，加上补助区县545.8亿元、转贷地方政府债券支出604.3亿元、地方政府债务还本支出94.9亿元、结转下年支出127.3亿元、调出资金37.4亿元后，支出总计1880.0亿元。

——市本级社保就业及文体传媒支出0.9亿元。主要是支持破产改制企业职工安置。

——市本级城乡社区及农林水支出451亿元。主要是保障土地整治和征地拆迁补偿支出，加快城市轨道、交通物流、市政、水利等重大项目和园区等基础设施建设，支持三峡库区生态环境保护和产业发展，落实危旧房、城中村改造政策等支出。

——市本级交通运输支出8.6亿元。主要是支持机场和港口建设。

（四）市级国有资本经营预算执行情况（表6）

表6　2016年市级国有资本经营预算收支平衡情况

单位：亿元

收　　入	执行数	支　　出	执行数
总　计	71.7	总　计	71.7
一、本级收入	58.5	一、本级支出	52.2
二、转移性收入	13.2	二、转移性支出	19.5
中央补助	10.5	调出资金	6.2
上年结转	2.7	补助区县	10.5
		结转下年	2.8

1.收入执行情况

市本级国有资本经营预算收入58.5亿元，增长5.4%，加上中央补助收入10.5亿元、上年结转收入2.7亿元后，收入总计71.7亿元。

——利润收入58.4亿元，主要是市国资委监管企业上缴利润。

——其他收入0.1亿元，主要是国有企业上缴的股利股息收入和产权转让收入等。

2.支出执行情况

市本级国有资本经营预算支出52.2亿元，增长47.1%，加上调出资金6.2亿元、补助区县10.5亿元和结转下年支出2.8亿元后，支出总计71.7亿元。

——解决历史遗留问题及改革成本支出11亿元。主要用于棚户区改造、供给侧结构性改革中的人员分流安置等。

——国有企业资本金注入5.1亿元。

——其他支出36.1亿元。主要用于回购重庆机场集团和政府购买污水处理服务等。

——调出到一般公共预算的6.2亿元，主要用于贫困地区产业扶贫和基础设施建设，以及支持小微企业发展和兑现困难企业养老保险补贴等。

（五）落实市人大预算决议情况

2016年，全市财政认真贯彻落实市委决策部署，按照市四届人大四次会议有关决议和市人大财经委审查意见，依法理财、深化改革，扎实推进各项财政工作，全市财政运行总体平稳，促进了全市经济社会持续健康发展。

第一，推动供给侧结构性改革，促进结构调整和产业转型升级。

围绕供给侧结构性改革主线，发挥财税政策和资金作用，提升供给体系质量和效益，支持实体经济发展，促进经济平稳较快增长。全面推开营改增，落实西部大开发、小微企业和高新技术企业等税收优惠政策，减轻了企业税负。降低养老保险、医疗保险和失业保险单位缴费费率，拓宽困难企业低费基社保缴费政策覆盖范围，落实行政事业性收费和政府性基金减免政策，向企业和个人普遍性降费125亿元。兑现贷款贴息、政策性转贷、担保费补贴和风险补偿等政策，降低企业融资成本。支持传统支柱产业健康发展，促进企业技术改造和转型升级。改革财政扶持产业资金分配使用方式，发挥产业引导股权投资基金和战略性新兴产业基金作用，以财政资金杠杆效应带动社会资本投入，加快培育十大战略性新兴制造业、十大战略性新兴服务业和七大农业特色产业链。统筹一般公共预算、政府性基金和政府债券，整合财政存量资金，市级筹措390亿元支持重点基础设施和公益项目建设。多层次筹集资金，设立200亿元城市基础设施建设基金，以市场化运作加快重大基础设施建设。全年发行地方政府债券1570.4亿元，平均利率为2.95%，债券资金70%用于区县，其中发行置换债券1164.4亿元，保障到期债务偿还和高息债务置换，节省利息支出约55亿元。同时，以银行贷款利率下调为契机，协商债权人调整平台公司政府性债务合同利率，降低债务融资成本33亿元。争取新增债券406亿元，缓解资金筹集压力，支持铁路轨道、扶贫搬迁、土地收储等全市重点项目建设。安排40亿元，对钢铁、煤炭等行业化解过剩产能实行奖补。安排5.8亿元，支持重点区县转岗培训、职业技能培训等，保障化解过剩产能职工安置。安排9.5亿元，推进国有企业职工家属区“供水、供电、供气、物业”分离移交改革。

第二，优先保障和改善民生，提高基本公共服务水平。

围绕市委保障和改善民生决策部署，积极应对减收增支压力，坚持新增财力优先向基本民生倾斜，脱贫攻坚、就业、社保、教育、卫生、安全和文化等重点支出落实到位。安排专项财政资金，支持贫困地区产业发展和改善生产生活条件，支持开展精准就业扶贫；将非寄宿制学生纳入伙食费补助范围，延长中职学生生活费、住宿费补助时限，增加高等教育助学贷款额度；支持区县设立扶贫济困医疗基金，提高医疗救助报销比例；帮助重点区县脱贫摘帽和贫困村脱贫。安排16亿元，将基本公共卫生服务财政补助标准由人均40元提高到45元，支持住院医师规范化培训。安排3.3亿元，落实市和区县两级公立医院综合改革补偿机制。安排35.9亿元，完成行政村卫生室标准化改造，保障基层医疗卫生机构正常运转。安排103.4亿元，将城乡低保人员保障标准分别提高到月均460元和300元，将城市“三无”人员和农村“五保”对象保障标准统一提高到月均600元，加大城乡医疗救助、自然灾害生活救助和临时救助等社会救助力度，保障重点优抚对象和其他生活困难人群基本生活。筹集60.5亿元，提高企业、机关事业单位及农转非退休人员养老保险待遇。安排112亿元，将城乡居民医疗保险财政补助标准由人均380元提高到420元。扩大失业保险稳岗政策实施范围，引导企业不裁员、少裁员。筹集0.4亿元，提高工伤保险待遇。落实各项财政教育投入政策，提高学前教育到高等教育学校经费保障水平，健全民办教育财政扶持机制，完善各教育阶段家庭经济困难学生财政资助政策，实施集中连片贫困地区中小学营养改善计划，落实乡村教师岗位生活补助。支持生态环境保护，加快棚户区改造，营造健康优良的居住环境。

第三，落实财税扶持政策和资金，加快推进以科技创新为核心的全面创新。

认真贯彻落实市委四届九次全会精神，按照市委《关于深化改革扩大开放加快实施创新驱动发展战略的意见》要求，把财政政策和资金的着力点放在优化财税环境、引导创新资源配置和弥补市场失灵上来。深化改革盘活存量，滚动预算做实增量，保障科技创新财政投入落实到位，支持基础性、公益性、共性关键技术研发和重点领域、重点区域创新发展。转变财政对科技创新扶持方式，通过科技风险投资基金市场化运作，推进产业技术升级和企业技术创新。落实企业研发准备金税前加计扣除政策，对企业新增研发投入给予财政奖励，实施重大新产品研发成本补助和高层次人才引进奖补，引导企业加大研发投入。推进科研项目经费管理制度改革，下放预算和经费管理等权限，高校和科研院所可自行采购科研仪器设备，自行制定符合实际的差旅费、会议费等管理办法。坚持“放、管、服”相结合，加强政策资金落实情况督察，创新财政财务服务方式，激发科研机构和科研人员积极性。

第四，推进转移支付、营改增等重点改革，完善财税管理体制机制。

以转移支付制度改革和营改增后市与区县收入划分调整为重点，建立健全适应重庆发展战略的财税体制。落实《关于改革和完善市对区县转移支付制度的意见》，跟进制定市级《一般性转移支付管理办法》和《专项转移支付管理办法》。全年市对区县转移支付总量1328.6亿元，其中一般性转移支付占比提高到58%，市级专项转移支付数量减少45项，切块下达区县专项转移支付占比提高到近60%，区县间和区域间人均财力差异控制在合理范围内。建立农业转移人口市民化奖补机制，支持承接人口转移。积极应对减税降费等因素对区县收支平衡带来的影响，通过锁定税收返还基数、增加财力补助等方式，保障区县财政平稳运行。支持区县法院、检察院财物上划市级统管等司法体制改革，推进工会、团委、妇联等群团改革试点和审计管理体制改革。深化政府购买公共服务改革。

第五，规范和加强财政管理，提高财政资金使用绩效。

贯彻落实《预算法》，坚持改革与管理并重，切实提高依法理财能力和水平。按照全面规范、公开透明的改革要求，推进预决算公开，扩大公开范围，细化公开内容，丰富公开形式，将除涉密部门外169个市级预算单位的预决算全部向社会公开。试编2016—2018年中期财政规划，将全市重大项目和重点支出统筹纳入三年滚动预算综合平衡，增强政府预算前瞻性和约束性。积极应对平衡压力，通过“腾退调”等方式，调整优化支出结构，缓解财政收支矛盾。将有限的财力从无效、低效的项目中腾退出来，激活趴在账上的存量资金，优先用于保障各类人群待遇提标增支和重大社会民生政策落实。自觉接受市人大和人大代表对财政资金预算绩效的监督，对6个部门45个项目进行绩效目标重点审核，对28个部门50个项目开展绩效重点评价，评价结果成为资金分配和改进管理的重要依据。制定政府债务管理办法，建立健全长效机制。严格落实限额管理，保持合理债务规模。切实加强沟通协调，加快存量政府债务置换。严肃政府债务管理财经纪律，督促和指导区县加强审计问题整改，防范财政金融风险。注重审计监督成果运用，开展财政监督检查，加强乡镇街道财政管理和村级财务监督。推进行政事业单位国有资产清理核查。做好国库管理、非税收缴、政府采购、财务会计、投资评审、财政票据和财政信息化等基础工作。

2016年，全市财政运行总体平稳，为“十三五”良好开局奠定了基础。但随着经济发展进入新常态，财政收入增速趋缓的态势还将延续，财政运行也面临一些挑战和困难。一是平衡压力更大。随着经济增速持续放缓，加之结构性减税等减收因素，新增财力和调剂空间更为有限。二是改革任务更重。随着转移支付、财税体制调整、财政事权与支出责任划分等改革深入推进，逐步触及一些深层次矛盾，利益格局调整难度进一步加大。三是管理要求更高。《预算法》、《重庆市预算审查监督条例》对财政管理水平和干部能力素质都提出了更高更严要求，但现行管理理念、管理方式和管理手段还难以完全与之相适应。审计监督和财政检查也发现，财政资金分配、使用和监管还存在不少薄弱环节，一些违反财经法规和纪律的现象仍有发生，甚至“屡查屡犯”。对此，应高度重视，采取有效手段、有力措施切实加以解决。

二、2017年预算草案

2017年预算编制指导思想：更加紧密团结在以习近平同志为核心的党中央周围，全面贯彻落实党的十八大、十八届三中四中五中六中全会和中央经济工作会议精神，深入贯彻习近平总书记系列重要讲话、视察重庆重要讲话精神和治国理政新理念新思想新战略，统筹推进“五位一体”总体布局和协调推进“四个全面”战略布局，坚持稳中求进工作总基调，牢固树立和贯彻落实新发展理念，适应把握引领经济发展新常态，坚持以提高发展质量和效益为中心，坚持以推进供给侧结构性改革为主线，大力发展实体经济，更加注重经济结构调整和动力转换，更加注重供给与需求良性互动，更加注重改革开放与创新驱动，更加注重各功能区域和城乡协调发展，更加注重生态保护和绿色发展，更加注重风险防范和管控，促进经济平稳健康发展和社会和谐稳定。

按照《预算法》、国务院《关于编制2017年中央预算和地方预算的通知》和全国财政工作会议精神，根据《重庆市预算审查监督条例》，2017年预算编制着重把握以下原则：一是围绕市委重大决策部署，有效实施积极的财政政策，继续落实和完善营改增等减税降费政策，减轻企业负担，更好发挥财政政策和资金在经济社会发展中的重要作用。二是实事求是、积极稳妥安排收入预算，充分考虑经济社会发展、营改增后收入划分调整、落实减税降费政策等因素影响。三是有促有控、统筹兼顾安排支出预算，调整优化支出结构，优先保障中央和市委已做出决策的民生支出和重点支出，推进基本公共服务均等化。四是深化财税体制改革，盘活财政存量资金，加强财政监管，提高资金使用绩效。五是加强政府性债务管理，合理控制债务规模，规范债务举借行为，完善风险预警和考核机制，制定风险应急处置预案，防范和控制区域性、系统性财政金融风险。

（一）2017年财政保障重点和主要支出政策

一是把现代服务业、战略性新兴产业等高端要素流入作为转移支付分配因素，支持拓展区加快发展。实施地方税收全留的“不取多予”政策，加大转移支付倾斜力度，渝东南和渝东北基本运转、民生兜底和生态保护。落实三峡后续扶持政策。全面完成市委确定的市对区县转移支付改革目标任务，促进差异发展、协调发展和联动发展。

二是加快产业转型升级和发展动力转换方面主要支出政策。兑现减税降费政策，支持钢铁、煤炭等行业去产能，推动供给侧结构性改革。落实支持创新驱动发展政策和资金，深化财政科研项目经费管理改革。支持两江新区、重庆自贸试验区、保税港区、开发区和工业园区开发开放，推进中新（重庆）战略性互联互通示范项目建设。优化财政扶持方式，更加注重通过后补助、贷款贴息、产业引导股权投资等手段，推动支柱产业、战略性新兴制造业和现代服务业发展，促进创业创新和中小微企业发展，推动民营经济健康发展，营造支持实体经济发展的良好环境。支持融入“一带一路”和长江经济带发展战略。

三是决战决胜脱贫攻坚方面主要支出政策。不折不扣落实市委脱贫攻坚政策，建立防止返贫、巩固脱贫成果的长效机制。在贫困区县深入推进财政涉农资金统筹整合使用试点，增强脱贫脱困能力。加强农村低保与扶贫开发政策衔接。支持区县发挥扶贫济困医疗基金作用，防止“因病致贫”。完善财政教育资助体系，改善贫困地区义务教育办学条件，缓解贫困家庭学生就学经济困难。深化农业项目财政补助资金股权化改革，拓宽贫困家庭财产性增收渠道。

四是新型城镇化建设和农业农村转型发展方面主要支出政策。支持铁路、高速公路等通道建设，促进城乡互联互通，培育一批特色小镇，优化城镇空间布局。保障城市轨道、道路等基础设施建设和城市地下综合管廊、海绵城市试点，提升城市功能。支持深化地票制度改革、农村产权流转交易、农村集体经营性建设用地等工作，促进城乡要素流动。优化投融资体制，继续在基础设施建设和公共服务领域稳步推进 PPP 改革试点，强化支出责任预算约束，规范引导社会资本投资。支持农村公路和水利建设，加快危旧房改造。健全农业支持保护体系，鼓励农业适度规模经营。探索财政支农新机制，构建现代农业产业体系。支持农业供给侧结构性改革。

五是生态环境保护方面主要支出政策。巩固生态保护财力补偿机制，完善生态功能区转移支付制度。支持环保监测监察执法垂直管理制度改革。落实专项资金，支持“环保五大行动”和总量减排。落实城市污水、垃圾处理政府购买服务资金，补助乡镇污水处理和农村垃圾收运处理。推进农村环境连片整治，建设“美丽乡村”。加强林地、森林、湿地保护，建设三峡库周生态安全、城镇安全和地质安全保护带。支持国有林场改革，推进水土流失综合治理。调整新能源汽车补贴机制，发展清洁能源，促进节能减排。

六是保障和改善民生方面主要支出政策。支持民生实事滚动实施。巩固完善城乡义务教育经费保障机制。健全财政文化投入机制。强化公共就业创业服务，扩大重点群体就业。支持医药卫生体制改革，健全市级公立医院取消药品加成后的财政补偿机制，提高基本公共卫生服务和医疗保障水平。坚持精算平衡原则，合理确定机关事业单位和企业退休人员养老金水平，开展生育保险和医疗保险合并试点，推动完善划转国有资本充实社保基金机制，增强工伤保险、养老保险等社保基金运行可持续性。加强各类社会救助政策的衔接，充分发挥托底作用。提高计划生育服务水平。提升食品药品监管能力。

（二）全市财政收支预算草案

一般公共预算（表 7）。全市一般公共预算收入预计 2349 亿元，同口径增长 8.5%，其中，税收收入预计 1492 亿元，同口径增长 8.5%。全市一般公共预算收入加上中央提前下达转移支付、调入预算稳定调节基金等 1458 亿元后，收入总计 3807 亿元。全市一般公共预算支出安排 3779 亿元，加上上解中央支出 28 亿元后，支出总计 3807 亿元。

政府性基金预算（表 8）。全市政府性基金预算收入预计 1300 亿元，加上中央提前下达的转

表 7　2017 年全市一般公共预算收支平衡情况

单位:亿元

收　入	预算数	支　出	预算数
总　计	3807	总　计	3807
一、本级收入	2349	一、本级支出	3779
税收	1492	二、转移性支出	28
非税	857	上解中央	28
二、转移性收入	1458		
中央补助	1318		
调入预算稳定调节基金	87		
调入资金	53		

表 8　2017 年全市政府性基金预算收支平衡情况

单位:亿元

收　入	预算数	支　出	预算数
总　计	1363	总　计	1363
一、本级收入	1300	一、本级支出	1333
二、转移性收入	63	二、转移性支出	30
中央补助	63	调出资金	30

移支付收入63 亿元后,收入总计 1363 亿元。全市政府性基金预算支出安排 1333 亿元,加上调出资金 30 亿元后,支出总计 1363 亿元。

国有资本经营预算(表 9)。全市国有资本经营预算收入预计 67 亿元。全市国有资本经营预算支出安排 44 亿元, 加上调出资金 23 亿元后,支出总计 67 亿元。

表 9　2017 年全市国有资本经营预算收支平衡情况

单位:亿元

收　入	预算数	支　出	预算数
总　计	67	总　计	67
一、本级收入	67	一、本级支出	44
		二、转移性支出	23
		调出资金	23

社会保险基金预算。全市社会保险基金预算收入预计 1498 亿元,增长 12.7%,其中,基本养老保险基金收入 1026 亿元,基本医疗保险基金收入 426 亿元,失业保险基金收入 18 亿元,工伤保险基金收入 19 亿元, 生育保险基金收入 9 亿元。全市社会保险基金预算支出安排 1469 亿元,增长 20.5%,其中,基本养老保险基金支出 1025 亿元,基本医疗保险基金支出 395 亿元,失业保险基金支出 16 亿元,工伤保险基金支出 19 亿元,生育保险基金支出 14 亿元。加上结转下年支出 29 亿元后,支出总计 1498 亿元。

(三)市级一般公共预算收支预算草案(表 10)

1.收入预算情况

市本级一般公共预算收入预计 871 亿元,

表 10　2017 年市级一般公共预算收支平衡情况

单位:亿元

收　入	预算数	支　出	预算数
总　计	2302	总　计	2302
一、本级收入	871	一、本级支出	1084
税收	525	二、转移性支出	1218
非税	346	上解中央	28
二、转移性收入	1431	补助区县	1190
中央补助	1318		
区县上解	48		
调入预算稳定调节基金	46		
调入资金	19		

同口径增长 8.5%,其中税收收入预计 525 亿元,同口径增长 8.5%；非税收入 346 亿元，增长 8.5%。

市本级一般公共预算收入加上中央提前下达转移支付 1318 亿元、调入预算稳定调节基金 46 亿元、调入资金 19 亿元、区县上解收入 48 亿元后,收入总计 2302 亿元。

2.支出预算情况

市本级一般公共预算支出安排 1084 亿元,加上市对区县转移支付 1190 亿元、上解中央支出 28 亿元后,支出总计 2302 亿元。

——市本级一般公共服务支出安排 72.1 亿元。

——市本级公共安全支出安排 82.2 亿元,补助区县 5.2 亿元。

——市本级教育支出安排 101.8 亿元,补助区县 77.8 亿元。

——市本级科学技术支出安排 15.6 亿元,补助区县 0.8 亿元。

——市本级文化体育与传媒支出安排 13.9 亿元,补助区县 1.4 亿元。

——市本级社会保障和就业支出安排 273.4 亿元,补助区县 75.9 亿元。

——市本级医疗卫生与计划生育支出安排 40.4 亿元,补助区县 145.5 亿元。

——市本级节能环保支出安排 23.3 亿元,补助区县 18.8 亿元。

——市本级城乡社区支出安排 132.6 亿元,补助区县 17.4 亿元。

——市本级农林水支出安排 34.4 亿元,补助区县 90.6 亿元。

——市本级交通运输支出安排 154.9 亿元,补助区县 83 亿元。

——市本级工业商业金融等支出安排 39.2 亿元,补助区县 10.1 亿元。

——市本级国土海洋气象等支出安排 25.7 亿元,补助区县 8 亿元。

——市本级住房保障支出安排 22.5 亿元,补助区县 15.5 亿元。

——其他支出安排 23.8 亿元。

——预备费安排 15 亿元。

——市对区县财力补助 640.2 亿元。

(四)市级政府性基金预算草案(表 11)

市本级政府性基金预算收入预计 696 亿元，主要包括国有土地使用权出让金收入 652 亿元。加上中央补助 63 亿元后，收入总计 759 亿元。

市本级政府性基金预算支出 482 亿元,加上补助区县 267 亿元、调出资金 10 亿元后,支出总计 759 亿元。主要是成本性支出 459 亿元、社会事业发展支出 9 亿元、基础设施建设支出 120 亿元、开发区及园区建设支出 77 亿元。

表 11 2017 年市级政府性基金预算收支平衡情况

单位:亿元

收　入	预算数	支　出	预算数
总　计	759	总　计	759
一、本级收入	696	一、本级支出	482
二、转移性收入	63	二、转移性支出	277
中央补助	63	补助区县	267
		调出资金	10

表 12 2017 年市级国有资本经营预算收支平衡情况

单位:亿元

收　入	预算数	支　出	预算数
总　计	35	总　计	35
一、本级收入	35	一、本级支出	26
		二、转移性支出	9
		调出资金	9

(五)市级国有资本经营预算草案(表 12)

市本级国有资本经营预算收入预计 35 亿元，主要是国有企业生产经营上缴的利润收入等。

市本级国有资本经营预算支出安排 26 亿元,加上调出资金 9 亿元后,支出总计 35 亿元。本级支出主要是解决历史遗留问题及改革成本支出 12 亿元、国有企业资本金注入 7 亿元、其他国有资本经营预算支出 7 亿元；调出到市级一般公共预算的 9 亿元,主要是用于精准扶贫、支持小微企业发展、补贴困难企业养老保险等。

需要说明的是,按照《预算法》规定,年初已提前安排部分亟须的市本级基本支出和对区县的转移支付等资金。在经本次人民代表大会批准后,将按批准的预算执行。

三、深化财税改革和加强财政管理,全面完成 2017 年工作任务

2017 年,将迎来党的十九大,迎来市第五次党代会和重庆直辖 20 周年,做好全年各项工作意义重大。我们将认真贯彻落实《预算法》和《重庆市预算审查监督条例》,围绕市委重大决策部署,迎难而上、积极作为,确保完成各项财政工作目标任务。

第一，更好发挥税制改革对促进实体经济发展的积极作用。按照中央部署安排,及时跟进推动各项税制改革,把着力点放在用好用足财税政策促进实体经济发展上来。进一步加强全面推开营改增后的跟踪分析,掌握试点运行情况,抓好改革后续工作,让改革红利真正惠及实体经济。进一步增强消费税在引导节能减排和调节收入分配等方面的作用。继续做好全面推开资源税从价计征改革,建立税收与资源价格直接挂钩的调节机制,促进资源集约节约利用。稳步推进综合与分类相结合的个人所得税制度改革。跟进房地产税、环境保护税等改革,配合开展健全地方税体系工作。继续落实各项减税降费政策,降低企业运行成本,促进经济平稳发展。

第二,启动财政事权与支出责任划分改革。在中央的改革框架下，制定市与区县财政事权和支出责任划分改革总体方案。跟进中央部署,启动行业领域专项改革，逐项清理市与区县两级政府间的支出责任,明确合理分担机制。适度加强市级在保障基本公共服务均等化、维护公平统一市场环境、建立区县法检、审计上划后的经费保障机制，完善公交轨道营运等财政管理机制。逐步将与居民生活密切相关的基本公共服务明确为区县财政事权，完善中小学、市政设施、公园等下划区县管理的运行机制。逐步细化明确市与区县承担的共同事权支出责任。

第三，深化预算管理改革。全面推开市级部门预算和区县财政管理综合评价，将《预算法》要求落实到部门预算编报、执行、决算、监督、公开等各个环节，建立审计整改长效机制，提升预算管理水平。制定市级专项资金管理办法，提高项目管理信息化水平，实施目录管理，细化项目要素，规范资金分配。扩大绩效目标重点审核范围，推动重点项目过程跟踪和绩效评价，增强花钱责任意识和效率意识。深入推进预决算信息公开，单独编制市对区县转移支付预算草案，并将转移支付安排、政府债务举借、预算绩效工作开展等情况在公开信息中予以说明，推动财政制度和财税政策公开常态化。进一步加强区县、乡镇(街道)财政工作和村级财务监督指导。

第四，建立财政预算滚动平衡机制。主动应对减收增支矛盾，更新理财观念，实施滚动平衡，将2017年各项重大决策部署落到实处，确保财政可持续运行。实行项目支出零增长，新增支出主要通过调整支出结构予以平衡。对安排部门两年仍未全部实现支出所形成的结转资金和年初下达到部门但9月底仍未分配的专项资金，一律收回财政，统筹用于年度中急需项目。关注人均财力较低、收入增长较慢和保障人口基数较大的区县，保障区县财政平稳运行。对到期债务偿还压力较大的，指导区县积极筹措资金偿还到期债务，严防资金断链。对政府债务风险较重的，支持区县加大存量债务化解力度，防范财政金融风险。

各位代表！站在新的起点，踏上新的征程。我们将在市委的坚强领导下，在市人大的监督下，全面贯彻落实各项重大决策部署，坚持少说多干、敢于担当、积极作为，扎实推进各项财政工作，为保障全市经济平稳健康发展和社会和谐稳定贡献力量！

第二编
经济与社会发展综述

2016年重庆市经济社会发展情况

重庆市发展和改革委员会

2016年，我市全面贯彻党的十八大和十八届三中四中五中六中全会精神，深入贯彻习近平总书记系列重要讲话和视察重庆重要讲话精神，牢固树立创新、协调、绿色、开放、共享的新发展理念，紧扣供给侧结构性改革主线，全市经济社会发展保持稳中有进、稳中向好的势头。全市生产总值总量达到17559亿元，增长10.7%；规上工业、服务业增加值分别增长10.3%、11%，固定资产投资、社会消费零售总额分别增长12%、13.2%，一般公共预算收入、规上工业企业利润、居民人均可支配收入分别增长7.1%、12%和9.6%，较好地完成全年主要目标任务，实现“十三五”良好开局。

一、着力推进重大项目建设，扩大重点领域有效投资

投资总量稳中有进，投资结构持续优化。全年完成投资17361亿元，增长12.1%。市级重点项目加快推进，完成投资4520亿元。互联互通重大基础设施建设提速，基础设施投资增长30%。新增高速公路292公里、新增铁路301公里，196公里轨道交通在建工程加快推进。机场集团移交我市管理，江北国际机场T3A航站楼和第三跑道建成，旅客吞吐量达到3580万人次。四大枢纽水港建设强力推进，全市港口货物和集装箱吞吐量分别增长9.6%、15.8%。工业投资5664亿元，增长13.5%，其中十大战略性新兴制造业投资超过1000亿元。制定《进一步做好民间投资有关工作分工方案》，积极推进PPP投融资、国有企业混合所有制等改革，带动民间投资增长11%，占全社会投资比重超过50%。

二、着力推动产业集群发展，新的经济增长极加快形成

坚持调优存量、做优增量，推动产业上中下游垂直整合和集聚共生，加速先进制造业与生产性服务业融合。支柱产业运行稳健，战略性新兴产业加速推进，特色效益农业提速提质。三次产业结构比为7.4：44.2：48.4。一是传统支柱产业动能不减。电子信息产业高端品牌加速集聚，大宗订单持续增长。电子制造和汽车产值分别增长17.7%和11.7%，对工业增长贡献率达到59%。装备、化医、消费品等行业产值分别增长9.3%、7.5%和11.7%。二是十大战略性新兴制造业加快发展，实现产值2700亿元，增长50%以上。新型显示、集成电路全产业链体系基本构建，新能源汽车、工业机器人、生物医药、节能环保等产业快速增长。三是十大战略性新兴服务业加速崛起，带动服务业增加值占比提高0.7个百分点。中央商务区高端要素不断积聚，国家大数据综合试验区获批，互联网和相关服务业营业收入增长40%以上。金融业增加值占比提高到9.4%。跨境人民币结算超过2000亿元，服务外包营业收入增长45.1%，软件和信息服务业增长20%，文化产业增长值增长13%。消费实现较快增长，新兴消费业态加快培育。社会消费品零售总额达7271亿元，对经济增长的支撑作用进一步增强。批发、零售、餐饮、住宿、交通等服务业提质增效，商品销售总额突破2.3万亿元，外来消费占比超过30%。实施十大扩消费行动，信息消费、健康养老、旅游休闲等新兴消费快速发展，旅游总收入增长17.5%。实施“互联网+流通”

行动计划,全市电子商务交易额增长30%以上。四是巩固提升传统农业,加快发展特色效益农业。粮食、生猪、蔬菜等主要农产品供给稳中提质。农业七大特色产业链综合产值达到1040亿元,增长15%。新增涪陵、长寿、江津、永川4个国家级农业科技园区。农村居民人均可支配收入达到11549元、增长9.9%,高于城镇居民收入增速1.2个百分点。

三、扎实推进供给侧结构性改革,供给体系质量和效率提升

供给侧结构性改革深入推进,供给体系质量效率有效提升。围绕“三去一降一补”重点任务,制定实施“1+4+X”工作方案,靶向施策、精准发力,矫正供需结构错位和资源要素错配。严格实施“注销执照、拆除设备、安置职工”的标准,去除钢铁产能517万吨、煤炭产能2084万吨。合理调控土地供给,信贷、货币化安置等多渠道引导住房消费,商品住宅销售面积增长14%,房地产市场平稳健康运行。出台“企业减负30条”政策措施,从金融、税费、用工等方面减轻企业负担。人民币贷款、非金融企业债券加权平均利率同比降低1个百分点左右,为企业节约融资成本120亿元以上。推动售电侧改革,实施大工业直供电交易,放开工业直供用户用气价格,降低工业企业用电、用气成本17亿元。围绕工资拖欠、企业改制、产能过剩、人员分流、劳动关系纠纷等加强隐患排查,做到不稳定情况早发现、早协调、早处理。设立渝康资产经营管理公司,化解处置一批不良资产。整顿规范金融秩序,加强P2P网络借贷等互联网金融排查整治,严厉打击非法金融活动,守住了不发生系统性、区域性金融风险的底线。

四、全面深化改革开放,市场活力加速释放

坚持问题导向抓重点、重点突破带全局、结果导向求实效,有序推进64项重点改革专项,释放出相关制度红利。深化商事登记制度改革,推进“五证合一、一照一码”,市场主体突破200万户。全面推进国有企业分类分层改革和监管,改组组建一批资本投资公司和资本运营公司,商社集团整体上市,国有资本布局持续优化,国有企业活力、主业集中度和整体竞争力不断提升。积极实施财税体制改革,市对区县转移支付制度进一步完善。深化投融资体制改革,新实施1300亿元基础设施PPP项目,创设1000亿元中新互联互通股权投资基金。富民银行顺利开业,渤海银行重庆分行获准筹建,全国性股份制商业银行在渝实现全覆盖。全国保险资产登记交易系统挂牌运营,获批三峡人寿保险等新牌照。

坚持以扩大开放促改革、促发展,内陆开放高地建设实现新突破。重庆自由贸易试验区建设务实启动。中新战略性互联互通示范项目实施150亿美元项目包,金融、航空、物流、通信等领域合作全面开启。渝新欧国际铁路联运大通道实现每天1班常态开行,跨国铁路运邮、铁空联运等取得重大进展。两江新区完成体制调整优化,开放水平进一步提升,产业集聚和辐射带动作用明显增强。两路寸滩和西永保税区围绕产业链供应链拓展保税功能,口岸作用进一步发挥。区域净出口正向拉动,服务贸易较快增长。渝新欧班列货物中有40%来自市外,通过机场、港口转口市外货物量均超过60%。服务贸易实现进出口约207亿美元,增长22%。跨境电子商务、保税商品展示交易、保税贸易、互联网云计算大数据、跨境结算等新型服务贸易放量增长。

五、加快实施创新驱动战略,发展后劲不断增强

召开市委四届九次全会,研究部署实施创新驱动发展战略工作,出台了《深化改革扩大开放加快实施创新驱动发展战略的意见》,加快推进以科技创新为核心的全面创新。聚焦全市战略性新兴产业,支持汽车智能制造、机器人、页岩气等新型高端研发机构建设,建成3D打印、物联网、新药创制等协同创新联盟。全社会研发经费支出增长20%,占GDP比重达到1.7%。一批国家级众创空间和科技孵化器建成运行,新

型孵化平台入驻创客和企业增长30%以上。加强对创投引导基金的政策支持和管理运营，基金规模达150亿元，支持37家科技企业上市。高新技术企业突破1500家，高成长类企业和科技型中小企业加速发展，新产品产值率达到22%。两江新区成为国家“双创”示范基地，璧山高新区升级为国家高新区。以激发创新活力为导向，实施项目补助、成果评价、转化激励、院所体制等改革，构建起覆盖项目孵化和成果转化全过程的创新生态链。全市发明专利授权量增长19.1%，社会创新活力不断迸发。

六、狠抓生态治理和环境保护，城乡生态环境持续改善

落实长江经济带“把修复长江生态环境摆在压倒性位置，共抓大保护，不搞大开发”要求，严守生态文明建设“五个决不能”底线，加强三峡库区生态屏障建设、水土流失预防和综合治理，启动新一轮退耕还林还草工程，推进消落区和岩溶地区石漠化治理，库区生态功能不断增强。三峡库区长江干流水质总体保持Ⅲ类。主城区空气质量优良天数达到300天，PM2.5平均浓度下降5.3%。城市生活污水集中处理率、垃圾无害化处理率达到92%和99%以上。单位地区生产总值能耗和二氧化碳排放均下降6%。新治理水土流失面积1655平方公里。

七、切实保障和改善民生，社会保持和谐稳定

精准扶贫工程加快实施，贫困户大病医疗补充保险试点、高山生态扶贫搬迁等各项工作进展顺利。交通、水利、健康、教育、农网改造、环境改善、金融等扶贫行动加快推进，如期完成7个区县摘帽，885个村、59.3万人脱贫年度目标。社会民生事业持续改善。农村危房改造、行政村光纤全覆盖等重点民生实事完成年度目标，5件提前完成全部任务，完成投资超过396亿元。在园幼儿普惠覆盖率提高2.6个百分点，义务教育发展基本均衡区县增加到26个。职业教育基础能力建设加快，新增22个市级实训基地建设项目。公立医院改革实现区县全覆盖，区县域内医联体覆盖率100%。分级诊疗体系不断完善，家庭医生签约服务362万户，区县域就诊比例提高到85%。城乡养老、医疗保险参保率稳定在95%，户籍人口城镇化率达到47.5%。城镇新增就业72.1万人。

2016 年重庆市国有资产监督管理概述

高紫阳

一、2016 年工作回顾

2016 年，面对错综复杂的国内外形势和艰巨繁重的发展改革稳定任务，全市国资系统深入学习贯彻习近平总书记系列重要讲话精神，认真贯彻落实市委、市政府系列决策部署，牢固树立新发展理念，奋力拼搏，攻坚克难，国企国资改革扎实向前推进，国企党建从严从实取得积极进展。

(一)企业经济运行总体平稳

2016 年，全市国有企业 601 户实现营业收入 4631.7 亿元，同比下降 0.4%；营业成本 3619.5 亿元，同比下降 0.1%；利润总额 406.3 亿元，同比下降 5%；上交税费 382.7 亿元，同比增长 4.5%。市国资委监管的 37 户市属国有重点企业实现营业收入 3755.0 亿元，同比增长 1.1%；营业成本 2966.8 亿元，同比增长 2.2%；利润总额 290.4 亿元，同比下降 8.1%；上交税费 264.7 亿元，同比增长 0.8%(表 1)。

(二) 供给侧结构性改革取得进展

重庆能源集团关闭矿井 7 对，压减煤炭产能 119 万吨，分流减员 5457 人。市属国有房地产企业消化库存 57.4 万平方米。重庆对外经贸集团通过去房地产库存，盘活资产 9000 万元。永川区通过清理盘活存量资产，有效提升国有资产运行质量，利润同比增长 24%。新设立的重庆渝康公司收购处置问题资产项目 25 个，资产规模 135 亿元。全年清理处置“僵尸”“空壳”企业 231 户，分流安置在职职工 6500 人。压缩四级以下企业法人层级 136 户。出台剥离企业办社会职能“1+4”方案，154 户市属国企厂办大集体，启动改革 92 户、完成 24 户。

(三) 企业专业化重组已经展开

制定工业企业专业化重组等重组方案。将 36 户市属国有房地产企业重组整合到 3 户主业为房地产的企业，推动市属国有资本逐步从房地产行业有序退出。按照“能退则退”的要求，重庆旅游集团从奉节、丰都等区县旅游景区退出，为社会资本进入开发腾出资源和市场空间。重庆渝富集团、重庆兴农担保集团分别吸收整合了金融后援公司、农畜产品交易所。区县所属国有企业也加快重组整合步伐，如沙坪坝区将原

表 1　2016 年 1—12 月全市国有企业主要财务指标

(亿元)

监管机构	企业户数(户)	财务指标							
		营业收入	同比(%)	营业成本	同比(%)	利润总额	同比(%)	上交税费	同比(%)
合计	601	4631.7	–0.4	3619.5	–0.1	406.3	–5	382.7	4.5
市国资委监管企业	37	3755.0	1.1	2966.8	2.2	290.4	–8.1	264.7	0.8
市级主管部门监管企业	42	257.4	0.4	200.2	1.1	39.3	9	32.3	16.2
区县国资部门监管企业	522	619.3	–8.8	452.5	–13.5	76.6	1.1	85.7	13.2

有16户国有企业整合为4户,城口县将原有24户国有企业整合为9户。

（四）现代企业制度改革扎实推进

在市城投集团、重庆交通开投集团、重庆三峡担保集团等企业探索落实重大事项决策权、选人用人权、薪酬分配权“三项职权”改革试点。全面落实市委、市政府《深化市管企业负责人薪酬制度改革实施意见》。在全国首批将国企工资总额管理权限全面下放。制定出台了“企业负责人综合考评+企业经营业绩考核、薪酬分配、监事会主席考核、党建考核办法”等“1+4”综合考核办法。选取重庆农商行、重庆商社集团、重庆对外经贸集团下属市场化程度较高的二级企业开展市场化选聘职业经理人试点，已选聘职业经理人19名。

（五）混合所有制改革稳妥实施

市属国有重点企业全部完成公司制改造。推动重庆建工集团实现上市,对渝三峡、建峰化工两个上市公司进行资产重组。完成中国兵装集团对重庆汽车金融公司的增资工作，推动重庆机电集团所属军工集团与中国兵装集团合作。市属国有重点企业实施的PPP项目25个,总投资1541亿元,引入社会资本296亿元。选取重庆机电集团等企业下属7家二、三级企业开展混合所有制员工持股试点。重庆银行推行的骨干员工通过延期兑现绩效薪酬购买本公司股票已全面完成。

（六）创新驱动产生新的发展动力

出台《关于加快推进市属国有企业创新驱动发展的实施意见》，推动企业开展创新。2016年,7户市属国有工业企业R&D投入占营业收入比重达到1.11%,同比提高0.07个百分点。市属国有重点企业拥有各类创新平台191个,其中国家级技术创新平台17个。实施创新项目1832项，其中国家级项目55项、市级项目307项。专利授权总量4362项,拥有中国驰名商标21个、重庆著名商标77个。庆铃集团在引进消化国外先进技术基础上，形成了发动机研发平台。中国四联集团研发的高精度智能压力变送器填补国内空白。市城投集团的“射频识别智能交通管理技术物联网国家地方联合工程中心”被国家发展改革委评为2016年国家地方联合工程中心、西部地区创新能力建设项目。

（七）国资监管更加严格

将市属国有重点企业分为商业一类、商业二类、公益类，根据企业不同类型实施分类监管。制定了《市属国有资本投资、运营公司规范运行的指导性意见》,明晰权责边界,推动重庆渝富集团、市水务资产公司、市地产集团等3户企业改组为股权类国有资本运营公司，庆铃集团、重庆钢铁集团、重庆化医集团等13户国有资本投资公司规范运行。设立市国资委国有资产审计办公室，依法履行市属企业国有资产出资人审计职责。严格监事会主席履职考核,强化监事会当期和事中监督，分类处理和运用监督成果。加强国有企业境外投资监管,从严控制境外投资审批。

（八）风险防控及安全稳定整体可控

全面清理整顿国企境外投资风险、融资风险、互联网金融风险,严控国企高风险融资性贸易业务。重庆农商行、重庆银行、重庆三峡银行的不良贷款率均控制在1%以内。加强安全生产隐患排查,全年没有发生一起较大以上事故,一般责任事故起数、死亡人数、直接经济损失分别同比下降23.8%、27.3%、46.8%。重庆机场集团积极参与杭州G20峰会安全保障，受到国家民航局通令表彰。积极应对供给侧结构性改革中信访稳定工作的新情况新问题，全系统信访总量件次、人次同比分别下降9.5%、9.8%,圆满完成市委、市政府提出的“四个零发生”和“六个坚决防止”目标。

（九）企业社会责任履行到位

助推全市内陆开放高地建设。西永微电园公司累计验放跨境电子商务进出口货值占重庆全关区的72.5%。市属国有投融资企业实现融资1418亿元,投资958亿元。新增高速公路292公里;新增轨道交通10公里;完成公租房建设391万平方米;累计完成21.8万户水表改造;新增棚户区改造融资89亿元。高速公路减免通行费13.4亿元,公交和轨道“优惠乘车”“一小时免费换乘”为市民节约出行成本12.8亿元。筹集精准扶贫专项资金4.1亿元,支持城口、酉阳、彭水、巫溪4个重点贫困县的565个扶贫开发项目。建立了5000万元贫困大学生助学基金,为贫困大学生提供3600个就业岗位。服务“三农”和中小微企业发展,3家市属国有银行小微贷款余额超过1600亿元,涉农贷款余额超过1800亿元,分别占到全市小微企业贷款和涉农贷款总额的45%和40%。

(十)国企党的建设得到新加强

37户市属国有重点企业全部推行党组织先议、会前沟通、会上表达、会后报告“四步工作法”,落实国有企业党组织领导核心和政治核心地位。制定《市属国有重点企业领导班子和领导人员综合考核评价暂行办法》,形成经营业绩、党建工作、综合测评“三位一体”的综合考核评价体系。从严加强企业领导人员监督管理,任免调整企业领导人员98人次。制定《国有企业党组织工作活动基本规范》。持之以恒落实中央八项规定精神,狠抓巡视、纪检、审计、监事会发现问题的整改,查处违反中央八项规定精神的问题27件,处分32人。市国资系统各级纪检监察机构共立案238件,结案235件,给予党纪政纪处分334人,其中移交司法处理51人。

二、发展中存在的问题

一是部分企业的主业集中度不高,盈利能力不强,盲目投资、盲目并购、跨界并购等问题突出。二是创新能力不强,在战略性新兴产业发展上少有作为。创新的主动性不高,创新投入不够,高层次创新人才缺乏。三是企业的内部市场化改革力度不够。有效的公司法人治理机制还未真正形成,董事会专业化决策能力、监事会监督的有效性、经理层市场化经营能力有待提高。

三、2017年发展目标

市属国有重点企业利润总额增长5%;上缴税费增长5%;国有资本经营收益同口径增长5%;剔除金融及类金融企业的平均资产负债率下降到63.2%。不断增强国有经济的活力、控制力、影响力、抗风险能力。

(作者单位:重庆市国有资产监督管理委员会)

2016年重庆市经济社会热点问题扫描

陈荣荣

2016年是"十三五"开局之年。年初，习近平总书记视察重庆，明确提出"一个目标""两点定位""四个扎实"的要求，为推动重庆新的更大发展指明了方向。在中央坚强领导下，重庆深学笃用习近平总书记系列重要讲话精神和党中央治国理政新理念新思想新战略，全面贯彻落实创新、协调、开放、绿色、共享发展理念，以供给侧结构性改革为重要抓手，全力稳增长、促改革、调结构、惠民生、防风险，推动经济社会有速度、有质量、有效益的发展，实现了"十二五"良好开局。

一、2016年发展回顾

全市生产总值达到17559亿元，增长10.7%。社会消费品零售总额、固定资产投资分别增长13.2%和12.1%。规上工业增加值增长10.3%，利润增长12%，战略性新兴制造业产值占工业总产值比重超过10%。服务业增加值占比提高到48.6%，服务贸易额增长22%。七大特色农业产业链综合产值增长15%。一般公共预算收入增长7.1%，达到2228亿元。居民人均可支配收入增长9.6%，达到22034元。一年来，主要做了以下工作：

（一）产业转型升级步伐加快

在传统产业改造提升中加快培育新兴业态，最大限度释放战略性新兴制造业、战略性新兴服务业和特色效益农业的增长动能。在全球需求萎缩、竞争加剧的不利背景下，通过抓智能终端新订单新品牌、加快新车型上市、高附加值产品放量等措施，推动电子、汽车两大骨干支柱产业继续保持稳定增长，对全市工业增长贡献率达到55%。战略性新兴制造业快速发展，集成电路、平板显示全产业链基本成型，新能源及智能汽车、页岩气、工业机器人等加速放量，总产值超过2700亿元，增长50%以上。战略性新兴服务业比重加快提升，金融业增加值占GDP比重达到9.4%，电子商务、服务外包、软件和信息服务等产业快速增长。在粮食、生猪、蔬菜三大基础产业稳定增长的同时，七大特色农业产业链成为农业发展的新引擎。

（二）供给侧结构性改革扎实推进

制定实施"1+4+X"工作方案，综合运用市场机制、经济政策和法治办法推进"三去一降一补"。按照注销执照、拆除设备、安置职工的标准，去除钢铁产能517万吨、煤炭产能2084万吨，提前完成国家下达任务。控增量、消存量"双管齐下"，将商品住宅库存去化周期控制在9个月以内，房地产市场运行平稳。突出工业、房地产开发、投资咨询等领域，平稳出清了一批"空壳"公司。落实营改增等结构性减税举措和社保阶段性降费等政策，实施售电侧改革试点和天然气大户直供，加快企业存量债务置换，优化转贷应急和政银担合作机制，为企业降低各类成本500亿元以上。整顿规范金融秩序，加强P2P网络借贷等互联网金融排查整治，严厉打击非法金融活动，守住了不发生系统性、区域性金融风险的底线。

（三）改革开放创新协同发力

新启动15项重点改革专项，深化"放管服"改革、实施1300亿元PPP项目、发展股权投资基金、组建国有资本投资运营公司、完善财税体制、培育新型金融机构、农村产权改革等取得积极进展，持续释放出制度红利。坚持以扩大开放促改革、促发展，重庆自由贸易试验区获准设立，中新(重庆)战略性互联互通示范项目扎实起步，两江新区产业集聚和辐射带动作用明显增强，两路寸滩保税港区和西永综合保税区作用进一步发挥，内陆开放高地建设实现新突破。系统谋划创新驱动发展，细化落实企业研发准备金、新型研发机构引进等激励政策，放活科技生产力，企业研发投入强度显著提升，国家自主创新示范区获批创建，全社会研发经费支出增长 20%、占 GDP 比重达到 1.7%。

（四）生态环境保护力度加大

落实长江经济带“共抓大保护、不搞大开发”要求，加强三峡库区生态屏障建设、水土流失预防和综合治理，推动新一轮退耕还林还草工程，推进消落区治理，库区生态涵养功能不断增强。全市单位生产总值能耗和二氧化碳排放量均下降 6%，超额完成国家下达的节能减排任务。全面执行国家大气环境质量新标准，巩固治理成果，主城区空气质量优良天数增至 301 天。饮用水源保护不断加强，流域和湖库污染治理持续推进，长江干流水质为优、支流水质总体良好。城市生活污水和垃圾得到较好处理。全市森林覆盖率、建成区绿化覆盖率分别达到 45%和 40.1%。以中央环保督察为契机，主动查找整改了一批环境突出问题。生态保护红线划定、环保机构监测监察执法垂直管理、生态环境损害赔偿、环境资源交易市场化建设等改革扎实推进。

（五）城乡面貌日新月异

加快“五通八联三保障”项目建设，基础设施投资增长 30%。渝万高铁实现通车，重庆北站、沙坪坝站、西站等铁路综合交通枢纽加快建设，在建铁路达到 1000 公里。轨道交通通车 213 公里，日均载客量突破 180 万人次。开通 6 条高速公路，新增通车里程 292 公里。机场集团移交我市管理，江北国际机场 T3A 航站楼和第三跑道建成，旅客吞吐量达到 3589 万人次。四大枢纽水港建设强力推进，港口货物和集装箱吞吐量持续增长。保护修缮了一批城乡传统风貌街区和村落，改造棚户区 630 万平方米，建成一批桥梁隧道和市政设施，城市精细化智慧化管理持续推进。实施行政村通畅工程 5000 公里，提前实现行政村通畅目标。所有行政村实现光纤接入。加快美丽乡村建设，建成 100 个美丽宜居村庄，实现 66.8%行政村生活垃圾治理，完成 500 个行政村环境连片整治。大都市功能和形象不断提升，城乡面貌进一步改善。

（六）民生和社会事业持续改善

加强大中专毕业生就业创业服务，引导返乡农民工就业创业 32 万人，分流安置去产能企业职工 3 万人，城镇新增就业超过 70 万人。教育公共服务水平不断提高，学前三年毛入园率达到 82.5%；义务教育发展基本均衡区县增加到 26 个，基本实现学生就近入学；高中阶段教育、高等教育毛入学率分别达到 95.1%和 43%。公立医院改革实现市、区县全覆盖，分级诊疗体系不断完善，区县域就诊比例提高到 85%，乡镇卫生院和村卫生室全部实现标准化。同步调整企业退休人员养老待遇、机关事业单位人员工资和城乡低保、医疗救助等标准，惠及 639 万人。扎实开展脱贫攻坚工作，59.6 万人摆脱贫困。建成一批文化项目和产业示范基地，新增文化企业 1.8 万户。成功举办市五运会，我市运动员奥运会和残奥会成绩取得新突破。全面加强社会治理，人民群众安全感、获得感、幸福感进一步提升。

二、发展中存在的问题

支柱产业发展压力增大，战略性新兴产业支撑不足，进出口持续下滑；创新要素配置效率不高，创新能力有待提升；非金融企业债务负担较重，一些企业经营困难，潜在风险仍在累积；生态建设和环境保护任务依然艰巨，资源环境约束趋紧；社会治理难度增大，社会事业发展相对滞后，民生工作仍需加强，脱贫攻坚长效机制尚待完善；一些重点领域改革任务繁重，尚需进一步攻坚突破。政府职能转变和作风建设永远在路上，少数干部不会为、乱作为的问题不容忽视。

三、2017 年发展展望

2017 年，将迎来党的十九大，迎来市第五次党代会和重庆直辖 20 周年，重庆将更加紧密团结在以习近平同志为核心的党中央周围，深学笃用习近平总书记系列重要讲话精神和党中央治国理政新理念新思想新战略，深入贯彻习近平总书记视察重庆重要讲话精神，统筹推进“五位一体”总体布局和协调推进“四个全面”战略布局，扎实贯彻新发展理念，扎实做好保障和改善民生工作，扎实做好深化改革工作，扎实落实“三严三实”要求，促进经济平稳健康发展与社会和谐稳定。力争实现以下主要目标：全市生产总值增长10%左右，规模以上工业增加值增长10%，全社会研发经费支出占GDP比重达到1.85%。固定资产投资增长10%，社会消费品零售总额增长12%，进出口结构持续优化。一般公共预算收入增长8.5%，居民收入增长与经济增长基本同步。居民消费价格涨幅控制在3%以内，城镇登记失业率控制在4.5%以内。单位生产总值能耗、主要污染物排放等约束性指标完成国家下达任务。

（作者单位：重庆市政府研究室）

第三编
经济运行与部门管理

质量技术监督

重庆市质量技术监督管理局

一、2016年质监工作回顾

2016年，全市质监工作认真贯彻党中央、国务院和市委、市政府的决策部署，以“创新提质增效”为主题，坚持质量为本、安全第一、改革当先、能力为重，着力推进质量服务发展项目化、质量安全监管标准化、技术能力提升链条化、队伍建设制度化，圆满完成了各项目标任务，实现了“十三五”发展良好开局。

（一）坚持质量为本，推进供给体系质量提升

认真落实市政府贯彻质量发展纲要年度行动计划，牵头开展实施质量强市战略五年成效评估，编制“十三五”质监事业发展规划及全市质量状况分析报告，完成政府质量工作考核。

大力组织开展质量品牌提升行动，实施质量服务发展项目化。围绕全市汽车、笔电、钢结构、机器人及智能制造、页岩气开发利用等主导产业、新兴产业集中实施10个质量服务项目，联合检验检疫局成功争取质检总局出台支持中新示范项目实施意见，制定服务“双创”15项措施，组织区县对114种区域特色产品开展专项质量提升行动。引导522家企业推行质量成本管理和供应链质量提升活动，为企业节约成本1.4亿元；指导企业开展质量改进和攻关活动，发布QC成果285个，创造直接经济效益5.56亿元；组织送培送考进区县、进企业618期，为企业节约交通食宿费2000万元；新制、修订国际标准、国家标准、行业标准及地方标准153项，2项国际标准获中国标准创新贡献奖一等奖。

增强品牌示范效应。新培育中国质量奖提名奖1个、市长质量管理奖5个、重庆名牌产品224个，评选十大“巴渝工匠”，渝北区成功创建全国质量强市示范城市，两江新区、南岸、武隆通过全国知名品牌示范区验收；新实施国家级现代农业、服务业标准化试点示范项目20个、市级14个，20个国家级农业标准化示范项目通过验收，助推示范区农民年均增收15%以上。

着力夯实质量基础。联合38个市级部门开展“质量月”活动，免费培训企业质量人员5953人次，帮扶1343家中小微企业健全质量管理体系，累计获得管理体系认证证书1.2万余张，85%以上的规模以上工业企业采用先进质量管理方法。全市产品质量合格率达到93.93%，同比提升3.83个百分点。

（二）坚持安全第一，服务平安重庆建设

推行质量安全监管标准化，制定实施监管标准规范21项。突出特种设备安全监管，持续实施对电梯、油气输送压力管道、燃煤锅炉的“三个攻坚战”和对起重机械、大型游乐设施、危化品领域特种设备的“三大专项整治”。督察电梯企业213家、列入黑名单5家、注销17家，油气压力管道检验覆盖率达到80%以上，完成119台燃煤锅炉能效测试，发现并整改起重机械、危险化学品特种设备安全隐患1131条、封停大型游乐设施设备28台。全市万台特种设备死亡人数系数由2015年的0.18下降至0.08。加强重点产品安全监管，推动“双随机”向区县延伸，对6类产品实施摇号抽查；加快推进企业质量信用体系建设，更新企业质量信用档案数据106369条，录入信息总量位居全国第三；开展重点消费品质量提升行动，对10类重点消费品开展跟踪抽查，在3个区县试点开展网销“重庆造”产品抽查，全年抽查消费品8255批次，占监督抽查总批次的68.7%，合格率达到90.3%；开展产品质量安全风险监测990批次，收集风险信息

1000余条。着力解决群众关心的质量问题，组织"质检利剑"专项行动22项，立案查处质量违法案件2436件，涉案货值1.55亿元；开展缺陷产品召回11次，涉及消费品10万余套件。圆满完成对基层医疗机构医用计量器具免费检定的市委市政府民生实事年度任务，涉及医疗机构12403家，检定医用计量设备50076台件，合格率达到95.5%，检定覆盖率、相关单位满意度均为100%，群众满意度达到98.8%，有效化解了基层医疗机构因医用计量器具不准可能带来的医疗风险，为群众身体健康和生命安全把住了关口。协同市建委制定住宅电梯选型配置标准，联合市规划局和涪陵、渝中推进老旧楼宇加装电梯试点工程，免费评估老旧电梯1547台，指导渝中、南岸、九龙坡、沙坪坝、涪陵改造电梯355台，保障了近10万名群众安全出行。推进安全监管信息化，建成特种设备等5个安全监管信息平台及产品监督抽查等5个手机APP。全年没有发生影响恶劣的质量安全责任事故，维护了全市安全发展大局。

(三)坚持改革当先，推动技术服务向产业链深度延伸

坚决贯彻"放、管、服"改革部署要求，减免企业收费1.1亿元，在两江新区试点推行食品相关产品"开放式许可"，市局实施的17类行政许可全部实现网上运行，运行率和上线办理数量位居市级部门前列。完成481项推荐性地方标准集中复审全国试点工作，启动汽车制造等行业20项团体标准制定，在全国第一批完成155项强制性地方标准整合精简，引导458家企业主动公开2154项企业产品标准。围绕产业发展实施技术提升链条化，国家质检基地一期项目累计完成投资10亿元，国家检验检测服务业集聚区创建全面启动；累计获批省部级科研项目17项、专利25项，新建社会公用计量标准70项，制定地方计量技术规范9个；重庆检测认证集团获批计量检定授权，笔电、服装及纺织2个国家质检中心通过验收，国家珠宝首饰中心获批筹建，全市国家级检测中心达16个；启动认证"双提升"活动，全市资质认定检验检测机构达483家，实现营收42亿元、同比增长26.2%，检验检测能力基本满足全市产业发展需求。围绕区域特色产业发展，联合区县政府及企业建立眼镜、塑料、玻璃、紧固件市级检测中心及机器人检测公司，与4家国际知名检测机构达成互认合作协议，为16家航空公司提供安全检测服务。服务生态环境综合治理，帮助161家重点用能单位完成节能审查，指导50家重点耗能企业建立能源计量管理制度，帮助企业新增环境管理体系认证131张、有机产品认证43张，全市3C认证累计达到10252张，居西部第一。

(四)坚持能力为重，加强队伍能力素质建设

大力推行队伍建设制度化，组织开展行政权力、责任事项和公共服务事项清理，制定法治质监建设评价指标体系及考核标准，出台执法打假责任制、检验检测机构资质认定评审作业书、风险监测专家管理办法、抽样行为规范等制度文件，全系统未发生行政复议被撤销情形、无行政应诉案件，日常履职行为更加规范。编制质监系统"十三五"人才发展规划，持续开展"大培训大考试大竞赛"，建立自学自训小课堂、外训内讲等制度，组织基层局公务员到技术机构学习及基层干部结对交流学习，委托清华大学、中国计量大学开展领导干部综合素质培训。全面落实从严治党要求，对46个领导班子、163名市局党组管理领导干部履职情况进行回访，严格党建述职评议，全面开展公务员平时考核；扎实推进"两学一做"学习教育，广泛开展"做党旗下质监人"主题活动，举办"两学一做"知识大考试，受到市委督察组充分肯定，在市级部门"两学一做"学习教育推进会上作经验交流。强化思想政治工作，充分发挥工青妇群团组织作用，组织开展服务明星、质量卫士、技术标兵、金质好青年评选及"七一"表彰。严格遵守中央八项规定精神及市委实施意见，制定落实党风廉政建设主体责任实施及考核办法，出台全系统五年轮审离任必审计划，修订廉政风险防控规定。渝

中区质监局杨展同志获评“2016年度感动重庆十大人物”，渝北区质监局特监科科长范尚玲被评为“重庆市人民好公仆”，市计量质检院荣获重庆五一劳动奖状，风清气正的局面持续巩固。

二、2017年质监工作重点

（一）下最大力气抓全面提高质量，助推供给侧结构性改革

一是着力服务党委政府决策。深入推进质量强市战略，制定贯彻落实质量发展纲要2017年行动计划，牵头做好政府质量工作考核。抓好中国质量（上海）大会精神宣贯。认真做好全国人大产品质量法执法检查迎检准备。抓好全市制造业质量竞争力测评分析和交通、旅游服务质量顾客满意度调查，开展行业质量和区域质量分析。及时对接国家质量提升行动计划，重点围绕汽车、摩托车、笔记本电脑、家用电器、建筑材料、节能环保产品等全市重点行业、重点产品提出我市工作方案，力争监督抽查合格率达到90%以上。

二是强化标准引领作用。大力实施标准化战略，继续深化标准化工作改革，落实各行业地方标准归口管理责任，抓好地方标准改革后续工作，规范发展团体标准，全面实施企业标准自我声明公开和监督制度，建立企业标准“领跑者”制度，推行市级标准化技术委员会整改退出机制，推动标准化社会培训。深化“标准化+”行动，持续推进“科技、标准、产业”同步发展促进行动，新增国际标准、国家标准、行业标准和地方标准100项以上，抓好28个国家级、39个市级标准化示范项目建设，在绿色生态、精准扶贫、党建等领域探索开展标准化试点。大力培育发展标准化服务业，推广服务认证。联合市安监局推进“安全生产百部地方标准”体系建设，协同市编办开展行政许可标准化。加快市内企业标准与国外先进标准接轨，推动内外销产品“同线同标同质”。

三是打造重庆质量品牌。持续抓好市长质量管理奖评选，组织有关单位申报第三届中国质量奖。推动名牌认定向重点产业、新型产业倾斜，建立名牌产品退出机制，抓好年度重庆名牌产品认定，正式启动“富硒产品认证”，协同推进农产品“三品一标”建设。指导铜梁、永川创建全国知名品牌示范区，帮助九龙坡、大渡口、潼南创建全国质量强市示范城市，引导江津申报汽摩及零部件全国产品质量提升示范区。加强市长质量管理奖等品牌宣传，讲好“重庆品牌故事”，不断增强重庆品牌影响力。

四是加强全面质量管理。集中抓好汽车产业供应链质量提升等9个质量服务项目。以“6+1”支柱产业为重点，以核心基础零部件（元器件）、先进基础工艺、关键基础材料和产业技术为突破口，推动重点企业供应链质量管理能力提升；以机器人、智能装备等战略性新兴产业为重点，引导企业加强产品可靠性设计、试验和生产过程质量控制，推动质量可靠性水平提升。大力推广精益生产模式，推动中小企业建立质量成本统计制度，深化中小企业质量管理专项帮扶活动，指导50家重点企业导入卓越绩效管理。继续送培送考进区县进企业，加大质量标准免费培训力度，组织开展质量成本管理经验交流，推动质量标杆企业“比学赶超”，深化群众性质量改进活动，创建国家级优秀QC小组20个，培育市级优秀QC小组200个。

五是浓厚质量发展氛围。大力学习宣传习近平总书记关于质量发展的重要论述，宣传党中央、国务院和市委、市政府关于质量工作的系列决策部署，宣传各级各部门、标杆企业抓质量发展的创新举措和工作成效，努力让质量强市、质量第一理念深入人心，让追求质量、崇尚卓越成为全社会的价值导向和时代精神。加大与主流媒体合作力度，围绕质量强市战略、标准化战略、质监“四化”建设、国家质检基地等主题，用好“质量月”、“我心中的质量”少儿绘画比赛、十大“巴渝工匠”评选以及“民生质量实验室”“渝派生活帮”“质监先锋”“质监邀您查质量”等平台，创新宣传模式，扩大宣传覆盖面，进一步浓厚质量发展的整体氛围。

（二）下最大力气加强质量安全监管，维护全市安全稳定

一是突出抓好特种设备安全。继续深化特种设备安全攻坚战，开展电梯安全隐患整治“回头看”，推行电梯维保工作社会公示制度，推进电梯应急处置服务平台建设；继续推进油气压力管道检验检测，进一步提高法定检验覆盖率。以涉及民生、人员密集场所、盛装危险化学品的高风险特种设备为重点，开展大型游乐设施、客运索道、压力容器、气瓶等特种设备重大安全隐患排查，严格隐患整改台账管理和重大隐患挂牌督办制度，依法从严、从重、从快查处安全违法行为，切实推动特种设备生产单位和使用单位全面落实主体责任。系统组织特种设备监管人员、企业设备管理人员、设备操作人员开展免费培训，举办特种设备安全监察技能、电梯检验技能大竞赛，不断提升安全管理水平。

二是突出抓好以消费品为重点的产品质量安全。开展地产重点消费品标准与国际标准对标分析研究，严格消费品类3C产品监管，全面推行强制性产品认证机构责任追究机制，完善检验检测机构动态升降级和差异化管理。加大监督抽查力度，全年抽查工业产品1.6万批次以上，其中消费品占比不低于60%。引入监督抽查计划预审制度，试点探索省级监督抽查机构任务互换，实施比对验证，开展竞争性遴选监督抽查试点工作，不断提升监督抽查的科学性、权威性。建立健全缺陷产品工作规范和管理制度，整合12365投诉举报、监督抽查、案件查处、舆情监控、企业生产售后维修信息，指导企业开展缺陷分析，实施主动召回，对不依法履行召回义务的企业实施责令召回。以农机农资、消费电子产品、食品相关产品、儿童学生用品、建材、消防产品、能效环保产品等为重点，集中开展17项“质检利剑”专项行动，推动执法打假向生产环节供应链和部分流通、使用环节延伸，探索电子商务产品执法，严查大案要案，建立质量违法行为记录及公布制度，继续保持对质量违法行为严厉打击的高压态势。

三是突出维护民生质量安全。全力抓好基层医疗机构医用计量器具免费检定民生实事，健全医疗计量监管服务体系，全面推行医疗计量目视化管理。严格机动车安检机构、煤矿安全用强检计量器具监管，继续开展“打好三大战役、严查计量欺诈”专项行动大会战，严厉查处“短斤少两”等计量违法行为。持续推进“三无”老旧电梯改造更新和老旧住宅加装电梯工程试点项目，继续开展公租房、廉租房电梯安全评估。加快12365平台移动终端建设，畅通群众投诉举报渠道，妥善处理矛盾纠纷，切实解决好群众和企业的质量诉求。

四是深化监管方式创新。深化质量安全监管标准化建设，继续推进安全监管标准制修订，抓好已制定标准培训实施，全面落实网格化监管和分类监管。加大事中事后监管力度，全面推行执法检查、监督抽查“双随机、一公开”，深化行政审批制度改革，对接落实质检总局工业产品生产许可制度改革，做好工业产品许可制度向产品认证制度转变的衔接，扩大推行“开放式许可”。提升风险管理针对性和应急处置水平，加强与市级行业主管部门和国内检测机构的联动监测，选聘全国质量风险监测专家开展风险分析，建立风险数据综合处理平台，完善应急预案，加强应急演练，及时处置舆情。推进企业质量信用体系建设，探索建立工业企业质量信用分级分类管理机制，鼓励企业发布质量信用报告，建立质量安全信用“黑名单”，联合建设统一的社会信用代码数据库，强化质量守信联合激励和失信联合惩戒。

（三）下最大力气夯实质量技术基础，服务重大决策部署

一是加快基础能力上档升级。重中之重是加快国家质检基地建设，进一步拓展国家技术标准创新基地内涵，助力西部创新中心打造，确保标准科技研究及展示平台、特种设备应急救援演练平台、国家城市能源计量中心、国家笔记本电脑质检中心、国家电梯及升降机质检中心、园区道路和绿化工程6个一期项目正式投用；

新能源汽车检测平台、应用工程质检中心基本完工；国家特种设备应急救援演练中心获批筹建。加快策划实施二期项目,力争特种设备检测技术保障快速反应中心、国家消防及阻燃产品质检中心年内开工，国家卫星导航产品质检中心、国家汽车摩托车发动机产业计量测试中心完成前期工作。同时,抓好汽车内饰和劳保用品检测平台、医学化工市级工程技术研究中心建设,确保国家珠宝首饰质检中心和万州、涪陵、江津3个计量质检分院项目竣工投用。加大重点资质争取力度，力争市计量质检院获批机动车辆轮胎、安全玻璃、家用电器等13种产品3C强制性产品认证检测指定实验室。支持混合所有制检验检测认证机构发展，积极引导社会资本投入，加大与区县政府联建市级特色检测中心力度,力争全市检测机构数量、服务收入分别增长5%以上。

二是推动技术机构创新发展。抓好国家质检基地已建成项目的运维营销工作，创新服务模式,加快建成集检验检测、标准创新、技术研发和人才培养为一体的综合服务基地。完善技术机构高层次创新人才引进、科研人员管理、科研经费保障等制度，探索实施科研经费项目负责人管理制度，提高科研人员成果转移转化收益比例,激发全系统技术机构创新活力。加大科技攻关力度，积极参与总局NQI共性技术研究与应用重点专项,争取设立“重庆质量基础共性技术研究与应用”重点专项,争取省部级以上科研项目16项，新建社会公用计量标准30项以上，完成计量标准技术改造、检测方法研究40项以上。推动技术机构多元化发展,探索组建标准科技服务公司，落实好与中国计量科学研究院的合作项目，支持重庆检测认证集团公司在全国布局，支持车检院探索集团化发展模式并投资建立深圳新能源汽车检测公司。

三是努力在服务发展大局上有更大作为。重点集约质监职能,差异化确定区域技术服务、监督抽查、标准化试点示范、品牌培育和技术机构布局,全力推进认证“双提升”活动,助推区县特色产业发展。围绕“三去一降一补”,更好地发挥标准的规制作用、生产许可的政策约束作用、认证认可的评价引导作用和执法检查的威慑作用,积极推动化解过剩产能。围绕服务国家对外开放和重庆内陆开放，积极争创国家检验检测高技术服务业集聚区，抓好两江新区国家检验检测认证公共服务平台示范区建设；加强与长江经济带省市质监工作协作,组织开展“一带一路”沿线国家标准、贸易壁垒变化趋势研究,加大力度推动检测结果互认，服务外贸“优进优出”;加强物流标准研究制定,用好市车检院大3C检测资质,服务“渝新欧”大通道建设;借鉴其他自贸区成熟经验,在第三方检验结果互信、国际互认等方面，积极探索符合国际惯例和重庆实际的制度规则和操作模式。围绕推进绿色循环低碳发展和生态环境保护治理，制定全市《建立统一的绿色产品标准、认证、标识体系》贯彻意见,加强能效和能耗限额标准制定、监督,推进燃煤锅炉节能减排攻坚战，指导企业加强能耗成本控制，强化能源计量器具配备与智能化升级,新增环境管理体系、能源管理体系、低碳产品认证体系证书100张以上。

(四)下最大力气提升信息化水平,加快传统质监向现代质监转变

一是加强统筹规划。核心是要开展对现有业务数据来源、数据质量梳理,分层次、分类别广泛开展需求调研,全面了解机关处室、技术机构、基层监管的业务协同需求以及行业主管部门、各类企业和老百姓的服务需求,坚持行政监管与检验检测联动,业务管理与政务服务融合,阶段性与前瞻性相结合，统一数据资源目录和标准体系,明确整体框架和建设时序,在此基础上,加快编制质监信息化“十三五”规划。

二是抓好重点项目建设。在行政监管层面,重点是确保特种设备一体化信息平台正式投用，建设完善绩效目标管理、缺陷产品召回管理、产品质量安全风险监测、工业企业质量信用、检验检测机构内部管理提升、重要计量器具管理、民生安全类计量器具二维码识别系统,标

准化配置一线执法检查信息化装备，启动大数据基础平台建设，开展大数据应用。在检验检测层面，重点是抓好实验室信息管理系统建设，加快推进数据自动交换、自动加工、互联互通和业务协同，形成“互联网+检验检测”新模式。在政务服务层面，重点是落实市政府和质检总局“互联网+政务服务”工作部署，加快编制质监政务服务事项目录，规范网上服务事项，优化网上服务流程，开发重庆质监微信公众号和12365微信公众号，依法有序开放网上政务服务资源和数据信息。

三是强化基础保障。结合质监工作特点，制定信息化建设评价指标体系，建立信息化项目储备库，健全动态评估和完善机制。加强信息专业技术人才引进，定期组织干部职工开展信息系统应用知识培训。总结借鉴以往信息化建设和系统外信息化建设经验，构建信息化建设多元投入机制。明确系统各单位信息网络安全责任，健全各方协同配合的网络信息保密和安全防护机制。

安全生产

重庆市安全生产监督管理局

2016年，重庆市认真贯彻落实习近平总书记、李克强总理的重要批示指示精神，按照国家安全监管总局的安排部署，进一步强化红线意识，大力实施依法治安，全面落实安全责任，努力夯实安全基层基础，较好地推进了全市安全生产工作。

一、2016年全市安全生产总体形势

总体上看，全市安全生产形势持续稳定，事故起数、死亡人数连续13年下降。

（一）事故起数、死亡人数“双下降”

2016年，全市共发生各类安全事故1030起、死亡1148人，同比分别下降9.8%和8.6%。其中，发生较大事故25起、死亡88人，同比减少4起、12人，分别下降13.8%和20.7%。

（二）多数区县、多数行业安全形势稳定向好

40个区县（经开区）统计单位中，有27个同比下降或持平，占67.5%；14个行业领域中，烟花爆竹、危化、消防、农业机械、渔业船舶5个行业实现“零死亡”；一般道路、高速公路、铁路交通、工商贸其他、非煤矿山、冶金机械6个行业同比下降。

（三）煤矿、建设、水上交通3个行业上升

水上交通死亡13人，同比上升30%；建筑事故死亡204人，同比上升17.2%；煤矿死亡48人，同比上升54.8%，特别是发生了永川金山沟煤矿“10·31”特别重大事故，影响恶劣，教训深刻。

二、2016年重点工作开展情况

（一）层层传导压力，推动责任落实

一是专题研究部署。市委、市政府每季度研究部署安全稳定工作。市政府安委会召开专题会、片区会19场次，研判安全生产形势，分析薄弱环节，警示通报约谈，强化阶段重点。

二是细化落实标准。细化明晰了“党政同责、一岗双责”履职标准，以“谋划工作实不实、干部配得强不强、编制给得足不足、机制建得好不好、问责做得严不严”为各级党委履职标准，以“检查底数清不清、业务熟不熟、投入够不够、作风硬不硬、执行实不实”为各级政府履职标准，以“专人负责、专题研究、专项检查、专档记录、专案突破”作为落实“一岗双责”的要求，日常照单履职，失职照单追究。

三是常态综合督察。市政府安委会办公室以党政领导履职尽职和部门检查执法为重点，6

次对区县党政主要领导、分管行业领导和行业主管部门领导履职情况进行综合督察，督察各级干部3000多人次，督察单位2000余个次，逐级传导压力，加压驱动落实。各区县政府也成立常态督察组，一级抓一级，层层抓落实。

(二)增强企业内动力，夯实本质安全基础

一是持续不懈地推进企业安全标准化建设。采取目标考核、数质并重、考评分离、以奖代补、专家参与等方式，全面推进企业安全标准化建设。煤矿、非煤矿山和危化行业企业创建率100%，建成煤矿一级标准化矿井22个，拥有30台以上电梯的使用单位全部达到B级以上，职业卫生基础创建11745家，规模以上工贸企业1246家，江津区入选全国工贸行业企业安全标准化样板区。

二是推广运用企业安全技术管理服务体系。强化总工程师等技术负责人安全管理责任，明确了技术负责人安全生产技术决策权和指挥权。建设施工领域危大工程安全技术措施的编制、审核、审批和执行情况明显改观，小微企业安全技术管理委托服务制度在工贸、货运行业逐步推广，向煤矿企业派驻安监员制度全面执行，企业安全生产主体责任进一步强化。

三是推行“日周月”隐患排查制度。制定了《重庆市生产经营单位事故隐患日周月排查治理制度实施方案》，采取班组日排查、部门周排查、经理月排查，隐患管理实行“日清周进、周清月进、月清季进”机制，规范和强化安全风险管控和事故隐患排查治理。全市共排查一般隐患50.2万条，整治率99.1%，排查重大隐患64条，整治率96.7%。

(三)严格执法处罚，严厉追责问责

一是完善法治体系。颁布实施《重庆市安全生产条例》。制发《重庆市遏制重特大事故工作方案》。出台安全生产监管执法意见。制定了《重庆市安全生产风险隐患管理办法》。启动了技术规范、隐患排查清单、监督检查清单“三标融合”的“百部”安全生产地方标准建设。

二是规范监管执法。推动市、区县负有监管职责部门全部编制执行监督检查计划。探索实行派驻执法、跨区域执法、委托执法和政府购买服务等方式，制定执法手册、严格执法程序、量化执法标准、统一执法文书，加强和规范乡镇(街道)、开发区(工业园区、产业园区)安全生产监管执法。

三是增强执法效能。探索监管执法方式改革，实施检查诊断、行政处罚、整改复查“三部曲”工作模式，严格闭环管理，提高执法效能。全市各区县(自治县)安全生产监督管理部门共实施经济处罚8212.95万元，其中监督监察处罚4127.94万元，事前处罚率达50.3%。

四是严厉打非治违。加强行政执法和刑事司法衔接，建立公安、工商、安监等部门协调联动、联合执法的打非治违工作机制，广泛发动群众举报奖励，切实加大危化、烟花等行业领域打非治违力度，收到明显成效。2016年，打掉非法烟花、危化生产经营储存点1886个，查获危险化学品932吨，收缴烟花爆竹7万余件，拘留117人，判刑6人。

五是严格事故调查。加大事故调查处理力度，对思想不重视、责任不落实导致事故的，一律上限处罚；失职渎职的，一律追责问责。全市共查处生产安全事故323起，实施行政处罚13234万元，追究党纪政纪责任47人，追究刑事责任27人。

(四)突出重点难点，深化专项整治

一是开展阶段重点攻坚。深刻汲取2015年一季度较大事故集中爆发的教训，春运期间把高速公路和农村道路作为关键，全面开展“百日交安执法行动”，全警上路，严格执法，加强管控和路检路查，一季度较大事故同比下降60%。

二是深化大排查大整治。针对高温汛期风险高的季节特点，从5月开始部署开展大排查大整治，摸清行业基本情况、基础数据和安全风险，解决“不知道、想不到、做不到”的问题。永川“10·31”事故发生之后，坚持问题导向、清单管理、结果倒逼，加强年末岁尾安全防控，努力确保全市安全。

三是统筹推进行业专项整治。持续不懈地开展了道路交通"两化一整治"和交安专项执法活动、建设施工"两防"、煤矿水害防治和顶板管理、非煤矿山"三字经"、危化品、涉尘涉爆、油气管线、消防、职业健康等重点专项整治,有效确保了重点行业安全稳定。

(五)抓好整顿关闭,改善安全保障基本面

一是优化产业布局。抓住供给侧结构改革去产能、去库存机遇,科学规划、合理推进煤矿、非煤矿山、烟花爆竹等关闭搬迁、关小扶大。2016年,关闭煤矿344个、淘汰注销非煤矿山203座52家烟花爆竹生产企业全部转型退出搬迁人口密集区危化生产企业8家、停产4家。

二是强化科技运用。全面推广使用客运企业安全风险管理系统,推行水上交通运输企业GPS管理,新增科技严管路段(路口)15处、高清视频监控40处、电子卡口1126处,研发应用农村道路交通安全信息管理系统960个。加强危化企业在线监测监控技术使用。驾驶员违规驾驶行为和疲劳驾驶监控、建设施工智能安全带、消防"一库四网"建设等进入研发攻坚阶段。

三是完善基础设施。新安装道路防护栏1200公里,实施危桥改造98座、危隧改造12座、渡改公路桥11座、地灾治理45公里。改造高风险加油站32个、老旧建筑消防设施3408栋,新建市政消火栓6028个、社区微型消防站1692个。拆解安全条件较差的省级客船27艘。实施乡镇安监能力建设107个。

四是抓好应急救援。安全生产应急管理、应急指挥、救援战斗"三支队伍"建设初见成效,聘请应急救援现场指挥官119名、救援战斗队员1272人。1207家非煤矿山企业、1842家危化品生产经营储存企业、1419个加油站开展了事故风险识别、登记工作。加强情景构建的预案管理,组织开展应急演练2446场次。

五是加大宣传教育。开展安全生产法律法规知识竞赛、"安全生产月"、"渝州行"、安全美术书法大赛等活动;将"两法一例"纳入"七五"普法和干部宣传教育培训内容,分级分类培训区县、乡镇执法人员100%;开展企业安全技术管理人员专项培训17场次。

三、发展中存在的问题

一是部分行业领域风险仍然较大。企业主体重效益、轻安全,对安全生产法律、法规缺乏敬畏感,管理粗放,从业人员素质低,现场隐患多。道路交通、建设施工、矿山等行业专项整治存在漏洞,事故风险较高。二是"两个责任"落实尚有差距。安全发展的理念没有入脑入心,重视停留在口头上、概念上,没有落实到行动上、管理中。党政同责、一岗双责落实有差距,落实责任形式化、表面化,"严格不起来,落实不下去"的问题没有根本解决。三是监管能力、方法、手段还不适应新时期安全要求。针对经济高速发展带来的安全风险,安全管理系统化、信息化、智能化不足,监管绩效低,不能适应新时期安全的要求,没有掌握事故防控的主动权。

四、2017年安全生产工作思路

2017年,全市安全生产工作将牢固树立发展绝不能以牺牲安全为代价的红线意识,全面贯彻中共中央、国务院关于推进安全生产领域改革发展的意见,按照国家安全监管总局和市委、市政府的安排部署,突出安全生产依法治理,打牢安全保障基础,为经济社会健康发展营造良好的安全发展环境。

(一)核心目标

坚持以防控重特大事故为核心目标,全年生产安全事故死亡控制在1000人以内,较大事故控制在25起以内。

(二)重点任务

一是做实企业主体责任。严格责任落实和事故追究"两必须"。按照"两高"司法解释,依法追究企业相关责任人员刑事责任。加强企业标准化建设,启动工贸行业企业新一轮安全标准化创建。建立企业隐患排查"三清三进"工作机制,对排查出的安全隐患实行分色分类清单管理，做到日清周进、周清月进、月清季进。强化企业安全技术管理体系，明确技术负责人安全生产技术决策权和指挥权。

二是做严政府监管执法。进一步明确行业部门安全监管职责，厘清工贸、电力、铁路、民航、港口等监管空白。加强区域行业安全风险管控，实行重大安全风险“一票否决”。严格安全检查执法，落实安全检查执法“双随机一公开”制度，建立安全监管执法效能稽查制度。严格安全生产失信惩戒，提升安全监察监管执法能力。

三是做深重点专项整治。持续深入推进道路交通、煤矿和非煤矿山、建设施工、水上交通、危险化学品、消防、工贸、职业健康等重点行业领域安全专项整治，有效防控当期事故。

四是做强安全科技创新。启动“全国安全科技示范区”创建；加快安全监管信息化和智能化研发应用，完成智能安全带、疲劳驾驶智能识别示范项目研发试点；加快淘汰落后工艺装备，煤矿、非煤矿山100%淘汰落后开采技术，危化企业“两重点一重大”改造30%以上。

五是做牢安全保障基本面。改善安全保障基础设施，降低产业安全风险，关闭金属非金属小型矿山100个，强化关闭后的煤矿、烟花爆竹企业管理。推动一批高风险行业安全防护工程。建立完善应急管理、应急指挥和应急救援“三支队伍”。加强全民安全素质教育。

（三）工作要求

一是加强组织领导，严格“党政同责、一岗双责”。以“检查底数清不清、业务熟不熟、投入够不够、作风硬不硬、执行实不实”作为各级政府硬要求，以“专人负责、专题研究、专项检查、专档记录、专案突破”作为“一岗双责”铁规定。实行党政领导干部任期安全生产工伤责任制。

二是改进工作方式，坚持“严字当头、落实到位”。坚持“问题导向、清单管理、结果倒逼”的原则，实行“三清三进”倒逼工作机制，推动重大部署、重大事项和重大隐患整治工作落实。

三是增强履职，担当实施“一案双查、三责同追”。严格安全生产事故“一案双查”制度，既要追究企业的责任，又要依法倒查政府监管人员的责任；严格事故责任单位民事、行政和刑事“三责同追”。强化以防控重特大事故为核心目标的考核体系和评价机制。

人力资源和社会保障

李　勇

2016年，全市人力社保系统深入贯彻习近平总书记年初视察重庆提出的“一个目标”“两点定位”“四个扎实”要求，按照中央“坚守底线、突出重点、完善制度、引导预期”民生工作总要求和市委“五个坚持”民生工作原则，创新驱动发展战略，促改革、补短板、兜底线、防风险，全力推动人力社保事业改革发展，全面完成各项目标任务，实现了“十三五”良好开局。

一、就业局势保持总体稳定

在经济下行压力仍然较大的情况下，坚持把“保就业”作为工作重中之重，全力兜住就业底线。全市城镇新增就业72.1万人，新增创业35.6万人，开展就业技能培训24.3万人，发放创业担保贷款47.9亿元，城镇登记失业率为3.7%，比年度控制目标低0.3个百分点。一是重点群体帮扶精准实施。对高校毕业生、去产能企业分流人员、农民工、贫困人员等重点群体分类施策，开展针对性就业帮扶。建立大学生就业创业公共服务中心，举办高校毕业生专场招聘系列活动，帮扶4万余人成功就业；实施第三轮“三支一扶”计划，招募331人到基层服务；对1.2万名离校未就业毕业生开展“一对一”跟踪服务，高校毕业生年底就业率达95.3%，实现了就业率"不降低有提高"的目标。去产能企业职工分流安置任务稳步推进,按照"内部分流一批、转岗就业一批、内部退养一批、托底帮扶一批"的原则,基本完成全市228家企业、3万余名职工分流安置任务。开展"春风行动"等农民工就业专项服务活动,农民工返乡创业就业32万人。实施贫困人员就业帮扶专项行动,帮助农村贫困人员就业8.9万人,公益性岗位安置就业困难人员1.5万人。二是创业带动就业稳步推进。开展创业培训9.9万人,并试点开展了网络创业培训和创业师资大赛。分类打造创业孵化器,77家市级创业孵化基地新孵化企业、个体工商户1.2万户,带动就业12.5万人。继续实施"泛海扬帆大学生创业行动",新资助创业项目106个。举办"中国创翼"青年创业创新大赛重庆选拔赛和高端装备制造类全国半决赛、总决赛,取得2个一等奖、1个二等奖、5个三等奖的优异成绩。推进创业型城市建设,创建市级创业型城市10个。三是就业技能培训深入开展。完善培训政策,支持区县实施按需培训、跨区域培训,对失业人员、城镇零就业家庭、贫困人员等群体培训实施全额补贴,培训贫困人员1.2万人、渝东北和渝东南地区农村劳动力4.9万人。四是公共就业服务机制日益完善。人力资源服务、培训、家服、创业等四大联盟运行机制逐步健全,其中人力资源服务联盟企业达3050家,协助成员企业招工2.2万人。强化中介常态送工、蓄水池应急送工、预备制兜底送工保障机制,协助智能终端企业及配套企业招工26.2万人。

二、社保体系平稳运行

坚持把人人享有社会保障作为基本目标,把社保制度改革和降费减负作为工作重点,切实推动社保基金安全可持续运行。全市城乡养老、医疗保险参保率均稳定在95%。全年社保基金收入1328亿元、支出1219亿元,同比分别增长7.6%、10.7%。一是企业社保缴费负担持续减轻。在2015年降低失业、工伤、生育三险费率1.1个百分点等社保减负政策的基础上,按照国家统一部署,制定出台新一轮阶段性降低社保费率政策,从2016年5月1日起两年内降低养老、医疗、失业三险费率共计2.5个百分点,全面兑现失业保险稳岗补贴政策。社保降费组合政策共为企业减负113亿元。二是社保制度改革稳慎实施。稳步推进机关事业单位养老保险制度改革,全市2.1万户参保单位、102万名参保人员全部完成参保登记,前两批参保单位基金实收实支已全面实施。开展城乡居民医保基层医疗机构普通门诊费用统筹,558万名参保人员与4084家基层医疗机构签约。取消医保定点机构行政审批,服务协议管理得到强化。深化医保支付方式改革,完善医保付费总额控制指标,单病种数量扩大到50个。职工医保个人账户使用范围不断扩大。三是社保待遇水平稳步提高。坚持稳定先行,首次同步调整机关事业单位和企业退休人员养老待遇,惠及337.3万人。城镇职工医保住院政策范围内报销比例稳定在83%,城乡居民医保在二级及以下定点医疗机构报销比例稳定在75%。调整工伤待遇标准,工伤职工及工亡职工供养亲属定期待遇进一步提高。四是社保经办服务得到优化。全面完成全民参保初次登记,建立动态管理和应用机制。"同舟计划"全面实施,3238个建设项目31.5万人以项目为单位参加工伤保险。与海南等10省区130多家医疗机构实现异地就医联网结算,并被人社部纳入全国医保异地联网结算首批试点省市。五是基金监管不断加强。建立社保欺诈查处、移送和联席会议制度,开展养老保险退休审核审批、失业保险基金、医保定点机构、社保费征缴稽核、异地就医审核等专项检查,确保了基金安全。

三、人才队伍建设持续加强

深入贯彻市委四届九次全会精神,坚持人才优先战略,把人力资源开发摆在贯彻创新驱动发展战略的优先位置,不断加强人才培养、引进,完善政策和服务保障措施。全市专业技术人才、技能人才总量分别达到149.9万人、340万人。一是人才培养选拔工作深入开展。积极开展高层次人才推荐选拔，在国家级层面新增“万人计划”人选25人、“千人计划”人选12人、享受国务院政府特殊津贴人员57人、中华技能大奖1人、全国技术能手9人；市级层面新增首席专家工作室领衔专家10人、有突出贡献中青年专家50人、高技能专家工作室命名专家24人、“重庆市杰出人才突出贡献奖”100人。加强人才培养平台建设，新增市级博士后科研工作站31个，国家级和市级博士后站累计264个，在站博士后研究人员1239人；建立国家级职业技能竞赛选拔集训基地7个、市级13个。围绕产业发展需求，举办专业技术人才高研班38期；推进企业新型学徒制试点，培养企业学徒1400人；实施技师培训项目，培训技师5000人。开展第44届世界技能大赛全国选拔赛（重庆赛区）比赛，12个项目27人进入国家集训队。出台技工院校综合管理办法，开展技工院校办学水平综合评估，新建市级示范技工院校3所、实训基地15个。二是引才引智活动加快推进。围绕激发人才创新活力，突出产业发展重点，加快研究制定引进海外英才的“鸿雁计划”。成功举办第二届重庆国际人才创新创业洽谈会，组织企业、园区等用人单位赴北大等高校开展10余场紧缺人才招聘活动。全年共引进紧缺优秀人才1918人，兑现安家资助、岗位津贴、个税奖励3000多万元；实施国家引智项目27项、市级引智项目45项，引进外国专家11542人次。三是评价发现机制不断完善。研究制定深化中小学教师职称制度改革实施方案等“1+3”文件，110人取得正高级教师资格、4976人取得高级教师资格。组织开展海外留学人员、博士后研究人员和特殊人才职称认定工作，241人通过“绿色通道”获评高级职称。制定出台“乡村教师支持计划”职称评聘政策。开展职业资格清理，累计取消职业资格许可和认定事项434项。全年职业技能鉴定颁证35万人。四是服务保障得到优化。建成重庆市专家库，采集入库2000余名高级专家信息。谋划推进国家级专家服务基地建设，完成基地建设方案编制等基础工作。推进重庆市流动人员档案规范化、信息化建设，新增流动人员人事档案19.1万卷，档案净存128万卷。出台加快人力资源服务业发展的实施意见，大力支持人力资源服务业发展。成功组织开展专家服务基层梁平行系列活动。选派第八批31名专技干部赴昌都工作。

四、人事管理体系逐步完善

一是公务员管理规范有序。完善考录政策，降低艰苦边远地区基层公务员招录条件，面向社会公开考录公务员3093人。推进公安机关人民警察招录培养体制改革，面向公安院校公安专业2016年毕业生考试录用人民警察485人。稳慎推进公安体制改革，完成公安机关执法勤务警员职务序列、警务技术职务序列改革试点工作。坚持逐级公开遴选，市级部门面向基层公开遴选公务员251人，区县公开遴选公务员423人。出台公务员平时考核暂行办法，建立起“周记实、月考核、季审定”考评机制。深化争做人民满意公务员活动，评选表彰重庆市人民好公仆98人。组织公务员专项培训37期，集中调训近4000人。二是事业单位人事制度改革持续深化。完成事业单位专业技术岗位结构比例调整。规范事业单位公开招聘程序，出台重庆市事业单位考核招聘工作办法等6个公开招聘配套文件，面向社会发布事业单位公开招聘岗位2.1万个。推进分级分类招聘，引进市属事业单位高层次人才2600人，基层实用人才1.2万人，赴高校招聘紧缺骨干人才2100人。完成市级部门公车制度改革司勤人员安置工作，共分流安置4307人；指导各区县开展并全面完成司勤人员分流安置任务。三是军转安置工作平稳推进。适应军改和裁军期间工作要求，成功组织首次军转干部双选会，妥善安置531名团职及以下计划分配军转干部。持续优化自主择业军转干部管理服务，接收安置自主择业军转干部741人，占计划总数的58%。认真落实解困帮扶政策，企业军转干部保持总体稳定。四是人事考试和人力资源开发培训不断加强。推进人事考试安全体系建设，安全组织人事考试92项(次)，涉及考生49.3万人次；完成人力资源开发培训项目126个，培训165万人次，培训综合效益持续提升。

五、收入分配秩序日趋规范

一是机关事业单位工资制度进一步完善。落实县以下机关公务员职务与职级并行制度，惠及基层公务员6527人。落实乡镇工作补贴制度，惠及基层工作人员38万人。开展法官、检察官工资制度改革试点，完成10个试点单位基本工资套改工作。落实基本工资正常调整机制，调整全市机关事业单位在职人员基本工资标准，月人均增加300元以上。调整艰苦边远地区津贴标准并完善增长机制，惠及11个区县18.5万人。二是企业工资调控进一步强化。完善重庆市最低工资政策，将最低工资标准调整时间由每两年至少调整一次改为两至三年调整一次，目前重庆市最低工资标准一档达到1500元/月。稳步推进国有企业负责人薪酬制度改革，46家市管国有企业改革有序推进，企业负责人2015年基本年薪已按月支付，市级部门和区县所属国有企业改革已全面启动。扎实推进企业工资集体协商，备案登记当期有效集体合同4万份，覆盖企业18.2万户、职工420.1万人。

六、劳动关系总体和谐稳定

一是和谐劳动关系构建扎实推进。成立重庆市协调劳动关系三方委员会，推动协调劳动关系三方机制向街道、乡镇、园区延伸，乡镇、街道、园区覆盖率达到70%，全市已建立各级三方组织910个。开展劳动关系和谐企业创建活动，累计评定和谐劳动关系企业3200户。二是劳动争议调解仲裁效能不断提升。推进劳动人事争议调解仲裁规范化、标准化、专业化、信息化建设，制定仲裁委员会工作规则、终局裁决适用意见、仲裁代理规定、立案标准等工作规范。持续推进裁审衔接，建立健全劳动人事争议多元化纠纷解决机制。全市各级调解仲裁机构处理案件6.2万件，其中立案受理3.4万件，仲裁结案率达96.3%。三是劳动保障监察执法得到加强。出台重庆市全面治理拖欠农民工工资问题的实施意见，建立问题清单、责任清单和负面清单，完善“三标对照、颜色标识、三清三进、协同管理”清欠工作机制，农民工工资支付监管长效机制进一步健全。制定出台企业劳动保障守法诚信等级评价暂行办法、重大劳动保障违法行为社会公布暂行办法，积极引导企业守法经营、诚信经营。制定出台劳动保障监察条例实施细则，劳动保障监察执法行为进一步规范。出台劳动保障监察“两网化”建设标准，三级网格实现全市乡镇(街道)全覆盖。全市共组织劳动保障专项执法检查4次，检查单位2.3万户，涉及劳动者150.6万人，为8.76万人补发工资等待遇22.8亿元，全市未发生因农民工欠薪等劳动关系纠纷引发的恶性事件。

七、机构能力建设显著增强

一是全面从严治党责任制得到落实。深入开展“两学一做”学习教育，全系统党员干部“四个意识”尤其是核心意识、看齐意识进一步增强。扎实推进“四个专项检查”，按期完成党费补缴、支部换届等，机关党建工作进一步规范。制定出台落实“两个责任”实施办法，深入排查廉政风险点，并制定了针对性防控措施。始终按照“二十字”好干部标准和“五看”“四结合”要求，严格选拔任用干部，营造了风清气正劲足的干事创业氛围。持续加强作风建设，全市人力社保系统12个窗口单位被人社部评为全国人社系统优质服务窗口。二是“法治人社”建设深入推进。建立区县行政权力责任事项通用清单、局公共服务事项目录清单、行政执法“双随机”抽查事项清单、行政执法依据文件清单，全面实现行政审批网上运行，妥善处理行政复议案件382件、行政应诉案件2477件。三是信息化建设提速升级。建立社保网上办事大厅，网上经办扩大到1.1万家参保单位。社保卡新增发卡71万张，累计持卡人数3393万；开通社保卡功能应用105项，其中金融应用21项，涉及资金49.8亿元。12333电话咨询服务热线日均接话量近万个,累计解答群众问题81.9万个,掌上12333上线运行。四是重点项目建设加快推进。中国重庆人力资源服务产业园一期工程顺利建成,招商工作有序推进,成功引进中智、德科等国内外知名人力资源服务企业50余家。国家级公共实训基地建设等项目进展顺利,部市共建中国社会保险公共服务标准化示范基地基础硬件建设基本完成。同时,编制完成了全市人力资源和社会保障事业发展“十三五”规划纲要。

(作者单位:重庆市人力资源和社会保障局)

国土资源和房屋管理

邹 蜜

一、土地资源管理

(一)耕地保护

一是强化耕地保护共同责任机制。修改完善耕地保护指标考核实施细则,将耕地保护纳入2016年度全市粮食安全行政首长责任制考核评分指标体系。二是强力推进永久基本农田划定工作。编制完成《重庆市永久基本农田划定方案》,成果顺利通过国土资源部、农业部、市级审核;全面开展全市全域永久基本农田划定,全市初步划定永久基本农田2424.55万亩。三是严格落实耕地占补平衡。按照“先补后占、占一补一、占优补优”要求,印发《关于建设占用耕地项目全面执行“占优补优、占水田补水田”的通知》,强化耕地数量、质量、生态“三位一体”保护,并开展了“旱地改水田”、耕地占补平衡市场化交易试点工作。四是加强土地整治质量管理。规范整改区县级项目,改革新增费使用分配方式,向16个贫困区县切块下达补助资金4.03亿元,支持贫困区县开展高标准农田建设。2016年全市新建成高标准农田123万亩,补充耕地13万亩。

(二)土地规划和计划管理

一是调整完善土地利用总体规划。积极向国土资源部反映重庆发展实情,实现建设用地规划目标调增、耕地和基本农田规划目标调减,为全市发展争取更大空间,编制完成《重庆市土地利用总体规划(2006—2020年)调整方案》。二是推进规划计划管理创新。遵循“建设用地跟着产业和人口走”原则,探索实施“人地挂钩”规划计划管理机制,出台《关于试行“人地挂钩”土地规划计划管理的通知》,构建了“重点建设项目配置空间、人地挂钩调整空间、地票落地增加空间”的建设用地布局优化方式,促进用地与产业、人口协调联动;按“多规合一”思路,与市规划局共同推进主城“两规叠合”,联合出台村规划编制指导意见。三是充分保障各类用地计划。加快建设项目用地预审,国家级项目用地预审获批3件177公顷,完成市级项目用地预审88件4810公顷,同比增长5.8%;全年安排新增建设用地计划占比为43.2%,安排14个国家级贫困县和2个市级贫困区县扶贫专项计划指标共计600公顷,同比增长67%。

(三)建设用地审批管理

2016年,全市共审批各类土地转用和征收1072宗,总面积17288公顷。一是规范征地补偿安置管理。印发《重庆市征地补偿安置争议协调裁决办法》,有效促进了全市征地补偿安置争议调处工作规范化、法制化。二是推进征地住房货币化安置。印发《关于全面推进征地住房货币化安置有关工作的通知》,全市集体土地征收货币化安置率达到92%。三是完善建设用地批后监管平台。印发《关于切实推进建设用地批后监管平台建设有关工作的通知》,改造完善相关业务系统,初步建成批后监管平台。四是深化大足农村集体经营性建设用地入市改革试点。2016年试点工作从“建机构、定制度”向“试制度、试规则”转变，形成常态化的工作机制，全年成功交易农村集体经营性建设用地5宗，成交面积63.74亩，成交总价2844.66万元。截至2016年底，大足区累计成功交易农村集体经营性建设用地7宗，176.8亩，成交总额达6850.25万元。

（四）地票及农村产权流转交易情况

2016年，全市成交地票2.66万亩、50.54亿元，累计成交地票19.95万亩、396.2亿元。一是推进地票改革法制化进程。认真落实《重庆市地票管理办法》，出台了《关于贯彻落实〈重庆市地票管理办法〉有关事项的通知》、《关于落实经营性用地招拍挂出让环节使用地票有关事宜的通知》，进一步完善了地票的规划空间功能、推行“持票准用”制度和差异化使用地票政策，释放多重政策红利。二是持续助力精准脱贫。坚持贫困区县“优先交易、优先拨款”政策，2016年贫困区县成交地票1.67万亩，占全市总成交量的62.8%；优先拨付贫困区县价款43.91亿元，占比86.3%，其中优先拨付5500个建卡贫困户价款3.58亿元。三是拓展指标交易新品种。建成并试运行耕地占补平衡指标交易信息系统，探索占补平衡指标交易18笔、5880亩，成交金额1.18亿元。

2016年，全市成交农村产权6.16万亩、金额3.22亿元，累计成交18.47万亩、金额10.19亿元。一是完善交易制度体系。成立了全市农村产权流转交易监督管理委员会，研究制定了《重庆市农村产权流转交易管理办法》，稳步推进农村产权交易改革。二是完善市场服务体系。31个涉农区县均建立农村产权流转交易平台，实现涉农区县全覆盖。三是拓展交易品种。积极开展承包经营权、林权、“四荒地”使用权等交易，提升服务能力，全年交易承包经营权5.15万亩、金额2.69亿元，林权4796亩、金额1211万元，“四荒地”使用权5278亩、金额477万元。

（五）国有建设用地供应

2016年，全市完成土地供应1.37万公顷，同比增加20.7%。按土地供应方式划分，出让5804公顷，划拨7900公顷。按土地用途划分，供应工矿仓储用地2961公顷，商服用地810公顷，住宅用地2160公顷，其他用地7773公顷。

（六）土地利用管理

一是优化土地供应。科学编制、实施供地计划，合理把控土地出让结构、区域、时序，灵活调控房地产用地供应规模，严格控制纯商业商务或商业综合体用地供应，土地出让量降价升，出让价款入库1412亿元，全市土地市场运行总体平稳。二是规范土地储备工作。按照财政部等四部委《关于规范土地储备和资金管理等问题的通知》要求，会同有关部门完成全市土地储备机构的整合工作，在市级层面成立重庆市土地储备整治中心，负责土地储备、前期开发整治等相关工作；在区县一个行政区设置一家土地储备机构。三是强化土地利用动态巡查。土地市场动态监测监管系统常态化运行，通过认真落实信息公示、跟踪备案、开竣工报告、预警提醒、现场核查、竣工验收、建立诚信档案等手段，初步实现对已供国有建设用地从供应、开工到竣工的全程监管；同时，指导全市国土部门严格落实动态巡查要求，强化每季度定期巡查，提高全市土地供后巡查率、处置率。四是完善地价管理制度。全面更新全市基准地价，组织远郊区县建立新的土地级别和基准地价体系，充分发挥地价政策在宏观调控中的作用。同时，结合土地市场形势和土地市场建设要求，修订出台《关于印发〈重庆市国有建设用地使用权宗地地价测算规则〉的通知》，进一步完善地价管理工作。五是贯彻落实最严格的节约集约用地制度。印发《关于深入推进节约集约用地的实施意见》，明确节约集约用地原则和目标，优化土地资源配置，降低了企业用地成本。

（七）土地执法与土地督察

2016年，通过开展卫片执法检查，全市立案查处违法用地1311件，结案1224件，结案率93.36%，收缴罚款7034.47万元，没收违法建筑物364.19万平方米，拆除违法建筑物29.53万平方米。对土地例行督察工作中发现的问题，及时制定整改方式和标准，出台加强临时用地和设施农用地审批监管等规范性文件，认真查处整改，整改任务顺利通过国家土地督察成都局的核查验收。

(八)土地科技及信息化

紧紧围绕国土房管工作的热点、重点和难点问题，编制完成《重庆市国土资源和房屋"十二五"科技成果集》和《重庆市国土房管科技创新"十三五"规划》。全年下达科技计划项目21项；新建科技创新平台6个，基本覆盖国土房管各领域；全年发表论文146篇，其中SCI收录论文4篇，EI收录论文5篇，CSCD收录论文31篇；纳入国土资源部2016年标准制修订工作计划1项，获批重庆市地方标准1项；获得授权发明专利3项，实用新型专利4项，登记软件著作权4项；获省部级科技奖励6项，其中国土资源科学技术奖二等奖2项，重庆市科技进步奖二等奖2项、三等奖2项。

信息化工作加快推进。一是调整成立网络安全和信息化领导小组，编制印发《重庆市国土资源和房屋管理信息化"十三五"规划》，明确"一云一库三平台"的国土房管信息化格局。二是持续推进"一张图"建设，通过业务系统的运行，实现业务台账的实时汇总和"一张图"数据的自动更新，逐渐形成市和区县两级"一张图"建设和应用工作模式。三是深化业务信息化建设，开展"四个统一"(统一用户、统一工作流、统一数据管理平台、统一地理信息服务平台)信息化支撑体系建设，实现信息共享和整合协同。四是全面完成不动产登记系统建设任务，在全国率先实现省级层面全域不动产登记信息化全覆盖。五是开展全市国土房管行业信息安全和保密排查、整改工作，配合多个部门单位进行网络信息安全检查、督察、调查等20余次。

二、地质矿产管理

(一)地质灾害防治

2016年，全市共发生地质灾害灾险情456起(灾情96起、险情360起)，成功预报和处置灾险情441起，紧急撤离危险区群众7846人，三峡库区连续15年实现地质灾害"零伤亡"。

一是加强地质灾害灾（险）情隐患排查工作。印发《重庆市2016年地质灾害防治年度方案》，明确了129处挂牌督办重大隐患点，全市查出地质灾害隐患点17301处。二是夯实"四重"网格化管理格局。印发《关于加强地质灾害防治"四重"网格员管理工作的通知》和《重庆市地质灾害防治工作手册(试行)》，明确"四重"网格人员的工作职责、工作范围，完善地质灾害防治工作流程和要求。全市共落实13012名地质灾害群测群防员、1315名片区负责人、452名驻守地质队员、146名区县地环站专职工作人员，共计14925人，严防死守每一处地质灾害隐患点。三是建立完善高效应急指挥体系。按照标准化、信息化、立体化"三化"思路和值守、信息报送、会商、调度处置"四项"制度设计，建成市级和40个区县级地质灾害应急调度平台，基本实现市、区县、灾害现场三方互联互通、远程会商。四是加快工程治理和搬迁避让进程。除市级专项资金2亿元、三峡后续地质灾害防治3.4亿元外，争取到国家3亿元的特大型专项资金支持，总计8.4亿元，对南川金佛山甄子岩危岩、城口修齐镇茅坡子滑坡、彭水汉葭片区等141处三峡库区和面上大型以上地质灾害隐患实施综合治理，保障威胁区6万多名群众的生命财产安全；同时，全面完成奉节藕塘滑坡、武隆羊角危岩滑坡整体避让搬迁工作。五是开展防汛防地灾专项督察。按照市委、市政府要求，开展全市地质灾害防治专项督察，督促区县和相关部门对发现的问题限期整改落实，有效夯实了地灾防治工作中的薄弱环节，增强了区县政府的防灾减灾救灾意识和主动性。六是加强舆论宣传引导。全年开展宣传培训6226次、培训80.3万人，开展地质灾害无人飞机、飞艇、远程会商系统等救援设备应急演练11849次，参与撤离避险演练的群众达到51.2万人；同时，科学编制地质灾害防治"十三五"专项规划和《三峡库区地质灾害防灾村民应急手册》，切实增强全民防灾减灾意识和能力。

(二)地质遗迹保护

2016年，成立重庆市古生物化石专家委员会，召开全市古生物化石保护管理专题培训会。全年安排资金2271.8万元，开展6个古生物化石保护项目，通过项目实施带动地质遗迹保护成果显著，在万州盐井沟老屋苞第4地点发现了巨貘、大象、水鹿、竹鼠等哺乳动物化石，在合川大石街道发掘的恐龙骨架化石长度达24米；启动云阳县普安乡恐龙化石保护性挖掘工作。綦江区国家级古生物化石集中产地被评为第二批国家级重点保护古生物化石集中产地。

(三)矿山环境整治

一是加强规划引领。通过开展专项调查，查明重庆主城“四山”重点区域非煤废弃矿山共有249个，矿山用地总面积22191亩，矿山废弃地面积16214亩，编制《重庆主城“四山”地区矿山地质环境综合治理专项规划（暨矿山废弃地整治规划）》，印发《重庆市矿山地质环境恢复和综合治理工作方案》，启动《重庆市“十三五”矿山地质环境恢复和综合治理规划》编制工作。二是开展重点区域治理恢复。渝北区玉峰山片区采石场矿山地质环境综合治理示范工程一期工程通过验收，治理面积约562亩，恢复耕地约228亩，获得建设用地约304亩；重钢歌乐山采石场矿山环境恢复治理项目主体工程通过验收，治理面积约746亩。三是严格执行矿山地质环境保护与治理恢复方案审查批准制度。2016年，全市审查批准矿山地质环境保护与恢复治理方案135个。

(四)矿产资源勘查

截至2016年底，全市发现矿产资源69种，查明资源储量的有45种。天然气、页岩气、锰、铝土矿、钡矿、锶等在全国具有重要地位。一是优化矿产资源勘查布局。以市场为导向调整地质矿产勘查开发布局，加大锰、地热、铅锌、饰面石材等矿产资源勘查力度；停止市级财政投资煤、铁勘查，协同化解煤炭、钢铁产业过剩产能，注销勘查许可证318个。二是深入推进找矿突破战略行动。全年新增煤炭查明资源储量1.06亿吨、锰矿247万吨、地热13100立方米/日、岩盐(NaCl)48.5亿吨。三是加强基础地质调查。全面开展土地质量地质调查，编制《1:5万土地质量地质调查技术指南》及全市土地质量地质调查规划；启动生态旅游地质资源调查、乌木资源调查评价，1:5万区域地质调查覆盖率达到74.8%，1:20万区域地质调查全覆盖。

(五)矿产资源开发管理

一是加强采矿登记管理。建立采矿权现场复核及集体会审制度，确保采矿权设置合法合理；配合煤炭行业主管部门关闭煤矿344个，注销煤矿采矿权许可证309个；清理退出自然保护区采矿权24个。二是继续规范矿产资源专项征收。与市财政局共同出台相关减缓政策，全年共批准36个企业缓缴价款14674.53万元，有效地缓解矿山企业资金压力。2016年市级征收采矿权价款14639.83万元，采矿权使用费111.02万元，矿产资源补偿费76.84万元。三是加强采矿权市场培育。推出开发利用前景好、有市场需求的采矿权公开招拍挂出让，矿业权市场交易活跃度有所提高，2016年全市招拍挂出让采矿权45宗，同比增加45%，成交金额3849万元。四是强化矿产开发利用监管。在6个重点区县开展“打非治违”专项督察，加强矿山实地核查、地面遥感监测；开展地下矿山开采情况大排查大整治，累计排查矿山1137个，发现存在越界开采等违法违规行为的矿山285个，责令违法违规企业一律停产整改。

(六)页岩气勘探开发管理

截至2016年底，全市共完钻页岩气井361口(不含参数井)，投产254口，累计探明地质储量3805.98亿立方米，建成年产能70.7亿立方米，累计产气94.99亿方。2016年1—12月，新完钻页岩气井67口，投产67口，新建年产能20亿立方米，新产气50.67亿立方米。

积极落实市政府与中石化、中石油签订“十三五”战略合作协议，统筹协调区县页岩气勘探开发建设相关工作,全力保障项目选点用地,为页岩气开发利用创造良好环境,涪陵焦石页岩气田获全国首个页岩气采矿许可证。加强页岩气科技攻关,优化调整涪陵页岩气示范基地二期产建方案,涪陵、永川、南川等地页岩气勘探开发取得积极进展。以油气督察为抓手,引进专业督察管理人员和督察员助手,建立油气督察员重庆办公室,开展全市11个页岩气区块的专项督察,督促企业履行法定义务和勘查投入承诺,有效推动全市油气勘探开发进程。

三、房地产市场与管理

(一)房地产交易

2016年,全市商品房成交6257万平方米,同比增加16.3%;全市共成交商品住房5105万平方米,同比增加14%。主城区商品住房成交主要集中在照母山片区、大学城、茶园新区等地区。全市共成交办公用房107万平方米,成交商业营业用房622万平方米。全市二手房成交建筑面积为2235万平方米,其中二手住房成交建筑面积为2097万平方米。

(二)房地产市场调控

积极贯彻落实国家和重庆市房地产调控政策,从稳预期、扩需求、消存量、降成本、防风险五方面综合调控、联动落实,房地产市场延续平稳向好态势。一是稳定市场预期。制定房地产市场宣传报道和应急处置预案,完善多方联动工作机制,适时发布市场信息和政策,稳定市场需求;主动与企业座谈,宣传调控政策,分析市场形势,释放政策信息,提振企业开发投资信心。二是扩大市场需求。贯彻落实国家信贷、财税政策,及时将首套房和二套房首付比例下调至20%和30%,引导银行合理降低贷款利率;实施住房公积金异地缴存贷款,下调贷款缴存时限和首付比例;全面推进住房货币化安置,全市集体土地征收、国有土地上房屋征收货币化安置率分别达到92%、98.7%;深入推进户籍制度改革,积极推广农民“安家贷”金融产品,支持农民进城购房;继续执行房交会期间免收转让手续费和转移登记费等政策;延长主城区个人首次购房按揭财政补助政策至2022年底,鼓励远郊区县参照执行。三是消化房地产存量。坚持把优化土地供应作为促进房地产平稳发展的源头,合理把控出让结构、区域、时序,调整更新基准地价,2016年全市房地产用地出让面积同比减少26.4%;支持商品房转型利用,鼓励企业自持经营;培育和发展专业化、规模化住房租赁市场;加快重点楼盘周边的道路、水电气管网、停车位以及教育卫生等配套设施建设,提高开发项目成熟度。四是降低企业经营成本。贯彻落实国家房地产业“营改增”政策;及时下调企业所得税预售收入计税毛利率和土地增值税预征率,对符合条件的开发项目减免土地使用税、房产税;降低诚信企业项目资本金和预售首付款监管比例;搭建项目资产转让信息平台,免收同一投资主体企业房屋转让手续费,有效缓解企业经营压力。五是防范化解市场风险。建立健全行业准入和诚信机制,依法出清“僵尸企业”和“空壳公司”,全年净减少房地产开发企业379家;完善商品房买卖合同网签备案、预售许可管理,推动二手房网签全覆盖;开展房地产市场专项执法和信访突出问题排查,严查“首付贷”“场外配资”等违法违规行为;加强房地产市场中介和租赁管理,做好重大涉稳问题项目处置。

(三)国有土地上房屋征收

一是依法实施房屋征收。2016年,全市下达征收决定116个,涉及被征收房屋2.24万户、面积199.02万平方米;实际完成征收2.35万户、面积210.79万平方米,全市货币化安置率达98%。对未达成补偿协议的下达补偿决定636件,依法申请法院强制执行30件。为6731户低收入住房困难家庭增加保障补偿面积4.16万平方米。二是加大重点项目征收实施力度。实施铁路、轨道、城市道路建设等市级重点工程征收项目共计36个,涉及征收5393户、85.2万平方米,保障渝黔铁路、重庆西站综合枢纽、渝怀二线铁路等铁路项目和轨道环线等四条轨道主线、中梁山隧道扩容改造等城市道路重点公共利益项目用地。三是加强城市房屋拆除工程安全与扬尘控制监管。印发《关于进一步加强城市房屋拆除工程安全和扬尘控制监管工作的通知》和《城市房屋拆除工程安全和扬尘控制监管工作规程（试行）》，建立健全市区联动监管机制。对158个拆除项目开展巡查3243人次，及时处理群众投诉54件。四是强化和落实传统风貌建筑保护责任。深入贯彻落实市委、市政府的工作部署，督导区县进一步严把房屋征收审查关，按规划部门意见对明确纳入保护范围的建筑予以保留。

（四）住房保障

一是完善住房保障体系，形成以公租房统筹廉租房、安置房、D级危房搬迁住户的保障机制。2016年新增分配公租房（含廉租房）共计7.83万套，累计分配公租房（含廉租房）达42.28万套，补贴在保家庭22864户。二是印发《关于调整城镇廉租住房保障家庭收入线标准的通知》，将全市廉租住房保障家庭收入线标准提高至每人每月840元，惠及更多住房困难家庭。三是会同市财政局联合印发《关于主城区经济适用住房交易补缴土地收益等价款有关问题的通知》，规范经济适用房交易管理。四是积极推进国有企业职工住房剥离工作，印发《重庆市国有企业职工住房管理分离移交实施方案》，全面启动实施国企职工住房管理分离移交工作。

（五）住房公积金管理

2016年，全市缴存单位30322个，同比增长7.44%；实际缴存职工237.71万人，同比增长3.23%；当年缴存额309.71亿元，同比增长15.83%。截至2016年底，缴存总额1765.66亿元，缴存余额787.19亿元。全年发放个人住房贷款8.06万笔、273.00亿元，同比分别增长64.15%、74.05%，支持职工购房779.98万平方米。

（六）房地产中介

截至2016年底，共有房地产评估机构123个，其中一级机构12个、二级机构67个、三级（及暂定）机构30个、外地驻渝分支机构14个，注册房地产估价师1104人。全市共有房地产经纪机构3873个，其中已在房管部门备案的法人机构563个，已备案的分支机构1235个；全市取得全国房地产经纪人职业资格1439人，取得重庆市房地产经纪人协理从业资格7106人。

（七）房地产交易会

春交会于4月14日至17日在南坪国际会展中心举行，累计成交各类房屋8791套、成交建筑面积72.86万平方米、成交金额48.4亿元，同比分别减少22%、20%、17.5%。商品住房成交3434套、33.1万平方米，同比分别减少1%、0.6%；成交建筑面积均价每平方米6893元，同比上涨1.8%。商品非住宅成交17.4万平方米、15.5亿元，同比分别减少42.0%、33.7%。二手住房成交2118套、19.9万平方米、9.1亿元，同比分别减少7.0%、4.3%、增加5.1%；二手非住宅成交建筑面积1.7万平方米、0.79亿元，同比分别减少76.0%、80.9%。

秋交会于10月20日至23日在南坪国际会展中心举行，累计成交各类房屋8104套、成交建筑面积68.8万平方米、成交金额48.3亿元，同比分别增加38.7%、37.1%、53%。商品住房成交3200套、31.9万平方米，同比分别增加40.8%、43.5%；成交建面均价每平方米7760元，同比上涨21.2%。商品非住宅成交2741套、16.7万平方米，同比分别增加33.1%、14.8%。二手住房成交1975套、18.2万平方米，同比分别增加47.4%、50.7%；二手非住宅成交168套、1.8万平方米，同比分别增加86.7%、210.4%。

（八）房地产权籍管理

一是不动产统一登记实现"四统一"和城乡全覆盖。2016年，全市所有区县累计颁发不动产权证书和不动产登记证明205万本（份），不动产登记系统基本实现城乡全域上线。按照"上线一个、汇交一个"原则，登记数据有序接入国家级信息平台。二是优化不动产登记服务水平。大力推行土地抵押登记便捷化服务，积极创新"互联网+不动产登记"服务，上线"重庆市不动产"微信公众号，率先在主城区开通网上预约服务，全市全年完成各类土地房屋登记240万件，其中主城区127万件。三是有序开展土地调查。

2015年度土地变更调查、城镇地籍调查数据更新汇总一次性通过国家验收，村庄用地专项调查成果完善工作全部完成，耕地专项调查成果与年度土地变更调查进行有效衔接，土地调查成果在国土资源管理等领域得到充分应用，基础数据支撑作用进一步显现。

(九)房屋使用安全

一是开展城镇房屋安全排查鉴定。按照“区县政府组织领导、乡镇(街道)具体实施、房管部门业务指导”原则，2016年全市共排查城镇房屋3.82万栋、5620万平方米，发现存在安全隐患的房屋1.7万栋、823万平方米。二是全力推进城镇危房搬离工作。主城各区采用公房调剂、公租房安置、投亲靠友、发放过渡费等方式，共搬离直管公房D级危房2921户；各区县采取修缮加固、搬离人员、整栋拆除等方式，共整修、搬离社会危房939栋、25万平方米，涉及4477户。三是开展城镇危房动态监测。全市共落实76名专业机构技术人员、348名乡镇街道分管负责人、1053名监测人，及时发布房屋安全预警信息。四是推进城镇危房数据库建设。重庆市城镇房屋使用安全管理信息系统上线运行，截至2016年底纳入数据库管理的城镇C、D级危房共计8063栋、289万平方米、30574户。

(十)物业管理

一是加强物业管理制度建设。拟定《〈重庆市物业管理条例〉实施细则》草案，对行业发展存在的疑难重大问题作出规定，充分征求市级相关部门、社会公众等各方意见后已报送市法制办审查；及时印发《关于加强物管市场监管防控物业服务风险的通知》，从常态化监管、地产开发建设问题、物业移交、弃管小区应急服务等方面积极防控行业风险。二是深入开展“公开承诺、协商互助、和谐共处”小区物业服务主题活动，增加物业服务透明度，提高业主满意度。三是加强基层队伍建设。经市编办、市财政局同意，印发《关于强化和规范镇街物业管理工作的函》，落实基层物业管理工作的机构、专兼职人员和工作经费，并通过送教下区县的形式，培训街道(乡镇)物管人员1000余人次，有效提升基层物管力量。四是强化物业小区矛盾纠纷专项治理力度。通过拉网式滚动排查，2016年共排查矛盾纠纷187件，已化解183件，化解率98%，有效维护社会和谐稳定。五是完善老旧居住小区消防设施。积极配合市消防总队完成3000栋老旧居住建筑消防改造，有效提升老旧住宅的消防安全。六是创新物业基础建设。加大信息化建设力度，推进业主大会电子投票系统与全市物业综合监管信息平台建设，提高监管效能；规范物业服务企业与规范业主(业主委员会)诚信行为双管齐下，推进市场“诚信”建设；以市、区县物业服务龙头企业为重点，采取综合措施重点培育示范企业、项目，推进服务品牌建设，全面提升全市物业服务水平。

(作者单位：重庆市国土资源和房屋管理局)

城乡建设

重庆市城乡建设委员会

一、2016年发展回顾

2016年，市城乡建委系统认真贯彻执行市委、市政府各项决策部署，牢固树立五大发展理念，着力实施新型城镇化建设，圆满完成各项目标任务，实现了“十三五”良好开局。

(一)加快基础设施建设，努力实现城市交通“内畅外联”

城市路桥隧建设加速实施。全市完成投资432亿元，同比增长13.7%，新增城市道路450

公里。寸滩长江大桥、中梁山隧道扩容、歇马隧道、华岩隧道等重大桥隧项目快速推进,水土嘉陵江大桥开工建设,江津几江长江大桥竣工通车。城市交通"微循环"能力不断增强,柏树堡立交等一批缓堵节点项目建成通车,九龙坡区南华路等30条城市"断头路"顺利打通。

轨道交通建设快速推进。突出轨道交通在城市交通中的骨干作用,注重都市快线与轨道交通科学合理衔接,着力构建互联互通的轨道交通网络体系。全年完成投资218.8亿元,同比增长13.1%。四号线一期、一号线尖顶坡至璧山段以及都市快线跳蹬至江津段等174公里续建线路加速推进。六号线支线二期、九号线、十号线二期共64公里线路开工建设。三号线北延伸段11公里线路开通运营,通车总里程达213公里,居中西部首位,有效串联起城市重要节点和各大功能组团,日均客运量达200万乘次。

公共停车场提速建设。以解决停车难为出发点,深入开展停车设施调查研究,出台了配套政策,分轻重缓急对商圈、医院等停车需求紧迫区域的309个规划布点进行逐一踏勘,摸清现状情况,核实建设条件,提出建设模式。截至2016年底,已建成公共停车场41个,泊位7509个;在建26个,泊位8062个。

(二)推进城乡环境更新改造,全力提升人民群众生活品质

棚户区改造成效明显。全年完成投资315亿元,完成棚改5.75万户、630.16万平方米,超额完成国家棚改目标任务和市级"民生实事"任务。棚改货币化安置率达75%,居全国前列,消化存量房屋约320万平方米,实现了惠民生与"去库存"双赢。2013年启动以来,累计获得棚改政策性贷款授信额度619.5亿元,到位资金390.8亿元。累计完成城市棚改1108.9万平方米、9.6万户,惠及群众约35万人。

海绵城市和地下综合管廊建设稳步实施。悦来新城海绵城市国家级试点建设扎实推进,2015年启动以来累计完成投资18亿元,完工3.5平方公里;秀山等3个市级试点全面启动建设。地下综合管廊建设有序推进,云阳等4个区县共38.36公里试点项目启动建设,全面完成住建部下达我市年度建设任务。

农村人居环境改善成果丰硕。重点瞄准建卡贫困户,改造农村危房6.44万户,完成市级"民生实事"任务的161%。建成美丽宜居村庄100个,创建改善农村人居环境市级示范片10个,万州区武陵镇等4个镇被评为第一批中国特色小镇。牵头协调相关部门开展环境综合整治,农民群众生产生活条件不断改善。

(三)提升管理服务水平,促进行业发展取得新的进步

房地产业平稳健康运行。完成开发建设投资3726亿元,占全市固定资产投资的21.5%;实现增加值926亿元,同比增长7.5%,占GDP的5.3%,对GDP贡献率为3.8%。牵头推进"3+N"房地产开发建设领域突出问题专项治理、改革预售资金管理,市场风险得到较好控制,有效促进行业平稳健康发展。

建筑业转型升级深入推进。完成总产值7036亿元,同比增长12.4%;实现增加值1715亿元,同比增长15.1%,占GDP的9.8%,对GDP贡献率为13.7%,支柱产业地位更加稳固。把推广应用装配式建筑和钢结构建筑作为建筑产业现代化的重要抓手,确定綦江等5个综合试点区,42个、320余万平方米示范项目启动实施,可消化钢铁产能30万吨。建筑施工企业诚信体系综合评价成果充分运用,建设领域"双欠"清理力度进一步加强,质量安全监管信息化水平不断提升,质量安全形势总体保持稳定。

勘察设计业持续向好发展。实现营业收入401亿元,同比增长5.5%;人均产值达90.3万元,居全国前列。甲级企业比例达35.3%,位居西部省市第一、全国第四。大力推行以设计为龙头的工程总承包,行业管理水平和效率不断提升。

(四)实施创新驱动发展战略,不断增强城乡建设发展后劲

建设科技创新取得新成效。支持城乡建设领域科技研发,6项成果获市科技进步奖。发布

《电动汽车充电设备建设技术规程》等地方标准27项。发布国内首套钢结构推广应用技术文件。强制淘汰或限制使用落后技术12项,推广应用新技术16项。推进应用BIM技术,启动首批示范项目44个。

投融资体制创新迈出新步伐。红岩村嘉陵江大桥、龙洲湾隧道等PPP投融资模式试点项目相继开工和加快建设,引入社会投资260亿元,其中曾家岩大桥列入财政部PPP示范项目,九号线是我市首条采用PPP投融资模式建设的轨道线路、引入社会资本160亿元。

(五)抓好绿色建筑和文明工地,促进城乡建设绿色发展

绿色建筑和建筑节能深入推进。新增绿色建筑1610万平方米,编制发布国内首部《绿色建材评价标准》,率先在全国开展绿色建材评价标识。组织实施第二批公共建筑节能改造国家示范项目160万平方米,相当于减少碳排放2.7万吨。

绿色文明工地创建有序开展。抓好建筑文明施工,推广应用绿色环保新工艺,强化重污染预警天气建筑工地快速反应能力,不断加强施工过程中的市场现场联动监管,施工扬尘和噪声污染防治措施得到有效落实。

(六)落实全面从严治党责任,不断提升自身建设水平

党的建设全面加强。"两学一做"学习教育扎实开展;基层党建基础进一步夯实。坚持把纪律和规矩挺在前面,党风廉政建设主体责任落到实处,防控体系基本建成。持之以恒抓作风建设,中央八项规定精神和市委实施意见严格落实。创建党建工作联席会议制度,修改完善《委党组议事规则》,进一步促进了科学民主依法决策。

自身建设水平不断提高。加快推进城乡建设工作法治化进程,制定出台了委系统法治政府建设工作方案,颁布实施了《重庆市城市管线条例》《重庆市建设工程造价管理规定》。设立了重庆市城乡建设行政审批服务中心,实现了全委所有行政审批事项"一个窗口对外"。坚持不懈抓信访维稳,落实属事属地责任,强化部门间联动,维护了城乡建设领域和谐稳定。

二、发展中存在的问题

一是城市基础设施建设资金缺口大、筹资融资难。二是行业创新驱动不足,改革有待持续深入。三是建委职能转变和作风建设永远在路上,工作效率尚需进一步提升。

三、2017年发展目标

2017年全市城乡建设工作的总体要求:全面贯彻党的十八大和十八届三中四中五中六中全会精神,深入贯彻习近平总书记系列重要讲话精神和治国理政新理念新思想新战略、视察重庆重要讲话精神,认真落实中央城市工作会、全国住房城乡建设工作会精神,促进城乡建设工作与全市经济社会发展大局深度融合,更加注重补短板、强功能、惠民生,更加注重基础设施完善、人居环境建设、绿色发展和质量安全,充分发挥城乡建设对丰富城市形态、拓展城市功能、优化空间环境、增强城市辐射带动的支撑和保障作用。

(一)加快城市路桥隧建设

落实城市道路交通规划,重点实施堵点改造和加密路网,打通断头路、畅通微循环,不断缓解交通拥堵压力;重点构建内外环紧密衔接的骨架路网,打通主动脉,促进新区开发和核心区功能转移。

全年计划建设市级城市道路共118项,总投资约1995亿元,年度投资约330亿元。新开工项目49个,启动建设蔡家嘉陵江大桥、郭家沱长江大桥、黄桷坪长江大桥、龙兴隧道、白市驿隧道、鹿角隧道等一批重大桥隧项目;续建项目69个,建成通车寸滩长江大桥、高家花园嘉陵江复线桥、歇马隧道、中梁山隧道扩容改造、华岩隧道等一批重点融城快速通道项目。

(二)提速轨道交通建设

全年计划完成投资300亿元,力争新开工

轨道交通第二轮建设规划修编线路以及都市快线璧铜线；加快推进轨道交通四号线一期、五号线一期、六号线支线二期、九号线、十号线、环线、一号线尖顶坡至璧山段以及都市快线跳蹬至江津段等共238公里在建线路建设；力争五号线一期大石坝至园博中心段、十号线一期鲤鱼池至王家庄段共50公里线路年内建成通车。

与市规划部门共同修改完善大都市区轨道交通一体化规划，开展都市快线技术标准体系研究，深化投融资模式研究，为相关线路早日启动实施奠定基础。

（三）优化城市环境

加强与区县政府的合作与互动，共建工作平台，吸引国内外的资金、技术、人才参与，共同推动优化城市环境各项工作的顺利实施。

按照国家下达的目标任务，完成棚户区改造5.3万户；按照市级民生实事任务，完成城市棚户区改造266万平方米。积极争取棚改政策性贷款，引导和鼓励区县通过“政府购买服务”模式推进棚改工作。

新开工建设停车泊位2万个，着力补齐核心区域停车缺口；建设人行过街设施30座，让道路更顺畅，让行人更安全、更便捷；推进“1+3”海绵城市试点建设，完成悦来新城国家级试点建设任务；开工建设地下综合管廊第二批市级试点项目43.12公里；牵头完成5个河段黑臭水体治理。

大力发展绿色节能建筑，城镇新建建筑执行绿色建筑标准比例达到45%以上，实施120万平方米既有公共建筑节能改造。

积极推广应用新工艺、新技术、新材料、新机具，探索智能化手段对建筑工地的管理，着力防治施工扬尘和噪声污染。

（四）改善农村人居环境

积极培育一批特色小（城）镇，创建中国特色小镇5个，示范带动全市小城镇建设与发展。开展整洁庭院创建，实施村庄亮化试点，打造一批精品示范项目，建成美丽宜居村庄100个，创建绿色村庄200个，创建改善农村人居环境市级示范片20个。注重文化传承，进一步加大传统村落和民居保护力度，建成中国传统村落保护发展市级示范点4个。

聚焦建卡贫困户住房困难，改造农村危房2.39万户，提前一年动态消除全市建卡贫困户D级危房。注重风貌管控，加强农村民居标准图集推广应用，开展农村建筑工匠培训，不断提升农房建设质量。继续牵头相关部门开展好农村垃圾、污水治理等环境综合改造工作，不断改善农民群众生产生活条件。

（五）推动建筑产业现代化

建立装配式建筑部品构件信息库和统一的信息监管平台，健全装配式建筑和钢结构建筑的技术标准、诚信体系、政策服务和管理机制。

加强建筑产业现代化综合试点区建设，支持綦江创建国家级装配式建筑试点区。培育一批技术先进、专业配套、管理规范的骨干企业和生产基地。

在推广使用、降低成本等方面动脑筋、下功夫，坚持先易后难、政策激励、技术支撑，出台强制性推广使用措施，积极在商品住房、写字楼、保障房、工业厂房、停车楼宇、物流仓库建设等领域推广应用建筑产业现代化技术和产品。

（六）提升行业管理水平

加强准入管理，完善退出机制，进一步提升房地产开发行业集中度。完善项目资本金、预售资金流向管理调控机制，着力稳控市场风险。继续推进棚改货币化安置，进一步缓解房地产“去库存”压力；进一步优化房地产产品结构，支持文化体育、健康养老、教育医疗等具有公共服务性质的房地产开发，支持尚未启动建设的商业、写字楼项目转型建设公共停车楼，有效促进商业地产“去库存”。深入开展“3+N”房地产开发建设领域突出问题专项整治，分析原因、找准症结，落实属事属地责任，形成工作合力，切实维护行业稳定局面。

始终保持安全生产管理高压态势，严格落实建设项目五方主体质量安全责任，全面开展质量安全隐患排查和专项整治，大力推进“智慧工地”建设,不断提升质量安全监管信息化和现代化水平,坚决守住质量安全底线。贯彻落实新《重庆市招投标条例》,针对当前工程建设领域招投标的突出问题,抓紧修订完善《重庆市建设工程招投标监督管理办法》《评标办法》《招标文件示范文本》等规范性文件,进一步规范国有资金投资项目招标投标活动。创新建筑业教育培训机制,加大从业队伍培养力度,推动建筑业农民工向产业工人转变。加强建筑领域“双欠”清理力度,强化源头管控,实施精细化管理。

全面落实“适用、经济、绿色、美观”建筑方针,进一步提高建筑设计水平和质量,建设一批体现城市文脉、彰显巴渝特色的建筑精品。尊重自然风貌、传承历史基因,保护和修缮一批传统风貌街区。全面开放勘察设计市场,不断繁荣设计创作,鼓励国内外建筑设计企业充分竞争,培养既有国际视野又有民族自信的建筑师队伍。探索设计行业发展新路径,加快BIM技术的广泛应用,大力推行以设计为龙头的工程总承包,引导和支持勘察设计企业以市场为导向实现差异化、多元化发展。

(七)推进智慧城乡建设

强化信息整合。健全数据整合工作机制,打造行业数据“智慧云”服务平台和数据中心,促进大数据融合共享、开放应用。

强化技术支撑。编制技术导则、完善标准体系,规范城乡智慧建设数据管理;推动城建档案数字化标准上升为国家或行业标准。

强化信息应用。推动智慧建设政务、智慧工地、智慧管网等专项应用年内上线运行,着力打造一批智慧小区示范项目。

(八)深入推动创新发展

加大建设科技创新力度,力争年内编制出台《山地城市A型车车辆通用技术标准》等一批行业标准。加快工程建设标准改革步伐,不断增强技术标准的权威性。加强产学研用协调创新,提升建设科技成果转化率。强制淘汰或限制使用落后技术,积极推广先进适用技术在城乡建设领域的广泛运用。

深化行政审批制度改革,发挥好新成立的市城乡建设行政审批服务中心作用,集中全委所有行政审批和政务办理事项,以方便服务对象、提高质量效率、防范廉政风险为目标,完善运行机制,运用信息化手段,进一步简化手续、优化程序,减少主观性,提高透明度。加快负面清单制定颁布,强化事中事后监管,推动“双随机一公开”监管方式全覆盖。

深入推进城市基础设施建设投融资体制创新,积极引导社会资本进入城市基础设施领域,新开工白市驿隧道、郭家沱长江大桥等一批PPP投融资模式试点项目。切实用好国开行、农发行等政策性贷款用于城市棚户区改造,不断优化资金配置,着力提升使用效益。鼓励运用资本运作的方式推进公共停车场、海绵城市、综合管廊的建设和黑臭水体治理等新兴领域稳步发展,以及其他城市基础设施的建设,打造示范项目,发挥引领示范,逐步减少城市发展的历史欠账。

重庆园林

陈亚飞

一、2016年发展回顾

(一)城市园林绿化

2016年,在市委、市政府的坚强领导下,市园林局全面贯彻落实党的十八大和十八届三中、四中、五中、六中全会精神,深入学习贯彻习近平总书记系列重要讲话精神、治国理政新理念新思想新战略、视察重庆重要讲话精神,中央经济工作会议、中央城市工作会议、全国住房城乡建设工作会议以及市委四届历次全会精神,牢固树立新的发展理念,贯彻落实习近平总书记"绿水青山就是金山银山"重要指示精神,围绕"科学发展、富民兴渝"总任务,深入实施发展战略,扎实推进城市园林绿化规划建设管理工作,为建设美丽山水城市、推进生态文明建设作出了积极贡献。

1.城市园林绿化规划编制及实施

按照市委、市政府推动法定城乡规划全覆盖的要求,基本完成《重庆市风景园林事业发展"十三五"规划》编制工作。完成《重庆市主城区城市绿地系统规划》深化编制工作,并督促指导区县城市绿地系统规划编制修编和实施工作。按照"等质等量和满足公园服务半径的要求"原则,严格办理规划绿地调整事宜,全年共完成南岸区南坪组团J19-3地块等28件次规划绿地调整工作。认真做好并联审批工作,确保附属绿地率指标达到规定要求。全年共完成建设项目附属绿地审查549件次,审批项目方案设计总用地面积1239万平方米。对巴南区龙洲湾公园、巴滨公园、沙坪坝区双碑隧道二期配套绿化工程等8个项目的规划设计方案进行了专家论证和行政审查。

2.城市园林绿化建设管理

按照环保五大行动中"绿地行动"要求,大力实施生态修复、绿道绿廊、公园绿地、园林景观、数字园林管理等"五大工程",全年新增城市绿地1936万平方米,完成全年目标的194%。积极指导各区县开展城市义务植树活动,全市义务植树356万株,完成全年目标的237%。组织区县园林绿化主管部门相关人员开展市街绿地管护质量交流学习和现场评价,督促指导区县健全完善常态化、长效化的园林绿化养护管理机制体制制度,严格落实管护责任,积极推进市场化管护,抓实抓细修枝整形、土壤改良、病虫害防治、提升形象等日常管护。制定印发《重庆市城市园林绿化建设与养护扬尘控制管理规定》,服务了全市"蓝天行动"目标实现。全市城市绿地管护优良率达到70%,古树名木保护率达到100%,完成15个区县数字园林管理信息平台建设并投入使用,较好地实现了城市绿化与城市拓展协调发展。

3.依法行政工作

严格按照法定权限和程序行权履职,积极推进园林绿化地方性法规、政府规章和规范性文件的制定和修订工作。组织编制《重庆市金佛山喀斯特世界自然遗产保护办法》报经市政府常务会议审议通过,于2016年6月27日起施行。积极稳妥开展《重庆市园林绿化条例》修订工作,市政府法制办已向市政府报送了修订送审稿。编制完成《重庆市园林种植工程技术规范》等园林绿化行业技术标准。积极推进简政放权、放管结合、优化服务改革。2016年,完成建设项目附属绿地审查549件次,审批项目方案设计总用地面积1239万平方米,确保了建设项目附属绿地规划落地。切实加强园林绿化行政执法,立案查处涉绿案件270件,有力地推动了爱绿护绿社会氛围形成。

4.园林创建工作

积极指导各区县开展国家园林城市系列创建活动。2016年推荐忠县州屏生态廊道项目荣获中国人居环境范例奖。推荐梁平、武隆、彭水申报国家园林县城,巴南东温泉、涪陵焦石、忠县石宝、云阳南溪申报国家园林城镇,待住房城乡建设部验收。截至2016年底,全市共有84%的区县被住房城乡建设部命名为国家园林城市和国家园林县城。

5.城市公园规范化管理

积极探索城市公园分级分类管理体制机制,大力推进公园绿地增量提质建设,加强公园便民服务设施完善与建设,完善全市公园管理信息化系统,公园规范化管理水平和服务质量得到进一步提高。按照市委、市政府的决策部署,积极探索城市公园分级分类管理体制机制,有序推进市属公园属地化管理改革,市鹅岭公园、市游乐园、市花卉园、市石门公园等4个市属公园已移交所在区政府管理。2016年,新建综合公园40个、社区公园62个,全市综合公园达到504个。主城区公园实现自主经营收入6813万元,同比增长0.35%。同时代表重庆市参加第十届中国(武汉)国际园林博览会、2016唐山世界园艺博览会,获得多个奖项。

6.园林科技工作

深入贯彻实施创新驱动发展战略,创新科技管理机制,2016年组织申报科研项目32项,成果鉴定13项,获省部级以上奖项2项、国家专利5项。着力构建风景园林行业标准体系,编制行标5项,地标复审2项。科技成果转化取得明显成效,可移动式模块化屋顶绿化成套技术应用示范项目正稳步推进,国际合作项目“污泥冷等离子体处理技术及设备研发”完成初步验收。持续推进屋顶绿化、消落区生态修复等海绵型绿地建设,全年新建海绵型绿地700万平方米,超额完成目标任务。

7.园林行业市场监管

积极推进园林绿化企业诚信体系建设,健全完善园林绿化企业信用评价管理制度,规范园林绿化工程招投标、工程质量和企业资质管理,强化对市外入渝企业的监管,完善在渝人员、业绩信息登记,对园林绿化工程质量安全实施监督。全年完成市级监督园林绿化工程招投标项目4个,颁发二、三级资质150家,办理资质延续131家,园林行业市场监管更加规范有序。

8.园林行业安全生产管理

深入贯彻落实新《安全生产法》《突发事件应对法》《中共重庆市委、重庆市人民政府关于安全生产“党政同责、一岗双责”的意见》等文件精神,认真履行“管行业必须管安全、管业务必须管安全、管生产经营必须管安全”职责,加强安全生产标准化建设,大力推进重庆市园林绿化工程安全生产技术标准体系建设,扎实开展园林行业安全隐患排查、专项整治、教育培训、应急演练和安全监管执法等工作,全市园林行业安全生产形势持续稳定向好。

(二)风景名胜区和世界自然遗产

2016年,重庆市有国家级和市级风景名胜区36处,面积4560.30平方公里,占市域面积5.53%。国家级风景名胜区7处,2147.30平方公里,占市域面积2.60%;市级风景名胜区29处,2413平方公里,占市域面积2.93%。

2016年,全面完成缙云山风景名胜区执法检查整改工作并通过住房城乡建设部验收。市园林局积极推进风景名胜区规划编制和审查工作,《缙云山国家级风景名胜区总体规划》(修编)和《东温泉风景名胜区总体规划》(修编)分别获国务院和市政府批准,《长江三峡国家级风景名胜区总体规划》《潭獐峡国家级风景名胜区总体规划》已上报国务院,《重庆市风景名胜区系统规划》已上报市政府。开展重大建设项目论证审查工作,依规核准风景名胜区内重大建设工程项目5个。组织申报“十三五”国家级风景名胜区保护设施建设项目8个,其中2个被成功纳入中央投资项目储备库,争取到国家资金1920万元。指导风景名胜区加快基础设施提档升级,开展宣传营销和市场推广活动,全市风景名胜区管理水平进一步提高,全年接待游客

2595万人次，实现门票收入4.1亿元，呈现出良好发展势头。倡导设立"中国自然遗产日"，获得国务院批准。完成《中国南方喀斯特世界自然遗产保护状况报告》《中国南方喀斯特（武隆和金佛山喀斯特）世界自然遗产地保护管理规划》。

二、2017年发展展望

城市园林绿化不仅是唯一具有生命力的城市基础设施，也是重要的生态基础设施；不仅是政府向市民提供的绿色产品和绿色福利，也是政府向市民提供的公共产品和公共服务。做好城市园林绿化工作，我们使命在肩、责无旁贷。2017年，我们将坚持以党的十八大和十八届三中四中五中六中全会精神为指导，深入学习贯彻习近平总书记系列重要讲话精神和治国理政新理念新思想新战略、视察重庆重要讲话精神，认真贯彻落实中央经济工作会议、中央城市工作会议、全国住房城乡建设工作会议以及市委四届历次全会精神，牢固树立和贯彻落实新发展理念，紧紧围绕"科学发展、富民兴渝"总任务，深入实施发展战略，以建设美丽山水城市为目标，坚持生态优先、绿色发展，因地制宜、节约集约，围绕中心、服务大局，找准定位、发挥作用，坚持一手抓城市园林绿化、一手抓风景名胜区，一手抓规划设计、一手抓建设管理，一手抓事业发展、一手抓产业培育，一手抓改革创新、一手抓安全稳定，不断提升城市园林绿化规划建设管理水平，推动城市园林绿化工作理念、工作领域、工作内容、工作抓手不断深化拓展，实现城市园林绿化差异发展、特色发展、协调发展、联动发展，为推进全市经济社会发展和生态文明建设作出积极贡献。

（一）深入学习贯彻党的十八届六中全会精神和市委、市政府、住房城乡建设部重要会议精神

坚持把贯彻落实党的十八大和十八届三中四中五中六中全会精神，习近平总书记系列重要讲话精神和治国理政新理念新思想新战略、视察重庆重要讲话精神，市委四届历次全会精神，与贯彻落实中央经济工作会议、中央城市工作会议、住房城乡建设部有关工作会议、即将召开的市委城市工作会议、全市规划建设管理和园林工作会议精神有机结合起来，进一步深化学习理解，全面抓好贯彻落实。

（二）突出五个重点，着力营造城市优美生态环境

按照市委、市政府和住房城乡建设部有关生态文明、城市规划建设管理的决策部署，不断推进园林绿化工作向乡镇、村庄延伸，向生态保护建设、旅游经济等领域拓展，进一步保护和优化城市生态空间格局，扩大生态空间总量，提升城市生态功能，创造优良的人居环境。一是实施生态修复。坚持把城市园林绿化管护作为重点，健全完善市街绿化管护巡查、病虫害监测防治等长效机制，严格执行城市园林绿化管护技术规范，不断提高专业化、精细化管护水平，保护好城市绿色生态空间。依托城周及城区的山体、水体，大力建设生态绿地和绿化缓冲带，有计划地推进"两江四岸"消落区和被破坏的山体、水体、湿地、植被等生态修复工作。积极开展海绵型绿地、立体绿化建设，提升城市绿地生态修复功能。二是实施绿道绿廊建设。切实加强城市道路、大型人口聚集区、老旧小区综合整治中的园林绿化工作，有计划地推进绿道绿廊建设、城镇规划区内河道保护线绿化缓冲带建设，构建连点成线、点线面结合的城市绿色生态廊道网络体系。三是实施公园绿地建设和加强城市公园规范化管理。按照住房城乡建设部提出的"城市居民出行300米见绿，500米见园"要求，推进"城市公园绿地十分钟服务圈"建设，加强综合公园、社区公园、专类公园、街头游园等公园绿地建设，不断增加城市中心区、老城区绿色公共空间。研究制定全市城市公园分级分类管理办法、措施，进一步明确市与区县城市公园管理责任，健全完善全市城市公园分级分类管理体制和运行机制。坚持城市公园公共服务属性，完善便民设施，提升服务功能。积极做好市属公园属地化管理后续工作，推动鹅岭公园等4个属地化管理公园持续健康发展。做好参加市内外园

艺园林展览展出工作。四是实施园林景观建设。坚持生态、景观和人居相统一，提高城市园林设计、建设水平，依托山水地貌优化城市绿地形态和功能，融入好山好水好风光，提升城市整体风貌。传承历史积淀，留住城市文化“基因”，让人记得住乡愁。五是实施数字园林建设。按照智慧城市建设要求，进一步推动数字园林管理信息化平台建设，提高遥感信息技术在绿地要素调查、绿地系统监测、绿地跟踪管护、古树名木保护等方面的应用水平。

（三）深化创建工作，着力发挥园林创建示范作用

紧扣美丽山水城市建设目标，结合住房城乡建设部要求，进一步加大城口县、垫江县、石柱县创建国家园林县城的督促指导力度，力争早日实现区县国家园林城市和国家园林县城全覆盖。按照住房城乡建设部印发的《国家生态园林城市系列标准及申报评审管理办法》，制定我市生态园林城市系列标准及申报评审管理办法，科学有序地开展国家生态园林城市、国家园林县城、国家园林城镇和市级生态园林城市系列创建工作，以创建促品质，以品质树形象。

（四）严格依法管理，着力提高风景名胜区和世界自然遗产保护水平

按照科学规划、统一管理、严格保护、永续利用原则，进一步完善管理机构、理顺管理体制，为风景名胜区和世界自然遗产的科学保护利用奠定坚实基础。加快长江三峡、潭獐峡、金佛山风景名胜区总体规划的修改报审工作，督促指导有关区县加快推进风景名胜区总体规划编制工作。更新重庆市风景名胜区和世界自然遗产专家库，推进风景名胜区基础设施提档升级和智慧景区建设，规范重大项目审查程序，完善世界自然遗产地保护监测体系。开展风景名胜区执法检查，做好市级风景名胜区遥感监测试点工作，巩固缙云山风景名胜区整改成果，加强生态保护红线管控，实现风景名胜区生态保护与资源利用协调发展，促进区域经济社会发展。

（五）强化保障措施，着力夯实城市园林绿化发展基础

一是加强规划编制及实施。认真贯彻重庆市和住房城乡建设部有关规划精神，高质量完成《重庆市风景园林事业发展“十三五”规划》的编制工作，建立健全规划实施机制，确保规划年度目标的实现。按照法定城乡规划全覆盖要求，完成《重庆市主城区城市绿地系统规划》落地法定化工作。加强“一区两群”城镇群发展、大都市区一体化发展、“万开云”城市一体化协同发展中城市绿地系统规划布局。开展大都市区绿道规划，结合城市空间形态、景观休闲等需求，规划布局大都市区绿道系统。督促指导主城以外区县加快城市绿地系统规划编制工作。建立健全城市绿地系统规划编制、规划管理、刚性约束和基础支撑体制机制，切实增强规划的前瞻性、科学性，强化规划的战略引领和刚性控制作用。建立完善和严格落实绿线管理制度、绿线监管体系，加强建设项目附属绿地和其他各类绿地项目规划管理，实现城市绿地布局更均衡、功能更完善、文化更深厚、生态更优良。二是加强园林科技工作。加强科技创新，重点开展城市生态、生物多样性保护、乡土植物开发利用等科学研究。促进园林科研成果的转化和应用，积极推广应用渗透性铺装、节水型设施等园林新材料、新技术、新产品，充分发挥园林科技对园林发展的引领、促进和支撑作用，实现城市园林绿化创新驱动发展。三是加强园林行业市场管理。继续推进城市园林绿化企业诚信体系建设，修订完善《重庆市城市园林绿化企业信用管理办法》，制定《重庆市城市园林绿化企业信用管理实施细则》，建设园林产品互联网交易平台。紧紧围绕、主动适应经济发展新常态，通过政策扶持、市场运作、行业引导、管理服务等方式，推动园林绿化企业由传统园林绿化领域向城乡生态保护建设领域拓展。同时，积极整合园林行业资源，不断培育和发展壮大园林产业，扩大园林消费，拓展园林产业发展空间，推动园林经济持续健康发展，更好地为全市经济社会发展大局服

务。四是加强园林法治建设。按照党中央、国务院和市委、市政府的统一部署，运用法治思维和法治方式，把城市园林绿化工作纳入法治轨道。积极推进《重庆市园林绿化条例》《重庆市城市园林绿化赔偿补偿规定》《重庆市城市建设项目附属绿地管理技术规定》等城市园林绿化地方性法规、规章和规范性文件制定和修订工作。深入推进简政放权、放管结合、优化服务改革，深化拓展行政审批制度改革，完善行政审批流程，提高行政审批效率。同时，按照市委、市政府和住房城乡建设部推进城市管理执法体制改革的部署要求，积极配合做好城市园林绿化执法体制改革工作。五是加强园林行业安全生产和应急管理工作。持续抓好安全生产责任体系的落实，抓紧编制重庆市园林绿化工程安全生产地方标准，扎实开展安全生产大排查、大整治活动，大力推进基层基础基本建设。加强城市公园和风景名胜区等人员密集场所风险评估和安全管控。进一步完善各级各类应急预案，不断提高突发事件应急处置能力和水平，确保全市园林行业安全生产形势持续稳定向好。

（六）加快直属单位改革发展，着力增强全局系统综合实力

采取切实有效措施，有针对性地指导直属单位盘活资产资源，强化经营管理，培育新的经济增长点，增强发展内生动力和后劲。进一步加强直属单位日常监督管理，提高服务群众水平，不断提升社会形象。

（七）落实全面从严治党责任，着力提供坚强有力的政治保障和纪律作风保障

认真落实全面从严治党责任和党风廉政建设“两个责任”，严守政治纪律和政治规矩，深化拓展“两学一做”学习教育，坚持不懈抓好全局系统领导班子建设、干部职工队伍建设和党员队伍建设，打造忠诚、干净、担当的园林干部队伍，严肃党内政治生活，强化党内监督，推进标本兼治，全面加强纪律建设，持之以恒抓好作风建设，不断增强全面从严治党的系统性、创造性、实效性，为推进城市园林绿化事业健康持续发展提供坚强的政治保障和纪律作风保障。

（作者单位：重庆市园林局）

环境保护

重庆市环境保护局

2016年，重庆市完成全市399项生态文明建设重点工作和16项重要改革年度任务。《重庆市环保机构监测监察执法垂直管理制度改革实施方案》在全国第一个备案、第一个印发、第一个实施。开展生态环境损害赔偿制度改革，是全国首批7个试点省市之一。设立重庆市环境监察办公室，积极对接中央环境保护督察，推进督察工作规范化、制度化和常态化。制定全市生态保护红线划定方案，划定红线保护区域30790平方公里，占全市幅员的37.3%，强化生态红线管控。环保投融资体制改革取得新成效，排污权交易额2亿多元；环保投资公司以PPP模式推进乡镇污水治理，获金融机构授信200亿元，实现乡镇污水处理设施投资集约化、建设规范化、运营专业化；设立8支环保产业基金，基金认缴规模达75亿元，共投出9个项目，投资金额1.2亿元，重点投向节能环保领域，扶持中小环保企业发展；设立环投网络公司、再生资源公司，进一步激活市场配置环境资源的作用。

一、环境监察

中央第五环境保护督察组（以下简称督察

组）于2016年11月24日至12月24日对重庆开展了环境保护集中督察。2016年12月30日，督察组受理和交办的1824件群众举报和投诉案件全部办结回复，责令企业整改1427家次，立案处罚467起，罚款1724万元；拘留16人，问责政府部门2个，问责个人40人，约谈64人。全市以此次中央环保督察为契机，及时处置、有效解决了中化涪陵化工环境问题等一大批涉及群众切身利益的环境问题，推动环境质量进一步改善，生态环境保护制度进一步完善，各级各部门环保责任意识进一步增强。国家环境保护督察办公室3次专刊推介宣传重庆边督边改工作经验和成效。

二、环境影响评价

践行简政放权，服务经济发展。优化分级审批规定，实施免于环境影响评价手续建设项目名录，共对8大类58小类160种建设项目免于环境影响评价审批和备案手续。全年共审批建设项目环评4088个，涉及项目总投资6849亿元，其中环保投资139亿元，免于环评项目管理涉及的投资301亿元，助推经济发展。扎实推进环评领域改革，取消建设项目环境保护设计备案；不再进行建设项目试生产行政审批，对有污染物排放的建设项目，探索实行排污临时许可证管理制度。在全国范围内率先制定并出台《重庆市工业园区环境质量统一监测方案》，实行电镀集中加工区(加工点)统一进行地下水环境现状监测及评价，支撑园区建设项目环评合理“瘦身减负”，减轻企业负担。加强建设项目环境管理，印发《化工行业建设项目管理指南》《喷涂行业建设项目管理指南》。全市审批排污临时许可项目996个、竣工环保验收项目3106个，验收项目总投资约4072亿元。严格环境准入，2016年全市暂缓或不予审批涉及“两高一资”、过剩产能项目、不符合环评审批要求项目共33个。

三、环境监测

按照国家要求和环境管理需要，重庆以改善环境质量为核心，全面落实各项环境监测工作部署。组织完成水、大气、声和土壤环境质量和污染源监测，对301个地表水断面和165个湖库断面开展水环境质量监测，对1667个千人以上集中式饮用水源地开展水质监测，对70个市级及以上空气质量点位开展空气质量监测，对441家市级及以上重点工业企业污染源开展监督性监测，指导和督促243家重点企业开展自行监测及其信息公开。进一步优化完善“十三五”生态环境监测网络，制定印发《重庆市生态环境监测网络建设工作方案》《重庆市空气质量站点管理的三项管理制度》，完成17个国家环境空气质量监测事权上收工作，升级改造区县环境空气自动监测站，全市实现环境空气质量标准中6个项目监测和日报全覆盖。推动环境监测服务社会化，出台《重庆市环境监测服务社会化管理办法》，加强事前、事中、事后监管，完成7家社会环境监测机构备案管理工作。

四、环境宣传教育

2016年，围绕环境保护助力供给侧结构性改革、深入推进五大环保行动、严格环境监管执法等宣传主题，组织市级及以上媒体刊播有关重庆环保工作的原创新闻报道890余篇。持续深化生态文明和环保宣传“十进”活动，将宣传触角向农村和景区延伸。成功举办首届“寻找绿色重庆年度人物”活动、第二届环保网络直播晚会、第三届生态文明知识竞赛、第二届环保公众开放周等一系列社会宣传活动。大力推进环保课程“进党校”，培训党政领导干部约2.5万人次。持续强化中小学生环境教育，向2150所中小学校赠送生态文明教材。落实《重庆市环境保护公众参与办法》，及时反馈和解决在渝环保社会组织反映的环境污染投诉问题11件。

“蓝天行动”实施情况：贯彻落实“大气十条”及重庆实施方案，控制交通、扬尘、工业、生活大气污染，增强大气污染监管能力。淘汰黄标车和老旧车5.48万辆，超额完成国家下达的任务。车用油品提升至国五标准，推进柴油车、超标车治理。落实大唐石柱电厂等4台共计202万千瓦燃煤火电机组的超低排放改造。完成19家日用玻璃制品企业脱硝治理。完成98家混凝土搅拌企业的粉尘整治。完成168家企业挥发性有机物治理，关闭或搬迁长寿捷圆化工等废气扰民企业，关闭烧结砖瓦窑34家。划定2765平方公里高污染燃料禁燃区。开展秋冬季“百日攻坚”行动。出台《汽车维修业大气污染物排放标准》等7个地方标准，起草《重庆市大气污染防治条例》。全市各区县全面实行空气质量新标准监测和评价。都市区全年空气质量优良天数达到301天，同比增加9天，PM2.5浓度同比下降5.3%，重污染天数明显下降。在国家“大气十条”实施情况考核中，重庆获得“优秀”。

“碧水行动”实施情况：2016年，长江干流重庆段总体水质为优，15个监测断面中，Ⅲ类水质的断面比例为100%；64个城市集中式饮用水源地水质达标率为100%；全市未发生重特大水污染环境事件。一是加快推进生活污水治理。完成11座城市污水处理厂扩建和8座城市污水处理厂提标改造工程。全市生活污水处理规模达到441万吨/天，全年共处理生活污水约12.5亿吨，城市污水处理率达92%。二是深入开展工业污染防治。完成13家不符合产业政策的“十一小”企业关停取缔和7家主城重污染企业环保搬迁。累计建成工业集聚区废水集中处理设施62座。三是强化河流湖库整治。完成主城区20个湖库水质提升工程，彩云湖、华岩湖等湖库成为人们休闲娱乐的好去处。继续推进长寿湖、玉滩湖和西酬水库等良好水体生态环境保护。四是切实保护集中式饮用水源。完成591个新增集中式饮用水源地保护区标志规范化设置。开展集中式饮用水源地保护区内船舶、码头等污染源专项整治，共搬迁出饮用水源地保护区内18艘船舶。

“宁静行动”实施情况：完成3个社会生活噪声和19个工业噪声限期治理、6个噪声源搬迁和3个噪声源关停、63个固定设备噪声扰民整治，创建32个安静居住小区。开展高中考期间建筑施工噪声专项执法行动，立案查处528起违法施工行为。2016年全市噪声投诉量较去年同期下降5.4%。

“绿地行动”实施情况：深入贯彻落实国家“土十条”及重庆工作方案。强化污染场地的治理修复，治理污染土壤66万立方米，可提供修复后的净地205万平方米。强化自然保护区的生态环境保护，编制完成全市生物多样性保护优先区域规划。在全国“十二五”危险废物规范化管理考核中，重庆是产废单位和经营单位抽查合格率均达标的四个省市之一。在国家《重金属污染综合防治“十二五”规划》实施情况考核中，重庆获得“优秀”，在全国17个重金属污染防治非重点省份中排名第一。

“田园行动”实施情况：完成《畜禽养殖污染防治管理办法》立法调研，推动区县落实畜禽养殖污染防治规划，组织编制全市畜禽养殖污染防治规划。重点推进禁养区养殖场关闭、搬迁和畜禽养殖污染治理设施的建设管理工作，关闭或搬迁禁养区内畜禽养殖场（户）763家，完成141万头生猪当量污染治理配套设施工程整改。

五、环境安全

强化环境安全全过程管理和联防联控联治机制，加大环境违法违规和犯罪的查处力度，切实维护群众环境权益。加强全市环境风险源的突发环境事件风险隐患排查整治，对全市1852枚核与辐射放射源进行全过程监管，整治环保违法违规建设项目企业14015家，特别是长寿、涪陵、万州等重化工园区和沿“三江”流域重点风险源企业的监管。通过“双随机”制度检查企业9476家次，处罚环境违法案件3525件，罚款1.9亿多元，其中实施按日连续处罚9件、查封扣押54件、限产停产57件、污染环境犯罪刑事案件立案157件，特别是依法查处西南合成医药集团有限公司私设暗管超标排污等系列重大恶意环保违法案件，获得环保部、公安部表扬。全年积极响应并妥善处置各类易引发环境污染的突发事件35件，未发生重特大突发环境事件。

六、辐射环境安全

出台批量环评、打捆验收、比例抽测等新举措，推动各区县完成13335个基站的环评审批；下达辐射类建设项目环境影响评价要求通知书71份，辐射类建设项目环评审批82个，备案16个，竣工环境保护验收72个；放射源及非密封放射物质转让审批、放射源异地使用备案、废旧放射源收贮备案共200件，核发辐射安全许可证60件，注销10件，公示辐射类审批信息215条。开展移动通信基站违法建设专项整治行动，对市局发证的190家单位开展日常监督检查，向涉及放射源安全等重大问题的企业下发限期整改文件16份，对通信基站未批先建、未依法退役辐射工作场所、无证销售射线装置、无证使用射线装置、逾期未整改辐射安全隐患等21起环境违法行为进行查处，共处罚金120余万元。组织开展汛期辐射安全大检查、“两会一节”辐射安全隐患排查整治、放射源安全专项清查行动等一系列专项行动，推进放废库安全退役，完成放废库495枚废旧放射源整备并统一运输至国家西北永久存贮库，全年依法收贮放射源83枚、放射性废物2件。

工商行政管理

王震宇

一、2016年发展回顾

2016年，重庆市工商系统以创新、协调、绿色、开放、共享的新发展理念为引领，以“两学一做”学习教育为动力，以深化商事制度改革为主线，按照牢记三大使命、紧盯一流目标、突出五项重点的“315”总体要求(当好大众创业万众创新的“先锋官”，深化改革的“先行官”，市场秩序的“守护神”；争一流业绩，创一流工商；把好“宽进”门槛、深化商事制度改革，把好“严管”效度、加强事中事后监管，把好“优服”重点、提升服务发展水平，把好“共治”格局、加大消费维权力度，把好“提质”要求、推动微企健康发展)，全力促进和推动简政放权、放管结合、优化服务的“放管服”改革，培育倡导敢为、能为、有为和亲商、清商、安商的“三为三商”精神，全市工商工作取得了良好成绩。

(一)力求“放得更活”，全面深化商事制度改革

全面放宽市场准入条件。深入推进“先照后证”改革，牵头会同40多个市级行业主管部门，对677项行政审批事项进行清理，以市政府名义公布215项后置审批事项目录并实行动态管理，全市“先照后证”登记市场主体24.13万户。放宽住所(经营场所)登记条件，积极探索一址多照、集群注册、工位注册等，分类释放场地资源。2016年全市新设立市场主体35.67万户，其中企业12.81万户、同比增长8.56%。全市市场主体总量达214.45万户，较2016年初增长10.67%。

推进注册登记便利化。全面推行企业“五证合一”和个体工商户“两证整合”，截至2016年底，全市已发放“一照一码”营业执照53.47万份。积极推进网上行政审批改革和注册登记全程电子化，全市工商系统所有登记窗口全面实现网上行政审批，电子营业执照试点有序开展。开发建设企业名称自主查询系统，实现互联网自主查询和申报核名。落实外资企业“准入前国民待遇+负面清单”政策，构建完善“授权+委托+远程”的外资登记模式，提高外资准入便利化水平。

完善市场主体退出机制。在试点的基础上，在全市全面推行个体工商户简易注销改革，率先探索建立个体工商户强制注销制度，已有4.87万户个体工商户快速便捷退出市场。研究制定《重庆市企业简易注销改革试点暂行办法》，在涪陵、渝北和武隆等地试点推行未开业企业和无债权债务企业简易注销，取得初步成效。

(二)力求"管得更好"，全面强化事中事后监管

提升日常监督管理精度。督促指导市场主体自觉履行信息公示义务，共有155.39万户市场主体报送2015年度年报，其中企业年报率达91.88%。认真履行"先照后证"双告知职责，累计向相关行业主管部门抄告工商登记信息28.87万条，抄告率达到100%。开发使用企业公示信息核查软件，全面推行"双随机"抽查，全年抽查处置违规市场主体5910户，累计有8.78万户企业被列入经营异常名录，20.27万户个体工商户被标注为经营异常状态。开发建设全市市场主体分类监管平台，提升日常监管的精准度和科学性。

倍增失信行为惩戒强度。积极推进法人信息数据库一期项目建设，其中法人基础信息数据库已初步形成，信息归集总量达6205.31万条。国家企业信用信息公示系统(重庆)运行顺畅，在全国首批实现各部门涉企信息的统一归集公示，全年系统访问量10.61亿次、免费出具信用信息查询报告3.74万份，同比分别增长380%、750%。信用信息在政府工程招标、财政资金补助、人大代表和政协委员推荐、荣誉称号评定和企业上市、融资贷款等方面得到广泛应用。

拓展重点领域整治深度。开展各类专项整治行动。公用企业限制竞争和垄断行为突出问题整治多次得到工商总局通报肯定；重庆媒体广告严重违法率为0.01%，处于全国最低位；查处的全国首例"网络店铺虚假认证"案、"蓝天店主网"刷单案等新型网络案件被中央电视台报道，受到工商总局督察组肯定；排查清理各类市场中介机构4407户，及时督促整改和严厉查处违法行为，有力规范了中介市场秩序。

加大违法行为查处力度。充分发挥情报信息中心和电子证据取证实验室作用，全年共监测研判有价值情报信息1.13万条，出具司法鉴定报告221份。紧扣民生热点，加大执法办案力度，共立案查处案件1552件，案值6.76亿元，成功查办了企业滥用市场支配地位、公用企业滥收费用等一批大要案件。保持打击传销高压态势，探索建立全国网络传销监测平台(重庆)，建立个案风险指数，实时监测网络传销态势。

(三)力求"服务更优"，全面提升服务发展的效能和水平

积极推动"去产能、去库存、去杠杆"取得实效。围绕"三去一降一补"，发挥工商职能作用，服务供给侧结构性改革。完善市场准入监测预警机制，累计发现并处置注册登记异常情况6140户次。配合主管部门对投资、房地产开发、教育培训等行业实行准入资格审查，对钢铁、煤炭等产能过剩行业严格准入限制。清理和分类处置"空壳公司"和部分"僵尸企业"，全年依法注吊销4.43万户。配合清理规范房地产开发企业，全年已注吊销270户、启动注吊销程序127户、督促变更名称和经营范围230户。全面清理整顿全市10921户投资类企业，已督促整改3348户，变更、注吊销6696户。

积极推动"新产业、新业态、新模式"培育壮大。实施商标品牌战略，全市注册商标达24.12万件，其中驰名商标135件、地理标志209件；率先在全国探索建设商标品牌云基地和商标交易中心，获批设立全国首批商标专用权质权登记远程受理点。实施广告战略，2016年全市广告经营额达90.53亿元，同比增长18.44%。促进电子商务和中介组织规范发展，全市共发放网络经营者电子标识1.45万个，市场中介组织达19.5万户。

积极推动非公组织"跟党走、正道走、快步走"形成氛围。以推动非公组织"三走"为载体，扎实开展"百堂党课进企业"和"八个一"工作。

累计培育市局示范点91个，在全市31个党群服务中心做到证照办理、政策咨询、创业扶持、消费维权“四进入”，安装使用群工系统，较好解决了服务党员群众“最后一公里”问题。在全国率先开展党员“三亮”和“双帮双培双带”，党员“三亮”达1.52万名，联系帮扶党员创业户2145名。全市“小个专”非公组织建立党组织4576个，党组织组建率、工作覆盖率分别达98.4%、100%；在纪念建党95周年的“七一”表彰中，“小个专”非公组织首次有7个党组织、4名党员受到市委表彰。

（四）力求“维权更畅”，全面加大消费维权力度

不断强化重点领域消费维权。开展“红盾质量维权行动”和网络交易商品质量专项抽检，全年抽检商品5597组，检出不合格商品1499组。扎实开展农资、文具用品、成品油、节日商品和“3·15”晚会曝光问题专项整治，加强公用、旅游、美容等行业和网络交易平台合同格式条款监管，公开点评一批典型不公平格式条款，集中约谈一批重点网络交易平台经营者，纠正违法格式条款820条次，维护了消费者合法权益。

大力拓宽消费纠纷化解渠道。推进消费投诉信息公示试点，通过平台公示3600余家市场主体2.16万项数据，促进经营者主动和解消费纠纷。大力推进12315“五进”工程，清理规范、重新明确消费维权服务站1639个。2016年全市工商及消委系统共受理消费诉求25.07万件，为消费者挽回经济损失1.72亿元。

积极营造消费维权社会氛围。举办全市“3·15”网络晚会，开展“新消费我做主”年主题广场宣传咨询活动、“消费教育大讲堂”等“3·15”系列活动335场次。完成市消委会换届工作，强化了消委会的组织领导。深化消费教育进校园、进社区活动，推进非学历教育培训机构消费调查和医疗服务消费者体察，开展智能手环、空气净化器等商品比较试验，发布消费提示、警示300余条。《人民日报》“3·15”特刊和“两会”专刊报道了重庆工商和消委会消费维权的做法。

（五）力求“质效更高”，全面推动微企“提质、扩量、增效”健康发展

全面落实微企发展扶持政策。2016年全市投入财政补助资金8亿元，对重点人群创办的鼓励类产业微企给予创业补助，激发创业创新热情。投入2亿元专项资金，用于初创微企代理记账补助、会展补助等10余项后续帮扶，减轻微企经营成长负担。2016年，全市新增微企9.05万户，其中鼓励类产业微企占比达59.3%。全市微企达52.06万户，带动和解决就业359.38万人，累计发放各类财政补助资金超过60亿元，1.4万户享受创业补助的微企成长为中小企业。

积极打造微企“双创”示范平台。在推动全市335个微企孵化园、创业基地、众创空间和微企特色村提档升级的基础上，在大渡口区、沙坪坝区、万盛经开区集中打造重庆微企梦工场、大学生微企梦花园、精准扶贫微企梦乡村。微企梦工场提供产品展示、创业培训、投融资对接、项目交流、政策申请等一站式帮扶服务，去年7月运营以来已入驻173户，年产值近1亿元。微企梦花园、梦乡村建设有序推进，“双创”示范效应逐渐显现。

着力规范微企发展工作流程。制定出台《微型企业发展工作管理办法》，加快推进“互联网+公共服务”，实现了微企扶持政策申请审批的全程公示和全程监督。依托小微企业名录（重庆），建立完善小微企业大数据监测中心，归集数据2500万条，实施动态监测、跟踪分析和失信惩戒，提升微企服务和监管水平。

（六）力求“基础更实”，全面加强法治化信息化制度化建设

大力推进法治工商建设。认真落实《重庆市法治政府建设实施方案》，制定全系统《法治宣传教育第七个五年规划》。积极助推和参与地方立法，《重庆市企业信用信息管理办法》政府规章顺利出台。强化行政执法监督规范，制定《执法监督实施办法》，全面清理区县局行政权力并制定市场行为负面清单，严格行政处罚案件同级核审制度，确保全系统公平公正文明执法，被

市政府表彰为依法行政先进单位。

升级构建信息化大平台。加强信息化建设的统筹协调,成立信息化建设推进组。改造市局数据中心,推动系统内外数据融合运用。抓好情报信息工作平台升级改造等重点信息化项目建设,探索建立决策支持系统。开展工商所业务骨干信息化专题轮训，实现培训对全部工商所干部、全部信息化系统“两个全覆盖”,得到工商总局高度肯定。推进信息化系统集约化迁移,完善应急响应、灾难备份、风险监控等机制,提升信息化可持续发展能力。

二、2017 年发展目标

(一) 推动工商登记制度改革的深化提升，努力营造良好的市场准入环境

一是大力提升注册登记便利化水平。在“五证合一”的基础上,整合更多证照,有序实施“多证合一” 登记制度改革，继续推进个体工商户“两证整合”。加快注册登记全程电子化进程,抓好电子营业执照试点和推广。优化完善“授权+委托+远程”外资登记模式,严格按照外资企业准入负面清单实施登记管理。稳妥推进企业名称登记制度改革,有序推行企业名称自主选择,逐步下放外资企业名称核准权。

二是大力服务供给侧结构性改革。对产能过剩行业实行准入限制，在服务供给侧结构性改革中把好市场准入关口。加强年报公示信息与税务部门数据的比对研判,以房地产开发、投资类企业为重点,继续有序清理和依法处置“空壳公司”和“僵尸企业”,推动去除无效供给。

三是大力简化市场主体退出程序。围绕破解创业者“退出难”问题,进一步推动个体工商户和未开业企业、无债权债务企业简易注销登记改革，探索建立普通注销登记制度和简易注销登记制度相互配套的市场主体退出制度。

(二)推动事中事后监管的深化提升,努力营造良好的市场竞争环境

一是完善日常监管机制。全面实施 “双随机、一公开”监管,制定随机抽查事项清单和随机抽查细则，健全市场主体名录库和执法检查人员名录库。推动建立市场监管的联查联动机制,探索开展“双随机”联合抽查。切实履行“双告知、一承诺”制度,完善“先照后证”数据交换功能，进一步推动市场主体登记信息在工商与行业主管部门间互联互通,消除监管真空。

二是完善信用监管机制。贯彻实施《重庆市企业信用信息管理办法》，并完善国家企业信用信息公示系统(重庆),推动全量归集政府部门产生的涉企信息,依托公示系统实现集中公示。推进行政处罚信息的公示,完成法人信息数据库一期项目建设,全面推进企业信息共享和失信行为联合惩戒。严格企业经营异常名录和严重违法失信企业名单管理,规范“黑名单”管理制度。

三是完善监管服务机制。加强网络市场监管服务,深化电子商务诚信交易服务试点,推动“网络市场监管与服务示范区” 创建。加强广告监管服务，完善广告发布负面清单和广告企业发布审查等制度,实施对广告的多维度监测。深入推进重庆广告产业园区建设，加快广告业态聚集。加强合同监管服务,规范网络交易平台等合同格式条款。加强中介监管服务,强化登记代理、房地产中介、民办非学历教育机构等监管整治;指导培育发展市场中介组织,强化农村经纪人培训。继续抓好“6+1”扶贫行动,在脱贫攻坚大局中发挥好工商部门的作用。

四是完善执法办案机制。加强水、电、气、交通等关系民生的公共服务行业和领域的监管执法,加大金融消费、建筑招投标和电子商务等领域违法行为的打击力度，严厉查处商品质量违法、霸王条款、消费欺诈等消费侵权行为。积极开展反垄断执法,严厉打击不正当竞争行为,规范市场竞争秩序。保持对传销行为高压严打态势,加大对网络传销的监测和打击力度,维护社会和谐稳定。

(三) 推动实施商标品牌战略的深化提升，努力营造良好的市场品牌环境

一是加快推进商标重点项目建设。全力配合推进工商总局商标审查协作重庆中心建设,

确保2017年建成投用，努力实现近期商标注册申请年受理量50万件、2025年达到200万件的目标。加快推进商标交易中心建设，确保上半年建成投用，盘活商标闲置资源。大力推进重庆商标品牌云基地建设，力争成为全国商标品牌战略实施示范基地。

二是加快提升商标品牌运用水平。构建和完善“企业主体、市场主导、政府推动、行业促进、社会参与”的商标品牌战略实施格局，帮助企业运用商标品牌提升市场竞争能力。发挥重庆商标申请受理点和商标质押登记申请受理点作用，提升商标注册申请便利化水平，帮助企业拓宽融资渠道。引导企业实施“走出去”战略，通过马德里体系等途径进行商标国际注册，参与国际竞争。

三是加快优化商标品牌保护机制。深入推进打击侵犯知识产权和制售假冒伪劣商品工作，加大商标专用权保护力度。加强商标代理市场监管，督促行业自律，制定服务标准，规范商标代理行业秩序。积极推进统一市场监管框架下的知识产权综合管理改革试点工作，形成知识产权保护和综合管理新机制。

（四）推动消费维权共治的深化提升，努力营造良好的市场消费环境

一是着力实施更加高效的商品质量监管。开展“2017年红盾质量维权行动”、成品油质量升级等专项检查行动。加大网络商品质量监管力度，推进线上线下一体化抽检。全面推行商品质量“双随机”抽查和风险评估监测，加强与相关部门质量监管的协同合作，做好流通领域商品质量抽检信息全发布和后处理工作。

二是着力建设更加全面的12315体系。深化12315“五进”建设，规范站点运行和标识设置，发展“绿色通道”企业，落实消费环节经营者首问和赔偿先付制度。依托企业信用信息公示系统，深化消费投诉信息公示试点，强化对公示信息和12315大数据的共享、分析、运用。开展放心消费创建工作，积极促进诚信示范市场建设。健全完善消费维权预警防范和应急处置工作机制，有效应对重大突发消费安全事件。

三是着力构建更加完善的社会共治机制。探索建立消费者权益保护工作联席会议制度，协调解决消费热点问题和重大消费事件。充分发挥各级消委会作用，探索开展公益性诉讼。开展“网络诚信、消费无忧”消费维权年主题宣传，举办“3·15”网络晚会、“我的一次消费经历”主题征文等活动，提高消费者维权意识和能力。

（五）推动微企“提质、扩量、增效”的深化提升，努力营造良好的“双创”发展环境

一是提升微企扶持政策的实施效益。优化完善微企创业补助和后续帮扶政策，协调落实各项优惠政策，稳步推广电子创业券。加大微企政策宣传和培训力度，营造创业创新氛围。改造升级小微企业名录，增强名录的知晓度和应用率。加强微企监督管理，研究出台特色效益农业、电子商务等重点行业微企监管办法，抓好微企财政补助资金定向抽查和暗访检查工作，确保财政资金安全。开展区县微企协会脱钩工作，支持微企协会转型发展。

二是提升微企“双创”示范平台的集聚效应。继续抓好微企梦工场、梦花园、梦乡村建设。在大渡口、九龙坡、綦江等地探索建设微企亮园、微企亮街、微企亮镇。做好微企孵化平台建设经验总结推广，制定出台微企孵化园管理办法。支持九龙坡区抓好全国小微企业创业创新基地城市示范建设，助推两江新区打造全国首批大众创业万众创新示范基地，指导建设“一站式”微企创业公共服务智慧化平台。

三是提升“小个专”非公党建工作效果。认真履行“小个专”非公党建职能，落实“三同步”要求，重点抓好市级微企孵化平台和专业市场党组织组建，扩大党组织有形有效覆盖。在14个所属市场服务行业社会组织中稳步推进党建工作，进一步推动非公组织“跟党走、正道走、快步走”。

（六）推动法治化、信息化和基层建设的深化提升，努力营造良好的监管基础环境

一是推动法治建设向“全贯穿”深化。制定《党内规范性文件制定办法》，修订法治工商建

设指标体系和考核办法。助推重点领域立法，做好重庆市《格式合同条款监督管理条例》《查处无照经营行为条例》修订论证工作。推进实施全系统《法治宣传教育第七个五年规划》，增强遵法学法守法用法意识。

二是推动信息化建设向“统起来”强化。认真贯彻落实工商总局《工商行政管理信息化发展“十三五”规划》，制定全系统信息化建设实施规划，突出数据平台“一片云”、信用公示“一张网”、业务应用“一体化”、法人数据“一基库”、政务服务“一门户”，推动信息化建设从“建起来”向“统起来”强化。在全市推广运用市场主体分类监管平台，继续推进企业公示系统、法人信息数据库、情报信息工作平台二期等重点项目建设。加强全系统干部职工的信息化培训，确保培训覆盖面达100%。

三是推动基层建设向“沉下去”实化。在基层工商所建设、基层工作机制完善、基层干部能力提升等方面狠下功夫。在巴南、涪陵、铜梁、垫江、万盛经开区等地新实施7个基层工商所建设项目，进一步改善基层职工的工作环境。启动新一轮A级工商所评定工作，提高基层工作效能。稳步推进工商干校提升工作，完成干校培训资料统一编写，打造好工商系统干部教育培训阵地。

（作者单位：重庆市工商行政管理局）

重庆财政

李敬军

一、2016年发展回顾

2016年，全市一般公共预算收入2227.9亿元，同口径增长7.1%，加上中央补助收入1516亿元、地方政府债券收入760.1亿元，以及调入预算稳定调节基金、上年结转收入、调入资金等478亿元后，收入总计4982亿元；全市一般公共预算支出4001.9亿元，增长4.9%，加上上解中央支出23.2亿元、地方政府债务还本支出630.3亿元，以及安排预算稳定调节基金和结转下年支出等326.6亿元后，支出总计4982亿元。全市政府性基金预算收入1497.3亿元，下降8.9%，加上中央补助收入95.5亿元、地方政府债券收入810.3亿元，以及上年结转收入279.8亿元后，收入总计2682.9亿元；全市政府性基金预算支出1738.1亿元，增长0.4%，加上地方政府债务还本支出541.3亿元，以及调出资金和结转下年支出等403.5亿元后，支出总计2682.9亿元。全市国有资本经营预算收入90.5亿元，与2015年基本持平，加上中央补助收入10.5亿元、上年结转收入3.1亿元后，收入总计104.1亿元；全市国有资本经营预算支出72.7亿元，与2015年基本持平，加上调出资金22.9亿元、结转下年8.5亿元后，支出总计104.1亿元。全市社会保险基金预算收入1328.2亿元，增长7.6%，其中基本养老保险基金预算收入873亿元、基本医疗保险基金预算收入409亿元、失业保险基金预算收入20亿元、工伤保险基金预算收入17.9亿元、生育保险基金预算收入8.3亿元；全市社会保险基金预算支出1218.8亿元，增长10.7%，其中基本养老保险基金预算支出786.1亿元、基本医疗保险基金预算支出384.1亿元、失业保险基金预算支出15.8亿元、工伤保险基金预算支出19.2亿元、生育保险基金预算支出13.6亿元，加上结转下年支出109.4亿元后，支出总计1328.2亿元。全市财政运行总体平稳，促进了全市经济社会持续健康发展。

（一）推动供给侧结构性改革，促进经济发展

围绕供给侧结构性改革主线，发挥财税政

策和资金作用,提升供给体系质量和效益,支持实体经济发展,促进经济平稳较快增长。全面推开营改增,落实西部大开发、小微企业和高新技术企业等税收优惠政策,减轻了企业税负。降低养老保险、医疗保险和失业保险单位缴费费率,拓宽困难企业低费基社保缴费政策覆盖范围,落实行政事业性收费和政府性基金减免政策,向企业和个人普遍性降费125亿元。兑现贷款贴息、政策性转贷、担保费补贴和风险补偿等政策,降低企业融资成本。支持传统支柱产业健康发展,促进企业技术改造和转型升级。改革财政扶持产业资金分配使用方式,发挥产业引导股权投资基金和战略性新兴产业基金作用,以财政资金杠杆效应带动社会资本投入,加快培育十大战略性新兴制造业、十大战略性新兴服务业和七大农业特色产业链。统筹一般公共预算、政府性基金和政府债券,整合财政存量资金,市级筹措390亿元支持重点基础设施和公益项目建设。多层次筹集资金,设立200亿元城市基础设施建设基金,以市场化运作加快重大基础设施建设。全年发行地方政府债券1570.4亿元,平均利率为2.95%,债券资金70%用于区县,其中发行置换债券1164.4亿元,保障到期债务偿还和高息债务置换,节省利息支出约55亿元。同时,以银行贷款利率下调为契机,协商债权人调整平台公司政府性债务合同利率,降低债务融资成本33亿元。争取新增债券406亿元,缓解资金筹集压力,支持铁路轨道、扶贫搬迁、土地收储等全市重点项目建设。安排40亿元,对钢铁、煤炭等行业化解过剩产能实行奖补。安排5.8亿元,支持重点区县转岗培训、职业技能培训等,保障化解过剩产能职工安置。安排9.5亿元,推进国有企业职工家属区“供水、供电、供气、物业”分离移交改革。

(二)提高基本公共服务水平,优先保障民生

围绕市委保障和改善民生决策部署,积极应对减收增支压力,坚持新增财力优先向基本民生倾斜,保障25件民生实事滚动实施,脱贫攻坚、就业、社保、教育、卫生、安全和文化等重点支出落实到位。安排专项财政资金,支持贫困地区产业发展和改善生产生活条件,支持开展精准就业扶贫;将非寄宿制学生纳入伙食费补助范围,延长中职学生生活费、住宿费补助时限,增加高等教育助学贷款额度;支持区县设立扶贫济困医疗基金,提高医疗救助报销比例,帮助重点区县脱贫摘帽和贫困村脱贫。安排16亿元,将基本公共卫生服务财政补助标准由人均40元提高到45元,支持住院医师规范化培训。安排3.3亿元,落实市和区县两级公立医院综合改革补偿机制。安排35.9亿元,完成行政村卫生室标准化改造,保障基层医疗卫生机构正常运转。安排103.4亿元,将城乡低保人员保障标准分别提高到月均460元和300元,将城市“三无”人员和农村“五保”对象保障标准统一提高到月均600元,加大城乡医疗救助、自然灾害生活救助和临时救助等社会救助力度,保障重点优抚对象和其他生活困难人群基本生活。筹集60.5亿元,提高企业、机关事业单位及农转非退休人员养老保险待遇。安排112亿元,将城乡居民医疗保险财政补助标准由人均380元提高到420元。扩大失业保险稳岗政策实施范围,引导企业不裁员、少裁员。筹集0.4亿元,提高工伤保险待遇。落实各项财政教育投入政策,提高学前教育到高等教育学校经费保障水平,健全民办教育财政扶持机制,完善各教育阶段家庭经济困难学生财政资助政策,实施集中连片贫困地区中小学营养改善计划,落实乡村教师岗位生活补助。支持生态环境保护,加快棚户区改造,营造健康优良的居住环境。

(三)落实财税扶持政策和资金,推进科技创新

认真贯彻落实市委四届九次全会精神,按照市委《关于深化改革扩大开放加快实施创新驱动发展战略的意见》要求,把财政政策和资金的着力点放在优化财税环境、引导创新资源配置和弥补市场失灵上来。深化改革盘活存量,滚动预算做实增量,保障科技创新财政投入落实

到位，支持基础性、公益性、共性关键技术研发和重点领域、重点区域创新发展。转变财政对科技创新扶持方式，通过科技风险投资基金市场化运作，推进产业技术升级和企业技术创新。落实企业研发准备金税前加计扣除政策，对企业新增研发投入给予财政奖励，实施重大新产品研发成本补助和高层次人才引进奖补，引导企业加大研发投入。推进科研项目经费管理制度改革，下放预算和经费管理等权限，高校和科研院所可自行采购科研仪器设备，自行制定符合实际的差旅费、会议费等管理办法。坚持"放管服"相结合，加强政策资金落实情况督察，创新财政财务服务方式，激发科研机构和科研人员积极性。

（四）完善财税管理体制机制，推动重点改革

以转移支付制度改革和营改增后市与区县收入划分调整为重点，建立健全适应发展战略的财税体制。落实《关于改革和完善市对区县转移支付制度的意见》，跟进制定市级《一般性转移支付管理办法》和《专项转移支付管理办法》。全年市对区县转移支付总量1328.6亿元，其中一般性转移支付占比提高到58%，市级专项转移支付数量减少45项，切块下达区县专项转移支付占比提高到近60%，区县间和区域间人均财力差异控制在合理范围内。适应营改增后政府间收入分配关系变化，按照财力格局总体稳定原则，相应调整市与区县收入划分，积极应对减税降费等因素对区县收支平衡带来的影响，通过锁定税收返还基数、增加财力补助等方式，保障区县财政平稳运行。支持区县法院、检察院财物上划市级统管等司法体制改革，推进工会、团委、妇联等群团改革试点和审计管理体制改革。深化政府购买公共服务改革。

（五）规范和加强财政管理，提高资金绩效

贯彻落实《预算法》，坚持改革与管理并重，切实提高依法理财能力和水平。按照全面规范、公开透明的改革要求，推进预决算公开，扩大公开范围，细化公开内容，丰富公开形式，将除涉密部门外169个市级预算单位的预决算全部向社会公开。试编2016—2018年中期财政规划，将全市重大项目和重点支出统筹纳入三年滚动预算综合平衡，增强政府预算前瞻性和约束性。积极应对平衡压力，通过"腾退调"等方式，调整优化支出结构，缓解财政收支矛盾。将有限的财力从无效、低效的项目中腾退出来，激活趴在账上的存量资金，优先用于保障各类人群待遇提标增支和重大社会民生政策落实。自觉接受市人大和人大代表对财政资金预算绩效的监督，对6个部门45个项目进行绩效目标重点审核，对28个部门50个项目开展绩效重点评价，评价结果成为资金分配和改进管理的重要依据。制定政府债务管理办法，建立健全长效机制。严格落实限额管理，保持合理债务规模。切实加强沟通协调，加快存量政府债务置换。严肃政府债务管理财经纪律，督促和指导区县加强审计问题整改，防范财政金融风险。注重审计监督成果运用，开展财政监督检查，加强乡镇街道财政管理和村级财务监督。推进行政事业单位国有资产清理核查。做好国库管理、非税收缴、政府采购、财务会计、投资评审、财政票据和财政信息化等基础工作。

二、发展中存在的问题

一是财政收支平衡压力更大。二是财税改革任务更重。三是预算管理要求更高。审计监督和财政检查也发现，财政资金分配、使用和监管还存在不少薄弱环节，一些违反财经法规和纪律的现象仍有发生。对此，将采取有效手段、有力措施切实加以解决。

三、2017年发展目标

2017年，将按照中央和市委重大决策部署，实施更加有效的积极财政政策，更好发挥财政政策和资金在经济社会发展中的重要作用，促使全市一般公共预算收入和税收收入均同口径增长8.5%。一是要更好发挥税制改革在促进实体经济发展中的积极作用。二是要适时启动财

政事权与支出责任划分改革。三是要继续深化预算管理制度改革。四是要着手建立财政预算滚动平衡机制。五是要加强政府债务预算管理和风险管控。

（作者单位：重庆市财政局）

重庆国税

重庆市国家税务局

2016年，重庆市国税局聚焦加快实现税收现代化目标，紧扣“抓基层、打基础、提质效”工作主线，千方百计抓收入、精准施策强征管、蹄疾步稳推改革、善待严管带队伍，各项工作任务落地落实、出效出彩，实现“十三五”良好开局。营改增税制平稳转换，所有行业税负实现“只减不增”；深化国税地税征管体制改革，初步形成一批具有重庆国税特色的可复制、可推广的经验成果；组织收入任务圆满完成，收入增幅排全国国税系统第3位；办税便利化持续推进，纳税人满意度调查综合得分排全国国税系统第5位；绩效引领提升工作效能，年度考评成绩排全国国税系统第11位；全面深化从严治党，“两学一做”抓实抓常，市局机关党委被重庆市委命名为“全市先进基层党组织”。

一、税收收入主要特点

全年税收收入累计完成1576.8亿元（含海关代征增值税、消费税及非税收入，未扣减出口退税），其中，国税部门直接组织收入1375亿元，比上年增收281亿元，增长25.7%，增幅名列全国第三（图1）。海关代征税收完成109.6亿元，比上年增收15.4亿元，增长16.3%。分级次看，中央级收入完成879.3亿元，比上年增长11.1%；地方级收入完成495.7亿元，比上年增长64%。分税种看（图2），国内增值税完成796.2亿元，比上年增长45.9%；国内消费税完成157.7亿元，比上年增长6.2%；企业所得税完成361.6亿元，比上年增长7.6%；车辆购置税完成59.5亿元，比上年下降6.6%。整体呈现四大特点：一是经济税收发展协调。2016年全市经济增长10.7%，剔除新增营改增因素，全市国税收入同口径增长7.2%。二是地方级收入贡献提升。占全市财政一般公共预算收入的比重由2015年的14%提升到32%。三是产业结构持续优化。全市二、三产业税收51.3:48.7，三产税收占比上升1.9个百分点。四是重点行业支撑明显。全市22个重点行业19个增长、3个下降，完成税收1013.7亿元，同口径比上年增长7.1%。

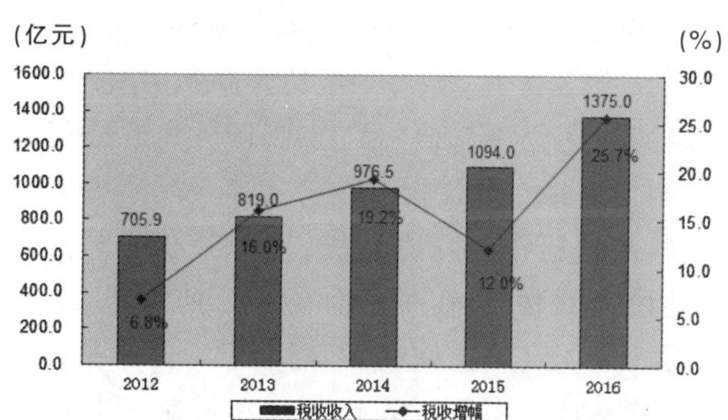

图1 重庆国税收入情况（2012—2016年）

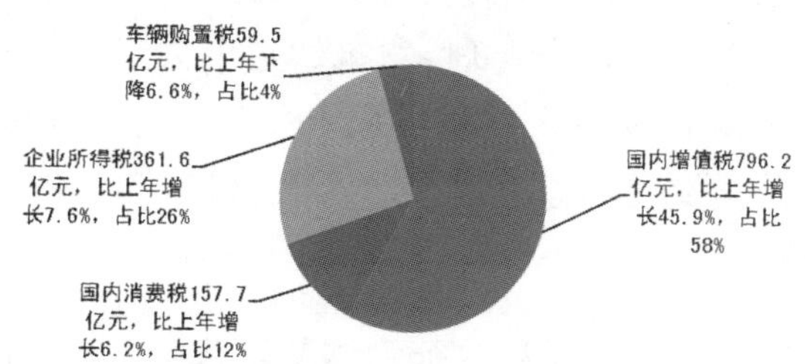

图2 重庆国税收入分税种结构（2016年）

二、“营改增”税制改革

全力打好“开好票、报好税、分析好、改进好、总结好”五个环节攻坚战，抓好征管衔接、服务优化、政策辅导、税负分析，实现税制转换平稳、各方反响良好，有力助推了供给侧结构性改革。接收地税部门移交试点纳税人 54.7 万户；全市因营改增累计减税 78 亿元，其中“3+7”行业直接减税 23 亿元，四大行业直接减税 21 亿元，原增值税纳税人间接减税 34 亿元；四大行业税负整体实现“只减不增”。

三、税收政策落实

持续加强税收政策宣传辅导和督察落实，确保执行到位。全年办理出口退税 128.8 亿元，即征即退增值税 22.6 亿元，增值税征前减免等优惠政策减免 117.9 亿元，小微企业优惠政策增值税减免 32.5 亿元、企业所得税减免 2.9 亿元，西部大开发等优惠政策企业所得税减免 165.9 亿元。

四、国际税收管理

加强非居民企业税收管理，全年入库非居民税收 59.3 亿元。做好税收协定执行，享受税收协定待遇减免税 1.8 亿元。加强国际税收征管协作，制作上报自动情报 915 份。加大反避税工作力度，严厉打击国际逃避税，推动对某跨国公司反避税全国联查，在税务总局统一协调下，成功倒逼该集团在华关联企业在高税负地区进行纳税调整，首次实现中国投资公司常年大额亏损由境外母公司补偿，有效堵塞跨国集团在华关联企业利用境内关联交易和亏损进行避税的漏洞。探索境外税收管理，发布《“走出去”税收政策与风险管理指南》，积极服务“走出去”企业。搭建跨境交易信息共享平台，提升跨境税源管理质效。

五、深化税收征管体制改革

认真履行作为中央和税务总局确定的深化国税、地税征管体制改革综合试点单位使命，立足市情税情、坚持问题导向、强化总结集成，围绕构建便捷高效的纳税服务体系、科学严密的税收征管体系、廉洁效能的组织体系和现代化的税收共治体系，依托 10 个重点改革项目、10 个创新改革项目、10 个示范单位的“3 个 10”工作机制，蹄疾步稳、扎实推进，取得阶段性成果，有力助推税收现代化事业加快发展。税务总局先后宣传推介重庆市国税局改革经验 10 次，“一表集成申报”、电子税务局、实名认证、“互联网+税收减免管理”等 4 项改革在全国推广，初步形成了一批可复制、可推广的经验成果。创新“五个一”举措，梳理形成助力供给侧结构性改革、服务中新（重庆）示范项目税收指引，服务地方发展战略，得到市委市政府充分肯定。

六、税收征管和纳税服务

不断提高税收征管效能，制定强管促收“22 条措施”，通过纳税评估、税务稽查、反避税、欠税追缴等，堵漏增收 65 亿元。完善机构职能，成立市局风控中心，提升风险管理和大企业管理层级，构建市局、区县局两级扁平化风险管理模式。推行“互联网+税收减免管理”新模式，规范权力运行，防范涉税风险，提升征管质量。深入开展“便民办税春风行动”；建成重庆国税 12366 电子税务局，实现网上申报、发票申领、备案申请等涉税事项“足不出户”办理；与地税部门共建办税服务厅，整合 12366 服务热线，推行全市通办和“一票清税”；实施“一表集成申报”，系统自动产生申报表，纳税填写项目由 530 项减少到 91 项，办理时间缩短至 3 分钟；深化税邮合作，推行“寄递+托管+双代”一揽子服务，全年依托邮政部门代开发票 10.7 万份，入库税款 5538.5 万元；与银行联合推出“税易贷”，为纳税人累计发放贷款 40.5 亿元。

七、税务稽查

深化国地税稽查合作，健全公安派驻税务联络机制，加强西南地区税务稽查协作，增强稽查打击力度。全年稽查查补税款 26.8 亿元，入库 25 亿元，入库率 93%。查处非法发票 8.5 万份，查处 1000 万元以上大案要案 17 件，其中“6·06”骗税案、“7·03”案件、“2·01”特大虚开增值税专用发票案等大要案件获得税务总局、重庆市委市政府领导表扬性批示。“雪豹2016”专项行动顺利收官,查处涉嫌虚开发票6670份,涉案金额7.7亿元,税额1.1亿元。

八、税收法治

深化税务行政审批改革,取消74项审批事项中的67项。联合地税部门修订行政处罚裁量权基准制度和执行标准,统一7大类53项税收违法行为裁量权。推行税收法律顾问制度,成立公职律师办公室,开展法治税务示范基地建设,授予黔江区、沙坪坝区国税局等6个单位第二批“重庆市国家税务局法治税务示范基地”称号。

九、互联网+政务服务

加强新媒体建设,开通重庆国税微信公众号,夯实税收宣传力量和政务服务阵地,初步构建起“两网两微一端”(内网、外网、微信、微博、手机APP客户端)税收宣传和政务服务格局,助力税收改革发展。重庆国税微信公众号在全国税务微信和重庆政务微信排行榜中,均进入前10。

十、干部队伍建设

加强教育培训。全年共选派189名干部参加总局组织的各类培训,系统内举办各类培训班2244期,培训干部8万人次、17.6万人天。深入开展高端人才选拔培养,4名干部入选第四批全国税务领军人才;在全国税务系统业务大比武决赛中,税务稽查和纳税服务比赛进入前10,集体成绩位居全国第18名;选拔行政管理、征管评估、纳税服务三类业务能手共90名。加大职业资格教育力度,取得“三师”资格227人,其中注册会计师33人,税务师(注册税务师)146人,法律执业资格(律师)81人。深入推进“两学一做”学习教育,通过定专题、制计划、建专栏、编资料、搭平台、办比赛等,引导党员学思践悟党章党规和习近平总书记系列重要讲话精神,争做合格党员。组织开展“亮身份、亮职责、亮承诺”活动,成立共产党员突击队、共产党员先锋队及志愿服务队,服务税收改革发展。主动适应全面从严治党向基层延伸的新形势,聚焦主业、履行主责,抓严抓实党建工作,市局机关党委被重庆市委命名为“全市先进基层党组织”。

重庆地税

重庆市地方税务局

2016年,重庆市实现地区生产总值(GDP)17558.76亿元,比上年增长10.7%。分产业看,第一产业增加值1303.24亿元,增长4.6%;第二产业增加值7755.16亿元,增长11.3%;第三产业增加值8500.36亿元,增长11.0%。全年实现工业增加值6040.53亿元,比上年增长10.2%,占全市地区生产总值的34.4%,其中规模以上工业增加值增长10.3%。全年规模以上工业企业,实现利税总额2652.01亿元,同比增长7.8%;实现利润总额1584.97亿元,同比增长12.6%。全年完成固定资产投资17361.12亿元,比上年增长12.1%。全年实现社会消费品零售总额7271.35亿元,比上年增长13.2%。全年实现进出口总值4115.10亿元,比上年下降10.8%,较前三季度收窄1.8个百分点。全市一般公共预算收入完成2227.9亿元,增长7.1%,其中税收收入完成1438.4亿元,同口径增长6%;全市一般公共预算支出完成4001.9亿元,增长4.9%。年末全市金融机构本外币存款余额32160.09亿元,比上年末增长11.8%。全市城镇常住居民人均可支配收入29610元,增长8.7%;农村常住居民人均可支配收入11549元,增长9.9%。

一、税收收入

2016年，重庆市地税系统组织各项收入1977.0亿元,同比增长5.8%(表1)。税收收入累计实现1124.1亿元,同比增长10.3%。税收收入中,中央级税收收入169.2亿元，同比增长13.7%;地方级税收收入954.9亿元,同比增长9.7%;市级税收收入256.9亿元,同比增长13.1%;区县级税收收入698亿元,同比增长8.5%。

二、费金收入

2016年，全市征收社会保险费781.5亿元,同比下降0.2%,综合征缴率达到99%,其中养老保险费509.5亿元、下降0.2%,失业保险费16.7亿元、下降35.4%,医疗保险费231.1亿元、增长4.9%,生育保险费7.7亿元、下降0.1%,工伤保险费15.7亿元、下降8.7%。启动机关事业单位养老保险费和职业年金征收试点工作,12月征收入库184万元。征收其他规费12.4亿元,增长58%，其中征收残疾人就业保障金7.6亿元、增长1.4倍,代征工会经费4.2亿元、增长6.9%。

三、税收收入特点

一是税费规模再近2000亿元。二是级次税收稳步协同。全年各级次税收增幅稳定在10%左右。三是主体税种互促互补。个人所得税规模升至第二;企业所得税增幅减缓,低于全国平均增幅10.7个百分点;财行税贡献显著提升。四是产业调整逐步深化。制造业税收快速增长,入库税收115.3亿元,同比增长16.1%;建筑业税收强力支撑，入库税收170.1亿元，同比增长26.2%；金融业税收贡献下降，入库税收125.7亿元,同比下降4.1%;房地产税收企稳向好,入库税收356.57亿元,同比增长4.3%;租赁和商务服务业入库税收104.5亿元，同比增长17.3%。

表1　重庆地税收入情况(2016年)

项目	收入(亿元)	增减(%)	同比(%)
税务部门组织收入总计	1977.0	108.0	5.8
一、税收收入合计	1124.1	104.8	10.3
1. 营业税	241.2	46.3	23.7
2. 企业所得税	123.5	1.3	1.1
3. 个人所得税	146.4	20.5	16.3
4. 资源税	11.3	–0.4	–3.6
5. 城镇土地使用税	139.1	17.8	14.7
6. 城市维护建设税	81.5	2.7	3.5
7. 印花税	23.8	3.2	15.8
8. 土地增值税	102.8	8.4	8.9
9. 房产税	56.9	4.4	8.4
10. 车船税	11.0	1.0	9.7
11.烟叶税	3.8	–0.1	–2.1
12.耕地占用税	48.7	–0.1	–0.3
13.契税	129.8	–4.6	–3.5
14.改征增值税	4.4	4.4	
二、非税收入合计	852.6	3.2	0.4
1.教育费附加	35.3	0.0	–0.1
2.地方教育附加	23.2	0.1	0.2
3.文化事业建设费	0.1	–0.1	–62.5
4.其他罚没收入	0.2	0.0	6.7
5.社会保险费收入	781.5	–1.0	–0.2
6.代征规费	12.4	4.4	54.6

四、税收法治与政策

2016年，重庆市地方税务局深入贯彻国务院部署，严格按照市委市政府和国家税务总局要求，全面完成“营改增”，高质量完成54万户纳税人的移交。顺利开展征管体制改革试点，严格按照重庆市深化国税、地税征管体制改革实施方案要求，围绕五大体系建设，开展“面向新征程 地税再创业”大讨论活动，推动18个区县局改革试点工作，改革探索初见成效。坚决贯彻落实西部大开发、小微企业等税收优惠政策减税243亿元；落实社保费“降费降率”政策为企业降费113亿元；落实“企业减负30条”新增政策减收30.9亿元；贯彻营改增改革只减不增的政策导向，全年减收21.6亿元。

联合重庆市国家税务局制定公职律师管理办法，成功组建45人的税务公职律师队伍；修订税务行政处罚裁量权基准，统一全市税务行政处罚裁量标准。着力推进法治税务示范基地建设，九龙坡区地税局成功创建全国法治税务示范基地。开展规范性文件清理工作，废止规范性文件14个。扎实推进六五普法，重庆市地方税务局被评为全国法治宣传教育先进单位。

五、税收管理

税收征管。全面开展国地税档案号比对和非正常户、“僵尸”企业清理，提升基础数据质量；积极推进“五证合一”“两证整合”工作，实现工商信息的实时共享；升级税收风险管理系统，全年推送风险任务23352户次，涉及税款33.9亿元；依法开展欠税公告和阻止欠税人出境工作，密切部门协作提升欠税追缴合力，全年共计依法清缴欠税28.9亿元；全面推行电子征管档案系统，规范税收征管资料管理。

税种管理。分税种开展业务培训和税收清理，进一步提高了精细化管理水平。编写所得税管理指引，组织开展所得税挖潜增收专项行动，夯实所得税管理基础，企业所得税汇算清缴率达到100%，个人所得税覆盖自然人突破660万；加强财产行为税精细化管理，编写土地增值税、房产税、契税等重点税种管理指引，及时加强对基层税政工作的指导。以对历史高度负责的态度站好营业税管理最后一班岗，全年入库营业税241.2亿元，同比增长23.7%。

大企业税收管理。开展全流程税收风险管理试点工作，以团队化协作的方式，全面进行案头分析，对重点风险指标进行实地核查和印证，涉及应补缴税款3000多万元；强化基础数据管理，按月对2341在渝千户企业集团成员企业形成税收工作快报，分阶段开展千户集团成员企业基础数据采集与审核工作；根据企业需求提供个性化纳税服务，帮助大企业加强内控机制体制建设，提高税收风险防范能力。

国际税收管理。推行外籍个人明细申报，8845名外籍人员申报个人所得税，进一步完善外籍人员的收入和免税信息。首次形成了全市地税系统共计46户“走出去”企业清册，构建了“走出去”纳税人基础信息体系基本框架，首次发起专项税收情况交换请求。在反避税工作方面，充分借鉴国际税收反避税经验和做法，关注境内交易的无形资产转让定价问题。深化国地税合作，明确信息共享、工作共推、队伍共建合作机制。推进国际税收协作网络建设，完善与市级相关部门的协作配合机制和信息交换制度。全年实现涉外税收88.4亿元，占税收总收入的7.87%。

电子税务管理。扎实推进金税三期软件优化升级工作，2016年10月高质量完成单轨上线工作。成功上线运行电子税务局网厅项目，截至2016年底，全市单位纳税人累计注册34.9万户，自然人注册25.2万户，免费为纳税人发放CA证书16.5万余个，纳税人通过电子税务局网厅缴纳税费共661亿元。改造完成大数据工作平台，扎实推进实体智能办税厅建设，建设完成电子税务全息监控系统，为信息管税夯实基础。

财务管理。按照充分保障、精准测算、倾斜基层的原则，合理安排2017年部门预算；合理化资金调配，完成2016年年中预算调整；加强执行管控，压缩结转结余资金规模。开展全系统闲置房产清理，提高国有资产使用效率；全面落实公车改革工作，实现公务用车标识化管理；修订完善全系统税收征管服务设施项目管理办法，严控基本建设项目，加强重点项目推进和决算审计。

政府采购。修订完善政府采购业务工作规程，减少内部重复审批流程，引入三方机构提高效率，严格限时办理避免拖延。制订政府采购(系统级)分散采购管理暂行办法，在严格采购程序规范性要求的前提下，探索更加便捷、运转规范的管理思路。

六、稽查、督察与内审

税务稽查。2016年，以整顿税收秩序和规范稽查工作为目标，稳步推进随机抽查和定向稽查，持续加大大要案件查处力度，大力深化国税地税联合稽查，积极推动税警协作，深入强化税收"黑名单"和联合惩戒工作。全年累计开展各类检查和督导自查1643户，稽查查补入库收入总额达到28.1亿元，充分发挥税务稽查职能作用。

纪检监察。以开展"严纪律、强素质、树形象"主题年活动为抓手，以监督、执纪、问责为重点，切实加强系统党风廉政建设，实现了全系统干部作风持续改进、廉政风险防控能力进一步增强，地税部门公正执法、文明服务、清正廉洁的社会形象进一步提升。

内部控制与督察审计。加强对执法督察工作的督导，系统内45个单位全面推开交叉执法督察，共发现并纠正执法偏差2333个，涉及税款12亿元。搭建信息化执法疑点筛选平台，全年筛选下发2806个疑点，核查发现有问题的占比71.35%。强化内审成果运用，将督察成果作为干部监督、人事管理、案源信息和责任追究的重要依据，同时针对发现的问题，从制度层面进行改进完善。

七、服务与效益

教育培训。扎实推进人才培养"三个一"工程、"岗位大练兵、业务大比武"活动。开发在线考试系统并综合运用，选拔确定28名专业骨干和1041名岗位能手。全年举办11期培训班，首次组织工程造价知识培训班和房地产行业会计实训班。全系统45岁以下干部98%取得会计从业资格、67%取得初级会计师及以上职称、32%取得中级会计师及以上职称、365人次取得"三师"资格。在全国业务大比武中获得一等奖，五个序列的参赛同志成绩均名列前茅。

纳税服务。深化国地税合作，大力推进国地税大厅合作共建，实现"前台一家受理、后台分别处理、限时办结反馈"。万州区、两江新区地税局被国家税务总局评为全国百佳国税地税合作县级示范区。成立12366纳税服务中心，国税地税12366热线成功并线，能问、能查、能看、能听、能约、能办的"六能"办税服务平台建设初见雏形。在全国纳税人满意度调查中排名第8位，较2015年提升3个位次。

绩效管理。全年编制完善绩效考核7项制度、4套指标，全面完成绩效管理信息系统验收工作，顺利通过总局现场督察；开展绩效管理"树标杆、推经验"创建活动，在全系统评选出7个标杆单位。在2016年税务总局绩效考核中，重庆市地方税务局位列全国地税系统第八名，连续三年获评优秀等次。

科技管理

张 力

一、2016年发展回顾

2016年，全市科技创新系统深入学习贯彻习近平总书记系列重要讲话和视察重庆重要讲话精神，全面落实全国科技创新大会与市委四届九次全会精神，遵循科技创新规律和经济发展规律，深化改革、扩大开放，加快实施创新驱动发展战略，“十三五”科技创新实现良好开局。预计全社会R&D经费支出300亿元左右、占GDP比重提高到1.7%左右，万人发明专利拥有量5.6件、同比提高30%，技术成果成交额实现385.7亿元，区域创新能力综合指标排名全国第8位，综合科技进步指数排名预计也保持全国第8位，居中西部前列。主要工作情况集中体现在三个方面：

（一）着眼于创新驱动发展战略的顶层设计，市委、市政府作出了一系列重大决策

市委召开以创新驱动为主题的四届九次全会，审议通过了《关于深化改革扩大开放加快实施创新驱动发展战略的意见》，对未来五年乃至更长时期重庆的创新发展，提出了整体解决方案；市政府对接国家科技创新规划，根据市委的决策部署，审定印发了《重庆市“十三五”科技创新规划》，对未来五年的科技创新工作作出了系统的规划安排；市委全面深化改革领导小组审议通过了未来五年构建开放协同科技创新体制的改革架构，对未来五年的科技体制综合改革明确了主要目标与重点任务。“十三五”科技创新的开局之年，成为全市实施创新驱动发展战略力度最大、氛围最浓的一年，以科技创新为核心的全面创新取得较快进展，主流媒体纷纷报道我市实施创新驱动发展战略情况，10月11日人民日报头版头条刊发《技术、资本、生态协同发力，三大支撑提速创新》，11月15日经济日报头版头条刊发《山城三问——重庆创新驱动产业升级调研》，新华社、科技日报等主流媒体刊登和转发有关的宣传报道1000余篇。

（二）着眼于强化区域创新发展的三大支撑，着力办好三件大事

大力培育创新主体，着力解决“技术供给”问题。一是积极培育引进科技企业特别是高技术性企业和高成长性企业。年度新增重点培育科技型企业3260家，新申报高新技术企业971家、同比增长161%。二是积极培育引进研发机构特别是新型高端研发机构。新增新型高端研发机构37家，首批择优资助5家启动建设。新增国家级企业技术中心2家、市级重点实验室和工程技术研究中心100家、市级中小企业技术研发中心36家。三是积极培育引进科技人才特别是高层次创新人才。新遴选科技创新、科技创投、科技创业领军人才共50名，新增“万人计划”等国家级人才42名，新遴选激励“双创团队”107个。

加快完善创投体系，着力解决“资本来源”问题。一是发挥政府引导基金作用，加快完善股权投资体系。政府科技创业种子投资、天使投资和风险投资引导基金新参股组建创投基金44支、规模90.61亿元，累计组建59支、总规模172.44亿元。二是依托信用担保基金和风险分担机制，积极构建债权融资体系。全市各级各类科技信贷风险补偿资金实现在保企业超过1万家、担保金额400多亿元；新增知识产权质押融资14.17亿元，其中专利质押融资7.67亿元、同比增长72.9%。三是积极搭建合法、公信的区域性众筹平台，探索建立众筹募资体系。重庆OTC科技创新板完成设立与运行方案，已发展推荐机构12家，科技创新板已申报企业203家，拟首批挂牌企业72家，新增新三板申请上市企业29

家、储备30家。

统筹搭建创新平台，着力解决“创新生态”问题。一是积极打造资源共享平台和协同创新平台。成功升级改造重庆科技资源共享平台，并新建服务基地10家、集成中心2家、用户工作站(产学研协同创新服务中心)20家。新增国家地方联合创新平台3个。二是着力打造新型孵化平台和技术转移平台。新增国家级众创空间20家、星创天地10家、孵化器3家，评选品牌众创空间10家；全市新型孵化平台入驻创客团队、企业同比增长66%和22%，入驻企业获得投融资增长13.2%；新增技术转移机构5家。三是加速布局重点科技园区。依托两江新区核心区与重庆高新区创建重庆国家自主创新示范区正式获批，永川高新区、荣昌高新区申报国家级高新区进展顺利，重庆临空经济示范区、国家大数据综合试验区成功获批，新增国家级农业科技园区4个。

(三)着眼于激发全社会的创新活力与创造潜能，大力深化科技体制综合改革

科研项目管理改革方面，初步建立了“政府引导、竞争立项、目标验收与第三方管理”的项目生成机制与资源配置模式。科研经费管理改革方面，正在以“定额资助、事后补助、管理放权、结余留用”为核心，加快形成符合科研工作特点的科技经费管理机制。科技成果管理改革方面，初步建立了科研成果初始权益分配制度和国有技术类无形资产管理制度，推出了加大转移转化激励力度的具体举措。科技奖励管理改革方面，突出多维评价、效益优先，初步建立了问题导向、注重效益、科学评价的科技奖励机制。科研院所管理改革方面，加快创新科研院所运行发展模式，已有17家事业单位型科研院所和30家企业内设研发机构注册成立研发型公司法人。科研人员管理改革方面，突出事业单位薪酬体系建设、离岗创新创业、职称评聘分离等改革重点，出台了相应的实施办法或试点意见。

一年来，全市科技创新工作还在其他六个方面取得了积极进展：

一是产业技术创新有序实施。围绕先进制造、互联网、大健康三大领域的重点技术发展方向，已策划并实施数控装备、液晶面板、精准医疗等重大主题专项24个，正在加速培育新技术、新产品、新业态。

二是科技精准扶贫向纵深推进。强化需求精准对接，新组建科技扶贫专家团17个，选派科技特派员团队44个，实现了5000多名科技特派员对1919个贫困村的“全覆盖”，为贫困村引进推广新技术1030项、新品种642个，培训农民25.9万人次，带动就业13万人，培育企业、专业合作社、专业协会970个。其他科技惠民工程务实推进，承担国家民生科技领域重点研发计划项目居西部前列。

三是科技开放合作不断拓展。“中匈技术转移中心(重庆)”促成17个项目对接、4个项目落地，“中以技术创新中心(重庆)”建设抓紧推进，“重庆—英国创新平台”建设正式启动，“重庆—南非技术转移中心”共建协议正式签订，依托中新(重庆)战略性互联互通示范项目拓展了与新加坡的科技交流合作。

四是知识产权保护力度加大。全市立案查处侵权假冒案件4000余件，捣毁窝点96个，涉案金额4.5亿元；立案调处专利纠纷案件282件；受理知识产权维权援助案件106件。

五是科技法治建设步伐加快。科技创新政策库初步建立，行政许可审批事项全部纳入网审平台，行政权力全部编制规范运行流程图，建立了重大决策审查评估机制。

六是科技宣传普及取得新的进步。中央主流媒体、市级媒体刊发转载科技创新报道3000余条。开设“创新重庆”微信公众号；成功举办2016年科技活动周；累计培育建设市级科普基地124家。

二、发展中存在的问题

一是全市研发投入强度尚低于全国平均水平。目前，全国研发投入强度已超过2%，我市仍然还有0.3个百分点以上的差距。近年来，我市

通过大力培育创新主体、整合集聚创新资源，连续两年研发投入大幅提升，增速保持全国领先，有望在2020年达到全国平均水平。

二是高端科教资源特别是高层次科技创新人才明显不足。直辖前，重庆作为四川省的一部分，在国家历次生产力布局中，主要定位是生产基地而不是研发基地，加之传统科教资源往往集中在省会城市，致使重庆的重点高校、大院大所较少，申报承接国家重大科研项目和重大科技工程的能力明显偏弱。目前，我市仅有“985”“211”重点高校2所，中央部门所属的在渝院所4家，两院院士、千人计划人选分别为13名、68名，都不及同处西部地区的四川（“985”“211”重点高校5所，中央部门所属院所27所，两院院士58人）和陕西（“985”“211”重点高校7所，中央部门所属院所38所，两院院士62人）两省。

三是企业整体创新实力不强。我市产业结构以传统制造业为主，其中，汽车制造和电子终端是占据我市工业半壁江山的支柱产业，技术创新水平有待提升，汽车产品档次偏低，电子终端产业研发投入严重不足。目前，全市规上工业企业6783家，有研发活动的1346家，占比不到20%，而有研发机构的企业占比不到15%。

三、2017年发展目标

2017年，全市科技创新系统将深入学习贯彻习近平总书记系列重要讲话和视察重庆重要讲话精神，全面落实全国科技创新大会、市委四届九次和十一次全会及2017年全国科技工作会议精神，围绕统筹推进“五位一体”总体布局和协调推进“四个全面”战略布局，坚持新发展理念，坚持适应把握引领经济发展新常态的大逻辑，坚持稳中求进的工作总基调，精心组织实施“十三五”科技创新规划，健全技术创新市场导向机制，优化科技创新资源配置，强化科技公共服务供给，推进产业技术创新，促进技术、资本、创新生态协同发力，深入实施创新驱动发展战略，加快建设西部创新中心，以优异的成绩迎接党的十九大和市第五次党代会胜利召开。

全市科技创新工作的主要预期目标：全社会研发投入强度达到1.85%，万人发明专利拥有量达到6件，高新技术企业产值超过8500亿元，专利产品产值达到4000亿元，综合科技进步水平指数和区域创新能力综合指标排位保持中西部领先。综合考虑，全市科技创新将突出十个方面的重点工作：

（一）培育“双高”科技企业

围绕壮大实体经济，着力培育以高新技术企业为主体的高技术性企业和以“瞪羚企业”为重点的高成长性企业，强化企业技术创新主体地位，推动战略性新兴产业蓬勃发展，加快传统产业改造升级。全年新增重点培育科技型企业3000家以上、新申报高新技术企业超过700家、新增高成长性企业超过600家。

（二）布局科技研发机构

坚持把科技研发机构作为集聚创新要素、整合跨界资源、支撑科技创新的核心载体，采取部门协同、区县联动和社会参与等方式，聚焦先进制造、互联网、大健康等领域，统筹推进科技研发机构建设。新增研发机构300家左右，重点培育引进新型高端研发机构30家左右、利用“三高合一”专项择优支持10家以上启动建设。同时，培育认定市级重点实验室和工程技术研究中心100家左右。

（三）建设重点科技园区

优化配置科技创新资源，进一步优化创新生态，积极塑造更多发挥先发优势、更多依靠创新驱动的引领型发展。重点加快建设国家自主创新示范区，着力培育高新技术产业开发区，统筹布局国家级现代农业科技园区，做大做实国家大学科技园区，联动支持发展特色产业科技园区。

（四）加强产业技术创新

把握全球科技革命八大走向与产业变革七个领域，聚焦先进制造、互联网、大健康、新材料、新能源、现代农业和生态环保、新型城镇化、公共安全等我市技术创新的重点方向和重点领域，精心策划和组织实施一批产业技术创新项目特别是重大主题专项，积极探索未来产业、引领新兴产业、提升支柱产业和发展民生科技。同时，加大力度支持基础研究和前沿探索，探索搞好技术预测和制度创新，更好地把握科技创新大趋势，引领和支撑经济转型、产业升级、民生改善与社会变革。

（五）促进科技成果转化

加大科技成果转移转化激励力度，促进创新资源深度融合与优化配置，加速科技成果资本化、产业化，形成经济持续稳定增长新动力。加快完善技术市场体系，统筹布局技术转移中心建设，深入推进军民融合创新，全面推动新型孵化平台建设升级，加快建设转移转化专业人才队伍。

（六）推进科技金融创新

强化金融对创新的支撑功能，完善科技股权投资体系、债权融资体系和众筹募资体系。深入实施创投资金倍增计划，力争政府引导基金参股基金规模超过200亿元；建立知识信用价值叠加传统商业信用价值的“X+1”综合授信增信体系，设立市级科技信用担保基金和建立风险分担与防控机制；建立OTC科技创新板，探索建立不同层次资本市场的转板机制，为科技型企业特别是“双高”企业提供挂牌展示、股权和债权众筹募资等综合性资本市场服务，并为股权投资基金提供退出渠道。

（七）壮大科技人才队伍

坚持在创新实践中发现人才、在创新活动中培育人才、在创新事业中凝聚人才，积极搭建培育引进人才的平台和载体，全面加强科技人才服务体系建设，更加有效地聚集科技人才。重点推进“三百”科技领军人才支持计划，实施“三高合一”人才专项工程，深化创新创业团队遴选激励机制，实施实用新型人才在线协同创新工程，实施境外创新人才引进工程。

（八）实施科技精准扶贫

围绕全市贫困村产业发展科技需求，继续深化实施“千村科技特派员扶贫专项行动”，引导科技人员推进扶贫产业技术创新和商业模式创新，助推贫困村农户脱贫致富。新选派2000名科技特派员到贫困村提供科技服务，签订“一对一”技术帮扶协议，支持贫困村发展主导产业、创业大户和创业示范基地，为贫困区县培养本土科技服务人员和农村科技创新创业人员，支持贫困村引进和转化农业新品种新技术、推广农业实用技术。同时，继续务实推进其他科技惠民工程。

（九）强化科技公共服务

统筹加强线上服务平台和线下服务载体建设，以高效集成科技资源和创新要素，开展科技资源开放共享、科技成果转移转化、科技金融供需对接和科技人才协同保障等公共服务，促进大众创业、万众创新。重点打造升级科技服务云平台、科技资源共享平台、技术创新导航专利平台和科技金融公共服务平台。

（十）深化科技体制综合改革

坚持问题导向，以供给侧结构性改革为主线，把握“放管服”改革要求，重点深化科研项目管理改革、科研经费管理改革、科研院所管理改革、科技成果管理改革和科技人才管理改革，加快政府职能从研发管理向创新服务转变，构建开放协同的科技创新体制，激发全社会创新活力与创造潜能，高效集聚市内外创新资源，推进全方位开放式创新。

（作者单位：重庆市科学技术委员会）

重庆交通

陈忠富

一、2016年发展回顾

2016年是“十三五”开局之年，也是交通改革、发展、稳定等各项任务极为繁重的一年。全市交通保持了又好又快发展态势，实现了“十三五”良好开局。

(一)科学系统地抓开篇谋长远，支持交通发展的合力持续增强

2016年年初，习近平总书记来渝视察调研，明确提出“一个目标”“两点定位”“四个扎实”的重要指示，要求重庆“建设内陆国际物流枢纽和口岸高地”，为全市交通新的更大发展指明了方向。一年来，我们把习近平总书记的重要指示作为各项工作的指导方针和根本遵循，强力推动事关长远发展的重大事项，取得阶段性成效。“十三五”规划编制完成。组织精干力量，联合部规划院、航科院和铁二院等多家权威咨询机构，编制了我市交通大部制改革后第一个综合交通规划，以及相配套的14个子规划，并由市政府审议通过。我市在国家大通道中的枢纽地位更加突出。对接国家规划取得重大进展，在国家规划的“十纵九横”综合运输通道中，有“三纵两横”经过重庆，特别是在国家《中长期铁路网规划》“八纵八横”高铁主通道中，有“三纵两横”在我市交汇，明确将重庆定位为全国综合性铁路枢纽。上级重视支持更加有力。加强与国家部委汇报衔接，积极争取政策、资金和项目“落地”，交通运输部承诺“十三五”对我市补助资金超过500亿元，其中2016年落实补助75亿元。市政府下发《关于加快建设长江上游航运中心的实施意见》，出台10项支持政策；设立市级民航发展专项资金，将支线和通用机场建设纳入市级补助范围，为交通发展提供了有力资金保障。

(二)千方百计促投资稳增长，交通重点基础设施建设提速推进

交通继续保持大规模投资态势，全年共完成固定资产投资超过740亿元。铁路建设取得重大成果。渝万高铁通车营运、三万南铁路建成，新增铁路里程302公里，全市铁路营运总里程达到2231公里，其中高铁356公里。郑万高铁、枢纽东环线等国铁项目全面动工，渝黔铁路、涪怀二线、黔张常铁路等6条干线铁路加快建设。重庆北站铁路综合交通枢纽一期工程完工，沙坪坝站、西站铁路综合交通枢纽建设提速。团结村集装箱中心站建设完成，小南垭货运枢纽工程有序推进。万州新田港、涪陵龙头港铁路集疏运中心项目前期工作加快。高速公路建设强势推进。酉阳至沿河、江津至綦江、丰都至忠县、忠县至万州、梁平至忠县、秀山至松桃6个项目292公里高速公路建成通车，通车总里程达到2818公里，省际出口通道达到16个，路网密度3.42公里/百平方公里；开州至城口、渝长扩能、潼南至荣昌3个项目320公里如期动工，南川至道真、万州至利川、九龙坡至永川等9个项目524公里加快建设。水运重点建设项目加快实施。长江干线涪陵至朝天门段航道炸礁二期工程实现开工，朝天门至九龙坡段航道整治、涪江潼南枢纽稳步推进，乌江河口至白马段、库区小江航道整治基本完工，嘉陵江利泽航运枢纽前期工作加快推进。白马港区实现开工，果园港区散货铁水联运及物流园区建设进展顺利，珞璜、龙头、新田港区加快建设；万州长江大桥防撞工程、丰都水天坪一期工程基本完工。全市港口货物和集装箱吞吐能力分别增至1.94亿吨、410万标箱。“一大四小”机场建设步伐加快。江北机场T3A航站楼和第三跑道建成，转场运

行各项准备工作稳步推进。巫山机场建设进展有序,武隆机场和万州机场改扩建顺利开工,黔江机场改扩建前期工作顺利开展。通用航空加快发展,万盛江南、永川大安、两江新区龙兴等通用机场推进顺利。工程质量监督检查明显强化。重点公路项目抽检合格率94%,重点水运项目抽检合格率92.4%,工程质量稳步提升。

(三)全力以赴打好扶贫攻坚战,市委、市政府交办的三大交通民生实事圆满完成

坚持扶贫攻坚交通先行,将农村交通发展作为最紧迫的硬任务、硬指标来抓,与各区县签订目标责任书,倒排工期、抢抓进度,圆满完成三大交通民生实事。全市行政村100%通畅的承诺如期兑现。新改建农村公路10043公里,其中行政村通畅工程5000公里,全面解决剩余的925个行政村不通油路或水泥路的问题,提前2年完成任务,使全市农村交通面貌发生根本性变化,为改善农村地区生产生活条件、促进农业资源开发、支撑农民群众脱贫致富奠定了坚实基础。250个行政村通客车目标顺利实现。提高农村客运通达深度,新建各类农村客运站1874个,新增、调整线路299条,新投运车辆210辆,新增411个行政村通客车,行政村通客车率达94.4%,超额完成交通运输部和市委、市政府下达的考核任务。1000公里农村公路安保工程任务全面完成。完善公路安全防护设施,加快安保工程向农村公路延伸,共实施安保工程1200公里,危险路段安全风险有效降低。

(四)倾力提升运输服务质量,群众出行更加方便快捷

巡游和网约出租车新规出台。主动适应网约车新业态,按照国家统一部署,反复论证并制订出台《重庆市深化改革推进出租汽车行业健康发展的实施意见》《重庆市网络预约出租汽车经营服务管理暂行办法》《重庆市规范私人小客车合乘出行的指导意见》,约谈平台公司70多次,查处非法营运车辆6000多辆,联合多部门成功化解多起不稳定事件。“公交都市”创建深入开展。市政府下发《关于主城区优先发展公共交通的实施意见》,出台保障公交路权优先等8项实质性举措,新增、调整公交线路80条,新增、更新运力432辆,总运力达到8753辆,主城区公交覆盖面不断扩大、服务质量日益提升,日均载客量524万人次。轨道运营里程达到213公里,运力调配和发车时间持续优化,与公交接驳换乘更加便捷,日均载客量突破180万人次,运营里程和载客量继续位居中西部第一。重点领域客运快速发展。民航客运市场持续繁荣,航线培育力度加大,重庆—奥克兰等9条新的国际航线开通运行,江北机场全年完成旅客吞吐量3589万人次,同比增长10.8%。水上都市观光游高速增长,全年突破140万人次,同比增长51%。

(五)着力调结构转方式,交通行业降本增效取得新进展

航运竞争力持续增强。水运结构不断优化,33家港航企业被关停、117艘老旧运输船舶被淘汰,31艘“三峡船型”等优质船舶投入运行,船型标准化率达到77%;货运船舶总运力680万载重吨、平均运力2660载重吨、单位能耗1.8千克/(千吨·公里),均在全国内河领先。航运服务体系更加完善,船东互保组织在全国内河率先推出,市场化运作开局良好,全年完成交易额70亿元。在经济下行压力增大、全国水运生产持续低迷的大环境下,重庆水运继续逆势增长,完成港口货物吞吐量1.74亿吨、集装箱吞吐量115万标箱,同比分别增长10.9%、14%。货运业向现代物流业加速转型。无车承运人试点工作顺利启动,危险货物电子运单首批试点取得阶段性成果,城市配送示范车队建设扎实推进,新增投放示范车辆近400辆。邮政业发展势头强劲。市政府出台《关于促进快递业发展的实施意见》,快递业创新发展、转型升级迈出新步伐。渝新欧全线试验性运邮取得成功,亚欧大陆桥铁路跨境邮包运输通道全线打通。邮政行业业务总量79.2亿元,同比增长29.8%;快递业务量累计完成2.8亿件,同比增长38.3%。中新交通物流合作取得实质性突破。交通物流规划编制加快推进,南向国际物流通道建设进展有序,重庆至越

南国际公路运输实现常态化运行。路网通行效率明显提高。实施高速公路路面大中修350公里、普通国省道改造1000公里。高速公路ETC功能不断完善,用户数突破100万,服务网点覆盖所有区县;深入开展高速公路服务区文明创建和星级评定,星级服务区总数达28个。“绿色通道”和重大节假日免费通行政策落实得力,累计减免通行费13.3亿元。

(六)持续深化重点领域改革,交通发展活力不断释放

大交通管理体制和运行机制更加完善。铁路、民航管理人员力量加强,重庆机场移交我市管理,市委、市政府要求我委全面履行地方民航主管部门职责,接管国际航线开发工作。主城六区港航管理体制进一步理顺,船检体制改革积极推进。投融资改革实现新突破。成功引进中铁建、中交建等大型企业,以BOT+EPC模式投资300亿元建设合川至安岳、合川至璧山至江津等4个高速公路项目。抢抓国家开发性金融政策机遇,积极协调农发行和国开行支持普通公路建设,争取交通运输部入库我市517亿元PSL贷款项目,两家政策性银行已审批200亿元,2016年已到位贷款55亿元,区县交通建设融资难问题大大缓解。行政审批制度改革不断深化。28个大项、48个子项审批事项纳入市网审平台统一办理,跨区域超限运输等实现网上审批、缴费及打印证件,行政审批效率和便民服务水平进一步提高。行业法律法规体系更加完善,《重庆市港口管理条例》颁布施行,《重庆市公共汽车客运条例》等行业法规立法调研加快推进。交通综合执法改革取得新成效。高速公路第五支队组建成立,实行交通综合执法的远郊区县增至11个,对各类违法行为的打击力度加大,查处案件66.8万余起,其中检查货运车辆756.8万台次,查处超限车辆9.1万台次,交通执法社会信用体系建设加快推进,交通行业市场秩序良好。

(七)全面夯实基层基础,全行业安全形势稳中趋好

安全责任体系逐步健全。层层传导压力、逐级落实责任的安全生产格局全面形成;标准化建设大力推进,新增达标企业430家;“三个必须”等制度执行力度加大,约谈企业303家、追究责任人339名。安全风险防控坚实有力。市场准入、车船技术、从业人员等源头监管得到加强,“道路运输平安年”“平安高速”“超限超载治理”“水上交通5+N”等专项整治行动扎实开展,排查整治安全隐患2.3万起。安全监管科技手段进一步加强。交通运行监测平台的支撑作用明显,营运车船动态监控更加严格,道路客运风险管理系统全面使用,39套高速公路固定测速系统建成投用,卡口报警率提高至98%。应急救援能力稳步提升。应急救援体系建设加快,应急力量和装备建设不断加强,地方水上应急救援实现“15分钟人员装备出动”目标。妥善应对和处置了“1·23”霸王级寒潮、“6·1”强降雨等引发的自然灾害和各类突发事件。事故防控成效明显。一年来,全市交通行业共发生生产经营事故51起、死亡72人,同比分别下降25%、18.2%;较大事故5起、死亡20人,同比分别下降28.6%、37.5%。重点工程建设领域实现“零死亡”,水上交通连续13年、道路运输连续10年未发生重特大事故。

(八)着力推进创新驱动发展,行业转型升级迈出新步伐

科研项目有序开展。《恶劣气候条件下路况诱导预警系统示范研究》《路侧振动带推广应用与示范》等科研项目效果显著,《跨座式单轨车辆维护与更新技术规范》等4个部颁标准加快编制,《公交首末站规划设计规范》等9个地方和行业标准颁布出台。交通信息化水平持续提升。信息系统集约化迁移完成;省域客运联网售票系统、公交智能化应用系统等部级重点示范工程加快建设;重庆市地方公路信息管理系统、道路运输综合管理与服务系统(一期)、电子口岸信息系统通过竣工验收并正式投用。绿色交通发展稳步推进。运输船舶污染治理、饮用水源保护区船舶搬迁工作强力推进,9793辆营运黄标车淘汰退市,主城区公交车、巡游出租车CNG

覆盖率100%,顺利通过中央环保督察,绿色交通城市创建活动、绿色公路试点通过交通运输部验收。

(九)大力加强自身建设,交通发展内生动力有效增强

"两学一做"学习教育扎实开展。认真组织学习党章党规和习近平总书记系列讲话,做合格共产党员,广大党员干部"四个意识",特别是核心意识、看齐意识不断增强,更加坚决地拥护、维护、服从以习近平同志为核心的党中央。精神文明建设成果丰硕。开展"大美交通"微电影比赛、交通扶贫故事征文等文明建设活动,行业内先进典型不断涌现,创建全国交通运输行业文明单位5个、文明示范窗口5个。积极营造良好舆论氛围,成功举办"脱贫攻坚、交通先行"等6项主题宣传,策划推出"最美乡村公路"摄影大赛,全年各大媒体正面报道近1100条。人才队伍建设得到加强。航运人才"双万工程"深入开展,交通专业技术人才评价体系进一步完善,全行业新增正高级工程师26名、高级工程师117名。交通干部学校主基地作用充分发挥,举办各类培训班80期、培训学员1万余人次。机动车驾驶培训教练员、公路养护工等职业技能竞赛活动扎实开展。在第八届全国交通运输行业职业技能竞赛中,取得筑路机械操作工竞赛团体第二名、轨道列车司机竞赛团体第四名的优异成绩。治党管党全面从严。积极适应纪检部门"三转"新形势,干部职工廉政教育和权力运行监督得到加强,制度"笼子"进一步扎紧,中央"八项规定"等制度规范执行力度加大,党风廉政建设和反腐败工作取得新成效,交通行业正气不断上升、正能量加速汇集。

二、2017年发展目标

2017年是党的十九大、市第五次党代会召开之年,本届政府的届满之年,同时也是重庆市直辖20周年,做好全年交通工作意义重大。总体要求:全面贯彻落实党的十八大、十八届历次全会和市委四届历次全会精神,认真落实"五位一体"总体布局和"四个全面"战略布局,牢固树立新发展理念,推进供给侧结构性改革,着力完善交通运输基础设施网络,提升运输服务品质,提高交通发展质量和效益,推进交通安全绿色发展,为全面建成小康社会当好先行。2017年,全市交通计划投资820亿元,其中铁路285亿元,公路470亿元(高速公路220亿元、国省干线100亿元、农村公路135亿元、公交和枢纽场站15亿元),水运35亿元,民航25亿元,邮政和信息化5亿元。

(一)全力推进"十三五"规划实施,加大投资力度、扩大建设规模

把加快重点项目建设作为首要任务。深入贯彻落实市委、市政府"两促一稳"决策部署,把保投资、保建设作为交通工作的重中之重,"能快则快尽量快"推进重大基础设施项目建设,保证质量、加快进度,千方百计确保完工项目如期建成、在建项目全面提速、开工项目顺利启动,更好地发挥交通投资对经济增长拉动的主力军作用。紧紧围绕"十三五"规划目标,加大前期工作力度,把控时间节奏,做好项目储备,确保交通建设的连续性和稳定性。积极争取各方支持。做好与交通运输部、国家发改委、铁路总公司、民航局等国家相关部委和单位的汇报沟通,加强与上级部门就"十三五"重点项目的衔接,使我市更多项目进入国家规划项目储备库和年度投资计划。开展交通发展现状评估,找准薄弱环节,在项目实施、资金支持上定向施策、有的放矢。进一步拓宽投融资渠道。牢牢把握宏观政策机遇,深化与金融机构合作,用好用足国家政策性贷款支持。积极研究设立交通发展基金,拓展融资方式,增强筹资能力,为交通发展提供稳定可靠的资金来源。增强财政资金的引导作用和放大效应,充分挖掘PPP等投融资模式潜力,加大招商引资力度,确保完成全年投资任务。

(二)提速铁路建设步伐,着力打造国家综合性铁路枢纽

加大干线铁路建设力度。加快推进郑万高铁、枢纽东环线、涪怀二线等6条干线铁路886

公里建设，实现渝黔铁路、成渝高铁井口至沙坪坝段建成通车，新增铁路运营里程 122 公里，使全市铁路运营总里程达到 2353 公里。做好重大项目开工准备。开工建设渝昆高铁重庆境内 118 公里，加快形成西南向高铁大通道。启动新田港、龙头港等铁路集疏运中心建设。完成渝湘高铁、渝西高铁等项目可行性研究，积极争取在“十三五”时期实施。开展兰渝高铁重庆西站至潼南段、安张铁路奉节至巫溪段、广忠黔铁路、既有成渝铁路改造等项目前期工作，启动黔遵昭等项目规划研究。加快枢纽站场建设。完成西站地方配套综合交通枢纽一期工程建设，满足渝黔铁路通车需求，为早日实施渝怀、遂渝等普速铁路转场至西站和实施北站南广场与重庆站改造创造条件。建成投用沙坪坝铁路综合交通枢纽，实现成渝高铁引入沙坪坝站，进一步缩短成渝间时空距离。完成重庆站至重庆东站规划方案研究、重庆站至重庆东站枢纽联络线预可研。

(三)完善各层级公路网络，增强道路整体通行能力

继续加快高速公路建设。建成渝北至广安、南川至道真、万州至利川、九永高速永川段等 4 个项目 183 公里，全市通车总里程达到 3000 公里，新增省际出口通道 3 个，通道总数达到 19 个。加快推进开州至城口、合川至长寿、南川至两江新区等 9 个 661 公里在建项目。新开工合川至安岳、永川至泸州、渝黔扩能、黔江环线等 4 个项目 239 公里。积极推进合川至璧山至江津、万州环线、巫山至大昌、巫溪至镇坪、彭水至酉阳、大足至内江、渝遂扩能、奉节至建始、垫江至丰都至武隆等项目前期工作。有序推进普通国省道和农村公路建设。以重要港区、交通枢纽、产业园区连接道路为重点，实施国省道改造 800 公里。进一步提高农村公路通畅深度、覆盖广度，新改建农村公路 8000 公里，其中县乡道改造 1000 公里、农村公路拓宽改造工程 1000 公里、撤并村通畅工程及联网公路 6000 公里，新解决 1500 个撤并村不通畅问题，全市撤并村通畅率达到 55%，使农村公路真正成为脱贫之路、致富之路、发展之路。提升路网服务水平。完成渝遂、长万等高速公路大修，强化养护、收费、路政、运行监测等标准化管理，创建 3 对全国百佳示范服务区，打造 5 对特色服务区，开展收费站星级评定工作。不断增强 ETC 服务功能，力争收费站 ETC 覆盖率达到 95%。进一步完善普通公路养护管理机制，全力打造市级“畅安舒美”示范路 100 公里，完成预防性养护工程 400 公里。

(四) 大力发展内河水运，加快建设长江上游航运中心

着力提升航道通行能力。加大工作协调力度，加快推进长江重庆段航道整治。开工乌江白马至彭水枢纽航道支持保障系统，以及汤溪河等三峡库区重要支流航道整治项目，加快推进嘉陵江草街库尾航道整治、涪江潼南航电枢纽等重点项目建设，完成利泽航运枢纽前期工作并力争开工。完善港口集群布局。强化枢纽港功能，完成果园港区铁水联运接驳改造并投入运行，建成珞璜、龙头和新田港区一期工程，新增港口通过能力 1000 万吨、集装箱 50 万标箱。有序推进重点港建设，力争开工新生、渭沱、朱沱港区，加快白马港区建设，积极推进水天坪二期等港区前期工作。按照国家相关部署，继续推进长江干线非法码头专项整治。继续优化航运结构。扎实推进船型标准化，加快老旧船舶拆解和“三峡船型”船舶建造，进一步提高船型标准化率。切实推进四枢纽港统一运营管理，引导航运企业创新发展、转型发展、理性发展，增强市场竞争能力和抗风险能力。增强航运服务能力。加强客运市场管理，推进水路旅客实名制工作。切实发挥好航交所作用，提升航运战略研究水平和信息发布质量，加快发展航运保险、金融等高端增值服务，加强航运要素聚集，积极拓展航运交易空间。

(五) 加强机场建设管理，稳步增强航空枢纽竞争力

提高机场运行保障能力。投用江北机场 T3A 航站楼和第三跑道，加强新航站楼运营管理，确

保转场运行安全、平稳、有序。认真履行相关职责，健全机场管理责任体系，争取市政府出台《加快国际航空枢纽建设促进民航业全面发展的意见》。加快民航重点项目建设。加快巫山、武隆和万州机场改扩建等项目建设，开工黔江机场改扩建项目。有序推进通用航空发展，加快永川大安通用机场建设，推进利用梁平机场开展通用航空业务，开工万盛江南机场，推动黑山谷等直升机场建设。加快航空市场培育。加强与大型航空公司合作，力争新开通10条左右国际航线。优化市域航空网络，支持机场集团做好国内航线开发。

（六）优化交通组织保障，不断提升运输服务效能

加快“公交都市”建设。协调落实公交优先道，持续优化主城公交线网，探索推进“快速公交、干线公交、支线公交”线网分级管理，积极发展特需公交。进一步加强公交与轨道交通的有效衔接，提高轨道交通运输组织效率。提高道路客运服务质量。结合新开通的高铁和新建成的高速公路，合理优化客运线路网络。推进道路旅客实名制工作，深化长途客运接驳运输试点，开展精品客运班线、星级汽车客运站评选。严密关注网约车新政出台后的稳定情况，做好形势研判，提前疏导矛盾，促进出租汽车市场平稳健康发展。大力发展农村客运，新增通客车行政村250个，行政村通客车率提高到97.5%。积极发展现代物流业。继续深化甩挂运输和城市配送试点，扎实推进“渝新欧”多式联运示范项目建设，实现运邮常态化，推动临时铁路口岸国际邮件处理中心建设，打造“渝新欧”运邮专线。扎实做好中新项目交通物流领域相关工作，完成交通物流发展规划编制，推进重点示范项目和政策举措创新。完善物流服务网络，引导农村交通、供销、电商、邮政等资源整合，促进快递业向农村地区延伸，推动县、乡、村三级农村物流配送网络建设，打通农产品进城“最先一公里”、工业品和生活消费品下乡“最后一公里”。强化重点运输保障。抓好春运、节假日、三峡船闸检修及大型活动的运输保障，加强对煤炭、成品油、粮食及鲜活农产品等重点物资的运输协调。

（七）深入实施创新驱动战略，积极打造智慧、绿色交通

加强新技术的推广应用。组织实施好《山区高速超高桥隧比路段运营安全风险防控关键技术研究》《BIM技术在交通行业领域的应用》等重点科技项目，全面推进《跨座式单轨车辆维护与更新技术规范》等4个全国性行业标准的编制工作，完成《重庆城市公共交通视频监控系统建设规范》等2个地方行业标准的编制。加快行业信息化建设。建成交通云平台、出租汽车管理服务信息系统（二期）、重点营运车辆联网联控系统（二期）、交通综合执法管理与服务平台等，做强交通数据中心，进一步适应行业发展新需求。强化环境保护。严格按照中央环保督察反馈意见，坚决抓好整改落实。深入落实“大气十条”“水十条”行动计划，加强三峡库区船舶、码头污染物日常监管，完成60艘船舶生活污水装置改造，全面推动全市靠港船舶使用岸电技术，积极推广路面材料再生利用等技术，促进资源集约利用。

（八）抓严抓实平安交通建设，努力保持安全形势总体平稳

始终把安全生产放在首要位置，严字当头，夯实基础，堵塞漏洞，防控事故。强化安全监管。建立健全安全监管责任规范、权力清单、督察清单，严格源头监管、诫勉约谈、重点监管、督察督办、目标考核和诚信管理，促进安全监管措施落实。强化企业基础。持续推进企业安全生产标准化建设，不断改善安全生产条件，提升安全生产水平，促进企业主体责任落实。加强教育培训，营造安全文化氛围，提升从业人员安全素质。强化事故防控。坚持问题导向、结果倒逼，构建“双重”预防机制，督导企业严格执行事故隐患“日周月”排查治理制度，加强安全风险识别、评估、管控和报备，实行隐患治理闭环管理、挂牌督办，提升事故防控能力。持续开展“道路运输平安年”“危险货物安全治理”“平安高速”“打非治

违”等专项整治行动,始终保持严管高压态势,严格执法,严厉查处“三超一疲劳”、违章航行、非法营运等违法行为。强化安全保障。新建成安保工程1000公里,危桥改造100座,危隧改造10座,渡改公路桥10座,整治地灾路段100公里,提升客渡船、旅游船稳性。加大科技手段运用力度,严格营运车船动态监管、高速公路电子纠违。强化应急救援。加快水上交通“1中心、6基地、8站点”与普通公路“1中心、38基地”和高速公路应急救援装备设施、队伍建设,修编完善相关预案,贴近实战开展演练,加强应急值守,强化协作联动,妥善处置各类突发事件。

(九)推进法治交通建设,不断提升依法行政能力

完善交通法规体系。大力推进《重庆市出租汽车客运管理办法》《重庆市道路运输管理条例》《重庆市公共汽车客运条例》《重庆市民用航空促进条例》等地方性法规的修订或新立法工作,不断提高立法质量和效率。扎实做好《重庆市港口条例》宣贯实施,制定出台配套政策和措施,全面下放港口经营许可管理权限,妥善解决老旧码头历史遗留问题,督促主城六区尽快承接港航管理相关职能,加快推进船检体制改革。优化交通执法服务。推行精细化、模块化勤务模式改革,推广分级分类勤务管理,出台勤务固化大纲,提升勤务安排的针对性和时效性,确保高速公路不发生长时间、大面积交通拥堵。积极推出便民服务新举措,优化异地处罚、网上查询罚缴等功能,拓展投诉服务中心和失物招领中心服务范围,提高交通执法服务水平。增强交通执法监管效能。继续推进固定测速系统建设,加强设备更新升级,增加区间测速路段。推广重点路段视频取证及卡口系统,在8个主线站、9个省际收费站建设高清智能卡口。有序推进超限运输动态监控执法系统建设,开展车载动态取证系统、移动式卡口抓拍系统建设,形成动静结合、全面覆盖的路段秩序管控体系。加强工程建设监管。积极推进品质工程建设,深入落实生产经营单位主体责任,加大现场监督检查和违法行为查处力度,严格执行质量安全强制性要求和施工标准化等管理制度,强化整改复查和挂牌督办,确保质量问题和安全隐患及时整改到位,使工程建设总体质量抽检合格率保持在92%以上。

(十)加强行业自身建设,凝聚交通事业兴旺发达的精神力量

认真落实全面从严治党责任。深入贯彻党的十八届六中全会精神,严格执行《关于新形势下党内政治生活的若干准则》和《中国共产党党内监督条例》,坚持把纪律和规矩挺在前,持之以恒加强党员干部教育管理,切实增强“四个意识”,在重大原则上不摇摆、在大是大非面前不含糊,不折不扣地贯彻市委、市政府的决策部署,加强督促检查,确保各项工作落实到位。继续加强廉政风险防控,严格执行《中国共产党问责条例》等各项纪律规定,强化监督执纪问责,严查严惩各类违纪行为,努力营造风清气正的发展环境。加强财务预算管理,加大审计监督力度,提高资金使用效益。夯实人才要素保障。紧密结合行业发展需求,抓住人才培养、选拔、引进、使用、管理五个关键环节,着力加强“管理人才、专业技术人才、技能人才”三支队伍建设。充分发挥璧山交通行业培训、实训主基地作用,完善培训服务体系,不断提高交通干部和人才队伍的综合素质。加强宣传和精神文明建设。充分利用新兴和传统媒体,解读好大政方针,展现好发展成就,讲述好交通故事,传播好交通声音,引导好社会舆论,树立好行业形象。多种形式培育组织满意、群众认可、社会认同的行业典型,努力发现“微感动”,捕捉真善美,构筑交通人共同的精神家园。

(作者单位:重庆市交通委员会)

市政管理

张 弛

一、2016 年发展回顾

2016 年，全市市政系统在市委、市政府的坚强领导下，认真贯彻新的发展理念，全面落实中央城市工作会议精神，深化改革，创新实干，各项工作取得新成效，实现了"十三五"良好开局。

一是市容环境整治圆满完成。完成了主城区市容环境综合整治阶段性任务，累计实施 402 条背街小巷、306 个老旧社区、107 个农贸市场、48 所学校、18 家医院周边环境综合整治，累计整治卫生死角 17.3 万处，清理暴露垃圾 25.5 万吨，老旧城区环境逐步实现有机更新，近 300 万居民生活品质得到提升，2016 年主城区市民平均满意度同比上升 2.37 分。"中国幸福城市可持续发展国际论坛" 组委会委托第三方机构调查的重庆老旧社区环境综合整治的百姓满意度高达 97%。

二是城区市容市貌洁净靓丽。市政设施管养维护常抓不懈，桥梁、隧道等结构设施检测率和整治率均达 100%，城市道路完好率达 95%以上；疏浚排水管道 1441 公里，整治暴雨积水点 27 处。为城市"洗好脸"，累计拆除各类违规广告 2.8 万余块，拆除违规招牌 1.8 万块，清除城市"牛皮癣"139.8 万处。给城市"化好妆"，实施城市景观照明提升工程，一、二期 417 个项目全面完工，主城区"山、水、城、桥"景观元素得到全面凸显。为 2016 年香山旅游峰会、市长国际经济顾问团年会、"中国共产党与世界对话会" 等一系列重大会展活动营造了靓丽的城市景观。

三是市政公共服务稳步提升。全年完成"一户一表"改造 20.3 万户，二次供水质量得到进一步保障，城市供水水质综合合格率稳定在 98%以上。改扩建污水处理项目 11 个，城市生活污水处理率达 92%。主城区清洁工程、第三和第四垃圾焚烧发电厂、洛碛垃圾填埋场等重大基础设施顺利推进，城市和城镇生活垃圾无害化处理率分别达到 100%和 91%。全年主城区新增停车泊位 10.3 万个。

四是城市秩序管理规范有力。严控市容秩序，累计查处违规占道摊点 1.4 万个，劝阻"卡娃"1.8 万人次，劝阻露天焚烧、露天烧烤 1500 余人次。同时，兼顾柔性引导，加大占道经营规范管理摊区的打造工作，创建了一批特色夜市街区。城管执法人员文明管理、依法履职能力不断提升，执法纠纷数量和对执法行为投诉量同比分别下降 5%和 8%。整治主城区违规占道施工项目 281 处，规范占道施工围挡 8.6 万米，整治不规范路内停车位 7852 个，培训收费人员 9688 人次。

五是生态文明建设扎实推进。治理农村存量垃圾 49018 处、51 万吨，行政村治理比例达到 66.8%。深化资源回收利用，黑石子餐厨厂累计无害化处理及资源化利用餐厨垃圾 39 万吨，处理量和处理技术继续领跑全国。建筑垃圾年处理能力达 140 万吨，利用建筑弃料生产环保再生砖 1200 万块。主城区 41 万吨污泥实现 100%无害化处理处置。狠抓扬尘控制，开展多次道路扬尘整治专项执法行动，检查建筑垃圾密闭运输车辆 10.9 万台次，处罚违法案件 2514 件，为蓝天目标实现作出贡献。全力开展洪汛期和蓄水期应急清漂工作，清理漂浮垃圾 19.1 万吨，消落区垃圾 8 万吨。

六是精细化标准体系初步确立。出台了《关于全面推进城市精细化管理的实施意见》，完善精细化管理标准体系，汇编了涵盖市政行业九大主要领域的《重庆市城市精细化管理标准》。

深化简政放权,取消了委机关用水单位水量平衡审查行政审批项目。形成了有145项的区县市政部门行政权力、责任事项通用清单,有效解决了区县市政部门权力清理工作的困难和问题。

七是智慧城管建设全面发力。出台了《关于推进智慧城管建设的指导意见》,召开了全市智慧城管建设工作现场推进会,围绕智慧城管"1322"建设体系构架,逐步推进项目落地。大力推广应用新技术、新科技,使用机器人定位排水管道病害,采用无人机"巡查"市政工作,利用物联网技术监控化粪池和桥梁等设施安全,应用手机APP和微信等实施市容秩序监管,"重庆市政"微信公众号"找公厕""去停车"等便民服务与"上游新闻"联动上线,新闻客户端关注度超过100万,发现问题和服务能力进一步提升。

二、2017年工作重点

2017年,全市市政系统将坚持按照中央城市工作会议"一尊重、五统筹"要求,通过持续开展市容环境综合整治、基础设施提档升级、统筹城乡民生服务,创新优化城市管理,不断提高城市管理的科学化、规范化、精细化水平,切实改善城市人居生态环境,努力提升城市形象品质,助推"美丽山水城市"建设。

(一)持续推进市容环境综合整治

在前两年阶段性整治的基础上,查漏补缺,建立长效机制,推进精细化管理。将未整治区域特别是主城区所有集镇、交叉地段纳入整治范围,做到全覆盖和无缝式衔接。重点规范整治占道停车和占道经营、城市"牛皮癣"及"三乱",建筑垃圾运输车辆未密闭运输及撒漏。规范、统一市政设施等城市部件颜色。

(二)持续推进市政民生实事工程

全面完成主城区80万户居民供水"一户一表"及二次供水设施建设改造,并建立二次供水设施维护管理长效机制。继续推进主城区背街小巷整治,完成69条背街小巷整治年度任务,基本实现主城建成区全覆盖,并将其延伸至建制镇。进一步推进农村生活垃圾治理,2017年度全市行政村有效治理比例达到75%以上。

(三)持续提升城市承载能力和运行保障能力

抓好推进市政行业"十三五"发展规划以及"十三五"城镇生活垃圾处理、城镇生活污水处理、供水设施建设等规划重点项目的落地实施。加快推进第三和第四垃圾焚烧发电厂、洛碛垃圾填埋场及走马、夏家坝二次转运站等重大环卫设施建设。加强城市管网、污水处理设施统筹建设,牵头推进城镇污水处理设施升级达标以及污泥处理处置设施的达标改造。不断完善城市照明设施,新改建城市道路装灯率达100%。深化实施景观照明提升工程,做好三期工程项目的建设运营,并将景观照明提升工程向区县拓展。

(四)持续提升行业管理精细化水平

进一步制定出台集镇市政管理指导意见,健全完善市政设施、市容环卫、城市照明等市政精细化管理的标准体系。进一步拓展"以克论净"深度保洁模式,加大培训力度,鼓励管理与技术创新,推进市容环卫管理精细、规范化管理。进一步提升全市市政设施精细化管理水平,推进路内停车标准化管理、桥隧设施信息化管理和城市道路路内占道设施的统一、规范。

(五)持续推进管理体制机制改革完善

积极配合编制部门实施城市管理机构和跨部门综合执法改革。开展全市执法人员培训,确保在年底前完成由市政管理行政执法向城管综合执法的角色转变。做好主城区市政设施体制完善扫尾工作,制定出台市政设施维护考核标准,加强对各区设施维护管理的行业指导和监督管理,确保设施维护水平不下降,群众满意度不下降。

(六)持续推进法治市政建设

围绕城市管理法律法规体系基本完善的中期目标,抓好相应法规规章的立、改、废、释等细化工作。清理并研究制定全委权力清单、责任清单和负面清单,推动网上行政审批工作和规范性文件备案工作。深入开展《重庆市城市综合管理条例》的立法调研,加强城管综合执法方面的配套立法，完成《重庆市城区道路灯杆道旗广告设置导则》编制工作，推进《重庆市城市夜景灯饰管理办法》修订工作，启动移动式户外广告设置管理法规研究。

（七）持续提升城市安全应急保障能力和水平

不断强化安全保障，围绕平安市政建设目标和“八防”重点，着力提升安全生产事故隐患排查治理能力，加强市政行业安全生产基层、基础和基本素质建设，开展市政行业安全生产大排查、大整治、大执法，继续保持“市政行业较大以上安全生产事故零发生、直属系统责任亡人事故零发生”的良好态势。同时，进一步加强市政行业分类应急物资储备建设，提升市政行业安全应急抢险处置能力。

（八）持续加强思想宣传工作

持续深化学习贯彻宣传习近平总书记系列重要讲话精神和治国理政新理念新思想新战略以及视察重庆重要讲话精神。围绕“3·19”城管服务周和环卫工日等重要节点，深入宣传行业价值理念。将“重庆市政”微信公众号打造成市政行业舆论宣传的窗口和便民服务的品牌。开展城市管理执法队伍“强基础、转作风、树形象”专项行动的新闻宣传和舆论引导，建立健全文明劝导服务机制，加强关爱环卫工人行动。

（作者单位：重庆市市政管理委员会）

重庆水利

陈亮亮

2016年，全市到位中央水利投资71.5亿元，完成各类水利投资229亿元。截至2016年底，全市已建成水库3042座，总库容121.41亿立方米，其中大型水库17座（水利行业外管理的水库占15座）、总库容77.10亿立方米，中型水库96座、总库容25.67亿立方米，小型水库2929座、总库容18.64亿立方米。水利工程年供水量达到78.27亿立方米。新增有效灌溉面积16.82万亩，有效灌溉面积累计达到1035.9万亩；新增节水灌溉面积29.51万亩，节水灌溉面积累计达到328.01万亩。

一、2016年发展回顾

（一）水利规划及前期工作

完成《重庆市水利发展“十三五”规划》《重庆市农村饮水安全巩固提升工程“十三五”规划》《重庆市主城区水资源管控及设施布局规划》编制及市政府审批。完成《重庆市市域河道岸线保护及利用规划》编制并报市规划局备案，完成《重庆市市域水资源管控及设施布局规划》《重庆市主城区防洪规划深化（2016—2030年）》《重庆市水土保持规划（2016—2030年）》《重庆市水土保持监测规划（2016—2025年）》编制及部门审查，基本完成《重庆市水中长期供求规划》《重庆市灾后水利薄弱环节建设实施方案》《重庆市抗旱“十三五”小型水库实施方案》编制。推进了《“万开云”板块一体化协同发展水利规划》、城市乡镇防洪现状评估、城市乡镇防洪规划、城市水利规划等规划编制。同时，加强水利项目前期工作。全年共开展10类、617处、工程匡算总投资493.6亿元的水利项目前期工作，其中綦江藻渡水库启动可研报告编制，渝西水资源配置工程启动项目建议书编制，南水北调中线大宁河补水工程项目建设书基本完成，云阳向阳水库、开县跳蹬水库等重大水利工程开展前期论证。完成中型水库初设报告审批5座，可研审查审批10座；完成主要支流治理初设报告审批12处，中小河流治理前期工作34处。

（二）水利基本建设

全市重点水利工程建设以骨干水源、江河

治理项目为主,全年完成投资83.1亿元,丰都梨子坪水库等10处水利项目荣获"文明工地",全市重点水利工程建设在水利部安全巡查考核中排名第一,水利建设质量全国考核被评为A级。建设骨干水源工程39座。2座大型水库建设推进有力:巴南观景口水库大坝基础开挖结束,截流验收完成,即将开始坝体回填;南川金佛山水库大坝填筑全面推进,2017年度汛目标有望顺利实现。彭水龙虎、合川石庙子等5座中型水库主体开工建设。32座续建中型水库有力推进:渝北苟溪桥于5月份完成下闸蓄水阶段验收,璧山盐井河、璧山三江、巫溪孔梁、巴南龙岗等4座水库完成竣工验收或竣工技术预验收。建成达标城市堤防27.5公里;新开工万州磨刀溪、合川花滩等9个堤防;48个续建项目持续推进,其中22个项目完工,巴南外河坪、合川赵家渡完成竣工验收。中小河流治理项目续建49处、新开工24处,中央投资完成达80%以上。争取中型病险水库(水闸)除险加固项目投资计划7484万元、小型病险水库5486万元。完成80座小型水库除险加固,2座中型水库完成投资4958万元,2座水闸除险加固工程已开工建设。

(三)防汛抗旱

一是洪旱灾情。2016年以来,全市平均降水量1284毫米,较多年平均偏多14%。先后遭遇"5·6""6·1""6·19""6·24""6·27""6·30""7·13""7·18"等8次区域性暴雨天气过程,6条江河出现超警戒或超保证水位洪水。洪涝灾害造成全市271万人受灾,紧急转移安置8.58万人,农作物受灾面积$127.66\times10^3hm^2$,倒塌房屋10617间,直接经济损失41.23亿元,其中水利经济损失5.78亿元。另一方面,春季全市降水量较常年同期偏少近2成,东南部偏南地区偏少5~6成,进入盛夏7月21日至9月30日,全市平均降水量105.5毫米,较常年同期偏少4.5成。旱情虽重但灾害较轻,据市农委统计,全年累计农作物受旱面积$39.17\times10^3hm^2$,其中成灾$6.52\times10^3hm^2$,绝收$0.69\times10^3hm^2$,15.89万人、10.01万头大牲畜临时饮水困难,因旱直接经济总损失3.34亿元。

二是防灾减灾。市防指加强与应急、安监、气象、国土、市政等部门的雨水情信息共享和联合会商,提前发出紧急通知105个、重要水雨情通报70余期、预警短信近6万条次,先后发布暴雨和江河洪水Ⅲ级、抗旱Ⅳ级预警信息,启动Ⅳ级、Ⅲ级应急响应,28个区县对应发布预警信息,各重点工程在强降雨期间及时全部停工。5月,市委、市政府组织6个督察组,对全市防汛防地灾工作情况进行拉网式、全覆盖督促检查,在市、区县防指按照"三个百分之百"要求开展汛前安全大检查基础上,市防指于汛中组织了3次防汛安全专项检查。对发现的防汛安全隐患均按照"属地管理、分级分部门负责"原则,督促限期整改完成。市防指还与重庆警备区、武警部队、市公安局、消防总队召开联席会议,与驻渝部队签订《市防汛抗旱抢险救援队伍联合抢险救援合作备忘录》,分别在重庆警备区、武警重庆总队、市公安消防总队、武警水电第八支队再配备了800余万元的抢险救灾装备;汛前抽调武警水电第八支队1个中队提前驻训黔江负责渝东南抢险救灾,增派1个大队到万州备勤负责渝东北抢险救灾;连续两年增储价值2000万元市级防汛抗旱物资及装备,全市储备防汛抗旱物资价值近2亿元。加大与长江防总、四川、贵州、湖南等防指沟通协调,有效开展水库群联合调度,先后向乌江彭水、银盘、嘉陵江草街、芙蓉江江口、酉水河酉酬、石堤等骨干性水库水电站发出调度令15个,累计拦蓄洪量超过$13\times10^8m^3$,增发电量超过$3\times10^8kW\cdot h$,实现了主城区磁器口、菜园坝、合川城区及彭水、武隆县城"双零"目标。市防指、市水利局派出20余个督察组,及时协调武警水电部队成功处置酉阳板桥乡、万盛石林镇堰塞湖等。驻渝部队、公安、消防累计出动官兵11800人次、装备1000台套,疏散转移群众7000余人。市防汛抗旱抢险中心先后8次调集了价值2500余万元的救灾装备。各成员单位按照职责分工,加强协调配合,切实做好抢险救灾各项工作。

（四）农田水利基本建设

全市2016年去冬今春农田水利基本建设完成总投资125.8亿元，投入工日17537万个、出动机械台班3634万台；完成土石方量1.9亿m^3，修复水毁工程3097处、新修渠道1012.7km、清淤沟渠6946.8km、新修/加固堤防324.2km、疏浚河道236.2km、新修水库及病险水库除险加固353座、堰塘整治14955口、建设村镇供水工程2480处；新增水电装机容量12.0万千瓦、改造中低产田面积13.8万亩、治理水土流失面积463.0km^2、新增有效灌溉面积47.6万亩、改善灌面136.2万亩、新增节水灌溉面积34.3万亩、新增旱涝保收面积25.2万亩、新增年节水能力10700万m^3、新增供水受益人口260万人。按照全市2016年重点民生实事安排，高效推进山坪塘整治。全市完成年度总投资14.36亿元，完成山坪塘整治2.7万口，占年度任务的100%，新增、恢复蓄水能力0.84亿m^3，新增、恢复灌面59.91万亩，受益贫困村1122个，受益贫困人口24.26万人。目前，全市近70%的山坪塘已修缮一新，在解决农田灌溉、农村饮水、保持水土、保护生态等方面发挥了多重功效。农村饮水安全、小型农田水利、大中型灌区和基层水利服务体系建设被水利部考评为“优秀”。

（五）水政管理

严格履行推进法治建设第一责任人责任，推进水法治建设迈上新台阶。加强行政立法，《重庆市村镇供水条例》经市人大常委会第29次会议审议通过，2017年5月1日起正式实施。明确村镇供水工程公益属性、政府投入主体责任等7项制度在全国有创新示范意义。结合《重庆市河道管理条例》修订，市政府推进制定《重庆市河道管理范围划定管理办法》《重庆市河道采砂管理办法》等“1+4”配套文件。全市查处水事违法案件476件，罚款金额541.4万元。提前两年探索完成市水行政执法体制改革任务。修订《重庆市水行政处罚裁量权基准》，建立市级水利部门“双随机、一公开”行政检查制度。印发《重庆市公安机关与水行政主管部门联动协作工作机制》，推进综合执法和联合执法。制定重庆水利系统“七五”普法计划。出台《行政应诉工作暂行办法》，办理应诉案件11件。全面完成水土保持和水资源类行政许可文件书面审查145件，招标文件、合同合法性审查182件。完成《水权交易管理暂行办法》等外来法律法规规章的法律审查及征求意见回复25件。

（六）水资源管理

全面实行最严格水资源管理制度，“十二五”期间全市实行最严格水资源管理制度考核获得优秀等次并受到国务院通报表扬；完成市、区县两级“十三五”期间年度水资源管理“三条红线”和双控行动指标分解确认工作。牵头完成中央环保督察涉水工作，截至目前，各项涉水环保工作履职到位，成效明显。牵头完成“水十条”“土十条”“气十条”各项涉水工作。简化行政审批，将建设项目水资源论证审查和取水许可申请两项行政审批合并为一项行政审批。完成10家市直管取水单位延续取水审批、4家申请单位取水许可申请批复和4个建设项目水资源论证审查工作，完成近3000条取水许可台账信息持续清理整改入库，公布全市第一批共70家取用水重点监控名录，启用水资源综合管理平台。完成年度市、区县两级取水单位计划用水管理工作。完成水资源承载能力监测评价阶段性工作。荣昌区水权制度建设试点工作进展顺利。完成2015年水资源公报、水资源管理年报编制工作。会同市发展改革委等9个部门全面推进节水型社会建设；启动50家市级机关公共机构节水型单位创建，完成了钢铁、纺织染指、造纸3个行业节水型单位建设；完成了68个工业产品用水定额复核修订工作。梁平县2015年河湖连通项目通过水利部稽查；争取璧山区、永川区2个河湖水系连通项目中央资金14000万元；年度全国重要饮用水水源地安全保障达标建设通过长江委评估；完成年度水功能区监测任务；启动河流、水库生态流量管理和数据库建设工作。

（七）水土保持

编制《重庆市水土保持规划（2015—2030

年)》《重庆市“十三五”水土保持规划》《重庆市水土保持生态文明工程创建规划(2016—2020)》《重庆市重要水源地生态清洁小流域建设规划(2016—2020)》。发布2015年水土保持公报。完成水土流失治理面积1655平方公里,其中水利系统完成520平方公里。完成水土保持方案审批685个(市级52个),水土保持设施竣工验收245个(市级32个),水土保持补偿费征收9972万元(市级3588万元),违法案件查处57个。出台《重庆市生产建设项目水土保持设施验收技术评估工作管理办法》(试行),在全国率先落实验收评估财政专项经费,通过公开招标采购8家单位建立重庆市水土保持设施验收技术评估工作名录库。水土保持信息化数据资料入库推进全国领先,生产建设项目监管示范得到长江委肯定,在长江流域监测工作会上作交流发言。启动水土保持地理信息基础数据库及信息化管理系统建设。

(八)地方电力

新增农村水电装机10.5万kW,截至2016年底,全市已成水电站1555座、装机695.83万kW,占技术可开发量(1235万kW)的56.34%,占全市电力总装机(2123万kW)的32.78%。其中,大型水电站4座、总装机315万kW,中型水电站14座、总装机127.5万kW,小型水电站1537座、总装机253.33万kW,占其技术可开发量的66.67%。基本完成重庆市中小河流水能资源开发规划编制定稿工作。启动农村小水电扶贫试点工程建设,涉及4个国家级贫困区县、装机1.424万kW,争取中央资金5670万元。24个区县启动72条河流227个增效扩容改造项目,争取中央奖励资金14770万元。协调资金2977万元,解决“十二五”小水电代燃料项目遗留问题。农村水电安全生产监管全年实现“双零”目标。完成7座电站绿色小水电建设试点工作。

(九)水利工程管理

一是抓建设管理。召开全市安全生产管理暨文明工地创建现场会,大力推行“六化”标准,引导彭水凤升等10个项目积极创建申报全国水利工程建设文明工地,合川赵家渡堤防项目荣获大禹奖。在建16座大中型水库施工现场安全视频监控系统全面投入运行。取消水利行业入域登记备案,清理和规范全市水利行业各类保证金,联合市检察院出台《重庆市水利工程建设项目在招标投标活动中运用行贿犯罪档案查询结果的规定》,强化工程建设动态信用管理,引导10余区县在水利招投标活动中运用信用评价结果。二是抓运行管理。出台《水利工程运行管理向社会力量购买服务的指导意见》,完成南岸、潼南、荣昌、垫江、忠县5个区县物业化管理试点。全面落实水库大坝安全责任制,开展运行管理督察2次、考核3次,电话抽查800余座次。印发《重庆市水库生态调度管理办法(试行)》,制定标准版本的《水库工程巡查记录》《水库工程观测记录》,有效指导基层水库管理工作开展。三是抓安全管理。修订《重庆市水利局安全生产监督管理职责规定》,推进安全生产主体责任评级,将安全生产工作纳入局机关处室、单位年度工作考核和区县水行政主管部门“禹王杯”考核并实行“一票否决”。结合汛前安全检查、高温汛期安全检查、安全生产大排查大整治行动,开展全市水利系统危险化学品安全专项整治。开展重大水利建设项目安全巡查,出台《重庆水利安全隐患识别标准》,完成水利安监信息平台建设。采取安全视频监控在线点名、“行政+专家”等措施加强重点水利工程安全管理。四是抓河道管理。完成全市2000公里河道的划界立碑。编制《重庆市重要河道采砂管理规划(2016—2020)》《长江经济带重庆市重要河道岸线保护和开发利用总体规划》。加强采砂监管,与18个区县签订委托协议,将长江重庆河段采砂许可及监管权限委托区县水行政主管部门实施。签订川渝边界采砂监管协议,严控涉河建设项目审批。配合实施九龙坡至朝天门航道整治工程。启动全面推行河长制相关工作,完成《重庆市全面推行河长制工作方案》(征求意见稿)。五是抓移民征地前期工作管理。年度争取中央后期扶持投资5.6亿元,完成后期扶持资金年度建设投资计划11.1亿元。指导11个区县完成第一、二批水库移民避险解困农村集中安置点建设任务。开展万州青龙、忠县黄钦等5座水库工程征地实物调查通告审核。完成黔江罗家堡、南川鱼枧等11座水库移民安置规划大纲审批和移民安置规划审核。推进綦江藻渡水库征地移民安置前期工作。完成南川金佛山、石柱东方红等10座水库征地补偿标准调整工作,开展长寿龙门桥、渝北苟溪桥等8座水库征地补偿标准调整相关事宜。推进秀山隘口、铜梁小北海等水库征地移民安置验收工作。大力推行水利工程征地移民与工程建设组织机构同步建设等"四个一"管理模式。

(十)城乡供水

精准实施33个区县、1919个贫困村、65.13万贫困人口饮水安全巩固提升工程,完成投资95228万元(其中中央财政投资14000万元、市级财政投资31552万元,区县财政及受益群众自筹49676万元),9955处工程全部建成投用,65.13万人全部喝上了干净水、放心水,农村供水保障水平进一步提高。同时强化水利工程蓄水,截至12月31日,全市水利工程应蓄水35.46亿立方米,实际蓄水25.22亿立方米,实际蓄水占应蓄水的71%。当前工程可供水量为20.59亿立方米,其中人畜饮水8.63亿立方米,灌溉供水7.31亿立方米,发电供水2.47亿立方米,其他供水2.18亿立方米。

(十一)水利扶贫

对14+4个贫困区县年度投入水利扶贫资金55.7亿元,超全市水利平均投入的30%;积极配合水利部扶贫工作组做好城口、巫溪、丰都、武隆四县年度定点扶贫任务。大力实施"八大工程",完成农村饮水安全巩固提升、千塘万亩特色产业支撑、小型水库水源保障工程投资4.88亿元,举办贫困户转移就业技能培训415人、水利专业技术人员培训460人,组织25批次230名技术人员进行技术帮扶,开展暑假大中专学生勤工俭学249人帮扶62.25万元。

(十二)水利改革

4座大中型和1座提水工程通过PPP方式融资6.8亿元。加快水行政管理职能转变,实现网上审批单轨运行,推行"双随机一公开"。取消水利建设市场主体入渝登记制度。市政府出台推进农业水价综合改革的实施意见;梁平等3个区县的农业水价综合改革试点、荣昌水权建设试点和全市节水型社会建设全面启动。潼南等5个区县开展水利工程物业化管理试点。荣昌以河长制为核心的全国河道体制机制创新试点取得阶段性成果。永川、璧山、梁平水生态文明试点建设有序推进;开展了合川区南溪河、丰都县包鸾河中小河流域水生态文明建设试点;荣昌区濑溪河防洪及水环境治理工程荣获"中国人居环境范例奖"。推进悦来新城海绵城市国家级试点和万州、璧山、秀山海绵城市市级试点。开展了重庆市水利风景区建设发展规划编制工作。7个区县开展了小水电扶贫试点。

二、2017年发展目标

2017年是实施水利发展改革"十三五"规划的重要一年,也是加快转变全市水利发展方式、提升全市水安全保障能力的重要一年。按照市委市政府和水利部的部署,扎实做好各项工作,全力推进全市水利跨越式发展。全年完成各类水利投资255亿元,整治2.6万口山坪塘,确保两年整治完5.3万口;全面推进观景口、金佛山2座大型水库和42座在建中型水库建设,力争新开工中型水库3座以上;实施大江大河及主要支流、中小河流治理、山洪沟防治等项目建设50处以上,推进17个大中型灌区建设,实施高效节水灌溉10万亩;大力实施农村水电扶贫工程和增效扩容改造项目,新增农村水电装机8万千瓦,治理水土流失1500平方公里(其中水利行业治理400平方公里),加快2座中型水闸除险加固,推进3座中型、完成61座小型病险水库除险加固;全面推进河长制,继续实施农村饮水安全巩固提升工程,抓好水资源管理、农业综合水价等各项改革。

(作者单位:重庆市水利局)

重庆外贸

重庆市商务委员会

2016年，重庆市商贸工作在市委市政府的坚强领导下,坚持稳中求进工作总基调,坚持新发展理念,以推进供给侧结构性改革为主线,适度扩大总需求,商贸经济运行保持在合理区间,质量和效益持续提高。2016年重庆市社会消费品零售总额7271.35亿元，比上年的6424.02亿元增长13.2%,比全国高2.8个百分点,增幅列全国第一位。按地域分,城镇6905.74亿元,乡村365.61亿元。按消费类型分，餐饮收入1026.95亿元，商品零售6244.4亿元。住宿餐饮营业额1635.8亿元，增长17.6%；商业增加值1862亿元,占全市地区生产总值比重达10.6%。

2016年,共有限额以上批发和零售贸易业、住宿和餐饮业法人企业7730个,其中批发业法人企业2501个,零售业法人企业3381个,餐饮和住宿业法人企业1848个。批发和零售贸易业企业商品销售总额23213.15亿元，比上年的19813.01亿元增长17.2%,其中限额以上企业为12762.15亿元。商品零售价格指数为101.3(以上年价格为100),居民消费价格指数为101.8(以上年价格为100)。

一、发展特点

一是商贸供给侧改革加快推进。2016年,重庆市政府先后印发《重庆市现代商贸服务业发展"十三五"规划》,出台重庆市推进十大扩消费行动工作方案和"互联网+流通"行动计划、发展战略性新兴服务业、全面推动农村电子商务发展、发挥新消费引领作用加快培育形成新供给新动力等若干政策文件，并专门就活跃二手车消费市场和加快发展生活性服务业出台实施意见。市商务委印发深化商贸流通领域供给侧结构性改革工作方案，出台促进农村生活服务业发展扩大农村服务消费的指导意见。一系列政策和配套措施的出台，营造了商贸发展良好的政策环境。

二是大进大出格局加快形成。朝天门商贸城、华南城等市场正式开业。鼓励传统商品交易市场加快平台化发展,香满园等实体、线上市场同步发展态势良好。限额以上商贸企业批发额快速增长，商品销售总额中批发额2.3万亿元，增长17.2%,其中限上企业为1.3万亿元,增长21.2%。总部结算型企业发展较快,其中唯品会销售322亿元,是上年的2.1倍;传统交易市场小幅增长,其中铠恩家具销售近150亿元,同比增长3.9%;外迁批发市场大幅放量,其中双福农贸城销售159.6亿元,增长64.6%;生产资料批发略有增长，农资公司销售48.3亿元，增长6.2%，其中商社化工销售119.1亿元，增长0.4%,中铝重庆增长9.6%。

三是零售餐饮增长势头稳定。2016年,全市社零总额中商品零售6544.4亿元,增长13%,占比达85.9%。21个大类零售商品中，除金银珠宝、电子出版物和音像制品等略有下降外,其余17类商品都实现了不同程度的增长。吃、穿类商品分别增长17.9%、10.2%。住房相关消费增长稳定,建筑及装潢材料增长22.5%,家用电器增长13%,家具类增长17.3%。通讯器材类销售畅旺,增长26.7%。汽车及石油类商品需求旺盛,分别增长18.5%、20.9%。餐饮住宿市场持续向好,绿色、大众消费活跃,成为消费主流,有力支撑全市餐饮住宿业平稳发展。2016年,全市餐饮收入突破1000亿元,达1027亿元,占社零总额比重达到14.1%,比去年提高0.2个百分点。高档餐饮住宿企业主动转型,成效显著,餐费收入逐步趋稳。全市四星级以上宾馆实现餐费收入21亿元,增长12.9%。

四是网络消费规模持续扩大。2016年,限额以上企业达到7730家，比上年净增1049家，其中无店铺零售额81.7亿元，增长68%，比有店铺高53个百分点。无店铺零售中，网上商店增长65.2%、电话购物增长51%；有店铺零售中，购物中心、仓储会员店和厂家直销中心增长32.7%，明显高于超市和大型超市增幅14.9%，百货店增幅0.8%。“互联网+流通”行动计划推进实施，全年电子商务交易额达8500亿元，增长33%。限额以上企业网上零售额246亿元，增长45.3%，比去年提高5.1个百分点。国家监测的重庆2家重点网上交易平台（香满园、西港全球购）实现交易额7.8亿元，是去年的3.8倍。农村电商全面起步，农村商品网上销售额达100亿元，增长50%，县级限额以上企业网上零售额10.1亿元，是去年的2.4倍。

五是服务消费持续升温。旅游休闲、康养家政、教育文化、体育健身等服务消费快速发展，各行业消费跨界深度融合。城市美誉度和吸引力不断提升，2016年全市接待境内外游客4.5亿人次，旅游总收入2645.2亿元，同比分别增长15.1%和17.5%，其中入境游客316.6万人次，旅游外汇收入16.9亿美元，分别增长12.1%和14.9%。休闲娱乐消费快速增长，新建影院标准持续提升。全年新增影院41家，经常性营业影院达179家，银幕1246张，银幕覆盖率每2.57万人1张，高于全国每3.4万人1张的平均水平。共放映城市电影238.7万场、观众4064.7万人次、票房12.6亿元，同比分别增长34.6%、7.9%、1.2%，其中远郊区县票房5.5亿元，占全市的43.9%，比去年提高4.5个百分点，市场覆盖度和活跃度持续扩大。

六是消费促进活动成效显著。积极策划实施春季消费促进月、消夏避暑、金秋消费、冬季促销等四季消费促进活动，渝交会、夜市文化节、火锅美食节、汽车消费节、二手车诚信消费月、家庭服务节、名特小吃美食节等消费类节庆展会活动层出不穷。渝交会展出面积13万平方米，同时举办咖啡文化节、魔幻电音集市等主题活动，接待参观人数52.1万人次，销售额2.1亿元。夜市文化节联动26个区县28条夜市，参与商家近5000户，销售收入近12.5亿元，有力助推9月社零增幅达14%，为全年单月最高。2016年全市展出总面积787.8万平方米，同比增长12.2%；创造直接收入123.3亿元，同比增长13.8%；拉动消费969.4亿元，同比增长11.6%。会展业市场化程度不断提升，全市展会活动市场化率达到90.1%。

二、市场秩序建设

完善商务监管服务平台建设，实现全市12312商务举报投诉服务全覆盖。开展商贸行业整顿，联合开展商贸行业“保护知识产权销售正版正货”承诺活动，120余家商品交易市场和大型商场参与，外滩汽摩市场、大足龙水五金市场等10个市场被国家知识产权局认定为“保护知识产权销售正版正货”诚信示范培育市场，加强酒类知识产权保护，支持重庆市酒类商品鉴定中心能力建设，建立鉴定专家和产品数据库。配合市证监局对12家要素交易市场进行风险排查，规范经营行为。完善商务诚信信息系统，推动行政审批、行政处罚“双公示”，全年录入商贸信用信息5万余条。制定出台《重庆市肉菜流通追溯体系建设推进方案》。与市工商局签订信息交换共享合作协议，促进信用信息共享共用。组织开展商务诚信示范创建活动、“放心粮”示范企业创建活动、土猪肉诚信经营示范店创建活动，共创建诚信示范企业200多家，示范门店800多个。开展粮食监督检查，查处违法经营涉粮案件31件；持续开展酒类流通执法检查，查扣涉嫌假冒和侵权酒300多瓶，涉案金额10多万元，现场销毁假冒酒100余瓶，行政处罚11件，罚款24640元；开展酒类商品鉴定116人次，400余瓶，价值10万余元。

三、市场体系建设

推进产业跨界融合，支持引导一批批发、零售、餐饮住宿及居民服务业企业线上线下一体化发展。编制完成《重庆中央商务区产业发展规划》《重庆中央商务区产业发展协调工作机制》，引进美国史带集团、工银安盛人寿等世界500强企业93家。推进城市核心商圈功能提升和业态优化，全市100亿级商圈达到12个，纳入统计的22个商圈集聚全市消费总量的46.5%。南坪、观音桥、三峡广场等智慧商圈建成投用。推进夜市经济打造，市级夜市街区达到20条。抓好乡镇、社区商业设施建设，创建商贸强镇12个，新建社区商业设施113处、便民商圈42个、便民超市64个，支持建设110个农产品产地集配中心和23个城区菜市场。优化市场布局，引导富余产能向外环和远郊区县转移，加快大型商品市场搬迁调整，大都市区二环六大市场集群初具规模，百亿级市场达到13个。促进传统商业场馆转型发展，将艺术展馆、休闲运动、主题咖啡、VR等新兴体验业态引进购物中心、专业卖场、百货店，推动传统商业"一买一卖"模式向体验中心、生活中心、社交平台转型。

四、流通业发展

制定《重庆城市核心商圈建设规范》，成为全国第一个商业街地方建设标准。制定《重庆市公共配送中心建设管理规范》和《重庆市共同配送企业服务质量规范》，出台托盘循环共用体系建设实施方案和标准化仓储建设等文件，引导企业使用标准托盘。发挥试点企业示范带动作用，全市69家企业生产、使用标准托盘88万张，标准托盘化率45.4%，提高了物流效率。编制完成《渝菜标准体系》《渝菜术语和定义》及回锅肉等44个渝菜烹饪技术规范等地方标准，提升了行业标准化、规范化水平。2016年重庆市拍卖行业拍卖场次4916次，同比增长76.4%；拍卖成交额87.9亿元，同比下降47.2%；佣金额3424.6万元，同比下降11.6%；营业税金及附加144.2万元，同比减少39.5%。典当行业全年累计发放贷款总额24.20亿元，同比下降22.63%；营业收入0.99亿元，同比减少17.48%；累计上交税金1094.3万元，同比减少40.39%。全面取消收取散装水泥专项资金，切实降低企业运行成本，2016年，重庆市散装水泥供应量2954.89万吨，比上年减少2.14%。形成了以社区回收站点为基础，分拣中心为纽带，基地(集散市场)为核心，点面结合、三位一体的再生资源回收网络体系，全市已建成"七统一、一规范"的再生资源回收站(点)9190个、建设分拣中心37个、在建和已营再生资源交易市场6个、再生资源基地或产业(工业)园区5个、旧货市场13个。2016年再生资源回收641万吨，同比略有回升；销售593.7万吨，同比上升8%；就业人数8万人，与去年减少2000多人。

五、市场运行和消费促进

促销工作成效显著。开展核心商圈、商贸企业、夜市经济等主题活动促进消费，主城十大商圈春季联动促销活动开展各类促销活动50余场次，参与商户上千家，拉动社零增长近100亿元。观音桥、南坪、杨家坪、三峡广场、大坪等商圈社零增长达10%以上，江津、合川、永川、綦江、璧山等商圈社零增长均在20%以上。开展绿色商场示范创建，龙湖时代天街、万州万达广场、巴南万达广场被认定为首批全国绿色商场，创建数量居全国各省市之首。

重庆海关

重庆市海关

2016年，重庆海关税收全年实际入库128.83亿元，同比增长(下同)14.62%；全年监管货运量711.7万吨、货值489.3亿美元，监管进出境人员数259.6万人次；全年立案查办案件344起、案值7.83亿元，同比分别增长6.17%、165%。全年，重庆市外贸进出口总值4115.1亿元，排名全国第11位，居西部地区第1位，呈现逐季回稳向好态势。

2016年，重庆海关主动融入“一带一路”和长江经济带发展战略，围绕推动落实重庆市内陆开放高地建设“十三五”规划，着重从以下七个方面，全力支持重庆建设“一枢纽两高地”：

一、及时推出系列服务举措

面对严峻的外贸形势，我关认真贯彻国务院、海关总署以及市委市政府的决策部署，及时推出支持重庆外贸回稳向好“23+15”项服务举措。坚持以问题和需求为导向，主要领导亲自带队到2个特殊监管区域、4个区县和各口岸开展调研，与13个区县党政座谈，与94家外贸企业面对面恳谈，听取意见建议，共商止滑对策，累计收集地方政府和企业意见建议93条，办理答复52条，因企施策、靶向服务。

二、全力促进自贸试验区和中新项目建设

主动加强与海关总署沟通协调，确保重庆自贸试验区顺利获批。获批后，主动配合地方完成《中国(重庆)自由贸易试验区总体方案》的编制，主要领导亲自带队赴广东、上海学习借鉴自贸试验区规划建设尤其是监管制度创新的经验做法，及时研究上报了海关支持自贸试验区建设措施建议以及监管改革方案。积极促进中新项目建设发展，协助出台交通物流专题发展规划，开辟13条国际新航线，支持开展铁空、铁海联运以及外籍航空器在境内续驶段混载业务，研究提出拟争取海关总署支持中新项目发展的14项举措，为该项目发展争取更大的政策空间。

三、积极支持完善开放功能

主动协调海关总署，密切跟踪江津、涪陵综保区审批进展，目前江津综保区已获批。促成重庆成为西部地区唯一同时获批选择性征收关税和企业增值税一般纳税人资格“双试点”城市，并相继在西永综保区启动试点。全力支持3个保税物流中心的建设发展，铁路保税物流中心(B型)已投入运营，南彭保税物流中心(B型)已通过正式验收。积极推动江北机场新航站、龙头寺邮政中心、果园港等监管设施的规划建设。加快推进黔江海关筹建工作，力促重庆全域开放。

四、支持发展外贸新兴业态

积极支持发展跨境电商，顺利切换统一版信息化系统，确保零售进口税收新政顺利落地、平稳过渡，全年验放电商进口清单781.2万票、货值20.24亿元人民币，同比分别增长1.35倍、1.57倍。积极支持渝新欧常态运行，协助开通整车回程专列，支持完成全路段运邮测试和回程运输药品测试，全年渝新欧班列经阿拉山口、霍尔果斯、二连浩特等口岸共开行班列413趟次、承运集装箱34456标箱、货值约26.56亿美元，同比分别增长62.6%、60.74%、45.96%。积极支持培育保税展示交易，按照“中心+延展”的建设思路，配合地方合理规划布局保税展示交易延展平台，将视频信息嵌入海关业务管理，全年累计实现销售额突破1.17亿元人民币。积极支持贸易多元化试点，量身定做“分类、分卡、分堆、分

册、一平台”监管新模式，运行一年多来入驻企业已增加至700家，除传统业态外，已形成保税展示交易、转口贸易、集散分拨、平行进口、融资租赁等多元业态。凭借贸易功能区政策优势，依托渝新欧班列，目前已完成进出口1.7万多吨、货值9.52亿元人民币的咖啡豆转口贸易。

五、全面深化监管通关改革

全力推进“三互”大通关建设，实现了关检“一次申报”统一版系统独立运行，“一次查验”率达到100%；积极推进重庆国际贸易“单一窗口”建设，协助编制建设方案、实施框架，支持搭建平台系统。主动承接全国通关一体化改革，通关时效大幅提升，进、出口通关时间分别为15.8小时、1.15小时，分别较全国平均水平快9.33小时、0.65小时；深化通关作业全程无纸化改革，报关单无纸化率保持在95%以上。积极推进接单审核一体化改革，目前关区人工接单集中度达到90%左右，既整合了海关人力资源，又提升了执法统一性。全力推进审核备案一体化改革，搭建网上办事大厅并开发在线视频面洽系统和移动APP，让“数据多跑腿、企业少跑路”，依托“互联网+无纸化通关”，使企业足不出户即可办理海关业务，实现“现场受理、集中审核”，降低了企业通关成本。大力推行智能化备案，海关特殊监管区域内企业实现以授权管理代替核批管理，系统自动审核率达到95%，大幅减少分送集报备案作业及随附单证审核量，平均每年可为企业节约成本上万元。推动加贸废料交易平台上线运行，协助地方制定加贸废料管理办法和交易规则，搭建废料交易平台，自6月15日上线以来，成交总额2200万元，平均溢价率54.7%，最高溢价率为66%，每个加贸企业年均节约成本数万元。

六、着力营造良好营商环境

帮助企业减负增效，取消和下放14项行政审批事项，停止暂时进出境核准行政审批，清理、规范和优化192项内部核批、117项行政裁量权。全面停止收取“报关行管理系统”租赁费和运维费等收费项目，免费开放报关单预录入系统。加快部署H986非侵入式检查设备，配合推进免除查验没有问题货物相关费用政策落地。引导企业守法便利，支持3家渝企顺利通过西部首批中美C-TPAT认证，目前关区AEO企业数量已增至53家。加强虚假贸易管控，实时监测贸易数据，开发企业注册备案风险分析比对系统，开展实地巡查和核实取证，与地方相关部门建立了联防联控机制，有力遏制了虚假贸易发展势头。支持地方用好减免税政策，全年累计为重庆审批减免税4.78亿元。

七、全力维护对外贸易秩序

始终保持打击走私高压态势，深化反走私综合治理，组织开展“国门利剑2016”“国门雷霆”“国门勇士”等一系列联合专项行动。全年立案查办走私违法违规案件344起，案值7.83亿元，涉税2167.66万元，其中刑事立案31起、同比增长72.22%，被总署列为一、二级挂牌督办案件3起，连续破获“1616”走私冻品案、“1601”走私武器弹药系列案件和“0305”涉嫌走私大米案等系列大要案，得到公安部领导、市领导5次批示肯定，中央电视台连续4次进行了宣传报道。

城乡规划

黄 鸥

2016年，是全市规划系统深入贯彻落实中央城市工作会议精神、全面实施“十三五”规划的开局之年。一年来，全市城乡规划工作紧扣党中央、国务院以及市委、市政府各项决策部署，按照市规委会第三次、第四次会议要求，不断完善空间规划体系，不断完善覆盖全市的规划管理体制机制，不断完善违规必纠的刚性约束体系，不断完善保障有力的基础支撑体系，较好地促进了统筹城乡发展的国家中心城市建设、城市综合承载能力提升和城乡人居环境改善，较好地服务了经济社会平稳健康发展和民生持续改善。重点抓了六个方面工作：

一、强化规划战略引导，不断完善空间规划体系

（一）优化城镇空间功能布局

积极对接新一轮全国城镇体系规划编制，按照住建部要求完成人均用地、对外通道、航运中心、航空枢纽、宜居指标等系列研究并提交建议报告，争取对我市最有利的定位和支持。深化落实《重庆大都市区规划》，指导12个区城乡总体规划编制，加快形成一心多极网络状、高度一体化的空间结构。开展重庆与周边协同发展研究、重庆建设自贸区的规划对策和重庆在全国铁路大交通格局中的地位、重庆产业的门类与分布特征等一批研究，加强重庆融入国家战略的规划响应，推动成渝城市群发展规划落地，构建开放型区域合作体系，在扩大开放中拓展发展新空间。

（二）深入推进规划全覆盖工作

全市37个相关部门、40个区县（含两江、万盛）按计划推进近2000项规划编制。市级层面60项（类）规划编制任务中，获批实施25项、形成方案待批33项（类）；各远郊区县累计开展1767项规划，其中获批实施895项、完成审查在批544项、形成方案待审300项、按计划在编28项。实现主城区控规、远郊区县城乡总体规划、城市总体规划、区县城规划区控规，以及全市镇规划、乡规划全覆盖。完成村域现状分析及规划指引4776个，形成村规划和村建设规划成果814个，基本完成有集中居住可能的村规划编制区60%、县50%的既定目标。市规划局等相关部门重点推进了全市近期建设规划、市域基础设施规划、市域美丽山水城市规划，以及主城区社区布点、地下空间、综合管廊、应急避难、危化品布局等一批专业专项规划，专业专项规划完成率达到90%以上。在抓好规划编制的同时，注重城乡规划对各类专业专项规划涉及空间布局与土地利用内容的统筹协调、综合平衡，完善审查报批、纳入法定规划等机制，确保落地法定化，初步构建起统一衔接、功能互补、相互协调的空间规划体系。

（三）完成主城区“多规合一”试点

利用规划大数据，叠合城乡规划、国土利用规划和生态类规划，完成约20万块差异图斑比对协调，盘活191平方公里城镇建设用地指标；同时立足城乡规划、国土规划以及生态规划“多图合一”，确定主城区城市开发建设控制线及建设用地增长边界，实现主城区城乡规划、国土规划、生态规划“一张图”，增强了空间布局的协调性和科学性，在盘活土地资源、增强规划刚性、提高工作效能、节约社会成本、建立协调机制、搭建数据共享平台等方面取得积极成效。按照主城区“多规合一”模式，同步推进了永川、长寿、梁平三区“多规合一”试点，取得阶段性成果。

（四）加强交通规划编制

加强市域综合交通体系构建，整合完成《重庆市“十三五”综合交通建设规划》，深化《重庆

市铁路枢纽总图规划》《重庆市中长期铁路网规划》落地，推进《重庆铁路东环线相关铁路站点交通衔接预控规划》《重庆市重点港区(果园港、珞璜港)集疏运系统预控规划》等编制，对近中期实施的重要铁路、港口码头等进行预研预控，进一步增强互联互通建设的配套性。深入推进大都市区交通一体化规划编制，编制《重庆大都市区轨道交通一体化暨都市快轨规划》《重庆大都市区道路网一体化规划》，进一步加强主城区及各城区轨道交通、城市道路和周边公路的衔接，提升大都市区互联互通能力，为加快大都市区交通一体化提供支撑。着力构建主城区内畅外联的城市交通体系，完成《主城区内外环之间高、快速连接通道优化规划》《主城区道路红线规划》《主城区停车专项规划》《主城区道路保通保畅近期建设规划》等规划，开展《主城区交通换乘枢纽(含轨道站点)预控规划》《主城区轨道交通线网规划》修编，完善城市轨道系统，积极缓解交通拥堵，实现轨道设施与城镇空间布局的融合发展，保障轨道设施的顺利落地和城市的有序拓展。

二、加强城乡规划实施管理，不断提升城市综合品质

(一)做好美丽山水城市规划

开展《市域美丽山水规划》，梳理市域山水资源特质和各类生态保护空间，构建市域美丽山水格局，划定空间管控分区，确立保护利用对象和管控要素，提出管控措施，统筹协调城镇、乡村、基础设施建设与山水绿资源保护的关系，筑牢全市绿色发展本底，促进城乡建设与生态保护的协调共生，彰显重庆大山大水大生态特色。分区落实《主城区美丽山水城市规划》，确保山系、水系、绿系空间落地，塑造优美的城市山脊线、水际线、天际线，打造山清水秀美丽之城。开展《主城区四山生态休闲游憩规划》，优化调整“四山”管制区边界，突出生态本底的保护，兼顾休闲游憩功能，促进保护与休闲游憩功能的协调。

(二)认真开展“城市双修”规划的编制

按照住建部关于做好“城市双修”工作要求，对主城区城市未建成区，编制完成《主城区街道社区综合服务中心布点规划》，统筹511个社区综合服务中心、84个街道综合服务中心的选址布点、用地预控及配建标准等，推进“10分钟社区生活服务圈、20分钟街道公共服务圈”规划建设，同步开展实施层面的政策制定，优化各片区公共服务空间布局；对城市老旧居住区，完成主城区城市更新规划试点，形成《主城区城市更新专项规划工作规程》，划定主城区城市更新片区及城市更新单元，梳理旧居住区、旧商住混合区、旧独立产业功能区三种类型，对应提出零星拆迁、功能改变、综合整治等更新模式，启动城市更新政策法规和技术标准制定，着力做好城市功能修补。生态修复方面，开展《主城区海绵城市专项规划》，优化规划编制体系和指标体系，探索构建具有重庆山地特色的立体海绵系统。统筹完成《“两江四岸”消落区综合治理方案》，促进生态空间和滨水空间生态修复，塑造城市特色亲水风貌。推进防洪设施及通道布局规划、岸线利用规划等落地。

(三)加强城市设计和风貌管理

完成城市设计框架构建，建立主城区总体层面、重要区域、重要地段“三级城市设计体系”。开展主城区城市风貌总体设计，突出“一核两轴两带多点”风貌体系并提出管控原则。完成落地性城市设计试点并向区县推广，完成两江礼嘉滨水地区、渝中区金汤街等10处、8平方公里的重要区域、重要地段城市设计，“城市设计+控规”的双控管理机制在全国住建系统作为经验推广。进一步深化主城区城市空间形态管理办法，落实重点管控区项目多方案比选、特别管控区重要项目方案征集的工作要求，将形态管理要求纳入土地招拍挂出让条件，建立完善空间形态管理的制度、机制。

(四)加强历史文化保护利用

成立市名城委及名城保护专家咨询委员会，召开了市名城委第一次会议。按照名城委第

一次会议要求，扎实推进十八梯等5个传统风貌街区的保护修缮利用工作，市政府建立联席会议制度并召开第一次联席会议，出台《主城区传统风貌街区保护修缮利用的实施意见》，明确规划设计、业态运营、营造实施等工作重点，同步建立技术指导、信息通报、督察督办等工作机制，各区按照2017年10月首开区建成的目标加速项目推进。完成《重庆历史文化名城名镇名村"十三五"保护建设规划》，明确未来五年全市名城保护工作的方向及框架，同时策划沙坪坝磁器口、北碚金刚碑、潼南双江等一批保护项目并获列《国家历史文化名城"十三五"规划》。深化《重庆市主城区传统风貌保护与利用规划》落地实施。实现全市历史文化名城名镇名村保护规划全覆盖，全面推进完成43个历史文化名镇、5个历史文化街区、1个中国历史文化名村、16个传统风貌区（带）保护规划编制。完成全市首批176处、9类优秀历史建筑调查评定，加快推进历史文化资源信息库建设，真正将历史文化与现代都市文化、生产生活方式有机结合，把历史文脉与城乡风貌有机融合，提升城市形象品位。

（五）科学规划布局城市功能设施

开展《主城区地下空间专项规划》，深化总体指标控制，建立完善地下空间利用体系，加强重点片区规划引导。完成《主城区地下综合管廊规划》，开展《主城区地下管网综合规划》，建立市政管线规划管理与地下管网规划管理信息库协调更新机制，深化各类市政规划整合落地。完成全市危化品现状及规划情况清理，开展《主城区大型危化品仓储基地规划》，提出成品油仓储用地设置布局预控措施。完成主城区水、电、气、讯、防洪、环卫、水利、公交等18项专业规划编制，统筹平衡到控规中，对用地边界与控规、道路红线有矛盾的部分进行协调，保障顺利落地。完成728座变电站、1108座通信设施、187座给水设施、56座排水设施、158座燃气设施、272座环卫设施、205座水库的布局选址及落地预控。

三、强化规划法治建设，不断加强规划刚性约束

（一）完善规划法规标准体系

完成《重庆市城乡规划条例》修订，新《条例》既深入贯彻落实了党中央、国务院关于规划改革的相关精神，又对我市管理实践中探索出的一些好经验和好做法进行了规范与固化，具体从规划法定地位确定、强制性内容修改、人大监督、违反规划责任追究、规划实施情况督察审计、严格自由裁量等方面进行系统规范。开展了新《条例》的宣贯和执行的各项准备，以及现行规章、规范性文件的修改对接等工作。开展《历史文化名城名镇名村保护条例》预备立法准备和《重庆市城市规划管理技术规定》修订论证。市政府出台《关于进一步加强主城区控制性详细规划修改等规划管理工作的通知》，进一步严格控规修改，简化控规正向修改程序。会同市国土房管局出台《关于村建设规划编制工作的指导意见》，全面规范指导村规划编制工作。完成《重庆市综合管廊规划导则》等一批技术导则、指引的编制和修订。完成市政规划管理、建筑规划管理、规划监察执法等工作规程编制，确保与新《条例》无缝衔接、同步执行。新《条例》修订完成后，制定近期规划立法计划，启动城市更新、城市设计、地下空间规划管理等一批立法准备，确保相关规划创新实践于法有据。

（二）推进城乡规划督察考核全覆盖

按照住建部要求，全面加强规划督察工作，通过日常巡查、专项督察、专案督察、卫片遥感解译、无人机航拍比对、现场抽件等方式，实时发现问题并督促整改，力保城乡规划的严肃性和连续性。组成3个小组分赴30个远郊区县开展集中督察，累计发现5个方面、17项问题并督促区县进行整改，强化督察结果运用，预防不按法定程序随意干预和变更规划的行为。按市委、市政府部署，对巫山、奉节等库区老建成区重点管制区的规划控制执行情况进行了专项督察，落实"非公益性项目不落地，库区生态得保障"要求。坚持日常督察与年终考核相结合，继续将城乡规划工作纳入全市区县的经济社会发展实绩考核，制定目标任务考核细则及实绩考核工作规程，实现对区县差异化考核。完善城乡规划遥感监测督察系统，实现疑似图斑实时发现、反馈与办理。完成区县规划电子政务平台升级，建立覆盖全市的阳光督察平台和服务评价系统，对规划编制、规划审批、规划核实全流程进行电子督察。

(三)加强违法建筑整治工作

主城区违法建筑整治体制机制得到巩固，创新在建违法建筑有奖举报制度，强化台账比对和日常考核，运用无人机巡查、卫片检查等新技术，主城区实现新增违法建设快速发现、有效遏制。加强对挂牌督办案件、连片整治任务的督察考核，并对考核结果实行月通报、季排名，逐步消化存量违法建筑。在理顺主城区体制机制基础上，市政府出台《关于进一步加强违法建筑整治工作的通知》，违法建筑整治工作由主城区推进到全市，不仅实现了全市违法建筑整治工作“一盘棋”，而且强化了各区县违法建筑整治的组织领导和责任落实，建立完善全市三级处置、四级巡查发现报告机制，形成违法建筑整治工作合力。对全市违法建筑总量按区县进行全面摸底，制定实施全市违法建筑五年整治计划和年度计划，广泛开展巡查调研，定期召开全市违法建筑整治工作会议和调度会议，适时召开区县指挥办主任会议，督促区县将整治工作落到实处。2016年，全市共消除新增违法建筑77.50万平方米，整治存量违法建筑690.93万平方米。2016年底，住建部违法建筑整治专项督察组对我市违法建筑整治工作给予充分肯定。

四、完善规划管理体制机制，不断提升管理服务效能

(一)提升行政审批水平和效率

加快推进规划领域“放管服”改革，落实《重庆市网上行政审批改革实施方案》要求，开展网上审批系统融入等工作。进一步简政放权、再造流程、提升效能，协调消防、园林、文物相关市级部门，优化并联审批工作机制。开展用地条件细化研究，将城市空间形态、建筑风貌、色彩控制等城市设计要素纳入用地条件函，提高规划审批效能。2016年，全市核发建设项目选址6448.90公顷，同比增长74.50%；用地许可10143.63公顷，同比增长8.51%；建筑方案审查11398.61万平方米，同比下降16.14%；建筑工程规划许可10353.72万平方米，同比下降7.51%；规划竣工核实9347.89万平方米，同比下降9.64%。其中，主城区核发建设项目选址911.91公顷，同比增长39.79%；用地许可3527.20公顷，同比增长5.75%；建筑方案审查5800.08万平方米，同比下降17.16%；建筑工程规划许可5662.33万平方米，同比下降2.22%；规划竣工核实4906.28万平方米，同比下降12.81%。

(二)提高规划服务发展水平

完成主城区职住平衡(产城融合)研究，分片区、分组团、分重要单元提出规划指引，引导城市空间均衡、功能均衡、用地均衡，构建以产兴城、以城聚产、产城联动、融合发展的新格局。开展互联网发展对城市功能及各类建筑影响研究，为新兴产业发展和新的经济增长点落地预控空间，增强城市规划引导服务发展新动向的能力。完成居住用地布局研究、商业商务量规模研究等研究，推动商品房库存化解，完善低端有保障、中端有市场、高端有约束的住房供应体系，切实保障供给侧改革在规划领域的落实。

(三)提高区县规划工作水平

加强对区县规划工作的指导，指导万州、涪陵等17个区县完成城乡总规编制。完成綦江、垫江等12项区县的总体城市设计或详细城市设计，提升区县重要地区城市品质。优聘强聘31个区县首席规划师，参与重大城乡规划及重大项目咨询720余次，开展20余次集体咨询活动，被中国城市规划学会评价为“全国规划技术支持区县与规划管理相结合的典范”。探索建立村规划与村土地利用规划共同编制机制，推动村规划层面的“两规合一”，指导万州、开州、武隆等区县参与住建部村庄规划试点，完成一大批村建设规划，促进美丽乡村建设。开展2016年度区县优秀规

划设计及实施项目评选，指导区县提高镇乡村规划、公共设施规划等设计与实施水平。

五、加强规划支撑体系建设，不断提高规划信息化和大数据运用水平

（一）积极推进规划大数据平台建设

市政府与国家测绘地理信息局签订《时空信息大数据服务发展战略合作协议》，促进全市大数据产业发展。初步建成服务全市的综合市情系统，形成包括5个大类、39个一级类、172个二级类、1690个小类的信息分类，整合叠加350个专题、1383个图层的地表数据、规划数据、经济社会数据和城市运行数据，研发决策支持系统和应用系统，实现19个部门数据资源共享整合，初步解决市级相关部门与地理空间数据相关的信息孤岛问题。基本建成主城区城乡规划综合数据库，利用规划全覆盖和“多规合一”成果，整合叠加各类规划数据、影响数据、实施数据，涵盖1300余个空间专题图层，实现主城区空间范围城乡规划“一张图”管理。升级交通决策支持系统，建成重庆人口活动、车辆运行、道路运行、公共交通运行四大监测预警系统和道路、轨道、公交三类预测仿真系统，全面掌握交通供给、需求及运行情况，科学分析交通规划实施、交通运行问题，提出决策建议。同时，以大数据为支撑，开展规划研究、规划编制、规划实施管理，以及城市运行、城市规划实施情况的全程跟踪评估研究，为规划水平全面提升打下基础。

（二）全力推进地下管线普查和地理国情普查专项工作

提前完成地下管线基础信息普查任务，普查长度共计67857公里，全面摸清我市地下管线“家底”。完成隐患排查13253处，整治完成99%，为经济社会发展提供了安全保障。制定地下管线综合管理系统使用、数据更新等办法，完成全市、主城区、远郊区县三级地下管线数据库和综合管理信息系统的开发建设与服务规划编制和规划审批管理。完成我市第一次地理国情普查，形成了数据、系统、图件、报告等系列成果，完成地表资源分布与利用、城乡统筹等6个专题综合统计分析，编制了《重庆市地理国情统计公报》《重庆市地理国情普查图集》。积极构建国情监测技术标准体系，完成两江新区建设变化监测试点，推进城乡规划实施、资源环境变化等常态化地理国情监测。

（三）加强规划测绘基础数据支撑

以市政府办公厅名义编制印发《重庆市测绘地理信息发展“十三五”规划》。推进全市连续运行基准站网整合及全市“一张网”管理，初步建成北斗卫星测绘基准体系。完成全市域航天影像采集8.24万平方公里，无人机低空航摄影像采集2300平方公里，优于0.5米的高分影像采集1.72万平方公里。完成45000平方公里的1:10000地形图更新编制工作，组织推进主城区1:500地形图动态更新和区县乡镇1:2000、1:500地形图采集更新。完成智慧重庆时空信息云平台建设试点，推进智慧重庆公共信息平台建设，支撑保障智慧两江、智慧渝中、智慧江北、智慧南岸、智慧合川和智慧长寿等智慧城市项目。

（四）完善地理信息服务

成功承办国家测绘地理信息局、市政府联合主办的“8·29”全国测绘法宣传日主场活动，被中央、地方媒体报道133篇次，获得部市领导高度肯定。出版发行《重庆市交通旅游地图集》。推进编制《重庆抗战地图集》《重庆历史地图集·第二卷》，积极宣传重庆城市历史文化。打造“爱尚重庆”“地理文化”等测绘地理信息众创空间。发布高品质“每周一图”48期，“每周一图”团队荣膺全国第二届感动测绘人物。开展编制“公益地图　智绘重庆”，集成各区域便民地图。举办“美丽中国”（重庆赛区）第三届全国国家版图知识竞赛、重庆少儿手绘地图大赛等活动。

六、全面落实从严治党要求，不断加强规划系统党的建设和队伍建设

（一）扎实开展“两学一做”学习教育

局党组召开16次中心组集中学习，认真学习党章党规和习近平总书记系列重要讲话。全

体党组成员带头上党课，全局实现各级党员领导干部党课全覆盖。局系统各基层党委(支部)认真落实“三会一课”,每周五定期安排集中学习。创新开展专题学习、主题党课、知识测验、走访调研、整改台账、民主评议等“六个一”专项活动，推动学习教育深入开展。依托“经纬大讲堂”,组织举办7次专题辅导报告讲座,创建一批学习型党组织、学习型党员、优秀学习品牌。通过深入学习教育，全市规划系统党员干部职工“四个意识”特别是核心意识、看齐意识进一步增强，始终同以习近平同志为核心的党中央保持高度一致。

(二)全面落实从严治党责任

成立局党建工作领导小组，强化局党组对落实全面从严治党责任的统筹领导，突出党建工作的核心地位和领导作用。制定年度党建工作要点、年度党风廉政建设工作要点,并将党建工作纳入到全局年度重点工作内进行督促考核。每季度召开党风廉政建设联席会议,规范党风廉政建设“三本台账”,深化廉政风险防控工作方案,加强内部审计,具有规划系统特色的教育、监督、制度“三位一体”预防腐败体系不断完善。建立党委(支部)书记述职、党员大会评议制度，完善局领导督促检查分管单位党风廉政建设制度,严格落实“一岗双责”。

(三)不断加强队伍建设

积极引进优秀规划测绘人才，充实干部队伍力量，规划行政管理人员队伍结构更加科学合理。把领导干部上讲台作为加强干部队伍建设的重要途径,组织局领导、机关处长到区县、直属单位讲课。选派优秀干部参加中组部、国家行政学院、住建部、国家测绘局、市委党校等组织的各类专题培训班，有效提升干部职工的综合素质。围绕城乡规划法律法规知识、新农村规划编制、规划建设等专题,通过集中培训、分散学习、实践锻炼等形式开展规划业务专题培训,组织区县规划系统1000余人次参加培训,提高区县工作人员素质和能力水平。加强专业人才培养,人才效益进一步显现,新增“重庆市城市交通大数据分析与应用工程技术研究中心”科技创新平台,成功申报院士专家工作站,多位同志获国务院特殊津贴、全国五一劳动奖章、全市有突出贡献的中青年专家等荣誉。

(作者单位:重庆市规划局)

食品药品监督管理

王 盈

2016年重庆局全系统干部职工恪尽职守、奋力拼搏,各项工作成效显著,监管事业迈上了新台阶，人民群众的食品药品安全获得感不断提升。先后接受全国人大常委会、市人大常委会食品安全法执法检查，全国人大常委会执法检查组组长、全国人大常委会副委员长艾力更·依明巴海对我市食品安全工作给予高度评价。2016年食品安全和药品安全工作考核均获得全国第一名。

2016年,全市办理“四品一械”一般程序处罚案件8625件,罚没1.2亿元;食品药品安全违法犯罪刑事立案292起，抓获犯罪嫌疑人343人,刑事拘留189人,起诉215人,涉案金额7.9亿元;对地产食品药品开展全覆盖抽检4.5万批次,检出不合格产品1200余批次;完成食品快检3.4万批次,检出农兽药残留、重金属等指标异常的食品1359批次;“12331”热线共受理投诉举报10367件,按时办结率保持100%,兑现举报奖金额是上年的5倍。

一、监管法治水平稳步提升

出台《重庆市食品生产加工小作坊和食品

摊贩管理条例》。按照依法监管和规范发展并重的原则，明确了食品小作坊和食品摊贩的禁止行为和生产经营基本要求，对食品生产加工小作坊实行登记管理并对其场所设施、卫生管理、包装标识等作出明确规定，对食品摊贩实行备案管理并要求在集中场所和确定时段从事经营活动，形成了市政部门负责食品摊贩集中经营布点规划，监管部门在布点区域内实施准入和监管的新格局，以法治思维和法治方式破解了这一与群众关系紧密的消费领域的监管难题，填补了我市立法上的"空白"。

建立"四位一体"打击食品药品安全违法犯罪常态机制。与市公安局、市检察院、市高法院联合出台《重庆市食品药品行政执法与刑事司法衔接工作办法实施细则》,检察院、法院积极支持监管部门和公安机关加大对食品药品违法犯罪的打击力度，形成了行政执法与刑事司法之间闭合的双向案件移送机制，确保监管部门在日常监管中发现的涉嫌犯罪的案件及时移送司法机关、司法机关侦办过程中发现的未构成犯罪的违法案件及时移送监管部门、司法机关在侦查案件中查清食品药品流向的及时通报监管部门依法处理。通过深化行警、行检、行法衔接，铸就联合打击食品药品安全违法犯罪的利剑，全年食品药品安全违法犯罪刑事立案292起,抓获犯罪嫌疑人343人,刑事拘留189人,起诉215人,涉案金额7.9亿元。

完善监管部门无缝衔接机制。与市农委签署《关于加强食用农产品质量安全全过程监管合作协议》,制定《关于地产食用农产品产地准出和市场准入的意见》,与重庆海关、重庆检验检疫局签署《加强进口食品及口岸食品安全无缝监管合作备忘录》,全面构建起地产食用农产品产地准出和市场准入无缝衔接、市外食用农产品进入重庆市场的市场准入、进口食用农产品进口和国内市场准入无缝衔接的机制，相关监管部门信息互换、执法互助、案件互移、职能互补,形成强大的执法合力,消除了监管"盲区"和"空白点"。监管部门无缝衔接和"四位一体"行刑衔接机制共同构筑起我市打击食品药品安全违法犯罪的"天网"。

加大信息公开和普法宣传力度。全市食品药品监管系统官网全年主动公开政府信息6.5万条,做到了应公开尽公开。发布食品抽检信息22期18879批次、行政许可信息29731条、行政处罚案件信息10772条，对违法违规企业和不合格产品，充分发挥市场惩戒作用，让社会监督,让市场倒逼,让消费者抵制。深入开展食品安全宣传周、药品安全月等活动,联合电视台制播《食品药品安全播报》电视专题片3期,开通全市食品药品监管系统政务微信公众号和头条号,发布相关信息1300余条,点击量达500万人次;培训食品药品从业人员5.8万人次,多层次、多渠道开展普法和科普知识宣传，生产经营者诚信守法意识、公众食品药品安全意识和认知水平逐步提高。

二、重点改革顺利推进

构建以风险管理为核心的预防性管理模式。对地产食品药品开展全覆盖抽检4.5万批次,检出不合格产品1200余批次;完成食品快检3.4万批次,检出农兽药残留、重金属等指标异常的食品1359批次;针对非法添加非食用物质、掺杂使假、土壤及生产过程污染、违规使用农兽药等较普遍或带有"潜规则"性质的问题,开展专项监测23项3083批次，检出问题食品79批次。通过抽验、快检、认证、稽查、舆情监测、投诉举报等渠道收集及相关监管部门报送,全年共收集风险信息3万余条，由市食品安全专家委员会按照食品生产企业质量安全风险分级管理办法进行分析研判,制定风险清单,根据不同的风险等级分别由市、区县、镇街三级监管机构落实分级管理。对发现的风险隐患,及时开展风险交流，主动约谈有关食品行业协会和企业30余次，及时向行业协会及社会公众发布预警3次,向相关监管部门发布预警9次。为强化风险管理的科技支撑，我局与中国食药检院签署了合作备忘录,与西南大学、重庆医科大学、市疾控中心、重庆检验检疫局技术中心等单位合作共建联合实验室，开展食品安全风险检验检测技术攻关；联合市卫计委、市科委向有关检验机构和高校下达15项食品安全标准跟踪评价和标准制修订项目，大力推进食品安全标准提档升级。标外检验检测技术在风险管理、舆情应对中发挥了积极作用，如针对群众关心的“蓝光猪肉”、江津老白干抽检发现含氰化物等问题，在没有现成检测标准和方法的情况下，及时组织动检、疾控、食品检测等方面的专家联合攻关，查找到了猪肉发光、白酒含氰化物的原因，科学回答了群众疑问，对处置工作提供了技术支撑。

创新开展处方工艺变更清理备案。针对药品生产企业由于技术更新在生产过程中对处方工艺进行了调整变更而未及时申报，客观上造成药品生产企业违反《药品管理法》而监管部门监管缺位的情况，我局创新性地开展了药品处方工艺变更清理备案工作，主动为企业的技术进步承担责任。在要求企业对申报材料的真实性作出承诺的基础上，组织专家开展审查，对不影响药品内在质量的处方工艺变更予以备案；对改变或可能改变药品内在质量的变更，要求企业向总局申报。目前我市已有30家药品生产企业提交备案申请380余件，予以备案91件，为企业解开了“一查就被处罚”的困局。这一创新举措已被国家总局作为今年的一项重点工作向全国推开。

推进药品医疗器械审评审批制度改革。市政府先后出台了《关于推进药品医疗器械审评审批制度改革的实施意见》《关于推进仿制药质量和疗效一致性评价的实施意见》，成立由常务副市长担任组长、两位分管副市长担任副组长的仿制药一致性评价工作领导小组，统筹协调相关部门力量和行业资源，提升临床试验机构承接能力，搭建药品技术转让平台，组建专家指导“智库”，建立财政补贴和政府资本引导、社会资本参与的融资机制，最大限度解决仿制药一致性评价中遇到的困难和问题，目前我市已启动一致性评价药品批文155个。市物价局、市财政局于2016年6月联合批复《关于药品、医疗器械产品注册收费标准的复函》，完成了药品、医疗器械注册收费标准调整。审评检查员队伍职业化改革稳步推进，市药品技术审评认证中心撤销参公管理体制，争取编制部门增加编制38名，争取人社部门特殊政策，通过面试考核直接招录急需的高级专技人才；通过编内选录、编外聘用、组建“外脑”专家库等方式，在短时间内迅速组建起一支400人左右的专业化审评检查员队伍，并建立起严格的绩效工资制度、责任追究制度，确保审评检查工作的权威公正。审评检查员队伍在去年的飞行检查中已发挥出积极作用。

完成食品生产经营许可制度和“两证合一”改革。全市换发食品生产许可证1510张，核准办理食品经营许可证33504张，通过整治清理，全市食品经营单位许可持证率达到了95%以上；已办理公共场所卫生许可的7134户四类场所经营者全部注销了卫生许可证，对其中符合要求的5421户经营者全部发放了食品经营许可证，不符合要求的均依法予以取缔，全面完成改革任务，受到国家总局督察组的高度评价。

三、坚决守住食品药品安全底线

全面开展“一飞三查”。对各区县全覆盖开展食品安全“双随机”飞行检查，既查企业主体责任，又查监管部门监管责任和当地政府属地责任的落实情况，检查食品生产经营企业291家次，发现产品质量问题、生产经营管理重大缺陷和日常监管不到位问题20余起。“一飞三查”结果作为评价地方食品药品安全工作的重要指标，纳入市委市政府对区县党委政府经济社会发展实绩考核，对发现问题所涉及的10余个区县均逗硬扣分（农业部门对食用农产品抽检不合格区县也予以了扣分）。以问题为导向，开展药品、医疗器械生产经营企业飞行检查87家次，撤销、收回企业认证证书并予以行政处罚16家次。

针对突出问题开展专项治理。按照总局部署，结合重庆实际，先后开展了复原乳标签标识、肉制品兽药残留、蜂蜜产品、调味面制品、食用植物油、食品添加剂质量安全、企业购销非法回收药品及中药材专业市场、药品流通领域、医疗器械流通领域、美容美发行业等食品药品安全专项治理，立案查处一般程序处罚案件8625件，结案7516件，罚没1.2亿元。通过开展专项行动，食品药品安全突出问题得到有效治理，特别是薄弱环节的治理取得新突破。如市食安办组织农业、工商、食药监、公安等部门开展的农村食品安全综合治理，取缔“黑工厂”“黑窝点”“黑作坊”41个，查获侵权仿冒食品、“三无”食品近3万公斤，捣毁私屠乱宰窝点5个，取缔无证经营户381户次，查办案件1255件，农村食品安全状况得到明显改善。通过持续开展校园食品安全治理，全市学校及托幼机构食堂的持证率由2013年底的73.4%提升到99.5%。我局会同公安、卫生计生、工商、检验检疫部门开展的美容美发场所综合整治，联合出击监管死角，探索创立了对同一监管主体集中监督检查、多部门联动、跨区域协查的协同监管模式，共检查1.3万家单位，查处案件308件，受到国家总局充分肯定。

加强舆情监测和突发事件应急处置。依托专业公司开展线上线下全天候舆情监测，全年监测到涉及我市的食品药品安全舆情70余万条，对可能产生负面影响的舆情进行跟踪研判，主动发布正面声音，确保了全市食药舆情平稳。依法妥善处置食品药品安全突发事件，先后有效处置某幼儿园发现腐败食材、某企业食堂发生食物中毒等一般级别食品安全突发事件7起。“山东疫苗事件”发生后，组织协调卫生计生、公安等部门，彻查涉案产品来源去向，依法对涉及非法经营使用疫苗的企业和个人进行严肃处理，处置工作稳妥得当，舆论平稳，未发生群体性事件，是全国受该事件负面影响最小的省市之一。

四、监管能力进一步提升

高起点谋划“十三五”规划。《重庆市食品药品安全“十三五”规划》以市政府办公厅名义正式发布，确立了“十三五”期间全市食品药品安全工作的发展目标和主要任务，信息化建设、检验检测体系建设等项目均纳入市级重点建设项目库，“十三五”期间全市将投入60亿元加强食品药品安全工作，为守护群众“舌尖上的安全”编织起防护网。

技术支撑体系建设提速。市食品药品检验检测研究院迁(扩)建和医疗器械质量检验中心建设项目落地，落实土地105亩，建设面积7.7万平方米，总投资2.17亿元。万州、黔江、涪陵和永川食品药品检验所实验楼续建项目全部开工。信息化建设步伐加快，局系统信息化建设二期项目进展顺利，按照监管任务清单化、工作督办实时化、监管信息数据化、统计工作自动化的要求，开发建设集行政审批、日常监管、行政执法、检验监测、风险管理等系统于一体且覆盖市、区县、镇街三级监管机构的食品药品监管信息系统，系统建设已初步完成，计划今年上半年全面投入使用。

基层能力建设持续推进。市政府出台《关于做好基层食品药品监管机构规范化建设验收工作的通知》，要求市和区县两级财政加大投入，推进基层监管机构规范化建设在2017年全面达标。教育培训工作全覆盖开展，全市食品药品监管系统人均培训152.9学时，达到国家总局要求的2倍，特别是针对基层监管所对应知应会业务技能和管理能力培训的迫切需要，分8期对全市1021名基层监管所长进行了一次集中轮训，深受基层欢迎。

重庆审计

石纹碧

2016年，重庆市及各区县（自治县）共有国家审计机关40个，审计人员1620名，其中重庆市审计局人员编制300人，在编286人，内设办公室、综合处、法规处、经济责任审计处、财政审计处、金融审计处、固定资产投资审计处、行政事业审计处、经贸审计处、农业审计处、社会保障审计处、外资运用审计处、工业审计处、市政建设审计处、教科文审计处、商贸审计处、资源环保审计处、交通审计处、移民审计处、内部审计管理处、计算机应用管理处、人事处、机关党委（与机关工会、机关团委合署办公）、离退休人员工作处24个职能处室，另有市纪委派驻市审计局纪检组、1个参公管理事业单位——重庆市审计中心。重庆市经济责任审计工作联席会议办公室设在重庆市审计局。

2016年，重庆市审计机关紧紧围绕市委、市政府经济发展中心工作，立足“发现问题、督促整改、堵塞漏洞、反对腐败”，严格依法履行审计监督和保障职责，加大审计监督力度，有序推进“五年一轮审”和实现有步骤、有重点、有深度、有成效的审计全覆盖，审计工作成效明显。全年全市审计机关共完成审计项目4492个，对5067个单位进行了审计（调查），查出违规问题金额626.5亿元，向纪检监察、司法机关移送问题和案件线索538件，涉及人员823人；其中，市审计局完成项目83个，审计（调查）单位166个，查出违规问题金额58.9亿元，向纪检监察、司法机关移送问题和案件线索53件，涉及人员103人。审计的宏观性、建设性作用得到发挥。

一、重大政策落实跟踪审计

围绕国家宏观决策部署和市委、市政府中心工作，每月确定一个主攻方向、聚焦一个重点进行跟踪审计，全年对行政审批、商事制度改革、产业引导基金运行、清理规范涉企收费、PPP项目推进、“双创”发展、“三去一降一补”任务落实、全市民生实事及重大项目建设等情况进行了跟踪审计，共抽查了2364个部门及企事业单位、174个镇街、1456个项目，揭示了部分政策措施执行不到位、部分项目推进缓慢、部分改革事项配套措施不够完善等问题，审计促进经济发展、改革开放的保障性作用得到体现。

二、财政财务审计

围绕深化预算管理、盘活存量资金、提高资金绩效、促进依法理财目标，按照“分级同步、上下联动”方式，对市和区县两级财政预算执行和决算（草案）编制情况、地方税收征管执行情况进行同步审计，并调查了区县171家融资平台公司债务情况，揭示了预算编制不细化、专项资金设置及分配不够合理、部分非税收入管理不到位的问题以及融资平台公司债务管控中存在的典型问题，促进市及区县完善了相关管理制度和税收征管措施。采用大数据分析技术对70个市级部门（单位）2015年度预算执行情况进行了同步审计，揭示了部分单位预决算管理不规范、“三公”经费使用不合规、政府采购执行不到位等问题。

三、专项资金审计

按照审计署部署和市委、市政府办好民生实事的要求，统一对城镇保障性安居工程和农村危旧房改造、2013—2015年度住房公积金、三峡后续资金等民生专项实施了审计或审计调查，与审计署驻重庆特派办成立联合审计组共同实施了基本医疗保险基金审计，重点关注了民生实事政策执行情况和项目实施效果，揭示了专项资金使用管理以及项目建设中存在的违规违纪行为和管理体制机制方面的问题，推动了相关行业、系统政策制度的完善和专项资金的规范管理。坚持将扶贫资金审计作为年度工作的重中之重，对全市27个区县开展了扶贫资金专项审计，揭示了贫困户识别不够准、少数区县扶贫资金存在挤占、挪用、套取等问题，助推精准扶贫、精准脱贫政策措施落地落实。

四、政府投资审计

以控制投资、规范管理、提高绩效为目标，市和区县审计机关对重庆港主城港区果园作业区一期工程、重庆国际博览中心等15个市级重点投资建设项目和3626个区县政府投资项目进行了决算或结算审计，揭示了高估冒算、招投标管理不规范、违规转分包、现场管理不到位等问题，从管理机制、资金筹集、项目监督等层面提出了有针对性的审计建议。市审计局持续对城市轨道交通等4个重点在建工程项目开展了跟踪审计，及时发现和纠正了在工程管理、投资控制等方面的问题。还制定了《关于进一步加强区县审计机关公共投资审计工作意见的通知》，促进区县审计机关进一步加强和规范投资审计工作。

五、经济责任审计

按照“党政同责、同责同审”要求，围绕“权力行使”和“责任落实”两个重点，分别对市、区县、乡镇不同层级的550个单位、759名领导干部进行了经济责任审计；其中，市审计局完成36个单位、52名领导干部的经济责任审计，并创新经济责任审计思路，首次对6个区县党政领导干部、4户企业领导人员的经济责任探索实施了同步审计、统一衡量和评价“标尺”，首次以奉节县为试点开展了领导干部自然资源资产离任审计，首次开展了公安机关警政主官经济责任审计，重点揭示了领导干部在政策执行、经济决策和内部管控、履行生态环保责任以及廉洁自律等方面存在的问题，为干部选拔任用和监督提供了参考。同时，市和各区县进一步健全完善经济责任审计制度，开展了领导干部离任经济事项的交接工作，部分区县还持续深化了村居干部经济责任审计。

六、国有企业和金融审计

采取传统审计方法与大数据审计手段深度融合方式，重点围绕国企融资规模及成本、僵尸空壳企业、混合所有制改革推进情况等，对全市国有企业资产管理情况开展了专项审计调查工作，揭示了部分国有企业在经营决策、内部管理、重大投资及财务管理等方面存在的问题，为加强国企管理和深化改革提供了决策参考。对地方商业银行贷款投向持续开展调查，密切关注地方金融风险隐患，促进金融机构提高风险防范能力和服务实体经济水平。

七、审计整改情况

全市各级审计机关深入贯彻落实市政府《关于进一步加强审计整改工作的通知》，与纪检、监察、组织、巡视、督察和财政等建立了审计整改联动协作机制，加大了对审计整改工作督促检查力度，健全了审计整改专项督察、审计结果公开等制度，及时向党委政府报告、向有关单位通报审计整改情况。连续三年对审计工作报告的问题明细和涉及的单位进行“逐项列表点名”公告，并首次列表公告了整改情况和配合开展了审计整改的专题询问，建立了审计整改的倒逼机制，促进了审计整改的有效落实。

八、内部审计

2016年，全市各部门、各企事业单位（不含中央在渝单位）设立内部审计机构2557个，其中专职机构842个；配备内部审计人员8112人，其中专职审计人员2355人。全市各级内审计机构共完成审计项目2.76万个，促进增收节支36.62亿元，提出的建议和意见被采纳1.93万余条，给予行政处分72人，向司法机关移送案件线索5件、涉及9人。全市审计机关全面落实市政府加强内部审计工作的意见，加强对内部审计工作的业务指导和监督，制定完善了内部审计业务工作规程，开展了部分行业内部审计项目的质量抽查、案例展评、观摩交流，组织内审人员参加实战培训，促进了内部审计职能的履行和基础性作用的发挥。市审计局还以统筹审计计划为突破口强化审计机关与内部审计的衔接，开展了内审计划备案、内审报告的收集分析，会同市政府督察室对全市40个区县及118个市级部门和企事业单位的内审工作开展情况进行了专项督察，推动全市内部审计工作深入开展。

九、人财物管理改革实施情况

根据中共中央办公厅、国务院办公厅印发《关于完善审计制度若干重大问题的框架意见》及相关配套文件的通知(中办发〔2015〕58号)精神，立足完善审计制度、保障依法独立行使审计监督权，重庆作为全国省以下地方审计机关人财物管理改革7个试点省市之一。市审计局严格按照党中央和市委、市政府部署要求，结合本市实际，稳妥有序推进全市审计机关人财物管理改革试点。加强请示报告和改革试点工作的前期调研、方案起草报批、与相关部门的衔接配合等工作，于2016年7月26日，市委、市政府印发了《重庆全市审计机关人财物管理改革试点实施方案》，并于8月10日召开了动员部署视频会，全面启动全市审计管理改革试点工作。12月底前，推动出台了区县审计机关领导干部任免、编制管理、经费资产划转等后续配套制度办法，全面完成了机构编制、经费资产划转以及120名区县审计人员的统一招录工作。全市审计项目计划已实行统一报批，“四个统一”的改革试点平稳顺利推进。

(作者单位：重庆市审计局)

检验检疫

黄 毅

2016年，重庆出入境检验检疫局（以下简称：重庆检验检疫局)监管放行进出口货物26.4万批、货值278亿美元，同比增长-33.98%和-29.8%。检出不合格货物1352批、货值1.32亿美元，不合格检出率6.4%；其中，检出不合格消费品等重点敏感商品220批、同比增长2.8%，检出不合格大宗资源性商品257批、同比增长27.9%。退运和销毁不合格进口产品101批，同比增长6.3%。对49条国际客货运航线、1.83万架次航班、265万余人次旅客实施检疫查验，发现有症状体征者733人次，确诊传染病者81人次。检疫进出境动植物及其产品3135批，截获有害生物555种、2268次，其中检疫性有害生物29种、75次。

2016年，重庆检验检疫局建设文化长廊，完善文化中心，丰富兴趣小组活动，举办两江大讲堂、道德讲堂等活动，持续推进全国文明单位创建工作。

一、改革与创新

2016年，重庆检验检疫局落实国务院大通关建设改革方案、推动长江经济带检验检疫一体化建设等工作取得新成效，获中央领导肯定；协助承办全国“质量月”活动启动仪式，获市政府和质检总局领导肯定；主持的科研项目获省部级科技奖励二等奖、三等奖各1项，另有2项参与项目获省部级二等奖；保健中心获长江海事局辖区唯一海船员体检机构及签发健康证书资质；机关党建工作取得优异成绩：5个党支部、5名党支部书记、45名共产党员获表彰，办公室、两路寸滩局党支部分别被质检总局党组、重庆市委表彰为“先进基层党组织”，3名同志分别获质检总局“优秀共产党员”“优秀党务工作者”和重庆市直机关“优秀党务工作者”称号，永川办检务科等5个集体获市级青年文明号，经开办、两寸局3个岗组获市级巾帼文明岗，离退休处庞敏获全国先进老干部工作者称号，王伟获重庆局建局以来首个重庆市“三八红旗手”荣誉称号；法制处被评为重庆市2011—2015年法治宣传教育工作先进集体，1人被评为重庆市依法行政先进个人。全年累计获重庆市领导肯定批示14次。2016年绩效考核目标管理工作在全国质检系统和重庆市均获优秀等次。

2016年，重庆检验检疫局联合市质监局举办2016年全国“质量月”启动仪式。与市外经贸委、市卫计委等部门深化合作项目，与市公安局、市教委、市人社局、机场集团等部门开展信息资源合作，与沙坪坝区、九龙坡区、永川区等13个区县政府建立“检地协作、共促发展”合作机制，与市食药监局、市工商局等16家单位建立执法协作互助机制，推动质量共治。

二、质量与效益

2016年，重庆检验检疫局制定《2016年重庆局出口商品质量品牌提升行动实施计划》，发布《重庆出口汽车技术性贸易措施研究报告(2016)》和《中国出口摩托车技术性贸易措施研究报告（2016)》。筹建中国出口摩托车质量技术促进委员会，牵头组织全国出口摩托车产业打假维权试点，成立重庆出口摩托车TBT应对联盟、打假联盟和检测联盟，搭建中国出口摩托车质量技术服务平台。首次探索开展中国出口摩托车质量品牌状况调查，首次采用风险监测形式对出口摩托车开展专项抽查，提升监管服务有效性。长安、力帆等7家企业成功创建“中国出口商品质量安全示范企业”。开展重庆出口食品企业内外销“同线同标同质”提升行动，辖区12家企业上线国家认监委“三同”公共服务平台。

(一)质量扶贫计划

2016年，重庆检验检疫局陆续建成6个国家级和10个市级出口食品农产品质量安全示范区，建成8个国家级生态原产地保护示范区，培育37个生态原产地产品保护品牌。帮助武隆高山蔬菜、开县兔肉、云阳菊花、丰都牛肉等特色农产品出口欧美及港澳地区，帮助三峡库区甜萝卜丝首次打入东南亚市场。对口3个贫困村扶贫工作稳步推进。

(二)重庆口岸公共卫生安全保障

2016年，重庆检验检疫局对49条国际客货运航线、1.83万架次航班、265万余人次旅客实施检疫查验，发现有症状体征者733人次，确诊传染病者81人次，同比分别增长190%和150%。首次从重庆口岸入境人员中检出输入性疟疾、细菌性痢疾、H3亚型流感合并鼻病毒感染和副流感病毒等病例。对1.8万余名出入境人员进行监测体检，检出HIV感染、结核、性病等传染病211例。截获各类医学媒介生物34批次、82只，其中在来自泰国集装箱中检出的埃及伊蚊等5种病媒生物为重庆口岸首次截获。完成民航“重庆-2016”反恐演习任务，保障“2016中国共产党与世界对话会”等国家重大外事活动顺利进行。

(三)重庆生态和生物安全保护

2016年，重庆检验检疫局检疫进出境动植物及其产品3135批，截获有害生物555种、2268次，其中检疫性有害生物29种、75次。全国首次在进境大豆中截获苹果壳色单隔孢溃疡病菌，全国首次截获独行菜黑胫病菌。截获大量野生海龟、驴皮等禁止携带或邮寄物品。完成企鹅、观赏金龙鱼等多种活动物入境检疫及检疫处理工作。开展国门生物安全进校园活动和“绿蕾”专项行动。“绿蕾”专项行动截获各类植物繁殖材料157批次，同比增长149.2%；截获疫情199

种次,同比增长306.12%。

三、制度改革

(一)行政制度改革

2016年,重庆检验检疫局在全国首批获准开展进口食品审批工作,检疫审批时间由15个工作日减少到5个工作日。深化以采信第三方合格评定结果为核心的出口食品备案监管模式改革,备案办理时限缩短至3个工作日。创新出口食品分类管理,分类管理覆盖率87.5%,现场查验频率不超过5%。承接开展国外进口食品企业注册监管、创新多次进出境研发用CCC免办监管模式、推进平行进口汽车保税展销、实施进口汽车摩托车检验结果采信等试点工作,得到国家认监委及质检总局相关司局肯定。争取重庆市及各区县政府资金支持1530万元,进行检验检疫基础设施建设和技术设备更新。推进政事、政企分开,聘用人员管理权限全部下放至事业单位,企事业单位经营服务性收入增长29%。全面清理和规范涉企收费,累计减免各类检验检疫费625.9万元。

(二)通关制度改革

2016年,重庆检验检疫局贯彻落实国务院推进大通关建设改革方案,推动长江经济带检验检疫一体化建设系列工作,得到在重庆视察工作的习近平总书记高度肯定。保障e-CIQ顺利上线,完成双活数据中心建设,对口岸物流管理系统、跨境电商监管平台、无纸化报检系统等按e-CIQ标准升级改造。推动航空快件、旅检、货物等口岸信息化管理系统上线运行。推进重庆市国际贸易“单一窗口”建设,全程参与《重庆市国际贸易“单一窗口”建设方案》编写和推进。打破传统辖区概念,在重庆范围推行“通报、通检、通放”一体化通关机制。深化检验检疫全程无纸化,无纸化报检率77%,原产地证无纸化申报率74%。出台原产地证“即报即签”清单管理制度,签发原产地证书23567份,签证金额20.5亿美元,其中自贸协定原产地证书11529份、签证金额7.73亿美元,同比分别增长46%和37%,为企业节省关税约1亿美元。

(三)内陆检验检疫模式改革

2016年,重庆检验检疫局争取质检总局出台《关于支持中新(重庆)战略性互联互通项目实施的意见》;成立推进工作领导小组和专门工作组,建立定期会商制度,就质检总局出台的15条改革创新措施细化工作方案,分解59项重点任务细化落实;结合两江新区实际情况,在全面复制自贸区改革创新政策基础上,实施保税港区内出入境产品分线监督管理。3项创新制度被复制推广到全国。

四、开放与合作

2016年,重庆检验检疫局保障渝新欧、渝满俄进出境货运班列409列,保障渝蒙欧班列(重庆—二连浩特—俄罗斯—杜伊斯堡)开通。优化进口汽车监管流程,单台汽车检验时间缩短至6分钟,平均通关时间缩短至3天,重庆整车进口量居同期获批口岸之首。创新进口摩托车监管措施,为企业减免费用50%,实现重庆进口摩托车从无到有。建立进口食品“空检铁放”监管新模式,每批次为企业节省费用近万元,节约检验周期15天左右。帮助重庆成为全国唯一获准可通过货运列车进行国际运邮的试点城市,实现国际邮件通过中欧班列发往欧洲。帮助企业完成跨境电商史上第一次采用铁路运输方式从国外运回商品。

(一)新型服务贸易

2016年,重庆检验检疫局实施跨境电商小批量进口免于强制性认证特殊检测监管措施,帮助保税备货模式电商产品市场准入成本降低90%以上,准入时限从2~3个月缩短到2~5个工作日。系列举措被新华社提炼成为“电商思维”模式,在“内部参考清样”上刊发,呈报党和国家领导人。

(二)完善开放平台功能

2016年,重庆检验检疫局打通冰鲜肉类进口空中通道,实现进境肉类指定口岸功能延伸至重庆航空口岸。开展有重庆特色的高端饰品产业检验检疫监管创新研究,完成查验设施设备建设,获质检总局原则上批复同意开展金伯利进程相关业务。江北机场食用水生动物指定口岸通过现场评估,永川进境木材检验检疫监管区项目通过专家评审,种苗、粮食指定口岸创建及口岸动植检能力规范化建设工作扎实推进。为支持渝东南开放发展,加快黔江局基础建设。

(三) 壮大开放农业

2016 年,重庆检验检疫局持续探索、推动澳洲屠宰牛进口试点工作,形成的管理材料成为质检系统样板。重庆肉类指定口岸进口肉类数量和货值同比分别增长 3.33 倍和 1.26 倍。自主研发的质检系统首个“进境动物检疫管理信息系统”管理平台在全国范围内应用。

(四) 党风廉政建设

2016 年,重庆检验检疫局加强从严治党建设,印发重庆检验检疫局全面从严治党实施意见,制定加强和改进新形势下思想政治工作实施方案;印发重庆检验检疫局 2016 年反腐倡廉分工实施意见,推动“两个责任”落实;召开党风廉政建设工作会议,签订“廉政风险责任书”,开展纪律教育月活动;开展重庆检验检疫系统行风政风评议和满意度调查。完善纪检监察机制,成立两个分片派驻纪检组,对全局 10 个分支机构进行分片管理,实现分支机构派驻纪检组常态化入驻。狠抓反腐倡廉和中央八项规定精神贯彻落实,修订会议、接待、差旅费、因公出国、教育培训等管理制度,严格控制“三公”经费,接待费降低 33%,计划内会议同比减少 5%。

(五) 科技质检建设

2016 年,重庆检验检疫局在食品检测、植物检疫和动物检疫领域率先实现“一重点实验室、一研究中心和一重大科技项目”的“三合一”模式建设,孵化完成的 2 个项目首次参与到国家重点研发项目;全年投入科研项目经费 274 万元,申报各类科研和标准项目 58 项,其中 23 项获立项,19 项科研项目完成成果验收或登记,13 项行业标准项目完成送审或报批工作;两大中心数字化实验室建设进一步完善,全局检测认证产品由 2015 年的 352 类 3303 项增加到 2016 年的 406 类 4511 项,检测项目增长 36.6%;技术业务用房项目获质检总局立项,相关工作稳步推进;与中国检科院签署合作备忘录;开展“质检科技周”、科普进校园、科普征文等活动。

(六) 政策研究工作

2016 年,重庆检验检疫局完成重庆检验检疫局“十三五”发展总规划及卫生检疫、动植物检疫、进出口商品监管、科技信息和人才发展等 5 个专项子规划编制工作。完善政策研究工作机制,形成 35 篇研究论文,其中 20 余篇在《质检内参》《中国国门时报》等刊物发表,2 篇获评《质检内参》优秀稿件,2 篇分别获质检信息化“十三五”规划征文活动一等奖和三等奖。

(七)信息宣传工作

2016 年,重庆检验检疫局政务信息被市政府信息刊物采用 28 篇,被质检总局信息刊物采用 65 篇,其中,《质检总局实施长江经济带检验检疫一体化成效明显》《中欧班列热潮之下存在问题亟待关注》等 2 篇专报信息被国办信息刊物采用。召开新闻发布会 4 次,开展在线访谈 2 次,组织集中采访活动 24 次,《中国国门时报》和《中国检验检疫》采用稿件 101 篇,在其他省部级以上社会媒体发表稿件 237 篇。重庆国检微信公众号推送消息 55 条。

(八)“管理提升”工作

2016 年,重庆检验检疫局开展内部规章制度和规范性文件清理,强化规章制度及规范性文件制修订程序。开展 5 次财务工作大检查。开发上线档案管理系统,启动资产管理系统和绩效管理系统建设。优化体系文件管理,对各类体系文件修订 259 次。开展 2016 年体系内审工作,发现不符合项 33 项,问题改进点 143 项;开展业务督察 17 项,发现 209 个问题点,完成整改 203 个,整改完成率 97.13%。完善行政机关和事业单位“三定”工作。完成 19 名处级干部、71 名科级领导干部选拔任用。完成处级个人有关事项报告及核查和机构编制“三超两乱”自查清理。加强干部职工教育培训，实现实地培训、网络培训全覆盖。研发检验检疫系统首家实物资产管理系统，完成实物台账与具体实物资产统一编码管理。组织引导离退休干部开展为党的事业、渝检事业增添正能量等系列活动。

（作者单位：重庆市检验检疫局）

邮政业

李庆杰

一、2016 年发展回顾

2016 年，重庆市邮政管理局以“五大发展”理念为指引，按照国家邮政局总体部署，通过全局上下共同努力，推动重庆市邮政业转型升级、提质增效，取得阶段性成果，促进了行业的快速健康发展。

坚持创新发展，推进邮政快递企业转型升级。借力重庆市促进农村电商发展的契机，重庆市邮政管理局积极争取地方政府支持邮政企业发挥资源优势，推进区县电商运营中心、乡镇(村)农村电商综合服务平台建设，以邮政企业线上平台为基础，打造邮乐农品网县级“特产馆”，构筑起邮政服务“三农”新阵地。目前共建成区县邮政农村电商运营中心 23 个、乡镇服务中心 254 个、村级服务站 6558 个，31 个涉农区县在“邮乐农品网”上建成本地“特产馆”，促进特色产品销往全国，开启了农村邮政服务转型升级之路。

垫江邮政管理局成立后，推动垫江县政府成立邮政业发展服务中心；争取县财政拨付专项资金，建成占地 100 余亩、建筑面积 3.6 万平方米，集“快递分拣、物流仓储、电子商务”于一体的电商快递物流集散中心。该中心有效聚合电商与快递企业，为全县网商提供网销产品的仓储、包装和配送等一体化服务，并解决了集中安检问题。

坚持协调发展，助力快递业发挥先导性作用。在重庆市邮政管理局的积极引导下，重庆市邮政快递企业已开展快递服务制造业项目 34 个，服务制造业业务量累计完成 182.6 万件，业务收入累计 1054.53 万元，直接服务制造业累计产值 45356 万元，服务领域涉及汽车零配件制造、五金制造、机械制造和农副食品加工等十余个行业。

2016 年重庆市邮政管理局先后与南川区人民政府和永川区人民政府签署了《推进快递电商协同发展合作协议》和《推进快递与工农商贸产业发展合作协议》，通过合作共建物流园区、邮政快递产业园、区域分拨中心等行业基础设施，促进快递与其他产业协同发展。目前，渝南快递物流园与电商产业园同步建设已初见成效，吸引数十家快递企业入驻，通过整合资源提升了配送集约化水平，降低了企业运输成本。重庆市邮政管理局积极推动园区建设的同时，鼓励并引导园区发挥集聚优势组建自有品牌快递公司，秀山物流园成立了重庆首家专注县域城乡的物流快递服务公司——“云智速递”，较好地解决了农产品进城“两个一公里”难题。

坚持开放发展，大力推进快递“向外”工程。重庆市邮政管理局积极整合行业内资源，推动快递企业采取“邮政车辆转投快件、共享农村电商服务站、探索建立快递服务中心”三种方式深化快邮合作。18 个区县邮政分公司与当地民营快递企业开展了不同形式的合作或达成合作意向，实现了资源整合，一定程度上解决了农村快递运输问题；充分利用供销系统在农村地区的网点资源，发挥互补优势，与供销部门签订《战略合作框架协议》，试点建设“农村社区综合服务中心(邮政快递电商服务中心)”，努力打通“农产品进城”

和“工业品下乡”流通渠道关键环节。

坚持共享发展,完善快递服务网络。重庆市邮政管理局推动南岸茶园地区建立了重庆市首个区域级快件集中处理中心，大渡口区人民政府为大渡口区快件集中处理中心解决用房和车辆停靠等问题，通过两个区域处理中心快件的集中分拣、集中投递,提高了快件投递效率,进一步优化快递企业生产运营方式。

2016 年重庆市邮政管理局按照“点面结合、整体推进,注重引导、企业为主,政企互补、资源整合,共建平台、有序发展”的思路,指导各分局结合辖区实际打造“快递+”特色农产品样板项目。在万州区与地方相关部门沟通联系,共同研究推进快递服务与网络零售协同发展，大力推进邮政快递网点布局电商网络，引导企业自建“快递+电商”综合服务网点;在秀山县积极推进秀山县快递企业入驻电商物流园，与优秀电商企业合作,依托“武陵生活馆”实体店,深度开发土鸡蛋、中药材等网销产品通过寄递渠道实现“农产品进城”;在涪陵区探索试行“村邮站+快递超市+电商平台”快递通达至村新模式,实现了快递营业场所乡镇、行政村覆盖率双 100%。探索组建第三方公共配送平台，整合乡镇配送资源,有效了缓解投递时效长、服务质量不统一等“最后一公里”难题;在江津区推动重庆丰安物流有限公司与菜鸟网络开展战略合作，以江津为中心，打造覆盖广大农村地区的综合型电商平台、快递服务网络，目前已在江津区开设152 家镇、村级电商服务中心线下体验店和快递服务网点,“智慧物流+” 模式初步形成。截至2016 年底，全市乡镇快递服务网点覆盖率已达90%以上。

二、发展中存在的问题

渝新欧实现常态化运邮还需进一步推进。中国铁路总公司就单次“渝新欧”运邮与沿线国家铁路部门的商定周期较长，并且每月运邮班列均需商定。2017 年 4 月、5 月，哈铁未对邮包集装箱发运计划的商定电报及时回复，导致这两个月“渝新欧”班列无法发运邮包集装箱。我局将会同邮政企业进一步沟通协调运邮中存在的问题,力争早日实现渝新欧常态化运邮。

新业态新问题层出不穷带来监管盲点。人人快送、电商配送、物流快递深度融合等新业态的出现给行政许可、安全检查等市场监管工作带来前所未有的挑战，下一步我局将认真思考对策,严格贯彻国家局的决策和部署,完善安全监管体系建设,加大工作力度,更好地保障和服务快递行业发展。

企业发展模式粗放。受限于经济、地理位置等因素，重庆市快递企业总体实力和规模与东部发达地区存在一定的差距，且加盟网点在较长时期难以摆脱“小、散、弱”的局面,长期处于低价同质化竞争状态,服务质量难以全面提高。企业业务量收的增长主要依赖社会日益增长的快递服务需求,产品结构、科技应用、管理创新甚少,与制造业等其他产业联动较弱,高端管理人才缺乏,一线人员流动性大,人力密集化作业面貌有待改观。

三、2017 年发展目标

2017 年,我局将继续以十八届五中、六中全会精神为指导,牢固树立“五大发展”理念,紧紧围绕国家局重点工作部署,深入贯彻落实“十三五”规划目标,全面落实重庆市《关于促进快递业发展的实施意见》，为快递业发展开创新局面,夯实寄递渠道安全保障体系。

加强基础能力建设，深化供给侧结构性改革。引导企业加强基础设施建设,鼓励企业向智慧电商仓储物流产业综合体转型，保持业务稳定增长。通过开展寄递企业安全生产标准化建设工程,继续推动快递网点标准化建设,引导企业规范发展;结合“一带一路”、长江经济带规划、渝桂新铁路试运营等历史机遇,积极思索跨境电商快递的融合发展，使跨境快递业务量的增长有所突破。

继续狠抓“两个平台”建设,推动快递业更加贴近民生。深入推进“快递下乡”工作和“一县一品”工程，力争建成10个以上政府支持、发展迅速的“快递+农村电商”示范区县、20个以上的示范乡镇以及50个线上线下融合、功能集成、服务多样、便捷实惠、安全规范的农村快递末端示范网点。推动城市末端网点与农村末端网点相衔接，探索快递定向定量服务，进一步完善“农产品进城”和“工业品下乡”的双向流通渠道，力争到2017年底实现乡镇快递末端服务网点覆盖率达100%的目标。加强与地方政府相关部门的联系，协助做好2017年城市共同配送项目申报工作，有效提升城区快递网点的共同配送能力，有力支撑同城快递市场利好发展。

深化简政放权，探索破解行业监管难题，深入研究人人快送、电商配送、物流快递深度融合等新业态带来的监管难题，进一步转变工作作风，创新管理手段，提升行政审批工作水平，增强监管工作能力。

推进服务“达标”工程，强化邮政普遍服务监管工作。督促邮政企业认真贯彻落实修订后的《邮政普遍服务标准》、《邮政机要通信管理规定》，推动重庆市邮政普遍服务全面符合标准，确保邮政机要通信安全畅通；创新监管方式，深入开展保密安全检查及纪特邮票监督检查等专项检查工作。

（作者单位：重庆市邮政管理局）

中小企业

重庆市中小企业局

一、2016年发展回顾

（一）全力推进改革，积极营造更优发展环境

1.不断完善政策体系，加强政策宣传

按照完善小微企业扶持机制专项改革部门联席会制度，组织召开4次市级部门季度联席会，协同解决中小微企业发展的困难和问题。进一步优化完善政策体系，先后出台了应急转贷、贷款风险补偿办法、贷款贴息等近20项新的扶持政策；优化完善新办鼓励类中小企业财政扶持、在区域性场外市场挂牌奖励等政策。同时，充分运用新闻媒体、官方网站、宣讲解读等方式宣传我市小微企业扶持政策，汇编分发《近期我市各相关部门扶持小微企业发展减负政策解读简本》等，努力打通政策落实“最后一公里”。

2.落实各项财税政策，确保政策执行到位

下达各类扶持小微企业发展资金50多亿元，减免小微企业（含个体工商户）税收40.15亿元，出台四批共151条减负政策措施减负180亿元以上。

（二）创新融资服务，努力缓解企业融资困难

建立中小微企业转贷应急机制。截至12月底，转贷应急资金到位资金8.3亿元，合作银行16家，参与区县26个。为766家企业转贷57.33亿元，资金使用费约341万元，仅为社会融资成本的1.9%左右，为转贷企业节约资金成本约1.7亿元。

支持中小微企业在区域性场外市场挂牌。采用政府购买服务方式支持中小微企业免费挂牌孵化板，对挂牌成长板企业实行一次性奖励25万元的政策，已先后支持200余家企业在重庆股份转让中心挂牌融资。截至12月底，我市区域性场外市场累计挂牌企业达441家，为企业股权融资近485亿元。

建立小微企业贷款风险补偿金机制。出台《重庆市小微企业贷款风险补偿暂行办法》，建立了“政、银、担”三方参与的小微企业贷款风险补偿机制，鼓励和引导银行向小微企业贷款。据测算，此项政策可新增小微企业贷款规模200亿元。

对有市场有回款有效益但资金周转暂时困

难的中小微企业，给予贷款贴息。据不完全统计，全年全市获得贷款贴息的中小微企业3537家，贴息金额3.3亿元，其中民营经济发展区县切块专项资金贴息中小微企业1505家，贴息金额1.2亿元。

建立科技型、创新型中小企业项目库，组织召开了重庆中小企业股权融资对接会。据统计，重庆产业引导股权投资基金累计投资我市中小微企业30家，占全市投入企业数的81%；基金投资16.73亿元，占基金投资额的44%。

落实财政补贴政策，兑现28家担保费率2%以下的担保机构财政补贴2885.98万元。组织担保机构申报市级营业税免征项目工作，确认5家担保机构免征营业税及附加税，减免营业税及附加税285万元。

（三）大力推动载体建设，拓展中小微企业集聚发展空间

一是积极打造楼宇产业园，全年全市新增纳入重点培育和认定的楼宇产业园41个，累计达到98个，入驻面积约920万平方米，平均入驻率达43%，入驻企业约5000户。二是大力发展小企业创业创新基地，全年新认定市级小企业创业基地17个，累计达160个，入驻企业7484户。

（四）加大培育示范与资金扶持力度，促进农产品加工业健康发展

一是积极培育示范。全年新增市级农产品加工示范企业40家，累计达285户，新培育认定1家市级农产品加工基地。二是促成中俄蒙跨境电商综合交易平台项目落地。据统计，2016年全市农产品加工企业达2.6万户，从业人员达72万人；农产品加工业实现产值3650亿元，同比增长11.0%。

（五）不断完善中小企业服务体系，提升服务能力和水平

一是初步完成中小企业服务云平台建设，已签约入驻各类服务机构209家，中小微企业200余家。二是已建成35个区县窗口平台、11个产业集群（楼宇产业园）窗口平台，共集聚各类服务机构3000余家，开展服务对接活动超过6000场次，服务中小微企业超过25000家。三是全年新认定市级中小企业公共服务示范平台10家，累计达12家。目前，市级中小企业公共服务示范平台72家，市级中小企业重点服务机构138家。

（六）鼓励推广应用科技成果和信息化，推动企业转型升级

一是按照《重庆市中小企业科技成果转化项目资金补贴办法（试行）》，收集各区县推荐上报的项目322个，对64个纳入转化计划并完成科技成果转化的项目实施财政资金补贴930万元。二是完成中小企业技术难题专家对接诊断课题研究，建立中小企业技术难题库。三是认真落实《关于鼓励企业加大研发投入推动产业转型升级发展的通知》，鼓励中小企业建立金属研发中心。全年新认定中小企业技术研发中心36个，累计达到211个。四是积极推进国家知识产权战略实施工程，促进中小企业形成具有自主知识产权优势的核心竞争力。

（七）加强合作与交流，帮助中小企业开拓国内外市场

一是组织18家企业赴巴基斯坦、31家企业赴柬埔寨就巴基斯坦重庆产业园、柬埔寨中小企业产业园开展投资环境考察，促进中小企业拓展国际市场。二是认真开展中新（重庆）战略性互联互通示范项目合作，签订《重庆市中小企业局 新加坡人力资本私人有限公司战略合作框架协议》，并组织两地100多家企业合作交流。三是举办“台湾周”活动，邀请两岸120家企业开展交流合作。四是先后组织50余家企业参加APEC技展会和中小企业国际博览会，受到了国家工信部通报表彰；组织65家中小企业参加2016年渝洽会，6家企业达成意向性采购协议。

（八）加强人才培育，为中小企业发展提供智力支撑

一是举办中小企业高级经营管理人才、创业者等各类培训班119个，培训30771人次，指导区县培训近45万人次。二是组织企业参加2016年全国中小企业百日招聘高校毕业生活

动，联合相关部门举办民营企业暨小微企业招聘周活动，会同市教委举办2017届大学生就业双选活动“中小企业专场”。三是举办清华大学区县局长培训班，提升我市中小企业主管部门领导的综合决策能力。四是评审通过174人获得中小企业工程技术类高级技术资格，进一步调动了中小企业专业技术人才的积极性。

二、发展中存在的问题

（一）企业生产经营压力增大

一是市场需求不足。2016年以来，我市重点监测的中小企业市场订单不足的企业占比达25%，总体比去年上升5个百分点。二是用工成本不断上升。72.8%的企业反映用工成本是目前面临的主要成本压力中压力最大的成本。三是企业税费负担较重。以工业为例，2016年全市规上工业企业利税总额2652亿元，其中税收1067亿元，占比超40%。此外，土地、资金、物流、环保等费用增加，原材料购进价格连续上涨持续挤压企业盈利空间，企业亏损面有所增加。据调查，2016年我市中小企业亏损面15.3%，比去年上升5.1个百分点。

（二）融资难融资贵问题突出

一是融资难。2016年监测企业期末借款余额同比下降6.7%，反映融资需求得不到满足的企业占比各月均在37%左右，比去年上升近10个百分点。

二是融资贵。加上担保费、评估咨询费、财务审计费、保险费等，企业向银行贷款的实际成本一般在12%~15%，是基准利率成本的2~3倍。

（三）转型升级任务艰巨

我市绝大多数企业没有建立现代企业管理制度，难以引进高端技术人才，员工稳定性较差；创新能力不足，品牌意识淡薄，缺乏名优产品，行业内产品结构趋同，不少中小企业仍然依靠低价获取市场，恶性竞争较为严重，加之，不少企业效益不佳，资金紧张，更是阻碍了我市中小企业转型升级发展。

（四）服务体系不尽完善

财税、金融、创新创业政策等还不尽完善，相关政策落实有待进一步到位。公共服务体系有待进一步完善，政策咨询、知识产权、投资融资、管理、人才培训、市场开拓、财务、法律、信息化等方面为中小企业提供低收费、公益性服务的力度不足。

三、2017年发展目标

2017年，新设立中小微企业10万户，全市中小企业增加值增长10%以上，新增从业人员40万人以上。新增重点培育和认定楼宇产业园20个，新培育认定市级小企业创业基地10个。

卫生计生

重庆市卫生和计划生育委员会

2016年，全市卫生计生工作紧紧围绕“四个全面”战略布局，牢固树立五大发展理念，以增进群众健康为出发点，坚持保基本、强基层、建机制、补短板，卫生计生事业呈现良好发展态势。

一、医药卫生体制改革

成为全国11个综合医改试点省市之一，开展公立医院编制管理创新等4个国家级专项试点，5项医改监测指标居全国前列，垫江县以中医药为切入点深化医改、荣昌区探索村医“工分制”等改革举措作为全国典型医改案例推广。

（一）公立医院综合改革

新增12所市属、25所区级公立医院实施改革，市和区县实现全覆盖。88所区县公立医院取消药品加成，按药事服务费的方式予以补偿，破除“以药补医”机制。健全医院管理运行机制，新增渝中、梁平等16个区县组建公立医院管理委员会，江津等4个区县实行总会计师制，奉节等3个区县试点院长年薪制。出台控制医药费用不合理增长实施意见，实施“进一步改善医疗服务行动计划”。优化公立医院收入结构，试点公立医院药占比下降1.82个百分点，就医负担持续减轻。

(二)推进分级诊疗

市级层面形成以重医附一院、重医附二院等为核心的综合型医联体和以重医附属儿童医院、市肿瘤医院等为核心的专科型医联体，新增63个区县域内医联体。完善激励引导机制，部分区县实施专家下基层专项补助。提升基层服务能力，积极推行50个基层首诊病种，制定了转诊指征和双向转诊流程图。继续实施三甲医院对口支援贫困县医院和三甲医院专家到基层坐诊活动；培训基层医务人员1.3万人，新增注册多点执业医生1618名，推广适宜技术115项。实施城乡居民合作医疗保险基层医疗机构普通门诊费用统筹制度，增加基层常见病、慢性病的非基本药物配备比例。完成市县两级卫生信息平台建设，远程诊疗覆盖70%的区县，政府办医院电子病历达100%，区县域内就诊率达85%。

(三)药品供应保障

推进公立医院药品集中带量采购，启动实施公立医疗机构药品采购“两票制”。完成低价药第一、第二批次挂网，医用耗材、低值耗材、检验试剂实现挂网交易，第三军医大学附属医院器械耗材全面上线交易，总体价格趋于平稳。实现国家谈判药品与医保政策有效衔接。出台《公立医疗机构药品采购“两票制”实施方案(试行)》《关于做好高值医用耗材集中采购的通知》等文件，积极推进药械信息全程追溯体系及医药智能物流公共信息服务平台建设，逐步规范药品流通秩序。把好药品准入关、质量关、流通关，开展药品抽验、不良反应检测和仿制药质量和疗效一致性评价工作，全年未发生重大药品安全事故。公立医疗机构全部进入药交所采购药品耗材，交易量突破220亿元，基本药物采购占药品总金额的52%。

(四)推进社会办医

公布医疗卫生面向民间投资项目，出台《市办医院合作办医指导意见(试行)》《关于推进社会办医发展中医药服务的实施意见》，引导社会办医成规模、上水平发展，新审批规模以上民营医院19家，完成投资17.25亿元。重医(捷尔)附三院、北部宽仁医院等一批高水平的社会办医项目正陆续落地。

(五)绩效工资改革

鼓励基层医疗卫生机构探索将收支结余的一定比例用于绩效“高出部分”再发放、再分配，目前万州、涪陵、开州、云阳、石柱等25个区县已经试点实施，将收支结余的60%左右用于绩效高出部分的发放，确保基层医务人员收入与劳动付出成正比。探索推进实施公立医院绩效工资制度，配合市人社局、市财政局完成委属19个暂未实施绩效工资的事业单位2014年度职工收入的清理核查工作，下达19个事业单位的绩效工资总量和绩效工资外“高出部分”，为完善各单位内部考核办法奠定基础。

二、实施全面两孩政策

(一)修订《重庆市人口与计划生育条例》

完善婚假、产假、护理假政策，出生人口明显增加，户籍人口出生38.31万人，同比增加5.98万人，其中二孩出生同比增加6.6个百分点。渝北、大渡口、九龙坡、江津、合川、铜梁、云阳、巫山等8个区县被评为全国计划生育优质服务先进单位。

(二)改革生育登记服务

出台《重庆市生育登记服务制度》，简化再生育审批，全面推行网上办理和承诺制度、代办服务制度，全市1万余个村(社区)、1000余个乡镇(街道)向群众提供网上和现场登记、办证服务，流出育龄妇女电子婚育办证率100%。规范再生育服务证、独生子女父母光荣证的办理。

(三)强化基层基础

全市40个区县卫生计生委均设置2~3个计划生育业务科室。所有乡镇街道均设立计生办(卫生计生办),平均配备4名工作人员。区县明确计划生育信息化责任科室,乡镇街道计生办(卫生计生办)有专人负责计划生育信息化工作。将村级计生干部队伍建设纳入全市基层组织建设总体规划,全部作为村委或支委成员,其基本报酬、养老保险补助由市级财政统筹,月报酬村计生干部最低1040元、社区计生干部最低1440元,全部落实养老保障补助。目前,全市共配备村级计生干部1.1万人,助理员、协管员1700人,其中计生专干比例达28.2%,其余兼职计生干部分别由村级综合服务专干、综治专干或其他"两委委员"担任。

(四)开展计生民生服务

为560240名奖扶对象发放奖扶金6.67亿元,为59603名特扶对象发放特扶金3.13亿元,奖扶及时率87.36%。高考照顾录取工作圆满收官,对6844名农村独生子女考生资格进行了审核。特别扶助金标准动态调整,将独生子女伤残、死亡家庭父母特别扶助金分别提高到每人每月400元、500元,并建立一年两次兑现的工作机制。深入落实联系人制度、走访慰问制度、就医"绿色通道"等一系列计划生育特殊家庭扶助关怀政策。制作《心理健康手册》,组织区县200多名工作人员开展精神慰藉技能培训。聘请第三方机构随机对全市2185名特殊家庭父母进行电话抽样调查,扶助关怀工作满意率达84%。在全国计划生育特殊家庭扶助关怀工作会上,重庆市作了题为《真心关爱,真情服务,扎实推进计划生育特殊家庭扶助关怀工作》的经验介绍。出台《关于进一步贯彻落实禁止非医学需要的胎儿性别鉴定和选择性别人工终止妊娠的规定的通知》,查处"两非"案件59例,出生人口性别比稳步下降。牵头制定了重庆市《关于推进医疗卫生与养老服务相结合实施意见》,以市政府办公厅名义下发。全市有医养结合机构287所、养老床位9711张,沙坪坝区等3个单位开展国家级医养结合试点。顺利完成第二届"敬老文明号"创建活动评估验收工作,评选出市级"敬老文明号"先进单位20个,推荐国家级先进单位7个。

(五)加强妇幼健康服务

通过国家"两纲"中期评估,抓好市、区县级危重孕产妇、新生儿救治中心建设,畅通救治绿色通道,孕产妇死亡率16.72/10万,婴儿死亡率6.36‰,低于全国平均水平。进一步规范危重孕产妇救治与转诊工作,畅通全市危重孕产妇、新生儿救治绿色通道。全年市级危重孕产妇救治中心接收区县转诊的危重孕产妇1600余人。制定《重庆市产科质量分级分类评审标准》,进一步规范产科诊疗行为。严格控制非医学指征剖宫产率,2016年全市剖宫产率为45.92%,较去年同期下降1.74个百分点。全面推进避孕节育方法知情选择,流产后优质计划生育服务患者覆盖率和知情同意书签署率达100%,重复人工流产率同期比较下降10%。全市药具发放网点17610个,24小时不间断服务群众。强化助产技术、产前诊断、婚前医学检查等母婴保健专项技术和计划生育技术服务管理,严格服务机构和人员的准入。市妇幼保健院成功创建国家级儿童早期发展示范基地。

三、医疗资源配置

(一)推进规划实施

编制完成以市委、市政府名义印发的《"健康重庆2030"规划》,这也是我市首次在市委、市政府层面制定的健康领域中长期战略规划,是落实健康中国战略,推进健康重庆建设的宏伟蓝图和行动纲领,明确未来五至十五年的发展目标、方向、任务和路径。编制完成以市政府办公厅名义印发的《重庆市卫生计生发展"十三五"规划》,提出"建成国家区域中心,居民健康水平保持西部领先,高于全国平均水平"发展目标,提出26项主要发展指标、六大重点工作任务和五大工程。完成重大项目投资25.53亿元,新开工中央投资项目151个,竣工262个,市十三院住院综合楼等6个市级项目建成投用。

(二) 改善人才队伍结构

柔性引进院士 3 名，选拔首席医学专家 12 名，选拔医学领军人才 40 名，选拔培养三批次中青年医学高端后备人才 74 名，引进高层次人才 103 名；为基层考核招聘急需专业人才 1000 名，为贫困区县招聘属地化医学专科生 100 名，培养全科医生 900 名。实施高级职称医务人员“4+1”弹性工作制，实行卫生技术副高级资格“考评结合”，基层全科医生职称改革经验被中央电视台“焦点访谈”栏目宣传推广。推动住院医师规范化培训，全科、儿科、精神科、妇产科等紧缺专业，成为全国唯一全面超额完成招生任务的省市。

(三) 强化科技和信息化支撑作用

成立首批 19 家重庆市临床医学研究中心，授牌医疗特色专科 19 个，新建特色专科、重点学科各 22 个，获批国家级继续医学教育项目 165 项。启用全市继续医学教育服务管理平台，实现继续医学教育项目申报与实施、学会授予与审核全过程信息化管理，在全国率先采用刷身份证或二维码签到学习。开州等 6 个区县开展区域医学影像中心项目试点，计划生育、妇幼健康等业务信息管理系统和居民健康卡试点等项目有序推进。

四、公共卫生和卫生应急

(一)完善重大疾病防控策略

建立精神卫生部门联席会议机制，完善重大疾病“三位一体”工作模式。继续加强艾滋病防治，免费抗病毒治疗 25423 人，随访 27900 余人，检测 286 万余人次，新发现 HIV 阳性 5868 人。全力推进结核病防治，发现并治疗 17425 人，耐药肺结核 152 人。出台预防接种“八不准”，“八苗”接种率达 95%以上。抓好碘缺乏病、地氟病等地方病消除控制工作，高血压、糖尿病、老年人健康管理率分别达 40.4%、32.4%和 71.8%。有效应对传染病疫情 194 起，全市无重特大传染病疫情流行。

(二)增强卫生应急能力

建成 4 个市级卫生应急物资储备分库，建立国家紧急医学救援队队员库，开展“川渝黔”卫生应急演练等 3 次大型演练，提升公众自救互救能力。成立 25 支市级防汛卫生应急队伍，实行 24 小时备勤，妥善处置“2·26”巴南绕城高速路交通事故、“3·4”万盛经开区交通事故、“5·14”南川区交通事故、“7·30”铜梁火灾、“10·8”江津交通事故、永川区金山沟煤矿“10·31”瓦斯爆炸事故等 12 起突发事件，派出市级人员 57 人次现场处置，救治伤病员 118 人次。集中开展公共卫生风险评估、消杀灭技术、传染病控制、实验室检测等防汛抗旱卫生应急能力提升专题培训。全年无重大及以上突发公共卫生事件发生。

(三) 提高基本公共卫生服务水平

提高筹资标准，人均基本公共卫生服务经费补助标准从 40 元提高至 45 元，拓展服务项目，基本公共卫生服务项目扩展到 12 大类 46 项。居民健康素养水平提高 1.45 个百分点，群众知晓率、满意度分别提高到 45.8%和 65.2%。大足区“健康知识赶场、卫生服务下乡”宣传模式入选中国健康促进优秀案例。出台乡村医生养老和医疗补助政策，建立乡村医生退出机制。建立基本公共卫生服务补助资金“按人头预拨、按项目结算”的分配机制，将补助资金按人头支付改为按项目支付，暨按服务提供机构的服务内容和标准支付资金，让流动人口均等享有基本公共卫生服务。继续引入第三方考核，采取政府购买服务方式，委托第三方社会组织对全市 40 个区县基本公共卫生服务项目工作开展绩效考核，将各区县以服务数量和服务质量为核心的考核结果与项目中央结算资金分配挂钩，促进基本公共卫生服务任务的有效落实。继续开展“你健康、我服务”为主题的基本公共卫生服务项目宣传活动。深入开展爱国卫生运动，基本完成 12 万余户改厕任务，完成枯水期和丰水期的水质监测任务，投放灭鼠毒饵 240 吨，鼠密度总体控制在国家 C 级标准，黔江等 6 个区创国卫通过国家暗访。

五、医疗卫生服务质量

(一)提升服务能力

开展临床重点专科、医学重点学科建设和对口帮扶,推广卫生适宜技术167项,开展“三基三严”大培训和“双随机一公开”考核,创建全国“群众满意的乡镇卫生院”129所。实施“改善医疗服务行动计划”。推行预约诊疗、诊间结算、移动终端支付、远程医疗,就医秩序明显改善,预约挂号服务日均量超过1万人次。

(二)加强医疗服务监管

出台医疗机构行为“负面清单”、医疗机构和医务人员不良执业行为记分管理规定,开展毒麻精药品、医疗机构对外合作、医院感染防控专项整治,全面开展医院巡查、评审、评价和第三方满意度调查。推进平安医院建设,实现投诉、纠纷、医闹“三下降”,实现医疗纠纷人民调解委员会、警务室、医疗责任险“三覆盖”。

(三)优化行政审批

制发《关于进一步规范行政审批工作的通知》《关于统一卫生计生行政审批目录等事项的通知》《关于贯彻落实重庆市网上行政审批管理办法(试行)的通知》,明确除涉密外的所有行政审批项目全部纳入市政府的审批平台单轨运行,全面实现网上行政审批。开展规范性文件备案审查,行政应诉、复议效率和质量不断提高。建立“谁执法,谁普法”的普法责任制,明确各单位普法宣传责任,强化普法履责主体意识。

(四)强化全程监督

推进卫生计生领域社会信用体系建设,全市公共信用信息目录已纳入市卫生计生委186项行政权力,全市公共信用信息数据库已纳入市卫生计生委行政许可、行政处罚等信用信息4700余条。建立随机抽查事项清单,梳理出公共卫生监督、传染病防治监督等9项卫生计生监督执法随机抽查事项。按照“双随机一公开”机制,全面开展55家职业健康检查机构的日常监督检查,组织抽查全市20%职业健康检查机构,随机抽查11家职业健康检查机构。全年共对8.1万余户管理单位开展经常性监督13.24万户次,查处违法案件6091件,罚款957万余元,与2015年同期相比,处罚案件增加1683件,罚款金额增加167.2万元。

(五)扎实推进健康民生工程

完成673个村卫生室标准化改造、1500所村卫生室基本设备配置;为39.3万名孕妇减免出生缺陷检查费用,完成“两癌”检查85.5万人;完成49万“因病致贫、因病返贫”患者调查,为59万人次贫困群众提供分类救治、减免部分医疗费用等服务;认真做好“组团式”医疗援藏工作,重庆援藏医疗队被国家卫生计生委授予“健康卫士”奖杯。

六、中医药发展

(一)明确事业发展方向

印发《贯彻落实国家中医药发展战略规划纲要的实施意见》《贯彻落实国家中医药健康服务发展规划(2015—2020年)的实施意见》和《重庆市中医事业发展“十三五”规划》,将中医药发展列为重大战略计划,实施体系建设、继承创新等六大战略工程。

(二)提升服务能力

明确中医药深化医改专项任务,新增市中医医院和11所区级公立中医医院纳入改革范围。垫江县中医骨干“县管乡用”经验全国推广。新增三甲中医医院2所、新增和复评二甲中医医院5所,坚持中医办院方向,改善群众就医感受。建立中药处方点评制度,督察1237家医疗机构中药饮片管理,促进中药饮片合理使用。印发《重庆市中医专科建设管理办法》,新增市级中医重点专科建设项目42个。6所区县人民医院通过全国综合医院中医药工作示范单位评审和复评。评估基层中医药服务能力提升工程成效,全市98.3%的社区卫生服务中心、97.9%的乡镇卫生院、78.4%的社区卫生服务站、83.3%的村卫生室能提供中医药服务,全市建成基层“中医馆”833个。积极推进中医药健康管理,65岁以上老年人和0~36个月儿童中医药健康管理服务目标人群覆盖率均达50%以上。

(三)拓展服务领域

出台《关于推进社会办医发展中医药服务的实施意见》,开展工作试点,鼓励社会办中医。2016年,全市新批准设置民营中医医疗机构46个。向国家推荐我市国家中医药健康旅游示范区2个、示范基地10个、示范项目16个。继续实施"治未病"建设项目试点,全年开展中医健康干预22.9万人次,中医讲座1150场次,培训社会办中医养生保健机构从业人员2812人次。

(四)推进传承创新

新增中医规培基地、国家级中药炮制基地、省级中药原料质量监测中心、省级中药标本馆和全国中医药学术流派传承工作室各1个,全国名老中医药专家传承工作室6个。提升中医住培水平,开展基地督导和学员、师资培训,学员集中岗前培训和带教师资培训率分别达100%和72%。招录2016年度住培学员235名,2016年度结业考核合格学员42名。西南大学徐晓玉教授获"全国中医药教学名师"称号。28名第五批全国老中医药专家学术经验继承人出师,13人获博士或硕士学位。首批614名区县级中青年医师完成跟师任务。首批20名全国中医护理骨干结业。完成12个国家级和139个市级中医药继续医学教育任务。天圣制药4个中药饮片和太极集团藿香正气液纳入国家中药标准化项目。

(五)加强文化建设

全年《中国中医药报》刊发重庆市稿件212篇,重庆记者站连续6年获得"先进记者站"荣誉称号。新增九龙坡区、江津区2个中医药文化进校园试点区县。开展宣传义诊活动40余次,服务群众近10万人次。

重庆烟草

重庆市烟草专卖局

一、烟草专卖管理

2016年,市烟草专卖局在市委、市政府和国家烟草专卖局的正确领导下,在全市烟草产业发展领导小组具体指导下,紧紧围绕市场监管、行政许可、打假破网等主要任务,扎实推进烟草专卖零售许可改革,积极探索、创新思路、锐意进取,较好完成各项工作任务。

(一)市场监管水平稳步提升

全市划分五大战区,深入开展整体市场防控,严控假私非烟抬头趋势。全年共开展9轮次交叉执法、百余次专项行动,暗访检查5600余户零售户。协调公安、高管部门设置56个边界检查站点,实现交通路网与重要场口全覆盖。组建全市执法机动队,进驻渝西片区开展市场防控,筑牢边界篱笆,严防非烟入侵,全年共拦截市外非烟近1200万支。扎实推进许可证异常情况处置、客户快速退出及停业客户激活,妥善解决一摊多证、闲置证、大户控制小户等问题。推送23名严重违法户至工商联征系统平台,打击不诚信经营。全市全年查案1.12万起,查获违法卷烟7526.87万支,实物案值7091.87万元,三项指标均同比大幅上升;市场净化率保持在98.5%以上,市场秩序持续向好。

(二)专项整治行动深入开展

主动争取市委、市政府加强领导,协调10余个市级部门开展卷烟市场打假打私打非"利剑"专项行动,掀起近年来我市最大规模、最广范围、最强声势的烟草市场专项整治行动,共出动各部门执法人员5.5万人次,检查15.33万户次,查获案件3661起,追刑13起,刑事打击23人;查获违法卷烟2671.96万支,实物案值

3842.70万元。同时在国家局、公安部部署下开展打击非法经营烟叶原料专项行动，查获违法烟叶100吨，有力整顿了烟叶收购及流通秩序，源头遏制制假反弹。渝北、沙坪坝、南岸、江北、长寿等单位认真开展物流快递信息摸排、驻场管控巡查，有效遏制寄递分销假烟的猖獗势头。黔江、秀山、彭水、綦江等单位与铁路公安协同发起"铁鹰"专项行动，对渝怀、内昆、达万、渝黔等四条干线登车查缉20余次，查获违法卷烟近2万条，对铁路"背包客"形成极大震慑。

(三) 打假破网效能有效改善

坚持全市打假一盘棋思路，强化情报导侦、革新作战技法、引领转型升级。全年共办结国家局级网络案件16起，刑事打击127人，取缔涉假名烟名酒店409户，巫山、石柱等单位在国家局级网络案件办理上取得突破。市烟草专卖局与市公安局进一步深度协作，组建行业首个涉烟情报信息分析研判中心，收集储存假烟线索140余万份、全国涉烟高危人群1万余名，日均筛查处理数据50余万条。全年推送市内线索1178条，查获违法卷烟856万支，抓捕45人，刑拘24人。成功办理涪陵"5·17"、北碚"11·27"等假烟网络案件9起，捣毁市内售假窝点、仓库12个，斩断包运链2条。在国家局、公安部指挥下发起集群战役6起，将网络案件线索向全国延展，取得良好成效。

(四) 内部监督管理不断加强

严格执行"五个坚决禁止"，严防发生"重大真烟非法流通、重大内部行为违规"案件，维护全市系统良好经营秩序。研究制定卷烟经营系统规范体系，加强"码段倒查、预警抽查、大案调查"三查力度，与26家区县单位开展规范经营座谈，组织案件调查8起，下发交办任务31起，启动预警调查4826起，真烟非法流通治理卓有成效。组织烟叶种植收购专项检查2次，工业企业打扫码专项检查5次，全年共抽查烟农604户，监销废弃烟机23台，废弃烟叶7284.98吨，烟叶及工业企业监管到位。围绕"双50""双80"重大案件、内部违规重大案件，全市共调查处理举报投诉57起，查处违规案件6起，处理内部违规人员15人。采取约谈、责令整改、取消评优资格等方式强化对违规行为的问责惩治，重点违规问题惩治坚决有力。

(五) 专卖队伍建设取得新进步

调整优化专卖机构，加大培训力度，强化信息建设，进一步转职能、转作风、提效能。出台《关于进一步调整优化区县烟草专卖局内设机构的指导意见》，撤销区县局行政服务大厅，将行政许可岗并入地方政府行政审批中心，精简机构设置、充实执法力量。将证件管理职能归入市场稽查队，筑牢管理基础，提升客户服务能力。在江津、南岸等单位探索机动稽查队建设，提升履职能力，促进管理模式转变。组建暗访督察人才库，跨区县、跨片区集中拉动检查，锻炼骨干队伍，检验市场监管成效。培养专卖管理员36人、专卖管理师6人，高于去年同期水平。根据国家局要求启动"三统一"大专卖信息系统建设，先期试点巴南、南岸两家单位并逐步在全市推开，提前一个月完成新系统上线运行。

二、烟叶种植业

2016年，市烟草专卖局在市委、市政府和国家烟草专卖局的正确领导下，在全市烟草产业发展领导小组具体指导下，紧紧围绕"坚守红线、稳定规模、转变方式、提质增效、促农增收"的中心任务，以现代烟草农业建设为统领，以烟叶生产经营管理体系改革为抓手，进一步优化投入政策，推进规模种植，创新组织模式，加强基础建设，积极构建新型农业经营体系，全面提升烟叶工作水平，基本实现了"十三五"烟叶工作良好开局。

(一)落实精准调控，烟叶生产保持平稳发展

认真贯彻落实国家局"烟叶三年调控"的决策部署，严格合同管理，加强过程监管，严守计划红线。全市落实烟叶种植面积56万亩，全市收购烟叶139.52万担，计划完成率99.7%，比2015年提升10.83个百分点。针对我市烟叶生产实际，确立"既要守住计划红线也要保住发展底

线”指导方针，着力优化生产政策，按照1200株/亩做实移栽面积并开展专项督察，全市亩植株数达1217株，同比增加123株。严格落实精准测产，综合平衡各产区间收购计划，确保烟叶计划资源用足用好，有力地维护烟农利益。

（二）强化技术落实，烟叶品质特色稳中向好

坚持“优质、特色、生态、安全、高效”发展方向，努力生产高品质烟叶，积极打造“渝金香”烟叶品牌。大力推广生态改善技术，全市共组织施用农家肥5.9万吨，同比增加2.48万吨。推广烟蚜茧蜂52.1万亩，推广黄板物理防治烟蚜11.75万亩，绿色生态防控实现全覆盖。深入落实先进适用技术，冬耕清残、配方平衡施肥、地膜栽培、“321”移栽、三段六步式烘烤到位率达到100%。因地制宜推广“三项主推技术”，积极试点水肥一体化施肥枪，2.8万座烤房开展采烤分一体化，地膜残留清除实现全覆盖。大力推广特色品种，打造武陵山区特色优质烟叶种植带，规模化种植K326特色品种3.95万亩，收购9.24万担。不断提升收购管理水平，全市上中等烟比例97.8%，比2015年提升1.63个百分点。国家局检查我市烟叶收购等级合格率为83%，工商交接等级合格率为62.7%，均创下近三年新高。

（三）加大营销力度，全市烟叶产销基本平衡

牢固树立“全市一盘棋、两烟一条心”的经营理念，充分用好属地工业和市外工业“两个市场”，切实加大烟叶销售工作力度。对新烟结算任务分单位、分数量、分等级、分工业企业进行了详细安排，确保计划内的烟叶优先调运、优先加工、优先结算。全年结算新烟叶48万担，累计结算140万担，全市基本实现产销平衡。全市烟农总收入达17.1亿元，实现烟叶税3.76亿元，户均收入8.36万元，均为近三年最高水平。

（四）盯住关键环节，烟叶规范管理持续加强

坚持“烟农利益无小事”，深入推进烟叶生产经营管理体系改革，持续提升烟叶规范管理水平。强化烟用物资监管，严格开展烟用物资实地抽查，采购品种和供应商抽查比例达到100%，单一品种平均抽查批次达10个以上。全年各类物资到货及时，抽检质量达标，烟农满意度明显提升。强化农家肥规范管理，统一制作生产专题片，督促产区各单位落实专人负责技术指导、验收发放，强化成本管控，全市农家肥生产成本严格控制在550元/吨以内。强化合作社规范运行，帮扶合作社加强内部管理，重点规范专业化服务补贴，做到单项考核、单项申报、共同会审、分批兑现，切实维护烟农利益。同时组建工作组常驻彭水润溪，扎实启动合作社改革创新，进一步提升合作社建设水平。强化烟叶信息管理，稳步推进合作社信息系统建设，目前31个合作社已全部上线运行。加强烟叶基础设施信息系统建设，设施数据录入率已经达到61.2%。加快推进烟叶全面质量管理信息系统建设，为实现烟叶生产可监控、质量可追溯打下坚实基础。

（五）稳定投入水平，烟区基础设施更趋完善

积极争取国家局给予支持，着力稳定投入水平，持续推进烟区基础设施建设，改善烟区群众生产生活条件。常规项目建设顺利开展，2014年度项目已通过国家局抽查验收，总体质量和档案资料管理水平较以往稳步提升；2015年度项目中调制设施类已全面完工，烟田机耕路已完成市级评审；2016年度项目计划已正式下达，烤房新建项目全面完工。援建项目建设扎实推进，第二轮烟区援建道路项目已完成市级验收，实际建成1687.1公里，两轮烟草援建道路项目累计建成3759.82公里，有效改善了烟区交通运输条件。水源工程已有12个项目通过了国家局评审并复函，行业援建资金8.3亿元。武隆接龙等7个项目已全面动工，主体工程按设计要求有序推进；奉节尖山等5个项目已完成招标工作。

（六）发挥产业优势，烟叶精准扶贫成效显著

认真贯彻落实市委、市政府关于精准扶贫精准脱贫的决策部署，以现代烟草农业为载体，发挥产业优势，引导烟农持续增收，助力全市扶贫攻坚。优化生产布局，将有限的烟叶计划资源向贫困地区和贫困农户转移，贫困地区种烟面

积占全市面积的比例由83.1%扩大至95.4%。深入推进“百千万”工程,全市烟农户均规模27.37亩,40亩以上职业烟农种植面积占总面积40%以上。深入落实“减少一个工,增收一百元”,全市专业化育苗、散叶收购实现100%覆盖,专业化机耕、植保分别达到29.8%、77.2%,全市烟农2016年亩均用工25个,合作社全面覆盖区域19.5个。积极引导多元增收,全市15%以上的育苗大棚开展香菇、黄瓜等蔬菜种植,拓宽烟农收入渠道。万州依托基本烟田开展“烟—菜”套种,推广面积5000亩,产值突破1000万元。

三、烟草工业

重庆烟草工业由卷烟制造和烟叶复烤加工两部分组成。其中卷烟制造企业为重庆中烟工业有限责任公司,下辖重庆、涪陵、黔江3个卷烟厂;烟叶复烤加工企业为重庆烟叶复烤有限公司,拥有彭水复烤厂、万州复烤厂2个加工点。2015年10月,国家局决定改组拆分川渝中烟工业公司,组建重庆中烟工业有限责任公司,负责重庆卷烟制造工业的经营管理,烟叶复烤加工企业仍由市烟草专卖局管理。

(一)卷烟制造

重庆中烟工业有限责任公司(简称“重庆中烟”)于2015年11月10日挂牌成立,系中国烟草总公司全资子公司。公司内设8个管理部门和10个专业部门,现有资产128.1亿元,卷烟生产计划127.4万箱,主要生产经营“天子”、“龙凤呈祥”两大卷烟品牌。公司曾获得全国五一劳动奖状、全国精神文明建设先进单位、全国模范职工之家、全国质量效益型特别奖企业等荣誉称号。2016年生产卷烟88.08万箱,调拨86.23万箱,完成销售收入126.96亿元,实现税利77.8亿元。

2016年,面对宏观经济下行、卷烟经营下行和自身基础薄弱的严峻形势,重庆中烟得到了国家局、市委市政府的关心重视,得到了重庆市局(公司)等商业系统的支持帮助,坚定不移地大马力推进品牌培育、产品研发、精益制造、市场开拓、规范管理、机制优化、党的建设等重点工作,在推动经济运行克难前行中呈现出了一些好的趋势和亮点。

一是在起步发展中实现了良好开局。按照国家局和市委市政府关于发展重庆市烟草产业的总体要求,研究制订了工业板块的“十三五”发展规划,对全年工作进行具体谋划和安排,以“塑品牌、强产品、拓市场、提质量、增效益”定位全年工作,制订形成“八个全面、六个提升”工作措施,并根据各阶段的新进展新情况新问题,及时研究办法措施,创造资源条件,促进条块协同,实现了良好开局。坚持市内烟草工商协同、两烟互动、一体化经营发展,工商互动效果不断提升,市内销售55.66万箱,同比增加1477箱。

二是新产品起势较好。集中精力打造“天子”“龙凤呈祥”两大品牌,着力实施品类构建,按照成长型、成熟型、补充型、替代型、淘汰型的分类原则,梳理产品构成,明确产品定位,准确把握市场状态,全程监测产品走势,力促量价齐升,着力提升品牌影响和产品实力。去年分四批报经国家局批复了22包新产品,加上原有产品,基本形成了“天子”品牌、“龙凤呈祥”品牌的产品线,覆盖了主销价位,丰富了风格特色,有15款新产品上市销售,实现商业销量15.16万箱,实现商业批发收入41.8亿元,提升了品牌形象、品牌价值和市场竞争力、消费影响力。“天子”品牌销量接近9万箱,增长93%,品牌基础和产品优势有较大提升。

三是市场开拓取得积极进展。坚持扎根重庆、力图四川、面向全国开拓重点市场,依托三大板块19个大区的市场布局,切实配置营销资源、梳理销售渠道、深化工商协同、加大市场攻势,举全司之力强推产品销售。依托全国地级市场90%以上的覆盖面,基本构成了以核心市场为支撑、关键市场为带动、增量市场为补充的梯次化市场格局。目前与全国30个省区市建立了销售关系,产品进入了290多家地级市场,川渝以外市场销售6.8万箱,同比增长55.7%。四川市场虽然销量下降32.1%,但是单箱结构上升

23%，销售收入同比只下降16.5%，按销售价值推算，销售减量不到2万箱。

四是管理调控严格规范。突出抓好运营调度和系统协调，建立快捷高效、柔性灵活、精益运行的生产体系，着力提升生产运行的质量和效率，着力改善有效供给。以精益管理为抓手，健全管理制度，优化管理流程，狠抓目标管理、预算管理、对标管理、审计监督，力促节约运行、规范运行、安全运行。坚持开源与节流并重，从源头抓起，从细节着手，在增收节支、节能降耗、提质增效上下功夫，努力向管理挖潜力、要效益。强力推进制度建设，在对26项制度评审修订基础上新发布36项，制度的覆盖面、符合度和执行力进一步提升，管理体系基本建成，安全基础不断夯实。强力提升规范管理，基本实现了制度化管控、程序化运行和常态化监督，经济业务规范运行。强力实施重点专项，深入推进挖潜增效，全年实现降本增效2.1亿元，超额完成了国家局下达年度目标。

五是创新驱动积极发力。深入开展卷烟、烟叶生产工艺基础性研究，在川渝烟叶应用研究、自主调香技术应用、模块配方打叶等方面取得积极进展。认真实施在线技术改造，及时启动设备补配、更新调整等功能性配套项目。优化创新平台，实行项目管理，注重课题带动，广泛开展群众性创新活动，增加了专利技术，解决了一些技术难题。认真组织绿色生产、清洁生产、节约生产，改善产品品质，突出环境保护，控制排放指标，进一步提高资源利用水平。切实营造黔江卷烟厂易地技改项目建设条件，积极推动涪陵卷烟厂易地技改项目单项验收以及烟叶中心库项目前期工作，全年完成技改投资3.3亿元，投资计划完成率上升3.89%，为强化硬件支撑做出了不懈努力。

六是团队意志有效凝聚。以加强领导班子建设为引领，以优化干部结构为支撑，以提速人才培养为重点，以强化信心定力为保障，着力打造卓越团队，切实凝聚团队意志。按照虚实结合的原则，在加强思想政治工作的同时，切实处理企业体制转换中的工资福利问题，强化对基层和职工群众的服务工作。按照公司"十三五"人才发展规划，大力实施人才强企战略，人才培养全面启动。全面加强形势教育，积极宣传品牌培育、产品研发、销售提速、管理有序等阶段性成效，让干部职工看到希望、展望愿景、坚定信心，团队的统一意志、进取精神、创业激情全面提升。

与此同时，多元产业也在困难叠加、经营转向中实现了平稳运行，全年实现收入11.2亿元，税利1.4亿元。

（二）复烤加工

重庆烟叶复烤有限公司是按照现代企业制度组建的股份制打叶复烤企业，隶属重庆市烟草专卖局（公司）。公司下辖重庆烟叶复烤有限公司万州复烤厂（原重庆万兴烟叶有限责任公司）和重庆烟叶复烤有限公司彭水复烤厂（原重庆金益烟草有限责任公司）。公司注册资本金98109.85万元。公司股东有中国烟草总公司重庆市公司（持股88.22%），重庆中烟工业有限责任公司（持股5.51%），湖南中烟工业有限责任公司（持股3.19%），江苏中烟工业有限责任公司（持股3.08%）。公司现有资产总额102916.84万元，其中固定资产原值45471.92万元，固定资产净值10377.92万元，资产负债率1.81%。在册职工308人，大专以上文化程度占82%，中级以上专业技术职称者56人。

2016年，复烤公司在市烟草专卖局（公司）领导下，积极推进"巩固管理基础，强化加工水平，提升队伍素质，推动项目建设，确保稳定发展"五项重点工作，全面完成各项既定目标任务。全年共加工原烟102.23万担，出片率66.25%；实现加工收入19694万元，税利总额5398.49万元，利润1825.39万元。复烤易地技改项目已经取得规划用地许可证和市发改委"重庆市企业投资项目备案证"续备案，二期土地顺利摘牌，正在进一步优化设计方案。

彭水复烤厂地处彭水县，占地面积约200亩，建筑面积8.4万平方米，其中仓储面积4.8万平方米，烟叶整选场0.86万平方米。复烤厂拥有国内较先进的麦克它维奇打叶、普洛克特复烤、菲思本型预压打包等3万吨生产线配套设备，采用集散控制系统，生产自动化水平较高，同时配备有布拉本德·赫尔森烘箱、TM710红外线水份仪等质量在线检测仪器，采用柔性打叶、低温慢烤片烟工艺技术，加工质量稳定，采用静电除尘加涡轮增压湍流除尘脱硫装置，节能减排成效显著。

万州复烤厂地处万州区，主要从事烟叶(烤烟、白肋烟)的加工及出口备货，是国家烟草专卖局和重庆市烟草专卖局重点扶持的三峡库区移民迁建技改企业。复烤厂占地面积约7.4万平方米，仓库面积约5.2万平方米，烟叶整选用地约0.72万平方米。主要工艺设备为“仿马克他维奇”型打叶线、“普洛克特”型复烤线和“高多丽”型预压打包线，拥有先进完备的检测设备，建立了三级质量监督检测站，具备检测烟叶各项理化指标的能力，产品加工质量达到或超过行业标准。

民政工作

刘 森

一、2016年发展回顾

2016年，全市民政工作紧紧围绕市委、市政府中心工作，积极推进基本民生保障、基层社会治理、基本公共服务、国防军队保障服务，各项工作整体推进。

(一)社会救助体系全面建立，困难群众有了更多的“获得感”

铆足干劲全力扶贫，低保扶贫兜底政策全面落实，扶贫济困医疗救助基金全面建立，20.5万名扶贫对象被纳入低保，31.4万名扶贫对象被纳入医疗救助，民政扶贫兜底任务全面完成。强化低保规范管理，市人大修订出台低保条例，调整提高城乡低保保障标准，同比分别提高9.5%、30.4%，全年救助低保对象93.8万人，支出低保资金31.9亿元。不断提升专项救助水平，医疗救助标准进一步提高，临时救助信息系统顺利启用，“救急难”制度综合试点成果彰显，全年医疗救助517.1万人次、支出资金10.1亿元；临时救助22.6万户次、支出资金5.6亿元。全面建立特困人员救助供养制度，特困人员供养标准、护理标准分别提高到每人每月600元、200元，实现应救尽救、应养尽养。

(二)防灾减灾救灾有效开展，受灾群众有了更多的“温暖感”

2016年，我市先后遭受风雹、洪涝、滑坡、地震等多种自然灾害袭击，36个区县368万人受灾，直接经济损失48亿元。全市先后8次启动市级救灾应急响应，紧急转移安置9万余人，及时拨付救灾资金3亿元，救助受灾群众96.6万人，帮助4095户群众重建住房1万余间。防灾减灾救灾制度不断完善，市级自然灾害救助应急预案修订颁布，社会力量参与防灾减灾救灾政策顺利出台，救灾物资储备管理办法和救灾物资储备库风险评估管理办法印发实施。防灾减灾宣传深入开展，救灾应急演练有效实施，减灾示范社区创建活动扎实推进，防灾减灾救灾机制更加完备，26个社区获评全国综合减灾示范社区。

(三)养老服务业加快发展，老年人有了更多的“幸福感”

“十三五”养老服务体系建设规划和主城区福利设施布局规划基本编制，200个社区养老服务中心(站)建设任务全面完成，全年新增养老床位7500张，改造床位10000张。截至2016年底，全市共有各类养老机构1348所，养老床位

20.7 万张,千名老人拥有床位达到 30.5 张。“医养结合”稳步推进,全市“医养结合”养老机构达到 205 家。规范养老服务管理,339 家养老机构取得设立许可,1094 家福利机构完成消防整改任务。大力发展慈善事业,加大福彩发行力度,全年接受慈善捐赠 3.5 亿元,1011 万人次受益;销售福利彩票 45 亿元,募集福彩公益金 13 亿元。

(四) 儿童福利制度不断完善,孤困儿童有了更多的“安全感”

切实保障困境儿童基本权益,困境儿童生活、医疗、教育、监护、康复保障制度全面建立,全年发放孤儿和事实无人抚养困境儿童基本生活费 5574 万元,为孤残儿童实施康复手术 300 例。不断提升孤残儿童供养水平,孤残儿童养育、特教、康复管理服务标准制定完善,6 个区域性儿童福利院供养条件大幅改善。加强农村留守儿童关爱保护,市级联席会议制度全面建立,关爱保护政策制定出台,“合力监护、相伴成长”专项行动启动实施,全市 35 万多名农村留守儿童成长环境大幅改善。加强流浪乞讨未成年人救助保护,全年共救助流浪未成年人 2093 人次。

(五) 基层社会治理创新推进,社会组织和自治组织有了更多的“活力感”

第十届村(居)委会换届选举全面完成,一次性选举成功率达 97.7%,村、居委会直选率分别达 100%、94.6%;城乡社区民主协商和农村社区建设试点稳步推进,社区便民服务平台建设继续加强,新改扩建便民服务中心 110 个。持续推进社会组织改革,加强社会组织培育扶持和综合监管,208 家全市性行业协会商会全部完成深化脱钩改革,社会组织“三同步两纳入”党建机制全面建立,安排 5755 万元支持社会组织实施服务项目 319 个,社会组织活力进一步激发,全市社会组织资产总值 90 多亿元,提供就业岗位 18.5 万个。持续深化“三社联动”实践,全市社工服务机构、社工岗位、持证社工分别达到 129 家、6582 个、8624 人;各级政府投入 1 亿元购买社工服务项目 202 个,300 余万人得到专业化服务;巩固“社工+志愿者”服务机制,实名认证志愿者达 460 余万人。

(六) 双拥优抚安置政策全面落实,优抚安置对象有了更多的“荣誉感”

全面落实抚恤优待政策,各项抚恤优待补助标准较上年分别提高 9%~45%,优抚医疗保障制度惠及全部重点优抚对象,维修改造优抚对象住房 1400 余户;投入 3000 余万元完成烈士纪念设施维修改造,完成 25.7 万名优抚对象数据更新,引导 600 余万人次祭扫各级烈士纪念场所。认真落实退役士兵安置政策,全力推进“阳光安置”,全年共接收退役士兵 10222 人,符合安排工作条件的 368 名退役士兵全部妥善安置,9854 人选择自主就业;推荐 3570 名退役士兵到各类企业工作;持续推进军休军供规范化建设,安全保障部队过境。13 个区县被命名为全国双拥模范城(县),1 个单位、3 名个人荣获全国双拥模范单位和个人称号;帮助驻渝部队解决重点难点问题 21 个,优先解决 1583 名军人子女入学入托问题。

(七) 社会公共服务水平不断提升,城乡居民有了更多的“满意感”

稳妥开展行政区划调整,开县、梁平、武隆撤县设区工作圆满完成,第二次全国地名普查的外业调查和内业整理工作全面完成,渝黔省界和 17 条县界联检任务按期落实。大力加强殡葬设施建设,殡葬事业发展“十三五”规划、主城区殡葬设施布局规划和殡仪服务站建设规范编制完成,第二个市级城市公益性公墓如期开工;全年火化遗体 8 万具,火化率达 46%;为 1.16 万名困难群众免除基本丧葬服务费 1616 万元,殡葬管理服务水平不断提升。全面加强婚姻登记机关标准化建设,全年共办理婚姻登记 40 万对,收养登记 242 件,登记合格率 100%;婚姻家庭服务“家和计划”顺利实施,1960 年以来婚姻历史数据补录工作按期完成。加强对流浪乞讨人员的主动救助、分类救助、应急救助,全年共救助流浪乞讨人员 3.7 万人次。

（八）从严从实抓好民政能力建设，民政干部职工有了更多的“归属感”

从严从实落实管党治党责任，深入学习习近平总书记系列重要讲话和视察重庆重要讲话精神，扎实开展“两学一做”学习教育，教育党员干部严守党的政治纪律和政治规矩，干部职工的政治意识、大局意识、核心意识、看齐意识切实增强，风清气正的政治生态得到加强。从严从实抓好为民服务能力建设，依法行政深入推进，民政信息化建设取得进展，民政标准化工作成效明显，“民政干部能力提升工程”持续实施，全年共开展各类专题培训 87 班次，1.15 万人次受训，干部综合素质显著提升。从严从实抓好党风廉政建设，严格执行中央八项规定，民政系统政风行风持续改善。

二、2017 年重点工作

（一）健全完善管理规范的社会救助体系

一是加强困难群众基本生活保障工作。全面贯彻国务院关于加强困难群众基本生活保障有关工作的通知精神，编制困难群众生活保障资金预算，确保政府投入只增不减。充分发挥社会救助协调机制的统筹协调作用，建立健全由政府负责人牵头，民政部门负责，发展改革、财政、卫生计生、人力资源社会保障、教育、住房城乡建设、扶贫、残联等部门和单位参加的联席会议制度，定期研究解决困难群众基本生活保障问题，推进困难群众基本生活保障政策衔接和工作衔接。认真做好受灾群众、城乡低保、特困人员、农村留守儿童和困境儿童、孤儿和贫困残疾儿童、生活无着落流浪乞讨人员、困难优抚安置对象等各类困难群众的救助工作，推动救助保障政策全面落实到基层，惠及城乡困难群众。二是推进城乡低保精准救助。抓好农村低保制度与扶贫开发政策的有效衔接，对符合农村低保条件的贫困人口精准识别、应保尽保，确保脱贫攻坚任务全面完成。抓好《重庆市城乡居民最低生活保障条例》的贯彻实施，修订出台低保对象认定办法，使保障比例保持在合理范围。密切关注居民消费支出增长动态，适时提高低保标准，进一步缩小城乡低保标准差距。探索制定低收入家庭认定标准，将支出型贫困家庭纳入社会救助范围。三是完善医疗救助相关政策。全面建立区县扶贫济困医疗基金，对农村贫困人口和民政救助对象发生的医保目录外医疗费用实施限额分段分档救助。抓好医疗救助提标落实，切实减轻困难群众医疗负担。制定因病致贫家庭重病患者认定办法，完善救助条件认定和申请审核审批程序，对定点医疗机构开展随机抽查。四是加强临时救助规范管理。制定临时救助资金管理办法，优化临时救助审核审批流程，制定相对统一的临时救助标准。全面建立“救急难”制度，增强临时救助的时效性，形成政府统筹、部门联动、社会参与的社会救助“救急难”新格局。五是落实特困人员救助供养政策。全面落实特困人员救助供养制度，制定特困人员认定办法和审核审批规程，提高失能半失能特困人员集中供养率。加强农村敬老院设施改造、功能拓展和安全管理，提高特困人员供养服务水平。六是完善防灾减灾机制。认真贯彻党中央、国务院关于推进防灾减灾救灾体制机制改革的意见，完善防灾减灾救灾机制。加强防灾减灾宣传培训、应急演练，力争创建全国综合减灾示范社区 20 个。开展灾害风险隐患排查，完善社会力量参与救灾工作机制。制定受灾人员救助指导标准和自然灾害灾情管理工作规程，加快推进区县救灾物资储备库规范化建设，加强救灾物资采购、储备和管理，探索自然灾害救助评估方式方法。七是提高灾害救助水平。认真抓好应急救灾，妥善做好受灾人员应急救助、过渡期生活救助、因灾遇难人员家属抚慰等工作。认真做好自然灾害救助对象确认和资金发放等工作，有效实施冬春救助。认真做好受灾人员倒房重建情况沟通、信息汇总和补助资金发放等工作，扎实推进倒损住房恢复重建。

（二）健全完善适度普惠的社会福利服务体系

一是加快发展养老服务业。认真落实党中央、国务院和市委市政府应对人口老龄化、加强养老服务工作的决策部署，用好国家层面对我市的养老服务体系建设中央补助激励支持政策，加快构建社会养老服务体系。制定贯彻国务院全面放开养老服务市场提升养老服务质量的实施意见，加快推进养老服务业供给侧结构性改革，拓宽养老机构建设渠道，鼓励社会资本兴建养老服务机构，力争全年新增养老服务床位1万张。扩大公办养老机构改革试点范围，研究制定公建民营养老机构管理办法，鼓励社会力量通过独资、合资、合作、联营、参股、租赁等方式，参与公办养老机构改革。全面推行医养结合养老服务模式，重点发展医养结合型养老机构，大力支持面向失能老人的老年养护院建设，有效增加养护型、医护型养老床位。办好市委市政府重点民生实事，深化居家和社区养老服务改革，加快推进200个社区养老服务设施建设。二是加强养老服务规范管理。修订城乡养老机构服务管理办法，全面规范养老机构设立许可、登记管理、服务标准和监督检查。完善养老服务标准体系，研究制定养老机构等级划分标准。探索建立长期护理保险制度，有效化解家庭护理经济风险。继续推进福利机构安全隐患排查和整改工作，坚决防止安全事故发生。优化养老服务从业人员结构，拓宽养老服务专业人员职业发展空间。三是抓好儿童和残障人福利。贯彻落实好孤儿及困境儿童保障政策，建立健全孤残儿童养育、特教、康复服务标准，提升孤残儿童养育水平。全面落实农村留守儿童关爱保护政策，推动落实留守儿童监护责任“一协议两清单”，全面开展农村留守儿童“合力监护、相伴成长”专项行动。推进未成年人社会保护工作，抓好区县试点示范，推动建立发现、报告、救助、安置、转介为一体的联动反应机制。落实国务院加快发展康复辅助器具产业政策，研究制定精神障碍社区康复服务政策，继续促进残疾人集中就业。四是促进慈善福彩事业健康发展。深入贯彻落实慈善法，加强慈善组织监督管理，规范慈善组织行为。开展“重庆慈善奖”评选表彰。鼓励和支持慈善力量参与扶贫攻坚工作，建立健全慈善力量参与扶贫攻坚的体制机制。加强福利彩票风险防控，确保安全运行。完善福利彩票市场营销体系和销售网络体系，拓展销售渠道。严格执行《重庆市彩票公益金用于社会福利事业专项资金管理办法》，提高福彩公益金使用效益。

（三）健全完善良性互动的基层社会治理体系

一是全面推进城乡社区建设。做好全市第十届村（居）委会换届选举后续工作，开展新一届村（居）委会成员及相关工作人员培训，推进村（社区）规范管理。适时调整村（社区）工作人员补贴和村（社区）组织工作经费补助标准。深化城乡社区民主协商实践，强化村（居）务公开及村（居）务监督工作，促进基层民主自治。开展全国农村社区示范创建及市级和谐社区（村）创建活动，提升城乡社区建设水平。研究制定加强和完善城乡社区治理、加强乡镇政府服务能力建设政策文件，推进基层服务管理创新。落实城乡社区服务体系建设“十三五”规划，推进城乡社区信息化建设，总结推广社区服务平台建设经验。二是稳妥推进社会组织改革。认真贯彻中办发〔2016〕46号文件精神，稳妥推进社会组织管理制度改革，研究制定贯彻社会团体、基金会、社会服务机构条例和慈善组织管理配套政策。继续深化行业协会商会与行政机关脱钩工作，全面完成脱钩改革任务。完善社会组织综合监管体系，加快社会组织法人库建设，建立社会组织行政约谈、抽查监督、信息公开等管理制度，探索推行社会组织年度报告、负责人任前公示、法定代表人述职制度，加强重点领域社会组织精细化管理。推动提高政府向社会组织购买服务力度。抓好社会组织综合党委运行管理，提升社会组织党建工作水平。三是持续推进社会工作发展。深化社区、社会组织、社会工作者“三社联动”实践，研究制定推进“三社联动”指导意见。制定加强社会工作专业岗位开发与人才激励保障贯彻意见，继续实施“万名社工专才培养计划”。健全政府购买社会工作服务和志愿服务机制，深入推进社会工作服务“411”示范工程。开展社会工作服务示范创建活动，促进社会工作融入基层社会治理。

(四)健全完善军地协调的双拥优抚安置体系

一是切实推动双拥工作深入发展。采取切实措施做好新形势下的优抚安置工作，研究出台相关配套政策措施，帮助解决部队官兵"后路后院后代"问题。以庆祝建军90周年为契机，开展双拥宣传教育和社会化拥军活动，帮助解决驻渝部队实际问题，凝聚军民团结奋进力量。发挥双拥平台作用，开展军民协同创新，推进军民融合深度发展。二是全面落实优待抚恤政策。及时调整兑现优抚对象抚恤补助标准，全面落实优抚医疗保障政策和住房优待政策，切实解决重点优抚对象的生活难、医疗难和住房难问题。加大优抚对象帮扶解困服务力度，坚持传统节日和重大活动期间走访慰问享受国家定期抚恤补助优抚对象，营造全社会关心关爱优抚对象的浓厚氛围。加强优抚信息化建设，推进优抚事业单位能力建设。开展优抚对象矛盾纠纷排查工作，依法依规做好矛盾化解，维护社会稳定大局。三是深化退役士兵安置改革。协助制定出台《重庆市退役士兵安置办法》，探索建立退役士兵安置社会评估责任机制，确保"四类人员"第一次就业质量。加强退役士兵职业技能培训，确保参加职业教育和技能培训的人数达到当年自主就业退役士兵人数的60%以上，"两证" 获取率和培训就业率达到98%。探索建立退役士兵创业基金，落实退役士兵创业优惠扶持政策，扶持引导退役士兵自主创业。推进军休机构规范化、军供现代化建设，增强军休军供服务保障能力。

(五)健全完善高效便捷的民政公共服务体系

一是加强区划地名服务。稳妥推进行政区划调整。完成第二次全国地名普查验收，建立市和区县两级地名地址数据库，推进普查成果转化应用，落实《地名文化遗产保护工作实施方案》，编撰《重庆政区地名词典》，弘扬和传承优秀地名文化。启动修订《重庆市地名管理条例》调研工作。完成渝川省级和17条县级行政区域界线联合检查，深化平安边界创建。二是加强殡葬管理服务。全面实施殡葬事业发展"十三五"规划和主城区殡葬设施布局规划，加快推进第二个市级城市公益性公墓建设，启动第三个市级城市公益性公墓规划选址，建成一批区县、乡镇公益性公墓和村级集中安葬点。推进节地生态安葬和绿色殡葬，完善惠民殡葬政策，推动建立殡葬改革的激励引导机制。加强"96000"殡葬服务热线运行管理，提高管理服务水平。规范殡葬行政许可行为，加强重点殡葬事务监管，指导各地做好春节、清明节祭祀安全管理与服务保障工作。三是加强婚姻收养登记服务。加强婚姻登记信息化建设，推动部门数据共享，完成中华人民共和国成立以来登记历史数据补录任务。加强婚姻登记机关规范化、标准化建设。推进结婚颁证和婚姻家庭辅导服务工作，实施"家和计划"项目，促进婚姻家庭和谐。继续推进收养评估试点工作，开展国内待收养儿童寻亲专项行动，规范完善儿童收养工作。四是加强流浪乞讨人员救助服务。加强救助设施建设，推动救助服务设施区县全覆盖。健全市、区县、镇街、村(社区)"四级"救助服务网络，加大流浪乞讨人员劝导救助力度。加强源头预防，规范救助程序，做到主动救助、分类救助和应急救助常态化。强化救助管理政策宣传，组织开展好"6·19"全国救助开放日活动。依托全国救助寻亲网，建立寻亲服务和身份查询长效机制。

(六)健全完善务实担当的民政能力建设体系

一是积极推进民政体制机制改革。严格按照"三定"方案、党中央国务院和市委市政府文件精神以及民政法律法规要求，进一步明确民政职责定位，确保集中精力履行好核心职责、做好本职工作。市局机关要调整优化职能设置，重点强化综合协调、统筹规划、政策制定和监督指导等职能，加快清理不必要的行政审批事项，逐步下放行政管理事权，向事业单位或社会组织转移事务性工作，加大向区县转移支付力度。区县民政部门要理顺内设机构设置和工作体制机制，合理调整人员安排、资源分配，便于上下衔接开展工作，保证集中力量做好该做的事、做好最重要的事。根据民政工作任务和服务对象等因素，积极促进人员、资金、机构向基层倾斜，确保民政事务在基层落实到位。二是切实加强民政综合能力建设。推进民政法治化建设，制定法治民政建设实施方案、民政系统七五普法规划和民政行政执法基本规范，修订民政行政处罚裁量基准，推行民政行政审批标准，提升民政依法行政水平。加强民政信息化建设，编制民政信息化发展规划，强化信息化人才队伍建设，推进实施“互联网+民政服务”和健康养老、智慧社区信息平台建设，推广深化民政信息系统应用。推进民政标准化建设，加快民政地方标准研制，打造标准化示范点，推动标准宣传贯彻和执行。推进民政干部队伍建设，继续实施“民政干部能力提升工程”，加大干部教育培训力度，大力培养专业人才和高技能人才。启动实施“民政集中大调研”行动，聚集问题，深入调研，为制定政策、完善制度、科学决策提供依据。加大民政新闻宣传力度，及时发布权威信息，稳妥应对舆情。强化民政信访、财务、统计、资产管理、基本建设，抓好内部管理、后勤保障和离退休干部服务等工作。三是强力推进基层民政工作。全面贯彻落实近年来党中央、国务院和市委市政府印发的国发〔2012〕45 号加强和改进最低生活保障工作、中办发〔2016〕46 号改革社会组织管理制度促进社会组织健康有序发展及流浪未成年人救助保护、重特大疾病医疗救助、留守儿童困境儿童保障等有关政策文件精神，主动向本级党委政府汇报，积极协调相关部门支持，推动配备落实基层民政工作力量和工作经费。创新工作思路和方式，探索政府购买服务、设置公益岗位、聘用社会工作者、灵活用工等方式，通过竞争择优、项目运作、契约管理，逐步将基层事务性管理与服务工作委托有条件的社会力量承接，缓解基层民政部门“无人办事、无钱办事”的问题。四是持续规范直属单位管理。结合行政机关事业单位机构改革，进一步优化调整直属事业单位的机构设置、职能职责、管理体制、运行模式，实现社会效益和经济效益双提升。管理类事业单位，要做好行政管理事务性服务性工作；服务类事业单位，要履行好政府兜底保障职责，提升管理服务水平，成为全市示范、行业标杆。加强直属单位领导班子和干部队伍建设，建立干部绩效考评和末位诫勉评价机制，选好配强班子，带好干部队伍。探索建立内部巡视巡查制度，健全财务管理审计制度，强化建设项目实施和过程监督，完善资金绩效考评机制。加强民政服务机构安全风险隐患排查和整治，防止安全事故和服务对象人身安全事件发生。

（作者单位：重庆市民政局）

重庆物价

程银军

2016 年，在市委、市政府的坚强领导下，全市价格主管部门全面贯彻中共中央国务院《关于推进价格机制改革的若干意见》和市委市政府《关于推进价格机制改革的实施意见》，推进完善主要由市场决定价格的机制，服务供给侧结构性改革，深入推进重点领域价格改革，加强市场价格监管和反垄断执法，各项工作取得积极进展，促进经济社会发展营造了良好的价格环境。

一、2016 年重庆市价格运行情况

2016 年，全市价格总水平保持基本稳定，居民消费价格温和上涨，工业生产者价格触底回升。

（一）居民消费价格温和上涨

2016 年，全市居民消费价格总体稳定，温和

上涨。CPI 全年上涨 1.8%,涨幅较 2015 年高 0.5 个百分点，低于全国平均水平 0.2 个百分点,列全国 31 个省(区、市)第 14 位,西部 12 个省(区、市)第 4 位,处于居中水平,完成政府物价预期性调控目标任务。

CPI 运行主要有以下特点:一是总体呈现年初年末较高,年中较低的 M 形走势。CPI 自 2 月开始小幅上涨,4 月冲高到 2.7%,5 月逐步回落,9 月再次上涨，至 11 月达到 2.0%后开始回落,涨幅在 1.0%~2.7%的区间窄幅波动。二是八大类商品价格“七升一降”。食品烟酒、衣着、居住、生活用品及服务、交通和通信、医疗保健、其他用品及服务类价格分别上涨 3.6%、2.4%、1.1%、0.6%、0.6%、1.8%、2.6%，仅教育文化娱乐类价格下降 0.5%。三是食品价格和服务价格上涨是推升居民消费价格的主要因素。食品价格上涨 4.7%,占 CPI 总涨幅的一半左右,其中猪肉和鲜菜价格涨幅较大,分别上涨 17.1%、9.3%。服务价格累计上涨 1.0%，也对 CPI 上涨形成了有力支撑。

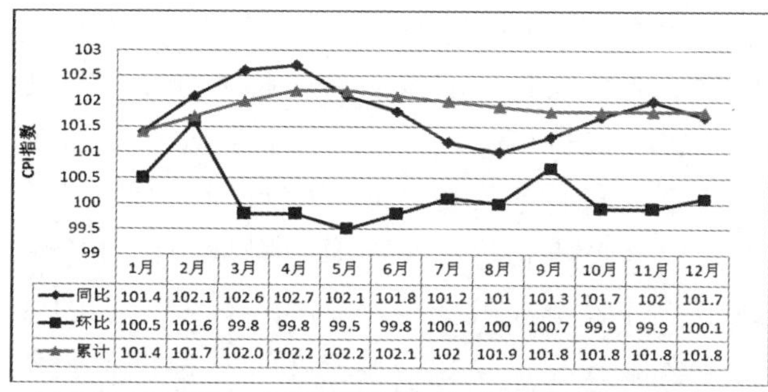

2016 年重庆市居民消费价格指数运行图表

(二)工业生产者价格触底回升

2016 年,全市工业生产者价格跌幅收窄,同比由降转升。工业生产者出厂价格指数(PPI)下跌 1.4%，跌幅较 2015 年收窄 1.4 个百分点,同比从 2 月起持续上升,至 10 月实现由负转正,12 月上涨 2.4%,较 1 月上涨 6.1 个百分点。工业生产者购进价格指数(IPI)下跌 1.6%,跌幅较 2015 年收窄 1.3 个百分点，同比从 2 月起持续上升，至 11 月实现由负转正,12 月上涨 2.5%,较 1 月上涨 6.2 个百分点。原油等国际大宗商品价格上涨推动国内工业品价格回升，国内深化供给侧结构性改革,去产能、去库存等政策效应逐步释放,加之汇率波动导致进口大宗商品价格攀升,推升部分工业品价格。

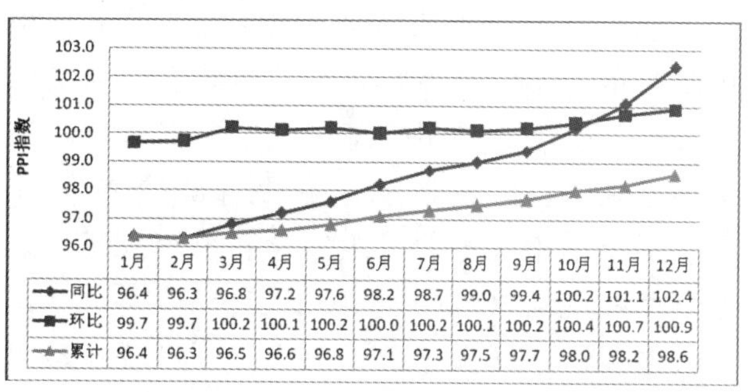

2016 年重庆市工业生产者出厂价格指数运行图表

二、2016 年重庆市价格工作概况

(一)强化价格监测调控

一是积极拓展价格监测范围。新增劳动力市场价格监测,加强食盐市场价格监测,调整公路货运价格监测线路，全市监测点增至 700 余个，全年共采集报送价格监测数据 60 余万条，进一步提高了价格监测工作的准确性和时效性,更加全面地反映了市场价格情况。二是深入开展价格分析研判。开展农副产品价格定期分析,加强生猪价格走势研判,加大煤炭、钢铁价格分析力度,密切关注市场价格热点,充分运用监测成果提升价格分析预警质量，努力保持重要商品价格稳定,积极服务供给侧结构性改革。向国家发展改革委和市委市政府上报市场调查巡视报告 5 篇、专题分析材料 35 篇,其中 10 篇分析材料被国家发展改革委和市委市政府采用。三是不断丰富价格调控手段。建立民生价格公示平台,将重要生活必需品、日用工业消费品零售价格以及政府定价项目标准等共 7 大类 391 项商品和服务价格在重庆价格信息网专栏公示,合理引导市场预期。完善社会保障和救助标准与物价上涨挂钩联动机制,优化启动条件,缩短启动时间,提高保障能力。认真执行生猪调控预案,适时启用政府储备冻肉平抑肉价,并向城乡困难群众发放生活补贴 1 亿元，切实保障困难群众的基本生活。

（二）积极推进价格市场化改革

一是出台价格机制改革实施意见。认真贯彻中共中央国务院《关于推进价格机制改革的若干意见》，结合重庆实际代拟《关于推进价格机制改革的实施意见》，以市委市政府的名义印发实施，实施意见明确了重庆市价格机制改革实施原则、目标、任务、路径以及保障措施等，切实加强了价格改革的组织领导和统筹协调。二是全面实施新修订的《重庆市定价目录》。坚持完善主要由市场决定价格的机制，将政府定价范围主要限定在重要公用事业、公益性服务和网络型自然垄断环节，放开了62项竞争性领域和环节的商品和服务价格，政府定价项目减少为9大类46项，大类和子项分别减少57%和55%。全面清理直辖以来全市价格政策文件，确保目录之外无定价权。进一步完善政府定价项目的定价规则和决策机制，促进更好发挥政府作用。三是深入开展能源价格市场化改革。积极推进全市输配电价改革试点，完成成本监审、资产调查等工作，拟定了重庆电网输配电价方案。协助推进售电侧改革试点，扩大电力大用户直接交易范围。放开化肥用气价格和储气服务价格。协助筹建重庆天然气交易中心。四是建立完善居民水电气阶梯价格制度。完善居民阶梯电价政策，由“月阶梯”调整为“年阶梯”，同时增设“一户多人口”和“一房多户”阶梯电价政策。平稳实施居民阶梯水价和特种水价制度，居民用水支出不增加，同时提高洗车、洗浴等特种用水行业用水价格，引导合理用水，促进资源节约。建立居民阶梯气价制度，保障居民基本用气需求，针对“低收入家庭”“多人口家庭”“采暖用气”实行差异化气价政策。五是稳慎推进医疗服务和药品价格改革。制定《重庆市推进医疗服务价格改革实施方案》，会同有关部门完善《重庆市医疗服务项目价格(2014年版)》。加快新增医疗服务项目价格审核，拟定新增117项医疗服务项目价格。进一步推进按病种收费方式改革，拟定新增50个按病种收费标准。研究市级公立医院药品零差率改革补偿政策，推进公立医院综合改革。平稳推进药品价格改革，保持全市药品市场价格的总体稳定。六是完善交通运输价格形成机制。完善高速公路路产赔(补)偿、占用价格政策，加强高速公路路权保护和管理。研究网约出租汽车价格管理模式和价格监管方式，促进出租汽车公平竞争市场的快速形成和构建多样化、差异化的出行服务体系。启动汽车旅客运输价格和汽车客运站收费政策修订工作。

（三）服务供给侧结构性改革

一是完善产业电价政策。取消中小化肥电价优惠，继续实施高耗能企业阶梯电价政策、惩罚性电价和差别电价政策并逐步扩大执行范围，运用价格杠杆促进结构调整。二是降低企业用能成本。两次下调一般工商业和大工业用电价格，扩大市场化交易电量，完善基本电费制度，减少工商企业用电支出5.7亿元。降低天然气门站基准价格，完善调峰企业用气价格政策，减少工商企业用气支出51.3亿元。三是降低交易服务成本。下调工程建设招投标交易服务费收费标准，减少企业负担2.1亿元。四是规范涉企收费项目。全面清理涉企收费项目，公布涉企行政事业性收费、实行政府定价的涉企经营服务收费、进出口环节涉企经营服务收费、长江航运涉企经营服务收费、政府定价的涉企行政审批前置服务收费等5个收费目录清单。涉企行政事业性收费项目减少至71项；政府定价的涉企经营服务收费项目减少至17项，推进了收费市场化改革。五是减免行政事业性收费。免征土地权属调查费和地质成果资料费，扩大涉及农业、质监、林业等部门18项行政事业性收费项目免征范围，降低不动产登记收费标准，减少企业负担约1.58亿元。六是促进环保产业发展。健全陆上风电、光伏发电标杆电价体系，引导可再生能源协调发展。合理核定瓦斯气发电、水电及沼气发电项目上网电价，支持替代煤炭的清洁能源利用。落实脱硫、脱硝、除尘环保电价政策，疏导超低排放环保电价补贴，支持燃煤发电企业环保升级改造。完善污水、废气、垃圾排污权交易基准价政策。

（四）加大市场价格监管力度

2016年，全市价格主管部门强化市场价格监管，着力优化市场价格环境，组织开展涉企收费专项检查及重点行业和领域价格监督检查，全年共查处各类价格违法案件184件，实施经济制裁12549.4万元。一是建立“双随机一公开”价格行政执法工作机制，规范价格监督检查行为。二是贯彻落实国务院《关于在市场体系建设中建立公平竞争审查制度的意见》，启动在重庆市推进建立公平竞争审查制度。三是开展涉企、涉农、环保电价专项检查。深化行政机关及其下属事业单位、行业协会以及部分商业银行涉企收费检查，进一步规范涉企收费行为。继续开展农村义务教育收费等涉农收费检查，减轻农民负担。加大环保电价检查力度，依法扣减环保电价款1507万元。四是加强市场价格监管。组织开展药品价格、景区门票及房地产明码标价等专项检查。有序推进药品等反价格垄断调查。加强节假日及重大会议期间市场巡查、督察，强化提醒告诫和宣传引导。五是有效发挥12358价格监管平台作用。全年接收价格举报投诉及咨询29688件，办结28848件，办结率达到97.76%，其中办理价格举报投诉6007件，实施经济制裁99.3万元。

（五）提升价格监管服务水平

一是推进依法治价。积极推进价格立法工作，《重庆市价格监督检查办法》纳入市政府2016年立法调研项目，《重庆市价格管理条例》《重庆市行政事业性收费管理条例（修订）》列入2016—2020年市政府立法规划。对直辖以来的价格规范性文件进行全面清理，根据分类处置原则，公布废止了108个价格文件。落实行政审批改革，陆续取消价格行政审批项目。编制并公布了市级价格行政权力清单及运行流程图，制定了重庆市物价局公共服务事项目录表及办事指南。二是做好价格成本调查监审工作。完成粮食等7大类24个品种的农产品成本收益常规调查，以及农户存售粮等3个专项调查，积极开展柑橘、中药材等特色农业成本效益调查。修订完善《重庆市定价成本监审目录》，开展电力、天然气、景区门票等成本监审工作，服务重点领域价格改革，全年完成成本监审和调查项目57个，审核金额586.9亿元，核减不合理成本70.5亿元，核减率达12%。三是积极开展价格认定工作。贯彻实施《价格认定规定》，全年办理价格认定案件12571件，标的金额30.5亿元，积极服务纪检司法机关案件办理工作。

三、2017年重点工作

（一）加强价格监测调控，保持价格总水平基本稳定

加强价格监测预警，逐步推进民生价格公示工作；强化价格形势分析预判，及时提出有效调控措施建议；增强风险意识，切实防止、妥善应对个别重点商品价格异常波动，把居民消费价格涨幅控制在3%以内。同时，落实好社会救助和保障标准与物价上涨挂钩的联动机制，保障困难群众基本生活。

（二）深入推进重点领域价格改革，基本放开竞争性领域和环节价格

聚焦2017年基本放开竞争性领域和环节价格，深化重点领域价格改革，充分发挥市场在价格形成中的决定性作用。深入推进电力、天然气价格市场化改革，积极稳慎推进医疗服务价格改革，完善交通运输、教育收费等价格形成机制，全面建立城市居民阶梯水价气价制度，积极开展农业水价综合改革试点。

（三）完善价格政策体系，助推供给侧结构性改革

坚持以供给侧结构性改革为主线，充分发挥价格杠杆作用，进一步降低企业用能成本。系统理清规范涉企收费，着力减轻企业负担。完善环保价格政策，促进结构调整和产业转型升级。深化特色农业价格监测和成本效益调查，服务农业供给侧结构性改革。

（四）加强价格监督检查，营造公平竞争的价格环境

积极建立公平竞争审查制度，推进反价格

垄断执法工作，逐步确立竞争政策的基础性地位，维护市场公平竞争秩序。全面推行“双随机、一公开”机制，深入开展涉企收费检查，规范民生领域价格收费行为。提升12358价格监管平台应用能力。

（五）夯实价格基础工作，提升管理服务水平

健全价格法制体系，积极推进价格管理、价格监督检查方面的立法，适时修订行政事业性收费管理、价格鉴证两部地方性法规。完善政府定价规则，修订司法鉴定服务、律师服务等收费管理办法，完善水利工程供、天然气管道运输、城市燃气配气等价格管理政策。强化价格成本调查监审工作，制定有线数字电视、管道燃气等分行业成本监审办法。积极拓展价格认定工作领域，优化价格认定服务。

（作者单位：重庆市物价局）

三峡库区移民

重庆市移民局

一、三峡后续工作概况

市移民局深入贯彻落实习近平总书记视察重庆重要讲话精神，积极推进“十三五”规划，认真开展“两学一做”学习教育，深化“四个意识”，加强作风建设，紧紧围绕全市移民工作的大局及中心任务，齐心协力，勤奋工作，服务库区，较好地完成了2016年移民工作任务。重庆库区经济运行稳中向好、社会事业协调发展、生态环境总体稳定。库区移民收入增速高于当地常住居民。

二、三峡后续工作规划管理

坚持简政放权，及时调整三峡后续工作项目前期工作审批权限和审批职能。经市政府同意，将市级部门审批权限由原申请三峡后续工作补助资金3000万元及以上调整为5000万元及以上，申请补助资金5000万元以下的项目由区县负责审批。工程建设类项目的初步设计由相关行政主管部门负责审批，市移民局只负责政策补助类项目和“打捆”项目实施方案的审批。凡是由市移民局负责审批项目的咨询审查，从项目咨询审查到文件批复层层严格把关，审查审批质量明显好于往年。

及时研究解决项目审批和项目调整中的突出问题，为区县排忧解难。一是及时研究解决市后续工作领导小组3号文件执行中的问题。协调督促市发展改革委、市城乡建委严格执行3号文件的审批权限，解决了单独场平工程初步设计审批无人管的问题，确保区县年度项目申报顺利实施。二是及时研究出台三峡后续工作项目调整办法。以市后续工作领导小组、市后续办的名义制发3个文件，对拟取消、中止，只变更项目法人或责任单位，只变更建设地点项目，2011年至2015年确需调整建设内容和投资的四类项目明确了具体的调整意见。同时，要求区县分类分批分步申报调整，严格审查审批程序，既要维护项目申报审批的严肃性，又要确保项目调整的质量。

认真落实市委主要领导的指示精神，完成重大文物项目的策划。市移民局会同市文物局对库区8个重点移民区县策划的文物与旅游相结合的重大项目逐个现场调研，并组织文物、旅游专家对项目进行论证和筛选。

三、三峡后续工作项目申报

围绕“三带一区”和农村移民安置区精准帮扶的重点，对库区经济发展和移民安稳致富、生态环境保护、地质灾防治等三峡后续项目认真进行了合规性审查，圆满完成了2017年度三峡后续项目年度实施方案申报。在2016年6月底，按

照三峡办要求顺利完成了2017年度三峡后续工作项目年度实施方案申报，共计申报771个项目，年度补助资金总额195亿元。在项目申报工作中，我们按三峡办和财政部的新的管理要求，组织指导区县及项目业主认真设定了每一个三峡后续项目的绩效目标，并在中介机构的协助下，正在编制全市的年度整体绩效目标。

努力推动三峡后续项目管理规范化。一是起草了《关于进一步做好三峡后续工作年度实施方案项目合规性审查工作的通知》，使得三峡后续项目合规性审核工作常态化。针对三峡后续项目年度集中申报带来的时间紧准备不充分、任务集中审核把关困难的问题，起草了《关于进一步做好三峡后续工作年度实施方案项目合规性审查工作的通知》，在2016年1月份即下达区县执行，使得我市三峡后续工作年度实施方案项目合规性审查进入常态化，项目业主成熟一个向区县申报审核一个，区县按月汇总报市局审核，市局原则上按月审核批复。二是起草了《重庆市三峡后续工作项目专项资金分担比率》文件，大大提高了三峡后续项目专项资金补助标准，也使得补助资金测算更客观科学。在财政部废除原补助标准后，在深入研究相关政策文件和库区三峡后续项目实施情况的基础上，积极与三峡办有关司局、市财政部门沟通，牵头起草了《重庆市三峡后续工作项目专项资金分担比率》，并由移民、财政两家联合5月份下达，在申报2017年度项目时适用。该文件将项目投资概算确定为补助基数，不但增加了补助比率，也使得补助资金测算更客观科学，并将与移民密切相关的高切坡项目和“两个”帮扶确定为全额补助，使得移民直接受益增加。三是少数不能实施的项目取消和中止批复落地，解决了无法实施项目的整改和滞留资金的使用问题。经过市局领导多年的沟通汇报，困扰我市的三峡后续项目稽察审计整改问题的2011—2014年度因客观原因不能实施的需要取消和中止的少数项目，2016年6月终获三峡办批复。

四、三峡后续项目实施管理

2016年三峡移民项目实施重点全力抓好“三件大事”。一是抓好“两镇”避险搬迁工作。奉节县安坪镇藕塘滑坡、武隆县羊角镇危岩滑坡整体避险搬迁工作，在三峡办的大力支持下，在市委、市政府的坚强领导下，在局党组的正确领导下，市移民局定期不定期深入“两镇”搬迁现场，蹲点专题研究、指导“两镇”避险搬迁工作，积极配合市委、市政府对“两镇”避险搬迁工作的督察，敦促奉节、武隆两县全力推进。截至2016年11月底，“两镇”险区群众全部安全撤离并妥善安置，没有出现一例人员伤亡事故和任何群体性事件；迁建区基础设施和安置房建设快速推进，总体进展顺利，圆满完成市委、市政府提出的目标任务，得到了三峡办、市委和市政府领导的高度肯定。二是抓好相关类别项目的实施监管。市移民局一是对移民生态工业园建设与扶持、物流业发展与扶持、基础设施建设与完善、公共服务设施完善、避险搬迁等5类已审批项目，建立明细及进度台账；收集、汇总其他相关类别项目的进度和实施情况，每季度向库区区县党委、政府通报，并对项目开工率低或建设进度明显滞后的区县，给予通报批评；配合稽查、审计、监察等部门，督促项目责任主体，制定项目开工和建设进度倒计时时间表，加强三峡后续项目实施整改工作；专门组织了专项督察组督导库区区县加快重大项目的实施工作。三是落实好全市普通高校招生中三峡库区搬迁移民考生加分政策。我们加强与市招生办的沟通协调，指导、督促库区区县做好最后一年的初审工作，及时收集、汇总区县报送材料，认真审查、审核普通高校招生中三峡库区搬迁移民考生加分资格，经复核认定共计8793个三峡库区搬迁移民考生，可享受全市普通高校招生的加分政策。

五、对口支援三峡重庆库区

2016年是深化贯彻落实《全国对口支援三

峡库区合作规划(2014—2020年)》的关键一年。在国务院三峡办的指导下，按照市政府的工作部署，进一步优化年度计划精细化工作措施，各项目标任务如期完成。截至2016年11月30日，2016年共实施对口支援项目97个、无偿援助资金2.15亿元，经济合作项目13个，圆满完成了年度目标任务。

指导和协助库区区县完成了新一轮对口支援合作实施规划(工作方案)。库区区县根据《全国对口支援三峡库区合作规划(2014—2020年)》和《全国对口支援三峡重庆库区合作实施规划(2015—2020年)》，结合各自实际，与对口支援省市充分沟通，并按照国务院三峡办的工作要求，调整、细化了对口支援无偿援助资金的使用方向和具体比例，结合长江经济带建设，深化了对口支援合作领域。目前，我市库区区县与对口支援省市全部印发了具体的对口支援合作实施规划。

移民安置小区综合帮扶成效显著、亮点突出。2016年7月宜昌会议后，市政府高度重视，要求库区区县立即与各自对口支援省市沟通衔接，按照三峡办要求，进一步细化小区帮扶措施，调整并加大了对口支援移民小区综合帮扶资金投入比重。各区县也召开了专门会议，落实了具体工作措施和年度目标要求。截至2016年12月底，我市库区累计实施48个移民小区综合帮扶。目前，首批实施的小区综合帮扶示范点建设取得了显著成效，基础设施更加完善，小区环境得到极大改善，公共服务更加配套，兴建了一批综合服务中心、居民活动中心、社区卫生服务中心、公共停车场、农贸市场、客运站等；安全隐患得到消除，对小区的电线、天然气管网进行了改造，对居民楼房进行了修缮，对消防环保设施进行了改造。通过综合帮扶，移民小区实现了“居住安全、环境舒适、服务配套、社会稳定”的目标。

召开了鄂渝对口支援三峡库区工作第二次联席会议。按照国务院三峡办树立三峡大库区概念，共同做好对口支援与经济合作工作的要求，2016年1月，在我市涪陵区召开了鄂渝对口支援三峡库区工作第二次联席会议，研究并明确了2016年度对口支援重点开展的几项工作，为2016年对口支援工作的有序推进奠定了很好的基础。

六、三峡水库综合管理

(一)三峡水库综合管理力度不减

一是蓄水安全管理。始终秉持“安全无小事”思想，督促库区区县加强三峡水库蓄水安全日常管理，特别是在“蓄水、汛期、退水”等关键时期，组织开展安全隐患大排查，加大重点区域、重点险段的巡库巡查密度，实行“分段死守、重点盯防”，确保不留安全隐患、不留安全死角，做好防洪抗旱值班工作。2016年库区未因蓄退水引发安全事故，连续9年实现水库蓄水安全运行“三无一稳一畅”目标。

二是漂浮物清理。通过三峡后续清漂保洁项目的实施，建造了一批机械化清漂船、保洁船等清漂保洁设施，三峡水库漂浮物“收集、打捞、转运”一体化系统基本形成，2016年以来水库清漂能力显著提升。截至2016年12月底，共清理漂浮垃圾19.14万吨，消落区垃圾8万吨，三峡水库重庆段基本实现“江清岸洁”。

三是消落区管理。开展消落区管理专项督察，重点对《消落区管理暂行办法》区县实施细则的制定及施行情况、消落区管理情况进行专项检查。从检查情况看，库区区县认真贯彻落实《消落区管理暂行办法》，已出台或正在制定本区县实施细则；消落区日常监管力度进一步加大，通过采取联合执法等多种形式，有效遏制了违法违规利用消落区行为，消落区季节性耕种面积大幅减少，已由2008年试验性蓄水初期的9.3万亩减至今年的0.8万亩，利用消落区进行生产经营活动得到有效控制，消落区除部分河流砾石滩地、两侧人工用地及陡峭裸土地外，大部分有草本植被覆盖，生态环境总体稳中趋好。

四是库容管理。进一步加大三峡水库消落区用地和库容的管理力度，严格项目审批程序，2016年共对7个三峡后续岸线环境综合整治项目进行了库容占用审核,其中不占用库容项目 4 个,占用库容项目 3 个。

(二)主城"两江四岸"消落区综合治理进展顺利

根据国务院三建委的决定和市政府要求,2016 年 4 月中旬,局党组启动了主城"两江四岸"消落区综合治理前期工作。9 月 12 日,市政府召开"两江四岸"专题会议上,给予了充分肯定,决定由市城乡建委牵头、市规划局负责规划统筹、三区分别实施,用三年的时间分三期按照三个三分之一的筹资比例投资 100 个亿(市政府、区政府、社会资金各三分之一)建设"两江四岸"。

第四编
产业状况

第一产业

农业经济发展

重庆市农业委员会

一、2016 年发展回顾

2016 年，在市委、市政府的坚强领导下，在农业部的大力支持下，全市农业系统以创新的精神和务实的作风，攻坚克难，开拓奋进，扎实工作，农业农村经济发展稳中有进，圆满完成了全年目标任务。实现农林牧渔总产值 1968.28 亿元，比上年增长 4.5%；农林牧渔增加值 1324.66 亿元，增长 4.7%。粮食总产量 1166.0 万吨、增长 1.0%，出栏生猪 2047.81 万头，蔬菜产量 1875.13 万吨、增长 5.3%。农业科技进步贡献率、主要作物耕种收综合机械化率分别达到 58%、45%。新增新型农业经营主体 1.8 万个，总量达到 28 万个。农村常住居民人均可支配收入 11549 元、增长 9.9%，增速列全国第 3、西部第 2，城乡居民收入比 2.56:1、比上年缩小 0.03。新创建全国休闲农业和乡村旅游示范县 2 个、中国最美休闲乡村 5 个，乡村休闲旅游共接待游客 1.52 亿人次，综合收入 349 亿元、增长 66.2%。农产品电商平台及网商主体超过 2 万户，销售额 55 亿元、增长 103%。荣昌（国家）生猪交易市场电子交易 285 亿元、增长 57 倍。全年没有发生较大农产品质量安全事件，没有出现区域性重大动物疫情。

（一）大力调整农业结构

坚持调优保供产业、做大特色产业，促进农业有质量、有速度、有效益地发展。调减籽粒玉米和劣质小麦 41 万亩，优质稻比重提高 7 个百分点、达到 43%。畜禽结构不断优化，猪肉占比下降 1.1 个百分点。调减夏季过剩大宗蔬菜一成左右，增加秋季高山散叶类蔬菜两成。大力推进七大特色产业链建设，进一步完善扶持政策和推进机制，新发展特色产业 60 万亩、累计达到 1200 万亩。柑橘、榨菜、草食牲畜、生态渔业、中药材、茶叶、调味品综合产值，分别增长 15%、8%、20%、13%、15%、16%、20%，总量突破千亿元大关，达到 1040 亿元，增长 15%。积极拓展农业功能，大力发展休闲农业与乡村旅游，在 20 个区县实施农村一、二、三产业融合发展试点项目。

（二）狠抓农产品质量安全监管

深入实施“绿剑护农”行动，扎实开展专项整治，强化风险监测和监督抽查，主要农产品检测合格率 96%以上。创建国家农产品质量安全县 3 个。制定修订农业地方标准 25 项，实施“三园两场”项目 44 个，发展“三品一标”509 个、有效期内总数增加到 2740 个。坚持振兴传统品牌、发展新兴品牌、壮大区域公用品牌“三位一体”，大力培育农业品牌，名牌农产品累计达到 173 个。强化重大动物疫病防控，严格动物卫生监督执法，疫病发病率维持近十年最低水平。高度重视农业安全生产，农机、渔业船舶作业继续保持“零死亡”目标。

（三）强化农业科技支撑

出台了加快推动农业科技创新发展的实施意见。开展新品种新技术研发 247 项，申请专利 330 项，审（鉴）定农作物品种 21 个。“Q6 优 28”“渝糯 851”等通过国审，“庆油 3 号”达到“两碗菜籽一碗油”，成为全国含油量最高的油菜新品种。组建技术体系创新团队 5 个。大力实施农技推广体系改革与建设项目，推动科研院校开展重大农技推广服务试点。新建科技示范基地 101 个，主推品种 671 个，主推技术 583 项。推广补贴农机具 8.6 万台套，受益农户 7.8 万户。培育新型职业农民 1.7 万人、青年农场主 300 人，创建新型职业农民孵化基地 31 个，国家农村实用人才南川上河村培训基地正式挂牌成立。连续两年获评“全国十佳农民”。

(四)全力推进产业扶贫

坚持因地制宜、因户施策,大力促进产业到户。加大对贫困区县产业发展支持力度,实施产业扶贫项目5432个,新增特色种植业58万亩,扶持发展草食牲畜、蜜蜂等特色养殖业,覆盖带动建卡贫困人口128.3万人(次)。强化主体引领,组织2023家龙头企业参与产业扶贫,在贫困村发展农民合作社6721个,带动贫困农户12.1万户。组建产业扶贫工作协调小组,召开全系统产业扶贫会,制定"十三五"产业精准扶贫规划纲要和产业扶贫意见,建立农技人员定点指导、项目到户、联络员、工作季报等推进机制,产业扶贫效果不断提升。

(五)深化农业农村改革

出台用好农业农村发展用地政策促进农民增收指导意见。新增农村集体资产量化确权试点3731个,量化资产22.3亿元;探索组建新型农村集体经济组织443个,盘活农村集体闲置资产3亿元。积极推动土地流转,土地规模经营集中度达到35.3%。在5个区县开展建立健全新型农业经营体系改革试点。农业项目财政补助资金股权化改革扩大到35个区县,改革项目1200个,资金总量8.29亿元,其中量化股份6.79亿元,惠及1159个集体经济组织、12.55万农户。实施信息进村入户工程,开展农业物联网技术引进与示范,启动农业大数据资源建设。政策性农业保险险种增加到33个,保额192.8亿元。对843个项目予以担保,为新型农业经营主体融资12亿元。永川区、梁平区承担的7项全国农村改革试验任务顺利推进。

(六)切实加强基础设施建设

扎实办好农村民生实事,完成高山生态扶贫搬迁安置13.05万人,其中建卡贫困人口10.85万人,分别占年度计划的130.5%和135.6%。新建村社便道7460公里,接近年度计划的2倍,提前1年超额完成3年目标任务。通过相关部门的共同努力,改造农村危房5.96万户,完成500个行政村环境连片整治。累计建成高标准农田714万亩、标准化产业基地796万亩,完成农机深松整地作业面积50万亩,在24个区县整理整治宜机化地块5万亩。扎实开展耕地质量保护与提升、化肥农药零增长、农村节能减排、废弃物资源化利用"四大行动",强化农业面源污染防治,对渔船实行噪声控制改造。5个国家级和107个市级现代农业示范园区建设取得新的进展。

二、2017年发展思路

全面贯彻党的十八大和十八届三中四中五中六中全会及中央农村工作会议精神,深入学习贯彻习近平总书记系列重要讲话精神和治国理政新理念新思想新战略,全面落实习近平总书记视察重庆重要讲话精神,努力践行新发展理念,坚持稳中求进的工作总基调,以推进农业供给侧结构性改革为主线,以推动农业增效、农民增收、农村增绿为目标,以结构调整为重点,以改革创新为动力,着力构建现代特色效益农业产业体系、生产体系、经营体系,加快推进农业转型升级,促进农业农村经济持续稳定发展。

(一)着力构建"371+X"现代农业产业体系

在提升粮食、生猪、蔬菜保供产业的基础上,纵深推进七大特色产业链建设,加快发展乡村休闲旅游产业,促进区域特色产业发展。一是促进保供产业提质增效。实施"藏粮于地""藏粮于技"战略,狠抓520个重点产粮乡镇建设,新建450万亩优质稻基地,确保500万吨口粮自给。继续调减籽粒玉米和劣质小麦,加快发展优质稻谷、薯类、杂粮杂豆等特色效益粮油。稳量提质发展生猪,深入开展标准化养殖示范创建,出栏生猪稳定在2000万头左右。推进三级保供蔬菜基地建设,新建、改建蔬菜基地5万亩,创建标准园10个,面积达到1140万亩、产量1890万吨。二是推进七大产业链建设。研究出台促进七大特色产业链建设的实施意见,对每个产业链制定一套扶持政策。策划一批特色产业项目,纳入全市农业项目库。建立七大特色产业链建设统计系统,及时、准确反映各区县的发展成效。成立领导小组,统筹抓好规划布局、基地建设、生产加工和市场开拓。重点发展比较优势突出的特色产业，引导区县结合当地实际，积极发展区域性特色产业。大力延伸产业链，提高附加值。集中有限资金投入到优势产区、优势产业，加强与金融机构合作，做大资金总量。三是积极发展乡村休闲旅游产业。强化主体培训，将从业人员纳入新型职业农民培训。强化基地建设，规划建设一批景点景区，在20个区县实施美丽乡村社区化建设，打造75条精品线路，推动"塑点串线连片"。强化三产融合，以乡村休闲旅游产业为联结点，深入推进全国农村一、二、三产业融合发展试点，以"三产"带"一产"、促"二产"，推动全环节升级、全链条升值。四是深入推进产业扶贫。全面落实特色产业精准扶贫政策措施，突出产业到户，强化新型农业经营主体带动，扎实推动七大特色产业链向贫困地区、贫困群众延伸。深入推进农村电商扶贫、乡村休闲旅游产业扶贫，促进贫困地区一、二、三产业融合发展。推进贫困地区农业项目财政补助资金股权化改革。加强统筹协调，扎实推进高山生态扶贫搬迁，确保全年完成10万人的搬迁任务。

（二）着力推进农业品牌建设

切实加强农业品牌建设，重点抓特色、抓质量、抓效益、抓增收，着力促进农业供给侧结构性改革。一是强化农产品质量安全监管。强化源头监管，实施兽药（抗菌药）综合治理5年行动，开展高毒高残留农药禁止销售和规范使用试点，推进禁限用农药、兽用抗菌药、"三鱼两药"、生猪及牛屠宰、农资打假等专项整治。完善农产品质量安全追溯管理体系，追溯点扩大到600个。深化兽医工作"三项制度"，加强重大动物疫病防控和监督执法，确保畜禽产品质量安全。强化农产品检验检测，确保抽检合格率保持在97%以上。二是大力推行农业标准化生产。加快农业标准的制定和修订，新制定农业地方标准50个。深化农业标准实施示范，加大"三园两场"创建力度，支持规模化主体率先推行。继续实施"三品一标"动态认证，提高认证产品检测合格率和复查换证率，新发展"三品一标"农产品400个左右。三是全方位多层次推进农业品牌创建。统一培育和打造全市区域公用品牌，引导各区县加强本区域公用品牌建设，建立品牌宣传推广补贴，支持农民合作社打造特色农产品品牌、农业企业培育自有品牌。挖掘巴渝传统农特产品、加工技艺、农业非物质文化遗产内涵，加快振兴传统老字号品牌。全年培育市级名牌农产品60个，推选全国名特优新农产品20个、"百家合作社百个品牌"4个以上。探索建立全市农产品品牌目录制度。

（三）着力壮大新产业新业态

充分发挥农村的独特优势，深度挖掘农业的多种功能，不断发展壮大新产业新业态，成为农村经济发展的新增长点。一是发展壮大农产品电子商务。整合全市农村电商产业资源，加快农村电商综合大平台建设，构建农村电商生态体系。培育一批农村电商主体，建设一批电商综合服务网点。推广农产直供、消费者定制、订单农业、线上线下等各具特色的电商模式。二是发展壮大现代农产品加工产业。实施农产品加工提升行动，研发新工艺、开发新产品，注重新食品原料、药食同源等开发应用，提高农产品加工转化率。三是发展壮大农业社会化服务业。努力探索政府购买农业社会化服务机制，培育农业社会化服务主体和服务市场，加强统防统治、机耕机收、代耕代种等社会化服务，全年农业社会化服务面积达到3300万亩（次）以上。

（四）着力推动绿色发展

全面贯彻"一控两减三基本"的要求，推行绿色生产方式，促进农业可持续发展。一是深入实施化肥农药零增长行动。大力推广测土配方施肥，开展有机肥替代化肥试点，加速生物农药、绿色饲料推广运用，努力把过量使用的投入品减下来。二是加大畜禽养殖污染综合防控力度。全面完成禁养区内规模养殖场（小区）和养殖专业户关闭搬迁。加快50处规模化大中型沼气工程建设。强化养殖污染源头控制，开展畜禽标准化养殖场创建。三是大力发展生态循环农业。重点推进以沼气为纽带的立体生态循环农业发展，建设一批农牧结合、种养平衡、生态循环的示范农业园区。继续开展生态农业创新试点，加快形成可推广、可复制的模式。四是创新发展机制。率先在畜禽养殖粪污还田、秸秆综合利用、农膜回收等领域开展生态补偿试点。探索创新生产跟踪机制，建立生产台账，对农业生产过程及投入品“来路”进行长期监管，对农产品的“去路”进行密切跟踪。

(五)着力培育新型农业经营主体

推进农业供给侧结构性改革，培育农业农村发展新动能，对种养大户、家庭农场、农民合作社、龙头企业、社会化服务主体因势利导，重点扶持，大力培育。一是抓好新型职业农民培育。统筹推进现代青年农场主培养、新型农业经营主体轮训、农村实用人才培养计划，全年计划培育新型职业农民1.6万人。大力引导大中专毕业生、复退军人、返乡农民工等加入职业农民队伍，为农业农村发展输入“新鲜血液”。二是抓好农业适度规模经营。积极摸索实践，继续在部分区县开展试点。大力推广“大集群、小单元”、以地入股、土地托管、代耕代种等模式，让规模经营主体成长起来。三是抓好政策措施的集成。统筹抓好农村土地流转与社会化服务，整合农村产业政策、金融政策、用地政策、培训政策，坚持改革发展一起抓，打好政策措施的“组合拳”。四是抓好利益联结机制的建立。支持农户之间、其他各类主体之间加强联合与合作，鼓励城市工商资本到农村投资兴业。大力推进农民合作社规范化建设，配合开展“空壳社”“挂牌社”集中清理。

(六)着力强化农业科技支撑

围绕“371+X”的现代农业产业体系建设，强化重点领域创新研究，强化关键技术示范推广，强化实用人才队伍建设，力争到“十三五”末，农业科技进步贡献率达到60%，科技成果转化率达到80%。一是完善技术体系。对已组建的产业创新团队，进一步提升能力，有针对性地解决七大特色产业链建设的技术问题。二是推进资源整合。深度整合涉农科技资源，重点抓好种质资源、栽培养殖、疫病防控、储藏保鲜等瓶颈技术攻关。三是加大推广力度。在10个区县开展“院地”合作，建立新品种、新技术、新工艺试验示范基地。在20个示范乡镇，示范推广100项畜牧科技成果。创新“互联网+农业科技”服务模式，提升农民应用科技的能力。四是落实激励政策。深入贯彻市委四届九次全会精神，把准、吃透、用好相关政策，激发科技人员创新活力。按照中央要求，加快建立“后补助”方式，支持农业科技创新。

(七)着力提升农业机械化水平

紧扣七大特色产业链建设，围绕种养加、耕种收各环节，着眼推进全程机械化和拓展全面机械化，抓好农机的宜农化改造和耕地的宜机化整治，力争主要作物耕种收综合机械化率提高2个百分点。一是落实好农机购置补贴政策。开展农机购置补贴工作延伸绩效管理，扩大农机购置补贴信息公开，开展“带机报补”试点，强化农机购置补贴资金监管。二是加快研发新技术新产品。实施鼓励丘陵山区农业机械创新型生产奖补项目，引导农机化产学研推各类主体研发制造新技术新产品。三是深入推进宜机化地块整理整治。充分发挥政府主导、市场主体“两只手”的作用，完成1万亩以上建设任务。四是培育农机化生产服务新主体。深入推进“千社一条龙”计划，扶持农机专业合作社修建育秧大棚、机具库棚和维修设施等。

(八)着力加强农业信息化建设

积极探索信息化助推农业农村发展机制，抓住先机，全面提升信息化建设与应用水平。一是深入推进信息进村入户。积极争取农业部首批信息进村入户整省推进工程。指导荣昌、梁平等5个先期示范区县，在政府公益服务、便民服务、培训体验服务、电子商务服务上，创新体制机制，不断深化完善；引导永川、璧山、忠县3个新增示范区县，及早筹划、务实推进。二是示范推广农业物联网技术。继续实施农业物联网技术应用示范工程，新增10个试点区县，建立完善市级物联网集成平台。三是大力开展农业大数据资源建设。

实施农业大数据建设项目一期工程，全面整合涉农数据资源,实现行业信息共享。启动柑橘产业链大数据建设。协调指导荣昌(国家)生猪交易市场进一步完善“五个中心”建设。

(九)着力深化农业农村改革

学习贯彻习近平总书记在小岗村农村改革座谈会上的重要讲话精神，围绕中央和市委确定的“四梁八柱”，深化农村改革，进一步抓落实、抓推动、抓创新。一是抓好农村产权制度改革。全面推进“三权分置”改革,大力抓好农村集体资产量化确权改革，科学确认集体经济组织成员身份。积极探索集体经营性资产股份合作,引导农民以农村土地经营权入股发展农业产业化经营。稳妥开展农村土地承包经营权退出试点。开展农业设施颁证工作。大力发展农村集体经济。二是创新农村金融服务。充分发挥财政资金的作用,努力撬动金融和社会资本投入。发展政策性农业担保体系，着力推动担保机构向区县延伸。积极协调配合金融机构,深化农村产权抵押融资,探索农业设施证抵押融资模式。进一步发挥农业股权投资基金导向作用，增强新型农业经营主体资本实力。大力实施政策性农业保险,扩大产业覆盖范围,力争保额突破200亿元。三是建立健全新型农业经营体系。指导巴南、永川、合川、梁平、奉节、酉阳等6个区县,先行探索新型农业经营主体的培育模式、成长机制、政策体系和配套措施，为面上推广提供经验。四是继续推进农业项目财政补助资金股权化改革。深化农业项目财政补助资金股权化改革，力争全年落实股权化投入资金10亿元以上。加强股权化项目管理,促进持续经营、稳定分红。统筹抓好农业农村发展用地保障机制、第二批全国农村改革试验区建设等改革。

农业机械化

重庆市农业委员会农机综合处

一、2016年发展回顾

2016年,是“十三五”开局之年。一年来,各级农机部门认真落实新发展理念,理清思路,转变作风,履职尽责,真抓实干,攻坚克难,着力推进农机化发展,取得了良好成效。

(一)土地基础条件取得突破

协调落实市级财政资金3300万元,在潼南、荣昌、丰都等24个区县试点开展宜机化地块整理整治,共计70余个项目覆盖6.5万亩土地,完成4.8万亩整治,着力于解决机械化立地条件的“最后一公里”问题,效果显著,得到行业和社会面的普遍欢迎。在积极开展项目建设的同时,及时总结提炼出标准，该项技术作为地方标准制修,已完成专家评审等流程,待技监部门批准发布即完成。农业部张桃林副部长在全国农业机械化工作会上指出:“重庆在全市范围开展田块宜机化改造包干奖补试点，为破解丘陵山区农业机械化发展难题探索了现实路径。”

2016年，我市正式纳入全国农机深松整地作业规划。各地各部门高度重视,会同市财政分解下达作业任务、明确补助标准,落实200万元服务主体专项奖补资金,巴南、渝北等区县进行作业配套补助或机具累加补贴。全市27个区县共投入作业机具近500台(套),实施深松整地50.11万亩,为年度任务的100%,取得了地力改善、提升品质、提高效益等多重效果,大足区、垫江县作业面积是下达任务的2倍多。渝北、涪陵等区县积极探索整村整镇集中连片推进，为全市新一轮耕整地社会化服务开启了路径。

(二)创新机艺融合取得突破

强化绿色发展理念，一批农机农艺深度融

合的绿色、轻简、高效新型农机化技术不断涌现,推动节本增效、绿色低碳生产。一批"畜—沼—果(草、菜)"绿肥生产利用的机械化更加成熟,减少了化肥施用量,提高了产出物的品质和产量。

探索油菜、高粱、榨菜、绿肥等小籽粒作物机械化轻简生产技术,采用机械化抛撒和深松整地2次作业,完成传统播种所需的灭茬、旋耕、开沟、播种、施肥、盖种6个环节作业。永川区陶义农机合作社轻简化种植油菜,平均亩产270斤,每亩节约成本280元以上;涪陵区福栋农业公司轻简化种植高粱,平均亩产650斤,每亩节约成本150元以上,真正达到了节本增效的目的。

(三)装备结构优化取得突破

突出抓好农机购置补贴政策实施,紧紧围绕"缩范围、控定额、促敞开"改革方向和绿色生态导向,加大重点机具敞开补贴力度,着力提高生产急用机具的有效供给。在政策和市场的带动下,全市农机装备总量持续增加,高性能机械及绿色环保机具增长迅速,装备结构发生深刻变化。

顺应适度规模经营的发展和匹配资源禀赋的差异,坚持"因地制宜、宜大则大、宜小则小"的推广方向。联合收割机保持良好发展势头,拖拉机向大型化方向转变,深松、旋耕、开沟、秸秆粉碎还田、烘干、薯类等新型机具增长迅速,绿色环保机具需求旺盛。呈现高大上(大马力、高性能、高效率)装备持续增加,大与小(组合配套)、前与后(从产中向产前产后延伸)、机与技(装备与技术)配套成龙竞相发展的趋势。

(四)新型主体培育取得突破

多措并举培育新型农机社会化服务市场主体,通过创设能力提升等政策创设,提升农机合作社机具场库棚建设、大中型机具配置的硬实力;通过技能人才培育,免费参加大型农机展会、考察交流学习,提升补足其发展后劲的软实力。一批具有"耕种收、种养加"全程全面社会化服务能力的农机合作社蓬勃发展,方兴未艾。农业现代化进程中的职业化、社会化,曙光初现。

(五)机制体制创新体系化取得突破

坚持硬件建设与软件建设并举,政府主导与市场推动并重。创设高标准农田宜机化地块整理整治、深松整地作业社会化服务、丘陵山区农机创新型生产、职业技能鉴定、融资贴息贴费等奖补政策,实施机械化育插秧、稻—油(薯)连作机械化轻简生产、深松整地、沼渣沼液机械化集成循环利用等技术规范;借力农机购置补贴、粮油高产创建、全程社会化服务等政策工具,撬动社会资本投资,着力形成"政府引导,市场主体,体系完善"的农机化机制体制新格局,取得了很好的效果,颠覆了人们的传统认识。

(六)基础性成熟型工作常态推进

耕作机械的快速发展,使用机械耕整地逐步成为"常态"。机械收割与人工作业在成本、效率上的事实比对,助力水稻机收成为广大农民的"自觉行动"。粮油高产创建,水稻育插秧技术稳步推广。"一岗双责",部门联动,政府考核,"平安农机" 创建深入人心。标准制修、宣贯,"三抓三保",农机试验鉴定、质量监管"稳中求进",支撑农机化在健康、安全、绿色的轨道上稳健发展。

示范成功了一批部级先进技术,云阳县的保护性耕作技术创新与集成、秀山县的水稻生产全程机械化技术,为实现农业高产高效优质与资源生态永续利用、开展丘陵山区水稻生产全程机械化探索提供了成功经验;大足区的水稻生产全程机械化示范,经项目专家组的最终评审,在全国20个省市中获得优秀。涌现出了一批先进典型,重庆陶义农机合作社、垫江县明亮农机合作社,获得"全国农机合作社示范社"荣誉;市农机推广总站、永川区农机推广站唐科明、垫江县农机监理站周山高,被农业部表彰为全国农业先进集体和先进个人;梁平区农委分管领导冉懋国、梁平区农机推广站兰显发、垫江县嘉天农机合作社黄旭、秀山县农机服务中心赵棉红、市农科院设施农业所高立洪,荣获全市现代农业建设贡献奖先进集体和先进个人。发展水平迈上了新台阶，共推广各型补贴机具8.6万台(套)，实施中央补贴资金1.04亿元，受益农户7.9万户，带动农民投资超过2.29亿元；2016年底，全市农机总动力1310万千瓦，同比增长6%；主要农作物耕种收综合机械化水平达到45%以上，同比增长2个多百分点。

二、2017年发展目标

(一)强化技术推广，促进全程全面发展

根据资源禀赋差异，大力推广高标准农田建设宜机化地块整理整治、机械化深松整地、水稻生产全程机械化、油菜和薯类作物轻简机械化生产、柑橘等果蔬机械化生产、沼渣沼液循环利用机械化、设施农业等技术，加强农机农艺深度融合，拓展农业生产全面机械化领域，推进优势区域、优势产业全程机械化。

(二)强化主体培育，提高社会服务能力

积极培育农机服务主体，加大政策扶持力度，创新服务机制，引导农机服务主体“上规模、增实力、创品牌”，成为农业机械化发展的主体力量。一是打好政策“组合拳”。充分利用农机购置补贴、“现代农业产业园”、高标准农田建设、全程社会化服务等政策工具，加强“大马力、高性能、高效率”复合式作业机具的组合配套和维修能力建设，加强机耕道、场库棚、烘干仓储、有机肥积造等配套设施建设。二是加强技能人才培育。实施好农机技能人才培育项目，借力新型职业农民培育工程，严格用现行《国家职业标准》开展培育拖拉机联合收割机驾驶、农机修理、主要作物生产机具操作、特色产业生产机具操作、设施农业装备操作、农机合作社经理人等工种农机技能人才的培训和鉴定，提高农机职业资格等级证书的含金量，让每位农机技能人才都能有真收获，得到真技能，收获真本领。三是实施农机化发展“匠星工程”。遴选家庭农场、种养大户、农机合作社、农业生产经营服务公司中有较强创新意识、专注发展现代农业的“职业经理人”，组建“重庆市农业机械化匠星工作站”，坚持“问政于民、问需于民、问计于民、问策于民”，发挥“新型职业农民”创新创造的“工匠精神”，因地制宜，探索创新，集成一批在重庆可复制、可推广，在全国丘陵山区可借鉴的农业机械化生产新技术、新模式，用机械化手段促进农业节本增效。

(三)强化作业服务，促进发展转型升级

加强指导，创新方式，科学调度，激发主体，提高效率和效益，力争综合机械化水平再提高2个以上百分点。一是强化农机服务与信息化的融合。抢抓国家和市实施“互联网+现代农业”机遇，在农业农村信息网、农机化信息网等门户网站，搭建政策、产品、技术、作业等信息平台，开发农机应用APP，推广物联网技术，让“信息多跑路，群众少跑腿”，推进智慧农机发展。二是注重农业机械化与适度规模经营融合。充分发挥农业机械化在推动规模经营中的作用，充分发挥新型经营主体在引领农机化技术集成示范、人才教育培训、农机服务方式创新等方面的作用，促使机械化与多种形式的适度规模经营相互适应、相互促进，推进农业技术的集成化、劳动过程的机械化、生产经营的信息化。加快推进农机服务规模化，引导农机服务主体向农村二、三产业发展，推动农业机械化向产前、产中、产后延伸，拉长农业产业链，提高农业生产的整体效益。三是探索新型的农机社会化服务模式。支持引导合作社、农机手创业，探索“机农合一”经营新模式，推进“互联网+订单作业”、托管作业、承包作业等服务模式，扩展服务内容，创新利益联结机制，打造一批服务品牌，示范带动农机作业服务提档升级，加快“机器换人”进程。

(四)强化监督管理，提高安全发展水平

正确履职，坚持把纪律和规矩挺在前面，要在“立、严、落”上着力，让纪律和规矩“立得住、严起来、落下去”。一是加强购机补贴政策实施的监管。深入贯彻“缩范围、控定额、促敞开”的阶段性工作思路，补重点、补短板。优化操作方式，全面推动落实先购置后补贴、具体操作与经销商分离等高效便民措施。坚持绿色生态导向，对深松整地、秸秆还田与利用、畜禽粪污处理利用等绿色高效技术所需机具全部实行敞开补贴。继续开展农机购置补贴新产品试点,加强试点效果跟踪评估。推进农机购置补贴内控机制建设,强化绩效管理。全面加强信息公开,推动县级补贴信息公开专栏建设全覆盖。严厉打击违规行为。二是加强农机化项目实施的监管。加强实施过程监管和绩效考核,落实区县农机主管部门全程监管责任,实行项目资金补助切块到区县、目标任务落实到区县、管理权限下放到区县、工作责任明确到区县、绩效管理延伸到区县"五到区县和一挂钩"的管理制度,将绩效考评结果与下年度项目补助资金挂钩。坚持在有"懂技术、会经营、善管理"的农机职业技能人才的业主和服务主体中优选项目实施单位,杜绝实施"人情"项目,确保项目建一个、成一个、带一片。三是加强农机试验鉴定的监管。围绕重庆农业"371+X"产业链,提升农机试验鉴定能力,拓展农机推广鉴定范围。开拓创新,加快农机试验鉴定技术研发,积极开展丘陵山区作业机械共性技术、多功能配套农机具的研究及推广示范,推进农机选型鉴定和专项鉴定工作开展。全面推行"双随机、一公开"抽查,加强在用农机产品质量调查和质量投诉监督,加强农机购置补贴违规联查联动,让失信违规主体寸步难行,促进农机产品质量提升。加强信息化、标准化建设,推进农机试验鉴定检测结果数据公开、农机化新技术新成果试验验证信息公开,及时向企业和科研单位反馈相关信息,引导农民选用新技术新产品,加快农业机械化科技创新成果转化应用。四是加强农机安全的监管。按照"党政同责、一岗双责、三个必须"的要求,强化行业监管职责,抓好乡镇、村两级落实农机安全生产责任,解决"最后一公里"问题。深化"平安农机"创建活动。组织开展好安全生产月、安全生产咨询日、安全生产大检查、事故处置应急演练等安全生产活动。推进拖拉机驾驶证、联合收割机驾驶证"两证合一"和新机免检。按照属地管理、"谁批准谁负责"、"谁发证谁负责"的原则,会同公安等部门组织开展变型拖拉机专项整治。严厉整治假牌套牌、拼装改装、无证驾驶、超速超载等非法违法乱象,加快变型拖拉机报废。

农村扶贫开发

重庆市扶贫开发办公室

一、2016年发展回顾

2016年,重庆市贯彻落实习近平总书记扶贫开发战略思想和视察重庆重要讲话精神,坚持精准扶贫精准脱贫基本方略,扎实推进"六个一批(产业带动、搬迁安置、转移就业、教育资助、医疗救助、低保兜底)"和"十大扶贫行动(交通、水利、文化、金融、科技、电商、乡村旅游、就业培训、环境改善、村企结对)",实现885个贫困村、59.6万贫困人口脱贫。

(一)扶贫资金投入

通过加大对贫困区县转移支付、集中各类专项资金、提前安排调度、调整区县财政支出结构、建立过渡期补偿机制等措施,统筹整合各类财政资金投入脱贫攻坚。落实市对18个贫困区县扶贫相关投入288.4亿元,其中,市级以上财政专项扶贫资金45.4亿元。在所有贫困区县开展统筹整合使用财政涉农资金试点,贫困区县统筹整合使用涉农资金91.6亿元。

(二)基础设施建设

完成村通畅工程6600公里,实现行政村通畅率100%。完成山坪塘整治1.7万口,新增、恢复蓄水6713万立方米,受益贫困人口20.8万人。在贫困区县建成国家农业特色科技园区7

个,实施移民贫困村精准帮扶项目34个,为每个贫困区县新增建设用地600亩,全面落实宅基地复垦周转金制度。实施特色村镇保护和发展项目94个,农村环境连片整治350个村,建设美丽宜居村庄100个,完成188个村级基层综合文化服务中心示范点建设,完成贫困户危房改造2.83万户。

(三)易地扶贫搬迁

建立了财政资金、专项基金、地方债、政策性贷款、群众自筹"五位一体"搬迁融资模式。全年落实市级以上资金52.7亿元,完成贫困人口搬迁10.8万人。制定实施差异化补助政策,对深度贫困户实行兜底搬迁。出台用好农业农村发展用地政策促进脱贫增收的20条意见,累计交易"地票"18.5万亩,4.4万贫困人口直接收益12亿元。

(四)产业扶贫

出台特色产业扶贫指导意见,推动柑橘、榨菜、生态渔业、草食牲畜、茶叶、中药材、调味品等7大特色产业链向贫困地区延伸。实施产业扶贫项目5432个,在贫困区县培育市级以上农业产业化重点龙头企业422家。安排6000万元专项资金,在10个贫困区县开展农村产业融合发展试点。8个贫困区县创建为全国休闲农业与乡村旅游示范县,建成乡村旅游扶贫村201个、美丽乡村精品线路131条、避暑休闲点539个,1.5万贫困户成为"大巴山森林人家"等乡村旅游户,乡村旅游年实现收入250亿元,近10万贫困人口受益。所有贫困区县均为国家农村电子商务试点县,建成贫困村级信息服务站750个,推出"互联网+乡村旅游+农特产品"商业模式,打造了"网上村庄""武陵生活馆"等一批电商扶贫平台。

(五)雨露计划

深入实施"一户一人一技能"培训计划,培训贫困人口11万人次,实现贫困人口转移就业8.7万人。健全从学前教育到高等教育全覆盖资助政策,资助贫困学生26.9万人次,为12.6万贫困学生办理生源地助学贷款9.3亿元。为贫困区县选派"三区支教"教师、特色岗位教师1950人,招录培养乡镇及以下中小学全科师范生1500人。

(六)社会扶贫

市级扶贫集团、国资帮扶集团、对口帮扶区县共计投入帮扶资金15.2亿元。组织1615家民营企业实施"万企帮万村",投入35.6亿元结对帮扶1004个贫困村。召开鲁渝扶贫协作联席会议,签订"1+8"鲁渝扶贫协作框架协议。引进山东20余家企业落户,为贫困区县提供就业岗位6000余个。38家市属国有企业吸纳1万余名贫困人口就业。搭建扶贫爱心网站等平台,接受社会爱心人士捐款4000多万元,资助贫困群众1.3万户、4.4万人。

(七)金融扶贫

实施金融精准扶贫行动,出台32条金融精准扶贫政策。与农发行、国开行等金融机构签订战略合作协议,创新推出"扶贫贷""贫困扶助贷""再贷款+"等30多个精准扶贫金融产品,金融机构扶贫贷款余额达到735亿元。安排财政资金8850万元,建立区县风险补偿基金,发放扶贫小额到户贷款20亿元。在1162个贫困村发展互助资金组织,互助资金规模达2.9亿元,入社农户16.4万户,发放借款7.4亿元。

(八)健康扶贫

资助所有贫困人口参加城乡居民医保,贫困人口在区(县)级医院居民医保住院报销起付线降低50%、医保住院报销比例提高10%、大病保险自付费用报销比例达到50%。安排财政资金1亿元,为所有贫困人口购买大病医疗补充商业保险和扶贫小额意外保险。将农村贫困人口全部纳入重特大疾病医疗救助范围。设立区县扶贫医疗基金2.3亿元,惠及贫困群众59万余人次。

(九)低保兜底

健全与经济社会发展和居民收入相适应的农村低保增长机制,按照"就高不就低"原则,低保标准提高至每人每年3600元,符合条件的20.7万名贫困人口全部纳入低保保障,实现应保尽保。对纳入低保兜底的贫困人口,严格按照“两不愁三保障”要求进行重点扶持。

(十)建档立卡

完善“四进、七不进、一出、三不出”标准和“八步四公示”程序,通过逐户调查和大数据比对,新精准识别扶贫对象6.3万人。建立贫困监测机制,设置贫困动态监测点,对9000余户农户和2800多户贫困户进行动态监测。对已脱贫95.3万贫困人口继续实行台账式管理,落实帮扶政策和结对干部。

(十一)干部驻村帮扶

按照“因岗定人、人岗相适”原则,分类选派贫困村“第一书记”和大学生村官。累计选派驻村工作队2915个、第一书记1688人、驻村工作队员19696人,落实结对帮扶干部19.9万人,实现对全市48.2万户贫困群众的全覆盖。调整作风漂浮、不在状态的驻村工作队员近300名。

(十二)基层组织建设

加强以村级党组织为核心的基层组织建设,将1919个贫困村全部纳入后进基层党组织进行整顿,及时调整不能胜任现职的贫困村党组织负责人727人。针对贫困村近10年大中专生、外出创业人士建立本土人才库,通过给待遇、给政策、给出路和“点对点”动员,累计回引本土人才2803名,领办创办合作经济组织652个、小微企业752个、农村电商530家,1830人在村级换届中进入“两委”班子。打破行政区域屏障和传统党组织设置模式,实行党员联管、人才联动,实现资源共享、信息互通、产业互助。运用“互联网+基层党建”推动扶贫工作,借助“群工系统”为群众解难事、办急事。

(十三)督察巡查

制定脱贫攻坚督察巡查工作办法,建立集中督察、重点督察、专项巡查、社会舆论监督“四位一体”常态化督察监督体系。对督察巡查发现的所有问题全部建立台账,实行“背靠背”督察、“面对面”指导、“点对点”通报、“一对一”约谈,确保限时整改落实到位。全年共开展市级集中督察11轮次,专项检查8次,整改突出问题225个。

(十四)考核评估

出台区县党委和政府扶贫开发工作成效考核办法,重点考核减贫成效、精准识别、精准帮扶、扶贫资金等方面。坚持将脱贫攻坚考核结果与干部任用挂钩,提拔重用脱贫攻坚一线干部288名,约谈区县领导12人次。严格执行脱贫攻坚一票否决和捆绑考核,未完成年度减贫任务、违反扶贫资金管理使用规定、脱贫退出弄虚作假搞“数字脱贫”、扶贫领域存在违法违纪行为的,坚决“一票否决”。

(十五)执纪问责

出台脱贫攻坚工作监督执纪问责意见,落实审计监督、民主决策、公示公告等扶贫资金十项监管制度。加强内部监督、审计监督、纪检(监察)监督和群众监督,建立多位一体监督体系。签订扶贫领域党风廉政建设责任书,将扶贫政策落实、扶贫资金使用管理、扶贫项目实施、党员干部履职等情况列入监督检查重点。通过排查一批线索,督办一批问题,查处一批案件,问责一批人员,教育一批干部。全年问责不履责、不作为基层干部32名,查处违规违纪案件11起。

(十六)扶贫宣传

发挥新闻媒体舆论导向作用,开设“坚决限时打赢脱贫攻坚战”“扶贫一线党旗红”“我的扶贫故事”等专题专栏,开展脱贫攻坚宣传报道2000余篇次,编发《重庆扶贫专报》77期,国家有关部委转发18期。在脱贫攻坚先进典型推荐评选表彰中,荣获全国脱贫攻坚奖1名、先进集体2个、先进个人2名,重庆市表彰市级先进集体50个、先进个人100名。编印《脱贫一线党旗飘》《我的扶贫故事》《扶贫政策顺口溜》等书籍,开展院坝微宣讲、扶贫小故事展播等活动。

二、发展中存在的问题

一是少数基层干部认识有差距。受换届影响,一些基层干部精力不够集中,个别任务较重的存在急躁情绪,个别已脱贫的存在思想松懈、工作松劲等现象。二是少数地方帮扶措施不到位。个别驻村工作队及帮扶干部能力不够强、履职不够到位，帮助贫困群众解决实际问题的办法还不够多。三是少数贫困群众内生动力不足。一些贫困群众存在“等靠要”、相互攀比等思想，参与脱贫攻坚的主动性、积极性不够强。四是扶贫资金监管存在薄弱环节。个别地方扶贫资金使用不够规范，管理不够到位。

三、2017年发展目标

(一)坚持统筹推进，强化分类指导

研究进一步加强分类指导、统筹推进全市脱贫攻坚工作的实施方案，实现重点区县与非重点区县，脱贫区县与未脱贫区县统筹兼顾、协同发力。对非重点区县和已经脱贫的，确保稳定脱贫；对今年即将脱贫的，确保如期高质量脱贫；对2018年、2019年计划脱贫的，确保扶到点上、扶到根上。

(二)坚持重点突破，聚焦深度贫困

加快深度贫困乡镇脱贫攻坚规划编制和审定，以规划为引领、项目为依托，扎实推进稳定脱贫提升、基础设施提升、产业扶贫提升、生态保护提升、人口素质提升、公共服务提升、村“两委”提升“七大攻坚行动”，集中精力、集中火力打好深度贫困歼灭战。

(三)坚持精准发力，实施菜单式精准帮扶

坚持精准扶贫精准脱贫基本方略，围绕“六个精准”，扎实开展秋季百日大会战。全覆盖开展精准识别大督察，加快扶贫开发大数据平台建设，实施“菜单式”精准帮扶。加强基层党建，加大驻乡、驻村工作队员和“第一书记”分类选派力度，优化驻村帮扶力量。大力开展“三变促三增”等农村综合改革，加大村级集体经济和特色扶贫产业培育力度，加快农村人居环境改善和美丽乡村建设，全面实施贫困村提升工程。健全完善区县自查、市级检查、第三方评估、满意度调查“四位一体”贫困退出机制，建立脱贫退出正向激励机制和脱贫荣誉制度。借助“10·17”扶贫日活动，评选表彰脱贫攻坚先进集体50个、先进个人100名，并挑选驻村工作队、结对帮扶人、致富带头人、脱贫致富人等先进典型30名，引导和鼓励贫困群众坚定脱贫信心、找对致富路子。

(四)坚持较真碰硬，狠抓督察巡查

进一步整合市委巡视组、市委督察室、市政府督察室和市扶贫开发领导小组力量，加大对重点区县专项巡视和非重点区县、脱贫区县机动巡视力度，开展常态化督察巡查。对巡视、督察发现问题实行清单制，逐条明确责任单位、整改要求，挂单限时整改。对问题较多的区县开展“点对点”指导、“一对一”约谈，确保整改落实到位。

(五)坚持最严要求，强化考核执纪

进一步完善考核办法，优化考核指标，实施最严格的考核评估。强化考核结果运用，加大考核约谈力度。完善扶贫项目资金公示公告、村级义务监督员、负面清单管理等监管制度，健全“五方”协调机制，强化扶贫项目资金监管。建立涉贫事件处置反馈机制，完善脱贫攻坚问责机制。深入开展扶贫领域职务犯罪集中整治行动，确保扶贫工作务实，脱贫过程扎实，脱贫结果真实。

农业综合开发

陈 科

一、2016年发展回顾

2016年，重庆市农业综合开发立足国家农业综合开发基本任务，紧紧围绕全市经济社会发展大局战略定位，积极探索，改革创新，砥砺前行，开创了新局面，为全市保障粮食安全和农副产品基本供给、发展特色效益农业、推进农业现代化贡献了力量。全年农业综合开发投入财

政资金13.99亿元,同比增长2.6%,其中中央财政资金8.85亿元,同比增长3.2%。全年立项实施土地治理项目104个、国家农业综合开发现代农业园区试点项目2个、高标准农田建设创新试点项目1个、产业化经营项目151个、市级集中科技推广项目38个、部门项目27个、7个区县立项实施武陵山民族贫困地区经济发展政策创新试验项目、6个区县推进实施世界银行贷款可持续发展农业项目。

(一) 农田基础设施持续改善

2016年,全市农业综合开发土地治理项目投入财政资金79649万元,改造治理土地面积58.01万亩,其中,按照"六化"(水利化、机械化、便民化、产业化、生态化、长效化)标准建设高标准农田35.73万亩,完成生态综合治理22.28万亩。围绕全市基础保供产业和重点特色产业发展布局,发挥农业综合开发在基地建设的优势作用,将基地建设与产业发展相结合,在全市配套建设了优质粮油基地25万亩,柑橘、榨菜、茶叶等特色农产品基地18万亩。进一步改善了农业生产条件和农村生态环境,切实提高了农业综合生产能力,特别是粮食生产能力,保障了全市主要农产品持续稳定供给、优质安全供给,有力推进了农业增效、农民增收。全市农业综合开发土地治理项目区年可新增灌溉面积12.46万亩,改善灌溉面积14.41万亩,新增粮食生产能力3755万公斤,新增种植业总产值3.11亿元,项目区农民收入增加总额1.47亿元。

(二) 农业园区建设持续推进

2016年,投入财政资金4800万元,认真组织实施永川、梁平国家农业综合开发现代农业园区试点项目,计划建设高标准农田1.52万亩,扶持5家龙头企业及5个专业合作社发展。优先支持市发改委、市农委、市财政局、市国土房管局、市水利局、市农综办等6部门联合命名的20个市级现代农业综合示范工程建设。

(三) 优势特色产业持续壮大

2016年,全市农业综合开发产业化经营项目投入财政资金19380万元,实施产业化经营项目157个,其中,投入财政资金13380万元,实施产业化经营补助项目81个,先建后补项目27个;投入财政资金3000万元,实施产业化经营贴息项目49个。紧紧围绕全市特色效益农业发展和七个重点产业链建设,着重推进了柑橘、茶叶、榨菜、柠檬、莼菜等产业的发展,分别编制了5个产业专项规划,按照"缺什么、补什么"和"一业多用、一品多效"原则,坚持"五做"(做长、做宽、做深、做强、做响)要求,加强对基地建设、生产加工、科技应用、电子商务、物流运输等环节的扶持,有效壮大和延伸了产业链条。同时大力扶持项目区种养大户、农民专业合作社、专业服务组织等新型经营主体成长,积极引导各类主体以产业为基础抱团发展,有力提升农民组织化程度,促进农业优势产业不断集聚,逐步形成区域产业群。

(四) 农业科技水平持续提升

2016年,投入财政资金1853万元,实施市级集中科技推广项目38个,示范推广了渝香203水稻、渝苏8号甘薯、彩糯868玉米、鄂莲6号莲藕、尤力克优系柠檬、"巴渝特早"茶叶、"川羊肚菌1号"等新品种30个,推广机械化制种、嫁接育苗、轻简栽培、高效栽培、肥水一体化、山地果树精准化栽培、柑橘营养诊断、晚熟柑橘绿色防控、猕猴桃授粉机械化、天麻有性繁殖栽培等新技术50项,示范了都市休闲观光型循环农业模式、稻油(薯)轮作、稻虾共生、蔬菜周年可持续种植模式。示范推广面积超3万亩,开展农民培训达9000人次。

(五) 积极参与部门项目管理

2016年,全市实施农业综合开发部门项目27个,投入财政资金17106万元,其中,中央财政资金为11250万元。进一步深化部门项目的参与合作,会签4个部门的相关文件24份,参与了2016年度部门项目全过程管理,联合转发了《国家农业综合开发部门项目指引(2017—2020年)》《关于国家农业综合开发部门项目绩效目标管理工作的通知》。参与了2017年度部门项目评审和审核上报,参与了以往年度部分项目验收。

（六）继续推进外资项目建设

2016年，世行贷款可持续发展农业项目投入财政资金7506万元，继续在涪陵、永川、南川、大足、潼南、开州等6个区县推进实施。组织完成了6万亩高标准农田基础设施建设，完成了2个课题研究，示范推广新品种、新技术16个，平整土地5700亩，聚土垄作4803亩，秸秆覆盖24675亩，新建经济林3520亩，完成农民培训189人月，管理人员国内培训及考察22人月，扶持农民合作社、农民用水户协会和种植业协会11个。积极推进亚行项目申报工作。国家农发办亚行处，决定申请亚洲开发银行贷款在长江中上游经济带的湖北、湖南、重庆、四川、贵州、云南等六省市建设农业综合开发长江绿色生态廊道项目(简称“亚行项目”)。2016年7月，积极配合参与了国家农发办向国家发改委申请 “亚行项目”建议书的全部汇总和整理工作，推动了亚行项目的顺利立项，并在三峡库区重庆段的区县展开了竞争立项工作。

（七）继续实施国家农业综合开发扶持民族地区经济发展政策创新实验区项目

2016年，在黔江区、武隆区、丰都县、石柱县、秀山县、酉阳县、彭水县等7个区县继续实施国家农业综合开发扶持民族地区经济发展政策创新实验区项目，投入财政资金5600万元，实施生态综合治理项目6个，建设高标准农田项目1个，有力推进了蔬菜、水果、中药材等特色产业发展，大力助推武陵山脱贫攻坚。

（八）争取获得国家农业综合开发高标准农田建设试点项目

2016年，我市获得国家农发办支持高标准农田建设试点项目1个，在潼南区和石柱县实施，项目总投资5878万元，其中财政投资4800万元。在建设高标准农田的基础上，主要用于扶优扶强石柱的莼菜产业和潼南的柠檬产业，其中石柱县高标准农田建设试点项目投入财政投资1790万元，建设高标准农田0.5万亩，扶持龙头企业1家；潼南区高标准农田建设试点项目投入财政投资1700万元，建设高标准农田0.6万亩，扶持龙头企业2家。

（九）推进新型现代农业综合开发重点项目区建设

2016年，继续推进大足、南川、潼南、梁平、开县、秀山6个新型现代农业综合开发重点项目区建设。提出了“农田田园化、产业融合化、城乡一体化”的开发方向，探索了“资源集合、力量集中、措施集成、发展集约”的建设路径，明确了“现代农业的窗口、特色产业的精品、三产融合的典范、生态循环的样板、美丽乡村的缩影”的愿景目标。坚持规划先行、基础配套、产业跟进、融合发展、强化保障，2016年农综财政资金投入1.28亿元，整合资金3.73亿元，形成了合作开发的良好局面。国家农发办推广我市重点项目区建设这一做法，在全国10个省市开展创新试点。

（十）开发管理制度持续完善

以不断“简政放权”为手段，推动管理服务水平优化提升。一是下放管理权限。按照“放管服”的新要求，下放项目选项权限，简化土地治理项目和产业化项目管理工作流程，尽量提前项目批复时间，减少批复文件等。二是做好评审服务。进一步做好市级项目评审服务，完善评审专家队伍，2016年共计组织召开评审会10次，评审项目215个。三是加大监督检查力度。加强了项目管理，召开3次专题会议督促落实项目建设，顺利组织通过了国家审计署重庆特派办、财政部重庆专员办、市审计局对全市资金项目的专项检查审计，共计查纠问题10项。四是推进课题研究。安排课题专项资金50万元，立项研究了《农业综合开发项目区转变农业生产方式促进集约高效农业发展专题研究》等13个课题，为科学决策提供依据。

（十一）开发工作机制持续创新

一是大力实施创投项目。在西部农交会上与国开行、农发行、农行签订总额达360亿元的授信协议，多次组织召开全市动员会、调研座谈会、银担对接会加快推动项目进程，研究制定项目申报15项操作规程，成立“一会三组”，制定四项管理制度(立项制、公示制、审计制、检查验收制），进一步降低项目运行风险，增强了管理的公开性、科学性与严谨性，构建起了合力推动项目的新制度、新机制。2016年，全国农业综合开发首单民企创投项目贷款960万元落地潼南，全年评审立项项目34个，计划银行贷款总额达5.92亿元。创投项目工作得到上级领导高度重视，农业部根据汪洋副总理指示来渝专题调研，国家农发办卢贵敏主任多次表扬肯定并要求重庆农综办在全国起好带头作用。二是创新项目开发方式。推进现代农业园区项目建设，用好武陵山扶贫试验区项目，坚持基础与产业联动开发，围绕产业建基地，建好基地促产业，促进基地与产业同规划、同实施、同见效。三是推进落实产业基金试点工作。向市政府上报了实施方案，得到市领导批示同意。已落实基金1100万元，股权引导基金各项工作稳步推进，2017年将正式启动运营。四是积极探索股权化改革。2016年实施股权化改革的产业化项目财政资金达1560万元。对项目区县申报的2017年度产业化发展补助项目，全面开展了以农民持股为重点的股权化改革试点。五是创新项目管理方式。坚持抓大扶特，进一步调动多方积极性，努力探索集中科技项目使用管理的有效方式，在项目区提高科技运用水平。

二、发展中存在的问题

投入不足、标准不高、功能不全、链条不长、规模不大、品牌不响、力量不够。

三、2017年发展目标

2017年是深化改革之年、助推脱贫之年、推进落实之年和升级发展之年，我们要坚持既定开发思路，锁定开发总体任务，全力推进农业综合开发升级发展。

（一）坚持既定开发思路

以“集中连片开发、集约高效开发、综合立体开发”为指南，牢固树立“创新开发、特色开发、绿色开发、全程开发和惠民开发”的理念，以推动农业现代化为目标，以产能建设为基础，以产业开发为主线，以提效增收为核心，以建设现代化的产业基地、加工体系、营销体系、组织体系和品牌体系为路径，推动“政、企、农、科、金”有机联动，深入推进融合发展的新型现代农业综合开发项目区建设。

（二）锁定开发总体任务

2017年全市农综项目区总投入力争突破27亿元，其中财政补助投入15亿元、增幅达5%，基金融资投入1亿元，整合资金、撬动金融资本和社会投入11亿元。计划新建高标准农田50万亩、新建标准化产业基地20万亩，推进融合发展的新型重点项目区8个，重点推动柑橘、茶叶、榨菜、柠檬、莼菜等产业链的综合配套开发。

（三）做好年度三件实事

一是按照新部令要求，制定好全市农业综合开发相关配套制度与细则。二是积极助力精准脱贫，推动农综开发区县发挥好基础建设与产业开发的示范带动作用。三是股权引导投资基金正式投入运营。

（四）加快推动六项工作

1.加快高标准农田项目建设

一是着力加快“藏粮于地”建设步伐。2017年计划投入8亿元，新建高标准农田50万亩，加快形成以高标准农田为核心、以粮菜为重点的五个核心产能区。加快项目前期工作，加强项目动态管理，扎实推进项目工程建设进度，确保按时高质完成任务。制定完成《重庆市农业综合开发高标准农田建设实施细则》，落实上图入库工作，积极做好绩效评价。二是着力推进重点项目区融合发展。继续按照“四集”建设原则，加大资源整合与产业培育力度，形成农田建设和美丽乡村融合发展的“田园综合体”，使重点项目区能以新的面貌带动面上发展。三是着力组织实施好外资项目。组织实施好世行项目，筹备好亚行项目。

2.加快开发模式创新与开发方式转变

探索推进都市休闲农业项目区、集约高效农业项目区、循环复合农业项目区建设，分区打造规模化的特色开发区。在渝北、北碚、合川等地助推都市休闲农业项目区建设，在巴南、綦江、南川、武隆等地助推乡村旅游长廊建设，在沙坪坝、九龙坡、璧山等地助推全域休闲农业观光区建设，在永川、潼南等渝西地区助推以特色产业链为支撑的融合发展项目区建设，在渝东北、渝东南助推山地生态特色农业开发。围绕增产增效增收，推动项目区农业生产方式、经营方式、开发方式转变，推动“1+N”稻田复合种养开发方式、设施农业开发方式、立体农业开发方式；推动三产融合开发方式；推广“互联网+”等新型经营方式。

3.加快推进重点产业链建设

围绕全市七大百亿级重点产业链建设，重点抓好柑橘、茶叶、榨菜、柠檬、莼菜全产链建设，2017年重点抓好标准化产业基地、精深加工设施设备的完善巩固，着力建设培育大项目区、大产业、大龙头、大基地。2017年计划财政投入4亿元，重点支持柑橘基地改造提质、茶叶基地创优创牌、榨菜基地拓销增效、柠檬及莼菜产业发展壮大。加快构建区域优势产业群，立足打造品牌农业，重点培育“重庆柑橘”“涪陵榨菜”“石柱莼菜”等公共品牌，做大做强“派森百”“永川秀芽”“千年古茶”“汇达柠檬”等产品品牌、新兴品牌，挖掘复兴传统品牌及其他地方特色名品，推进产业升级和融合发展。

4.加快推进改革创新工作

一是全力推动创投项目。深化与银行、担保机构合作，立项贷款5亿元以上，力争早落地、早见效、出经验。二是大力推动产业化财政资金农民持股。落实股权化改革资金3000万元以上，着力构建紧密型利益联结机制。三是积极推进农综股权引导基金试点。加快基金运营步伐，探索运用市场化机制带动社会资本投入，力争2017年基金规模达1亿元。四是大力推行“先建后补”。引导各类新型经营主体参与农业综合开发，进一步提升建设效率、加快建设进程。五是抓好国家办和我市开展的其他创新试点项目。

5.进一步助推项目区脱贫增收

围绕全市脱贫攻坚大局，60%以上的农综资金投入贫困区县，力争达到9亿元。按照精准适度、规模持续的原则，重点帮扶国贫区县特别是彭水、城口、巫溪、酉阳等4个深度贫困县的农业开发，协助抓好中央外办对口扶持2个贫困村的精准脱贫工作，实施基础与产业同步发展，大力推动贫困村夯基础、活产业、增后劲，为持续增收发挥作用。

6.进一步深化细化管理服务

一是贯彻落实《国家农业综合开发资金和项目管理办法》（财政部令第84号），进一步深化、细化工作规则，研究制定《重庆市农业综合开发资金和项目管理实施办法》，加快构建完善与新部令相匹配、相协调的资金和项目管理制度体系。二是加强项目工程管理，抓好项目方案批复、工程招投标、开工建设、组织实施、竣工决算审计、项目验收等六大关键节点的管控，制定《先建后补管理办法》，实施定期或不定期通报制度，进一步加快进度，提高质量。三是加强资金财务管理，完善机关财务管理制度、预决算审核制度，建立项目内部审计制度，制定出台《结余资金使用管理办法》等。四是完善项目储备制度，加强项目库建设，切实推进“抓一看二望三”工作方法，增强工作的前瞻性和主动性。五是抓好有关部门业务协调工作，进一步提高工作效率。六是加强项目的监督检查、绩效评价和年度验收工作，进一步建立科学的管理评价机制。组织对接好各级监督检查，搞好项目绩效考评，加大验收结果运用力度，逗硬奖惩。七是进一步加强规范性文件管理，将农业综合开发纳入法治化轨道。

（作者单位：重庆市农业综合开发办公室）

第二产业

工业投资运行与发展

杨明元

2016年，全市坚持稳中求进工作总基调，立足有效投资对稳增长、调结构的关键作用，狠抓工业项目建设，工业投资总量保持平稳较快增长，工业投资结构加速优化，有力支撑了全市工业经济平稳健康发展。

一、2016年发展回顾

（一）总体情况

2016年，全市工业聚焦开工、续建、投产、达产等关键环节，扎实推进一大批投资规模大、带动作用强、经济效益好的项目滚动实施，产业结构调整升级，工业投资平稳增长。

在系列措施的共同作用下，2016年全市完成工业投资5664亿元，同比增长13.5%，占全社会固定资产投资的比重为32.6%。

（二）主要特点

1.重点投向进一步优化

合理布局重点项目，实现资源配置效率最大化。产业高端化趋势明显，集成电路、新型显示、新能源汽车、通用航空等战略性新兴产业项目加速实施。汽车整车及零部件、机器人及智能装备、新型智能终端等项目加速布局。

2.投资结构加速调整

制造业投资4906亿元，增长18%，快于全国制造业投资增速13.8个百分点，占全市工业投资的比重由2015年的83.3%提高至86.6%。战略性新兴产业投资1124亿元，占全市工业投资的比重达到20%，支撑全市战略性新兴产业实现产值2722亿元，增长51%，对工业产值增长的贡献率达40%。

3.民间投资保持快速增长

2016年，全市完成民间工业投资4046亿元，增长23.1%，增速快于全国民间工业投资增速19.7个百分点，占全市工业投资的比重由2015年的65.9%提高至71.4%，成为重庆市工业投资的主力军。

4.招商引资成效显著

坚持抓好招商引资工作，2016年工业领域引进OPPO手机、河源中光电触控显示一体化、福特高端车等战略意义大、产业带动性强、投资规模亿元以上的重大项目800余个，协议投资5000亿元，增长超过30%。工业实际利用外资连续六年超过40亿美元，居西部前列。在渝世界500强工业企业224家，占全市81.2%。

5.重点项目带动作用凸显

聚焦新开工、续建、投产、达产等关键环节，加速重点项目建设。康宁玻璃基板、京东方智慧电子、航空发动机等120个重点项目按期开工，惠科液晶面板、VIVO手机、北京现代重庆基地等112个项目加快建设，惠科显示器电视机、比速汽车、华峰氨纶二期等115个项目按期投产，京东方液晶面板、SK海力士芯片封测、华通印刷电路板等100个项目实现达产，投达产项目累计实现产值1400亿元，对工业经济增长贡献率达55%。

二、发展中存在的问题

一是受国际国内宏观经济形势影响，企业投资信心普遍不足，全国工业投资增速由2015年末的7.7%下行至2016年末的3.6%，招商引资竞争更趋激烈。二是技术改造投资占比和设备投资占比均低于全国平均水平，投资有效性不高，近10年以来工业投资边际效应总体呈现走低态势。

三、2017 年发展目标

2017 年是重庆市建设国家重要现代制造业基地的关键之年，我们将全面贯彻新的发展理念，坚持稳中求进工作总基调，围绕发展壮大战略性新兴产业和改造提升传统产业两个重点和推动重大项目滚动实施这一关键支撑，按照“问题导向、清单管理、结果倒逼”要求，深入实施“三清三进”工作法，继续保持适度投资规模，着力改善投资结构，推动“重庆制造”提质增效升级，为全市工业经济平稳健康增长奠定坚实基础。2017 年，力争全市工业投资增长 10%以上、技术改造投资占比提高至 30%、战略性产业投资占比提高至 25%。

（作者单位：重庆市经济和信息化委员会）

工业经济发展综述

苏 波

2016 年，在市委、市政府的坚强领导下，全市经信系统全面贯彻新发展理念，务实推进供给侧结构性改革，以增量调结构，以创新促升级，工业和信息化工作稳中有进、稳中向好，实现“十三五”良好开局。

一、2016 年发展回顾

（一）增速位居全国前列

全市规模工业总产值 2.4 万亿元，增长 10.2%。全口径工业增加值 6040 亿元，增长 10.2%，占地区 GDP 的比重为 34.4%，工业对地区 GDP 增长的贡献率达 34%，拉动经济增长 3.6 个百分点。全市规模工业增加值增长 10.3%，高于全国 4 个百分点以上，增速位列全国第 2。渝北、沙坪坝、江津、涪陵、南岸、九龙坡、永川、璧山 8 个区规模工业产值超过千亿元。彭水、北碚、大渡口、石柱、涪陵规模工业增加值增速位居全市前列。全市完成工业投资 5664 亿元，同比增长 13.5%，占全社会固定资产投资的比重为 32.6%，其中，民间工业投资完成 4046 亿元，增长 23.1%，增速快于全国民间工业投资增速 19.7 个百分点，占全市工业投资的比重由 2015 年的 65.9%提高至 71.4%，成为重庆市工业投资的主力军。规模工业利润 1585 亿元，增长 12.6%，高于全国 4.1 个百分点。主营业务收入利润率 6.8%，同比提高 0.1 个百分点，高于全国 0.8 个百分点。园区工业产值达到 2.07 万亿元，产业集中度 81%，两江新区、重庆高新区、江津园区、长寿经开区、石柱园区、奉节园区等快速建设发展。

（二）战略性新兴产业加快发展

新型显示形成“玻璃基板—液晶面板—显示模组—显示终端”全产业链，液晶面板产量 145 万片，增长 4.6 倍。集成电路初步建成“IC 设计—晶圆制造—封装测试”全流程体系，集成电路产量 3.3 亿块，增长 38.7%。机器人及智能装备产业聚集企业 150 余家，川崎机器人、埃马克机床建成投产，固高科技长江研究院正式运营，工业机器人产量增长 1.8 倍。生物医药成功引进康美医药产业基地、万全医药制造基地等项目，基本形成两江水土、巴南麻柳、合川、涪陵四大聚集区，产业规模进一步壮大。德尔森、UST 传感器等项目相继落地，物联网产业体系更趋完善。新能源汽车公告车型 210 款，智能汽车与智慧交通应用示范项目一期建成投运，生产新能源和智能汽车 10 万辆。高端交通装备、新材料、页岩气、节能环保等加速发展。十大战略性新兴产业完成投资 1124 亿元，占全市工业投资的 20%；产值 2700 亿元，增长 50%。

（三）产业结构持续优化

汽车制造业完成产值 5391 亿元，增长 11.7%。汽车产量 316 万辆，占全国汽车产量

1/8，持续领跑全国。电子产业产值4999亿元，增长17.7%。笔电5842万台，占全球的1/3；手机2.9亿台，增长58.7%，比全国高出30.4个百分点。两大产业对全市工业产值增长贡献率59.2%。装备产业通机及下游产品产销量占全球的20%，出口占全国的50%。江津食用油、荣昌休闲食品、梁平塑料、巴南纺织服装、垫江钟表、奉节眼镜等消费品产业集群初具规模。材料、化工、能源产业绿色发展步伐加快，均实现正增长。工业低碳绿色发展取得明显成效，工业固体废弃物综合利用率保持83%以上；万元工业增加值能耗比2015年下降9.5%左右。规模工业度电产值达44元，提高13%，用较少能耗支撑了较快经济增长。成功组建重庆军民融合协同创新研究院，华伟工业等9户企业入驻国家军民融合公共服务平台，70余家民企参与军品生产，军民融合产业发展取得新进展。

（四）创新能力不断增强

全面落实《关于深化改革扩大开放加快实施创新驱动发展战略的意见》，出台企业研发准备金、重大新产品研发成本补助等实施细则。规模工业企业R&D经费支出237.5亿元，增长近20%，研发投入强度达0.99%，继续保持西部首位。新增重庆材料研究院、重庆水泵厂2家国家级企业技术中心、通用航空等85家市级企业技术中心、再升科技等5家市级重点实验室；新组建理工清研、精准生物等14家新型企业研发机构；新成立汽车电子、大数据、液晶面板等一批产业技术创新联盟。实施1000余项重点产品研发及产业化项目，长安福特9FM变速器、北汽银翔C20SUV等新产品销售收入超过10亿元。全市工业新产品产值5500亿元，新产品产值率23%，继续保持西部第一位、全国前列。新增企业专利授权3万件，其中发明专利2000件，莱美药业等3家企业获评工信部知识产权运用标杆企业。深入推进质量提升专项行动，对30户整机及配套企业开展管理优化、质量管控等全方位诊断，企业管理成本下降20%，产品良率提高10%以上。机床集团成为国家质量标杆企业，新培育捷力轮毂等5家国家质量品牌培育示范企业。

（五）去产能降成本成效显著

全力以赴去产能，制定实施“1+7”工作方案，去除粗钢产能517万吨、煤炭产能2084万吨，均提前超额完成国家下达任务；去除船舶产能8万载重吨，52家烟花爆竹企业全部退出生产市场；处置“僵尸”企业109户、“空壳”企业182户；职工安置、债权债务、资产处置等同步有序推进。不遗余力降成本，认真落实“涉企30条”“电气15条”，出台4批共151项企业减负目录清单，为企业减负300多亿元。推进大用户直供电降低企业电费，协调铁路、石化等单位降低运费气费，共为企业节支25亿元。建立由158家龙头企业、1135个配套产品构成的配套产品目录库，全年本地采购金额562亿元，降低企业进项物流成本近3亿元。

（六）互联网经济高地快速崛起

全市信息化发展指数72.18，居全国第12位，提升2位。软件业务收入1036亿元，同比增长20.9%。互联网网间平均时延为46.02ms，居7个新增直联点第4位；丢包率为0.3%，居7个新增直联点第1位。全市所有行政村实现光纤覆盖，成为全国首批实现行政村4G网络全覆盖省市。加快互联网在研发设计、生产制造、过程管理、销售服务等全产业链运用，新增隆鑫通用、北汽银翔等23家全国两化融合管理体系贯标试点单位，两化融合指数77.3，高于全国4.6个点。锦晖陶瓷建成集创家消费品设计营销平台，猪八戒网开设工业设计窗口，整合全球资源开展工业设计服务。惠普结算中心实现资金结算815亿美元。成功获批国家大数据综合试验区。浪潮（重庆）云计算中心等按期投运，签约投运服务器超过3万台，增长5倍，其中市外用户占比超过75%。

（七）对外开放稳步推进

京东方智慧电子、OPPO手机、中光电、博唯生物重组蛋白疫苗等一批投资规模大、上下游带动能力强的旗舰项目落户重庆，全年引进工业项目800个,协议投资5000亿元,增长30%。工业实际利用外资连续六年超过40亿美元,居西部前列。在渝世界500强工业企业224家,占全市81.2%。工业进出口总额占全市进出口70%以上。渝新欧全年开行420余班,新增霍尔果斯、二连浩特出口通道,新建成德国汉堡等3个分拨点。拓展华为智能终端、后谷咖啡等新货源。率先在国内开通欧洲运邮班列,助推重庆成为中欧班列运邮试点城市。在渝航空货运公司13家,国际货运量增长15%,“欧洲—重庆—新加坡”铁空联运成功试运行。

(八)服务水平不断提高

强化工业运行监测调度,全市工业未出现大起大落。开展企业止跌回升专项行动,468家企业增速由负转正,规模工业负增长面下降5.8个百分点。打好煤炭、天然气保障“组合拳”,在全国供煤紧张的背景下,积极协调陕煤、甘煤入渝,全年未拉闸限电,天然气供应正常。发布战略性新兴产业人才需求指导目录,会同相关部门做好人力资源服务联盟工作,协助1500余家重点企业招工15万人,组织开展各类培训1.2万人次。实施工业企业融资专项行动,兑现贷款贴息资金1.5亿元,撬动企业贷款融资353亿元;推动企业银行间市场发债170亿元;新三板挂牌工业及信息服务企业69家。落实工业振兴、民营经济、产业技术创新等专项资金6.19亿元,支持项目707个,撬动社会资本投资780亿元。

二、发展中存在的问题

当前,世界经济复苏缓慢,不稳定性、不确定性因素增多,贸易保护主义和“逆全球化”倾向抬头。发达国家加速推进高端制造业回归,新兴国家利用低成本优势,加快承接中低端产业转移,我国制造业发展面临双重挤压。国内经济发展新常态特征进一步显现,部分行业产能过剩严重,产业发展制约因素趋紧,经济下行压力持续加大。从全市看,在全球笔电、平板等3C产品及全国汽车、智能手机消费趋于饱和的大背景下,汽车、电子产业对工业增长的“高贡献”难以为继。部分企业负债率偏高,生产经营困难。新兴产业体量较小,拉动经济作用有限。外部需求疲软,工业品出口形势严峻。招商引资难度加大,带动性强的旗舰项目较少。创新短板突出,新技术新产品不多。

看到这些困难和挑战的同时,我们也要看到全市工业和信息化发展面临的积极因素。我国发展仍处于战略机遇期,党中央、国务院高度重视实体经济发展,先后出台《中国制造2025》、深化制造业与互联网融合发展的指导意见,以及一系列减税降费政策举措,给工业经济发展带来新机遇。供给侧结构性改革取得阶段性成果,制造业PMI指数连续5个月处于扩张区间,工业企业效益逐渐回升,市场信心开始回暖。就重庆市而言,国家“一带一路”和长江经济带发展战略深入实施,中新(重庆)战略性互联互通示范项目高水平推进,自贸区成功获批,市内外环境利好。重庆市工业发展基本面好于全国,增长速度、经济效益、投资增速等主要指标高于全国平均水平,稳增长调结构促转型基础较好。

总体来看,重庆市工业和信息化发展既有挑战也有机遇,但机遇大于挑战。面对发展中的困难、经济运行中的问题,既要举重若轻、沉着应对,又要举轻若重、未雨绸缪,切实解决好怎么看、怎么干的问题,变压力为动力,变挑战为机遇,变发展潜力为实际发展成果。

三、2017年发展目标

(一)发展目标

2017年工作总体要求:坚持稳中求进工作总基调,牢固树立和贯彻落实新发展理念,以提高质量和效益为中心,以供给侧结构性改革为主线,以“中国制造2025”和制造业与互联网融合发展为指引,深化创新驱动,加快发展新兴产业,着力提升传统产业,不断优化发展环境,努力实现工业和信息化平稳健康发展,为全市全面建成小康社会作出积极贡献。

2017年主要工作目标:规模工业增加值增长10%;规模工业利润增长12%;工业投资增长

10%；规模工业企业 R&D 支出增长 20%；软件及信息服务业收入增长 15%；战略性新兴产业产值增长 30%。万元工业增加值能耗、水耗分别下降 4%、5%。

(二)重点工作

2017 年，我们将迎来党的十九大、市第五次党代会和重庆直辖 20 周年，做好工业和信息化各项工作意义重大。全市经信系统要认真谋划，统筹兼顾，狠抓落实。重点抓好八项工作：

1.着力抓好工业稳增长

把稳增长作为今年工作的首要任务，突出重点，综合施策，确保全年工业经济平稳运行。抓重点行业、重点企业、重点项目、产品出口和运行调度。

2.强力推进创新发展

深入贯彻落实《关于深化改革扩大开放加快实施创新驱动发展战略的意见》，细化研发活动、研发机构、新产品开发等工作举措，确保创新取得实效。一是启动实施企业研发投入倍增计划。二是启动实施企业研发机构倍增计划。三是启动实施新产品开发倍增计划。四是推进制造业创新中心建设。五是强化质量品牌建设。

3.加快发展战略性新兴产业

把战略性新兴产业作为增加有效供给的重要途径，发挥战略性新兴产业股权投资基金引领作用，实施一批重大项目，壮大产业规模。

4.大力推动传统产业转型升级

坚持以技术改造、工业强基、绿色发展等为重点，推动传统产业高新化、高质化、高端化发展，不断提高产业发展质效。一是着力推动技术改造。二是实施工业强基工程。三是着力推动绿色制造。四是大力推进军民融合发展。五是深入推进去产能。

5.深入推进制造业与互联网融合发展

聚焦制造业与互联网融合关键环节，推动工业企业内部智能化、外部网联化，催生一批新产业、新技术、新业态、新模式。一是建立健全制造业创业创新服务体系。二是构建制造业发展新型基础。三是加强企业智能化改造。四是构建服务型制造新模式。五是强化工业信息安全管理。

6.扎实推进互联网经济高地建设

抓住新一代信息技术应用的重大机遇，加速其在各行业各领域广泛应用，更好促进经济社会发展。一是加快发展云计算大数据产业。二是大力发展分享经济。三是进一步完善信息基础设施。四是深入推进大数据应用。

7.加大招商引资工作力度

按照产业集群、资源集约、功能集成的思路，引进一批战略意义大、产业带动性强的项目，力争全年引进重点工业项目 1000 个，到位资金 800 亿元以上。一是明确招商引资工作重点。二是强化项目储备。三是组建招商团队。四是加快中外合作产业园建设。

(作者单位：重庆市经济和信息化委员会)

工业绿色发展状况

沈 翱

一、2016 年发展回顾

(一)总体情况

2016 年，全市万元 GDP 能耗同比下降 6.9%，万元工业增加值能耗同比下降 9.5%，万元工业增加值用水量同比下降 12.6%，大宗工业固体废弃物综合利用率达到 83%，用较少能源消耗支撑了全市工业经济的较快增长。

(二)主要工作

1.切实抓好工业节能

加强重点用能企业监管。按照万家企业节能低碳行动要求，重庆市组织市能源利用监测中心等专业机构对全市万家企业2015年度节能目标完成情况进行了考核，并公告考核结果，全市158家万家企业全部达到“完成”等级以上。同时，指导万家企业编制节能规划，积极落实节能管理措施，加快推进企业能源管理体系建设。

大力开展工业节能监察。一是开展国家重大节能专项节能监察。去年重庆市共有165家企业纳入国家重大工业节能专项监察计划，经现场监察发现问题48项，全部下达《限期整改通知书》，要求企业限期进行整改。二是出台《重庆市2016年工业节能监察计划》，先后开展钢铁、火电、合成氨、平板玻璃等8个高耗能行业单位产品能耗限额检查。检查结果表明，24家火力发电企业、10家合成氨企业、3家烧碱企业等57家高耗能行业企业单位产品能耗均达到国家能耗限额标准要求。三是认真开展电解铝行业阶梯电价专项监察和水泥行业阶梯电价预警监察工作。检查结果表明，重庆市现有的3家电解铝生产企业铝液交流电耗均低于国家阶梯电价加价标准；37家水泥制品生产企业中，有26家企业电耗指标低于国家阶梯电价加价标准，有11家企业超过国家加价标准，目前已督促企业抓紧时间开展技术改造。

积极推广节能技术和产品。一是积极推荐重庆市范围内的工业企业、科研机构等单位的节能技术和产品申请进入国家重点节能技术、节能机电设备(产品)及“能效之星”产品目录，重庆亚东亚集团变压器有限公司生产的油浸式非晶合金和油浸式硅钢2种配电变压器成功入选国家节能机电设备(产品)目录。二是组织了工业节能政策宣贯暨重点节能技术培训会、节能低碳技术推广培训会等一系列活动，广泛宣传重点节能技术，鼓励企事业单位积极采用通用性节能技术开展改造。三是启动“能效领跑者”活动机制。委托专业机构编写重庆市水泥、火电行业“能效领跑者”评选实施细则，计划在2017年启动“能效领跑者”评选活动。

组织实施节能重点工程。积极组织重点用能企业、节能服务公司等单位实施节能技术改造、合同能源管理项目等重点节能工程。2016年组织实施市级节能项目28个，带动投资约8亿元，实现节能量5万吨标准煤以上。同时积极推荐重庆船舶工业有限公司等3家企业成功申报工信部绿色制造系统集成项目。

大力推广合同能源管理。认真做好年度节能服务公司备案工作，2016年新增备案及换证节能服务公司38个，重庆市已备案的节能服务公司累计达130余个。组织开展年度节能服务公司培训，广泛宣传合同能源管理模式优惠政策，积极引导重点用能企业、公共机构等采用合同能源管理模式开展节能改造。

2.积极推进绿色制造

启动绿色制造实施工程。组织编制印发《重庆市绿色制造工程实施方案(2016—2020年)》，计划在“十三五”期间，全市绿色制造水平明显提升，绿色制造体系初步建成，重点行业主要污染物排放强度下降20%，创建5个市级绿色示范园区、30个市级绿色示范工厂，传统制造业物耗、能耗、水耗、污染物和碳排放强度明显下降。

积极开展清洁生产改造。在火电、建材、化工、有色等大气污染重点工业行业和造纸、农副食品加工、制革、纺织、有色金属、氮肥、农药、原料药制造、电镀、染料颜料制造等水污染重点行业推行清洁生产提升计划，从源头削减污染物。2016年组织实施6个清洁生产技术改造示范项目，计划投资3.5亿元，建成后预计年可减少废气排放10亿立方米、污水排放3万吨以上。

推进主城区污染企业搬迁。按照重庆市主城区环境污染安全隐患重点企业搬迁工作安排，积极协调解决企业搬迁中存在的问题，帮助企业落实搬迁计划及享受相关优惠政策。2016年完成主城区环境污染安全隐患重点企业搬迁7户，全面完成年度计划任务。

3.大力发展循环经济

积极推进工业节水。一是加强统筹协调，在规划制定、产业布局、项目引进等方面认真落实国家有关工业节水政策要求。二是引导企业开展节水改造,推动工业企业中水回用,并对符合条件的项目予以资金支持,积极支持企业享受中水回用、污水处理等税收减免政策。三是会同水利部门开展节水型企业创建活动,发布评价标准,开展评价活动,玖龙纸业等5家企业获得"节水型企业"荣誉称号。

推进大宗工业固废综合利用。大力推进煤矸石、粉煤灰、工业副产石膏等大宗固体废物综合利用、再生资源综合利用以及余热余压综合利用,高于全国平均水平。余热余气总发电装机容量超过2000MW,年节约标煤300万吨以上。积极推进废旧轮胎、废纸、废钢铁等再生资源综合利用。

推动再制造产业创新发展。两江新区雨祥示辉变速箱有限公司成功申报工信部再制造产品认定,指导永川区推进盾构机再制造项目,大力推动再制造产业发展。鼓励企业实施智能可循环重载托盘应用、再生资源在线竞拍系统平台、报废汽车及再制造再利用汽车零部件交易平台研究,推动再制造产业与互联网融合发展。

二、2017年发展目标

以工业绿色发展专项行动为抓手,着力抓好工业节能节水、清洁生产和资源综合利用等重点工作,力争全市万元工业增加值能耗下降4%,万元工业增加值水耗下降5%,大宗工业固体废物综合利用率保持在83%以上。

(一) 加大节能监察力度

依法加强年耗能1万吨标准煤以上的重点用能企业节能监管,督促企业完善节能管理制度,组织开展节能目标责任评价考核,考核结果并向社会公告。认真开展水泥、钢铁、平板玻璃等行业单位产品能耗限额监督检查,开展电机、变压器等淘汰类落后机电设备节能监察,督促工业企业认真落实固定资产投资项目节能审查制度,强化能评约束性作用,未经节能审查的项目,一律不准开工建设。

(二) 抓好技术产品推广

结合国家部委发布的《国家重点节能低碳技术目录》《节能机电设备(产品)推荐目录》《通信行业节能技术指导目录》《国家鼓励的工业节水工艺、技术和装备目录》《再生资源综合利用先进适用技术目录》等一系列先进技术和产品目录,深入开展节能节水、清洁生产、综合利用技术产品推广活动,以典型案例、示范工程为突破口,充分发挥科研院所、行业协会等桥梁作用,引导企业开展节能节水、清洁生产改造,推动再生资源综合利用,开展绿色园区、绿色工程评价活动。

(三) 实施绿色制造工程

按照《重庆市绿色制造工程实施方案》,重点在钢铁、有色、化工、建材等高耗能行业积极推行绿色循环生产模式,推动节能节水和清洁生产改造,进一步提升工业固废利用效率,加大园区的低碳循环化改造。充分发挥国家和市级节能减排相关资金激励作用,与推进供给侧结构性改革相结合,引导企业开展节能节水、清洁生产和资源循环化改造,推动产业结构优化升级。

(作者单位:重庆市经济和信息化委员会)

工业企业改革

邓 浩

一、2016年发展回顾

(一)化解过剩产能,实现市场出清,稳妥推进企业改革工作

1.大力推进企业兼并重组

一是强化政策引导。按照重庆市《关于推动企业兼并重组的意见》《关于进一步推进企业兼并重组的通知》等文件,通过政策引导,调动企业开展兼并重组的积极性;充分发挥市经济信息委联席会议牵头部门作用,配合相关部门出

台支持措施。二是促进金融支持。人行重庆营管部制定《重庆市信贷投向指引》,将企业兼并重组作为信贷投向支持类;重庆银监局采取延长并购贷款期限、提高并购贷款占并购交易价款的比例等措施,为企业提供更为宽松的信贷环境等。三是加大财税支持。市民营经济发展专项资金单列兼并重组类别,对符合条件的力帆实业兼并无线绿洲通信技术等两个市级重点项目给予补助资金。市国税局、市地税局积极贯彻降低收购股权(资产)占被收购企业全部股权(资产)的比例限制等要求,激发了企业实施兼并重组的积极性。四是做好职工安置。会同市人社局等部门联合出台《关于做好失业保险支持企业稳定岗位工作的通知》,对积极承担社会责任的兼并重组企业、化解产能严重过剩企业、淘汰落后产能企业,实施失业保险稳定就业岗位补贴政策,支持企业转型升级。

2.积极推进厂办大集体改革

推动条件成熟的70余户企业开展厂办大集体改革,完成4户厂办大集体企业改革。一是积极传达、贯彻厂办大集体改革文件。采取集中开会和个别指导等方式,组织央企认真学习和研究国办发〔2011〕18号和渝府办发〔2013〕206号等文件,研讨相关问题。二是全面调研厂办大集体基本情况。对职工情况、费用支出、缺口资金等基本情况进行全面调研,收集存在的主要问题和建议。三是召开市级部门协调会。召集市人社、财政、国资、总工会等有关部门专题研究厂办大集体改革,统一政策解释口径。四是采取切实措施维护社会稳定。指导主办企业畅通信访渠道,开展稳定风险评估,对准备不充分、时机不成熟的该缓则缓,有效维护社会稳定。

3.稳妥推动在渝央企棚户区改造工作

按照《关于下达2016年国有企业棚户区改造目标任务的通知》的要求,在前期工作基础上,重点支持进度较快、任务较重的在渝央企,及时召开望江工业、虎溪电机等企业项目评审会,落实各项支持政策。除红江机械外,其他4户企业均完成2016年国有企业棚户区改造任务,改造棚户区2500户。此外,积极协调在渝央企申请配套支持资金,共落实在渝央企2016年城镇保障性安居工程中央补助资金预算共计5454万元。

4.认真指导区县企业改革工作

完成年初确定的3户集体所有制企业改革目标,完成4户城镇集体所有制企业改革,累计安置职工1322人。同时,协助渝中区筹措资金近1亿元,对区属国企重庆机械厂、大地建筑工业公司、中都建材工业公司实施了整体破产,安置职工1300余人。

(二)减轻企业负担,促使轻装上阵,加快推进“三供”分离移交工作

1.加快推进驻渝央企职工家属区“三供”分离移交

通过建立工作台账、每月召开推进会、赴现场协调、一企一策研究等方式,解决了西南铝业、川维厂、长江电工、电子三所等10余家央企20余个突出问题。供水、供电、供气三方面,已完成移交的企业和已签订协议正在施工改造的企业52户,占总数的72%,涉及职工住户34万户,占总数的74%,高于年度目标和预期水平。

2.积极推进成都铁路局重庆家属区“三供”分离移交工作

成都铁路局所属重庆家属区共120个小区,2万职工住户,分布在13个区县,存在布局分散、情况复杂等特点。该项工作作为市委、市政府主要领导高度关注的工作,我委成立专项工作小组,制订工作方案,组织签订分离移交工作框架协议,及时召开协调推进会,解决突出矛盾和问题,取得明显成效。自8月底启动以来,水电气移交、接收双方对接迅速,各项工作有序推进,2016年12月底按市政府要求全部完成实施协议签订工作。

3.统筹推进市属国有企业“三供”分离移交工作

充分借鉴驻渝央企“三供”分离移交推进经验,摸底调研市属国企“三供”基本情况,充分征

求市国资委、市财政局以及市属国有重点企业意见建议，研究制定了《重庆市市属国有企业水电气分离移交实施方案》，为全面推进市属国企“三供”分离移交工作提供了政策支持。

（三）千方百计想办法，全力维护稳定，努力解决历史遗留问题

1.稳妥处置企业改制遗留问题

一是牵头指导重庆西南合成医药集团有限公司职工安置工作，共涉及在职职工2450余人、退休人员近4000人。目前，已安置在册职工960余人。二是按照重庆市相关政策规定，彻底解决了原印染厂破产后1600名退休职工的移交工作。三是妥善处理原重庆合成化工厂职工安置遗留问题。牵头成立市区两级工作组，研究测算了近1000名退休人员安置费用需求，对涉及退休人员医疗保险积极争取政策支持，确保职工核心利益。四是指导嘉陵工业集团股份公司深化改革化解过剩产能优化结构职工调整工作，共涉及职工2400余人，改革方案已顺利通过职工大会，职工安置工作全面启动。五是参与处理了“老17户”原重庆中南橡胶总厂国企改革历史遗留问题。

2.认真组织职教幼教退休教师生活补贴申报工作

组织在渝央企完成职教幼教退休教师2016年生活补贴的资金申报工作，涉及退休教师1961人，申报生活补贴2024.5万元；组织在渝央企完成移交遗留问题的中小学退休教师2015年下半年和2016年全年待遇补差资金申报工作，涉及退休教师193人，申报补差待遇204.2万元。

3.认真做好“三类人员”困难补助申报审核工作

组织中央在渝破产企业“三类人员”和正常企业解除劳动关系“三类人员”生活困难补助的申报审核工作，中央在渝破产企业“三类人员”涉及1949人，申报补助资金1211万元；中央在渝非破产企业解除劳动关系“三类人员”涉及126人，申报补助资金88.7万元。

二、发展中存在的问题

一是改革遗留问题较多。部分区县国有和集体企业改革改制中涉及职工安置等问题，因政策障碍一时难以解决。在渝央企及市内改革、改制企业涉及的住房移交、退休人员移交属地管理等社会职能剥离难度大。二是在渝央企厂办大集体企业改革涉及职工安置、资产处置等，多数企业因资金缺口大难以推进。三是国有企业水、电、气剥离工作因成本上涨，部分企业地处偏远，推进难度较大。四是国家出台的涉及部分职工待遇政策与职工期望相差大，引发相关人群信访。

三、2017年发展目标

（一）总体思路

全面贯彻落实习近平总书记系列重要讲话精神，以改革为动力、稳定为前提、法治为手段，执行好《关于深化国有企业改革的指导意见》，积极推进重庆市在渝央企和市属国企“三供”分离移交、厂办大集体和区县国有企业、集体企业改革，同时做好信访稳定工作，为重庆市企业改革和发展创造稳定的社会环境。

（二）工作目标

优化重庆市企业兼并重组市场环境，引导企业横向并购扩大规模，纵向并购延伸产业链，收购研发中心提升核心竞争力，促进企业做大做强；指导各区县国有和集体企业改革工作，处理好历史遗留问题；协调启动中央在渝企业厂办大集体改革工作，做好资产处置、职工安置、稳定维护等工作；做好在渝央企职教幼教退休教师生活补贴和未移交中小学退休教师待遇补差工作；加快推进全市国有企业“三供”分离移交工作；切实做好中央在渝企业的信访稳定工作，依法维护企业、职工群众的利益，积极化解矛盾，维护社会稳定。

（三）主要措施

1.进一步推进企业兼并重组

根据国家和重庆市的要求，不断优化重庆

市企业兼并重组市场环境，努力降低企业杠杆率。全面推进2017年企业兼并重组市级重点项目申报，全力建立兼并重组项目信息库，并对符合条件的项目给予政策或资金支持。加强与工信部的联系，争取支持指导，跟踪落实国家优惠政策。继续做好指导服务，帮助2015—2016年兼并重组市级重点项目解决实际困难和问题，开展完工项目综合验收。

2.稳妥组织实施各项改革工作

加快推进驻渝央企、市属国企加快“三供”分离移交工作进度，2017年底基本完成移交改造工作。继续推动中央在渝企业厂办大集体改革，指导和帮助条件成熟的企业制定改革方案。做好驻渝央企涉教相关群体工作，及时开展职教幼教退休教师生活待遇审核调整、2017年生活补贴申报及发放工作，以及未移交中小学退休教师加发生活补贴。协调推进在渝央企棚户区改造，及时收集、解决改造过程中出现的问题，按计划完成2017年棚户区改造任务。指导各区县推进国有企业和城镇集体企业改革工作，帮助解决工作中出现的问题。

3.促进企业开展管理创新工作

帮助企业抓好现代企业管理制度建设和完善，加大企业管理创新成果的推广宣传，指导和帮助企业参加创新成果评选，组织开展企业管理培训，促进更多企业提升管理水平。

4.做好企业改革信访稳定工作

加强初信初访的办理，力求事事有回音、件件有着落。深入基层调查研究，及时研究处理矛盾问题。坚持源头治理，努力防止新矛盾的发生。坚持按期开展矛盾纠纷排查调处，做到情况清、底数明。做好重要时段的信访维稳工作。全力做好综合治理和平安建设。全面贯彻落实市委要求，制定《目标任务分解方案》，细化工作任务和责任单位，强化谁主管谁负责、谁监管谁负责、谁审批谁负责的原则和属地管理原则，健全完善责任制。

（作者单位：重庆市经济和信息化委员会）

汽车工业

王昭杰

一、2016年发展回顾

2016年，中国汽车产销量连续8年蝉联全球第一。重庆汽车制造业继续保持稳定快速增长，产值、产量增长分别达到11.7%、3.4%，产品结构得到改善，产业转型升级效果显著，对重庆工业经济增长和质量效益提升起到了重要支撑作用。

（一）基本情况

截至2016年底，重庆有汽车生产企业36家，其中整车生产企业18家，专用车生产企业18家，已形成年产400万辆的综合生产能力；汽车制造业规模以上企业908家，其中，汽车零部件企业828家，已具备发动机、变速器、制动系统、转向系统、车桥、内饰系统、空调等各大总成较完整的供应体系，具有70%的汽车零部件本地配套化率。

2016年，重庆市规上汽车制造业完成产值5391.3亿元，同比增长11.7%，其中，汽车整车制造业完成产值2844.4亿元、同比增长8.6%，改装车制造业完成产值139.1亿元、同比增长5.4%，汽车零部件制造业（含汽车轮胎）完成产值2075.9亿元、同比增长16%；完成主营业务收入5407.3亿元，同比增长14.1%，其中，汽车整车制造业完成2983.4亿元、同比增长12.9%，专用车制造业完成117.6亿元、同比下降3.5%，汽车零部件制造业（含汽车轮胎）2306.3亿元、同比增长16.8%；生产汽车315.6万辆，同比增长3.4%。

(二)发展特点

1.生产运行

2016年，重庆市汽车制造业全年逐月产值增速呈现出较为不规则的走势。3月份是全年的最高点，同比增幅达到22.3%;5月份产值同比增幅全年最低,同比持平。全年汽车制造业产值净增564.7亿元,增幅达到11.7%,高于全市工业1.5个百分点,对全市工业产值增长贡献率达到25.4%。汽车产量在4、5、6月及12月的当月同比均为负增长。全年汽车产量增长3.4%,低于全国(14.5%)11.1个百分点,是多年来少见的产量增幅低于全国。汽车产量占全国比重(11.2%)比2015年(12.4%)下降1.2个百分点,但仍继续位居全国省市排名第一。

2.产品结构

2016年,重庆市乘用车占比为89.1%,比全国(86.8%)高2.3个百分点。乘用车中,狭义乘用车产量达到264.5万辆,同比增长3.4%。狭义乘用车中,轿车、SUV和MPV的产量分别达到97.9万辆、126.2万辆和40.3万辆，同比分别增长-10%、28.2%和-16.9%，占全市乘用车产量的比重分别达到34.8%、44.9%和14.3%。交叉型乘用车（微客)产量16.9万辆,同比下降31.4%,占全市乘用车产量比重下滑至6%,同比下降2.8个百分点。

3.经济效益

2016年，重庆市汽车制造业完成利税总额869.3亿元，同比增长11.6%，高于产量增幅(3.4%)8.2个百分点，其中利润总额完成551.2亿元,同比增长13.1%,高于产量增幅(3.4%)9.7个百分点;税收总额完成318.1亿元,同比增长9%,高于产量增幅(3.4%)5.6个百分点。亏损面大幅度降低，规上亏损企业93家，较2015年(103家)减少10家,亏损企业亏损总额为14.3亿元,同比下降40.8%。汽车整车的单车主营业务收入达到9.45万元,较2015年(8.66万元)提高约0.8万元；单车利润达到1.13万元/辆,比2015年(1.07万元/辆)提高0.06万元/辆。

4.骨干企业

2016年,长安集团在渝企业(包括长安汽车、长安福特、长安铃木、长安跨越四家)完成产值2007亿元,同比增长6%,占全市规上工业比重达到8.3%；实现利税508亿元，同比增长7%,占全市规上工业比重达到19.2%;完成产量200.7万辆,同比下降0.6%,占全市汽车产量比重达63.6%。长安集团(含市外分支机构)汽车销售306.3万辆,同比增长10.3%,销量位居全国汽车集团第四;长安品牌汽车销量达171.8万辆,同比增长达11.7%,销量位居全国自主品牌第一;长安品牌乘用车销量128.5万辆,同比增长27.6%,销量继续位居全国自主品牌第一。长安汽车、长安福特分别位居全国乘用车销量排名第5和第9名。长安集团外的北汽银翔、小康控股和华晨鑫源等民营主导的汽车企业均实现了快速增长。其中,小康控股产值、产量分别完成217.2亿元和28万辆，同比分别增长33.4%和28.5%;北汽银翔产值、产量分别完成150亿元和28万辆，同比分别增长42.2%和6.4%;华晨鑫源产值、产量分别完成56.8亿元和12.9万辆,同比分别增长70.1%和63.8%。新增整车企业比速汽车产值、产量分别完成5.8亿元和1.1万辆。上汽依维柯红岩实现正增长，产值、产量分别完成44.8亿元和1.6万辆,同比分别增长57.2%和63.8%。庆铃、力帆轿车产值、产量均下滑。

5.支柱拳头产品

重庆骨干车企的多款车型均进入全国细分大类市场销量排名前列。长安福特福睿斯以29.7万辆的成绩进入全国轿车销量排行榜前十名。长安CS75以20.9万辆的销量排名全国SUV销量排行榜第6名。长安欧诺、北汽银翔幻速H3、东风小康风光330分别以15.3万辆、10.7万辆、9.8万辆的销量排名全国MPV销量排行榜第3、第6、第7名。长安逸动、长安悦翔分别以15.6万辆、10.8万辆的销量排名中国品牌轿车销量排行榜第2、第6名。长安CS35也进入中国品牌SUV销量排名前十。

6.战略性新兴产业

2016年，重庆新能源和智能汽车产量达10

万辆,同比增长65%,完成产值262亿元,同比增长67%。其中,新能源汽车产量0.8万辆,同比下降42%,完成产值109亿元,同比下降60%;智能汽车生产9.2万辆,同比增长96%,完成产值251亿元,同比增长93%。2016年全年,重庆市内推广应用新能源汽车4933辆,落实市级财政补助1.5亿元,建成充电站(点)178个,充电桩2719个,分别较2015年同期增长10倍以上。

二、发展中存在的问题

一是整体开发能力仍需进一步增强。重庆的合资企业开发主要依赖外方的技术输入,自主品牌车企除长安汽车的研发能力较强外,其他自主品牌面临人才储备不足、研发投入相对较低、数据资源积累少等问题,企业技术开发主要依靠委外设计。同时,重庆部分零部件企业还存在着规模较小、研发能力较弱、装备水平需要继续提升等问题。

二是产品结构有待继续优化。重庆乘用车以中型以下产品为主,高档品牌和车型较少。商用车除庆铃占据国内高端市场外,其他企业的产品档次还需要提升。零部件方面,重庆以汽车电子为代表的高技术含量、高附加值的配套能力还需要加强。

三、2017年发展目标

2017年,重庆汽车制造业将坚持深入贯彻落实中央经济工作会议、市委四届十一次全会、市“两会”精神,牢固树立创新、协调、绿色、开放、共享的发展理念,以推动供给侧结构性改革为主线,以质量效益为中心,加快实施创新驱动发展战略,推动稳增长、调结构、转动力、防风险。充分发挥产业体系完善和基础雄厚的比较优势,围绕汽车产品的新能源化、智能化、轻量化、网联化等重点方向,坚持创新驱动,突出转型升级,以促进整车持续发展为牵引,以乘用车发展为重点,以提升自主发展能力为基础,以推动本地配套不断完善为支撑,以保持新车型上市强度为主要抓手,以提升产品附加值为重要努力方向,强化现代物流体系的建设完善,着力提升集约发展水平,竭力保持产业较快增长态势,支撑全市经济的平稳健康发展。

2017年,预计全市生产汽车340万辆,同比增长7%,规上汽车制造业实现工业总产值5930亿元,同比增长10%。

(作者单位:重庆市经济和信息化委员会)

摩托车工业

张家祥

一、2016年发展回顾

2016年,国内外摩托车市场持续低迷,产销量连续5年下滑,出口严重萎缩。重庆摩托车制造业在整车企业的引领下,充分利用重庆机加行业的技术、人才、市场、配套等优势,通过向摩托车、通机、农机、装备等产业延伸,加快踏板摩托车的研发生产,持续推进产品结构调整和升级,积极开拓国外新市场,虽产量下降,但产值、利税等均上升,转型升级效果明显。

(一)基本情况

截至2016年底,重庆市有摩托车生产企业36家,已形成年产1000万辆摩托车整车和2000万台摩托车发动机的综合生产能力;有规模以上摩托车零部件企业450家,已具备发动机、离合器、车架、减震器、转向、轮毂、轮胎、仪表等几乎所有零部件的本地配套能力。

2016年,重庆市规上摩托车制造业完成产值1408亿元,同比增长9%,全市占比5.9%;实现利润76亿元,同比增长6%;实现利税122亿元，同比增长 4.3%；生产摩托车 788 万辆，同比下降 6.4%。

(二)发展特点

1.生产运行

2016 年，全国摩托车逐月及累计产量增幅均处于下滑走势。重庆市摩托车产量全年呈现出“双 N”字形走势。1、2 月出现大幅下滑，3、4 月基本与 2015 年同期持平，5 月又开始走低，6、7 月持续下滑，8 月出现全年唯一增长（1.6%），9 月开始不断走低，直到 12 月达到全年的最低点(同比下滑 9.22%)。产值方面，2、10、12 月出现小幅下滑外，其余月份同比增幅均保持增长，其中，6、7、8、9 月均保持高于 5%的增速，8 月达到全年当月最高增速(10.19%)。

2.骨干企业

市内独立报统的摩托车企业中，2016 年，产量位居前十位的分别是银翔、隆鑫、力帆、航天巴山、银钢、宗申、万虎、珠峰大江、润通、鑫源，分别达到 111 万辆、99 万辆、89 万辆、58 万辆、42 万辆、33 万辆、31 万辆、27 万辆、24 万辆、22 万辆。上述十家企业合计生产摩托车 536 万辆，同比下滑 10.1%，全市占比 68%，比 2015 年同期(66.9%)上升 1.1 个百分点。包含市外分支机构在内，2016 年，隆鑫、力帆、宗申、银翔四家销量进入全国前十，销量分别达到 113.07 万辆、103.09 万辆、99.82 万辆、85.12 万辆，分别排名全国第 2、第 3、第 5、第 7 名。

3.出口情况

2016 年，重庆摩托车行业实现出口 94.0 亿元，同比下降 1.5%。隆鑫、力帆、宗申、银翔、航天巴山 5 家企业进入全国摩托车出口金额排名前十，出口金额分别达到 3.78 亿美元、2.59 亿美元、2.44 亿美元、2.16 亿美元和 1.24 亿美元，分别排名全国第 1、第 5、第 7、第 8、第 10 名。隆鑫、银翔、力帆、宗申 4 家企业进入全国摩托车出口量排名前十，出口数量分别达到 66.87 万辆、47.62 万辆、46.62 万辆、35.28 万辆，分别排名全国第 1、第 3、第 4、第 6 名。

二、发展中存在的问题

一是产品结构不尽合理。重庆摩托车以跨骑车和弯梁车为主，但全国跨骑车和弯梁车市场份额及总销量不断下滑。而近几年增长较快的踏板摩托车，重庆只有个别企业在研发生产。

二是整体竞争力需要加强。除了少部分大企业之外，重庆很多中小企业整车、发动机等产品还处于简单的模仿阶段，缺乏自主研发能力；过于依赖海外市场，在国内市场几乎没有作为；以中小排量的交通工具产品为主，大排量摩托车、休闲娱乐类的产品较少。

三是出口摩托车质量品牌急需提升。重庆符合出口许可证申领条件的摩托车生产企业 35 家，占全国的 20.3%，居中西部地区第一位。但出口贴牌品牌的企业占比 95.2%，大部分企业依托国外品牌销售。同时，重庆出口摩托车主要为中低端产品，采取降低价格来获取市场份额，不注重产品质量和售后服务，导致重庆摩托车企业在国外市场形成价格战的恶性循环，加之缺乏应对国外技术性贸易措施的经验，致使重庆摩托车企业海外市场流失严重。

三、2017 年发展目标

2017 年，重庆摩托车制造业发展目标是产销摩托车 790 万辆，同比 2016 年持平；摩托车制造业产值完成 1450 亿元，同比增长 2.98%。

2017 年，重庆摩托车制造业将继续加快行业转型升级，鼓励和支持企业向上下游及周边延伸产业发展；加大自主研发能力建设，提升企业差异化发展能力；加快产品结构调整步伐，争取踏板摩托车生产取得实质性进展；加强出口摩托车品牌和质量建设，不断开拓国外新市场，提高出口效益。

(作者单位：重庆市经济和信息化委员会)

重庆电力

重庆市发展和改革委员会

2016年，全市经济运行保持平稳向好发展态势，我市电力需求呈现平稳增长态势，供需基本平衡，电力保障良好形势贯穿全年。全年按照推进落实电力体制改革、不断探索加强电网投资管制新机制，落实电源投资供给侧结构调整，实施电力民生工程，各项工作推进有序，圆满完成年初既定目标，尤其是在售电侧改革试点领域走在全国同行业前列。

一、2016年发展回顾

(一)电力供需形势良好，有力支撑经济社会发展

全社会用电量增速回升。2016年全市全社会用电量918.8亿千瓦时，同比增长4.96%，其中：第一产业用电量2.9亿千瓦时，同比增长19.3%；第二产业用电量574.2亿千瓦时，同比下降1.9%；第三产业用电量177.5亿千瓦时，同比增长19%；城乡居民生活用电量164.3亿千瓦时，同比增长18.7%。全市全年工业用电量549.4亿千瓦时，同比下降2.5%。统调电网最大用电负荷达到1815万千瓦。

发电装机和发电量平稳增长。截至2016年底，全市发电装机容量达到2245.8万千瓦，同比增长6.46%，其中，水电装机容量687.9万千瓦，占比30.6%；火电装机容量1529.4万千瓦，占比68.1%。全市发电量714.8亿千瓦时，同比增长4.68%，其中，水电247.2亿千瓦时，同比增长9.05%；火电462.7亿千瓦时，同比增长4.83%。计划内购市外电量251.9亿千瓦时，同比增长13.55%。

(二)抓好售电侧改革试点，不断推进电力市场建设

在中发〔2015〕9号及国家配套文件精神的指导下，我市售电侧改革积极稳妥推进各项工作，成效显著。国家发展改革委连维良副主任、国家能源局努尔局长来渝调研时均给予了极大肯定，努尔局长明确表示重庆电改在最困难的地方，出最管用的办法。

一是明晰规则建机制。建立联席会议制度统筹全市电力体制改革实施工作，规范全市电改工作机制。拟订了《重庆市售电侧改革试点工作实施方案》，作为指导我市售电侧改革的纲领性文件。推动市政府办公厅发文明确全市电改联席会议制度，规范全市电改工作机制。

二是实现改革红利。积极探索并实现售电业务流程，调动发电企业积极性降低购电电价、政府性基金减免、电网企业购销价差让利等方式，实现试点增量用户电价降低。

三是培育市场主体。印发《关于重庆市售电侧改革市场主体准入与退出的指导意见》，引导社会资本投资售电业务。规范售电侧市场主体准入和退出机制，多途径培育售电侧市场竞争主体，截至2016年底已有市场准入的售电公司24家。

四是扩大试点范围。售电侧试点范围扩大至全市市级及以上工业园区，不再区分存量和增量用户，用电规模近300亿千瓦时，让更多企业享受到改革降低用电成本的红利。

五是有序放开配电业务。积极引导社会资本投资配电业务，5个新增配网纳入国家试点，其中两江新区、永川港桥园区已分别授权给两江长兴售电公司和港桥售电公司，其余3个将通过竞争性比选确定投资主体。

六是推动电力供给侧改革。按照奇帆市长推进我市电力行业供给侧改革的工作部署，会同相关部门拟定了工作方案，并以《关于降低电气价格支持工业经济发展的通知》《关于开展重庆市基本电费改革的通知》印发实施，预计每年

可为企业降低用电成本20亿元左右。

七是全面启动三个地方电网和两江新区新增配网“四网融合”工作，研究论证物理和股权融合方案。

八是筹建挂牌国网供区范围内第一个股份制电力交易中心——重庆电力交易中心，现正抓紧完成工商注册手续和研究市场管理委员会组建方案。

九是加快研究市场交易机制。委托华北电力大学开展市场交易机制设计，并已评审论证初步方案。积极争取国家开发投资公司支持，推动建立雅砻江水电送渝价格机制。

十是配合输配电价试点工作。配合物价局做好输配电历史成本监审工作，强化电网规划监管电网投资，针对输配电价审核中的问题向国家发展改革委徐绍史主任提交了专题汇报材料，得到了充分肯定，相关建议在国家发展改革委价格司向社会公开征求意见的《省级电网输配电价定价办法(试行)》中得到体现。

(三)强化规划引导，规范电力行业健康有序发展

创新推进全市“十三五”电力规划编制工作，从以往的电力生产平衡和项目建设投资的传统思路调整为全行业的电力发展综合规划。邀请国家能源局电力司领导来渝宣讲“十三五”电力规划，提高全社会对电力规划工作的理解和重视程度。根据国家“十三五”规划发展指导思路、电力体制改革工作精神，以及当前及未来一个时期的发展趋势，初步拟订了我市“十三五”电力规划的总体思路：“洁净电力、保障平衡”，“发售竞争、构建市场”，“管制电网、服务市场”，“普遍服务、民生责任”，“智能电网、能源互联”，“行业管理、规范透明”等六个方面。

在做好电网历史成本监审的同时，加强电网投资管理，从全市域的角度推行全市电网规划，从全局最优利益出发合理确定电网投资规模，做好统调电网与地方电网的互联互通，为未来电力市场打好基础。我市“十三五”电网建设重点将逐步引导到配网建设和几个地方电网互联互通上来。启动了“十二五”电网投资评估，科学客观分析电网投资成本及投资效率，作为“十三五”电网投资规模决策的参考。

(四)调整电力供给侧结构，探索电网投资监管新机制

结合经济发展新常态和供给侧改革要求，主动研究调整全市电力发展思路。科学测算“十三五”全市电力供需平衡，电力年均增速调整为6%水平。进一步调控煤电发展，建成投产奉节电厂、安稳电厂扩建252万千瓦，已核准项目中除重庆电厂环保迁建继续推进外，其余466万千瓦煤电项目暂缓开工，暂缓规划的燃煤火电项目前期工作，逐步将全市电源发展重点转向清洁能源、分布式能源发展和调峰能力建设。建成万州蒲叶林风电场等一批风电，推进浩口、罗洲坝水电站及蟠龙抽水蓄能电站建设，推动江津德感等一批天然气分布式能源项目。重庆核电项目作为保护厂址进入国家“十三五”规划。

进一步加强电网投资和输配电价监管闭环管理，合理确定了电网投资规模，核减“十三五”投资规划157亿元(28%)，配合市物价局做好全市电网输配电价审价工作。2016年8月，拟订了专题材料向时任国家发展改革委徐绍史主任汇报了输配电价监管工作的建议，引起了高度重视，并得到采纳。完善全市电网主干网架建设，提高电力输送能力，建成投产奉节电厂、安稳电厂扩建500千伏送出工程，开工500千伏川渝三通道等工程。启动新一轮农网改造升级工程，圆满完成995所高海拔地区学校取暖工程和410个贫困村的农网改造升级等民生实事。

二、2017年发展目标

(一)深入推进电力体制改革，进一步完善各项配套措施

发挥全市电力体制改革联席会议制度的工作机制优势，继续稳步有序推进全市电力体制改革工作。积极推动试点范围内企业参与售电侧改革。加大力度培育市场主体。电力交易中心正式投入运营。组建市场管理委员会，引导市场

主体制订市场规则,启动月度市场交易机制。拟订我市增量配电业务工作实施方案,启动新增配网试点项目。全面推进“四网融合”,力争初步实现四网融合。继续加强对区县、企业的电改政策宣贯力度。配合物价局做好我市输配电定价工作。

(二)强化行业规划政策指导引领作用

印发实施全市“十三五”电力规划,针对性地拟订规范行业管理的规范性文件,让行业管理更加规范透明。组织编制第一批区县配网规划,科学指导配网合理化建设。建立健全电网投资监管机制,促进电网提高投资及运行效率。出台天然气分布式能源发展指导意见,支持我市分布式能源项目市场化方式健康发展。印发规范全市光伏发电产业有序发展的通知,严格执行国家光伏发展政策,避免光伏发电发展乱象。积极推进电能替代、能源互联网、多能互补等政策研究。

(三)优化完善电力供应保障体系

按照2020年实现全市人均1千瓦装机目标,稳步推进“千万千瓦”电源项目建设。严格执行国家煤电产业政策,引导全市火电行业健康发展。核准乌江白马电航枢纽工程,建成投产浩口、罗洲坝水电站,启动蟠龙抽水蓄能电站大坝、厂房主体工程施工。新核准和投产一批风电、生物质发电和天然气分布式能源项目。

(四)重点推进电网建设

建成投产500千伏川渝三通道等输变电工程。稳妥有序推进三峡、聚龙、乌电、长兴“四网融合”互联互通工作,有效整合资源,发挥规模效益,实现重庆区域内外电力增量与存量互济,降低电力要素价格。探索结合分布式能源发展的微电网和能源互联网建设。完善农网改造管理办法,加强农网投资管控及项目管理,完成710个中心村和250个贫困村农网改造升级工程。

化学工业

兰 劲

一、2016年发展回顾

重庆市化学工业有规模以上工业企业384家,其中基础化学原料制造业86户、化学肥料制造业39户、化学农药制造业9户、涂料颜料染料制造业41户、合成材料制造业23户、专用化学用品制造业59户、炸药火工及焰火产品制造34户、化学纤维制造业4户、橡胶制品45户、其他44户。产品涉及化学矿山、化学肥料、化学农药、基础化学原料、涂料、颜料、染料、化学试剂、催化剂及助剂、黏合剂、炸药及火工产品、信息化学品、塑料、合成橡胶、合成纤维、橡胶制品、化工设备制造等17个大类。资产总额1559.4亿元,从业人员9.6万人。

规模以上化工企业主要经济指标完成情况:完成工业总产值1313.6亿元,增长5.6%;完成销售产值1280.9亿元,增长5.5%;完成出口交货值37.5亿元,增长6.2%;产销率为97.5%,同比减少0.1个百分点;实现主营业务收入1246.7亿元,增长5.8%;实现利税总额116.6亿元,增长14.2%(其中利润总额62亿元,增长43.6%)。

规模以上化工企业实现主营业务收入1246.7亿元,增长5.8%。按行业类别分:基础化学原料制造业343.2亿元,增长6.5%,占化工行业的27.5%;化学肥料制造业165.6亿元,下降16.2%,占化工行业的13.3%;化学农药制造业85亿元,增长17.4%,占化工行业的6.8%;涂料颜料染料制造业61亿元,增长16.5%,占化工行业的4.9%;合成材料制造业51.6亿元,增长

70.8%，占化工行业的4.1%；专用化学产品制造业159.6亿元，增长8.1%，占化工行业的12.6%；炸药火工及焰火产品制造业19.7亿元，下降47.4%，占化工行业的1.6%；化学纤维制造业17.4亿元，增长61.1%，占化工行业的1.4%；橡胶制品业147.8亿元，增长5.8%，占化工行业的11.9%；其他制造业195.8亿元，增长16.8%，占化工行业的15.7%。

（一）经济运行特点

1.生产运行低速增长

重庆化工在全球全国经济不景气、市场需求不足、产能过剩等因素的影响下经济运行低速增长。逐月累计工业总产值增速由年初的16.6%降到年底的5.6%，比2015年低7.6个百分点。

2.产业结构逐步改善

行业中类比重发生变化：肥料制造业产值占比18.1%，比2015年降低1.2个百分点。专用化学品、农药、涂料染料油漆等附加值高的化学品占比均上升，分别比同期扩大1.9、1.3和1.0个百分点。

产品结构逐步优化：甲醇、三酸两碱、尿素等传统大宗化工产品占据主导地位的产品结构发生了变化，部分附加值高的化学产品实现本地化生产，如己二酸、涂料、MDI、聚四氢呋喃、氨纶丝。

行业效益结构改善：专用化学品、涂（颜）料及有机化学原料制造等技术含量相对较高、附加值较高的行业在经济增长中领先，利润总额比2015年增长分别为69.1%、35.2%，利润增长贡献率分别为66.7%、28.1%。行业效益结构向好发展。

3.行业利润实现大幅增长，基础化工原料和化肥亏损或大幅度降低

重庆化工实现利润62亿元，增长43.6%。大幅增长的主要是天然气开采（增长77.6%）和橡胶制品业（增长210%）。基础化学原料制造业亏损7.6亿元，亏损面达34.9%，同比扩大5.2个百分点；亏损总额19.4亿元，占全行业亏损总额的52.6%。肥料制造业继续走低，利润总额0.5亿元，下降92.9%。

4.重点企业增长乏力

36户企业中，产值同比下降的企业有14户，持平的4户，产值同比上升的有18户。38户重点化工企业完成工业总产值594.0亿元，增长4.9%。

5.大宗产品价格略有回升，其他产品价格仍然低迷

监测的10种大宗基础化学原料和肥料产品中，烧碱、液体烧碱、醋酸、甲醇和尿素在12月份均上升，并且为全年最高价格。复合肥、磷酸一铵、氯化铵比8、9、10月份均有上升，但不同企业涨幅不同。纯碱与年初持平。全部监测的53种产品中，有33个产品价格仍然低于去年最高价和年初价格。

（二）招商引资

2016年已签约项目17个，总投资102.83亿元，预计产出261.5亿元；在谈项目21个，预计投资约105亿元；策划项目10个。一是根据重庆市化工产业资源禀赋情况和笔电、汽车等市场需求，确定重点方向是化工新材料产品及主要原料项目。二是加强与化医集团和主要化工园区招商团队的协调配合，多举措招商。

1.集中精力引进龙头项目

协助长寿经开区，大力推进重油深加工项目；与SK综合化学进行多次商谈，双方确认可在电子化学品、化工新材料方面开展合作；加大与沙特基础工业公司关于聚碳酸酯项目的对接力度；与鲁西化工有限公司高层会谈，商谈PC项目合作事项；与中石化对接，争取利用优惠条件吸引中石化在重庆投资MTO-PC项目；积极协助紫光化工MMA/PMMA、己二腈项目落户重庆。

2.主动对接国际国内外知名企业

积极主动与杜邦中国集团有限公司、中化集团、BP中国公司等进行对接和交流沟通。拓展招商引资范围和渠道，推进各方与重庆开展化工项目合作。

3.积极开展产业招商推介活动

强化与全国行业协会的紧密合作，与中国聚氨酯协会、中国石化联合会等建立战略合作关系；承办中国石油化学工业联合会年会、中国合成树脂供销协会2016年理事会、中国化工500强发布会；与巴斯夫公司合作，分别在上海和重庆举办了两场招商推荐会，促进巴斯夫及其合作伙伴在渝投资。

(三)项目建设

化工行业累计投资完成401.6亿元，增长20.2%。顺利实现一批项目投产达产、续建和开工建设。一是攀钢集团重庆钛业有限公司75kt/a硫酸法钛白技术改造升级等7个项目顺利投产；二是华峰第三套己二酸扩建、重庆飞华环保23万吨/年氯化氢循环2个市级重点项目建设顺利；三是新开工重庆宏大化工科技有限公司年产60万吨双氧水、重庆市中润化工有限公司有机溶液NMP生产和回收利用项目等12个项目。

(四)技术创新

规上化工企业研发经费占销售产值的比重达到0.89%，提高0.19个百分点。化医集团正在培育重庆市天然气和精细化工研发中试基地；川维突破乙烯-乙烯醇共聚物关键工艺，跟踪天然气直接制烯烃等国际国内天然气化工最新技术；紫光化工优化丁二烯氰化法制己二腈中试结果，准备实现工业化生产；消化吸收国外先进技术，改进甲基丙烯酸甲酯关键工艺流程。

二、发展中存在的问题

一是石化行业产能过剩，产品价格低位运行，企业效益持续下降，生产越多亏损越多，个别企业被迫停产。行业总体增长缺乏动力，工业总产值增幅比2015年收窄7.6个百分点。二是产品与产业结构矛盾突出，天然气化工产品80%是基础有机化工原料和中间体，合成材料、专用化学品的比重较低，原料及要素价格高而产品价格低，两头挤压，企业生存困难。三是在当前化工产业低迷情况下，基础化学原料制造业亏损面比同期扩大1.5个百分点。规模大、装置大的不利影响凸显。四是化工企业面临的环保压力大。

三、2017年发展展望

以MDI一体化、攀钢钛业、华峰己二酸扩建工程及氨纶二期、川维泓锦PVB树脂等为支撑的化工新材料和精细化工项目的产能发挥，蓬威石化PTA的复产，将对全市化工产业起到助推作用。预计2017年化工目标比2016年略有增长。

(作者单位：重庆市经济和信息化委员会)

煤炭工业

重庆市煤炭工业管理局

2016年，重庆市煤炭行业上下认真贯彻落实国家安全监管总局、国家煤矿安监局及重庆市委、市政府关于加强煤矿安全生产和推进煤炭行业供给侧结构性改革的决策部署精神，突出“依法治安、从严治矿”主题，围绕“防控事故保安全、坚定不移关煤矿、‘两学一做’强建设”主线扎实工作。全年共发生煤矿亡人事故12起，死亡48人，事故起数同比减少11起、下降48%，死亡人数增加17人、上升55%；关闭退出煤矿344个，占全市煤矿总量的84.52%；削减产能2084万吨/年，占全市煤炭总产能的46.81%；生产原煤1435.53万吨，同比减少1029.68万吨，下降41.77%。

一、2016年发展回顾

2016年初，全市累计探明煤炭资源储量

49.8 亿吨，保有煤炭资源储量 38.8 亿吨，在册煤矿 407 个。其中，市属国有煤矿 34 个、区县煤矿 373 个；生产能力 4448 万吨/年，其中，市属国有煤矿生产能力 1847 万吨/年、区县煤矿生产能力 2601 万吨/年；煤与瓦斯突出矿井 56 个、高瓦斯矿井 69 个、瓦斯矿井 282 个。

2016 年，重庆市持续深化煤炭行业淘汰落后产能，深度调整煤炭产业结构，累计关闭退出煤矿 344 个，削减产能 2084 万吨/年，在年初煤炭产能占全国总量 0.8%的情况下，关闭煤矿个数占全国总量的 18.1%，削减产能占全国总量的 8.3%，其中关闭市属国有煤矿 7 个、削减产能 119 万吨/年，关闭区县煤矿 337 个、削减产能 1965 万吨/年，全市煤矿数量由 407 个减至 63 个，生产能力由 4448 万吨/年降至 2364 万吨/年，全市生产能力 9 万吨/年及以下小煤矿全部关闭退出。产煤区县由 30 个降至 17 个，万州、黔江、沙坪坝、长寿、璧山、丰都、垫江、忠县、云阳、巫溪、武隆、石柱、秀山等 13 个区县整体退出煤炭生产领域，北碚、合川、梁平、彭水等 4 个区县乡镇煤矿已全部关闭退出。现保留 63 个煤矿中，市属国有煤矿 27 个、区县煤矿 36 个；生产能力 2364 万吨/年，其中市属国有煤矿生产能力 1728 万吨/年、区县煤矿生产能力 636 万吨/年；煤与瓦斯突出矿井 35 个、高瓦斯矿井 13 个、瓦斯矿井 15 个。

2016 年，全市共生产原煤 1435.53 万吨，同比减少 1029.68 万吨，下降 41.77%。其中，国有重点煤矿 1173.07 万吨，同比减少 106.33 万吨，下降 8.31%；区县煤矿 262.46 万吨，同比减少 923.35 万吨，下降 77.87%。全市国有重点煤矿销售洗精煤 163 万吨，同比减少 27.86 万吨，下降 14.6%。全年累计销售原煤 1401.61 万吨，同比减少 829.54 万吨，下降 37.18%。

2016 年，全市主力火力电厂累计发电 306.26 亿千瓦时，同比增加 2.79 亿千瓦时，上升 0.92%。消耗电煤 1376.92 万吨，同比减少 17.88 万吨，下降 1.28%。购入电煤 1359.12 万吨，同比减少 66.53 万吨，下降 4.67%。

二、煤矿安全生产情况

2016 年，全市共发生煤矿亡人事故 12 起死亡 48 人，事故起数同比减少 11 起，下降 48%；死亡人数增加 17 人，上升 55%；占市安委会下达控制指标 71 人的 67.61%，低于市安委会下达控制指标 23 人。其中，一般事故 10 起 12 人，同比减少 11 起 11 人；较大事故 1 起 3 人，同比减少 1 起 5 人；发生 1 起特别重大事故死亡 33 人。

2016 年，全市煤炭百万吨死亡率为 3.343，同比增加 2.085，上升 165.74%；其中：国有重点煤矿 0.341，同比下降 37.66%；国有地方煤矿 11.111，去年同期为 0；乡镇煤矿 16.929，同比上升 716.64%。

按经济类型分：国有重点矿 4 起 4 人，同比减少 3 起 3 人，分别下降 42.86%；国有地方矿 1 起 1 人，去年同期无事故；乡镇煤矿 7 起 43 人，同比起数减少 9 起、下降 56.25%，人数增加 19 人、上升 79.17%。

按事故级别分：一般事故 10 起 12 人，同比减少 11 起 11 人，分别下降 52.38%和 47.83%；较大事故 1 起 3 人，同比减少 1 起 5 人，分别下降 50%和 62.5%；特别重大事故 1 起 33 人，去年无重大及以上事故。

按事故类别分：瓦斯事故 2 起 36 人，同比起数减少 2 起、下降 50%，人数增加 26 人，上升 260%；顶板事故 6 起 8 人，同比减少 4 起 4 人，分别下降 40%和 33.33%；运输事故 1 起 1 人，同比减少 1 起 1 人，分别下降 50%；机电事故 3 起 3 人，同比持平；无放炮、水害、火灾、其他事故。

三、2017 年发展目标

(一)深化落实煤矿安全责任

深刻学习领会习近平总书记、李克强总理等中央领导同志关于安全生产的指示批示精神，强化红线意识和责任落实。持续推动市政府建立的领导干部下井监督检查、煤矿安全生产季度分析会议和煤矿安全生产约谈等“三项制度”落地生根，各产煤区县、市级有关部门普遍建立完善了本地区、本单位的煤矿安全生产责任机制。继续针对重点地区煤矿安全开展调研，形成书面建议反馈至区县党委、政府，同时报送市政府及市委组织部。2016年以来，杨焕宁、黄玉治等多位国家安全监管总局、国家煤矿安监局领导相继来渝调研，对重庆煤炭行业安全发展给予了大力支持。深刻汲取“10·31”等事故教训，深入查找监管监察干部在思想认识、工作举措、执行落实等方面存在的突出问题，深刻总结反思，逐一对标整改，切实整顿思想和行为，不断强化忧患意识、目标意识、看齐意识，严格落实企业主体责任、地方监管责任和国家监察责任。按照市政府《煤炭行业安全稳定目标责任书》要求，第一时间研究部署，全面细化工作任务并切实抓好贯彻落实。

(二) 建立完善长效工作机制

健全煤矿安全“划片包干”责任制，实行重庆煤监局、市煤管局领导分片联系重点产煤片区，形成了条块结合、统筹兼顾的工作格局；各级各部门领导经常性深入各产煤区县和煤矿企业开展督促检查、谈心对话和专项督察，务实推进各项工作落实。强化市级部门协调联动机制，与市国资委、市财政局、市国土房管局、市公安局等部门单位加强沟通交流，共同做好煤矿安全及关闭退出等重点工作，提请市政府建立市级煤矿“打非治违”工作机构，严厉打击“五假五超”违法违规行为。健全重奖煤矿举报机制，广泛发动群众监督和参与煤矿安全生产。

(三) 严格开展监管监察执法

坚持“依法治安、从严治矿”，以“严、细、实”的监管监察倒逼企业落实主体责任。扭住遏制煤矿重特大事故这个“牛鼻子”，全面推进煤矿安全7项专项监管监察。立足高温、汛期、冬季等关键时段煤矿安全生产特点，采取有针对性的措施加大事故防控力度。全体监管监察干部放弃周末休假，深入一线开展煤矿安全巡视督导和执法。严格履行复产复工验收程序，明确要求纳入年度关闭计划的煤矿一律不予复产复工，2016年全市煤矿复工复产率在15%左右。对于生产煤矿，一律纳入重点监管监察对象，加大执法力度。针对煤矿非法违法生产“反弹”情况，集中深入开展“打非治违”专项行动。同时，以督促国有煤矿决策层、管理层落实主体责任为重点，持续加大了对重庆能源集团及所属矿业(煤电)公司的监督检查力度。重庆煤监局、市煤管局全年监管监察煤矿382个692矿次，责令停产矿井220矿次、停产采掘工作面83个，实施行政处罚153矿次，罚款877万元。严肃事故调查处理，全年调查处理煤矿安全死亡事故11起，到结案期限事故9起，全部完成结案，19人被依法追究刑事责任。

(四) 深化煤矿隐患排查治理

着力构建煤矿风险管控和隐患排查治理双重预防机制，推进隐患排查治理常态化、长效化。永川区金山沟煤矿“10·31”事故以来，要求全市所有煤矿立即停工，开展为期3个月的煤矿安全生产大排查大整治。按照“四不两直”要求，通过夜查暗访、突击检查等形式深入一线开展巡视督导和全覆盖检查。在排查治理过程中，严格执行隐患发现、台账登记、整改评估、排序公示、上报等工作要求。结合重庆煤矿实际，进一步细化“八查”内容，明确“九查”标准，对上级有关煤矿安全和关闭退出文件精神的落实情况进行督察。同时，针对国务院安委会办公室督察组在渝检查指出的问题，逐一建立台账，严格督促整改落实。

(五) 提速煤矿关闭退出

认真落实国发〔2016〕7号文件精神，扎实推进煤炭行业供给侧结构性改革。为确保关闭退出工作有力有序推进，督促协调各产煤区县、市国资委切实履行煤矿关闭退出主体责任，科学制定关闭计划并组织实施，妥善安置职工、化解债务纠纷、严格验收标准、确保关死关牢。整合全市煤炭行业去产能工作机构成员单位力量，成立10个工作督导组，逐一深入各产煤区县、市属国有煤矿开展包片督导。完善结果倒逼机制，建立煤矿关闭退出动态手机短信平台，两天一通报，督促工作落实到位。通过艰苦努力，

2016年，全市关闭退出煤矿344个，削减产能2084万吨/年，在年初煤炭产能占全国总量0.8%的情况下，关闭煤矿个数占全国总量的18.1%，削减产能占全国总量的8.3%。特别是去年11月以来，用不到2个月的时间，新增关闭9万吨/年及以下煤矿181个，打赢了煤矿关闭退出这场攻坚战。

(六) 提升煤矿安全保障水平

深入实施“机械化换人、自动化减人”科技强安专项行动，突出抓好示范矿井建设，提速煤矿“四化”(机械化、自动化、信息化、智能化)建设。组织监管监察干部和重点煤矿企业负责人赴安徽煤监局、淮南矿业集团学习监察执法和煤矿瓦斯防治等先进经验。市政府组织召开瓦斯防治工作领导小组会议，就抓好煤矿瓦斯防治工作进行强调和部署。持续打好煤矿安全重点区县攻坚战，綦江、南川、万盛、巫溪、石柱完成攻坚任务，从全国重点攻坚区县名单中调出。全市国家一级安全质量标准化矿井达到20个。组织开展新版煤矿安全规程暨煤矿安全监管业务综合培训。强化煤矿职业病防治，改善矿工生产条件。开展全市煤矿安责险工作调研、评估论证和文件起草，已经形成代拟稿提请市政府审议。

医药工业

魏彦杰

2016年，国家医药行业政策出台频率前所未有，众多政策让全国医药行业面临重新洗牌。重庆市医药工业在市委、市政府的坚强领导下，按照“技改扩能盘活存量、招商引资做大增量”的工作思路，认真研究出台各项扶持政策，千方百计招大引强，开拓进取，真抓实干，取得了明显成效。

一、2016年发展回顾

2016年，全市医药制造业投资202亿元，增长47.8%；有规上医药企业165家，增加22家；完成工业总产值692.7亿元，同比增长15.4%，比全市工业平均和全国医药行业增幅分别高5.2个百分点和6个百分点，产值规模居全国第18位；利税总额增长17%，其中利润增长21.4%。

(一)主要特点

1.各行业保持中高速增长

除卫生材料及医药用品外，主要子行业均保持两位数增长，其中中药饮片和生物药增幅超过26%，成为了新的增长极。化学原料药、中成药、化学药制剂、兽药、医疗器械增幅超过10%。

2.重点企业保持较快发展速度

一是企业数量增长快。有亿元以上企业97户，净增5户，完成工业总产值652.8亿元，占全市的94%。其中年产值5亿元以上重点企业有33户，新增9户。二是有带动力的企业增加快。有50亿元级龙头企业3户，其中太极集团产值达到80亿元，天圣制药和三海兰陵超过60亿元；有10亿元级骨干企业12户（净增4户)，分别为天地药业、药友制药、西南药业、华森制药、博腾制药、华兰生物、慧远药业、金山科技、格瑞林药业、三峡云海药业、希尔安药业、葵花药业。

3.重点品种支撑力进一步增强

一是重点品种对医药产业增长贡献大。重点目录品种(不含饮片)完成销售产值325.4亿元，占医药工业总产值的47%，增长27%。二是重点大品种数量增长快。10亿元级大品种3个(藿香正气液、急支糖浆、注射用头孢唑肟钠)，5亿~10亿元品种10个，亿元级品种54个。

4.外贸出口平稳增长

有外贸出口企业22户,出口交货值30.9亿元,同比增长15.1%。出口交货值达到1000万元的企业有16户,其中博腾制药出口9.9亿元,同比增长59.5%。

5.区县医药工业逐步集聚

有50亿元级区县4个,分别为涪陵、荣昌、垫江、渝北,与上年持平;有10亿元级区县12个,新增2个(新增綦江、开州),其中6个超过20亿元。在15个重点区县中,南川、长寿、荣昌、开州、云阳增速较快,增长均在20%以上。

(二)主要工作

1.创新模式招商,发展增量成效明显

在深化以商招商、平台招商等基础上,创新招商模式,突出开展以市场为导向、多方共赢为目标的联动招商,先后到中国台湾、以色列驻成都总领事馆及企业、中国医药科技成果转化中心、中关村医学工程中心、中药材天地网等拜访洽谈,初步达成联合招商、合作共赢的意向。同时,积极开展会议招商,推动全国工商联2015年中国医药行业最具影响力榜单、工信部2015年全国医药工业百强等在行业极具影响力的发布会在重庆召开,修正药业、康美药业、香雪制药等与重庆市达成合作发展意向。先后引进医药制造项目42个,协议投资157.4亿元,达产后预计新增产值239亿元。

2.建设重点园区,产业发展不断集聚

着力建设巴南麻柳化学药、两江新区水土高端医药、涪陵中药及保健品、合川医疗器械及耗材等医药产业集聚区。4个集聚区新引进项目25个,协议投资65亿元,占全市医药引进总量的41.4%;有在建医药项目35个,预计投资136.2亿元,建成达产后预计新增产值247亿元。

3.推进创新驱动,仿制药孵化平台建设初见成效

巴南高端仿制药孵化及产业化平台已集聚在研品种30余个,预计五年内可成功引进、培育和产业化50个国际高端药物品种,培育20家医药上下游企业,新增销售产值100亿元。目前成功孵化企业1家,已落户麻柳园区。

4.加大政策支持,发展环境进一步优化

颁布实施《重庆市加快生物医药产业集群发展行动计划(2016—2020年)》,加大对医药产业发展支持力度。完成《重点医药品种目录(2016年版)》修订,继续实施“两个50%”政策。推动部分地产品种定价和在重庆市药交所挂网,以及纳入市医保享受范围,优化市场拓展环境。仿制药一致性评价工作逐步推进,“两票制”改革工作与推进医药产业发展紧密结合。加快医药产业发展在全市形成了合力。

此外,南岸医药商业中心和九龙坡精准医疗研发转化基地等建设起步,医药产业链逐步完善,医药产业发展条件逐步优化。

二、发展中存在的问题

从全球看,发达经济体医药市场增长回升,新兴医药市场需求强劲,预计未来5年全球医药市场平均增速保持在5%左右。从全国看,医药产业发展总体形势较好,预计未来5年医药产业的年均增幅将保持在10%左右。重庆市医药产业保持平稳较快发展的势头不会改变,但仍面临三个方面的问题制约。

一是仿制药一致性评价挑战大。重庆市共有1260多个批准文号将完成一致性评价,我们前期做过摸底调查,企业明确表态要做一致性评价的品种有600个。目前有3个问题:时间紧、资金缺乏、技术人才和平台支撑缺乏。

二是医疗器械行业的政策支持力度有待加强。重庆市医疗器械行业底子薄、基础差,加之医疗器械纳入医保程序复杂难度大,医疗器械在注册报批时普遍存在缺少临床机构等问题,制约了整个行业的发展。

三是企业研发实力弱,市场竞争力不强。在国家批准的药品中,仿制药仍占主导,新药占比稳步提升,但重庆市近年获取临床批件和生产批文数量呈下降趋势。产业总体规模小、分布散,没有一个百亿级医药工业区县;企业规模小,没有百亿级制药企业;拳头品种少,10亿级

大品种仅3个,5亿级重点品种不到10个。

三、2017年工作思路和目标

(一)工作目标

引进医药项目60个以上，协议投资200亿元;医药工业总投资200亿元;投达产项目新增产值80亿元,力争100亿元;规上医药工业企业R&D达到2.5%; 全年医药工业总产值800亿元,同比增长15.6%左右。

(二)工作思路

结合医药产业自身特点和重庆资源条件，以“调结构、促增量”为目标,以“有平台、有投资、有链条、有培训、有活动、有文化”为指引,以产业平台、产业联盟、产业基金为手段,充分发挥市场作用,紧密依托本地资源,突出本地企业嫁接,实施“项目来源国际化、产业布局平台化、产品市场全球化、企业发展资本化、资源配置市场化”五大举措,提升产业承接能力。通过鼓励创新、招大引强、环境改善,打造具有创新发展活力的产业生态体系，实现吸引新项目、新资金、新企业落户重庆市。

(三)工作举措

1.抓好项目建设服务

以“五个一批”项目为工作中心,用好市医药产业发展联席会议制度,整合市级相关部门资源,推动集临床、审评、制造、挂网、医保和销售采购等于一体的绿色服务通道机制化,为项目招商引进、落地开工和投达产营造好的环境。深入落实《加快建设千亿级生物医药产业集群的行动计划》。优化资源配置,开展点对点服务,突出抓好智睿生物、惠源制药等重点项目建设,中关村医学转化中心重庆基地、以色列—重庆医疗器械产业园等项目落地、开工,以及纬创和互贵医疗器械生产基地等项目投产和达产,增强发展的支撑力。

2.加大招商引资力度

瞄准全球领先的医药企业和项目，以及国内行业龙头企业,在传统招商模式基础上,深化联动招商,增强招商实效。加强与中关村医学转化工程中心、纬创、互贵兴业等企业,以及与两江新区、巴南、合川等区县的招商联动。与市食药监局、市卫计委等市级部门共建专业招商团队。加快推进以色列—重庆医疗产业园等重点项目的引进建设,做好默沙东、安进等跨国龙头企业和先进技术项目，以及国内行业龙头企业的跟踪引进。

3.加快区域特色化发展

整合市区两级资源，在市级资源向4个医药工业集聚区倾斜的同时，明确不同区域的资源配置方向,重点是项目策划、招商引资和市级资金政策支持等与医药产业发展的区域定位结合起来,推动区域特色化发展。

4.全面推进一致性评价工作

在2016年启动仿制药一致性评价工作基础上,力争2017年开展一致性评价工作的药品数量达到100。积极整合全市各方资源,在重庆筹建仿制药一致性评价全流程服务平台，打通体外药学研究、BE试验、第三方检测分析、审计、注册等环节,形成闭环;出台《关于推动仿制药一致性评价的若干政策》提高企业参与积极性;支持本市企业联合市内外药品生产企业、金融机构等从事仿制药一致性评价及产业化，共同开展仿制药一致性评价后成为药品上市许可持有人;鼓励通过建立医药产业专项基金等方式,推进重庆市金融机构积极参与仿制药一致性评价工作,在全球范围内并购或引进高端仿制药。

5.发挥多平台优势

一是发挥行业协会作用。继续加强与行业协会的合作,积极开展各项活动,共同解决重庆市医药行业发展中存在的共性问题。二是加强与投融资平台合作。积极构建涵盖银行、私募、风投、创投等全领域和初创、成长、成熟全过程的金融服务体系,满足企业多层次投融资需求。三是搭建平台开展主题论坛。积极开展主题论坛,与投行、咨询机构、园区联合开展项目路演,为企业、研发机构、投资人、园区搭建畅通的沟通渠道,促进交易达成,实现吸引新项目、新资金、新企业落户重庆市的目的。

(作者单位:重庆市经济和信息化委员会)

国防科技工业

王 刚

一、2016年发展回顾

(一)总体情况

2016年,重庆市国防科技工业继续保持经济增长,但和前几年相比增幅有所回落。全年完成工业总产值3241亿元,同比增长7.6%,工业品产销率99.5%;新产品产值1873亿元、同比下降6.6%,新产品产值率(新产品占工业总产值比重)57.8%,营业收入3241亿元、同比增长6.5%,利税514亿元、同比增长5.6%,利润261亿元、同比增长1.8%。

(二)主要特点

一是二季度后工业总产值累计增幅回落到10%以下。二是以长安汽车为主的民品带动了经济增长。长安汽车全年完成产值2694亿元,同比增长10.1%,比全市国防科工增幅(7.6%)高出2.5个百分点。长安自主品牌产品CS75、CS35、逸动系列、欧诺、欧尚,合资品牌产品福克斯系列、福睿斯、翼虎、新蒙迪欧、锐界、昂克赛拉等产品单品规模逐渐增大,基本形成了长安的经典产品。另外,改装汽车、铁路货车、汽车空调压缩机、车用增压器、车身电子系统、煤气表等民品生产都保持两位数的增长。三是汽车和电子制造业增长相对较快。重庆市国防系统中的汽车制造业完成产值2739亿元,同比增长9.8%;电子制造业累计完成93亿元,同比增长13.4%;装备制造业完成409亿元,同比下降6.1%。汽车、装备、电子三个行业产值比为84.5:12.6:2.9。四是企业创新能力较强。从产出看,完成新产品产值1873亿元,新产品产值率57.8%,四成多的单位超过50%。从投入看,科研经费内部支出141亿元,占主营业务收入的4.4%(注:数据包含重庆长安汽车股份有限公司在重庆市外的企业)。

二、发展中存在的问题

一是经济下行压力较大,工业总产值增幅滑落到个位数,是近四年增幅最低的一年。几大主要民品板块中,汽车行业受外需疲弱、传统行业去产能、消费放缓等因素影响较大,营销投入增加导致减利;摩托车行业持续调整,产销量下降大;风电行业受各大电力集团公司风场建设投资下降影响,新开工项目和风电机组产销量减少;民用船舶行业仍不景气,新增订单少。

二是发展不平衡。受市场环境等影响,重庆市国防军工单位中超过四成的单位产值同比下降,其中装备制造、汽车制造两个行业的下降企业达到了一半。

(作者单位:重庆市经济和信息化委员会)

纺织工业

柏 潇

2016年,重庆纺织工业保持了持续增长态势,但总体处于低位运行期间,发展压力仍然加大,新的增长点正在逐步形成,后期有望逐步企稳回升。

一、2016年发展回顾

(一)总体运行情况

2016年,重庆市规模以上纺织服装企业171

户(6+1 口径,下同),完成工业总产值 348.6 亿元,同比增长 4.4%,较上年持平,其中纺织业工业产值 201.1 亿元、增长 4.1%,服装服饰业工业产值 125.4 亿元、下降 1%。实现销售产值 337.5 亿元,同比增长 4.1%,较上年下降 0.1 个百分点;实现出口交货值 43.8 亿元,增长 2.4%。从主要产品看,全年服装产量 12.6 亿件,增长 2.6%;布产量 4.5 亿米,下降 7.3%;纱产量 18.4 万吨,增长 2.2%。从行业效益看,全行业实现主营业务收入 329 亿元,增长 3.3%;实现利税总额 43.9 亿元,下降 3.1%,其中利润25.9 亿元,下降 0.1%。

(二)行业发展情况

1.集群发展稳步推进

巴南都市品牌服装制造基地全面推进,入驻企业超 300 家,约占全市服装企业 20%。其中尚盟轻纺服装城一期 38 万平方米标准厂房全面建成,入驻率 100%,其中 80%的入驻企业进场装修并安装设备。

2.新的增长点正在形成

重庆财衡纺织有限公司在涪陵区投资近 20 亿元建设 25.2 万锭紧密纺、赛络纺特种色纱生产线项目,一期总投资 4 亿元,形成年产 12000 吨紧密纺、赛络纺特种色纱的生产能力。已完成了厂房主体及部分辅助设施建设、设备订购等工作,第一条生产线计划于 2017 年 4 月投入试运行。重庆三五三三印染服装总厂技术改造提升搬迁项目,总投资 5 亿元,入驻德感工业园区,再造现代化的纺织印染生产线。重点发展高科技含量功能用纺织品,努力创建国家级功能用纺织品技术研发中心。依托返乡创业和已有基础,"万开云" 板块正在推进订单承接能力建设,开州、云阳纺织服装企业启动产能扩能,为发展订单经济迈出坚实一步。

3.订单经济取得突破

紧紧抓住订单转移趋势,发挥优势积极承接海外订单,成功探索利用国际终端零售商渠道发展订单经济。熙妮服饰、立泰服饰着力实施生产线智能化改造,成功与欧洲知名零售终端商德国帝威斯公司签署 60 亿元人民币订单合作协议,为推进"重庆造"服装实施供给侧结构性改革、开拓全球市场开启了新模式。

4.品牌建设取得实效

重庆三五三三印染服装有限公司、重庆达兴儿童用品有限公司、重庆段氏服饰实业有限公司、重庆三五三三泰洋服饰有限公司等企业商标再次通过"重庆市著名商标"续展认定,重庆阿莎贝佳服装有限公司等商标申请认定为"重庆市著名商标";重庆梦之诗服饰有限公司荣获 2016 年"重庆市市长管理质量"荣誉。重庆梦之诗服饰有限公司、重庆段氏服饰实业有限公司分别获得 2015 年全国服装行业"销售利润率"百强企业 50 名、70 名。重庆纭梦制衣有限公司荣获工业和信息化部年度工业品牌培育示范企业。重庆金猫纺织器材有限公司先后获得中国纺织工业联合会"纺织之光"科学技术二等奖和 "产品开发贡献奖""品牌文化创新奖""全国纺织精神文明建设示范基地"等殊荣。

5.新模式探索积极推进

重庆段氏服饰实业有限公司依托大数据,利用互联网经济给生产方式和生活方式带来的颠覆式的变化,用共享经济的思维整合企业供应链和制版技术,建立消费者大数据信息共享平台和高级定制,不但取得了极好的经济效益,更为"段记"品牌转型升级提供了更多的机遇和发展。

6.重庆国际时装周成功举办

连续三年成功举办重庆国际时装周,以城市名片促进时尚产业转型,以时尚产业推动时尚经济发展,以时尚经济创新服装产业升级,开创重庆服装产业、服装设计师和品牌的独特变革之路,已逐渐成为中西部地区最具影响力的国际时装周。

7.行业素质持续提高

成功举办第四届重庆服装行业 "十佳服装制版师"大赛。重庆服装工程职业技术学院推荐选手张成刚在全国服装行业 "十佳服装制版师" 决赛中荣获"优秀选手"称号,并获得重庆市金融财贸轻工纺织工会颁发的"五一劳动奖章"和证书。重庆财衡纺织有限公司、重庆市达兴儿童用品有限公司技术部荣获“全国纺织工业先进集体”荣誉、重庆三五三三印染服装总厂有限公司质检部工程师刘方方、重庆三峡技术纺织有限公司细纱班长李周霞、重庆润江羊绒制品有限公司副总经理彭晓月、重庆远兴织造有限公司财务总监王兰荣获“全国纺织工业劳动模范”荣誉。

二、发展中存在的问题

一是产品同质化突出,企业库存压力增大,企业从扩大生产向压缩转变,从求发展到保生存转变,主要以去库存为主。二是重庆市纺织业受设备技术水平较低、环保约束加大等因素制约,部分企业停产或减产,重点监控的71户纺织服装企业中,有12户工业总产值负增长。

三、2017年工作思路

2017年是重庆纺织工业实施“十三五”纺织工业发展规划的重要一年,抢抓产业转移机遇,以集群发展和订单经济为重点,实施消费品工业“三品”专项行动,推进提高行业智能制造水平,提升全要素科技含量,加快纺织服装结构调整,从生产低端产品向中高端产品转变;注重融合发展,推进创意设计与生产制造协同互助发展,加快培育产业集群和推动行业升级。

(作者单位:重庆市经济和信息化委员会)

电子制造业

周 杨

2016年,重庆市电子制造业继续快速发展。笔电产量近6000万台,手机产量近3亿台,集成电路、平板显示等关键核心零部件行业取得突破,电子制造产业链进一步完善,结构不断优化。为“十三五”期间产业进一步做大做强,提档升级实现了良好开局。

一、2016年发展回顾

(一)基本情况

1.经济运行

全行业实现产值5000亿元,同比增长17.7%,占全市工业总产值的比重达到20.8%,拉动全市工业增长近3.5个百分点;占全国同行业产值比重约5%,排名第7位,较去年上升2位。全年完成投资约970亿元,同比增长37.7%,占全市工业投资的17.1%;外资到位19.3万美元,同比增长10.1%,占全市工业实际利用外资总额的45.1%。

2.结构调整

重庆市电子制造业中,计算机整机产业2016年产值占全行业比重约35%;手机整机产业产值约占21%;电子核心部件、家电、机电、智能仪表等其他电子产业合计约占30%,笔电及手机配套产业产值约占22%;初步形成了各产业多点开花、齐头并进的较为合理的结构。

3.科技创新

全行业研发机构数95个,同比新增2个。研发人员约9500人,同比增长7%。共获得专利授权约550件,同比增长10%。启动科技研发项目近750个,同比增长8%;新产品销售收入占比达到31%,同比提高2个百分点。R&D投入占主营业务收入比重达到0.59%,同比提高0.03个百分点。

(二)主要工作

1.全力保障重大项目建设

SK海力士项目继续放量,全年实现产值64亿元,同比增长49%;超硅半导体硅片项目建设情况顺利,于10月28日举行产品下线仪式;奥特斯IC封装载板项目已正式投产,全年实现产值2亿元;京东方8.5代液晶面板项目已实现产能15万片/月,2016年累计产值120亿元;惠科金扬液晶显示器项目生产规模不断扩大，全年月实现产值81亿元，增长52%；惠科金渝8.5代液晶面板项目和康宁玻璃基板项目按期完成建设并顺利投产。

2.积极开展招商引资工作

全行业签约重点项目10个，计划总投资约230亿元，2017年可实现产值约290亿元，达产后预计年产值将达到1100亿元。1月，哈迪斯手机SMT项目落户九龙坡区，计划总投资17亿元，达产后年产值80亿元；8月，闻泰智能终端项目落户南岸区，计划投资10亿元，达产后年产值100亿元；中光电触控一体化项目落户渝北区，计划总投资50亿元，达产后年产值100亿元；9月，京东方智慧电子项目落户两江新区，计划总投资15亿元，达产后年产值100亿元。10月，合川信息安全产业基地项目签约，计划投资50亿元，达产后年产值200亿元；欧珀智能生态科技园项目落户渝北区，计划投资70亿元，达产后年产值300亿元；联创电子新型触控显示一体化项目落户两江新区，计划投资10亿元，达产后年产值65亿元；捷来科技手机SMT项目落户西永园区，计划总投资4亿元，达产后年产值20亿元。11月，仁宝智能装置事业群项目落户保税港区，达产后年产值100亿元。12月，天翌光电3D弧面盖板及触摸屏项目落户南川区，计划投资3亿元，达产后年产值20亿元。

3.不断推动核心零部件产业取得突破

集成电路方面：已拥有中电科两条6英寸芯片生产线，中航微电子8英寸芯片生产线，SK海力士、平伟实业、嘉凌新科技封装测试线，奥特斯IC载板生产线和超硅12英寸硅片生产线，成功引进锐迪科完成对重邮信科公司的收购，初步建成IC设计—晶圆制造—封装测试全流程体系。平板显示方面：已建成京东方、惠科两条8.5代液晶面板生产线、京东方6.5代AMOLED柔性面板生产线和富士康、惠科、莱宝、美景光电等多个显示器件项目，以及康宁玻璃基板、住友化学等20余家配套企业，形成“玻璃基板—液晶面板—显示模组—显示终端”全产业链。2016年，重庆市电子核心零部件产业实现产值412亿元，是2015年的2倍。其中，集成电路123亿元，同比增长56%；平板显示行业289亿元，同比增长134%。全年生产集成电路3.5亿块，同比增长42%；液晶显示屏3500万片，同比增长514%。

4.建成三亿台级手机基地

截至2016年底，重庆市已有手机整机企业116家，手机配套企业138家。整机方面，国内前20的品牌手机企业中，VIVO、百立丰、乐视、小辣椒等已在渝量产；国内前20的手机代工企业中，闻泰、东方丝路、三木已落户重庆。配套方面，手机配套中四小件（喇叭、马达、麦克风、摄像头）和三大件（显示屏、主板、机壳）在本地均有生产。中光电、联创电子等手机核心配套企业也相继落户重庆。2016年，全市手机产业产值为1132亿元、同比增长43.4%，其中，手机整机1020亿元、同比增长35.6%；手机配套112亿元、同比增长164%。全年共生产手机2.87亿台，同比增长58.7%。智能机和功能机的比例从2015年的2:8提高到4:6。

二、发展中存在的问题

1.笔电基地面临压力

一是全球市场持续萎缩。2016年全球笔电出货量同比下降7.2%，2017年预计同比下降4.5%。二是笔电单价下滑明显。2016年重庆市单台笔电均价约2423元，同比下降7.1%；预计2017年均价会再下滑5%。三是品牌商不断整合，思科、索尼、东芝等知名品牌商陆续剥离笔电业务，可能影响重庆市笔电订单。

2.招商引资竞争激烈

全国各地纷纷重视发展电子信息产业，昆山、贵州、西安、合肥、云南、成都等沿海与中西部城市不断加大政策扶持力度，积极争取企业落户与订单转移，在智能终端、集成电路、平板显示等多个领域成为重庆市招商引资强力的竞争者。

3.亟须寻找新增长点

集成电路方面，全球主要IC制造商对12英寸芯片项目的布局已基本完毕，短期内重庆市在此领域已难突破。平板显示方面,面板行业预计2017年处于低谷期,单价下降,且重庆市已有京东方、惠科两个8.5代面板项目,京东方6代线项目也即将落户,大中小各类尺寸面板生产能力基本齐备,未来再引进此类重大项目的空间有限。此外,笔电市场持续萎缩,家电行业整体低迷,手机行业竞争激烈,重庆市电子制造业亟须寻找新的增长点。

4.创新能力仍然薄弱

近年来,重庆市电子制造业从量上膨胀式爆发,创新能力虽有所提升,但整体仍然薄弱。科研基地建设和高等教育发展不能满足产业快速发展需要,技术创新平台有待完善,电子制造类人才储备明显不足,服务于中小微企业的孵化平台尚不完善,研发经费在企业开支中的占比仅为0.59%,低于全市工业平均水平。

三、2017年发展目标

(一)工作思路和发展目标

2017年将继续按照重庆市电子制造业整体规划,在稳存量、促增量上下功夫,大力发展战略性新兴产业,努力实现行业产值平稳较快增长。全行业力争实现产值5698亿元,同比增长15%。其中,笔电整机1695亿元,同比增长3%;手机整机1313亿元,同比增长28.6%;笔电及手机配套900亿元,同比增长23%;其他电子1690亿元,同比增长13%。

(二)工作措施

1.保持行业快速增长

保持重庆市电子制造业当前又好又快的发展局面。指导帮助企业全力争取开拓市场,切实解决企业生产经营中遇到的突出困难和问题,不断优化产业环境,努力寻找新的增长点。确保全行业2017年实现增速15%以上,力争"十三五"期间年均增长率达到20%。

2.加大招商引资力度

一是策划邀请、考察一大批集成电路、平板显示、VR\AR等战新领域及传统领域目标企业。二是继续跟踪、洽谈SK海力士封装二期及芯片制造、京东方6代AMOLED面板项目和恩智浦汽车电子、力特光电等项目,争取尽快落户。

3.加快推进项目建设

全力推进惠科金渝8.5代显示面板、康宁玻璃基板、京东方智慧电子系统智能制造、奥特斯IC封装载板项目、合川信息安全产业基地项目等重大项目。跟踪掌握项目进展情况,帮助解决建设过程中的问题,确保项目顺利推进、按期竣工投产,尽早达产放量。

4.推动行业创新发展

贯彻落实领会市委四届九次全会"创新驱动发展战略"精神,结合重庆市电子制造业总体部署,深入推进行业创新发展。一是切实突出企业创新发展主体地位,下大力引进和培育行业龙头企业和研究机构在渝设立研发中心和分支机构,积极引导企业加大研发投入。二是努力推动产学研有效对接,加快重庆市相关高校研究成果转化。三是培育产业创新生态,引进高端产业人才,为行业创新注入新的力量、增加新的活力。

(作者单位:重庆市经济和信息化委员会)

智能终端产业

张 珉

一、2016年发展回顾

(一)运行情况

产量:智能终端产量3.8亿台,同比增长40.7%。其中,计算机6700万台,同比增长8.4%(笔记本电脑5842万台,同比增长4.8%);手机2.9亿台,同比增长61.4%。

产值:3491亿元,同比增长14%。其中,计算机1750亿元,同比下降1.9%;手机整机1021亿元,同比增长35.6%;配套720亿元,同比增长33.8%。

(二)运行特点

一是笔电逆势增长。根据Gartner等第三方研究机构的数据,今年全球笔电出货量同比下降7.2%。此外,受东芝停止外包业务、宏碁市场份额下降影响,今年1月,重庆市笔电产量同比下降31%。针对这一情况,我们积极争取惠普在渝订单量增加440万台,争取到富士通、谷歌等品牌订单超过200万台。经努力,笔电产量同比逐月回升,全年产量5830万台,仍占全球三分之一。

二是手机快速增长。重庆市共有手机整机企业116家,其中规上企业72家(较之去年增加40家)。国内前20的品牌手机企业中,VIVO、百立丰、乐视、小辣椒等已在渝量产;国内前20的手机代工企业中,闻泰、东方丝路、三木已落户重庆。预计全年手机出货量2.8亿台,智能机和功能机出货比例从去年的2:8提高到今年的4:6。

三是配套持续增长。今年,新增笔电配套规上企业42家,实现产值70亿元,占配套产值的6.7%;目前全市共有手机配套企业138户,其中规上企业25户,预计全年实现产值100亿元,同比增长163.2%。华通高密印刷电路板(同比增长59.2%)、宇海注塑(同比增长76%)、致伸科技(同比增长40.8%)等项目快速放量,新普电池、华科PCB、巨腾、大泰金属机壳等项目稳定增长。协调惠普、华硕、宏碁等品牌企业从重庆京东方采购面板,全年预计采购650万片。

二、2017年发展目标

(一)目标

产量:智能终端产量4.5亿台,同比增长18.4%。其中,计算机6530万台,同比增长3.7%(笔电6060万台,同比增长3.9%);手机3.5亿部,同比增长25%。

产值:4008亿元,同比增长14.8%。其中,计算机1795亿元,同比增长2.6%;手机整机1313亿元,同比增长28.6%;配套900亿元,同比增长25%。

项目引进:1~2家知名品牌商及代工企业;20家手机整机企业,2~3家笔电、手机研发中心;50家配套企业。

(二)工作措施

1.全力抓好招商引资

笔电:一是紧盯苹果、联想、戴尔等品牌商,力争明年有大的突破。二是推动富士通、小米扩大在重庆的下单量。三是伟创力项目,力争明年打破僵局,实现项目签约落户。

手机:一是通过百立丰争取360奇酷订单;二是推动金立、传音、华勤、龙旗、诺亚信、魅力、辉烨等手机品牌和代工企业明年落户。

配套:一是争取明年以深圳杰美为代表的近20家高端精密模具企业签约。二是跟踪推进光宝电源及摄像头、东莞首富PCB、喜来乐手机摄像头、欧菲光、长盈科技、德威手机壳体以及捷荣模具等项目。

除此之外,组织好每年定期的领导访台工作,促进重庆市与跨国企业开展全方位开展合作。

2.大力推进重点项目建设

一是紧盯仁宝代工苹果可穿戴设备、VIVO和OPPO智能手机等项目建设进度;二是确保80%以上手机新签约项目按计划投产并升规;三是推动中光电触控一体化项目、天远微动力手机电池项目尽快投产上量。

3.强力推进创新发展

一是积极引导已落户笔记本电脑品牌商与代工企业来渝设立研发中心。二是鼓励VIVO、OPPO等本地手机龙头企业积极在重庆布局设立研究机构。全年力争引进2~3家研发机构。

4.切实做好运行服务

及时协调解决企业运营中各个环节出现的问题,确保全年产量、产值目标如期达成。每月坚持召开笔电、手机和配套运行调度会,做好行业运行分析,确保企业完成每月预定生产计划,圆满完成全年目标任务。

(作者单位:重庆市经济和信息化委员会)

软件和信息服务业

刘竹平

一、2016年发展回顾

2016年是“十三五”开局之年，重庆市落实国家战略，深入推进“互联网+”行动计划，务实推动大数据发展战略，率先推出分享经济发展意见，一手抓产业布局，一手抓龙头企业促进，推动重庆市软件和信息技术服务产业快速发展。全市全行业共实现软件业务收入1036亿元，同比增长20.9%，占全市电子信息产业比重达到17%，有力地支撑了全市工业产业的转型升级和进一步发展壮大。

（一）行业大事

1.顶层设计明确发展方向

2015年底以来，重庆市陆续出台《重庆市“互联网+”行动计划》《进一步加快全市大数据发展的工作方案》《重庆市软件服务业提升发展行动计划（2016—2020年）》等文件，并率先于全国各省市出台分享经济相关发展意见。政策统筹引领，将为重庆市进一步夯实软件行业基础，抢抓云计算、大数据、互联网+等新兴热点，促进重庆市软件产业发展质、量双提升提供更加坚实的支撑。

2.先行先试抢抓重大机遇

重庆市成功获批国家大数据综合试验区，并定位为区域示范类综合试验区，引领西部板块大数据产业发展。中新（重庆）战略性互联互通示范项目信息通信领域合作开局顺利，双方合作加快推进，重庆互联网国际合作综合试验区和中新国际数据通道等重点项目建设筹备启动。

3.产业承载能力进一步增强

全市软件行业产业载体加快建设，并在差异化、集群化、专业化发展上取得积极成效。两江互联网产业园、渝北仙桃大数据谷、渝中区信息消费产业园、永川软件和服务外包产业园等纷纷发力，全市新增产业载体超过80万平方米，渝北仙桃大数据谷新签约91个项目，两江新区互联网产业园新签约企业177家，行业领域主要集中在软件研发、互联网教育、云计算、移动游戏、大数据等。永川区、南岸区、渝中区增速较快，两江新区软件业务收入规模继续保持全市区县园区龙头地位。

4.龙头企业实力不断壮大

本地企业抢抓“互联网+”风口快速成长，互联网服务交易平台猪八戒估值100亿元、大龙网是国家商务部跨境电商试点前四强企业之一、易宠科技成为国内最大的宠物用品B2C平台。2016年重庆市独角兽和瞪羚评选中，共有中科云丛、誉存等合计14家企业成为推荐企业，占全市70%。此外，云威、誉存等大数据企业，秒银科技、博拉网络等云计算企业，小闲在线、享弘影视、隆讯科技、火缘步甲等游戏动漫企业陆续在各自细分领域崭露头角。

5.新兴热点领域加快发展

重庆市云计算发展迈上新台阶，浪潮（重庆）云计算中心、中国移动（重庆）数据中心、中国电信（重庆）数据中心按期投运，两江国际云计算产业园服务器运营支撑能力超过10万台，比去年增加1倍；“互联网+”领域投资活跃，2016年近500家企业申报“互联网+”试点示范项目，130家企业入围；大数据方面，在成功引进华大基因大数据、美国微软大数据学院、浪潮集团大数据基地、东方网力视频大数据等重点项目的同时，2016年，云威、智慧思特、博拉网络等本地大数据企业在金融风控、电子商务、环保、数字营销等行业基于大数据应用技术的细分领域开始崭露头角，推动重庆市大数据产业链加速完善。

6.产业发展氛围更加浓厚

全面启动2017世界智能科技大会筹备工作，联合工信部、科技部等国家部委打造智能科技领域国际品牌盛会，助推重庆市人工智能、虚拟现实、机器人、大数据、无人机等前沿性技术和产业加快发展。“大数据龙门阵”、iPlus“互联网+”项目路演计划、“大数据四方行动”计划、“2016重庆市首届产业互联网高峰论坛”、首届重庆互联网+创新创业之星评选暨2016云计算大数据创新创业项目路演（重庆站）系列活动陆续举行，全市软件企业和国家规划布局内重点软件企业所得税优惠政策工作一一落实。

（二）主要经济指标

1.行业规模迈入千亿软件省市

2016年全年，重庆市软件业务收入达到1036亿元，重庆成为全国第13个、西部第3个迈入千亿软件产业的省级行政区。同时，随着2016年重庆市软件产业持续快速增长，重庆市软件产业规模与部分排名靠前的省市差距逐步缩小。全市软件和信息技术服务业企业超过5000家，其中纳入统计的规模以上企业近1000家，从业人员数量近15万人。

2.企业创新能力持续提升

全市新增计算机软件著作权超过3500件，较去年同期增长101.4%，历年累计软件著作权登记数量超过12000件。重庆软件和信息服务产业专利申请262件，增长27%，累计申请量590件。截至2016年年底，全市共有51家企业通过国家信息技术运行维护标准（ITSS）认证，其中成熟度二级9家、三级29家、四级4家，超过浙江、陕西、湖北、四川等省。市级企业技术中心达到27家，包括猪八戒、同趣、梅安森、金算盘、中联信息等，其中2016年新增市级企业技术中心8家，约占全市总新增量的10%。

3.行业投资不断增长

重庆市130个互联网+试点项目投资总额超过68亿元，新增中迪医疗等6家软件和信息技术服务业企业挂牌新三板。截至2016年年底，全市119家新三板挂牌企业中，软件和信息技术服务企业有20家，占全市已挂牌企业总量的17%。

二、发展中存在的问题

龙头企业少，规模增加实力有待增强。近年来，重庆市软件和信息技术服务业发展速度较快，规模不断扩大，但企业整体规模偏小，年软件业务收入达到10亿元以上的企业仅有中冶赛迪集团和中煤科工重庆研究院两家，年收入10亿元以上的纯软件开发类企业家数为零，国内知名的软件和信息技术服务龙头企业不多，综合实力有待进一步增强。

融资难、投资不足制约企业发展。中小企业融资是普遍性难题，软件和信息技术服务业企业属于轻资产行业，中小企业融资相对更加困难。截至2016年年底，全市新三板挂牌企业中，软件和信息技术服务企业有20家，较武汉、成都等地差距明显。同时，重庆市目前还没有形成较为完善的风险投资体系，对软件企业的资金支撑力度十分有限。资金短缺导致投资不足问题已成为重庆市软件企业做大做强的主要障碍之一。

企业招人难、留人难。重庆市软件和信息技术服务业从业人员近15万人，但企业仍反映高端人才主要是高级开发人才和既懂管理又懂技术的复合性人才紧缺，呈现出招不来、招来后留不住的局面。即使是企业自己培养的人才，也往往在成长成熟后向北上广外流。企业招人难、用人难成为制约企业快速发展的重要因素。

三、2017年发展目标

2017年，力争实现全市软件及信息服务业收入总额达2300亿元，同比增长15%，其中软件业务收入达到1200亿元，同比增长20%。

以加快重庆市大数据发展为中心工作，以统筹推进全市“互联网+”行动计划、中新（重庆）示范项目ICT合作、互联网云计算大数据产业发展专项为工作重点，以见活动、见培训、见项目、见平台、见企业、见融资为主要着力点，做优存量、做大增量，进一步提升全市软件和信息技术服务业规模和发展水平，加快推进重庆互联网经济高地和国家大数据综合试验区建设。

(作者单位：重庆市经济和信息化委员会)

装备工业

陈 娟

一、2016年发展回顾

2016年，面对错综复杂的国内外经济形势，在市委、市政府的决策部署下，重庆市装备行业紧紧围绕"调结构、促转型、增效益"工作任务，坚持创新驱动，加快培育新兴产业，推动装备行业取得良好发展态势。

(一)主要特点

1.行业规模平稳增长，稳增长实效明显

在全国装备行业增长乏力的压力下，2016年，全市装备工业规上企业实现工业产值2303亿元，占全市工业的9.6%，比重比去年同期略有上升，产值增速9.9%。实现销售2245亿元，增长10.9%，增速高于全市水平。实现主营业务收入2237亿元，增长11.2%。

2.规模利润持续高位增长，提质增效成效明显

规模装备工业利润175亿元，增长16.9%，增速高于全市工业4.3个百分点；主营业务利润率7.8%，高于去年同期1个百分点，高于全市工业1个百分点。

3.重点监控行业贡献突出，行业带动性强

重点监控的14个行业，13个行业实现正增长，其中环保装备增长58%，机床行业增长41.7%，输变电增长20.2%，农业机械增长14.2%。14个子行业实现总产值1808.5亿元，占全行业比重达78.5%，同比增长10.4%，带动全行业增长8.2个百分点。

4.重点产品，特别是战新产业产品增长加快

全市生产工业机器人1971台，增长1.8倍；数控机床3384台，增长17%；铁路货车1100辆，增长3.6倍；城市轨道车辆204辆；风力发电机组41万千瓦；变压器5295万千伏安。

(二)主要成绩

获得国家专项资金支持2.4亿元。一是对接国家2016年智能制造试点示范项目、智能制造项目，长安汽车、汽研院、广数机器人、光大乳业、重庆军工产业集团等5个项目得到国家智能制造专项支持。二是对接04专项，重庆大学的机床制造过程可靠性保障技术研究与应用获得中央财政经费支持。三是对接国家首台(套)保险补偿政策，重庆海装的新产品5MW高速永磁变速恒频海上风力发电机组，获得国家保险补偿资金支持。

实施智能制造工程。2016年共计实施智能制造项目18个，带动投资3.57亿元，其中本地设备6239万元，年新增销售收入19.5亿元，减少人工数976人，为企业减少人工成本约5400万元；改造后装备智能化率平均提升20.8%，运营成本平均降低13.8%，生产效率平均提升25.7%，产品不良品率平均降低28.4%，产品研制周期平均缩短14.5%，能源利用率平均提高8%。

实施首台(套)重大技术装备保险补偿试点工作。启动重庆市首台(套)重大技术装备保险补偿试点工作，帮助企业新产品市场推广，推动了重庆海装5MW风电发电机组和重庆通用工业离心式冷水机组的市场化。

狠抓招商引资。2016年以来，主导、参与招商项目近60个，其中签约项目15个，协议总投资约25亿元。

二、发展中存在的问题

一是原材料价格上涨影响突出。从 2016 年下半年起，钢材等有色金属原材料价格不断上涨，加之配套企业也纷纷要求提价，导致装备企业采购成本急剧增长，生产压力巨大。

二是融资难，融资贵，财务成本居高不下。虽然国家出台了很多金融市场优惠政策，但企业贷款率仍高达 7%左右，严重影响企业正常生产。

三是人力资源成本逐年增长，一线工人难求，高技术人才引进缺乏途径。

四是市场分化，变压器、通机等行业订单充足，齿轮等传统产品仍低迷。

三、2017 年发展预计

(一)目标及研判

2017 年装备行业完成产值 2579 亿元，增长 12%。从监控的 14 个重点行业中比较看好的行业有：一是机床行业，经历了前几年的转型升级和招商引资，2016 年该行业具明显恢复性增长，预计 2017 年将保持今年增长势头。二是环保装备行业，2016 年该行业增长势头足，摆脱了前几年个位数增长的情况，在全行业中增长排第一，超过 50%，加上目前有中科院环保产业基地、第三垃圾焚烧发电厂、耐德污水处理一体化等 3 个重点项目在建，将带动环保装备发展，预计 2017 年发展形势较好。三是轨道交通行业，2017 年 10 号线、5 号线、环线等将逐渐供货，预计情况要好于 2016 年。四是输变电行业，ABB、望江变压器厂等行业龙头企业情况好转，2017 年订单充足。

保持 2016 年态势的有：一是通机及农机行业，根据行业协会预判，该行业全球市场未见好转，且重庆市市场份额已居全国首位，2017 年要有所突破较难。二是起重机电梯等搬运行业，特别是电梯行业经过前两年招商引资，产值规模已形成，今年起，增速明显放缓，预计 2017 年维持在今年增长范围。三是泵阀等基础件，从近几年情况分析，该行业基本维持在 12%左右的增长，因其行业特殊性，预计 2017 年不会有太大变化。四是工程机械行业，随着部分工程项目的开工，以及前两年在页岩气、石化装备方面的研发和推广，2016 年该行业有明显的恢复性增长，但整个行业的景气度偏弱，2017 年力争保持 2016 年的态势。

(二)工作重点

全市规上装备工业平稳运行。做好全年目标调控和预测，及时跟踪重点区县、重点行业和重点企业生产、订单、市场等情况，发现问题及时协调解决。重点做好以下工作：一是做好机床集团、建工工业、裕弘自动化、重庆长客等龙头企业的止跌。二是做好新兴产业重点企业的升规工作，重点推进川崎、罗博泰尔等机器人企业、通航集团、天骄等通用航空企业尽早入统。三是做好国机集团地质装备产业园、中车长客调试及维修基地等 32 个市级重点项目的建设，力争尽早形成产值。

推进重点项目建设。建立项目台账，滚动实施新兴产业项目管理，及时跟踪项目进度，完成全年“五个一批”项目的推进工作。

推进装备工业创新平台建设。贯彻落实市委市政府《关于深化改革扩大开放加快实施创新驱动发展战略的意见》，整合国内外资源，发挥骨干企业的主导作用和高等院校、科研院所的支撑作用，加快工业机器人、服务机器人、高档数控机床、增材制造、通用航空、轨道交通、风力发电等新兴产业领域的整机、关键零部件和关键技术的研发创新。加快传统优势产业领域重大装备和先进产品创新，提升重大技术装备整机集成能力。围绕产业转型升级和战略性新兴产业发展的需求，重点推动国家机器人检测和评定中心、固高科技长江研究院、机器人产业众创空间、3D 打印创新中心、机器人展示中心和创新创业中心、机器人应用与培训中心(学院)等公共服务平台建设。加快装备企业国家级、市级技术中心建设。积极筹建国家级制造业(机器人)创新中心和市级制造业创新中心。在成功实施重庆市首台(套)重大技术装备保险补偿试点工作的首批项目基础上，持续实施该项试点工作，继续帮助企业新产品市场推广。

强化招商引资。针对工业机器人及智能装备、服务机器人、SMT和注塑机、环保装备、通用航空器及配套产品等开展招商。

加强基地建设。根据《重庆市装备行业"十三五"规划》的要求，加快重庆市装备行业的转型升级，在机器人及智能装备、高端交通装备、能源及环保装备、农机通机产业和基础零部件五大产业集群中打造一批承载产业发展的基地，抓好具体事项，进一步细化工作。

打造五大产业集群。一是培育壮大战略性新兴产业，着力引进、发展服务机器人整机和高档数控系统、高精度减速器等关键零部件，夯实工业机器人整机和系统集成的发展基础，提升数控机床档次，鼓励增材制造应用；完善通用航空产业链，扩大跨座式单轨车、地铁系列优势产品规模，推进城际轨道车辆的研发制造，提升高技术船舶建造的技术和质量；加快5兆瓦风电机组、垃圾高效清洁焚烧发电成套装置等产品产业化步伐，引进培育页岩气勘探、钻井、完井、压裂、站场集输等环节成套装备企业，加快能源环保装备产业发展。二是改造提升传统产业，推动通机、基础零部件等向自主、高端化发展，提升核心竞争力。加快供给侧结构性改革，贯彻落实国家关于铸造、内燃机、紧固件、电镀、热处理等行业的规范条件，提高质量标准要求，引导过剩产能以及不符合规范条件且长期亏损、扭亏无望、资不抵债的企业逐步退出；减少造船、铸造等行业的无效供给，提高资源要素配置效率。鼓励优势企业(集团)与中小企业通过市场化手段，以合资、合作、产权流转和股权置换等多种形式实施兼并重组，减少落后企业与困难企业数量。

(作者单位：重庆市经济和信息化委员会)

天然气工业

沈 翔

一、2016年发展回顾

(一)总体情况

新发展天然气用户30万户，完成全年目标任务90%，全市城镇天然气总用户数突破737万户，城镇天然气普及率达97.6%，未发生安全责任事故。

(二)主要工作

1.规范行业管理

严格执行《重庆市城镇天然气经营许可实施办法》《关于做好城镇天然气经营许可和燃气设施工程项目管理工作的通知》《重庆市城镇燃气管道安全隐患分级标准》等标准规范和制度，切实加强城镇天然气经营许可、燃气设施建设、燃气燃烧器具安装维修许可的管理。推进《重庆市城镇燃气管理条例》修订，编制《重庆市主城区城镇天然气设施及管网规划》《重庆市城镇天然气"十三五"发展规划》，推动行业管理水平的提高，促进整个城镇天然气行业健康发展。启动全市乡镇天然气经营市场专项治理，严肃查处乡镇天然气经营企业管线设施建设违法违规行为，提高乡镇、农村地区用气安全水平。

2.提高管网运行保障能力

扎实推进安澜气源站、外环高压管网、中外环联络线等重点项目建设，加快建成运行安全、保障有力的主城区管网系统。强力推进城镇天然气管道安全隐患整治攻坚，完成428处城镇天然气管道安全隐患整治，提前半年完成市政府确定的"三年任务两年完成"的目标任务。

3.推进信息系统建设

按照市政府部署和要求，对全市中压及以上燃气管道位置、材质、使用状态等属性开展全面的普查,逐一登记造册,建立台账。在此基础上,由市经济信息委牵头,市财政专项补助1000万元,开发建设全市城镇天然气管网地理信息系统,运用现代信息技术实现对管道运行的实时管理。系统建设已经完成软件、硬件招投标,正在开展硬件采购、建设以及软件系统开发,力争2016年底前主城区部分上线运行,2017年7月底之前远郊区县部分上线运行,到2017年年底实现运行监控、应急抢险、隐患治理、规划建设等功能。

4.强化安全监管

加强市、区县两级行业监管能力建设,建立常态化的检查执法机制,指导督促区县开展行政执法检查活动,坚持通过严格执法来提升行业规范化水平。全年大检查活动4次,"回头看"活动3次,检查出各类安全隐患170余处,责令区县下发隐患整改通知30余份,检查活动涉及31个区县、36个企业。

5.提升从业人员素质

充分利用行业协会,针对城镇天然气行业从业人员开展法规、专业技术、标准规范培训,累计培训近2000人。组织城镇天然气经营企业、燃气燃烧器具安装维修企业从业人员考试1000余人。会同行业协会、重点企业组织开展城镇天然气经营企业消防比赛和应急演练等活动。

二、2017年发展目标

以深入推进城镇天然气企业规范管理,提高安全性可靠性为主线,以城镇天然气经营许可延续、乡镇天然气市场专项治理为抓手,着力加强制度建设,强化监督检查,进一步规范企业建设、服务、安全等经营活动,切实提高安全生产和服务能力。

1.加强制度建设

推进《重庆市天然气管理条例》修订工作,研究制定燃气设施建设、安全管理、燃气燃烧器具安装维修资质许可等管理办法、规范,规范企业建设行为、服务行为、经营行为。

2.切实做好城镇天然气经营许可延续

精心组织、严格标准,完成84家企业城镇天然气经营许可延续审查。以此次许可延续工作为契机,督促企业对照相关法律法规、规章和标准规范,进一步落实安全管理和客户服务的要求,提高安全生产水平和服务质量。

3.强力推进乡镇天然气经营市场专项治理

加大督察、指导、服务和协调力度,督促指导各区县按照市政府要求推进乡镇天然气经营市场专项治理,完善管理制度,形成较为严格、科学、规范的管理体系,促进行业规范、健康发展。

4.提高管网运行保障能力

扎实推进中外环联络线等重点项目建设,力争年内实现中外环贯通通气运行,进一步增强主城区供气保障能力。加快推进天然气管网地理信息系统建设,提高管道运行管理水平。

5.强化安全监管

加强市、区县两级行业监管能力建设,建立常态化的检查执法机制。认真落实2017年安全检查计划,市级安全检查完成对30家企业的监督检查。加强隐患整治的跟踪督察,确保实现闭环管理。

6.提升从业人员素质

继续组织开展城镇天然气行业从业人员专业考试,三类人员100%持证上岗。开展企业法人、安全生产负责人专题培训,着力提高安全意识、安全管理能力。

(作者单位:重庆市经济和信息化委员会)

材料工业

李 江

材料工业是国民经济的重要基础产业，是衡量经济社会发展水平和综合实力的重要标志。重庆市材料工业主要包括冶金和建材两个原材料产业，是重庆市传统优势产业和培育发展的支柱产业之一。2016年是“十三五”开局之年，面对产能严重过剩、市场需求不旺、下行压力加大的严峻形势，重庆市材料工业贯彻落实中央和市委决策部署，牢固树立五大发展理念，精心谋划，积极作为，努力克服各种困难，切实做好材料工业去产能、调结构、稳增长等各项工作，行业经济运行总体呈“止跌回升、效益向好”态势。

一、2016年发展回顾

全市规模以上材料企业完成工业总产值3070.4亿元，同比增长4.6%；主营业务收入2920.5亿元，同比增长5.4%；利润总额149亿元，同比增长13.5%；平均用工人数22.5万人，同比增长2.7%。截至2016年底，共有规模以上企业1188个，同比增长3.9%。

（一）积极稳妥去除钢铁行业过剩产能

率先制定《重庆市钢铁行业化解过剩产能实施方案》《重庆市钢铁企业产能认定办法》等规范性文件，与国务院签订目标责任书，组织专家完成全市10个区县36户钢铁企业的产能认定工作。实施淘汰落后产能专项行动，如期完成8个区县24家企业炼铁产能10.8万吨、炼钢产能516.75万吨的化解任务，督察企业设备拆除拆解工作，并顺利完成区县、市级部门和国家的三级验收工作。

（二）加快推进建材行业化解过剩产能工作

多次赴拉法基南山工厂调研，数次召集市级单位、区县和企业专题研究有关问题，全力做好拉法基南山工厂关停工作，如期在12月底关停2条生产线。富皇水泥日产1200吨熟料生产线已按计划关停。继续化解烧结实心砖、陶瓷、平板玻璃的过剩产能。

（三）大力发展新材料行业

加快实施新材料“十三五”规划，促进一批重点项目投达产。西南铝与法国空客公司签订新一轮采购框架合同。再升科技积极开展国际创新合作，收购德国哈佛，进军液体过滤领域。昆瑜锂业1000吨金属锂生产线建成投产，产值同比增长1倍。墨希科技加快第二代石墨烯生产线的建设。2016年重庆市新材料产业实现产值387.6亿元，同比增长61.7%。

（四）加快优化产品结构

引导传统企业大力开发和生产新产品，新产品产值比重不断上升。重钢股份公司、万达薄板、西南铝等3家公司新产品产值占企业总产值比重较同期上升10个百分点。装配式建筑产业逐步推广。建工高新建材具备年产12万米^{3}混凝土预制构件的产能，承接了4个政府投资项目。产能过剩的产品产量逐步下降，深加工产品产量保持增长。粗钢、电解铝、水泥产量同比下降；热轧薄板、铝材、铜材、商品混凝土产量同比增长。

（五）加大招商引资力度

江苏铁锚成套玻璃、鸿路钢结构集团绿色建材产业园等12个重点项目签约，签约金额129亿元，预计产出383亿元，其中金阳光玄武岩纤维、瑞特电池材料、博赛特种氧化铝等3个项目已开工建设。河北卓达、万州金龙等6个在谈项目进展顺利，跟踪服务石墨烯产业化基地、纳米氧化锆等13个重点新材料策划项目，预计达产后新增产值886.57亿元。

（六）服务企业发展

召开重点企业座谈会，加强政府与企业之间的沟通交流。举办新材料产业财政专项资金项目申报培训，助力企业发展。协调降低水泥企业试点排污权交易费等，支持水泥企业参与电力直接交易，促进水泥工业降本增效。帮助金龙铜管制定三年脱困稳运行保出口具体方案。为城口县铁合金企业协调电价，降低要素成本。帮助重钢开拓建筑市场，大力推广使用钢结构，制定并实施《重庆市钢结构产业创新发展方案》。努力推动天泰铝业和中铝南川公司的复产。

（七）有序推进重点项目建设

狠抓34个重点项目投产、达产。积极推动重钢集团与韩国浦项的冷轧镀锌板项目，开展电炉炼钢的论证工作。协调推进重钢集团与攀华集团合作项目，全年生产并交付130万吨热轧卷产品。材料工业全年完成工业固定资产投资643亿元，增长9.3%。

（八）加强经济运行调度

坚持每月材料行业经济运行分析，重点服务100户行业重点企业，54户“三百”企业，协调煤、电、气、油、运等要素供应，引导行业平稳健康发展。修订及推广重点产品采购目录，建立龙头企业配套产品项目库，组织10户龙头企业、79户中小微企业参加的采购对接活动，推进龙头企业本地配套采购工作。

（九）扎实开展规范管理

研究出台并实施《重庆市建材工业稳增长调结构增效益实施方案》和《重庆市有色工业调结构促转型增效益实施方案》。指导城口县泰正矿业、丰都县东方希望水泥、永川区拉法基参天水泥分别进入工信部第七批铁合金、第九批水泥行业准入名单，组织秀山县三润锰业申报第八批铁合金行业准入，检查长寿区国际复合玻纤行业准入保持情况。实施绿色建筑行动实施方案，制定绿色建材评价标识管理办法，组建专家库，启动绿色建材评价工作。组织专家对合川金九建材、开州区开州水泥等7家水泥企业化验室合格证进行换证评审。

二、发展中存在的问题

一是材料行业稳增长的压力巨大。市场需求总体仍然偏弱，要素成本高企，产品价格难于继续维持高位，短期内仍保持产能过剩的基本局面，同时，钢铁、平板玻璃、水泥等行业去产能目标繁重。二是材料工业技术创新能力不强。普遍存在科研投入低、研发人员少、新产品推出不够等突出问题。三是新材料产业培育难，推广使用难，产业发展趋同，招商引资优势不明显，投资后劲不足。

三、2017年发展目标

材料工业将保持“总体平稳、稳中有进”的基本格局：一是国家的基础设施建设投资继续保持增长，拉动钢材、水泥的需求。二是重庆市工业化、城镇化持续推进，将带动原材料行业发展；三是重庆市汽车板、铝加工、铜加工、钢结构、铁合金等的短板产业陆续投产达产。预计全年材料工业完成产值3367亿元，同比增长9.7%。

（一）全力以赴稳增长

靠前服务盘活存量。做好“双百”企业的稳产工作。协调企业原材料保供。宣传落实市级各类补助和优惠政策。靶向施策，减轻企业负担，解决突出困难。大力培育新增长点。狠抓“五个一批”项目。加大招商引资力度。

（二）调整优化产业结构

不折不扣完成化解过剩产能工作。继续推动钢铁的有效供给。加快实现有色金属结构调整。推进建材行业的产品升级换代。

（三）落实创新驱动发展战略

落实《促进绿色建材生产和应用行动方案》。推进材料工业两化融合。贯彻实施国家《新材料产业发展指南》，研究制定重庆市的实施办法。加快新材料产业发展。推进新材料重点项目建设。力争新材料产业工业产值增速同比增长30%左右。

（四）加强行业引导监管

实施冶金、建材、新材料“十三五”发展规划。推动电解铝、铁合金等行业相关企业申报行业准入。督促水泥、墙材企业错峰生产。

（作者单位：重庆市经济和信息化委员会）

第三产业

道路运输

重庆市道路运输管理局

一、2016年发展回顾

2016年,在市委、市政府和市交委的坚强领导下,在各区县党委政府和交通主管部门的大力支持下,全市道路运输行业牢固树立"五大发展理念",调结构、稳增长、保安稳,全市道路客运量和周转量分别达5.6亿人次,336.7亿人次公里,同比下降3.4%和10.5%;道路货运量和周转量分别达8.9亿吨,935.4亿吨公里,同比增长2.8%和9.9%,行业连续10年未发生死亡10人以上事故,"十三五"开局良好,主要体现在五个"显著增强":

(一)深化改革,克难攻坚,行业发展活力显著增强

面对经济新常态、行业新形势、群众新需求,重点抓了四大改革创新,为行业注入新的发展活力。

——出租汽车改革有重大突破。网约车作为新兴业态,给行业管理带来严峻挑战。我们坚持以开放的理念、包容的心态、担当的意识和法治的思维,抓住舆论引导、利益权衡、政策制定、稳定发展四个关键,推动了巡游出租汽车与网约车融合发展,开启了出租汽车行业崭新时代。

一是正确引导舆论,高度统一思想。网约车给群众带来了新的出行方式,满足了群众新的出行需求。但是,发展之初,少数平台借助资本力量营造市场繁荣假象、混淆群众视听、进行不正当竞争,一时间,网约车该不该发展,该如何发展,专家、群众、传统出租汽车从业人员和网约车驾驶员等社会各界众说纷纭。我们始终坚信网约车不是"法外之地",始终围绕保障群众安全便捷出行这个根本,始终坚持"既发展又规范,既鼓励创新又统筹兼顾,既市场调节又依法管理"的原则,确保网约车在法治轨道上健康运行。引导社会公众正确认识、理性看待网约车发展,切实把管理部门和广大群众的思想统一到中央、市委的决策部署上来,统一到市交委的工作要求上来,统一到推进行业持续健康发展上来,统一到保障群众根本利益上来。

二是兼顾各方利益,实现总体平衡。当前,改革进入深水区、攻坚期,平衡行业利益的再分配是切实保障改革稳妥推进的重中之重。在市交委的领导下,我们按照"错位发展、差异化经营"的要求,先后召开区县运管部门、出租企业和网约车平台公司座谈会,围绕车型条件、驾驶员资格等方面广泛听取巡游车、网约车、汽车租赁行业及社会各界意见。兼顾了平台、网约车、驾驶员、乘客的合法权益,统筹巡游车与网约车协调发展,取得乘客、平台、驾驶员的"最大公约数",实现了各方利益的总体平衡。

三是结合国情市情,科学制定政策。为使我市政策既符合国家文件精神,又充分体现"一城一策"要求,对三个文件,市委常委会、市政府常务会专题研究,分管副市长专题研究6次,市交委专题研究21次,市维稳办、市法制办、市公安局等部门共同研讨20多次,公开征求意见3031件、9458条。同时,建立京津沪渝穗深六市联席会议制度,并召开6次会议,广泛借鉴国内外先进经验,对三个文件修改37次,形成最终意见。去年12月21日,我市《关于深化改革推进出租汽车行业健康发展的实施意见》《网络预约出租汽车经营服务管理暂行办法》和《关于规范私人小客车合乘出行的指导意见》顺利出台。

四是强化前期防范,确保社会稳定。通过建立维稳机制,解决实际困难,严控网约平台,全力做好行业的稳控工作。制定《预防和处置出租汽车行业突发事件的应急预案》,市、区县两级运管部门与公安、维稳、网信等部门齐抓共管、

形成合力。积极为出租汽车企业申请社保优惠政策,降低企业社保缴费金额;通过“以奖代补”方式对驾驶员进行补贴,每车每月最高达3100元,帮助企业渡难关、保稳定。建立信息员队伍,畅通信息渠道,及时把握行业动态;联合交通执法直属支队、治安总队客管支队等部门,采取“盯、打、谈、控、引”的动态监管举措,先后约谈平台公司及北京总部负责人73次。结合新政改革方向,我们禁止低价车接入平台运营、禁止私家车进入运营、禁止“以租代购”的方式无序发展、禁止以低价倾销开展不公平竞争,查处非法营运车辆6 207台,最大限度地降低了行业稳定风险。

2016年,在全国156个城市先后发生227起不稳定事件的严峻形势下,我市出租汽车行业改革积极稳妥推进,得到了交通运输部、市委市政府和市交委的充分肯定,获得全国深化出租汽车行业改革工作先进单位。

——驾培行业改革有突出亮点。积极推行驾培服务新模式,渝北、铜梁、荣昌等区县率先推出“计时培训、先学后付”。目前,全市242家驾校推行先学后付培训新模式,占全市驾校的64%,超额完成交通运输部“50%驾校推行新模式”的总体目标。

——客运公交改革有全新举措。开通潼南至主城、璧山至两路、合川至两路3条精品客运线路,开通龙头寺旅游集散中心至长寿古镇、武隆仙女山、云阳龙缸、铜梁安居古镇4条旅游客运专线。实现机场专线公交化,开行3条公交专线,标志着二环内客运结构调整工作全面完成。

——货运监管改革有新招实招。清理危货管理风险源,探索分类监管机制;长寿、南岸4家企业开展危货电子运单试点;万盛43家货运小微企业实行托管;綦江185家货运企业集中办公;涪陵90%以上危货企业组成联盟实施集中监管等新型管理模式相继推出。

(二)改善供给,加快发展,行业服务水平显著增强

紧紧围绕“加强优质供给、减少无效供给、扩大有效供给”的路径,不断满足群众更加个性、多元的出行需求。

——优先发展城市公共交通成效明显。一是公交服务保障能力进一步增强。市政府出台《关于主城区优先发展公共交通的实施意见》,首条公交专用道设计完成,公交路权优先取得突破性进展。借力“中新”合作项目,引进新加坡航空公司作为公交集团服务咨询顾问,全面提升服务品质。加强“最先一公里”和“最后一公里”保障,开行穿梭巴士156条、投入小型公共汽车946辆,微公交发展水平全国领先。二环外区域客运结构调整稳妥推进,新增线路15条,两江新区水土、龙兴,巴南区安澜、一品、跳石实现了公交覆盖。区县公交线网持续优化,全国交通一卡通互联互通加快推进,万州、涪陵、城口、綦江、巫溪、彭水的公交卡实现与全国124个城市互联互通。二是轨道交通骨干作用进一步发挥。增加车辆编组,优化运行交路,增加上线列车,全年运送乘客6.94亿乘次,同比增长9.64%,日均客流量达到189.5万人次。开通3号线北延伸段,通车里程达213公里。强化运营安全监管,建立轨道交通运营安全联席会议制度;加强隐患排查治理,开展应急演练2318次、参加人次达2.5万,有效提升协作保障能力。三是出租汽车服务能力进一步提升。江津、永川、潼南、开州、巫溪、彭水、城口7个区县平稳完成新增和双到期重新投放出租汽车364辆。持续规范出租汽车管理,改善运营环境,严格车容车貌管理,第四代出租车“启悦”投放市场,市民乘坐舒适度进一步增强,行业服务能力和品质进一步提升。

——客货运输转型升级不断加快。一是超额完成新增行政村通客车目标。全市新增调整农村客运线路299条,投放车辆210辆,建成招呼站(点)1874个,新增通客车行政村411个,超额完成交通运输部、市委市政府下达的250个行政村通客车任务。持续加大农客发展扶持力度,营运补贴车辆4015辆,市、区县两级财政补贴金额4862万元,集中购买保险5167万元。二是班线结构调整平稳有序。积极应对渝万高铁开通,万州、梁平、垫江、长寿4个区县调整优化

线路25条；全市174条长途班线实现接驳运输；龙洲湾交通换乘枢纽、龙头寺旅游集散中心正式启用，南坪汽车站完成整体搬迁，进一步方便了旅客出行。春运、黄金周旅客运输和渝黔铁路中断等应急保障任务圆满完成。三是道路货运物流发展持续推进。“渝新欧多式联运示范工程”纳入全国重点项目，重庆至东盟货运班线顺利开通，助推了中新示范项目落地和国际物流大通道建设。城市配送体系建设进一步完善，新增示范企业5家、车辆380辆。甩挂运输试点不断深化，试点企业甩挂车辆新增至416辆，拖挂比从1:1.6提高至1:2.1。“互联网+”思维引领发展，7家货运企业开展无车承运人试点。

——“三个市场”发展持续规范。一是驾培市场有效规范。市政府出台驾培行业改革实施意见，稳妥推进驾培市场有序放开。启动网约车从业资格培训考试。更新客货运输、出租汽车驾驶员从业资格培训教材和考试题库。加强全市从业资格培训机构和考试组的检查督导，不断规范培训考试工作。二是维修市场健康发展。“诚信联盟”“一汽特维”等服务品牌不断壮大，233家优质企业加入全国汽车维修救援网。贯彻执行交通运输部车辆技术管理新规，制定5个配套细则，构建了车辆技术管理新机制，厘清了车辆技术管理职责，强化了企业管理主体责任。推进出租汽车服务管理信息系统绿色项目建设，新增清洁能源车辆3818辆，淘汰营运黄标车9793辆，节能减排工作有效加强。三是汽车租赁市场有效整治。制定《汽车租赁业务办理规范》，加强租赁企业“事中事后”监管，开展清理整顿专项行动，查处违法租赁车534辆，同比上升467%。目前，主城区办理租赁经营许可企业370家、车辆11784辆，同比分别上升90%、460%；远郊区县131家、车辆874辆，同比分别增长167%、311%。

(三)顶住压力，疏堵结合，行业和谐氛围显著增强

一年来，行业新老矛盾叠加，安全稳定压力巨大，我们抓重点、攻难点，保持了行业总体安全稳定。

——行业稳定总体可控。积极应对“出租汽车体制改革、客运行业转型升级、货运超限超载治理”等因素影响，妥善处置了“5·25”出租车与专车驾驶员对峙纠纷和5个远郊区县出租汽车行业不稳定苗头。群众来信办结率、人大建议政协提案办结率和满意率实现三个100%，行业保持总体稳定。

——安全形势稳中向好。严格执行“党政同责、一岗双责、失职追责”等制度，有力推进安全监管全覆盖；始终牵住源头管理的“牛鼻子”，找准GPS监控薄弱点，抓住客运管理风险点，突破货运监管难点，不断创新安全监管模式，市运管局连续10年荣获市政府安全生产工作先进单位，渝北、开州、梁平和渝运集团、公交集团、武隆卡斯特旅游运输公司获得交通运输部“道路客运平安年”先进集体。

(四)固本强基，强化管理，行业治理能力显著增强

从法律法规、信息化建设和科学决策能力入手，夯实行业发展基层基础，行业治理体系和治理能力现代化水平不断提升。

——法治运管建设进一步深化。稳步推进市《道路运输管理条例》立法修订、公交客运条例行政立法和规范性文件的制订工作，行业法规体系不断健全。行政许可事项全部纳入市政府网审平台，实现“单轨运行”。渝中、万盛等区县“三基三化”建设扎实推进，运政联动执法有效开展，执法未分离的22个区县共查处案件3.1万件。

——信息化水平进一步提升。推动大数据、云计算、物联网在道路运输领域的广泛应用，积极促进各种运输方式的有效衔接和互联互通。中心机房整体搬迁任务提前完成。交通运输部联网售票等6件民生实事圆满完成。

——科学决策能力进一步增强。编制完成市《道路运输“十三五”发展规划(2016—2020)》。启动全市客货运输量专项调查，编制完成季度和年度道路运输经济运行分析报告，为行业科

学发展提供决策依据。

——行业协会作用进一步发挥。行业协会创新开展工作，市道协紧扣当前行业重点，积极开展“道路客运转型发展途径”等6大课题研究，市出租汽车暨汽车租赁协会进一步完善机构，积极维护行业稳定，有力促进了道路运输行业持续健康发展。

（五）狠抓作风，凝心聚力，行业内生动力显著增强

始终坚持抓党建、强作风、聚合力，汇集全行业的共同智慧和力量，为行业发展提供不竭动力。

——廉政运管不断巩固。扎实开展“两学一做”学习教育，纵深推进全面从严治党，严格落实党风廉政建设“两个责任”，牢固树立“四个意识”。加强内控制度建设，持续抓好党风廉政建设和反腐败工作，风清气正的干事创业氛围更加浓厚。

——队伍建设持续深化。连续三年利用双休日开展全市运管干部素质提升专题培训。开展安全、行政执法、道路客运等21个培训班，2360人次受训，成功举办2016年中国汽车诊断师大赛、第三届全市教练员技能竞赛，组织参加全国汽车客运站务员技能大赛、轨道列车司机职业技能竞赛，分获团体第三名、第四名。

——行业正能量有力彰显。对内对外宣传全面发力，市级以上主流媒体宣传43件次，《优先发展公共交通是城市疏堵的有效途径》理论文章在重庆日报刊登。精神文明建设不断深化，行业荣获国家级和市级以上荣誉30件次，开展“爱心送考”等公益活动30余项，公交集团被评为全国交通行业文明单位，渝中区运管所被评为全国交通行业文明示范窗口，雷锋的士志愿服务队被评为全国交通行业文明示范窗口和中国运输领袖品牌，进一步彰显了道路运输行业正能量。

回顾过去一年，全市道路运输行业团结一心，拼搏进取，重点工作圆满完成，改革发展有力推进，开创了行业发展的崭新局面。这些成绩的取得，离不开市委、市政府的高度重视，离不开市交委的坚强领导，离不开各级党委政府、交通主管部门、各兄弟单位和社会各界的倾力支持，凝聚着全行业干部职工的心血和汗水。

二、发展中存在的问题

当前，我国经济社会发展进入新常态，稳增长、促改革、调结构、惠民生、防风险的任务十分繁重，道路运输行业需求方式和组织结构发生着深刻变化，个性化、多样化的运输需求日益增多。移动互联网与道路运输的深度融合、西南地区综合交通枢纽的加快建设、综合运输体系的逐步完善，高铁网络化的迅猛发展，给行业发展带来严峻考验的同时，也带来了重大发展机遇。

全行业要全面贯彻落实党的十八大、十八届历次全会精神和市委四届历次全会精神，紧紧抓住提高运输服务水平和转型发展的黄金时期，主动适应道路运输“四个新”的形势，积极推进行业供给侧结构性改革，为我市全面建成小康社会提供坚强的道路运输保障。一是要着眼于全面深化改革的新阶段，努力改进和提升道路运输服务水平。进一步深化行业改革，将发展模式由粗放式发展向内涵集约式发展转变，由单一运输方式发展向多种运输方式协同发展转变，真正做到“人便于行、物畅其流”。二是要着眼于创新驱动发展的新战略，切实加快推进道路运输转型升级。加快客运一体化、多元化和货运集约化、专业化发展，努力营造创新活力竞相进发、创新源泉充分涌流的内外环境，以科技创新推进行业转型升级。三是要着眼于打造综合运输升级版的新目标，更加积极和主动融入综合运输体系建设。统筹多种运输方式的互联互通，实现“零换乘”无缝衔接；推进公交都市建设，加快城乡客运一体化发展，补齐偏远山区运输短板，构建高效便捷的运输体系。四是要着眼于全面从严治党的新要求，不断巩固和夯实道路运输发展基础。坚持党要管党、从严治党，更加自觉地在思想上、政治上、行动上与以习近平同志为核心的党中央保持高度一致。坚持思想建党和制度治党紧密结合，为行业发展提供坚

强的政治保障。

三、2017年发展目标

2017年是实施“十三五”规划的重要一年，是供给侧结构性改革的深化之年，也是道路运输服务夯实基础、创新发展的关键之年。全行业要紧紧抓住交通发展的黄金时期，以全国交通运输工作会议和全市交通工作会议部署为统领，以推进转型升级为主线，以破解体制机制障碍为突破，以运管文化建设为载体，瞄准“实现道路运输管理科学化、制度化、程序化、规范化”这个目标，坚持“改革和创新驱动”，着力转变“发展方式、管理理念、管理手段”，努力构建“高效、规范、便民”的综合运输保障体系，切实抓好五个方面工作。

（一）强化创新驱动，优化资源配置，加快推进综合道路运输服务体系建设

构建综合运输服务体系重点是“综合”，关键是“升级”，必须在这两个方面多做文章、多下功夫、多出成效。

一是要坚持以智能化为引领，推进运输服务模式创新。通过信息共享等手段，大力发展智慧出行，全面、及时、准确地为群众提供购票服务、线路选择、导航换乘等全方位服务，为群众带来更加便捷高效的出行体验和服务感受。

二是要坚持以协同化为重点，推进各种运输方式深度融合。充分发挥比较优势，推进不同运输方式的有效衔接、深度融合，由“自我发展”向“竞合发展”转变，由“以我为中心”向“谁有优势谁为中心”转变，实现各种运输方式各定其位、各尽其能、各得其所。

三是要坚持以一体化为核心，推进运输服务协调发展。加快推进道路运输组织方式优化创新，大力发展多式联运，努力实现客运服务“一票制”“零距离换乘”和货运服务“一单制”“无缝化衔接”的综合运输。

（二）增强有效供给，着力转型升级，加快推进运输服务工作再上台阶

要坚持问题导向，紧盯行业短板，聚焦重点难点，加快推进道路运输创新发展、转型发展。

一是继续深化出租汽车行业改革。处理好新旧业态发展的关系，严格网约车平台、车辆和驾驶员办理许可，积极开展与公安等部门联勤联动，维护公平的市场秩序，不断深化出租汽车行业改革。通过积极融入互联网、强化驾驶员素质提升、深化雷锋的士创建等措施，稳步推进巡游车行业转型升级。进一步规范汽车租赁市场，探索建立租赁行业退出机制，促进租赁市场健康发展。

二是积极推进公交都市纵深发展。全面完成交通运输部32项公交都市创建指标。实现所有区县公交刷卡乘车和10个远郊区县公交卡与全国互联互通。大力发展特需公交、定制公交、接驳公交、专线公交，为群众提供个性化、多样化出行服务。开通轨道5号线1期、10号线1期，共计52公里运营线路，同时做好公交与轨道的无缝换乘。持续推进主城区公交线网优化，新增调整公交线路61条，开通穿梭巴士线路26条，大力发展远郊区县公交，实现与高铁站的无缝衔接。

三是有效提升城乡客运服务水平。积极应对高铁的冲击，加快客运转型步伐，合理优化线路、调整车型结构、实施延伸服务或短途驳载，充分发挥“门到门”的服务优势。在合川、铜梁、开州、潼南等区县开展县际公交、定制客运试点。稳步推进医院、学校、旅游风景区等客源密集区设置道路客运停靠站点。推进汽车客运服务标准化建设，开展城乡客运一体化考评，建立长途客运接驳运输联盟机制，继续推行精品客运班线和旅游客运专线，打造3个旅游集散中心。围绕“四好农村路”建设，加大农村客运发展力度，完成250个行政村通客车，切实方便群众出行。

四是加快推进传统货运转型升级。深化危货运输电子运单、无车承运人和全国甩挂运输项目试点，建立发展长效机制。推广危货风险监管系统和普货、危货企业创新管理的试点经验。引导城市配送联盟建设，制定行业服务准则，提

速城市配送发展。创新农村物流发展,建立县、乡、村三级物流网络,探索拓展农村客运站功能,支持农村物流与农村商贸、供销、邮政协同发展。

五是切实提高维修行业服务能力。实施汽车维修技术信息公开制度,推广应用同质配件,从体制机制上打破汽车维修信息和配件垄断。研究建立汽车维修配件质量追溯体系,加快推进汽车电子健康档案系统建设,逐步构建维修行业的大数据系统。健全完善救援服务机制,规范救援网络运行。积极推进品牌创建,鼓励连锁经营、集中钣喷等模式,让群众享有高品质的汽车生活。

六是统筹推进驾培市场规范发展。加大驾培改革力度,创新行业监管举措。实现驾培行业“计时培训、先学后付”全覆盖。加快推进大型客货驾驶员职业化教育,提升从业人员整体素质。引入第三方评价机制,加强诚信考核结果运用,切实提升服务水平。

(三)狠抓基层基础,强化安全稳定,千方百计确保行业和谐发展大局

牢固树立“红线意识”“底线思维”,把安全稳定作为压倒一切的头等大事抓紧抓好、抓出成效。

一是要防止重特大事故发生。始终坚持以人为本、科学发展、安全发展的理念,牢固树立发展决不能以牺牲安全为代价的红线意识,真正把道路运输安全作为不能触碰、不可逾越的高压线,推行省际客运班线实名售票和实名查验制度,进一步强化监管责任和企业主体责任,切实把安全生产责任落实到各环节、各方面和全过程,落实到每个责任人,坚决防止道路运输重特大事故的发生。

二是要确保行业总体稳定。坚持重心下沉,关口前移,源头防范,高度关注客货运输和出租汽车行业不稳定因素,保持信息畅通,及时掌握动态,加强应急值守,对不稳定苗头及早介入,防止做大成事,确保不出现影响社会大局和行业稳定的问题。

(四)强化制度建设,提升信息化水平,全力推进行业治理体系治理能力现代化建设

推进运输服务行业治理体系治理能力现代化建设,要用好法制化和信息化手段,充分发挥协会的积极作用,实现服务水平、运输效率、治理能力明显提升。

一是要加强道路运输法治建设。加快推进市《道路运输管理条例》《出租汽车客运管理办法》《汽车租赁办法》等法规、规章的立法修订。做好《网络预约出租汽车管理办法》等法规规章的普法宣传教育。深化区县运管机构与直属支队、高速公路支队等部门跨区域、跨部门的联勤联动,提高执法成效。做实做细道路运输信用体系建设,更加注重各子行业诚信考核结果运用。

二是要加快推进运输信息化建设。围绕“四项工作”,完成“三平台一系统”的建设;即围绕出租汽车改革和网约车规范发展,升级全市出租汽车服务管理智能平台;围绕深化道路运输车辆动态安全监控监管,升级全市营运车辆联网联控智能平台;围绕行业源头安全监管和突发事件应急处置,升级全市道路运输视频监控智能管理平台;围绕深化驾驶培训制度改革,建成全市驾驶培训和从业人员考试系统。

三是积极发挥行业协会作用。行业协会是推进社会共治善治的重要力量。要充分发挥桥梁纽带作用,真心实意服务企业发展、当好政府参谋。要充分发挥行业自律作用,对违反自律规约的企业,要有自律惩戒措施。要加强与主管部门的良性互动,形成协会与政府、市场、社会共同发力的约束惩戒机制。

航空运输

盛李欣

一、2016年发展回顾

(一)运输生产持续快速增长

2016年,重庆江北国际机场起降276807架次(其中运输航空275847架次),完成旅客吞吐量35888819人次、货邮吞吐量361091吨,同比分别增长8.38%(运输航空8.45%)、10.76%和13.27%,其中过站旅客996073人次,占2.78%(2015年3.79%);平均出港客座率82.6%,平均出港载运率71.8%,同比分别提高0.6个百分点和1.8个百分点。重庆万州五桥机场起降17438架次(其中运输航空5784架次),完成旅客吞吐量550727人次、货邮吞吐量2247.5吨,同比分别增长108.4%(其中运输航空下降0.7%)、下降0.5%和下降9.2%。重庆黔江武陵山机场起降2086架次(全部为运输航空),完成旅客吞吐量153443人次、货邮吞吐量78.3吨,同比分别下降1.42%、增长7.57%和下降31.44%。江北机场克服保障资源紧张困难,继续保持客货运输的持续快速增长;由于机位数量难以满足《航班备降工作规则》要求,被管理局限制新增航班航线和加班包机之后,江北机场起降架次增速放缓,客座率、放行正常率有所提高;支线机场运输生产增长乏力。

(二)机队规模不断扩大

2016年,国航股份重庆分公司新增4架B737NG系列飞机(目前48架),川航股份重庆分公司减少1架A320系列飞机(目前16架),重庆航空新增1架A320系列飞机(目前14架),西部航空新增7架A320系列飞机(目前27架),华夏航空新增6架CRJ-900飞机(目前26架),山航股份重庆分公司新增2架B737系列飞机(目前10架)。重庆通用航空有限公司新增6架直升机(目前12架),飞行学院重庆通用航空培训有限公司保持3架直升机,重庆申基通用航空有限公司保持2架直升机,重庆神龙通用航空有限公司增加2架直升机(目前4架)。目前,江北机场过夜飞机111架,6家基地运输航空公司机队规模139架,重庆地区通用航空公司共有直升机21架,对比2015年底分别增加了16架、17架、8架。

(三)安全态势总体平稳

2016年,监管局共收到各类不安全事件报告667条;按事件性质划分:运输航空一般事故征候21起(机组原因1起,鸟击12起,雷击3起,外来物损伤4起,天气原因1起),通用航空一般事故1起(山东齐翔),非法飞行1起(重庆通航),其他一般不安全事件646起;按事件原因分类:机械原因93起、地面保障原因26起、机组原因78起、机务原因2起、军方原因4起、天气及意外原因337起、其他原因127起。民航重庆地区安全形势总体平稳,在西南地区保持较好水平。

(四)基础建设加快推进

2016年,江北机场第三跑道及东航站区扩建工程进入冲刺阶段,T3A航站楼土建主体工程全部完工,第三跑道土石方工程基本完成,道面混凝土完成70%,第三跑道过渡飞行程序空域规划方案经过论证初步达成一致,相关工程计划2017年6月投入使用。9月23日,武隆机场正式开工,重庆民用机场“一大四小”布局全面展现。12月30日,万州机场改扩建工程正式开工。永川大安机场、万盛江南机场前期工作有序推进。

(五)体制改革成效显著

9 月 27 日，民航重庆机场公安局正式从重庆机场集团移交重庆市公安局。9 月 29 日,重庆机场集团由首都机场集团移交重庆市人民政府管理。

(六)外部有利因素不断积聚

中新(重庆)战略性互联互通示范项目落户重庆以来，航空作为四个重点板块之一已取得阶段性进展：重庆机场集团与新加坡樟宜机场签署了航线加密、商业合作两个项目;4 月,民航局与新加坡交通部在北京举行双边谈判，达成了包括扩大重庆第五航权开放和代码共享航班等内容的谅解备忘录,给予中新(重庆)项目巨大支持;10 月,重庆渝北和青岛胶东获批全国首批临空经济示范区,11 月,《中国(重庆)自由贸易区总体方案》上报商务部,其中强调了江北机场的目标和作用，为重庆民航长远发展增添了新的动能。

(七)继续推进低空空域管理和通用航空发展综合配套改革试验

深入学习贯彻《国务院办公厅关于促进通用航空业发展的指导意见》和国家发改委《近期推进通用航空业发展的重点任务》,重庆市人民政府参事室选取通用航空作为 2016 年重点调研课题,向重庆市委、市政府提出了加强组织领导机构、完善通用航空政策、降低通用机场建设标准、促进飞行服务站建设、推进低空空域改革等 5 项建议；民航重庆监管局与重庆市交委合作，共同委托第三方开展了通用机场建设标准和飞行服务站规划两项课题研究。民航科研二所与重庆两江航空产业投资集团、重庆通用航空产业集团合作,建成了覆盖重庆主城至黔江、万州之间六个地面基站系统，结合地面北斗监视系统接收中心和便携式 ADS-B 机载设备进行了调试运行。

(八)品牌建设初见成效

2016 年，西部航空树立“高投入保障低成本”观念,通过提高直销比例、自建航材储备、精细过站保障等措施,不断提高整体运行效率,座公里成本保持较低水平，在同一航线中票价长期确保最低，全年平均客座率达到 91%,“低成本”品牌屡获大奖、日益响亮。华夏航空依托“云上公交”品牌,试点打造了贵阳—兴义、贵阳—毕节两条中转精品航线，积极探索打造具有特色的中转服务包，对中转全流程进行标准创新和服务升级，让旅客通过较低票价实现从支线城市到中心城市的快速通达，提升了枢纽机场中转品牌认知度。

(九)基地航空公司进军国际市场

经过长期积累,重庆航空、西部航空两家基地航空公司于 2016 年开通国际航线:2 月 4 日,西部航空开通重庆—新加坡航线（平均客座率 88%,2016 年重庆—新加坡客流量同比增加 180%),重庆航空开通重庆—曼谷航线,均是两家基地航空公司的首条国际航线;5 月 5 日,重庆航空继续开通重庆—普吉航线。部分区外航空公司也加大国际航空运力投放:2 月 14 日,春秋航空开通重庆—东京航线，这是继大阪之后重庆直达日本的又一选择;4 月 2 日，国航开通重庆—迪拜航线，这是继多哈之后重庆直达中东地区的第二条国际航线;6 月 25 日,海南航空开通重庆—伦敦航线,这是继赫尔辛基、罗马之后重庆直达欧洲的第三条国际航线。12 月 22 日,天津航空开通重庆—奥克兰航线,这是继悉尼之后重庆直达澳洲的第二条国际航线。2016 年，江北机场完成国际（地区）旅客吞吐量 2556793 人次、货邮吞吐量 100797.5 吨,同比分别增长 21.79%和 19.1%。

二、发展中存在的问题

安全基础仍不牢固。2016 年民航重庆地区预计年度运输飞行小时增长 24%，显著高于西南地区的 15%；华夏航空连续两年增长率超过 40%,西部航空增长率达到 28%;发展过快和保障能力不足的矛盾依然突出；部分单位安全生产主体责任没有落实到位,安全管理部门、安全管理体系未能真正发挥作用；华夏航空安全基础仍然薄弱。

江北机场保障资源，尤其是机位资源持续紧张，基础建设与运行保障存在较大矛盾，多个不停航施工项目同时建设，由于点多面广且运行繁忙，夜间运行安全压力较大。支线机场新建、改扩建工程均在推进当中，同样需要加强关注。

重庆地区低空空域管理和通用航空发展综合配套改革试验进展缓慢，至今没有真正的通用机场，通用航空缺少有效运行保障手段，低空空域划设因军队改革停滞，管制空域比例偏高、报告空域较少较偏且未连成片的情况未能改观，难以满足通用航空运行需要。

通用航空企业普遍经营困难，安全基础薄弱，违规违章问题严重；通用航空器数量增长快、机型和作业种类复杂、作业地域分布广、违法飞行屡禁不止，通用航空监管缺乏较为明确的思路和边界。7月25日，山东齐翔通用航空有限公司R44直升机在重庆市石柱县执行飞行任务时坠落；8月11日，重庆通用航空有限公司EN480B直升机在新疆执行农林作业过程中发生挂线迫降事件。

三、2017年发展目标

在江北机场保障资源饱和的情况下，努力挖掘保障潜力，确保运输生产量持续较快增长：2017年实现旅客吞吐量3965万人次，货邮吞吐量40万吨，同比分别增长10.69%和11.1%。提升江北机场枢纽功能，培训旗舰基地航空公司，力争开通纽约、洛杉矶、墨尔本、多伦多、芝加哥、巴黎、莫斯科等航线。

确保持续安全运行：杜绝运输航空事故；防止劫机、毁机事件，杜绝空防事故；防止重大航空地面事故和特大航空维修事故；严肃查处人为责任原因严重事故征候。

及时协调解决江北机场第三跑道及东航站区建设工程中相关问题，力争第三跑道及东航站区按期顺利投入使用。

深入学习贯彻《国务院办公厅关于促进通用航空业发展的指导意见》和国家发改委《近期推进通用航空业发展的重点任务》，继续推动低空空域管理和通用航空发展综合配套改革试验。

（作者单位：民航重庆监督管理局）

重庆水运

罗朝楠

一、2016年发展回顾

（一）2016年重庆水运发展概况

2016年，全市水运系统在市委、市政府和市交委的坚强领导下，紧紧围绕“攻坚克难抓改革、凝心聚力促发展、全力以赴保安全、真情实意优服务”的工作思路，科学应对各种困难和挑战，水运经济实现逆势增长。全年完成货运量1.67亿吨、货运周转量1878亿吨公里，分别增长7.8%、5%；完成港口吞吐量1.74亿吨、集装箱吞吐量115万标箱，分别增长10.9%、14%；水上交通连续13年未发生重特大安全事故，实现了“十三五”良好开局。

（二）水运基础设施建设

2016年，加快推进港航基础设施建设，全年完成水运建设投资30.1亿元。港口枢纽化全力推进。“四枢纽九重点”水港建设步伐加快，果园、龙头、新田等港区创新采用“PPP”、政府参股等多种合作方式，铁水联运基础设施建设成效明显，主城果园港区“前港后园”功能基本形成，江津珞璜、涪陵龙头、万州新田港区加快建设，丰都水天坪港区一期工程基本完工，武隆白马港区实现开工。全市港口吞吐能力达到1.94亿吨、410万标箱。航道网络化基本形成。长江干线涪陵至朝天门航道炸礁二期工程实现开工，朝天门至九龙坡航道整治稳步推进。乌江河口至白马航道整治完工，贵州乌江渡至涪陵河口实现500吨级船舶全线复航。小江航道整治基本完工，涪江潼南枢纽进展顺利，嘉陵江利泽枢纽前期工作加快推进，"一干两支十线"航道通航能力持续提升。支持保障系统逐步完善。嘉陵江河口至草街数字航道建设有序推进，乌江河口至白马甚高频及视频监控系统启动建设，乌江、大宁河等航道支持保障系统效能评估顺利完成，航道管养标准化建设加快推进。

（三）水运结构调整

2016年，航运结构调整步伐加快，加大"调结构、去库存"力度，引导企业转型升级，航运发展质量稳定向好。一是运力结构更加优化。落实船型标准化补贴1.74亿元，拆解老旧货船85艘、省际客船21艘、危化品船11艘，退市非标滚装船17艘，淘汰落后运力10万载重吨、1.2万客位。新建"三峡船型"船舶31艘，新增标准化运力25万载重吨，运力规模达到680万载重吨，船型标准化率达到77%，在全国内河领先。二是企业结构更加优化。兼并重组航运企业12家，注销港航企业经营资质33家，省际客运企业由14家整合为6家，滚装经营主体由10家整合为8家，全市运力规模10万载重吨以上企业达到12家，货船平均运力达到2660载重吨。三是运输组织更加优化。铁公水联运、全程物流、综合物流发展迅速，"万州至西安"铁水联运班列成功开通，果园港水水中转和铁水联运实现双增长，全市散货、集装箱铁水联运量分别增长34%、77%。水路客运结构调整成效明显，三峡旅游呈恢复性增长，都市水上观光旅游快速发展。水路货运周转量占全市综合交通运输比重达到63%，周边地区货物经重庆港中转比重达到43%，全市90%以上外贸物资通过水运完成，水运集聚辐射能力不断提高。

（四）水上安全管理

2016年，全市水运系统坚持问题导向、突出源头治理，坚守红线底线、强化责任落实，"一岗双责"制度化、安全监管全员化、监督检查规范化、专项整治全程化的长效机制基本形成。

1."三基建设"更加夯实

投入安全经费2.2亿元，新建执法艇趸25艘、高洪水位公共地锚设施334个，免费发放救生衣2000件，升级水上交通管理监控系统，新接入重点港口视频监控100路，培训各类安全监管、海事执法人员1698人次。

2."三个责任"更加落实

狠抓企业主体责任落实，督促港航企业严格执行安全生产标准化制度和安全管理体系，加大从业人员安全培训，开展安全风险排查治理，投入约1亿元自查自纠安全隐患554项。狠抓区县属地责任落实，"区县党委政府高度重视、涉水部门齐抓共管"的综合治理体系不断健全，港航部门主动协调安监、水利、渔政等部门开展联合执法122次，督导全市317个乡镇建立完善自用船监管长效机制。狠抓行业监管责任落实，持续深化"四会四制、全局全员、网格管理"安全工作机制，从严核查港航企业经营资质550家，挂牌督办重大安全隐患4起，约谈港航企业17家，停业整改企业6家、停航整顿船舶9艘。

3."三个贴近实战"初见成效

彭水应急救援基地建成投用，化龙桥、合川基地建设有序推进，65米应急趸船和小马力拖轮开工建造，10艘高速冲锋舟和一大批应急救援物资配备到位。合川水上应急救援中心挂牌成立，彭水、巫山等基地应急队伍建设力度加大，专业队伍与社会力量相结合的应急救援格局基本形成。重新修订《重庆市地方水上交通突发事件应急预案》，开展各类水上应急救援演练73次，成功举办水上应急救援青工技能竞赛，应急救援能力不断提升。

4."5+N"专项整治收效明显

针对水上交通安全突出问题，将"5+N"专项整治作为全市水上交通安全的重要抓手，清理整治非法码头118座，撤销渡口464个、修缮水毁渡口332个，整改港口码头隐患407项，拆解砂石船、餐饮船、景区游船、"三无"船舶967艘，督导办理乡镇自用船证书7254艘、办证率达99.93%，强力推进31艘老旧省际客船、65艘非标危化品船、280艘客渡船技术复核，一大批潜在安全隐患得到及时有效处置。

5.重点时段管控有力

突出"早部署、早动员、早安排"，主动研判辖区水情、风情、雾情等新形势，系统梳理防范辖区突出风险点，全面加强春运、汛期及库区蓄退水等重点时段安全巡查，有效应对2016年"98+"严峻防汛形势，成功救助遇险船舶10艘、涉险群众113人，地方水域安全形势继续保持总体平稳，全市水上交通连续13年未发生重特大安全事故。

（五）绿色航运发展

高度重视水上交通环保工作，主动作为、综合施策，切实做到环保工作全面部署、全程指导，突出问题全面整治、全程督察。环保责任层层压实。组织召开全系统环保工作会，专题部署船舶、港口防污染治理工作，出台《船舶防污染检验工作指南》《港口防污染治理工作要点》《水上交通环保工作手册》，加大区县和企业督导力度，开展环保检查220次，排查整改环保隐患429项，处罚26起、罚金14万元。环保治理更加有力。狠抓饮用水源保护，搬迁保护区内船舶19艘、整治码头7座。狠抓船舶防污染治理，督促209艘营运船舶停止燃烧重油，改造船舶生活污水处理装置119艘，增配船舶防污染设施7513套。狠抓港口防污染治理，取缔关停环保不达标码头56座，督促254座港口码头完善污水、垃圾收集和防尘、降噪设施。绿色航运持续推进。加快清洁能源推广应用，139座港口码头具备岸电使用条件，2艘LNG动力示范船投入运营。坚持把环评意见作为工程项目立项前置条件，严格实行水工项目环保设计、施工、投产"三同时"制度，督促11座超期试运行危化品码头完成竣工验收。

（六）行业服务水平

深化"放管服"改革，优化水运发展环境，助推重庆航运持续健康发展。行业管理更加规范。清理规范性文件46个、废止9个，完善《行政审批办事指南》，水上交通网审平台运行良好。有序实施客船实名制，15家企业、74艘涉客船舶全部纳入监管。修订运行《船舶检验质量管理体系》，全力推进船检管理规范化建设，船检质量源头管控水平不断提高。加快推进诚信体系建设，东江实业等3家企业、"长江黄金5号"等5艘船舶分别荣获"长江诚信港航企业、诚信船舶"称号。服务体系更加完善。成功开发"航运通"融资产品，航运物流链电商平台"聚航网"上线运行，船东互保组织在全国内河率先推出，全年完成航运交易额70亿元。兑现"营改增"补助、集装箱作业补贴、船型标准化补助、燃油补贴等政策资金4.57亿元。协调集装箱快班轮、重点物资优先过闸900班次、25万标箱。自身建设扎实推进。全面落实从严治党新要求，不断强化执纪监督问责。深入开展"两学一做"学习教育，党风政风行风持续好转。法治建设持续加强，队伍建设成效明显，行业内生动力不断增强。

二、发展中存在的问题

一是全市山区河流众多，极端天气日益多发，水上安全点多线长面广，加之部分区县、部分企业安全隐患排查整治不彻底、责任落实不到位，潜在较大安全风险。二是干支航道瓶颈制约仍然存在，支流对干流贡献率有待提升，港口功能布局有待优化，基础建设短板亟待补齐。三是航运经济持续低迷，企业经营成本不断上涨，航运人才严重短缺，航运结构调整亟待加快。四是水上交通管理职责边界不够明晰，地方船舶检验管理、水上应急救援等体制机制有待进一步理顺。

三、2017年发展目标

2017年全市水运工作总体思路是：抓改革、促发展、强安全、优服务，激发改革新动能，服务发展新常态。全年目标任务是：力争完成固定资产投资35亿元，完成货运量1.84亿吨、货运周转量2066亿吨公里，完成港口吞吐量1.91亿吨、集装箱吞吐量120万标箱，四级以上航道通航保证率达95%以上，杜绝一次性死亡失踪10人以上事故。

（作者单位：重庆市港航管理局）

通信业

宋 强

一、2016年发展回顾

2016年，重庆信息通信行业坚决贯彻执行工信部和重庆市委、市政府工作部署，以党的十八大、十八届三中四中五中六中全会精神和习近平总书记系列重要讲话为指导，积极推动重庆信息通信发展和信息通信行业供给侧结构性改革，攻坚克难、锐意进取，实现了“十三五”信息通信业的良好开局：行业规模持续扩大。全年累计完成电信业务总量819.6亿元，同比增长66.8%（全国增速54.2%），增速居全国第三位，对全市GDP的直接贡献率达到4.7%。电信业务收入完成245.3亿元，同比增长12.1%（全国增速4.8%），增速排名全国第五。固定资产投资82.5亿元。高速宽带用户迅速增长。光纤到户用户539.6万户，同比增长96.4%，4G电话用户近1747.8万户，增长约103%。移动互联网强势发展。高清视频、位置服务、在线游戏、网络购物、旅游交通等移动业务繁荣发展，移动互联网月户均流量611.5M，同比增长190.2%，圆满完成了2016年初信息通信业工作会各项工作部署。

（一）提前完成市委、市政府民生实事任务，在西部率先实现行政村通光纤和4G网络全覆盖

一是扎实推进“光网·无线重庆”建设。完成“行政村通光纤百日会战”及江津、荣昌、潼南电信普遍服务试点，积极推进渝东南、渝东北20个区县“宽带乡村”示范工程建设，在西部率先实现行政村光纤和4G覆盖。持续提升4G网络覆盖范围，完成“行政村4G网络覆盖工程”，将4G网络由乡镇延伸至农村。九龙坡区、北碚区成功申报创建“宽带中国”示范城市，光纤到户国家标准深入实施，光纤到户改造稳步推进，全市光纤到户端口超过1600万个，城市光纤到户端口占比从54.3%上升至85.4%，全面建成“全光网”城市。

二是显著改善互联网网络质量。骨干直联点建设取得可喜成效，截至2017年1月底，直联城市达到27个，超过原方案7个。网间互联端口能力4100G、互联带宽能力1030G，实际开通互联带宽190G、省际互联网出口带宽超过16T，网络性能明显改善。

（二）扎实推进信息通信业供给侧结构性改革，“提速降费”助力经济社会发展

一是大力增加高速带宽接入市场有效供给。基础电信企业和广电公司均推出了100M、1000M高速宽带接入服务，对超过110万户低带宽接入用户实施免费提速，全市20M以上宽带用户占比从37.4%上升到60.5%。大力推动2G、3G用户向4G用户转变，大幅提高4G用户占比，4G用户占比由年初的30.8%上升至60.7%。

二是大幅降低宽带网络接入运行成本。2016年10月1日顺利完成成渝城市群一体化资费调整，在重庆全市及四川15个城市取消了地区间手机长途费和漫游费。通过重点降低中小微企业的创业成本、鼓励各电信企业下调不同档次的光纤接入费用、推出了更多高带宽的通信融合产品以及定向流量优惠、闲时流量赠送等服务持续推动网络资费下降。2016年我市单位带宽、流量平均资费价格较2015年底分别下降了45%和44.5%。

（三）大力推动实施互联网倍增计划，支撑互联网经济发展

一是实施互联网倍增计划。围绕落实新版《电信业务分类目录》，转变增值电信业务线下审批为线上审批，减少了企业30%的准入时间，本地增值电信企业新增77家达到467家。引入民资合作方300余家，合作项目1105个，吸引资金近亿元。指导网络约租车、互联网金融等“互联网+”融合业务发展。三网融合从试点阶段迈入推广阶段，完成电信与广电业务双向进入，基于三网融合的社区信息化、移动多媒体广播电视、手机电视以及其他融合性业务快速发展，全市IPTV用户同比增长157.2%，达265.0万户。

二是推动互联网融合发展。基础电信企业和互联网企业积极打造生态圈，致力于智慧城市多领域建设，打造城市优质高效智能连接的应用项目。三家基础电信企业集团公司和中国铁塔集团与市政府签订战略合作协议，三家基础电信企业市公司也与各区县签订战略协议，“互联网+”项目建设大力推进，旅游大数据分析、公共交通优化等大数据应用服务进一步丰富，云视讯、云直播等云服务更加广泛，云计算能力更趋完善。2016年，我市互联网及数据业务总量已达525.1亿元，同比增长159%，移动互联网全面渗透用户生活，物联网用户净增217万户，达到394.4万户。

（四）加速构建网络信息安全保障体系，提升技术保障和防范能力，维护社会和谐稳定

一是防范打击通讯信息诈骗。实名制始终保持高压态势，检查覆盖38个区县，电话实名登记率达到100%。作为全国首批建设诈骗电话防范系统的八省市之一，在市委、市政府的大力支持下，重庆市通信管理局在短短三个月内调集资源、高效推进，建成系统并上线运行，有力维护了人民群众合法权益。同时，加大源头治理，强化责任落实，关停违规语音专线1002条、“400”号码4.2万个。联合公安局和无线电办公室打掉犯罪团伙16个，协查涉嫌违法犯罪号码10万个，打击多个伪基站案件，有效净化信息通信环境。

二是有效维护网络与信息安全。扎实推进省级基础电信企业网络与信息安全责任考核，深入开展新技术新业务评估、网站安全专项整治行动和关键信息基础设施网络安全检查，针对基础电信企业147个网络系统开展符合性评测和风险评估。推进网络安全试点示范，我市2个典型项目入选工信部试点示范名单。网站备案主体信息准确率达99.68%，排名全国第一。积极开展国家网络安全宣传周活动，维护网上安全支撑地方党委政府工作，出色完成G20峰会等网络与信息安全保障任务10余次。

三是圆满完成应急通信保障。联合四川管局举办应急演练，增强应急通信保障能力。全年累计投入各类保障人员2.1万人次，应急通信车辆1.6万台次，设备1.9万台次，发送各类公益短信8亿余条，有力保障了“生命线”畅通，出色完成汛期抢险救灾、G20峰会、“中国共产党与世界对话会”、“世界友好城市大会”等重大活动的通信应急保障。

（五）进一步强化监管创新和服务，支撑行业快速发展

一是探索建立协同合作监管机制。随着互联网与经济社会的深度融合，很多衍生出的新业务、新应用、新业态需要跨部门协调监管，我们与市网信办签订全面战略合作协议，从建立有害信息处理快速通道、资源共享技术平台、干部交流等六个方面紧密合作。与经信委在中新互联互通示范项目、国家级互联网骨干直联点建设、民生实事建设、农村信息化等工作中，通力协作共谋发展。与公安局建立了联席会议制度和打击防范通讯信息诈骗协作机制，实现了涉案号码的快速处置和公益短信的实时发送，配合其成立市反诈骗中心，联合开展通信设施保护和打击伪基站，携手建设平安重庆。我们与江津、奉节、合川、綦江、永川、涪陵、黔江、万州八个区县党委政府建立沟通机制，在他们的大力支持下挂牌成立区县通信发展办公室，使通发办工作步入正轨，并在完善地方政策支撑环

境等工作中发挥重要作用，为区县信息通信发展贡献有益力量。

二是狠抓行业管理提高监管效能。重庆市通信管理局积极探索建立“平台型政府”，与国家计算机网络应急技术处理协调中心、中国信息通信研究院进行战略合作，聘请国家级专家组建了重庆市信息通信业专家委员会。依法行政迈出新步伐，《重庆市电信设施建设与保护管理办法》以政府规章的形式予以颁布施行。继续推进简政放权，发布《权力清单责任清单》和修订后的《行政处罚裁量基准》，推行“双随机一公开”。扎实推进行业纠风，强化电信服务质量监管，建立代理渠道黑名单制度，严肃查处恶意吸费，重拳整治垃圾短信和骚扰电话。受理用户电话咨询及申诉4.9万人次，用户满意率93.7%，电信用户申诉率和不明扣费用户申诉率在全国保持较好水平。强化通信建设工程招投标宏观管理和关键环节现场监督，定期开展通信工程质量和安全生产检查，发现问题迅速问责整改。组织开展存量基站环评及竣工验收专项行动，推动行业绿色集约发展，新建基站共享率达到72%。

2016年行业相关企业发展也取得突出成效，重庆电信建成“50兆起步、百兆普及、千兆引领”以及“光宽+4G+WiFi”的立体网络体系。重庆移动持续打造4G精品网络，实现了4G基站覆盖密度西部第一，4G基站占比和4G核心城区下载速率两个全国第一。重庆联通与30多个区县在智慧城市建设、“互联网+”领域开展深度合作，并在全市信息化系统集约化搬迁项目上积极履行社会责任。重庆铁塔主动作为，实现订单交付及时率达99.3%，在支撑4G村通等项目建设的同时，完成了江北机场T3航站楼、渝黔高铁、轨道交通等重点交通枢纽的网络覆盖支撑，实现了经济和社会效益双丰收。华为、中兴等设备厂商服务重庆信息通信发展，提供先进设备和优质服务。华龙网、猪八戒、易极付等互联网公司进一步壮大，打响了互联网行业的“重庆造”品牌。腾讯众创空间等一批“双创”平台建立并发展。

二、发展中存在的问题

重庆市信息通信基础设施覆盖深度和广度比北、上、广、深还有差距，供给结构还不能满足多层次市场需求，广大用户对“提速降费”的获得感还不强，互联网产业规模较发达城市还偏小，新兴产业成长还存在一些制约因素，把握引领新常态的能力和政策支持改革的精准度还需进一步提高，信息通信的支撑能力与市委市府期许还有一段距离。

三、2017年发展目标

预期目标是：全市电信业务总量同比增长40%；电信业务主营收入同比增长10%；移动宽带用户同比增长10%，普及率达到75%；固定宽带用户同比增长12%，普及率达到70%；固定资产投资保持80亿元。

(作者单位：重庆市通信管理局)

知识产权

孙 健

一、2016年发展回顾

2016年是“十三五”开局之年，也是知识产权强市建设部署之年。全市知识产权战线深入学习贯彻习近平总书记系列重要讲话精神和治国理政新理念新思想新战略，全面贯彻落实习近平总书记视察重庆重要讲话精神，深入实施创新驱动发展战略和知识产权战略，大力推动知识产权领域改革，加快建设知识产权强市，知识产权事业取得长足发展，有力支撑了全市经济发展。

——国家知识产权局加大对我市工作的支持力度。国家知识产权局支持我市建设国家知识产权支撑型强省建设试点省，组建国家生物医药产业知识产权国际运营(重庆)基金，两江新区建设中国重庆(汽车摩托车)知识产权快速维权中心。

——市政府作出建设知识产权强市总体部署。市政府印发实施《关于新形势下加快知识产权强市建设的实施意见》和《重庆市建设支撑型知识产权强市实施方案》，部署了建设知识产权强市的目标及具体任务。

——全市知识产权工作各项发展指标量质齐升。全市授权专利42738件，同比增长9.82%，其中发明专利授权5044件，同比增长27.25%，企业专利授权31991件，同比增长15.1%。每万人口发明专利拥有量达到5.6件，同比增长30.66%。立案查处专利侵权假冒案件545件，同比增长51.8%。全市新增知识产权质押融资14.17亿元，其中专利质押融资额达到7.6亿元，同比增长72.7%。

(一)推进知识产权重点改革

探索知识产权综合管理服务改革，建成两江新区知识产权服务中心、高新区知识产权管理办公室、重庆科技服务大市场，引导企业新增专利申请109件。开展知识产权评价和考核机制改革，将每万人口发明专利拥有量及提高百分点指标纳入2016年区县党政领导干部实绩考核指标体系。将原来“资助发明、实用新型和外观设计三类专利申请和授权”调整为“只对获权发明专利给予一次性资助”，引导全市发明专利拥有量提高30%以上，达到16737件。

(二)扩大知识产权开放合作

深入实施重庆制造走向海外知识产权护航和扩大开放招商引资知识产权服务“两大行动”。组织国内外知名知识产权专家为我市企业积极应诉美国337调查出谋划策。为轻轨产业集团对外投资、两江股权基金与美国相关公司合作生产高端芯片等项目提供了知识产权服务，建立起有针对性的维权机制。举办“一带一路”知识产权保护会议、欧共体外观设计和欧洲专利制度(重庆)巡回研讨会等知识产权国际论坛4次。在德国挂牌设立了“中国(重庆)欧洲知识产权服务中心”。

(三)完善知识产权服务体系

培育全国知识产权服务品牌机构5家，全市知识产权服务机构达到119家。专利受理、初审、费减备案、优先审查等效率不断提高，专利电子申请率超过93%。依托技术创新专利导航平台(专利云)功能，为632家企业提供专利信息数据180多万条。积极培育知识产权价值评估、交易经纪等运营服务新业态，推广知识产权质押履约保证保险等新险种。高新区成为全国专利质押融资试点区、北碚成为全国专利保险试点城市。重庆工商大学挂牌成立重庆知识产权运营研究中心。

(四)加强企业知识产权工作

实施知识产权优势企业培育计划，组织国家专利审查员帮助全市15家龙头企业突破技术瓶颈195个、规避专利壁垒135件、建成专利专题数据库5个，支持一批企业布局海外专利162件，11家企业获得第十八届中国专利优秀奖12项，获奖项目新增出口额53.8亿元。全市新增国家知识产权优势企业23家、示范企业3家，市级知识产权优势企业96家，市级试点企业261家。重庆(国际)单轨协会成为国家专利协同运用试点单位、力帆集团成为国家专利运营试点企业。

(五)布局知识产权重点城(园)区

实施知识产权示范(试点)城市、强县建设计划，江北区成为国家知识产权示范城市，九龙坡等6个国家知识产权试点城市通过年度考核，开州区通过国家知识产权强县试点工程验收。重庆高新区、长寿经开区成为国家知识产权示范园区，两江新区承接国家专利审查员实践基地功能。积极开展知识产权区域布局试点工作，出台工作方案，明确未来3年的工作目标和重点任务。指导区县实施2016年专利事业发展战略,督促年度任务目标完成率达到100%。

(六) 推进知识产权转移转化

支持高校和科研院所建立转移转化机构或委托服务机构开展专利技术转化业务,指导19家高校和科研院所实施专利转化项目61项,专利许可收入2717万元。西南大学、重庆理工大学等8所高校成立了知识产权转移转化机构。开展首批众创空间知识产权服务,为500余人次提供知识产权现场咨询服务,建立创新创业专利专题数据库23个,实施涉及27家众创空间的专利服务项目32个,实现运营收入3.8亿元,孵化企业专利产品产值达6.3亿元。

(七) 加快知识产权人才培育

出台《重庆市“十三五”知识产权人才规划》。组织区县(园区)知识产权局负责人参加全国知识产权局局长任职培训,遴选35名知识产权特派员深入重点企业和区县(园区)解决知识产权难题。举办区县(园区)知识产权管理干部培训班、企业董事长(总经理)培训班等各类知识产权人才培训21期,培训各类知识产权人员5000余人次。区县(园区)举办各类知识产权培训245期,培训知识产权工作人员40000多人次。全市新增企业专利工程师42名、专利代理人31名,全国专利信息实务人才达到49名。

(八) 加大知识产权保护力度

推进打击侵权假冒工作,各级行政机关共立案查处侵权假冒案件4000余件、涉案金额4.5亿元,537家单位进入市“两法衔接”信息共享平台。加大专利行政执法力度,出动专利执法人员6700余人次,立案调处专利纠纷案件283件,受理知识产权维权援助案件106件。加强商贸流通领域知识产权保护,156家单位参与“保护知识产权、销售正版正货”承诺活动,47家家居建材企业成立家居建材行业保护知识产权协会联盟。全市新增国家级知识产权规范化试点市场4家。

(九) 提升高校知识产权能力

实施高校专利管理能力建设及试点示范项目31个,引导22家高校投入经费530万元。全市本科院校基本实现知识产权机构、制度、人员和经费“四有”条件保障,高校知识产权标准化管理的覆盖率达80%以上。举办中国知识产权名家讲坛和知识产权法官讲坛34期。国家知识产权培训(重庆)基地实施“校企对接2.0工程”,连续两年被评为全国优秀建设单位。推动重庆理工大学与英国伦敦大学玛丽女王学院深入开展知识产权国际合作。

(十) 加强知识产权文化建设

组织开展2016年知识产权宣传周活动和第十届中国专利周重庆地区宣传活动,召开知识产权保护状况白皮书发布会,策划各类新闻专题采访32次,编印并向社会发放知识产权丛书、杂志、宣传资料5万余册。我市知识产权亮点工作记入中央电视台《创新强国》纪录片。中国知识产权报重庆通联站连续三年被评为先进通联站。组织开展各类中小学知识产权宣传教育主题活动,重庆兼善中学成为全国首批中小学知识产权教育试点学校。

二、2017年发展目标

2017年全市知识产权工作的主要预期目标是:专利申请结构更加优化,发明专利申请量增速预期20%左右,每万人口发明专利拥有量达到6件,PCT国际专利申请量增幅预期20%左右。专利产品产值达到4000亿元以上。知识产权社会满意度稳步提升,假冒专利执法办案量增长20%左右。知识产权运营体系初步建成,专利质押融资金额增长20%以上,新增一批知识产权示范和优势企业。知识产权服务业营业收入增长20%左右。培训各类知识产权人员6万人次以上。中小学知识产权教育试点示范学校、知识产权规范化试点市场等新增15家左右。

(作者单位:重庆市知识产权局)

银行业

中国银行业监督管理委员会重庆监管局

一、2016 年发展回顾

2016 年，重庆银行业认真贯彻落实银监会和市委市政府各项工作部署和相关要求，面对复杂经济金融形势，积极应对，主动作为，认真贯彻落实稳增长、促改革、调结构、惠民生、防风险各项政策措施，辖内银行业继续保持了良好的发展势头。截至 2016 年末，全市银行业资产余额、各项存款和各项贷款余额分别达到 4.3 万亿元、3.2 万亿元和 2.6 万亿元，同比增长 9.85 %、11.75% 和 11.19%。全年实现利润 493.67 亿元，资产利润率 1.19%，较全国平均水平高 0.23 个百分点；法人机构资本利润率 14.1%，较全国平均水平高 1.49 个百分点，地方中小法人机构统算资本充足率 12.3%，保持较高的风险抵御水平。

监管部门引领银行业积极研究国家和地方重大战略，对接政策、出台意见、明确要求、强化考核，推动金融资源倾斜配置、服务经济转型升级成效显著。大力推动"一带一路"战略、长江经济带建设、中新(重庆)战略性互联互通示范项目、自贸试验区等重大战略落地实施。先后制定下发《关于重庆银行业支持供给侧结构性改革的指导意见》《关于进一步推进体制机制创新支持科技创新发展的指导意见》《关于做好中新(重庆)战略性互联互通示范项目相关金融服务工作的通知》。至 12 月末，银行业支持"一带一路"战略、长江经济带建设等国家和地方重大发展战略贷款余额 7136.43 亿元；内陆开放高地建设融资余额 2026.6 亿元，同比增长 15.18%。交通走廊、物流和信息枢纽建设融资余额 2638.9 亿元，同比增长 16.7%；十大战略性新兴制造业融资余额同比增长 13%。完成 35 个跨境贷款及境外发债项目，累计跨境融资 32.2 亿美元。

加强全面风险管理，守住了不发生系统性区域性风险的底线。狠抓信用风险防处，将引导不良贷款充分暴露、加速处置作为工作重点，不良贷款率 1.14%，在全国处于较低水平。严防操作风险，推进"员工行为管理深化年"活动，案防全覆盖排查，整改各类问题 476 个；加强电信欺诈类案件防范，避免经济损失 2211 万元。发现并移送处置一起非法设立银行业金融机构案件。持续改进消费者权益保护工作和投诉处置机制，推进理财产品销售录音录像"双录"、服务价格目录梳理公示等工作，推动营业网点机构投诉电话、调解中心电话和监管部门投诉电话"三级热线"全覆盖。"3·15 消费者权益日"、"金融知识进万家"等系列活动收到良好社会反响。推进债权人委员会工作机制建设，推动成立了 20 个债委会，积极化解企业债务风险。严格遵循"三个有利于"原则，审慎开展跨行业创新。银行业风险抵补能力进一步提升，拨备覆盖率 247.17%，高于全国平均 76.9 个百分点；拨贷比 2.80%，较年初提高 0.49 个百分点。

持续深化银行业改革开放。重庆银行业体系持续丰富完善，聚集效应愈发突显。2016 年，全市新开业法人机构和市级分行 5 家，机构总数达到 108 家，总量继续领跑中西部。重庆富民银行成为中西部第一家和民营银行设立常态化后全国第一家开业的民营银行，渤海银行入驻后实现全国性股份制银行聚齐，村镇银行实现区县(渝中区外)全覆盖。重庆鈊渝金融租赁有限公司获批。地方法人机构公司治理改革持续推进，治理主体履职水平逐步提高，多家机构资本实力持续补充增强，三家地方法人银行均制定了中长期战略发展规划。支持民营资本进入银行业，2016 年末，村镇银行民间资本占比

77.49%；马上消费金融公司民间资本由1.26亿元增加至6.54亿元；重庆鈊渝金融租赁公司民间出资7.8亿元，占比26%；力帆财务公司民间资本由8亿元增加至15亿元。重庆银行业金融机构加快"互联网+"业务布局，积极筹备投贷联动试点和直销银行试点，推动"双创"基金业务落地实施；继续推动还款方式、贷款期限、银企对接渠道等产品服务创新。

重庆银监局持续加强普惠金融服务政策引领和监管督导，银监局制定银行业金融机构推进普惠金融发展的实施意见，明确涉农贷款持续增长及小微贷款"三个不低于"(小微企业贷款增速不低于各项贷款平均增速，小微企业贷款户数不低于上年同期户数，小微企业申贷获得率不低于上年同期水平)目标，强化无还本续贷、尽职免责、不良容忍度等小微监管政策，持续改进薄弱领域金融服务。银行业积极完善金融服务机制，加大对薄弱领域的信贷投放力度，金融服务基础不断夯实。12月末，全市银行业小微企业贷款余额5665.83亿元，同比增长11.79%，比各项贷款增速高0.33个百分点；小微企业贷款户数223250户，比上年同期增加4469户；小微企业申贷获得率94.44%，较去年同期提高1.12个百分点，全市总体实现了"三个不低于"目标。监管部门引领银行业认真贯彻创新驱动发展战略"45条"要求，科创小微企业贷款余额同比增长105.43%；严格落实"涉企30条"要求，开展融资难融资贵专项检查，大力清理不规范收费，下发规范小微金融服务专门通知，帮助企业降低融资成本。1—12月，人民币贷款加权平均利率5.56%，同比下降0.9个百分点，为企业节约融资成本超过150亿元。同时，基础金融服务向农村地区、渝东南、渝东北地区进一步下沉，年末全市行政村农村基础金融服务覆盖率达97.05%，同比提升6.06个百分点。涉农贷款余额4676.89亿元，同比增长6.85%。大力支持精准扶贫脱贫，推进"四单"机制和扶贫小额信贷分片包干责任制落实，扶贫开发贷款同比增长33.4%。

全面加强监管能力建设。2016年，重庆银监局优化风险监测机制，首次建立区域性风险监测机制，成立非现场监管委员会和非现场监管联席会议机制，并配套建立"机构咨询专家库"和"区域性风险联系行"机制。强化跨部门协作，建立跨部门研究小组工作机制，创新跨部门小组专题研讨会，提升能力、服务决策、锻炼队伍的成效显现。创新现场检查方式，首次采用"双随机"+"双组长"+"稽核调查"三大创新方式开展现场检查，提升现场检查质效。强化法律把关机制，全面加强对监管履职、监管处罚、监管规制的法律把关，积极防范法律风险。

二、2017年发展目标

2017年，重庆银监局将认真贯彻落实市委四届十一次全会和全国银行业监督管理工作会议精神，坚持稳中求进工作总基调，坚持以深化供给侧结构性改革为主线，坚持把防控金融风险放到更加重要的位置，着力提高服务实体经济质效，提高风险防控水平，推动全市银行业继续保持稳健发展。

持续优化金融供给，加大重大战略支持力度。支持国家级自贸试验区和中新(重庆)示范项目建设，推进银行业深化"一带一路"、长江经济带建设。落实全市创新驱动发展战略"45条"要求，督促强化机制创新、倾斜激励考核，匹配好不良容忍度、监管评级等措施。

持续推动银行业改革开放，丰富银行业体系，支持符合条件的企业在渝申请发起设立金融租赁公司、消费金融公司和财务公司等非银行金融机构，继续积极支持特色外资银行入驻重庆，争取更多村镇银行落户各区县。支持符合条件的地方法人银行积极争取直销银行试点。积极争取法人机构设立投资功能子公司、科技信贷专营机构。支持地方法人机构拓宽资本补充渠道、优化股权结构。

持续管控重点风险。完善重大风险处置机制，做实债权人委员会机制，做到增贷有度、稳贷有力、减贷有理。加大不良资产市场化处置力度，强化银行员工特别是基层负责人行为管理，积极配合市反诈骗中心工作开展，持续完善消保投诉机制，提高处置效率。

保险业

黄赞科

一、2016年发展回顾

2016年，在市委、市政府和保监会的坚强领导下，重庆保险监管工作扎实有序开展，保险业服务重庆经济社会发展取得新的成效。

保险业务快速发展。2016年全市保费收入601.6亿元，同比增长16.9%。保费规模居全国第19位，西部地区第3位。其中，产险公司保费收入188.9亿元，同比增长6.9%；寿险公司保费收入412.6亿元，同比增长22.2%。保险业的保障能力不断提升，2016年为全社会提供风险保障29.5万亿元，同比增长27.6%，保险赔款与给付250.2亿元，同比增长13.6%。保险业的经济助推器和社会稳定器作用进一步显现。

市场体系不断完善。截至12月底，全市保险总公司4家，在筹1家，市级分公司51家，中心支公司及以下分支机构1264家。专业中介机构98家，其中法人机构32家，市级分公司66家。年内新增保险总公司1家、市级分公司6家、中心支公司及以下分支机构47家。新增保险专业中介机构41家，其中法人机构4家，市级分公司37家。保险营销人员12.6万人，较2015年增加了3.1万人。

行业发展质量持续提升。产险公司效益保持稳定。2016年，全市产险公司综合成本率96.7%，低于全国平均水平2.8个百分点，其中综合费用率低于全国水平4.6个百分点。寿险公司业务结构进一步优化，全年普通寿险、健康险保费收入分别同比增长27.2%、29%，在寿险业务中的占比提升至62.6%。寿险新单保费折标率52.5%，高于全国水平9.1个百分点，同比提高7.4个百分点；新单期缴占比33.5%，同比提高7.2个百分点。

创新发展稳步推进。农产品收益保险承保蔬菜、水稻、生猪和柑橘4个品种，覆盖11个区县，保费规模较2015年增长71.4%。城乡居民大病保险和城镇职工大额医疗互助保险实现全覆盖。保险公司积极利用互联网等新技术提高服务质量，有效提升了消费者满意度。

市场风险总体可控。2016年，全市满期给付金额同比增长15.7%，增速低于全国平均水平15.6个百分点；退保金额92.5亿元，同比下降11.6%。此外，积极配合市委、市政府妥善处置永川“10·31”煤矿瓦斯爆炸、部分区县暴雨洪灾等突发事件，督促保险机构及时赔付，得到社会各界肯定。重庆保险市场安全稳健运行，守住了不发生区域性风险底线。

（一）维护保险消费者合法权益

督促保险公司加强服务创新。着手制定重庆保险公司服务评价管理办法，倒逼公司提升服务水平。配合保监会完成对保险总公司的服务评价工作。修订《重庆机动车辆保险理赔服务标准》，将小额理赔服务指标纳入车险理赔服务测评内容，并组织开展2次车险理赔服务测评。新增璧山、万州快赔中心。针对电销领域的销售误导行为，开展“亮剑”行动专项检查。推动营销员征信体系建设，指导市保险行业协会率先探索搭建保险销售从业人员综合服务平台，涵盖执业管理、培训管理、征信管理、流动管理等多项功能，实现全市保险销售从业人员从入行到退出的全方位电子化信息管理。

创新保险纠纷诉调对接工作机制。与市高

院联合印发《关于道路交通事故人身损害赔偿项目及标准》和《深入推进保险纠纷诉讼与调解对接工作的实施意见》。新增6家调解机构，创设高速公路和医疗纠纷调解室。全年受理保险纠纷调解申请1864件，调解成功率达85%，帮助消费者维护经济利益7832万元。

做好保险消费投诉处理工作。修订《重庆保监局保险消费投诉工作规程》《局长接待日实施方案》等制度。强化12378热线重庆分中心运营管理，接听来电8435个，接通率98.1%，满意度99.6%，高于全国平均水平7.8个百分点。总体考核情况保持全国前列，多次受到保监会肯定。坚持保险消费投诉快处机制，全年累计接收消费投诉2572件，同比增长12%，其中80.2%的消费投诉以撤诉结案。受理调查案件124件，帮助消费者维护经济利益334.9万元，下发处罚决定书6份，监管函9份。

（二）不断规范市场秩序

加强基层市场监管巡查。研究建立监管巡查制度，以处室为单位成立9个巡查小组，深入各区县开展两轮监管巡查，首次实现对38个区县巡查全覆盖，了解基层保险市场的运行和发展情况，督促监管政策在基层落实，掌握违法违规线索。根据巡查情况，要求5家保险分公司、4家保险中介机构就机构设立、高管任职等方面存在的问题进行全面清理整改。

依法加大查处力度。开展“两个加强、两个遏制”回头看工作。集中力量开展商车险、万能险、反洗钱专项检查、农业保险承保理赔专项治理整顿和互联网保险风险清理整顿，并及时向相关部门移交风险案件线索。全年共检查保险机构84家次，其中产险机构31家次，寿险机构30家次，中介机构23家次。依法对24项违法行为、19家次机构、22名责任人实施行政处罚，警告29次，罚款301.15万元。其中，对机构警告7次，罚款228.15万元；对责任人警告22次，罚款73万元。同时，开展商车险调研式检查，加强运行监测，及时开展风险提示。组织召开专项会议5次，多次约谈重点公司负责人，强调规范经营的监管要求，明确监管红线。

不断夯实依法行政基础。修订《行政处罚裁量标准》《行政处罚委员会工作规则》等制度。开展保险监管执法证据规则的专项课题研究，探索行政执法全过程记录制度。制定《重庆保监局行政执法证据指引》和《十三类违法行为取证参考指引表》。研究制定《重庆保监局“七五”普法规划》。强化行政行为法律审核，提升执法水平，全年未发生行政复议。开展3期集中封闭式培训，培训行业各级高管人员810人。

（三）守住不发生区域性风险底线

持续抓好满期给付和非正常退保风险防范。强化市场监测分析和摸底排查，开展中短存续期业务摸底、银邮网点暗访和万能险专项检查。万州区龙沙镇群体性非正常退保事件发生后，采取快速应对措施，积极协调处置，严防退保事件蔓延，守住了不发生区域性风险底线。目前，辖区满期给付和退保风险总体下行，风险防范总体可控。

加强案件风险管理。全年公司上报司法案件33件，其中业内案件7件。督促保险公司对业内案件进行问责、整改和警示教育，全年案件问责8件，问责人员11名。调查并移交车保联盟案件。组织开展“慧眼·守信·明责”防非专题宣传月活动，部署非法集资风险排查，开展两轮监管督导，全年未发生保险业非法集资案件。妥善处置涉及寿险营销员的重大案件3件，未引发群体性事件。推进反保险欺诈中心建设，加强与公安、司法机关的执法协作，完善制度机制，充分发挥行业协会作用，打击保险诈骗犯罪21件，涉案金额410万元。

大力加强非现场监管。坚持市场季度分析，不断优化非现场监管指标，提高分析质量。完成产、寿险公司分支机构分类监管季度评价。将客户信息真实性纳入寿险公司分类监管评价。完善专业中介分类监管制度和评价指标，建立新设专业中介机构座谈会制度、机构专管员制度等，切实防范中介机构快速扩张中的有关风险。加强中介市场调研，改进中介市场监管的方式方法。完成保监会委托的5家保险法人机构的SARMRA评估工作。

二、2017年发展思路

扎实推动保险业参与精准扶贫工作。与市金融办、发改委等8个部门联合印发《金融支持扶贫攻坚意见》。协同市扶贫办将扶贫小额保险、贫困户大病补充保险等8个险种整体打包，形成"精准脱贫参保方案"，将为全市建卡贫困户提供一揽子保险保障。农村扶贫小额保险和贫困户大病医疗补充保险实现建卡贫困户全覆盖，贫困户农房保险在9个区县试点，惠及贫困人口上百万。

推动重点业务发展。协同相关部门对全市巨灾保险实施方案进行修改完善。联合市经信委印发首台(套)重大技术装备保险试点工作方案，启动创新产品和服务远期购买合约风险补偿工作。推动医疗责任保险实现二级以上公立医院全覆盖。协调将电梯责任险、环污责任险等纳入多个政府规范性文件。与市人社局联合印发大病保险、城镇职工大额医保合署办公费用管理制度，促成启动疾病诊断关联性分组创新项目试点，成为保险业深度参与医疗支付制度改革的首次尝试，提高了医保费用管控水平。

推动行业服务重大战略部署。加强课题研究工作，组织开展保险业服务重大发展战略、供给侧结构性改革、内陆开放高地、交强险重复投保判决课题调研等研究，相关调研报告被保监会有关刊物采用。推进中新(重庆)战略性互联互通示范项目，积极争取服务项目建设的创新支持政策。通过积极协调，保监会于3月专门给市政府复函，明确保险业四个方面的十余项创新支持政策，保险业参与发起设立中新(重庆)互联互通股权投资基金80亿元到位。完成市委、市政府关于自贸区建设的有关工作部署。

营造良好的舆论环境。整合行业力量，积极抓好"3·15"、"7·8"保险公众宣传日等集中宣传，尤其是充分利用12月保险宣传月活动，做好稿件组织、媒体采访等工作。活动期间累计新闻报道22条次，其中人民日报刊发1期，人民网报道1期，重庆日报连续刊发5期，重庆新闻联播在新年首日将采访我局参与大病保险专题作为民生头条进行播报。充分利用局官微、官网等平台进行主动宣传，做好选题策划，先后推出监管巡查区县行、十八届六中全会精神学习等系列专题报道。同时，做好政务信息的报送工作，较好地完成了全年工作任务。

(作者单位：中国保险监督管理委员会重庆监管局)

文化产业

重庆市文化委员会

一、2016年发展回顾

(一)文化产业继续向国民经济支柱性产业目标奋进

2016年，在市委市政府的大力支持和市政府出台的一系列产业政策的持续引导下，我市文化产业继续向着全市国民经济支柱性产业的目标奋进，全年文化产业增加值实现618.68亿元，同比增14.46%，占全市GDP比重升至约3.5%，保持西部第3位、全国第14位。从全国范围来看，2016年全国西部地区文化产业增加值增长12.5%，中部地区增长9.4%，东部地区7.0%，我市增速高出西部地区平均水平1.17个百分点。

项目 \ 年份	2012	2013	2014	2015	2016
增加值(亿元)	365.89	425	474.36	536	618.68
增长率(%)	26.13	16.16	14.59	13	14.46
占全市 GDP 比重(%)	3.19	3.2	3.4	3.4	3.5

(二)文化产业发展质量在产业结构调整中持续提升

2016 年在国家统计局公布的十大文化产业门类中，每个文化产业门类都有一定程度的增长,其中占比较大、增速较快的文化产业主要包括文化用品、文化创意设计、工艺美术品三大门类,文化用品生产实现增加值 148 亿元,占全市文化产业增加值比重达 24.1%，继续占据榜首；文化创意设计、工艺美术品增加值紧随其后,分别实现增加值 120 亿元和 95 亿元，占比 19.5% 和 15.4%,三大门类在绝对值和增速方面均居于前三,合计占整个文化产业的 59%,为文化产业发展的主要支撑。新闻出版发行、广播影视、文化艺术三个传统门类有所下滑,合计占比 11.3%。

(三)文化产业持续成为全市广大企业踊跃投资的热土

近年来，在国家一系列政策措施的大力推动和中央文化产业资金的大力扶持下，尤其是在党的十八大以来一系列政策措施的大力推动和我市一系列政策措施的带动下，文化产业成为新常态下经济结构调整和产业转型发展的重要支撑，文化产业持续成为企业投融资的一片热土,市场投融资热度持续高涨。2016 年,全市文化企业注册资本金总额 2788.44 亿元,同比增长 27.14%,全年实际新增文化企业 18051 家,平均每月新增 1000 多家文化企业,几乎每天都有文化企业注册，全年净增注册资本金总额 639.43 亿元。大批资金的进入、大批企业踊跃投资文化产业领域，充分展现了文化市场的无穷活力和产业发展的巨大潜力。

(四) 文化市场主体持续发力国有民营文化企业竞相成长

2016 年，全市主营业务范围含文化产业的企业 88653 家,其中国有及其控股 2929 家,同比增长 2.88%,民营 85724 家,同比增长 16.57%；注册资本金总额 2788.44 亿元,其中国有及其控股 383.53 亿元,同比增长 9.57%,民营 2404.9 亿元,同比增长 30.47%。以五大国有文化集团为引领的国有文化企业支撑作用逐步增强,报业、广电、出版、新华集团合计实现收入 92.51 亿元、利润 7.24 亿元、资产 286.92 亿元，同比分别增长 0.14%、30.21%和 3.45%;市文投集团预计完成投资额度 8.52 亿元，实现收益 0.69 亿元，总资产 60.84 亿元;重报、新华集团竞争力排名分别跃居全国报业集团第 9 位、发行集团第 10 位,重庆出版社连续 6 年在全国出版社总体经济规模排名中跻身“全国第三、地方第一”,年均普通作品版权登记数达到 2 万件。我市累计已有 9 家文化企业在“新三板”挂牌,猪八戒网、维普资讯、天极网、华龙网、大渝网等表现活跃,猪八戒网成为国内最大文化创意交易平台。

二、促进全市文化产业发展的重点措施

(一)加强政策完善和贯彻落实,持续提升文化产业发展战略

积极贯彻落实中央关于文化产业发展的系列决策部署，加大国家有关文化产业发展的政策措施的贯彻落实,继续贯彻落实《关于推进文化与旅游融合发展的意见》《关于文化创意和设计服务与相关产业融合发展的实施意见》《关于扶持重庆电影发展的若干意见》等一批市级文件。2016 年 9 月,在市政府家玲副市长亲自关心和推动下召开了全市有关部门、各区县和有关企业参加的“文化旅游融合发展的调研座谈会”,协调推进一大批文化旅游项目,加快推进全市文化旅游持续融合发展。完成全市《“营改增”后文化企业税负情况调查报告》,摸清文化企业税收负担情况。出台了《重庆市人民政府办公厅关于推动文化文物单位文化创意产品开发的实施意见》,我市美术馆、红岩联线、自然博物馆等单位相继利用自有资源开发出一批特色文

创产品，草拟完成《关于促进文化产业集聚区建设的指导意见》等一系列支撑文化产业发展的政策文件，产业政策体系持续完善。完成《重庆市文化发展“十三五”规划》《重庆市文化产业“十三五”发展规划》和《重庆市电影业“十三五”发展规划》等一系列产业发展规划，引导全市文化产业整体布局优化，实施文化+、互联网+“双+”战略，创新文化内容生产，加快文化旅游、文化创意与相关产业融合发展。

(二)加快推进重点项目建设，持续增强文化产业发展后劲

立足全国、放眼世界，加大招商引资力度，促成8个文旅融合发展重大项目签约、落户重庆，总投资超过1000亿元，投资550亿元的万达文旅城落户大学城并顺利开工，其中文旅部分投资260亿元，将多业态呈现文化旅游项目；引进美国六旗集团投资300亿元打造中国西部首座国际主题乐园和亚洲首家开放的六旗乐园；正加快推进投资50亿元的重庆华侨城山地欢乐谷建设，预计2017年6月18日正式向全市推出、开园；投资28亿元的解放碑时尚文化城8月份开工建设，将围绕24小时书城和国际文化主题布局休闲旅游产业，一大批文旅融合重大项目的加快推进，为建设文化强市和打造世界级知名文化旅游目的地提供了硬件支撑。相继建成投用国泰艺术中心、市群众艺术馆、两江国际影视城、出版传媒创意中心、重庆文化产权交易平台等一批重大项目，成功创建重庆文化艺术职业学院。重庆国际马戏城、九龙国际珠宝文化创意产业城、重报新闻传媒中心、重庆机器人世界等项目加快建设。积极申报中央文化产业资金扶持，申报文化金融扶持计划、文化科技创新扶持和文化出口奖励，2016年我市猪八戒网、壹秋堂夏布坊、出版集团、新华书店等12个企业的优质文化产业项目入选文化部中央化产业专项资金和国家新闻出版广电总局新闻出版广播影视重大项目扶持获得中央文化产业资金扶持，扶持额度达5500万元。《重庆市“十三五”文化产业发展规划》从全市遴选100多个重点项目持续打造，总投资额达3000多亿元，文化产业发展的支撑进一步强化。

(三)加快集聚区建设，持续增强文化产业发展的示范带动

持续促进文化产业集群发展、抱团发展，截至目前，全市园区、基地总数分别达10个和66个，其中，国家级文化产业示范基地10个。文化产业规模化、集约化、专业化水平逐步提高，巴国城、北部新区国家数字出版基地、虎溪公社、黄桷坪艺术园区等一批文化产业园区和基地初具规模。为进一步促进文化产业特色集聚发展，2016年草拟了由市政府出台的《关于促进文化产业特色集聚区建设的指导意见》，力争将文化产业特色化集聚化发展提升为全市发展战略，着手破解文化产业发展的用地难、用地贵的难题，通过政策扶持和持续打造，力争到“十三五”期末，全市新培育特色集聚区30个，新评选命名市级文化产业示范园区10个，市级文化产业示范基地20个，积极推荐南滨路文化产业园区申报国家级文化产业示范园区。

(四)加强市场主体培育，文化企业成长步伐持续加快

积极推动华龙网、猪八戒网、重庆有线电视网络有限公司、新华传媒等一批12家文化企业上市融资，鼓励社会资本进一步进入文化领域；继续实施《成长型文化企业扶持计划》，全力加快全市5万多家小微文化企业成长壮大，正争取市政府财政扶持，争取设立成长型文化企业专项培育扶持资金，由市、区(县)两级每年配套10亿元资金，每年培育500~1000家快速成长的中小文化企业；圆满完成2016年全市特色文化产品评审，评审出30多家特色文化企业品牌，并作为“全国文化企业30强”推荐储备库入选企业，持续提升全市文化品牌影响力。

(五)健全投融资体系，持续畅通文化产业发展的投融资渠道

成功组建文投集团，资金规模已达30个亿，储备了40个文化产业投资项目，已投出8个项目，投资金额超5.6亿元；市文化产业融资

担保有限责任公司全年实现担保项目 214 户，金额 36.6 亿元,资本金放大约 4.1 倍;市级产业股权投资基金先后投资重庆新华传媒、文化演艺公司重庆大舞台等项目，促成完美集团在重庆出资设立 5 家文化、影视子公司,注资超过 20 亿元；两支文化产业股权投资引导基金运行良好,100%完成投资计划，共计投资 21.55 亿元，占全市 23 支基金投资总额 129.5 亿元的 1/6;积极引导社会资本以多种形式投资文化产业,重庆西证渝富、宁波华金国联股权投资、中国新闻出版传媒集团等一批战略投资者参与我市国有文化企业股份制改革。

(六)搭建合作交流平台,持续促进文化产业参与市场竞争

成功组织我市文化企业参加第十二届深博会、第六届西博会、首届丝绸之路(敦煌)博览会等国家级文化产业博览会，取得良好经济社会效益。其中,十二届深博会期间,我市文化企业现场成交额约 60 万元，签订协议 1000 多万元，第八届西博会期间我市文化产业现场实现成交额约 50 万元，签订合作协议 800 万元。成功举办第八届万石博览会、第七届西部动漫节,展会规模、观展人数、成交金额等再创新高。圆满完成全市 2016 年特色文化产品评审,评审出 30 多家企业的特色文化品牌。成功在我市举办第五届重庆文化产业博览会和西部动漫节,其中,重庆文博会吸引了近 1000 家国内外客商的交流交易,50 余万人次前往观展,成交额达 6.3 亿元。2016 年 3 月，我市参加第 20 届香港国际影展，首次设立独立展区，在国际电影节上有了重庆的展位和展品。

(七)创新文化消费模式,增强文化消费对产业发展的拉动

抢抓我市国家首批文化消费试点城市机遇,争取财政资金 850 万元,自 2016 年 12 月起，以“品味巴渝文化,共享快乐生活”为主题，紧密结合元旦、春节、元宵等三大传统节日,以“一大战略联盟、三大板块活动、四十二个主题、双百佳文化消费新领地、百万现金红包、亿元消费礼包”的整体格局,为消费者奉上 100 余项文化产品和文化服务。截至目前，全市共开展活动 11000 余场次,参与群众 1080 万人次,直接拉动消费 47.8 亿元,掀起了全市文化消费热潮。

三、发展中存在的问题

(一) 对文化产业重要性的认识不到位

一是从管理者的角度看，各级党委政府对文化产业发展在整个国民经济发展格局中的重要性认识不到位。党的十七届六中全会审议通过的《中共中央关于深化文化体制改革,推动社会主义文化大发展大繁荣若干重大问题的决定》,将“文化产业成为国民经济支柱性产业”作为文化改革发展奋斗的重要目标，文化产业发展上升为国家战略。我市随即召开了市委全委会,但大会主题是“加强民主法治建设”,会上通过了《中共重庆市委关于深化文化体制改革,推动社会主义文化大发展大繁荣的决定》,尽管提出了目标，但没有保障目标实现的具体政策措施，其重视程度远远不够，后续又缺乏政策引导、资金扶持、考核督促,在全市发展战略中地位不够突出。近年来,尤其是党的十八大以来,经济社会发展进入调速换挡期，中央提出新常态下去过剩产能、去库存,加强供给侧改革的发展思路,为经济发展寻找新的经济增长点,文化产业作为无污染的朝阳产业,当然成为转方式、调结构的重要选择，但不少地方党委政府已经长期惯于传统产业发展模式，一时难以调整发展思路。以上诸多原因导致长期以来各级党委政府对发展文化产业重要性的认识不到位,或者表面上重视而在经济社会发展的整体安排中被置于次要地位，再加上由于文化产业发展起步晚、体量小、比重轻、考核弱,导致各级党委政府在思想上的重视程度、政策上的扶持力度、工作上的推进强度、考核上的督促程度,往往与国民经济支柱性产业的目标和定位存在较大差距。二是从市场主体的角度看,国有文化企业往往缺乏开拓精神,等靠要思想比较严重,不善于捕捉市场变化，求稳求安，发展的内生动力不

强；民营文化企业在市场中摸爬滚打，经验丰富，但大多生产经营方式落后，缺乏高层次经营管理人才和现代经营管理理念，大多小富即安，做大做强的意识不强。

(二)与实现国民经济支柱性产业目标差距很大

国家提出到2020年要把文化产业培育成国民经济支柱性产业的目标，文化产业增加值占地区产值的比重要至少达到5%。据此测算，我市文化产业增加值要突破1200亿元，而2016年我市文化产业增加值仅有618.68亿元，占地区生产总值的比重仅为3.5%，低于全国平均水平，与支柱性产业目标有很大差距。

(三)与周边及其他省市相比差距较大

一是体量差距大。北京市2015年文化产业增加值实现3072.3亿元，成为仅次于金融业的第二大产业，占全市GDP比重达13.4%；2015年，上海文化产业实现增加值3020亿元，占本市GDP比重的12.1%；2015年四川省文化产业实现增加值超过1200亿元，占GDP比例近4%，位居西部首位；我市2016年实现增加值615亿元，占全市GDP比重仅3.5%，文化产业整体实力和京、沪相比差距较大，与四川、陕西等经济发展水平和我市较接近的省也有较大差距。二是政策扶持差距大。资金方面，北京市从2012年起设立近20个亿的文化产业专项扶持资金，连经济发展整体较落后于我市的陕西省也有4个亿的扶持资金。我市2011年以前，每年只有1000万元专项扶持资金，2012年起每年有3000多万元的专项扶持资金，但从2014年起取消。用地方面，按照市政府办公厅文件要求文化园区用地不能参照工业园区用地标准，按照商服用地标准价格是工业用地的20多倍，用地成本较高，企业难以承受，制约文化产业规模化、集聚化发展。其他省市政策优惠的比较效应，往往让我市一些优质企业出现外迁，比如，土生土长的谭木匠总部迁往南京，重庆最大的影视制作企业迪女阿瑞斯迁到了上海，2012—2016年，从工商部门统计分析，我市各类文化企业外迁数百家。

四、2017发展目标

(一)切实提高对文化产业发展重要性的认识

2011年党的十七届六中全会提出将“文化产业成为国民经济支柱性产业”作为文化改革发展奋斗的重要目标之一。党的十八大以来，中央要求提高经济发展质量和效益，实施创新驱动发展战略，加强供给侧改革，党的十八届五中全会提出了创新、协调、绿色、开放、共享的五大发展理念，文化产业的发展迎来了新机遇，而传统产业增速放缓、产能过剩且环境污染日益严重，迫切需要转变发展方式，发展新型产业。与此同时，文化产业不降反升逆势而上，成为经济发展新的增长点。面临新形势、新任务，全市必须抓住机遇，将文化产业发展作为调结构、转方式的重要突破口，强化全市、各区县对文化产业发展的认识，连续出台与支柱性产业发展相匹配的政策措施，去库存、去过剩产能，及时将大量存量土地、空闲房产、过剩资本、人才、技术转移到发展文化产业上来，打造新的经济增长点。充分利用与发挥好文化的强劲渗透能力，做好“X+文化”文章，依托各行各业发展现状，移植文化元素，促进文化创意设计和制造业、建筑业、农业等相关产业融合、文化与科技融合发展、文化与旅游融合发展，形成新的文化产业业态，培育经济发展新的增长点，带动创业创新，拉动就业、增加税收。

(二)切实加强市场主体培育

目前全市有8万多家文化企业，其中有7万家是民营文化企业，5万多家是小微文化企业，文化企业数量庞大、从业人员众多、创业创新和适应市场能力强，展现了我市文化市场的活力迸发的一面。但与此同时，由于分散经营，往往规模较小，在激烈的市场竞争中往往处于劣势。尤其是在现有金融体制下，中小文化企业要获得银行贷款或向银行融资较难，导致小微文化企业先天不足，后天营养不良，难以长大。

因此,我们建议加强成长型文化企业培育,争取设立成长型文化企业专项培育扶持资金,由市、区(县)两级配套资金,市级每年安排5个亿扶持资金,区每年安排3000万元、县每年安排2000万元,共配套10个亿规模的成长型文化企业专项扶持资金,继续实施“成长型文化企业培育计划”加大对成长型的中小文化企业在投融资、上市等关键阶段的培育力度,每年培育500~1000家左右快速成长的中小文化企业。

(三)切实加快特色集聚区建设

在“十三五”期间,力争在渝东南和渝东北每个区县都有1个以上有规模的文化产业集聚区,建议采取如下措施:一是加强规划引导。各产业集聚区建设规划应委托具有专门资质的机构编制,并经市文化委和相关区县文化委审查把关。二是加强政策扶持。市级层面出台专门促进集聚区建设的文件,市级配套聚集区建设的专项资金,按照支柱性产业的目标每年预留5%的用地指标,各区县出台集聚区建设的资金、用地、税收等优惠扶持的配套政策。三是加强资金支持。利用市中央文化产业资金和市级文化产业股权投资基金,采取贷款贴息、项目补助等方式扶持集聚区建设发展。各区县充分发挥财政资金作用,撬动社会资金共同建设。四是健全工作机制。各级文化部门加强与发改、财政、国土、规划、税务、旅游等部门的沟通协调,协同推进集聚区建设。

(四)切实加大政策扶持力度

以供给侧改革为契机,深化全市文化产业发展领域的改革,加大文化产业发展的政策扶持力度,尤其是文化产业发展的税收、土地、用工、投融资等方面的政策扶持和优惠。在供地方面,要根据把文化产业培育成国民经济支柱型产业的总体要求,安排供地计划,在供给类型上建议增加文化产业用地类别,供地价格建议比照工业园区用地标准;在税收方面,加大文化企业在增值税税收抵扣方面的优惠力度,增值税可以作为研发或设计方面的费用予以抵扣,企业发生的符合条件的创意和设计费用,执行税前扣除政策。在畅通投融资渠道方面,逐步破解对中小文化企业贷款难、融资难的问题,具体采取如下措施:一是通过中央文化产业资金和拟设立成长型文化企业扶持资金通过项目补助、贷款贴息引导带动银行贷款;主动搭建桥梁加强银企对接,编制《文化产业投资引导目录》优先向金融机构推荐优质项目,通过拟设立成长型文化企业扶持资金加强对拟上市企业的扶持等手段推动符合条件的文化企业上市融资。二是支持符合条件的文化企业通过发行企业债、公司债等方式融资。三是鼓励各类担保机构对文化产业提供融资担保,通过再担保、联合担保以及担保与保险相结合等方式多渠道分散风险。四是发挥保险公司机构投资者作用和保险资金融资功能,鼓励保险公司投资文化企业的债权和股权,引导符合条件的保险公司参与文化产业投资基金。五是鼓励风险投资基金、私募股权基金等风险偏好型投资者积极进入处于初创阶段、市场前景广阔的新兴文化业态。六是加强对文化市场的有效监管和知识产权保护力度,切实保障投资者、债权人和消费者的权益。在市场主体方面,国有、民营文化企业同等待遇,对民营文化企业在资金、用地等方面加大扶持力度,在税收、费用等方面多给一些优惠政策。着力解决文化产业发展不均衡问题,帮助偏远、贫困区县策划文化产业项目及项目招商落地。

(五)切实加快文化产业重点项目建设

继续抓好投资500亿元的万达文旅城、投资300亿元的六旗小镇、投资200亿元的华侨城等一批招商引资类项目落地实施,尽快落地新引进的投资1000多亿元的中国第一土司城、伏羲农耕文化体验区、中华龙凤宫等项目;以国家文化产业聚集区建设为契机加快推进京渝文创园、荣昌陶文化创意产业园、黄桷坪艺术园区、重庆动漫创谷等一批产业聚集类项目;加快实施上游新闻——重庆媒体融合与转型升级平台、五洲世纪文化创意中心等一批转型升级类项目,深入推进重庆广播电视集团(总台)新媒体建设工程、猪八戒网等一批融合发展类项目;

推进长江文化产业带奉节夔州诗苑、杜甫草堂建设、巫山神女文化园等一批展现长江三峡文化的特色文旅产业项目；抓好《大美重庆三千年》、《烽烟三国》等一批特色文化演出项目。争取每个季度召开一次重点文化产业项目推进会，不断强化资金、用地等协调扶持力度，确保项目落地实施。

旅游业

张子弟

一、2016年发展回顾

2016年是“十三五”开局之年。在市委、市政府的正确领导下，全市旅游行业以深入贯彻落实习近平总书记视察重庆重要讲话精神为契机，牢固树立五大发展理念，主动适应经济发展新常态，全力推进旅游业改革发展、转型升级，取得良好成效。据标准排名(中国)研究院发布的《2016年中国旅游城市吸引力排行榜》，重庆居全国第三位，列上海、北京之后。据国家旅游局12301旅游服务平台首次发布的2017年春节旅游数据排行榜：重庆旅游人气居全国第四，列云南、北京、广东之后；重庆市民选择旅游过节的占比亦居全国第四，列浙江、北京、广东之后。

（一）主要旅游指标快速增长

2016年，全市接待游客4.5亿人次，实现旅游总收入2645亿元，同比分别增长15.1%和17.5%。接待入境游客316.58万人次，实现旅游外汇收入16.87亿美元，同比分别增长12.1%和14.9%，实现了“十三五”旅游发展的“开门红”。

（二）旅游业竞相发展

编制完成了《重庆市旅游发展总体规划》《重庆市建设国际知名旅游目的地“十三五”规划》，市政府已印发实施，进一步明确把旅游业作为全市综合性战略支柱产业来抓，各区域旅游业呈现竞相发展的良好态势。

长江三峡旅游金三角(奉节、巫山、巫溪)一体化建设加快推进。市政府召开了长江三峡旅游金三角一体化建设推进会议并出台了《关于推进长江三峡旅游金三角一体化建设的实施意见》，建立了一体化建设统筹协调机制。积极推进《长江三峡旅游金三角一体化建设总体规划》编制工作，指导三县分别编制完成了系列旅游发展规划。与渝富集团、巫山县政府签订了搭建旅游文化资源整合投融资平台三方协议。白帝城—瞿塘峡、神女峰—神女溪、当阳大峡谷、红池坝等国家5A级景区创建工作有序推进，巫山县、奉节县先后成为国家全域旅游示范区创建单位，借助香山峰会、三峡国际旅游节等平台抱团营销成效明显，一体化发展共识进一步形成。2016年，三峡旅游金三角区域共接待游客2836万人次，实现旅游综合收入177.8亿元，同比分别增长20.8%和22.3%。

“万开云”板块旅游一体化协同发展积极推进。编制完成《万开云旅游道路基础设施建设实施方案》和龙缸国家地质公园、铁峰山国家森林公园旅游发展实施方案，将“万开云”板块旅游发展整体纳入国家《长江国际黄金旅游带规划》，指导“万开云”3区县开展互动营销，推动“万开云”板块形成了规划协同、营销协同、开发协同的旅游发展良好氛围。2016年“万开云”板块接待游客2674.3万人次，实现旅游综合收入167.7亿元，同比分别增长33.3%和33.9%。

（三）旅游业供给侧改革成效明显

坚持以市级旅游度假区和重点旅游项目为抓手，切实加大旅游投资，不断丰富旅游产品供给，全市旅游投资继续保持高速增长。2016年，全市完成旅游投资1581.27亿元，同比增长

55.15%，继续保持强劲增长态势。其中，民间旅游投资979.9亿元，较上年增长20.1%，占旅游投资近70%；民间旅游投资项目达2483个，同比增长28.9%。万达集团、美国六旗集团、中国中铁集团等国内外大型企业先后签约落户重庆、投资我市旅游业，华侨城欢乐谷、万达文旅城等一批大型旅游综合体项目加快建设，自驾车房车营地旅游、中医药健康旅游等新兴产品和业态不断丰富，全年新评定市级旅游度假区5个，全市市级以上旅游度假区已达15个。

（四）旅游市场主体不断壮大

2016年，全市规模以上旅游业实现营业收入338.9亿元，同比增长17.7%，实现营业利润12.9亿元，同比增长16.5%。全市拥有旅行社558家，2016年新增46家；其中出境游旅行社84家，新增12家；我市旅行社进入全国百强旅行社3家，数量居西部第一，全国第七，其中重庆海外旅业集团进入全国旅行社集团前二十强和全国利税贡献前三十强，重庆市中国旅行社(集团)进入全国入境旅行社前三十强。全市拥有星级旅游饭店225家，其中2016年新增4家；我市世纪金源大饭店作为西部唯一一家进入全国五星级酒店前二十强。2016年新评定A级景区22家，全市A级景区达到214家，其中：5A级7家、4A级76家、3A级80家；重庆上榜全国最受欢迎境内目的地热门景区，位列全国第七；年接待游客人数超100万景区达到12家，2016年单个景区最高接待人数突破300万人次，达到306万人次。

（五）成功举办2016世界旅游城市联合会重庆香山旅游峰会

峰会吸引了来自全球89个旅游城市、6个国际组织、47个旅游机构和境内外媒体记者共400余名代表参会。其间举办了重庆文化旅游特色演出、重庆国际旅游狂欢节，组织了两江夜游、长江三峡邮轮、文化遗产之旅、自然遗产之旅等现场推介活动，共签约旅游项目40个，签约金额800亿元。CNN、BBC和新华社、央视等百余家中外媒体集中报道了峰会盛况和“山水之都·美丽重庆”风采，展示了重庆国际旅游城市的良好形象。

（六）全域旅游试点示范扎实推进

以国家全域旅游试点区县为引领、市级全域旅游创建单位为依托，积极推动全市旅游业由景点旅游向全域旅游转型发展。一是加快推进渝中区、南川区、大足区、武隆区、万盛经开区、奉节县、巫山县、石柱县等8个国家全域旅游试点区县的试点示范，引导相关区县以创建为契机，探索创新旅游管理体制，推动旅游业发展。万盛经开区、渝中区、巫山县先后召开了全域旅游创建动员大会；万盛经开区在全市率先设立旅游发展委员会，并设立了旅游警察、旅游工商、旅游巡回法庭等3个执法管理机构，强化了对全域旅游发展的统筹协调。渝中区坚持以5A景区标准，制定实施了渝中半岛创建5A景区规划和实施方案，助推全域旅游示范区建设。巫山县坚持把旅游作为第一支柱产业来培育，通过探索“旅游+”的产业融合发展路径，推动巫山由单纯旅游资源开发向旅游资源、城乡资源、产业资源等联动发展的旅游目的地综合开发转型。南川区坚持旅游基础设施建设、旅游景观项目建设和景区品质提升、特色旅游地产开发“三管齐下”，以大金佛山景区串联其他景区景点，推动旅游业由门票经济向产业经济转变。二是启动实施了市级全域旅游示范区(县)、示范镇(乡)、示范村创建工作，得到各区县党委、政府积极响应，全市全域旅游发展氛围日渐浓厚，分别遴选确定市级全域旅游示范区(县)、示范镇(乡、街道)、示范村创建单位8个、50个、68个。

（七）旅游扶贫取得新进展

市政府召开了全市乡村旅游发展大会并出台了《关于进一步加快乡村旅游发展的意见》，推动政策、资金和项目向贫困地区、乡村地区聚集；加快推进了乡村旅游村、旅游镇标准制定工作，引导全市乡村旅游发展。目前，全市已初步形成以武隆仙女山、石柱黄水、城口亢谷等为代表的乡村避暑纳凉产品,以铜梁安居、荣昌万灵为代表的古镇古村产品,以南川大观园、潼南陈抟花海、垫江乐天花谷为代表的现代农业观光产品,以奉节脐橙、梁平平顶柚采摘为代表的赏花采摘产品等4大类乡村旅游产品。2016年,全市乡村旅游接待游客1.52亿人次,实现综合收入349亿元,发挥了良好扶贫减困效应。在中国旅游研究院发布的2016年国庆期间乡村旅游十大客源地中,重庆排全国第一,重庆、北京、广州、成都4大城市出行规模占据全国半壁河山,铜梁区、开州区、奉节县进入全国乡村旅游热点目的地50强。同时,牵头推进了市旅游局扶贫集团对口帮扶奉节县工作,动员各成员单位继续加大帮扶力度,开展"一对一"结对帮扶奉节县46个贫困村,组织到位帮扶资金1268万元,较上年增长74%。

(八)旅游品牌影响持续提升

成功推出"山水之都·美丽重庆"旅游主题宣传口号,持续在央视黄金时段投放重庆旅游总体形象宣传,在美国ABC电视台黄金时段播出重庆旅游专题宣传片。坚持"请进来"与"走出去"相结合,在境内外重点客源市场组织开展了一系列旅游营销活动。以中新(重庆)战略性互联互通示范项目为抓手,重点开展了新加坡入境旅游营销,组织了"中美旅游年"美国旅行商采风踩线等活动。出台了"十三五"旅游营销奖励办法,继续实施旅游企业组客奖励。成功举办了"5·19中国旅游日"重庆分会场活动和首届渝东南生态民族旅游文化节、第七届中国长江三峡国际旅游节等节会活动。

(九)旅游重点领域改革创新加快推进

《重庆市旅游条例》如期修订出台,依法治旅氛围进一步增强。积极推进重庆旅游服务管理平台建设,全面推行旅行社属地管理,先后成立了旅游投诉中心和旅游数据中心,旅游公共服务能力不断提升。按照"旅游+"理念,积极引进社会资本探索设立旅游专项投资基金,实施全市旅游优质资源整合上市计划;重庆旅游资源整合暨首批(巫山)战略合作项目已成功签约。

(十)旅游发展环境进一步优化

市政府印发了《关于进一步加强旅游市场综合监管的通知》。成立了市级旅游投诉中心,建立了旅游投诉转办、督办及反馈工作机制,2016年共受理旅游投诉1020件,立案调查69件。旅游厕所建设进展良好,全市新开工510座、完工352座、在建157座,渝北区、巫溪县被评为2016年度全国旅游厕所革命先进区县。全面开展了旅游行业大排查大整治行动,实现了A级景区退出机制常态化,撤销巴国城、龙门阵2家4A级旅游景区资质,责令颐尚温泉、观音桥商圈2个4A级旅游景区和大渡口九宫庙商圈3A级旅游景区进行限期整改。平安景区建设深入推进,对全市50个重点景区进行安全督导,全面排查整改旅游安全隐患200余个,保障了全市旅游安全稳定形势。

(十一)旅游基础研究和人才队伍建设扎实推进

完成了《长江三峡邮轮母港旅游目的地建设与江海联程游方案研究》《重庆市乡村旅游扶贫机制与政策研究》《重庆市旅游村、旅游镇、旅游城评定办法》等课题研究。大力推进实施旅游英才和旅游青年专家培养计划,选聘重庆市旅游产业工作顾问44名,继续与重庆大学合作推进旅游博士培养,定向培养在读博士生17名。旅游行业队伍建设取得新进展,2016年共举办各类培训班30期次,组织培训考试约1.6万人次。

二、2017年发展目标

2017年,将持续深入贯彻落实习近平总书记系列重要讲话精神和视察重庆重要讲话精神,紧紧围绕"把旅游业培育成为综合性战略支柱产业,建设国际知名旅游目的地"目标定位,牢固树立五大发展理念,全力以赴推进旅游业改革发展,力争全市旅游总收入增长15%以上,增强旅游对消费、投资、扶贫、富民的促进作用,为稳增长、促改革、调结构、惠民生、防风险作出积极贡献。

(作者单位:重庆市旅游局)

房地产业

重庆市统计局

2016年，全市房地产开发投资3725.95亿元，比上年下降0.7%，开发投资增速由正转负，比2015年回落4个百分点；商品房销售面积6257.15万平方米，比上年增长16.3%，增速比2015年提高10.8个百分点，呈现出“供给下降、销售活跃”的市场态势。

一、房地产开发投资呈低位发展态势

全市房地产开发投资增速由2015年初开始不断放缓直至下降，在2016年2月完成触底后快速反弹，近几个月以来，维持低位运行的发展态势。我市房地产开发投资增速除个别月份外，基本保持在“零”以下，连续11个月低于全国平均水平。商品房新开工面积连续三年下降，呈现出“供给下降、销售活跃”的市场态势，紧扣着“去库存”的市场主题，也显现着供给侧结构性改革在重庆房地产市场运行中的成效。

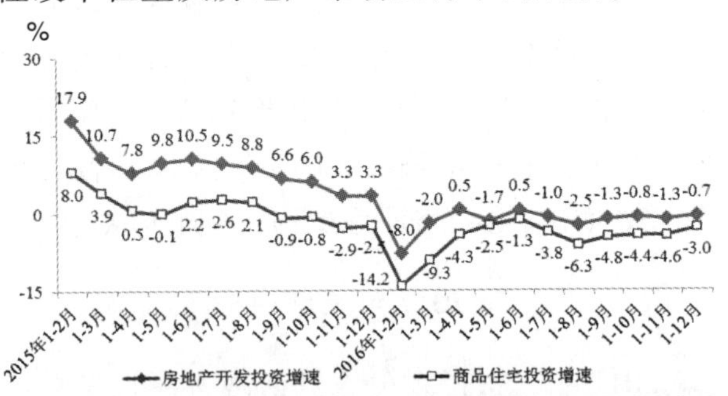

图1 2015年以来全市房地产开发投资与住宅投资增速

在此现象的背后，一是全市房地产开发建设规模得以合理缩减，当前全市在建商品房施工面积27363.39万平方米，比上年下降5.6%，其中，商品住宅施工面积17932.69万平方米，比上年下降7.5%。二是库存预期不断下降，全年商品房新开工面积4875.16万平方米，比上年下降16.1%，近三年来全市商品房新开工面积持续减少，2014—2016年，全市商品房新开工面积降幅分别为-18.2%、-7.1%和-16.1%，供给端的先行指标不断下行，市场库存压力有所减轻。

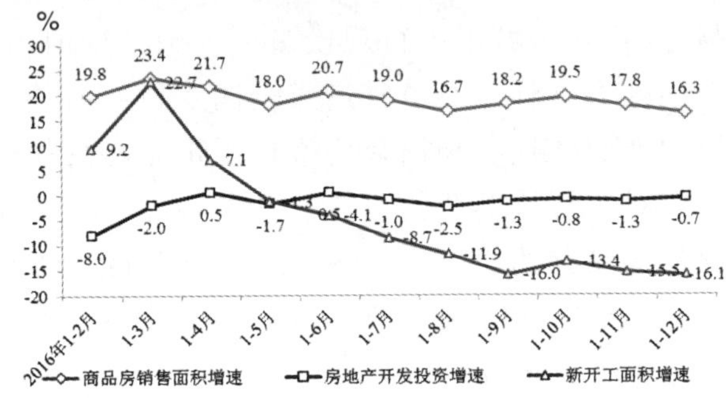

图2 2016年重庆房地产销售面积、开发投资、新开工面积同比增速

二、商品房销售市场持续活跃

2016年，全国楼市在去库存政策刺激下全面上扬，全国商品房销售面积增速始终保持20%以上的高增长。重庆商品房销售市场紧跟全国步伐，在2016年3月增速达到23.4%的高点后，各月呈起伏回落态势。全年商品房销售面积6257.15万平方米，比上年增长16.3%，仍保持两位数的较快增长。商品房销售额3432.00亿元，比上年增长16.3%，其中，住宅销售额2635.64亿元，比上年增长17.4%。

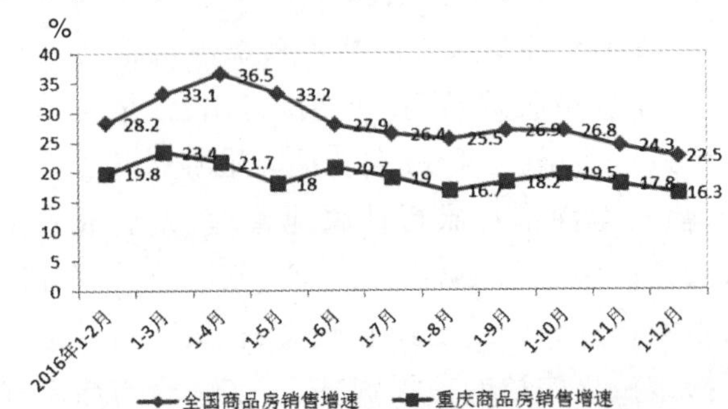

图3 2016年全国与重庆商品房销售面积增速

从当月数据看，12月商品房销量突破800万平方米，达到835.72万平方米，环比增长20.1%，是2010年以来单月销量第三，仅次于2011年12月和2010年12月。其中住宅单月销售583.37万平方米，环比增长6.3%，占商品房当月销量的69.8%；办公楼、商业营业用房和其他类型房屋环比分别增长87.4%、51.9%和93.0%，共同支撑商品房销售较快增长。

从住宅市场看，商品住宅一直占据着房地产开发市场中的主导地位，全市商品房销售市场份额中的80%以上是住宅。因此，商品住宅销售形势既主宰着市场走势，也吸引着每一个市场参与者的关注。2016年，全市商品住宅销售面积5105.46万平方米，占全市商品房销售面积的比重为81.6%，比上年增长14.0%，延续着年初以来的高位增长态势，结合同期价格走势，能够较为清晰地看出年内商品住宅销售市场的量价变化。

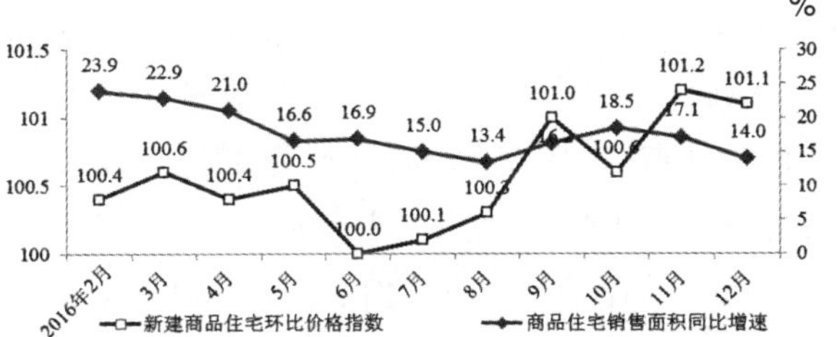

图4　2016年各月商品住宅销售面积同比增速与环比价格指数

由图可见，从2016年初到8月，全市商品住宅销售面积同比增速一路放缓，由23.9%回落到13.4%，同期新建商品住宅价格指数相对较低，基本维持在100.5以下，参考2015年处于相对低位的重庆房价，这一时期重庆商品住宅销售市场仍然延续着“以价换量”的态势。但自9月以来，商品住宅销售面积同比增速回升，房价指数一举提高到100.5以上，9月与11月的新建商品住宅环比价格指数一度提高到101以上，重庆房价指数呈现出上涨态势。

三、资金来源结构诠释着市场供需的变化

全市房地产开发投资下行、建设规模收缩、新开工面积减少，与依然偏紧的资金规模和持续下降的资金增长速度密切关联。2016年，全市房地产开发企业本年实际到位资金合计5006.57亿元，比上年下降0.4%，既是在上年下降6.0%基础上的持续下降，也延续着自2015年7月以来的下行态势。其中，2016年以来基本呈持续下降态势的资金来源包括银行贷款、利用外资和自筹资金，比上年分别下降2.2%、55.9%和10.7%。可见，不论是银行还是企业，不论是内资还是外资，不论是主动还是被动，其资金投入的力度与意愿，与供给端开发建设的下行态势紧密关联。

另一方面，以销售回笼资金为主的其他资金来源与全市房地产销售市场行情环环相扣，持续保持增长态势，特别是个人按揭贷款自2016年年初以来，增速不断走高，10月、11月和12月的同比增速分别为11.2%、12.4%和13.9%，是自2014年初以来，时隔33个月后增速再次回升到两位数，也主导了企业实际到位资金下降幅度的逐步收窄，由前三季度的-2.5%、-3.7%和-2.4%收窄到-0.4%。

建筑业

重庆市统计局

面对复杂严峻的宏观经济形势，重庆市建筑业主动适应发展“新常态”，紧紧围绕“科学发展、富民兴渝”总任务，按照“用心建设、服务民生、支撑发展”的总要求，强化经营管理，加快结构调整。2016年，全市建筑业总产值突破7000亿元大关，继续保持了稳中趋缓、稳中向好的发展态势。

一、建筑业产值增长放缓

2016年，全市有工作量的总承包和专业承包(以下简称“总专包”)建筑企业完成建筑业总产值7035.81亿元，同比增长12.4%，增速较上年回落0.3个百分点。

(一)分类情况

从产值构成看：总专包建筑企业完成建筑工程产值6459.29亿元，同比增长13.7%，增速较上年提高0.1个百分点；完成安装工程产值338.43亿元，同比下降12.7%，增速较上年回落28.7个百分点；完成其他产值238.09亿元，同比增长26.9%，增速较上年提高39.6个百分点。

从专业类别看：房屋建筑类总专包建筑企业完成产值5393.30亿元，同比增长14.2%，增速较上年提高0.5个百分点；建筑安装类总专包建筑企业完成产值195.69亿元，同比增长1.0%，增速较上年提高0.5个百分点；建筑装饰及其他类总专包建筑企业完成产值219.25亿元，同比下降0.1%，增速较上年提高5.8个百分点；公路、铁路、水利等土木工程类总专包建筑企业完成产值1227.57亿元，同比增长9.4%，增速较上年回落1.0个百分点。

(二)分区域情况

从在市外完成产值看：2016年，我市总专包建筑企业积极开拓外埠市场，在市外完成产值1055.57亿元，同比增长0.3%，占全市建筑业总产值的比重为15.0%。从区域分布上看，我市总专包建筑企业承接项目遍布全国。在市外完成产值超过20亿元的省份有15个，在贵州、四川、广东和云南4省完成产值超过60亿元。其中，在贵州省完成产值237.50亿元，占我市市外产值的22.5%；在四川省完成产值192.49亿元，占比18.2%；在云南省完成产值72.08亿元，占比6.8%；在广东省完成产值69.77亿元，占比6.6%。

(三)其他指标情况

从其他指标看：全市总专包建筑企业新签合同金额6176.74亿元，同比增长19.3%，增速较上年提高19.8个百分点；上年结转合同金额4624.56亿元，同比下降1.3%，增速较上年回落16.0个百分点。累计签订和执行合同金额10801.30亿元，同比增长9.5%，增速较上年提高3.3个百分点。2016年，全市新开工房屋建筑面积13790.21万平方米，比上年减少278.97万平方米，同比下降2.0%，增速较上年提高1.1个百分点；全市在建施工面积32077.14万平方米，比上年减少724.47万平方米，同比下降2.2%，增速较上年回落1.9个百分点；全年竣工房屋建筑面积13751.59万平方米，比上年增加209.01万平方米，同比增长1.5%，增速较上年回落4.2个百分点。

二、行业结构不断优化

行业结构门类齐全：2016年，随着经济结构的深入调整、转型和升级，我市建筑行业结构也在调整中实现快速发展和逐步优化，其中优势企业积极响应，资质等级稳步提升，人员素质持续提高，综合实力不断增强，形成了以总承包为龙头，以专业承包为依托，以劳务分包为基础的三层次承包服务关系和建筑行业结构，行业结构中房屋建筑、公路、铁路、水利、电力和冶金等几十个专业相互配套、门类齐全。

行业资质不断优化:截至2016年底,重庆特、一级资质的总专包建筑企业共341家,占全市总专包建筑企业个数的12.5%,全年完成建筑业产值3158.48亿元,占全市建筑业总产值的44.9%;新签合同金额2810.63亿元,占全市新签合同金额的45.5%。其中4家施工总承包特级资质企业,全年完成产值310.39亿元,占一级及以上企业产值的9.8%;新签订合同金额370.32亿元,占一级及以上企业新签订合同金额的13.2%。处于行业结构顶端的高资质企业优势明显。

龙头企业不断增加:截至2016年底,全市2737家总专包建筑企业中产值超亿元的企业数量显著增加,新增92家,达到1067家,占比39.0%。其中产值超30亿元的企业有25家,比上年增加2家。亿元以上总专包建筑企业完成建筑业产值6648.73亿元,同比增长14.0%,占全市建筑业产值比重达到94.5%。

行业人员素质提高:截至2016年底,重庆建筑行业从业人员中,持证上岗人数为56.76万人,比上年增加11.74万人,增长26.1%;一级建造师人数为1.48万人,比上年增加0.24万人,增长19.0%。持证上岗人数和一级建造师人数占整个行业从业人员期末人数比重分别提高4.6、0.1个百分点,行业从业人员综合素质持续提高。

证券业

吴 周

一、2016年发展回顾

2016年,在中国证监会和市委市政府的坚强领导和关心支持下,我市资本市场充分发挥服务实体经济的功能,为全市经济社会发展目标的实现提供了有力支持。

(一)资本市场直接融资多渠道大幅增长

2016年,我市企业充分借助场内场外、股票债券等多层次资本市场融资,直接融资规模再上新台阶,全年实现直接融资2482.88亿元,同比增长207.45%。其中,首发融资8.28亿元,增发或重组融资435.28亿元,“新三板”公司增发融资7.23亿元,发行公司债融资1242.8亿元,交易所资产支持证券融资789.29亿元。另外,我市OTC市场为中小微企业融资174.49亿元。值得一提的是,我市公司债发行规模位居西部首位、全国第八位,公司债具有的覆盖面广、融资成本低、发行灵活等特点,一定程度上帮助我市中小微企业缓解了融资难和融资贵问题,为我市基础设施、住房、现代农业等经济关键领域建设提供了有力支持。截至2016年末,我市有拟上市公司29家,其中向证监会申报IPO企业16家,进入上市辅导程序企业13家,在“新三板”挂牌企业115家,在OTC市场挂牌企业124家。

(二)上市公司带动经济发展能力持续增强

我市上市公司积极利用资本市场优化资源配置,实现产业结构调整和转型升级,不断发展壮大,成为推动供给侧结构性改革和带动行业成长的中坚力量。2016年我市上市公司并购重组活跃,其中,7家上市公司完成重大资产重组,2家重大资产重组已报证监会审核,3家已披露重大资产重组预案。2016年我市上市公司总体运行平稳,上市公司全年实现营业收入3229.11亿元,较上年同期增长12.77%;实现净利润187.01亿元,较上年同期增长2.66%。截至2016年12月末,我市境内上市公司总市值6691.25亿元,较年初增长3.01%。2016年共有28家上市公司进行年度分红,分红总额79.67亿元,同比增加56.03%。

(三)证券基金期货经营机构健康发展

2016年末,我市证券公司1家,证券分公司23家,证券营业部186家,期货公司4家,期货营业部32家证券期货经营机构共计246家,同比增长9.82%。我市新华基金管理基金41支,管理资产规模440.79亿元,其子公司管理基金226支,管理资产规模1230.03亿元。我市在中国基金业协会登记私募基金管理机构183家,管理规模1095.88亿元。我市期货公司代理期货交易额8622.73亿元。2016年以来,西南证券新增上市公司股权激励行权融资业务试点资格;通过发行短期公司债券、次级债券等方式募集资金,补充运营资金;国际化步伐继续推进,香港子公司顺利开展经纪及孖展借贷和资产管理业务,保荐项目数量快速增长;资管业务稳步发展,完成全国首单公路ABS项目资金募集。我市证券营业部实现区县全覆盖,服务更加贴近区县企业。新华基金产品类型日渐多元化,期货公司资产管理、投资咨询等创新业务已逐渐走上正轨,创新业务收入同比较快增长。

(四)监管发展合力进一步增强

我局注重加强规范引导,加大监管执法力度,深化与市公安部门“行刑衔接”工作机制,积极向公安部门和检察院提供违法违规相关认定咨询意见,加强与地方政府部门的沟通协作,形成监管合力,守住不发生系统性风险底线,努力促进市场规范可持续发展。同时,深化与市级有关部门的风险处置协作机制,开展联合调研、培训及监管协作等工作。我局还积极向证监会反映地方情况,争取证监会对我市资本市场和企业发展的支持。

二、发展中存在的问题

(一)资本市场服务供给侧结构改革任务艰巨

重庆资本市场在为我市企业降低融资成本、深化结构调整、支持经济薄弱环节等方面的作用还未能充分发挥。特别是服务科技型中小企业能力有所欠缺,我市大批中小企业通过资本市场获得资金的通道还不够通畅,一批发展较快的新型材料工业、电子信息服务业企业等还没有上市。

(二)区域金融风险防范工作压力加大

重庆市公司债兑付问题开始出现,私募基金违规经营及兑付风险时有发生,非法证券期货经营活动屡禁不止,给防控区域性金融风险带来了挑战,需要相关部门切实加强风险监测和监管协作,守住不发生系统性风险底线。

三、2017年发展目标

我局将贯彻党中央关于金融工作的决策部署,紧紧围绕服务实体经济、防控金融风险、深化金融体制改革三大任务,加快推进重庆国内重要功能性金融中心的建设。下一步,我局将从以下四个方面推动我市资本市场稳定健康发展。

第一方面是提高上市挂牌公司规模和质量,大力发展股权融资。

一是重点着力IPO,做好拟上市企业辅导备案相关工作,加强与沪深交易所的沟通协作,积极推动我市拟上市企业尽快发行上市,提高股权融资比重、降低企业杠杆,争取上市公司家数有较大幅度增长。二是指导区县政府选择有潜力的企业持续培育,落实好企业上市挂牌各项支持政策。同时,引导区县政府借助投行力量,为不同阶段的企业提供专业指导,充实上市公司后续资源储备库。三是做好上市公司拟实施重大资产重组或再融资服务工作,支持鼓励我市上市公司通过资产注入、引入战投、吸收合并、整体上市等多种方式做优做强,实现存量资源优化整合,去除无效产能。

第二方面是稳步发展固定收益产品,降低企业融资成本。

一是加强公司债政策宣传和业务培训,丰富公司债发行品种,积极引导重庆上市公司发行可转换公司债、优先股;充分引导区县创新创业企业、绿色环保企业发行双创债、绿色债券。二是积极鼓励引导实体企业将小额贷款、应收账款等经营性资产证券化,拓宽融资渠道,降低融资成本。提高交易所资产支持证券发行人中实体企业的占比。三是督促证券基金期货经营机构在承销固定收益产品中清理规范中间业务,降低经营成本,取消不合理收费,避免变相抬高实体经济融资成本。

第三方面是发挥资本市场普惠服务功能,支持经济社会薄弱环节发展。

一是充分利用好证监会针对贫困地区企业“即报即审、审过即发”的IPO绿色通道政策,加大贫困地区企业培育辅导力度,建立完善我市贫困区县辅导验收便捷通道。督促辅导券商归位尽责,做好2家贫困地区企业的IPO辅导工作。二是支持鼓励我市上市公司深入区县调研,结合自身经营发展战略,积极在区县进行产业布局,对区县企业开展兼并重组,提高区县企业经营绩效。三是支持引导证券营业部利用区县全覆盖的优势,进一步完善农村金融服务体系,支持涉农企业发展。四是支持鼓励期货经营机构加大期货宣传和培训力度,创新期货产品相关风险管理工具,开展“保险+期货”试点,引导涉农企业参与农产品期货相关的合作套保等业务,为其提供专业化的风险管理服务。五是引导区域性股权市场规范健康发展,为小微企业提供挂牌推荐、股权托管、股份转让、融资等多元化综合服务,助力小微企业发展。

第四方面是深化金融监管协作,维护我市资本市场平稳健康运行。

一是依托全市金融联席会议机制,推进金融业综合统计,强化监管信息共享深度和广度,健全风险监测预警和早期干预机制,织密防范金融风险交叉感染的安全网,突出金融监管的专业性、统一性、穿透性、防止出现监管真空。二是及时更新上市公司、公司债、私募基金等重点领域风险台账,进一步加强与地方政府、交易所等沟通联系,强化上市公司、公司债、私募基金风险监测、处置协作机制。三是进一步完善突发事件应急响应流程,巩固与地方公安、工商、宣传以及区县等部门的多方协作,保持信息渠道畅通,及时反馈、共享风险情况和线索,以实现急、难信访问题的及时、稳妥化解。

(作者单位:中国证监会重庆监管局)

船舶工业

曾炳民

一、2016年发展回顾

(一)总体情况

全市船舶修造业完成工业总产值21亿元,同比下降34%;实现营业收入15.8亿元,同比增长6%;行业利润5693万元,实现整体扭亏。全市完工船舶8.7万载重吨,同比下降69%;完工船舶合同金额8.6亿元,同比下降38%。新承接船舶订单9.6万载重吨,同比下降52%;新承接船舶订单合同金额4.8亿元,同比下降56%。手持船舶订单18.9万载重吨,同比下降27%;手持船舶订单合同金额6.9亿元,同比下降50%。

(二)运行特点

1.整船制造量减、非船生产补

全市造船完工量、新承接船舶订单量、手持船舶订单量等三大造船指标呈现27至69个百分点的大幅下滑,而船舶修造业的营业收入还稳中有升,同比增长6个百分点,主要受益于非船产业的发展。中江船业这两年陆续承接了永川报废汽车拆解场、南彭物流园、纳溪沟港、万州北站等项目的钢结构工程,产值占比超过两成。川东船舶重工抓住建筑产业化、建筑钢结构化的契机,整合重大、中科、金科等单位在研发和市场方面的资源，合作成立了钢结构公司，开展相关产品的研发和制造。2016年，川东船舶重工签订三座桥梁钢结构项目，合同金额将近1.5亿元。

2.整船制造利薄、以修船平衡

重庆船舶修造业在造船完工量下滑近70个百分点及同期亏损1.4亿元的恶劣条件下仍逆市扭亏，实现利润5693万元，主要源于骨干企业调整经营方向，从造船向修船转型。全市船舶修理完工艘数同比增长58%，营业收入增长67%，有效拉动行业利润的增长。川江船厂船舶维修120艘次，结束了连续8年的亏损。东风船舶公司进行了船坞的扩能改造，满足川江所有船型的上坞能力，同时利用自身资源积极开展仓储物流业务，结束了连续8年的亏损。东港船舶公司将汽车“4S”理念引入船舶修造行业，开展船舶维修保养、个性化改造、技术咨询、船用配件及易耗品供应、船舶售后及年审等服务，打造集船舶制造(销售)、维修保养、配料供应和信息服务“四位一体”的船舶代理服务机构。

3.创新对行业的贡献逐步增大

技术创新是经济增长的原动力。随着近几年重庆船舶修造行业在技术创新和品牌方面的持续投入，创新对行业的贡献逐步显现。近两年，帝力公司新增专利19项，新增高新技术产品5项，获得高新技术企业称号，新产品占比超过三分之一。中江船业持续加大研发投入和人才引进，自主设计建造的800车商品车滚装船批量建造，新三峡号成功交付，新产品对企业的贡献率接近80%。京穗公司的技术中心被认定为市级企业技术中心，企业品牌获重庆市知名品牌称号。

4.长江支流市场逐步活跃

随着内河船舶标准的提升，新航运水系的开发，有效激发了内河船舶建造需求。乌江航道关闭十年后重新通航，川东船舶重工一次性签订了16艘LNG动力集装箱船订单，合同价1.2亿元。京穗公司、帝力公司、轻舟公司等中小船艇建造企业不断深化对云、贵、川等市场的开发，市场总额和市场份额均逐年提高。三家公司在长江支流水系市场的营业收入超过总收入的50%。

5.市场倒逼过剩产能化解

全市造船完工量只有8.7万载重吨，同比下降69%；有整船建造的企业只有10户，同比减少44%。相对于全市102万载重吨造船产能和60户通过生产能力评价的船舶生产企业数，全市的造船产能呈现明显过剩。海凤公司宣布破产，江渝公司整体并入东风船舶公司，大为船厂整体转作汽车驾校，多户企业由于船东破产导致生产长期停滞，多户企业将场地租赁作仓储物流。市场订单持续减少，行业竞争异常激烈，重庆船舶制造业产能已到非去不可的境地。在市场的强烈倒逼，在市区两级相关部门的合力推进下，全市造船产能退出8万载重吨，基本实现市委、市政府确定的去除船舶过剩产能的阶段性目标。

二、发展中存在的问题

产能严重过剩，产能利用率不到10%；生产效率低下，普遍生产效率在30~40工时/修正总吨，而世界的先进水平在15左右，差距十分明显；整船设计能力不足，导致引领市场需求的新产品缺失，对船东信息的了解滞后等。

（作者单位：重庆市经济和信息化委员会）

生产服务业

吕 立

2016年，重庆市生产性服务业以工业营销和商务、工业设计、工业金融为重点，为传统实体产业的转型升级提供服务和支撑。

一、2016年发展回顾

(一)工业设计成果初显

1.突出工业设计中心引领示范作用

一是设计中心创新能力进一步增强。2家国家级、6家市级工业设计中心专业设计人员达到980人，平均123人/家，近2年累计设计研发投入5.3亿元，承担设计项目398个，其中实现产业化制造项目193个，申请专利2841项，授权2143项。二是推进全产业链设计协同创新，培育设计产业集群。重点支持建设集创家消费品设计营销平台，为全市消费品设计创新和产品销售提供服务；支持北斗民用战略新兴产业研究院建设北斗工业设计研究中心，围绕北斗技术应用设计，培育打造北斗产品设计产业链；推动宇杰为龙头的汽车设计产业集群发展，集聚上下游设计企业10余家，设计收入突破2亿元；培育迪科专用车设计制造产业链，提升专用车设计水平，延长汽车工业产业链。三是落实力帆国家级工业设计中心100万元补助，引导和激励企业加大设计投入，提升设计能力。四是加强宣传。组织重庆日报、华龙网等主流媒体，对重庆市工业设计中心建设成果予以宣传推广。

2.积极开展交流合作推动设计产业招商

一是主办中韩工业设计产业合作对接，与韩国设计振兴院合作，建设韩国重庆设计产业基地，已有design:sun(太阳设计)等6家韩国设计机构正在洽谈落地重庆，并与集创家等企业开展设计项目合作。二是组织上海、浙江等部分省市工业设计主管部门负责人来渝考察调研，签订合作共建示范园区协议。三是推进重点项目招商，推动伟仕佳杰设计研发中心和体验中心、慕恩新能源汽车设计公司、广电计量检验检测子公司等项目招商，推动相关产业创新发展、提质增效。

3.打造品牌活动，营造发展氛围

一是探索市场运作模式举办“长江杯”工业设计大赛，征集大赛作品6200多件，其中产品类700余件，创意类5500余件。二是推荐重庆市优秀设计作品参加2016年中国优秀工业设计奖，共推荐装备、电子等重点行业89件产品参选，50件进入大赛复评，入选率56%，数量位居全国第五，中西部第一。交通大学李伟湛副教授设计的智能感温调奶棒获得世界顶级工业设计大奖——德国IF设计大奖。

(二)工业营销平稳推进

推动“重庆造”产品消费，进一步加大对本地产品采购扶持力度，帮助重庆企业开拓市场、提高销售竞争力。

推动市内协作配套。印发《重庆市重点鼓励采购产品指导目录》，共推荐市内1060家企业、3000多类产品。加强目录推广应用，配合产业处及有关行业处室开展市内工业龙头企业本市配套发展行动计划，落实奖励支持政策，支持目录内企业开拓订单。协调“重庆造”管线产品等本地产品进入本地企业供应链。

做大做强工业展会平台。第十六届中国金属冶金展展会面积达到40000平方米，参会企业1000余家。第十七届立嘉国际机械展展会面积达到85000平方米，展出机床2000台(套)。组织40余家市内企业参加哈萨克斯坦中国智造展，得到了哈萨克斯坦和中宣部的高度肯定。

充分应用电子商务创新营销模式促进消

费。建设“重庆造·全球销”门户网站、重庆市工业产成品信息库和 B2B 电子商务平台。创新营销模式，积极支持亚高贸易 B2B 电子商务平台上线运营，并为线上经销商提供供应链融资。

(三)金融结算成效显著

1.结算项目招商有成果

一是与伟仕佳杰签署“1+5”战略合作项目，在渝布局建设设计研发中心、B2B 电子商务平台、跨境结算中心、供应链金融总部、智能科技体验中心等项目，项目投资 10 亿元，将形成千亿级结算项目集群。二是推进佳都科技在渝设立结算及研发中心，开展信息产品营销结算及计算机硬件、软件系统、网络、安防等产品研发，项目投资 3 亿元，年结算量达 20 亿元，新增税收 2500 万元。三是推动纬创、英业达等跨境结算项目，支持企业制定跨国公司总部外汇资金集中运行试点方案，与市外管局积极对接。四是协调推动维沃第三方支付项目。

2.已落地结算项目运行良好

积极做好已落地结算项目服务支撑工作，重点协调落实宏碁(中国区)采购结算中心项目印花税优惠政策，引导企业扩大在渝结算量。1—11 月，惠普结算中心资金结算 756 亿美元；广达等 7 家跨国公司实现外汇资金集中结算 1083 亿元；佳杰科技、伟仕电脑实现结算量达 240 亿元。

3.探索开展融资便利化工作

一是创新融资模式，推动设立工业融资担保“风险资金池”，充分发挥财政资金的杠杆作用，解决工业中小企业及生产性服务业企业融资难、融资贵的问题。二是引导重点龙头企业开展供应链融资服务，支持伟仕佳杰在渝设立小贷、消费性金融公司等创新性金融机构，解决企业分销商融资问题。

二、发展中存在的问题

一是与发达地区相比，重庆缺乏在国内具有一定影响力的生产性服务业企业。二是专业化、集约化、信息化程度不高，创新能力总体不强、整体服务能力较弱等问题仍然存在。三是专业化、高端化人力资源缺乏。四是中小服务企业融资难、融资成本高等问题比较突出。这些问题严重制约生产性服务业持续发展。

三、2017 年发展目标

(一)大力推动工业设计

制定实施“设计强企”行动计划，围绕产品设计创新，完善设计产业链，重点抓好 6 大工程。一是实施设计中心培育工程，组织开展市级工业设计中心认定，做好国家级工业设计中心组织推荐。二是实施设计师团队培养工程，引导企业建立以产品设计创新中心的设计师团队，探索推进建立企业设立首席设计师和党员设计师制度，组织开展设计人才培训。三是实施重点产品设计创新示范工程，突出产品智能化、绿色化和服务化设计水平，支持汽摩、电子、装备、医疗器械、消费品等行业开展产品设计创新示范。四是实施全产业链协同设计创新工程，搭建消费者、设计企业、制造企业及科研机构间的设计协作机制，重点支持宇杰整车设计、迪科改装车设计、集创家消费品设计、北斗技术民用化产品设计等全产业链设计集群发展，发挥翼马思消费者行为研究等设计服务机构的作用，培育协同设计创新体系。五是实施设计产业集聚区建设工程。重点推动九龙坡、沙坪坝、渝北等重点区县产业设计产业集聚区建设，以产业链培育为重点，有针对性地选择目标企业开展招商。六是实施设计生态链培育工程，建设完善共性研究、应用设计、成果转化、众创孵化等公共平台，发挥好市工业设计促进中心、市工业设计联盟产业职能，继续组织举办“长江杯”设计大赛、设计交流及产业对接等活动，进一步培育重庆市设计产业发展生态环境。

(二)整体推进“重庆造·全球销”活动

大力推进营销“五个一”。一是应用一个目录。推广应用《重庆市重点鼓励采购产品指导目录(2016 年版)》，落实市内配套采购奖励政策，推进龙头企业加强市内协作配套。二是落实一个重点项目。做好重要工业产品的市场推广,鼓励市内重点生产企业新建销售网络。三是建设一批电商示范平台。推进“重庆造”产品销售电子商务示范平台建设。四是举办一系列重庆产品宣传活动。五是壮大一批工业展会。规范工业类展会,做大做强立嘉机械展、中环冶金展等会展品牌。

(三)创新发展工业金融

围绕结算产业招商,实施“五个一”重点工作。一是引进一批独立法人结算总部,重点推动伟仕佳杰全球总部、佳都科技营销结算总部落地。二是集聚一批外汇资金集中运营试点项目,重点推动纬创、英业达等跨国公司跨境结算项目。三是培育一批供应链结算企业,按照“外贸+跨境结算”模式,推动九龙福供应链、嘉晟供应链等供应链企业来渝落户。四是推进一批第三方支付结算中心,重点推动维沃在渝设立第三方支付结算中心。五是解决一批结算中心关心的海关通关、出口退税及产业政策问题,做好已落地结算项目的支撑服务工作。

(作者单位:重庆市经济和信息化委员会)

第五编
开发区与园区建设

特色工业园区发展综述

杨 扬

一、2016年发展回顾

全市园区（含各类开发区工业集聚区，下同）狠抓强基础、建平台、谋创新、稳增长、促融合等各项工作，集群、绿色、智能、和谐园区建设取得较好成效，为“十三五”发展奠定了坚实基础。

（一）园区工业产值突破2万亿元

园区工业产值达到2.07万亿元，其中规模工业产值2.01万亿元。千亿级有两江新区、西永综保区、重庆经开区、江津、涪陵5个园区，五百亿级园区有璧山、长寿、万州、永川、空港、同兴、巴南、合川、荣昌9个园区，百亿级园区达到21个。

（二）持续保持两位数增长

园区规模工业产值增长12.8%、高于全市0.4个百分点，带动全市规模工业产值增速、增加值增速等指标连续多年保持全国前列。綦江、潼南、双桥、永川、沙坪坝、重庆经开区、开州、奉节、南川、万盛、梁平、垫江、云阳、丰都14个园区规模工业增长20%以上。

（三）对工业的贡献率超过80%

园区工业对全市工业的贡献率保持80%以上，支撑全市工业产值达到2.55万亿元；全市园区完成固定资产投资4582亿元，占全市固定资产投资的28.8%；对GDP的贡献率保持30%以上，支撑GDP达到1.76万亿元；缴纳税金734亿元，带动地方财政收入达到2228亿元。

（四）连续3年每年引进项目超千个

全市园区签约项目1350个，协议投资3500亿元，其中签约项目数前10位的是江津、荣昌、两江新区、永川、长寿、重庆高新区、合川、璧山、潼南、南川园区，协议投资前10位的是两江新区、江津、涪陵、璧山、长寿、南川、永川、綦江、双桥、合川园区。

（五）产业特色日趋明显

世界级汽车、电脑产业集群做大做强，九龙摩托车、西彭铝加工、奉节眼镜、建桥环保、梁平塑料、垫江钟表、南川紧固件等特色产业加快培育，智能装备等战略性新兴产业产值同比增长51%。国家新型工业化示范基地10个、国家低碳工业园区2个、市级特色产业基地42个。

（六）基础设施投资首破千亿元

完成基础设施投资1073亿元，自2002年启动园区建设以来首次突破千亿元，新建道路570公里、污水处理厂5座、标准厂房110万平方米。永川、江津、涪陵等6个园区基础设施投资50亿元以上，白涛、潼南、港城、同兴等10个园区固定资产投资增长20%以上。

（七）园区空间得到进一步拓展

15个园区扩区和3个园区调整区位，新增面积30.4平方公里，调整区位8.6平方公里。除两江新区外，45个园区完成公告目录修订并上报备案，核准面积441.5平方公里、管辖面积690平方公里。全市园区建成区面积578平方公里，其中工业用地390平方公里。

（八）质量效益大幅提升

全市园区规模工业实现利润1207亿元，占全市规模工业利润75%；出口交货值达到2700亿元，占全市85%；投产企业用地产出强度80亿元/公里^2，比上年提高2亿元/公里^2。组织24个园区分赴北京、上海、广州与中科院60个研究所进行友好对接，拓展产业技术合作空间。

二、2017年工作思路

（一）工作思路

坚持“集群、智能、绿色、和谐”发展方针，以“中国制造2025”、“互联网+”为指引，以园区转型升级、提质增效为核心,以扩大开放和改革创新为动力,切实抓好基础设施、创新平台、招商引资、安全环保、服务体系五项重点工作,同步推进传统产业提升、新兴产业培育、特色产业发展三项核心任务,把园区打造成为先进产业集聚区、科技创新核心区、“四化”同步示范区和现代化新城区。

(二)发展目标

规模工业总产值2.2万亿元,增长12%;完成固定资产投资4800亿元,规模工业企业研发投入增长20%,新产品产值率25%,园区工业集中度达到82%,投产企业用地每平方公里实现产值81亿元。

(三)重点工作

1.打造创新生态圈

认真贯彻《中共重庆市委重庆市人民政府关于深化改革扩大开放加快实施创新驱动发展战略的意见》,制定实施《关于构建创新生态圈加快园区创新发展实施意见》,选择产业基础好、创新资源多、示范带动强的10个工业园区和20家工业企业,开展创新生态圈建设试点,加快构建有平台、有投入、有培训、有会员、有活动、有文化的创新生态圈。大力开展创新资源招商,加速集聚园区创新资源,全年新增规模工业企业研发机构300个以上,设立市级园区公共创新机构3个以上、公共创新服务平台5个以上。全面落实“创新45条”及相关配套政策,鼓励和支持制造企业、研发机构、创新人才围绕新能源及智能汽车、新材料、智能终端、智能装备等重点领域开展创新活动,全年在研、上市新产品1000项以上,带动全市新产品产值增长20%,新产品产值率超过25%。

2.提升产业承载能力

加强园区基础设施建设,全年完成固定资产投资4800亿元,其中基础设施建设投资1000亿元以上,完善“七通一平”、公共环保、仓储物流、货运码头等基础设施,创造条件确保新引进项目及时落地建设。全面清理和处置园区闲置用地、低效用地和闲置厂房,提升集约发展水平。继续加强和规范园区标准厂房建设,已建标准厂房的利用率提高到80%以上。配套完善工业园区所在城镇的市政、教育、医疗、文化、购物、公交及职工住宿等公共服务设施,不断满足企业员工日常生活需要。加快调整园区拓展部分“两规”调整,稳步推进园区扩区工作,积极拓展园区发展空间。

3.推进产业集群发展

继续深入推进各园区错位发展、特色发展、联动发展,加大力度培育发展特色产业、打造产业集群。每个园区要细化选择1~2个特色鲜明、需求较大、发展迅速、支撑强劲的重点产业,作为特色产业发展的招商主攻方向。支持发展方向明确、产业基础较好的园区积极创建特色产业基地,全年新创建5个以上市级特色产业基地,推荐符合条件的申报国家级示范基地。推进制造业和服务业融合发展,加快发展大数据、云计算、物联网、电子商务、工业设计、产品展示、市场信息、物流配送、金融保险等现代服务业,形成制造业带动服务业、服务业促进制造业的协同发展格局。

4.强力招商引资

推进平台化招商,加强与行业协会、社会中介、各界人士等联系与合作,建立起相对稳固、长期合作的友好关系,以平台为纽带促进招商引资。推进全球化招商,以国际合作产业园建设为重点,通过委托代理、龙头带动、关联协作、技术并购等方式,着力引进一批优质外资工业项目。推进专业化招商,各园区要分产业组建专业招商团队并进行系统的专业培训,积极参加全市100个以上专业招商团队。推进集群化招商,围绕战略性新兴产业和特色优势产业,主攻龙头企业和配套协作企业招商,推进产业集聚集群发展。推进区域化招商,主动融入长江经济带建设,积极承接一批产业转移项目,利用东西扶贫协作引进一批产业协作项目。

5.稳定园区工业增速

坚持做优存量与做大增量并举,支持生产经营正常、产能潜力较大、产品市场可靠的优质企业扩大产能,制定实施“一企一策”措施帮助发展有望的困难企业尽快走出困境,全力做好项目建设服务工作,推进年内能投产的续建项目、技改项目、开工项目早日形成工业增量。坚持传统产业与新兴产业同步发展,支持传统工业企业实施技术改造、调整产品结构,加快培育发展新兴产业。坚持重点突破与面上推进并重,进一步整合各种资源要素,推进重点行业和重点企业优质发展,全面落实“涉企30条”、“电气15条”、“创新45条”等政策,让企业享受实惠。

6.建设绿色和谐园区

加强安全生产监督管理,组织企业全面开展安全生产标准化建设,定期开展安全生产大检查、大整治、大执法活动,加强重点领域、重点行业、重点部位、重点环节、重点时段的安全生产监管,严防发生各类安全生产事故。集中统一规划好园区污水处理、固废处理等公共环保设施,纳入今年中央巡视组“回头看”整改内容的10个园区污水集中处理设施,必须按照要求按时建成投用。支持环境风险重点监控企业按照循环经济发展模式,加大技术改造投入,引进先进技术、工艺和设备,加快环保改造,推进资源综合利用,使企业在降低资源能源消耗和生产成本的同时,实现低碳绿色发展。

(作者单位:重庆市经济和信息化委员会)

两江新区

林 海 李亭一

2016年,两江新区深入贯彻发展战略,积极作为、精准施策,务实推进开发开放各项工作,保持了经济平稳较快增长。两江全域实现地区生产总值2261亿元,增长10.9%;规上工业总产值4892亿元,增长6.7%;规上工业增加值997亿元,增长8.7%;固定资产投资2043亿元,增长15.1%;社零总额1129亿元,增长13.3%;一般公共预算收入302亿元,增长4.1%;进出口总额1544亿元,实际利用外资32亿美元。两江直管区实现地区生产总值1112亿元,增长14.3%;规上工业总产值3079亿元,增长10.7%;规上工业增加值663亿元,增长12%;固定资产投资1201亿元,增长21%;社零总额429亿元,增长13.4%;一般公共预算收入136亿元,增长1.8%;进出口总额1067亿元,实际利用外资24.5亿美元。

一、稳增长调结构效果明显

在“稳中求进”基础上着力“进中求快、快中求新、新中求好”。持续加大固定资产投资,充分发挥政府主导类投资“压舱石”作用,直管区的政府主导类投资增长24%达到580亿元,其中,两江直属6个平台公司自有投资超过300亿元,海绵城市、绿色生态城市、智慧城市、可再生能源示范项目等一大批事关长远发展的功能性工程有序推进。着力稳固工业投资,发挥重大产业项目“增压器”作用,直管区工业完成投资424亿元,占两江全域工业投资的80%以上;开工工业项目45个、投资459亿元,投产工业项目40个、完成投资212亿元。加快培育战略性新兴产业,着力发挥新兴产业的动力转换“催化剂”作用,十大战略性新兴制造业产值实现994亿元,增长19.6%(不含笔电则增长58%),占规上工业的32%;在十大战略性新兴服务业的发展带动下,直管区服务业增加值占GDP比重35%,较上年提高3.2个百分点。

二、招商引资取得新成效

积极推进“五资”(资本、资产、资源、资金、资助)招商,直管区签约项目479个,投资1438亿元,占两江全域的84%;开工项目231个,投资721亿元,占两江全域的91%;投产项目211个,投资409亿元,占两江全域的83%。工业方面,新引进项目117个,投资619亿元,新引进福特林肯汽车、京东方1000万台整机智能制造、长安汽车新能源汽车电池电机、联创电子新型触控显示一体化模组、特来电充电终端、航空钛合金等10亿元以上项目14个,全球机器人"四大家族"中的发那科、库卡、ABB三家落地,北京现代、天骄航空动力、长安全球研发中心、浪潮数据中心等建设顺利推进,奥特斯电路基板、超硅半导体、川崎机器人、移动数据中心等竣工投产。服务业方面,新引进项目362个,投资819亿元,广汇、庞大等平行进口汽车项目,药友制药、华能集团、重庆轨道投资等总部项目,国瑞天街、西部奥特莱斯二期等商贸项目相继落户;落户全国首家信用保证保险"阳光渝融信用保证保险",直属企业发起成立的"三峡人寿保险"、中西部第一家民营银行"富民银行"正式营业;际华园、丰树两江物流园、金叶国际珠宝城等项目顺利竣工或开业;金科亿达科技健康城、美国IA高中、南开中学、国际妇儿医院等项目顺利开工。科创方面,新引进规模以上重点项目36个,投资总额76亿元,落户完美影视、海云科技、浪潮、思建科技、宝信、网宿科技等先导性项目。

三、现代都市新区建设取得新进展

大力完成基础设施,直管区基础设施投资完成274亿元,复盛高铁站及配套道路、横一路延伸段、鱼嘴水厂、3座变电站、7座立交节点等竣工投用,六号线支线二期、水土嘉陵江大桥主桥及南引道、3座变电站等开工建设,一大批涉及新区长远发展的功能性工程有序推进。着力补市政设施短板,以人行过街系统、道路综合整治、公园、湖库及次级河流整治等为重点,全年实施市政工程项目127项,完成投资7.58亿元。不断提升城市管理水平,建成数字化城管、执法应急指挥、渣车管理一站式服务、城市下排危险源及道路积水点监测等系统;实现新增违建管控"两个100%",拆除新增违建1.7万平方米,整治存量5.52万平方米、完成全年目标的162%;维修车(人)行道27.1万平方米、路沿石9161米,打造了一批特色示范街区。

四、创业创新生态不断完善

获批全国首批双创示范基地和国家自主创新示范区,已集聚国家产业基地10个,市级以上研发平台173家,高新技术企业187家。创新平台体系不断完善,建成投用互联网学院、金山意库等一批重要载体,形成27个众创空间、100万平方米企业加速器、15万平方米孵化器,初步形成"创业咖啡+孵化营+专业孵化器+企业加速器"创新平台体系。科技金融服务体系持续发力,新设立移动互联网、文化创意等7支、17.5亿元的股权投资基金,利用10亿元"两江科技创新专项资金"调整推出科技信用贷等4个金融产品,对130家企业授信3.2亿元,协助山外山等7家企业挂牌新三板,初步建成"产业扶持+债权融资+股权投资+改制上市"科技金融服务体系。公共服务体系日益健全,获批知识产权快速维权中心,引进国家知识产权局专利局重庆代办处、重庆联交所知识产权交易分所和重庆专利云平台为企业提供"一站式"服务,举办了2016创响中国巡回接力重庆站、"国创杯"创业创新大赛等活动。

五、对外开放水平不断提高

开放平台及口岸拓展迅速,积极推进自贸区规划、定位、功能研究等工作,为承接项目、扩大开放打下了基础。大力推进中新合作项目,中新多式联运物流示范基地已基本形成合作框架方案,2017年一季度可签约实施,普洛斯金控、美集物流、中新互联互通基金等项目签约落户,宗申-环球石油融资租赁、中新(重庆)空港国际快件等项目正式启动,完成鱼复园区现代物流业发展等策划规划。金伯利进程国际证书制度认证,进口粮食、苗木指定口岸申报工作进展顺利,大批物流分拨企业入驻口岸,进口肉类、水果大幅增长。服务贸易快速发展,总部贸易增长16%达到780亿元;保税商品展示交易领域新设立7

个特色国别馆，交易额增长40%达15亿元；跨境电商交易额增长39%达5.6亿元；整车进口领域引进10家龙头企业，实施整车进口786辆；转口贸易领域开业了咖啡交易中心，全年实现以咖啡豆为代表的转口贸易进出口额52亿元。

六、重点领域改革取得阶段性成效

完成体制调整优化，机关内设机构、直属事业单位分别减少2/5和1/3，初步实现了“大部制”和精兵简政。实施了供给侧结构性改革，创新招商模式，充分发挥产业基金对项目引入的撬动作用，与三峡电力联合设立了100亿元的战略性新兴产业发展基金、50亿元的能源产业发展基金，与中建投和德国惠通资本成立了中欧股权投资基金，参与了国家发改委牵头设立的先进制造业基金等；创新企业融资模式，促进金融与战略性新兴产业的有机结合，与社会资本共同创立机器人、通用航空、新能源汽车等融资租赁公司，全国首创“银行资金实缴到位同股同权分收益”方案，撬动社会金融资本18亿元扶持战略性新兴产业，推动企业装备水平提高，降低企业融资成本；在全国率先实施售电侧改革，改革模式受到国家有关部委充分肯定，电度电价下降15%以上；在果园港寸滩港实施“铁公水”多式联运降成本系列改革，降低物流费1.8亿元；注销76家社会僵尸企业，消化房地产库存63.5万平方米，收回土地14宗、盘活1504亩。深化行政审批改革，将422项行政审批事项精简整合为208项、减少一半，办理时限提速62%；规范行政权力，取消6项行政许可、7项非行政许可及非行政许可审批类别，编制完成权力和责任清单，梳理行政权力3409项。推进商事制度改革，全面实施“五证合一、一照一码”，先照后证、资本认缴、一址多照和一照多址等制度，市场主体、注册资本金分别增长30.4%、19.2%。推进国资国企改革，直属国企发行债券300亿元，赴新加坡发行境外人民币债券，节约财务费用4亿元；新组建了两江新区产业发展集团，实施两江创投公司重组、广泰集团及港务物流集团物流公司吸收合并、渝高物业混改、置业(景观)分拆，关停注销16家国有僵尸企业。

(作者单位：两江新区管委会)

重庆经开区

重庆经开区管委会

一、2016年发展回顾

2016年，重庆经开区管委会在市委、市政府和区委、区政府的坚强领导下，全面贯彻党的十八大、十八届三中四中五中六中全会精神，深入贯彻习近平总书记系列重要讲话和治国理政新理念新思想新战略、视察重庆重要讲话精神，充分发扬“垦荒者、创业者、开拓者”精神，沉心静气、尊重规律、精准施策，产业发展、城市开发建设、招商引资、对外开放以及营商环境等各项工作取得明显成效。实现地区生产总值263亿元，同比增长11.5%；规模以上工业总产值1181亿元，同比增长24%；一般公共预算收入16.2亿元，同比增长13.1%；其中区级税收收入9.1亿元，同比增长10.7%；完成固定资产投资106.7亿元；实际利用内资88.5亿元；实际利用外资6.6亿美元，同比增长375%；外贸进出口总额实现22.2亿美元，同比增长55%，经济发展速度、质量、效益稳步提升。

(一)创新发展调结构，产业发展提质增效

加快实施创新驱动发展战略，积极推动战略性新兴产业发展和传统产业转型升级，产业发展的质量和效益不断提升。一是电子信息产业支撑作用明显。电子信息产业产值突破800亿元，同比增长34%。其中，移动通信终端产值达到700亿元，同比增长14%，维沃、恒讯联盛等

手机企业投产放量，手机出货量达到1.6亿台，同比增长47%，出口量突破6000万台。中移物联网平台用户超过4000万，全国性物联网平台的聚集效应开始显现。车联网产业初具规模，产值突破70亿元，同比增长40%，用户突破2000万，基本建成汽车后服务、车载终端、智能交通三条全产业链。以美的为主的智能家居本地化产业体系逐步形成，汇集上下游企业70余家，智能家电家居实现产值73亿元，同比增长4.3%。软件和信息服务业加快发展，实现营业收入19亿元，同比增长45.3%。二是装备制造业转型升级加快。积极搭建装备制造企业与高校、科研院所和研究机构的协同创新平台，推动装备制造业转型升级。装备制造业全年实现产值180亿元，占工业总产值的16%。积极扶持制造业与互联网、物联网融合发展，获得2个国家级、7个市级"两化深度融合示范企业"。机床、迪马等制造企业实现智能制造、物联网技术方面的创新，转型升级取得初步成效，企业核心竞争力不断提升。三是现代服务业加快发展。现代服务业项目加快向迎龙和东港片区聚集，朝天门国际商贸城一期于去年10月实现正式营业，迎龙医药城一期主体完工。医药物流企业加速聚集，累计超过120家，医药大健康产业链条格局初显。四是产业项目建设进展良好。众邦等3个项目实现供地，维沃、普洛斯等13个项目开工建设并加快推进。

（二）产城融合促发展，城市开发有序推进

坚持产城融合发展理念，抓好重点区域的开发建设，完善开发建设的土地资金保障，加强城市精细化管理，城市开发建设有力推进。一是成功获得迎龙商务区布局经开区的重大发展机遇。迎龙商务区前期各项工作有力推进，铁路枢纽东环线已完成初设批复，铁路东站的规划定位、线路走廊和四至范围确定正在抓紧进行。成功与中铁建股份有限公司签订战略合作协议，中铁建公司已在重庆设立投资有限公司，正积极推进相关合作。二是积极推进其他重点区域的开发建设。抓好广阳湾产城融合示范区建设，广阳湾智慧生态城项目征地拆迁各项工作准备就绪，土地一级整治即将启动。积极做好示范片区的城市形象打造工作，美的片区形象打造有序推进，建成"一轴、一湾、两路口、多节点"景观，新增绿化面积约6.4万平方米。三是着力夯实开发建设的土地保障。实施征地5171亩，完成3000余亩、交地1000余亩，完成迎龙老街、广阳镇河口场片区棚户区征收220户、4万平方米。全面完成东港片区、电机电子产业基地等重点区域的场平工程。四是有序推进基础设施及民生项目。南涪路改扩建、经开立交等一批项目开工建设，纵三路中段等续建项目加快推进，美的桥、纵三路南段等项目建成通车，新增通车里程5.5公里。市政配套建设全面推进，东港污水处理厂一期启动建设，完成配套电力管沟建设5公里，同步铺设给水、燃气、通讯管道7公里，实施管网迁改项目17个。民生项目有序实施，江南水岸公租房一期即将完工，优雅长乐居、龙城大院、东港家园安置房竣工投用。五是不断加强城市精细化管理。建成智慧城管数字化操作平台，实现对城市园林绿化、环境卫生、市容市貌的"网格化、数字化"管理。加强道路、管网、路灯等市政设施的维护，加强道路扬尘治理，强化违规占道、违规广告、违规倾倒渣土的整治，市容环境得到大幅提升。

（三）强化招商促引资，开放水平不断提升

充分发挥对外开放桥头堡作用，不断完善各类开放平台，进一步招大引强，不断提升招商引资质量，努力拓展对外开放的广度和深度，开放型经济发展取得良好成效。一是开放平台作用发挥良好。经开区海关功能升级，出入境检验检疫局经开区办事处运行良好，重庆比荷卢国际物流公司东港公共保税仓库建成投用。二是产业招商成效明显。聚焦国内外"百亿级"、行业排名前10的知名企业，切实抓好招商，全年共落户项目115个，引资金额69亿元。三是中新合作项目深入推进。成功举行"重庆经开区中新合作项目集中签约仪式"，实现7个项目签约。四是开放型经济运行良好。国力通等4家企业成功获得境外投资批准证书。以智能终端产品为主的一般贸易迅速发展，手机出口达到19.5亿美元。融讯等4家企业获得海关高级认证，维沃等3家企业被评为全市进出口企业20强，全年新增外贸进出口企业10户，有进出口实绩的企业达到99户，新增服务外包企业1户，总量达到18户。

（四）优化服务提效率，发展环境不断改善

切实优化企业服务和行政审批，全面推进依法行政，突出抓好安全维稳，不断优化发展环境，发展软实力不断提升。一是企业服务不断强化。开展“进企业、解难题、强服务、促发展”走访调研活动，帮助企业解决具体困难和问题132个。坚持执行领导联系重点项目、服务企业走访座谈等工作制度，企业服务工作体系不断健全。完成网上行政审批平台建设，进一步优化企业服务流程。二是法治环境不断优化。加强法制宣传教育，提高干部学法用法水平。完善依法决策机制，严格依法行政。三是安全稳定持续向好。全面落实安全生产“党政同责、一岗双责”制度，突出抓好建筑工程施工安全、工贸企业生产安全及防汛防灾工作，大力推进安全生产标准化，全年未发生较大以上安全生产事故。扎实抓好信访维稳，确保了辖区稳定。

二、发展中存在的问题

一是创新驱动支撑能力有待进一步提升。各种创新资源利用不充分，创新要素向重点产业集聚不够，创新服务体系不够健全完善，产业资源共享平台和金融协同创新平台作用发挥不够。二是产业结构有待进一步优化。尽管以电子信息产业为主的工业经济增长迅速，但是以现代服务业为主的第三产业还处于起步阶段。三是产城融合发展有待进一步推进。城市配套功能不完善，教育、卫生、文体、交通、商业等配套设施有待进一步完善。四是对外开放的广度和深度有待进一步拓展。对外开放的平台和通道有待完善，现有开放平台作用发挥不够，外资引进的力度还不够大。

三、2017年发展目标

2017年经济发展目标为：地区生产总值增长11%；规模以上工业总产值增长15%；一般公共预算收入增长8%、力争10%，其中区级税收收入增长7%、力争9%；固定资产投资实现108亿元；实际利用内资完成80亿元；实际利用外资实现2.5亿美元；外贸进出口总额达到15亿美元。

万盛经开区

刘小东　罗　江

一、2016年发展回顾

2016年，是“十三五”的开局之年，也是全面建成小康社会决胜阶段的起步之年。万盛经开区党工委、管委会牢固树立和贯彻落实创新、协调、绿色、开放、共享的发展理念，全面落实市委、市政府决策部署战略，积极适应经济发展新常态，充分发挥经开区体制优势，深入实施全域旅游、全民健身战略，加快推进生态文明、智慧万盛建设，开展“工业项目建设、旅游景观建设、城市美化靓化”攻坚行动，扎实推进供给侧结构性改革，经济结构更加优化，改革开放取得重大突破，民生福祉持续改善提升，全区经济健康较快发展，实现“十三五”良好开局。

全年地区生产总值实现124.1亿元，同比增长（下同）11.6%；全社会固定资产投资180.1亿元，增长15.8%；一般公共预算收入12.28亿元，增长15.1%；工业总产值212.8亿元，增长19.5%；社会消费品零售总额45.8亿元，增长12.5%；城乡居民人均可支配收入分别增长

10%、12%。2016年初确定的26项经济社会发展主要指标全面完成目标,为追赶全市步伐、完成奋斗目标迈出坚实一步。

(一)投资拉动持续给力

项目建设强力推进,全社会固定资产投资实现180.1亿元,增长15.8%,投资额较去年净增24.5亿元。从投资领域看,工业、城建、旅游、基础设施、民生投资占总投资比重分别为27.4%、14.4%、22.1%、21.1%、5.6%,工业投资保持高速增长,"两全战略"建设效果显著。从项目类别看,90个重点项目实现投资110亿元,增长10%;53个政府性投资项目实现投资52.5亿元,拉动社会民间投资57.5亿元,政府性资金对撬动社会资本发挥积极作用。

(二)商贸消费依然活跃

全区社会消费品零售总额实现45.8亿元,增长12.5%,批发零售业、住宿餐饮业分别增长24%、20%。积极培育市场主体,全年新增限上商贸主体41家。完善城区商业配套,万盛城市核心商圈商业综合体、宏恩财富广场等逐步成型,广东天和百货、义乌小商品购物城等品牌入驻。提速发展电子商务,积极创建市级电子商务示范区,全区电子商务企业和电商微商达到425家,万盛电商O2O体验馆、20个跨境电商服务站点投用,60个电子商务服务站投入运营并实现行政村全覆盖。外经外贸实现突破,万盛被纳入全市中新(重庆)合作工作6个重点支持区县之一,4家手机供应链企业实现进出口1.27亿美元。万盛梦乡村农业综合开发项目正式纳入全国供销合作总社项目盘子。

(三)工业经济稳健前行

工业发展平稳增长,全年工业实现总产值212.8亿元,增长19.5%,对GDP增长的贡献率达47.6%。煤电化工、新型材料、装备制造、医药健康、电子信息五大产业共完成产值175.3亿元,增长26.7%。工业园区入园企业产值占全区规模工业产值达80%。工业项目建设攻坚行动扎实推进,耀皮二期、福耀二期、博奥镁铝搬迁、多普泰扩能、佳劲机车产业园两家整车等项目建成投产,神华国能重庆电厂、川东化工主厂开建,纳德福生物医药一期启动建设,中色新材料、天馈线检测实验室、重庆玻璃检测中心有序推进,手机智能终端产业园一期厂房建成投用。工业招商成效明显,江苏铁锚玻璃、晖速通信、为尔心康中药制剂等34家企业成功签约入驻,总投资164.4亿元,产业发展后劲充沛。

(四)运行质量稳步提升

地方财力稳步增长,一般公共预算收入完成12.28亿元,增长15%,税收完成7.64亿元,增长9.3%。扎实推进"营改增"改革,为企业直接减少税负2505万元。金融行业健康发展,全区存贷款余额达255.4亿元,存贷比为54.6%,保险业、证券及其他金融行业稳步发展。全年争取上级资金和融资到位资金创历史新高,首次在新加坡成功发行QDS海外债券7000万美元,成为中新合作海外债券发行重庆区县第一单。城乡居民收入与经济同步增长,城镇、农村居民人均可支配收入分别实现26260元、14120元,增长10%、12%。

(五)城乡发展日趋均衡

着力完善城乡基础设施,丛黑公路加快推进,龙鳞石海—奥陶纪、青山湖环线等道路全面改造,绕城公路、鱼田堡大道建成投用,渝黔高速公路扩能开工建设,重庆江南机场成功签约并启动征地拆迁。加快建设重点水利设施,黑山水厂、黑山水库全面完工,松涛湾水库、鲤鱼河引水、观音寺提水等工程有序推进。扎实开展城市美化靓化攻坚行动,实施城市灯饰亮化工程,新增城区绿化面积45万平方米,两河四岸综合整治有序推进。加强城乡环境治理,狠抓环保"五大行动",城区空气质量优良率达到92.7%;实施农村环境综合整治,新建小型污水处理设施63套,改(新)建公共厕所58座、改造农户厕所2352个。推进城乡客运一体化,率先在全市远郊区县中实现镇街公交全覆盖。智慧万盛成效初显,新建4G基站200个,公共区域实现免费WiFi,全区57个行政村实现光纤和4G全覆盖,开通旅游交通广播,旅游电子地图轻应用上线运行。

(六)全域旅游蓬勃发展

扎实开展旅游景观建设攻坚行动，推进黑山谷、龙鳞石海、奥陶纪等精品景区提档升级，推出黑山谷运动中心、健康驿站、百花谷等一批新项目，打造“三湖一岗一村”旅游目的地，旅游业态不断丰富。举办“清凉一夏·健康黑山”、黑山谷国际高山巨型气球节等营销活动，携手央视开展《乡村大世界》《乡约·走进万盛石林》等专题节目，联手百合网举办《金秋爱情季·相约古石林》大型寻爱之旅活动，万盛旅游影响力不断扩大。开展度假区市容市貌综合整治和文化服务上山活动，游客满意度大幅提升。2016 年 2 月万盛被列入全国 262 家首批国家全域旅游示范区创建单位。预计全年接待来区游客 1270 万人次，增长 33.3%；实现旅游总收入 64.1 亿元，增长 34.7%。

(七)全民健身如火如荼

完成游泳馆、羽毛球公园、青山湖环湖步道等一大批健身设施，成功举办万盛“黑山谷杯”国际羽毛球挑战赛和 2016 重庆万盛青山湖国际跑步节，开展各类全民健身活动达到 1200 项次，全区经常参加体育锻炼人数比例达 56.7%。成立体育产业发展领导小组，组建体育产业发展有限公司，建设奥林匹克运动城，创办体育产业研究院，成功引进体育行业市场主体 20 家，体育产业增加值占 GDP 比重达 1.8%，高于全国平均水平。重点推进万盛奥林匹克公园、国际青年户外运动中心、南天门冰雪世界等项目，将体育产业逐渐培育为新的经济增长点和消费点。万盛被确定为国家体育产业和《全民健身计划(2016—2020)》研制实施的联系点城市，并在全国卫生与健康大会上作为唯一代表体育的城市做交流发言，成为全民健身国家战略实践的典范。

(八)农业农村提质增效

农村经济总收入实现 64.3 亿元，增长 12%。全面完成 7 个贫困村、1870 户 7110 人脱贫验收任务。深入推进农村集体资产量化确权，通过试点探索，突出关键环节，规范收益分配，强化监督管理，维护好农村集体经济组织及成员的合法权益。建立健全新型农业经营体系，新增种养大户 46 户，新发展家庭农场 14 户、农民合作社 10 个，新认定农业产业化龙头企业 6 家。大力发展特色效益农业，巩固茶叶、方竹笋、猕猴桃、蜜柚等优势产业；积极培育食用菌，引进年产 7.5 万吨食用菌及年产 1000 万棒专业化菌棒项目，丛林食用菌产业园成功创建为市级现代农业示范园区。加大农业综合开发，强化农业科技支撑，提高农业机械化水平，农村生产生活条件进一步改善。

(九)改革创新锐意进取

大力开展供给侧结构性改革，地方煤矿全部关停，南桐矿业公司“四矿一厂”陆续关停，淘汰煤矿过剩产能 250 万吨，煤炭采掘业占工业总产值比重下降到 5%。建立房地产发展引导基金，在农村土地征收工作中探索实行团购现有库存房安置拆迁户等政策措施。落实普降社保费率政策，为企业减负 8825 万元。推进工业用气价格改革，为企业节约资金 3350 万元。深化“放管服”改革，取消行政许可事项 5 项、非行政许可事项 29 项。扎实推进国有重点企业改革，组建城建、水建等 5 家国有重点企业，万盛并劲旅游公司成为重庆首家在“新三板”挂牌的全资国有企业。全面启动市属重点国有企业办社会职能移交工作。深入推进中小城市综合改革试点及扩权强镇改革，全面激发发展活力。完成公务用车制度改革和群团改革。深入实施创新驱动战略，万盛科创大厦建成投用，设立创业种子投资基金支持 29 家企业创新发展，全区万人发明专利拥有量为 2.25 件。

(十)社会民生持续改善

社会事业全面进步，30 件重点民生实事惠及百姓。加快 49 中学异地扩建和城区学校扩容，公办幼儿园实现镇街全覆盖，高考实现 51 年来清华北大零的突破。加快“三甲”医院创建，推进黑山谷运动医院建设，提质改造中医院、妇幼保健院、精神卫生中心，加快镇街卫生院、村(社区)卫生室标准化建设。全面启动“医疗上山”，在黑山谷、石林景区设立门诊部，开展 120

急救车巡回诊疗和义诊活动，受益游客达7000余人次。扎实开展就业创业行动,制定实施关闭煤矿失业人员就业创业系列扶持政策，全年城镇新增就业6144人、创业3185人。全面启动东林二村、和平二村、铁路一村平房等片区城市棚户区改造,完成协议签订912户5万余平方米;农村危旧房改造开工400户,竣工299户。28个老旧小区实现提档升级,30个运动休闲公园加快建设。实行城乡公交全程1元一票制,实施高龄老人营养补贴扩面提标。万盛影剧院改造竣工投用,规划展览馆、博物馆即将建成,群众获得感幸福感不断增强。

二、发展中存在的问题

随着供给侧改革深入推进,煤炭、房地产、电力等传统行业仍面临严峻挑战；接续替代产业支撑不够，战略性新兴产业培育尚处于起步阶段,地区经济结构有待调整优化;现代服务业发展缓慢,消费对经济增长贡献不足,适应市场需求变化释放消费潜能仍待破题；资源型城市历史遗留问题较多，生态环境治理与保护任务艰巨,持续保障和改善民生任重而道远。这些都需要我们主动适应经济发展新常态，落实共享发展新理念,探索有效供给新实践,坚定转型发展强作为。

三、2017年发展目标

按照中央“稳中求进”总基调,结合市委提出的“七个更加”要求,明年经济工作突出“稳增长、调结构、抓创新、促改革”重点,充分发挥经开区体制优势,加快实施“十三五”规划,全面深化供给侧结构性改革和创新驱动发展战略,将改革创新贯穿于经济社会发展各个领域、各个环节,着力优化产业结构,着力增强内生动力,着力提升经济效益,着力改善社会民生,扎实推进地区经济社会持续健康发展。

2017年经济社会发展的主要预期目标为：地区生产总值预期增速11%左右，工业总产值增长24%,固定资产投资增长11%,社会消费品零售总额增长13.3%。城乡居民收入分别增长9%、11%。

(作者单位:万盛经开区管委会)

长寿经开区

长寿经开区管委会

2016年,面对国内经济发展进入新常态、世界经济发展进入转型期、世界科技发展酝酿新突破的发展格局，长寿经开区坚持以新发展理念引领经济发展新常态，加快转变经济发展方式、调整经济发展结构、提高发展质量和效益,着力推进供给侧结构性改革，全力营造崇尚创新、注重协调、倡导绿色、厚植开放、推进共享的机制和环境,确保经济更有效率、更有质量、更可持续地发展,实现了“十三五”良好开局。

一、2016年发展回顾

2016年,实现规上工业产值735亿元,同比增长8.2%；完成工业投资290亿元，同比增长26.6%;到位内资145亿元,同比增长18%;实际利用外资1.5亿美元,同比下降59.5%;外贸进出口11亿美元,同比下降10.6%;实现税收25亿元,同比增长6.5%;新引进项目80个,合同引资280亿元。

(一)调结构,产业转型升级上台阶

围绕重化工产业转型目标,着力转方式、调结构,产业转型升级效果显现。

1.全力推进开放发展,开拓了经济发展新格局

围绕五大产业集群，在产业链上寻求优势

环节，以国内外500强企业为重点筛选高新技术产业和新兴产业，坚持驻点和依托行业协会招商模式，开拓经济发展新路径。一是新能源产业取得新突破，深圳比克电池投资23.5亿元的新能源项目成功入驻，预计实现产值50亿元。二是装备制造产业再壮大，新引进现代汽车配套项目4个，累计引进签约项目31家，总投资额79亿元，预计年产值150亿元。三是新材料产业难中求进，新引进聚氨酯上下游项目4个，累计签约项目10家，总投资额30亿元，预计年产值100亿元。四是综合化工产业转型取得新进展，重庆博腾制药扩大投资再投资20.5亿元建设医药项目。五是钢铁冶金产业调结构取得新进展，新签约下游项目4家，投资总额37亿元，预计年产值80亿元。六是电子信息产业再添新军，深圳国乾科技投资1亿元的手机项目成功入驻，将实现高端手机长寿造。

2.全力推进经济集群发展，实现了产业转型升级新突破

2016年五大产业结构性占比调整为34:19:23:16:8，预计综合化工、钢铁冶金、装备制造、新材料新能源、电子信息五大产业分别实现产值228亿元、125亿元、155亿元、110亿元、57亿元，钢铁冶金产业下降44.4%，装备制造产业增长25%，新材料新能源产业增长36%。新材料新能源、电子信息两大接续产业工业总产值突破百亿大关，达到167亿元，同比增长25%，全年新增规上企业20户，规上工业企业累计达154户。

(二)搭平台，发展承载能力上台阶

围绕晏家、江南、八颗三大组团发展建设，推动三区统筹、五产同进、协同发展，项目承载能力大幅提升。

1. 规划管理进一步深入完善

先后完成了晏家、江南、八颗三大组团16个控规调整，保障了规划的整体性、协调性。完成三大组团公用工程规划7个，保障了公用工程规划科学实用。帮助企业规划用地红线40余个，方案预审查50余家，保障了企业依法依规快速建设。

2.功能型基础设施进一步完善

完成基础设施投资19.1亿元，新建道路8.6公里、电缆沟4580米、企业临时用电设施3座，长江二桥开工建设，开创了PPP项目建设先河。科技创新园一期项目完成前期工作，正在进行建筑设计和研发楼工艺设计，八颗组团的招商形象进一步凸显，为重大项目的入驻建设创造了条件。

3.推进供给侧改革搭建能源保障平台

全年对外投资2500余万元，累计投资1.06亿元，组建了售电公司、天然气公司、生态公司，累计成立合资公司8家，全力为企业提供量足价优的能源保障。

(三)优服务，企业发展壮大上台阶

围绕项目加快建设和企业突围解困，进一步优化企业服务，帮助企业发展壮大，经济效益有了新提升。

1. 企业建设服务进一步优化

按实事求是、守住安全环保底线、支持企业发展的原则，推行了企业建设行政审批手续并行办理，优化了审批工作流程，提高了审批效率。新注册企业36家，新开工项目72个(其中重大项目51个)，开工面积198万平方米，新投产项目40个。完成工业投资198亿元，增长8.8%。现代汽车配套项目建设加速推进，建成投产企业7家，新增产值20亿元，开工建设25家，2017年7月全面建成投产。

2. 企业运行服务进一步优质高效

一是公用工程保障有力，供电53亿千瓦时，供煤407万吨，供气27.3亿立方米，供水6654万吨，蒸汽83万吨，较好保障了企业生产所需。二是项目用地土地有效供给，上报征地件项目14个，报件面积4129亩，获得批复10个，批复面积约2626亩；供地30宗，面积2469.5亩，解押14个土地证，解押面积1584亩，有效满足了项目建设用地需要。三是人力资源保障充分，通过招工政策补贴、大专院校招聘等形式，帮助企业新聘员工1280人，发放招工补贴122万元。四是企业矛盾纠纷化解有效，帮助企业协

调处理工资、经济补偿金、工伤等劳动纠纷 63 件，维护了企业正常生产经营秩序。五是拨付支持企业发展产业发展资金 2.69 亿元，帮助企业融资 6.8 亿元，较好地解决了企业资金困难。

3. 帮扶企业改革突围解困力度进一步加大

千方百计协调重钢股份与攀华集团成功合作，推进了国企改革步伐，开创了国企与民企合作的新篇章，成为了供给侧改革的典范项目，新增工业产值 66.7 亿元，稳定就业 10119 人。采取增资扩股、腾笼换鸟、收购兼并、合作经营等二次招商模式，盘活企业 5 家，利用闲置土地 504.7 亩，发挥了土地资源效益。

（四）严监管，安全环保稳定工作上台阶

持续深入开展安全环保提升年活动，严防责任松懈、严防监管缺失、严防事故反弹，全年没有发生较大以上安全环保事故，零到市进京信访。

1. 安全生产监管整治全方位

一是开展建筑安全检查 119 次，查处安全隐患 199 起，约谈企业 5 家，隐患整改率 100%，建设项目质量合格率 100%。二是开展企业生产安全检查 618 家次，邀请专家 300 余人次，查出问题 1447 条，下发整改指令书 83 份，实施生产经营性行政罚款 43.6 万元，整改率 100%。

2. 环境保护成效进一步显现

全年检查企业 350 余次，查出隐患 400 余条，下发隐患整改通知书 19 份，隐患整改率 98%，约谈主要负责人一家，查处环保违法企业 37 家，累计罚款 1810 余万元。清新行动成效显著，紫光国际、佐能化工 2 家企业完成有机废气深度治理试点工作，启动了九龙橡胶、天志环保、博腾制药、小康动力、农化集团等 11 家企业有机废气深度治理试点工作，全年环保投诉 95 起，同比下降 26.36%。蓝天行动扎实深入，联合交通、公安、市政等部门深入开展清洁运输整治，纠正不规范运输 150 余起，处罚违规车辆 700 余台，督促 5 家产尘企业开展粉尘整治 20 余次，扬尘粉尘污染得到整治。碧水行动持续推进，完成电镀园污水管网可视化改造，化工区污水管网可视化工作稳步推进。

3.应急管理进一步优化健全

一是开展经开区级、企业级应急演练 51 次，完成企业应急预案编制备案 26 家。二是建立了应急资源库，补充应急物资 5 台（套），建成投用环境应急监测站。三是成功举办全市安全生产应急管理工作会暨“三支队伍”建设现场会、长江经济带饮用水水源地环执法专项行动现场会。四是数字园区持续推进，安监、环保、应急管理系统、档案管理系统等已上线运行。

责任关怀行动持续深入开展，累计发展会员单位 59 家，形成了园区主导、协会主推、企业主体的工作模式，全年开展各种活动 36 次，共筹集资金 43 万余元，切实解决了周边村民的难事，共享了经济发展成果。开展进学校、进社区、进企业活动 4 次，促进了群众认知化工、企业反哺社会的意识，增强企业主体责任意识，形成了企业反哺社会，社区群众支持企业发展的局面，为重大项目建设投运奠定了基础。

（五）推创新，创新驱动发展上台阶

围绕企业创新主体，着力推进政策引导和科技创新平台建设，为实施创新驱动发展提供保障，增强创新驱动发展的活力。新引进企业研发中心 5 个，申报高新技术企业 5 个，申报区级研发中心 5 个。

1. 科技创新政策体系进一步完善

深入贯彻市委四届九次全会精神，根据区委区政府《关于深化改革扩大开放加快实施创新驱动发展战略的意见》和《重庆市长寿区创新驱动发展战略专项资金管理办法（试行）》，设立了 2.5 亿元的科技创新产业发展资金鼓励企业加强企业研发机构建设、科技成果转化等科技创新工作，建成了高层次人才公寓 75 套，为科技创新人才引进、培养奠定了基础。

2. 企业研发机构进一步壮大

第一个专业化、独立法人化的高端研发机构云天化瀚恩新材料入驻运作，与中国高技术产业发展促进会成功合作。科技创新园一期工程相关前期工作基本完成，正在开展建筑设计和研发楼工艺设计，届时将为企业提供全要素、低成本的科技创新创业服务。

2016年取得了比预期要好的成绩，实现了“十三五”良好开局。但我们也清醒地看到，开发区面临发展压力十分突出。一是宏观调控带来的压力。在新常态下，国家将对化工、钢铁等资源消耗型传统产能过剩的产业进行调控，同时化工、钢铁产业回暖趋势不明朗，投资者信心不足，而这些产业又是经开区的经济支柱，将严重影响经济发展。如重钢与浦项合作项目久久未能开工建设。二是区域竞争带来的压力。招商引资竞争白热化，而经开区的新材料、电子信息产业基础优势不明显，龙头优质项目引进压力大，推进产业结构转型发展难度大。三是安全环保维稳带来的压力。经开区正处于项目大建设大发展时期，在新常态下，企业经营困难，安全环保投入不足，企业主体责任落实不到位，存在潜在风险，安全环保稳定压力巨大。

二、2017年发展目标

2017年是全面实施“十三五”规划的关键之年，长寿经开区将顺势而为，乘势而上，狠抓招商引资、重大项目建设、企业服务、安全环保工作，全力打好攻坚战。

发展目标：实现规上工业产值820亿元以上；新增合同引资200亿元以上；完成工业投资210亿元以上；实际利用外资1亿美元以上；进出口额7亿美元以上；实现税收25亿元以上。

(一)扩投资、推项目，增强转型发展牵引力

投资是拉动地区经济增长的第一推动力。将以大项目带动大投入，以大投入推动大发展，扎实推进82个重大项目建设、6个重大前期类项目，确保全年工业投资完成210亿元以上。

千方百计加快推进现代汽车配套项目建设，确保满足现代五工厂整车生产需要。千方百计推进重钢冷轧镀锌薄板项目建设，力争2017年3月开工建设。千方百计推进亚太纸业、世纪之光等项目建设，确保按期建成投产。

(二)转方式、提质量，增强区域经济竞争力

围绕转型升级总任务，在做大总量中优化结构，在加快发展中提高质量，在协调互动中促进转型。

奋力推进300万吨重油深加工项目，加快解决聚氨酯上下游产业招商缺乏的关键原材料问题。奋力推进深圳乾泰动力电池、深圳恩瑞半导体项目，进一步壮大电子信息产业集群。奋力推进从单一聚氨酯招商向开拓工程塑料、电子材料等新材料产业招商的转变，进一步壮大新材料产业。奋力推进在做好现代汽车配套项目招商的同时向加强长安、长安福特配套项目招商的转变，进一步壮大装备制造产业集群。

(三)夯基础、优环境，增强持续发展内生力

深入推进三大组团建设，着力构建空间布局合理、功能分区完善、资源配置优化发展新格局。

进一步优化三大组团产业规划、公用工程规划，做到项目用地规划有保障、建设指标有控制，实现可持续开发。加快推进长江二桥、科技创新园、道路管网建设，进一步提升项目落地承载力。加快国家知识产权示范园区申报和创建工作，确保上海复星等一批企业尽快在长设立研发中心，加速企业创新创业载体建设。

(四)抓要素、破瓶颈，增强加快发展保障力

要保持规上工业产值增长稳定在11.5%左右的合理区间，必须千方百计保障资源要素，破除发展瓶颈。

创新融资方式，多渠道争取政策性扶持资金，多方法降低融资成本，确保公司债二期、西部信托等约25亿元融资资金上账，满足重大功能型基础设施项目建设资金需要。征地报件10000亩，取得批文26000亩，确保现代汽车配套等50个项目建设用地需要。用活用好担保中心，全力帮助企业融资，依法依规按期拨付企业产业发展资金，帮助企业解决融资难融资贵问题。提升四合燃气、焜田燃气、能投售电三家合资公司营运效率，为企业提供优惠的能源价格，帮助降低生产成本。

（五）筑屏障、保安全，打造和谐发展空间

生态环保、安全稳定事关长远发展的生命线和保障线，将持续深入开展安全环保提升年活动，进一步完善责任体系、制度体系、宣教体系、风险防范体系，使开发建设更加符合安全发展、绿色发展、科学发展的要求。

继续坚持企业引进准入制度，从投资强度、能源消耗、污染排放等方面严格把关，切实将不安全、不环保、不和谐的因素拒之门外，从根本上筑牢经开区安全环保防线。坚持安全环保专项整治和日常监管相结合，加大执法力度，强化臭气扰民问题治理，及时解决群众关切的环保热点问题，维护社会稳定和谐。依托数字园区平台，利用开放的移动互联网平台和现代物联技术，健全智能化数字环保信息系统，进一步完善污染源动态信息采集，集成共享数据资源，提高环境监管现代化、智能化水平，实现环境监管全天候、全覆盖。加快推进化工片区污水主干管网可视化工程和化工园区典型大气突发环境事件风险物质预警体系建设，进一步完善预防、预警、处置一体化的环境风险防范和应急处置体系。

高新技术产业开发区

高新技术产业开发区管委会

2016年，实现地区生产总值424.9亿元、增长12.6%，固定资产投资322.9亿元、增长13.5%，规模以上工业总产值468亿元、增长19.8%，社会消费品零售总额355.4亿元、增长12.9%，三次产业结构调整为0.7:37.3:62。

一、创新创业发展

2016年，高新区把创新驱动摆在优先位置，抢抓到建设国家自主创新示范区、小微企业创业创新基地城市示范和西部创新中心窗口重大机遇。创新要素更多注入。新增市级工程（技术）研究中心4个、产业协同创新中心1个、博士后科研工作站1个，新增万人计划领军人才2名。新增高新技术企业40家、科技型企业182家、科技“小巨人”企业26家、高新技术产品超200项，数量全市领先；实现规上高新技术企业产值200.5亿元，增长31%。建成市科技金融分中心，新开发银政通、租赁通、知识产权质押融资等债权产品，种子基金全市率先投放、向15个优质项目投资385万元，年度助企融资3亿元、受益企业平均发展增速超30%。创新生态更快构建。全国首个石墨烯产业专利数据库、西南地区首个英特尔合作众创空间、知名孵化器创客邦、EDA集成电路研发设计平台、高创机器人研究院等一批创新服务平台建成投用，育成公司获批国家级孵化器，新增5个众创空间、1个孵化器，科技服务大市场累计完成技术及服务交易额52亿元、新增合作机构45家。全市率先试点“渝新券”、价值1883万元惠及168家企业，修订《重庆高新区科技创新促进办法》、兑现科技创新奖励资金3102万元。成功承办全国火炬统计年会，举办第五届中国创新创业大赛（重庆赛区）暨“高新杯”众创大赛、中国（重庆）石墨烯应用及产业化高峰论坛。创新引领更强凸显。新增授权专利1824件，增长16%；万人发明专利拥有量达21.9件，是全市的3.8倍。新增高新技术企业、科技型企业、高新技术产品数量占全区比重分别达76.9%、50%、71%。全社会研发投入占地区生产总值比重达4.4%，是全市的2.8倍。

二、产业发展

2016年，高新区坚持把促进经济总量扩大与加快产业结构调整相结合，扩总量、优结构、提效益，推动产业融合发展。工业经济稳中向好。新培育亿元级企业10家、规上工业企业15家，全年实现规上工业总产值468亿元，增长

19.8%,推动植恩、秦安机电等企业投入资金2.7亿元、实施技改项目12个。战略性新兴产业增加值占规上工业增加值、现代服务业增加值占服务业增加值比重分别达30%和62%,单位工业增加值能耗下降10%。战略性新兴制造业持续壮大。生物医药产业拥有全球领先的细胞再生技术,增速达到14%,石墨烯新材料建成全市最完善的全产业链条,电子信息产业增速达到30%,高端装备和智能制造等5大"园中园"加快建设,战略性新兴制造业产值达135亿元,增长25%,拉动地区生产总值、规上工业总产值分别增长2个、6.7个百分点。现代服务业蓬勃发展。阿里巴巴高新区产业带交易额突破百亿元,秒银科技获评2016年中国互联网企业100强,亚德科技获评全国工业品牌培育示范企业,市中小企业服务云平台等14个企业项目入选全市"互联网+"首批试点,火炬互联网、广播影视文化创意等5大产业楼宇签约入驻企业130家、营业收入达30亿元,国家质检中心基地、九州汽摩城建成运营,高技术服务业收入增长30%。

三、招商引资和对外开放

2016年,高新区围绕创新驱动战略,依托国家自贸区、国家自主创新示范区、"西部创新中心窗口"开展招商引资工作,结合高新区产业发展优势和产业结构特点,明确招商方向,科学制定招商目标任务,突出招商重点,推动全区"1+6+5"投资促进体系优化提效,实际到位内资220亿元、利用外资1.7亿美元。引资引链有效率。引进中小企业成长学院等新加坡投资项目7个,引入科研机构和创新服务机构7个,太古食品华西区总部、雅特力32位微控制器芯片、凯泽科技人脸识别、精准生物医疗、苏河汇双创城等行业龙头项目签约入驻。新签约项目103个、投资额265.6亿元,战略性新兴产业和现代服务业项目数占比、投资额占比分别达93%和89%。落地投运出效果。新招商项目开工建设率达60%、投产运营率达31%,以哈迪斯为龙头的"1+8"智能终端、中显智能等14个工业项目建成投产,实现规上工业总产值40亿元。2014年以来引进项目全年贡献战略性新兴产业增加值35亿元、拉动地区生产总值增长达7.9个百分点。对外贸易显效益。西部国际涉农物流加工区申请设立进口肉类保税仓,新增备案审批外资企业8家、超千万美元出口企业1家。实现外贸进出口总额4.8亿美元,对外实际投资额669万美元、增长435%,服务外包离岸执行额6000万美元、增长19%,跨境电子商务交易额突破亿元。

四、城市开发建设

2016年,高新区继续坚持优质项目投资拉动,以东区石桥铺、二郎和西区三大板块为载体支撑,推动区域开发建设取得新突破、新进展。东区两大板块加快完善高新技术服务中心功能,完成投资118.5亿元,实施项目85个;打通五四大道南段、张坪、小沟片区周边道路一期等12条断头路,轨道5号线及环线、红岩村大桥提速实施,四横线(二郎—陈家坪立交)道路启动改造;完成石桥铺数码商圈A区综合整治二期一标段约1.35万平方米地面景观改造,建成高九路1号、石小路康德城市风云前两座人行天桥;二郎总部经济楼、兰花丽景先后建成投用,江厦星光汇、龙湖新壹城完成主体建设,华硕第二营运总部、铁建·渝都等一批品质楼盘有序推进;杨家坪中学彩云湖校区(高中)建成投入使用。西区板块突出"一区一带"打造见成效,完成投资204.4亿元,实施项目140个;中梁山隧道扩容双向贯通,轨道5号线及环线主体完工,快速一纵线(青龙咀至狮子口立交段)、青龙咀立交顺利实施,拓展区横三路(高新大道延长段)、虎曾西路建成通车;金凤园区凤祥居二期(A区)、金凤佳园公租房交付使用,含谷公租房、含谷安置房(一期)、生物医药标准厂房(一期B地块)、含谷标准厂房一期即将投用;国家质检中心等服务业项目提速实施;九龙国际珠宝产业园、上桥粮食中转库整体迁建等项目加快推进;哈迪斯、笨瓜科技等11个项目完工投产,预计新增产值84.55亿元;花房子公园初具形象,即将建成投用。能源供给保障有序,白含污水处理厂扩建、含谷供水保障工程提前建成投用,大田110kV输变电、金凤园区4号开闭所等4个能源工程陆续顺利完工,金凤园区5号开闭所进展顺利,涉农物流加工区3号开闭所等保障项目明确实施计划。

五、财政和金融

2016年,高新区切实加强税收征管,完成区级税收(同口径)14.43亿元,扣除一次性因素比2015年同口径增长17.81%。以政府购买服务、股权、基金等多种方式,组织各平台公司开展融资,与工商银行合作成立全市首个地方性城市基础设施建设基金,全年完成筹融资138.03亿元,资金统筹平衡有序。新增15家金融机构在高新区设立分支机构或分理处,金融机构人民币存贷款余额108.56亿元,同比增长12.96%。加强预算管理,全年完成一般公共预算支出4.37亿元,实现“三公经费”连续第4年零增长。对高新区范围内的1558家企业累计兑现各级财政扶持资金2.63亿元。助力实现“新三板”挂牌企业5家,纳入重庆拟上市企业储备库6家,推进1家企业提交主板上市申请。同时,提高资金及财务管理的规范化水平,拨付各项建设资金20.9亿元,对10个部门及公司开展内审。推进科技与金融深度融合,拟定《高新区科技金融体系建设方案》和《股权投资基金设立方案》,全面梳理归纳其他先进自创区科技金融政策和财政扶持政策,积极修订完善高新区金融政策、产业扶持政策,协助管委会洽谈建立启迪、创投、苏河汇等基金项目,助力企业发展创新。

西永园区

西永园区管委会

2016年,西永园区实现工业总产值1269.5亿元,其中规上工业总产值1256.9亿元,同比增长2.65%;完成外贸进出口值1507.9亿元,同比增长2.8%,占全市外贸进出口值的36.6%,占比增加4.9个百分点。生产各类电子终端产品1.1亿台,同比增长4.08%,其中电脑产量3943万台,同比增长6.1%,占全市电脑产量的2/3。

一、认真编制实施“十三五”发展规划,全力以赴稳增长

为落实“十三五”发展规划,园区按照立足当前稳增长、着眼长远抓招商的原则,积极适应经济新常态,冷静应对全球笔电产业总体需求下降的不利局面,迎难而上,鼓励和支持笔电品牌企业和代工企业向重庆转移产能,全力以赴帮助园区企业抓新产品新订单,在确保电脑产量总体增长的基础上,努力弥补电脑单机价格下降造成的产值缺口。2016年在全球电脑出货量总体下降幅度达两位数的情况下,园区电脑产量逆势增长6.1%。通过新产品和新订单的招商,园区企业代工品牌由原来的4个(惠普、华硕、宏碁、东芝)迅速增至9个(新增富士通、小米、乐视、谷歌、安桥),同时新增了手机、一体机、大屏幕电视、串流装置、MP5等5大类新产品。这些新产品新订单将成为今后稳增长的新动力。

二、着眼长远大力招商,增强经济发展后劲

发挥西永微电园自贸区、保税区、中新互联互通示范项目等开放政策叠加的优势和西永综保区选择性征税试点和增值税一般纳税人资格试点的开放政策优势,结合延伸电子信息产业链条、大力发展战略性新兴产业和现代服务业、推动产业转型升级的目标,集中力量开展招商工作。除了明确公司主要领导带头抓、班子成员共同抓之外,还专门抽调公司近1/3的员工组成

了四个招商团队,构建起"专业招商+专项招商+全员招商"的大招商格局。

全年新签约项目30个，协议投资额近200亿元。其中,在电脑产业方面,积极推动区内笔电代工企业加快向重庆转移附加值高的产能。在集成电路产业方面,积极招引集成电路封装、设计等产业链上的项目,目前新策划的12寸集成电路生产项目年后将启动洽谈。在手机产业方面，目前1个年产值上100亿元的手机整机项目和2个年产值上50亿元的手机整机项目谈判进展顺利,年产值20亿元的捷来高速手机贴片线项目已落户。在新型显示产业方面,狠抓了液晶面板偏光片、大屏幕显示器、LED显示屏、激光光栅显示幕布等项目的招商工作。在软件及信息技术服务产业招商方面，狠抓了微软云暨移动应用孵化加速器、重庆智能制造研究院等软件及信息技术产业服务项目的招商工作,成功举办了微软全国创新峰会,重庆市机器人与智能装备产业制造联合会以及12家机器人方案集成公司已与园区初步达成合作意向,正在有序洽谈中。目前,园区已引进软件企业31家。在文化产业方面,引进了泓艺九州国际文化艺术中心项目，发挥了综保区文化艺术品保税存储功能。

三、大力发展服务贸易,建设对外贸易制高点

按照“日用消费品进口+电子料件分拨+进口汽车”三大外贸方向，大力推进跨境电子商务、平行进口汽车、总部贸易及转口贸易、委内加工、返区维修、跨境金融结算、保税商品展示交易等业务。2016年,服务贸易产业完成外贸进出口值123.49亿元,为上年的30.49倍。跨境电子商务、平行进口汽车、总部贸易及转口贸易等服务贸易业务外贸进出口值均位居全市首位。

(一)跨境电子商务业务继续领跑全市

全市率先推动建立优质化服务工作机制和推动多部门联合招商,引进当当网、母婴之家等国内知名电商和物流、第三方服务等跨境电子商务全产业链企业入驻。完成交易额约15亿元，占全市交易额的72.7%，实现了跨境出口B2C和B2B业务的突破。

(二)平行进口汽车集散分拨中心正快速形成

利用重庆整车进口口岸和渝新欧国际货运大通道优势,推进平行进口汽车业务发展。6月13日,首趟满载82辆平行进口汽车的专列从德国杜伊斯堡出发,途经波兰、白俄罗斯、俄罗斯、哈萨克斯坦到中国阿拉山口入境而后抵达重庆西永,全程耗时14天左右,比海运节约30多天,全年完成报关1025辆。已引进润东、飞力达、南山等平行进口汽车产业链上下游企业落户西永，并与中国汽车后市场联合会建立了战略合作关系。

(三)西永综合保税区获批内销产品选择性征税政策试点和增值税一般纳税人资格政策试点

自2016年9月1日起，财政部财关税〔2016〕40号公告将内销选择性征收关税政策试点扩大到西永综合保税区，并率先在鸿富锦精密电子(重庆)有限公司试点,2016年该公司试点申报内销产品为6268台液晶显示器,申报价格为3606931.28元。根据政策灵活性,该公司选择按进口料件缴纳内销产品进口关税129627.28元，较政策试点前节税952476.37元，减少88.02%。依据国家税务总局、财政部、海关总署2016年第65号公告,从11月1日起,西永在综合保税区内开展了增值税一般纳税人资格试点,全年共有沙伯基础、锦富泰电子科技、丝艾产品标识等8家企业参与该政策试点。

(四)总部贸易及转口贸易异军突起

成功引进飞力达、东升、郎悦等企业开展以电子料件分拨、汽车零部件分拨为主的总部贸易和转口贸易业务。总部贸易及转口贸易业务外贸进出口值位居全市七个试点区域的首位，完成外贸进出口值约105.4亿元。

(五)保税融资租赁业务开始起步

成功引进重庆渝农商租赁公司和重庆银海融资租赁公司等企业，其中重庆渝农商租赁公司将在西永综保区内设立特殊项目SPV公司，

提供保税融资租赁服务，目前设立手续正在审批之中。

(六)保税商品展示交易业务不断扩大

充分利用西永综保区的辐射带动效应，嘉发跨境宝、西港全球购等公司在主城核心商圈开设实体旗舰店，海悦汇公司投资建设的欧洲购物公园已于 2017 年 1 月 21 日开业，该公司分布在全国 8 个省市的 60 余家线下体验展示店已投入运营，园区保税商品展示交易业务覆盖的区域和交易量进一步扩大。

(七)跨境金融结算业务深入发展

惠普全球个人电脑结算中心继续运行，结算税收贡献大幅增加，全年共结算约 700 亿美元，贡献税收 40.46 亿元人民币。广达公司自 2014 年 9 月在西永开展跨国公司外汇资金集中运营管理业务以来，已累计完成结算 506 亿美元。其中，2016 年完成结算 160 亿美元。

四、走产城融合发展道路，深度推进园区各项开发建设工作

(一)着眼长远发展，优化园区规划

着力于优化、调整园区规划，重点解决了园区发展以及招商引资涉及的规划问题。完成了 V 标准分区 0.9 平方公里欧洲商品城控制性规划调整和西永综保区二期围网涉及范围的规划修编工作，完成了转变土地储备方式相关规划服务工作，开展了西永综保区铁路专线的预可研规划设计工作。

(二)加强市政基础设施建设，提升城市环境

按照“产业催生城市、城市服务产业，产业支撑城市、城市提升产业”的思路，积极打造产城融合创新区。加强城市基础设施建设，全面完成了西永商务中心区中央广场工程及周边市政道路、人行道改造升级工程，启动了西永商务中心区环境景观工程设计工作。与沙区政府联合开展优化教育、卫生等城市功能配套项目建设，还将进一步引进医院和中学，完善医疗、体育等功能配套。大力开展西永 L 分区土地招商，推进城市开发。加强建设项目设计工作。完成了 M 分区 14 公里道路初设和西永大道 2.5 公里拓宽改造工程施工图设计，完成了莲花滩河韩家桥段河道改道工程、兴珞线铁路下穿工程的设计工作。针对企业对仓储库房、综保区外标准厂房的需求，启动了西永综保区保税物流仓库和园区标准厂房三期的勘察设计工作。

(三)实施西永综保区二期围网，拓展保税区发展空间

在西永综保区一期围网基础上，启动了二期围网工程新增围网面积共 2.51 平方公里(其中 A 区 1.57 平方公里，B 区 0.94 平方公里)，实施完成后西永综保区面积将扩展到 8.32 平方公里(其中 A 区 2.75 平方公里，B 区 5.57 平方公里)。目前，A 区围网已经完成，正在完善电力高压线下地部分的整改工作。B 区已经完成设计及招标工作并进场施工，可望 3 个月完成围网工程。

万州经济技术开发区

张 琦

一、2016 年发展回顾

入园企业达到 254 户，其中规上工业企业 81 户。完成综合产值 850 亿元，其中规上工业产值 665 亿元，同比增长 15%。规上工业企业利润同比增长 15%。完成一般公共预算收入 11.97 亿元，同比增长 12%，其中税收收入 7.4 亿元，同比增长 13%。完成固定资产投资 140 亿元，同比增长 18%。基本形成特色化工、能源建材、汽车制造、纺织服装、照明电气、电子信息六大产业集群。

(一)招商引资

新签约中京光电年产5000万片高端手机显示屏模组、万创实业年产2000万台智能终端及供应链、厦门冠音泰万州扬声器研发和制造中心等40余个项目,协议总投资260余亿元、到位资金93亿元,储备项目50余个。开工和续建中船重工锯切设备产业园、万州医药产业园等21个项目,竣工投产大全伊顿母线槽、桂迁笙电子日产100万只锂电池电芯等13个项目。

(二)资金融通

到位各类政策性资金2.9亿元;到位债务性资金58.25亿元,其中银行贷款21亿元、债务融资工具16亿元、公司债券5亿元、地方债券资金16.25亿元。已获批未发行的企业债券、公司债券、私募中票37亿元。年末债务余额中直接融资占61.5%。帮助入园企业成功申请中央专项建设基金3.73亿元,争取“助保贷”“互助贷”1900万元、银行贷款1.5亿元。设立工业发展专项资金1亿元,兑现高新企业与新产品、技术改造、高端人才引进、企业上市等补助资金5000余万元。

(三)规划建设

完成和开展控规局部修改项目11个。审查审批建设项目方案设计50个。实施基础设施项目107个、完成年度投资10.8亿元,其中区级重点项目15个、3.68亿元。完成高峰、新田54万平方米还房和高峰污水处理厂主体工程。竣工万斛路、经开支路、九龙一支路等道路15公里。新田港疏港大道隧道工程提前3个月实现贯通。西经大道、檬子环路等道路建设按序推进。高峰湿地公园开工建设,天子湖公园(一期)基本建成。新增绿化面积15万平方米,建成区面积1.5平方公里,产城融合向纵深推进。

(四)用地保障

获得新增建设用地计划指标2000亩、征收批复253亩、转用批复2000亩。新启动新田、高峰等地拆迁7000亩。供应土地34宗1700亩、出让收入5亿元,为产业项目和基础设施项目用地提供了有效保障。

(五)安全稳定

深入开展各类专项整治行动,持续推进企业安全标准化建设、打非治违和安全隐患整治排查。检查企业1567家次,整治安全隐患1433项,完成挂牌重大安全隐患整治11处,到期整改率100%,未发生较大及以上安全事故。严格落实信访责任、畅通信访渠道、坚持干部主动下访、狠抓矛盾源头治理。解决企业矛盾纠纷525件,协调处理率达96%以上,未发生到市进京非正常上访和影响恶劣的群体性事件。

(六)生态建设

着力推动绿色循环低碳发展。落实企业环保主体责任,实施行政许可、污染控制等8个方面的量化管理。新建项目环评和“三同时”执行率达100%。检查企业322家次,排查出环境安全隐患9起,全部整改到位。全年未发生较大及以上环境污染事故。

(七)党的建设

认真落实全面从严治党责任,切实加强党的建设。扎实开展“两学一做”学习教育,深入学习习近平总书记系列重要讲话精神和治国理政新理念新思想新战略,全面贯彻党的十八大、十八届三中四中五中六中全会精神,坚决拥护、维护、服从以习近平同志为核心的党中央,自觉执行党中央、国务院,市委、市政府,区委、区政府决策部署,“四个意识”明显增强。持续用力抓好作风建设,推行“保姆式”服务企业发展,干部队伍建设明显增强。建立健全内部运行机制,实现用制度管权管事管人,干事创业执行力明显增强。完善党群服务中心功能,选派党建指导员指导企业党建工作,基层党群组织建设明显增强。认真落实党风廉政建设和反腐败工作“一岗双责”制,严格执行廉洁从政各项规定,廉政建设效能明显增强。

二、发展中存在的问题

一是经济增长乏力。部分现有企业受产品价格下滑和生产成本上升双重挤压,增长空间收窄;部分签约项目因市场变化而落地迟缓,一些在建项目迟迟不能竣工投产。

二是招商引资难度加大。在经济下行压力大和要素成本上升的环境下，企业投资欲望和投资能力下降，好项目、大项目引进困难。

三是安全稳定压力增大。随着入园企业增多和开发范围扩大，安全生产和信访稳定风险点、隐患点、矛盾点增多，经开区监管、化解、稳控压力日益增加。

三、2017年发展目标

综合产值1000亿元，其中规上工业产值750亿元，同比增长13%左右；固定资产投资160亿元，同比增长15%左右；一般公共预算收入13.2亿元，同比增长10%左右。

(作者单位：万州经济技术开发区管委会)

建桥园区

建桥园区管委会

2016年，建桥园区紧紧围绕年度目标、转型升级、深化改革等重点任务，有力促进各项工作开展。

一、2016年发展回顾

经济指标总体良好。实现工业产值206.4亿元，同比增长13.1%；实现固定资产投资43.3亿元，完成率115.2%，同比增长44%；完成实际利用内资62.4亿元，完成率156%；实际利用外资2.44亿美元，完成率221.4%；规上工业增加值增长13%，战略性新兴产业增加值增长12%。

特色指标基本完成。建桥板块：新引进环保类企业14家。美妆健康产业园新引进企业12家，投产运营6家。龙文搬迁项目厂区道路完成水稳层施工，管网12月竣工。华伦医疗产业园一期除5号楼外，其他楼栋主体基本完成。海康威视已完成方案和初设审查，正在进行施工招标。德润总部项目概念性规划完成评审。

楼宇工作组：楼宇厂房签约和注册企业10家，完成规上工业产值30亿元，西南医院生物科技园建成重庆国联眼科干细胞、重庆鉴星生物生化免疫诊断试剂、重庆天之助外诊断研发项目；四川大家完成工程量90%，德惠芯、扬子江药业开工建设。贝斯纳、重大环通孵化器项目取消。华伦医疗产业园一期除5号楼外，其他楼栋主体基本完成。万家燕、载君舟完成主体封顶，正在进行外部环境建设。美妆健康产业园产品质量追溯平台12月投入使用。

经营指标良性运营。实现土地出让625.22亩，实现收入5.6314亿元，资金成本下降至6.4%。

资金保障安全有力。完成融资61.84亿元，减债4.53亿元，资产负债率控制在37.33%。

二、发展中存在的问题

(一)企业经营风险增大

由于市场环境不佳，部分企业订单减少，加之资金压力增大，甚至面临生存问题，导致投资、技改等热情下降，一定程度上影响了园区经济数据。例如，华伦医疗产业园等项目均出现停工现象，未完成既定建设进度。

(二)产业培育短期难见成效

环保产业方面，德润项目迟迟未能明确主营业务及建设方案，导致环保产业缺乏龙头带动作用。美妆方面，由于跨境新政、海关系统更新等调整突然，加上化妆品行政许可检验资质申报困难、销售渠道能力不强等因素，造成美妆产业未形成规模效应。

(三)工作统筹预见性不强

主要反映在征地拆迁、项目管理中，对居民矛盾、前期报建、施工管理等方面存在的困难预判不足，提前介入不够，导致后期协调控制难度大,一些项目进度不够理想。

三、2017年发展目标

(一)转型升级情况

龙文实业搬迁项目已完成80%主体建设,预计2017年上半年原地块搬迁完毕;华伦元石国际项目完成40%主体工程,预计2017年上半年部分投用;数码模二期10月建成投用;中升4S店二期项目进场施工;特瑞电池闲置地块、上海梅林正进行方案设计;国际复合、秋田齿轮、嘉威啤酒等企业完成技改项目10余个。

(二)产业培育情况

一是引进环保项目13个,包括中渝环保、环保基金公司、太可环保、佳兴环保、艾格名环保技术研究院、龙大科技有限公司、清禧环保、科蓝环保、天健监测、坤泽能源等项目。二是加快环保产业园征地。环保产业园C2片区3月份启动征地拆迁,目前已与70%的村民签订了拆迁协议。预计年内全面完成征地工作。三是做好数据调度和统计。完成营业收入48亿元,环保服务业实现营业收入6.5亿元。同时,推动天健监测、科蓝环保、佳兴环保、渝富兴胜、金诺造价等5家环保服务企业“升规入统”,预计年内再推动2~3家环保服务企业“升规入统”。

(三)楼宇片区情况

一是招商引资成效显著。楼宇工业园(含天安美妆健康产业园)共签约和注册企业25家,协议引资4.19亿元,盘活厂房面积约7.7万平方米。二是扎实推进重点项目建设。海康威视、重庆克立奥普通用机、重庆上亚科技燃油发动机组装、重庆正淮科技汽车电子、重庆施邑科技汽车电子、重庆拓旗机械、重庆振云工贸、重庆源优食品等项目建成投产,楼宇规上企业实现工业产值14.5亿元,同比增长92.97%;美妆健康产业园开发完成亿上乐购、产品质量追溯和园区官网三个网络平台,建立了园区产品供货、物流通关、销售等渠道。三是加快配套服务体系建设。2016年,拉网式排查了楼宇工业园的配套,对漏水、排污、供电、通讯、消防、环保等问题分别提出了解决方案。完成供电方式改造、26栋厂房电梯改造、消防验收等整改,启动西南医院生物科技园展示中心、员工食堂及广告牌等设施建设。

(四)招商引资情况

引进万达广场、海康威视2个特大项目,中冶建工、三峡森晶2个重大项目,聚能粉末、建工新材、皖新传媒3个重点项目,协议引资23亿元。并积极洽谈对接宜家家居、杉杉奥特莱斯等项目。

(五)资金保障情况

一是债务管控有序推进。严格控制公司融资成本,有效降低政府性债务规模。2016年,建桥公司资金成本下降到6.4%。截至12月,政府性债务总额由2015年底财政部审计认定的7.39亿元减少到2.86亿元,下降幅度达61.30%。二是资金募集成效显著。采取融资租赁、内保直贷、发行私募债、借壳融资、信托计划、项目贷款等多种形式实现融资61.84亿元。其中,成功通过租赁公司向澳门国际银行股份有限公司申请2700万欧元国际商业贷款,该笔贷款为我区首例内保外贷项目。成功通过农村商业银行向中国工商银行迪拜国际金融中心分行申请4300万美元国际商业贷款,合同利率2.55%,创我司同类产品最低。另外,我司还配合区财政局完成世界银行DPL项目20000万美元贷款,目前已通过世界银行执行董事会的批准。

(六)项目推进情况

建桥板块共有重点项目9个,完成时序进度7个,完成率77.77%。其中,红九九扩能搬迁项目因企业多次修改设计图纸,德润总部项目由于前期工作进展缓慢,导致未完成年度目标。非重点项目中,万达广场项目平场工程、普洛斯地块平场工程、西城佳园安置房一期、龙文金属材料加工中心、载君舟、万家燕一期等项目竣工,民晟一路、建桥大道延伸段南侧地块平场、海康威视安防产业园、中升4S店、育成中心、L-CNG加气站、三峰环境垃圾焚烧炉产业项目二期等项目开工建设。全年完成道路建设2.2公里、土地整治 260 亩、平场土石方工程 84 万立方米、河道整治 1.6 公里、房屋建设 27 万平方米，拆除架空线路 6.8 公里，新建电力管网 3.2 公里；全年实现园区企业生产性及办公用房新开工面积 12 万立方米、竣工面积 11.2 万立方米、商业新开工面积 10.3 万立方米。

（七）征地供地情况

一是加快推进征地拆迁。启动美妆健康产业基地项目、玻纤产业园项目、富士康 CMMSG 项目、玻纤产业园项目补征地、中冶建工集团绿色建筑产业示范基地项目共计 1194.835 亩土地的征地工作，目前已完成签约量的 90%，预计 2017 年 3 月完成征地。取得中冶建工集团绿色建筑产业示范基地、跳磴镇实施城镇规划等 6 个项目征地批文 472.93 亩。二是圆满完成供地任务。完成 N08-3 地块(海康威视项目)、N44 地块(勤牛项目)、N37 地块(聚能粉末)、H02-10-2 地块(万达项目)、N09-2 地块(育成中心项目)等共计 625.22 亩土地挂牌出让。三是大力解决重点问题。完成蓝沁苑二期安置房分房，共计分房 1569 套，安置 2900 人；收集蓝沁苑一、二期安置户房产证办理资料 1665 套，已完成房产证办理 239 套。解决原跳磴中心小学校教师集资楼、群胜一社 16 户小产权房等征地遗留问题；完成黄桷树、湾丘路共计 33.24 亩道路用地划拨手续，完成 H02-10-2 地块、T02-1 地块、F11-1 地块规划调整。

（八）企业服务情况

一是落实一条龙服务。积极对接职能部门，在注册、手续办理、施工管理、竣工验收等全过程参与服务。帮助秋田齿轮、海康威视、红九九、勤牛、嘉威啤酒等企业办理项目建设手续；协助中石油、优粮食品在我区成立分公司。二是积极帮助企业缓解资金问题。返还中石油、中石化、中冶建工等 14 家企业新型工业化发展资金、征地预付款 10303 万元，组织三峰环境、长征重工、国际复合争取人才奖励 77 万元，协助华伦医疗、龙文等企业申报搬迁改造、产业扶持资金 60 万元，牵头组织金融机构与企业开展对接会等。三是协调解决重点问题。建立园区外来职工子女入学机制，帮助 25 名园区外来职工子女顺利入学。优化 C 区楼宇 259 公交线路，便捷企业出行。组织企业参加招聘会 12 场，招聘员工 1500 人，保障企业用工需求。四是创新服务模式。成立企业联合会，增强互动式服务。开展员工企业一对一服务，定期收集、研究、解决企业困难，形成常态化机制。全年共收集企业问题 97 个，已解决 68 个，正在解决 29 个。同时，组织开展法律、融资等活动 3 场，建立企业融资、法律咨询、校企合作等双向合作平台。五是做好安全维稳工作。全年共查出安全隐患 60 余处，未发生工亡事故。牵头协调处理“万商国际”等经济纠纷 9 起，参与处置率 100%，全年未发生群访事件，无市级部门通报批评。

（九）体制改革情况

一是剥离商业类业务。按照深化国有企业改革方向，剥离商业类业务成立业务子公司，逐步参与市场竞争。目前，已成立诚桥实业、悠活科技、建桥置业、建桥生物等全资子公司。二是大力发展股份制。以转换经营机制为重要途径，推动股权多元化，充分利用外部资本的资金、渠道、市场优势，参与市场经营。目前，已先后参股了西华建桥、泰耀置业、德润环保、环通企业孵化器公司、商社世纪联盟小额贷款公司等子公司。三是创新体制机制。筹建重庆市大渡口区环保创业种子投资基金、入股中科院环保与大健康产业引导基金，引进专业管理团队共同组建基金管理公司，主动融合我区科技工作，加快项目和资本落地成长，促进全区经济结构调整和产业转型升级。

重庆西部现代物流园区

重庆西部现代物流园区管委会

2016年,区域经济运行态势稳中有进,实现区域生产总值20亿元,同比增长18%;固定资产投资63亿元,同比增长33%;入库税金18亿元,同比增长250%;国际贸易进出口总值10.6亿美元,其中出口7亿美元,同比增长79%,进口3.6亿美元,同比增长51%,实际利用外资6.4亿美元;预拨渝新欧补贴3.3亿元;中心站集装箱办理量42万标箱,同比增长10%;编组站编组318万辆,同比增长8%。

一、发展活力有效增强

一是聚力口岸建设运营。开工建设B保一期B地块、植物种苗口岸、国际邮件互换中心、海关H986光机等口岸功能性项目,投入24亿元启动建设铁路口岸物流贸易服务中心;争取设立进口非中规车符合性整改试点,积极推动整车一站式服务中心,出台《重庆汽车整车口岸进口汽车发展扶持办法》,培育整车进口市场,扩大整车进口。全年进口整车2023辆,同比增长10倍,新增引进汽车贸易商11家。

二是抢抓自贸区建设先机。自贸区是新一轮升级发展的重要推动力。物流园区始终按照“精心研究、缜密组织、全速推进”的工作思路,积极推进自贸区片区筹建工作,主动融入全市自贸区建设的大局之中。成立了沙坪坝区委、区政府主要领导任组长的筹备组,抽调专人开展前期工作。立足服务“渝新欧”、探索陆上贸易规则主任务,梳理并拟定了“铁路运单物权凭证化试点、多式联运大型运输设备融资租赁、物流供应链金融交易中心建设、整车进口创新试点、文化旅游示范区、行政审批权改革”等6项试点工作初步方案。

三是务实推进中新合作。率先推进“渝桂新”国际海铁联运大通道构建,与广西北部湾集团、新加坡PSA国际港务集团,构建以铁路口岸为中心,打通连接广西钦州港、新加坡港的“渝桂新”国际海铁联运大通道,启动成立“渝桂新”运营平台公司;实现金融国际化布局,首发重庆企业狮城债,发行额度5亿美元,实现近8倍超额认购,最终发行票面利率锁定在3.25%/年,创下重庆企业海外发债新纪录;签约一批新加坡项目入驻,与新加坡丰树集团签订正式合作协议。同时,与新加坡NCS集团签订战略合作协议,构建重庆国际铁路枢纽互联互通信息化总体规划。

二、发展空间持续拓展

一是深入开展战略研究。推进重庆铁路口岸及物流园区战略发展规划及城市设计项目,形成《园区发展战略研究》《园区产业体系构建》《园区总体规划研究》《自贸区专题研究》《园区开发运营策略》《智慧园区运营研究》《公司发展战略研究》等系列专题报告;完成《物流园中长期发展实施纲要(至2020年)》《重庆铁路口岸与成都铁路口岸对比分析报告》《关于推进示范物流园区发展的工作报告》等8项基础研究。

二是着力强化政策研究。完成《物流园供给侧结构性改革工作实施方案》《物流园全面深化改革中长期实施方案》《关于自贸区、中欧班列及口岸运行政策的研究方案》《物流园推进“网上丝绸之路”专项工作方案》《关于发展总部经济及中介服务机构招商的实施方案(初稿)》等9项政策研究报告。

三是优化完善规划设计。AH标准分区控规编制规划通过市政府审批,基本实现园区控规审批全覆盖;海绵城市、综合管廊等专项规划深入推进;完成B保拓展区、西永组团J12—J15标准分区等36条道路,共28公里施工图设计;完成回龙坝片区、仓储加工区等24条市政道路，共18公里管网方案设计；完成B保一期B地块、仓储加工区、中心商务片区等51个项目的报建工作。

三、承载能力不断提升

一是大力推进基础设施建设。实现新开工房建建筑面积约11万平方米、市政道路约16.9公里，完工房建建筑面积约29.67万平方米，累计实现建设投资约46亿元。完成铁路上跨桥、H986光机、党群服务中心等10个项目建设；正在推进植物种苗口岸、B保B地块、通关检验区3号地块等8个项目建设；拟开工口岸贸易服务大厦、公共仓储项目、森林公园等7个项目。康安花园公租房A区1号、2号、4号、6号楼实现封顶，累计完成投资3.54亿元；川外项目实现平场开工，南开中学项目正在进行深化设计、施工单位招标工作。

二是着力推动产业项目建设。开工建设传化、维龙、名陶家居等4个项目；医药项目完工投运、民生项目完成主体施工；永辉BTC、中外运项目等2个项目正在加快建设；丰树、嘉民、交运项目完成招牌挂手续，预计年底开工建设。拨付大川、永辉等6个项目产业扶持资金共约1.53亿元。

四、产业结构持续优化

一是聚集龙头企业。引进后谷雨睿进出口、腾博物流、昂洋供应链等国际贸易企业52个，同比增长160%，口岸国际贸易增速较大提高。引进敦煌网中土跨境电商平台、丰趣海淘跨境电商综合服务平台2个，重点打造跨境电商生态圈。引进新加坡丰树、澳大利亚嘉民、重庆交运物流等3个地产项目，引进宝供贸易综合体、红星美凯龙智慧物流城2个贸易综合体项目。储备美国安博、平安不动产、安必信物流、国美西部智慧物流中心、宇培物流基地等5个项目。

二是发展服务贸易。引进敦煌网中土项目，签订中国与土耳其跨境电商合作项目协议，推动敦煌网中土项目获批“网上丝绸之路经济合作试验区”，启动敦煌网运营中心及结算中心迁址工作；与丰趣海淘签订股权投资协议、总部入驻协议，推动跨境电商供应链金融及海外商品集采合作；与重庆邮政、敦煌网三方签订合作协议，共同开展重庆跨境出口国际包裹业务，实现40万包裹业务量。引进京东全球购跨境仓，实现交易60万单，约1.5亿元人民币。

三是争取政策支持。制定《园区代理招商管理办法》拓展园区招商资源渠道，与戴德梁行、普华永道开展代理招商战略合作；成功申报重庆整车口岸进口汽车展示中心、重庆铁路口岸贸易服务中心服务平台、四海汇跨境电商公共交易平台补助资金900万元；获批市商务委重点工作资助资金600万元，重点扶持口岸整车进口，跨境电商，总部贸易、转口贸易产业发展。

五、瓶颈制约加快突破

一是征拆安置稳健推进。新启动国际物流社区、国际商品展示展销、三中川外等三大片区3800亩征地拆迁，扫尾拆迁攻坚克难，与666家农户、38家企业、16个社集体土地签订拆迁补偿协议；取得用地指标3290亩，征地批复5000亩；全年出让土地1664亩，实现土地收入8.37亿元；完成41条道路、11宗土地1828亩划拨工作，完成供地报批3492亩。

二是融资融通创新有效。截至目前，取得银行、信托、保险等授信267亿元，上账151亿元；与20余家金融机构创新开展海外发债、中票、永续公司债等新型融资方式，完成债券类融资上账及审批累计210.5亿元，其中海外融资34.5亿元；实施贷款置换，归还高额债务3笔，完成7笔债务降息，平均利率约6%。

巴南经济园区

巴南经济园区管委会

一、2016年发展回顾

2016年，巴南经济园区努力克服经济下行压力，以结果为导向，以项目为推手，埋头苦干，奋力拼搏，园区经济运行呈现出“稳中有进、进中向好”的态势，新产业、新动能逐步显现，发展后劲进一步增强。

(一)多个指标支撑明显

全年累计完成规上工业产值666.5亿元，占全区工业总产值的80.8%。其中，重点建设的界石、天明组团累计完成规上产值342.4亿元，同比增长31.7%；13家战略性新兴产业企业实现产值134.8亿元，同比增长87.3%，对全区战略性新兴产业产值增速的贡献率为97%，支撑起全区规上产值16.8%的增长和战略性新兴产业产值增速全市第二的地位。实现固定资产投资120.4亿元，同比增长19.3%，总量位居全区平台公司首位。实到外资3.1亿美元，同比增长125%，总额和增速创历年新高，圆满完成巴南区政府下达的全年目标任务。

(二)项目攻坚全面发力

通过组建专班进驻各重点项目“蹲点办公”和实施“嵌入式”服务，全年推动惠科液晶面板第8.6代线项目一期、新康意、飞渡医疗器械、金显像、蓝月亮、恒安二期等20个项目续建或开工，投产惠科金扬产业园、颖扬光学材料、创客手机、光宇专用车、玛格家居、中金珠宝等14个项目。金显像、中金珠宝实现当年签约、当年投产，惠科金扬产业园、玛格家居、曙光二期、恒安二期4个项目提前完成区政府下达的目标任务。惠科液晶面板第8.6代线项目一期自进场施工后，半年内就完成28万平方米主厂房建设，施工最高峰现场工人达到1万人以上，确保了整个项目的按期推进。2016年，以惠科金扬、渝惠科技为代表的新型显示产业实现产值120亿元，成为巴南最主要的经济增长点。实行项目建设和手续办理同步推进，相继完成惠科液晶面板第8.6代线项目一期、曙光一期、玛格家居、耐德金工坊、蓝月亮等10个项目施工许可证手续办理。

(三)集群发展步伐加快

着力补齐工业短板，全年引进项目40个，投资总额130亿元，超额完成区政府下达的目标任务。金显像、新康意、美国空气化工、日本旭硝子的成功入驻，为平板显示产业集群发展再添新军，打通从玻璃基板、液晶面板、液晶显示模组，再到整机的全产业链，并重点锁定几家芯片设计、封装和晶圆制造企业，进一步向“芯、屏、器、合”多终端体系延伸。中金珠宝、恒升珠宝作为巴南打造黄金珠宝产业加工集群的核心项目，为全市承接高端饰品产业转移、打造新的经济增长点提供强力支撑。目前园区已形成以惠科液晶面板第8.6代线项目、惠科金扬产业园、颖扬新材料科技园、美国空气化工、新康意新材料为代表的500亿级平板显示产业集群；以长安铃木、宗申、建设、光宇、美利信为代表的汽摩产业集群。同时，以恒升珠宝、中金珠宝为代表的的珠宝产业加工集群，以曙光、耐德金工坊、宁辉为代表的楼宇工业和总部经济集群，以及以众恒、汉嘉、博顺为主的电气机械集群也正逐步形成。

(四)创新驱动龙头引领

为服务好全市乃至全国光电显示产业发展，引导惠科金渝光电联合相关科研院所成立重庆先进光电显示技术研究院，力争打造国际级技术研究院，为平板显示关键元器件研发、显示技术革新及人才培养提供强力支撑，目前已吸引150余名境外高端人才入职。积极抓好创新孵化载体培育，与重庆理工大学共同打造的重庆极速超越众创空间成功创建为国家级众创空间，孵化企业之一颇闰科技估值超 10 亿元。充分利用资本市场支撑创新，汉嘉电气已成功挂牌“新三板”，成为园区培育的首家上市企业。

（五）要素保障全面提升

成功获批惠科平板显示配套产业园 1125 亩控规，完成 1900 亩征地和 1300 亩平场，一年内建成惠科 220kV、恒安 110kV 两座专用变电站，其中惠科 220kV 仅用 8 个月时间就顺利通电，创造了重庆有史以来专用变电站最短施工纪录。先后挂牌出让 13 宗共计 749 亩土地，实现出让收入 5.75 亿元，彻底解决园区内“未批先建”、置换土地等遗留供地问题。创新多种融资方式，到位资金 68.5 亿元，综合成本 6.13%，超额完成 20 笔 65.6 亿元高成本债务置换，节约利息支出 5.7 亿元，在全区高成本债务置换中总量最大，节约利息最多。园区资产规模突破 200 亿元，资产负债率从最高 71.8%降为 60%，有力减少公司债务风险及运行成本。

二、2017 年发展目标

2017 年是实施“十三五”规划的重要一年，是供给侧结构性改革的深化之年。巴南经济园区将紧紧围绕改革创新，进一步优化各项配套服务，用智慧、心血和汗水，用实实在在的工作业绩同园区企业共成长、共进退。

（一）优服务，抓项目建设

全年新开工建设新康意二期、美国空气化工等 6 个项目；推进惠科液晶面板第 8.6 代线项目一期、蓝月亮、新康意一期、圣美精工、美利信、创石界等 7 个项目建成投用，力争全年新增规上产值 120 亿元，同比增长 18%，其中重点建设的界石、天明组团完成规上产值 458 亿元，同比增长 35.5%；平板显示产业实现战略性新兴产业产值 160 亿元；以中金珠宝、恒升珠宝为代表的高端饰品产业力争全年实现产值 30 亿元。惠科液晶面板第 8.6 代线项目一期点亮投产，二期项目也将加快启动。同时，狠抓项目建设与手续办理同步，积极取得颖扬光学材料等 7 个项目《施工许可证》，完成蓝月亮等 5 个项目验收工作，并同步做好企业用工、住宿、入学等各项配套服务工作，为企业快速发展解决后顾之忧。

（二）强招商，抓产业聚集

紧紧围绕全市重点发展的战略性新兴产业，继续以产业招商为抓手，瞄准集群招商，有针对性开展定向招商活动。一要主抓平板显示产业链上中下游建设，将目标重点瞄准晶圆生产制造、集成电路芯片设计和封装，争取行业优质项目落地。二要贯彻市政府加快发展新能源汽车产业的指示精神，以新能源汽车作为园区未来战略部署的重要方向，全力促成相关企业落地建设。三要依托恒升珠宝、中金珠宝加快培育高端饰品产业，力争引进更多珠宝加工龙头企业，形成集黄金、珠宝设计研发、生产加工、人才培养等为一体的高端饰品加工产业链条。四要加大手机零部件招商，打通全产业链，加快打造园区消费类电子产业集群。五要结合园区自身优势，理清思路，瞄准国内外高端装备制造企业，制定科学合理的招商策略，积极引进相关项目。

（三）谋转型，抓创新驱动

一是推动惠科光电技术研究院与重庆大学、台湾交通大学光电所等合作，建立人才培育、科学研究、技术创新的造血机制，预计全年研发投入将超过 3 亿元，提交专利申请超过 1000 件。二是依托极速超越国家级众创空间，面向智能制造领域开展创新创业服务。积极孵化已入驻的智恒精机、智驱电机、颇润欣鑫科技等企业，推动颇润欣鑫科技年底前完成升规，建成投用 400 平方米的界石产业孵化基地众创空间展厅，全方位为入驻的企业和团队提供更加舒适、专业的服务。三是鼓励园区内的龙头企业联合国内外高校、科研院所，组建产业技术创新联盟或研究院，从事产业关键技术研究开发。

（四）重配套，抓产城融合发展

加快推动惠科平板显示配套产业园 1 号、2 号道路、工纵一路 B 段等基础设施配套项目，全面保障园区生产企业水、电、气、道路等配套需求;抓好惠科平板显示配套产业园、天明汽车配套园、污水处理厂二期、数码B区S12、S14地块等1000余亩征地拆迁及平场工作;拓展空间,力争完成界石组团C区5.0平方公里控制性详细规划编制,界石组团T12-5、T12-7地块以及惠科平板显示配套产业园调规、土地批文,为项目引进提供强有力保障。积极促成新科城市广场建成开街,启动园区已摘牌商住用地的联合开发建设工作。

(五)强素质,抓园区自身建设

继续以“工业精神”为统领,加快转型升级步伐,进一步提升服务效能和服务水平,进一步加强廉政建设和作风建设,做到务实高效清正廉洁,打造一支肯干肯闯的干部队伍;充分利用经济园区公司下属子公司,开展公司实体化经营,不断增强公司造血功能,并采取PPP等模式引入社会资本参与园区基础设施建设,实现园区降债减负,增添发展动力;加强安全监管和环保督察,营造园区良好的发展环境;建立园区科技创新中心,搭建服务平台,借助当下创新驱动的战略部署,进一步提高与区级部门的协作效率,畅通信息政策渠道,加强知识产权创造、运用、保护和管理工作;积极申报成为市级高新技术开发区,最大限度发挥园区在发展工业经济中的集聚、整合和带动作用。

(六)破难点,打赢创卫攻坚战

一要强化责任分工。通过制定方案、建立专班,建立网格化目标责任体系,形成台账管理、整改销号等一体化管理制度,并逐步推动创卫工作由阶段性突击整治向长效管理转变。二要强化宣传引导。引导辖区企业通过拉、挂宣传标语,充分利用园区LED显示屏、T型广告牌以及网络平台,广泛宣传创卫工作动态。三要强化整改落实。积极梳理创卫整改项目,修整、新建创卫围挡,修葺施工围墙,清理牛皮癣,修整园区绿化带,清理菜地、农作及“两违”建筑等,并对园区内车辆乱停乱放、占道经营等问题进行整治。四要与界石镇建立联创机制,形成统一宣传、统一整治、统一执法的良好创卫氛围,全力推进片区创卫工作出成绩、出效果。

西彭工业园区

陈 亚

一、2016年发展回顾

2016年,面对经济下行压力持续加大、多重困难交织叠加的严峻形势,西彭园区积极应对经济新常态,加快转换发展动力和培育经济增长点,着力稳增长、调结构、促改革、防风险,园区经济运行保持“稳中有进、进中有升”较好局面。

主要经济指标实现“中高速”增长。全年完成规上工业总产值326亿元,同比增长16%;完成规上工业增加值72亿元,同比增长10%;完成全社会固定资产投资54亿元,其中工业固定资产投资完成42.4亿元,同比增长17.8%;完成战略性新兴产业产值141亿元;限上社零、限上批零、限上住餐分别实现25%、25%、22%的同比增长。

产业转型升级实现“混动力”驱动。铝加工传统产业加快向高技术、应用型、国际化方向发展,铝产业全年实现产值186亿元、增长6%,占园区规上工业总产值的57%。以通讯电子等为代表的新动力全年实现产值36.4亿元,占园区规上工业总产值的11%,实现“新旧动力”混合驱动。

对外招商引资呈现“专强特”局面。全年共签约引进嘉凌新集成电路封装测试、青岛浦新不锈钢等项目21个,合同产值171亿元,其中战略性新兴产业项目12个、现代服务业2个、高技术服务业1个,跟进洽谈重点项目10余个。

改革创新创业增添“新引擎”动力。成功创

建市级技术研发中心1个、市级知识产权优势企业1个,申报高新技术企业8家、战略性新兴产业企业6家,西科众创空间、重庆市精密(智能)制造孵化园等创新创业平台建成投用。大力推进电力、金融等供给端改革试点,有效激发市场活力,夯实了经济增长根基。

二、发展中存在的问题

2016年,西彭园区各项经济指标继续保持了两位数的高速增长,在如此大的经济基数背景下,2017年的经济指标要想继续保持高速增长存在一定的困难;园区部分企业面临融资难、资金紧张的问题;在物流方面,"水公铁"运输格局还未完全形成,对园区经济的发展有一定的制约作用。

三、2017年发展目标

(一)全力以赴稳定经济增长

集中精力抓好实体经济,特别是重点企业、重点项目的服务工作,积极稳定存量企业发展升级,提速加快增量企业的落地建设、数据入统和升规、升限、升战。进一步抓好统计培训和调度,抓好"专员代办"等服务,帮助企业进一步降成本、增效益、提速发展。

(二)全力攻坚提升城市品质

进一步增强与城投集团、中铁建等企业的协调合作,提速加快谢家湾小学、外国语学校等项目建设,以及西彭板块重大基础设施项目建设。统筹落实好发展相关规划指标、资金保障、征地动迁、水电气配套等基础性工作,为加快建成产城融合品质新城提供坚实保障。

(三)全面从严增强内控管理

进一步加强园区规范化、制度化建设,牢守底线意识,将全面从严治党各项规定要求落实到园区各项工作实处细处。进一步抓好园区班子建设和干部队伍建设,积极营造更加良好的创业投资环境。

(作者单位:西彭工业园区管委会)

白涛化工园区

白涛化工园区管委会

2016年,白涛园区紧紧围绕"3151"工作目标,抓招商引资促产业集聚,抓项目建设促转型升级,抓"两学一做"促作风转变,圆满完成了区委、区政府下达的目标任务,各项工作成效显著。现将2016年工作情况总结如下:

一、园区发展逆势克难、经济指标再创新高

2016年,园区规上工业产值达到143.3亿元,同比增长23.5%;固定资产投资达到44.9亿元,同比增长49.3%;招商引资到位资金26.7亿元,同比增长10.7%;招商引进项目3个,超额完成目标任务。

二、招商引资有声有色、产业集群初步形成

园区坚持产业集群发展理念,不断创新招商引资方式方法,以商招商、资源招商、产业链招商取得新进展,效应凸显,园区发展后劲充足。

2016年新签项目3个:一是华峰集团年产50万吨铝板带箔项目。计划总投资70亿元,达产年产值125亿元,用地面积2000亩。该项目将开启园区高端铝加工产品的新纪元,成为带动产业转型升级的又一龙头企业。二是山东元利科技年产3万吨脂肪醇及年产4万吨环保溶剂项目,计划总投资7亿元,达产年产值15亿元,用地面积200亩。该项目以华峰化工产品己二酸及其副产物二元酸为原料,能有效地提高园区产业关联度。三是重庆科发化工年产2万吨氧化亚氮(笑气)项目,计划总投资1.8亿元,达产年产值4亿元,用地面积50亩。该项目提

纯处理华峰己二酸装置的尾气，生产高附加值的电子级氧化亚氮,实现资源循环利用率。

三、项目建设如火如荼、配套设施日趋完善

园区以项目建设为抓手,围绕"3151"目标任务,主动服务、积极作为,全力助推16个重点项目建设,努力解决各种问题和矛盾,基础设施和产业项目建设均有序推进。

(一)基础设施不断完善

园区总体规划全面完成，土地规划不断完善,控制性详细规划启动开编。通过科学规划,确保园区布局合理。

一是全面完成了新哨路二期及其排水工程、田溪丽苑安置房项目、白涛防洪护岸综合整治工程项目、白涛园区公共服务中心项目、白涛化工园区Ⅱ类一般工业固体废物处置场项目。二是加速推进新哨路、华峰大道绿化工程,大石溪散杂货码头、国家页岩气示范区物流通道项目,园区至大石溪码头道路改扩建工程。三是加速推进潘家坝污水处理厂二期前期工作。通过不断加大物流、环保等配套设施投入,园区发展相关基础配套日趋成熟。

(二)产业项目稳步推进

2016年完成龙冉LNG、中石化LNG、华峰铝业等项目约900亩的征地拆迁工作。通过及时拆迁,助推项目落地。

一是华峰差别化氨纶二期于3月底开始试生产,现已达产产生效益;二是重庆鹏凯精细化工公司羟丙基甲基纤维素项目、重庆聚立信生物科技公司生物农药项目年底已实现试生产;三是新开工的华峰化工第三套己二酸项目、龙冉LNG项目、重庆中昊管道公司液体盐管道项目稳步推进；四是续建的中石化通汇能源LNG(一期)项目计划已完成。园区各项目施工进度均达到了年初既定目标。

四、安全环保常抓不懈、应急演练防患于未然

2016年,白涛园区始终坚持"安全第一、预防为主、综合治理"的方针,全面落实安全环保"党政同责、一岗双责"责任制,注重日常监管,狠抓应急演练,时刻绷紧安全环保这根弦,防患于未然。主要领导在节假日和重要活动前后亲自带队开展检查督察,确保园区平安稳定。

全年共计召开主任办公会研究安全工作7次,环保工作15次,主要领导在节假日和重要活动前后亲自带队开展检查督察14次,组织企业召开安全环保会议10次。全年共计检查生产经营单位107家次,出动检查人员495人次(其中安全生产专家80人次)，排查各类安全隐患440条,已整改440条。发出责令限期整改指令37份,整改复查意见书37份,给予行政处罚2万元。排查出环境安全隐患49条,目前已完成整改47条,限期整改2条。开展了各类应急演练40余次,园区级大型演练2次,组织参演人员3500余人次。

园区以迎接中央环保督察为契机，全面排查园区突出环境问题,并逐一落实整改措施,强化整改责任落实。全年共计投入整改资金2000多万元,完成整改20项。办结群众投诉28件、区环保局交办投诉22件。

五、党建工作务求实效、"两学一做"凝心聚力

认真落实党建工作责任制，切实履行好党建第一责任人职责。充分发挥班子的引领作用,加强领导班子和党员干部队伍建设。切实抓好基层党建工作。

(一)强基固本,基层党建有突破

一是完成党员组织关系集中排查。园区共集中排查党员164人,清理关系重复党员37人,转接组织关系36人次，查找失联党员1人,经查找已取得联系并已纳入党组织正常管理。二是党员违纪违法排查清理工作。园区重点对在册机关党支部15名党员进行全面排查,逐一核实是否存在排查清理的重点问题。指导企业党组织加强排查。经查,园区无受到过责任追究和行政处罚的党员。三是基层党组织全部按期换届。机关支部于2016年8月12日完成换届;中共重庆华峰委员会下设7个党支部均在2016

年9月完成换届；新建中共重庆龙冉能源科技有限公司党支部。四是清理和规范党费收缴工作。重点梳理和解决党费扣缴、标准不符合要求、时限不规范等问题，建立长效制度。11月底，机关党支部所有党员已完成党费补缴；企业党支部正在完善规章制度，规范党费收缴工作。五是推进非公企业党建工作。龙冉党支部成立后，园区基层党支部达到10个，基本做到了党组织的全覆盖。六是党群服务中心建设基本完成。将于2017年2月份正式启用，启用后将形成涵盖党群服务、工商、税务、国土、规建等职能服务的"一站式"综合服务中心。为园区的非公党组织、"两新"组织提供开放式的活动场所，为园区党员群众提供一站式服务。

(二)抓严抓实，"两学一做"求实效

紧紧围绕"学党章党规、学系列讲话，做合格党员"这个主题，认真落实党建工作责任制，加强领导班子和党员干部队伍建设。5月4日召开党工委会，专题研究园区"两学一做"工作，制定了学习方案和计划，明确了党组织联系点，并于5月6日召开了动员大会，进行动员部署。现已开展集中学习29次。将必学篇目与新的要求内容相结合。按时间进度学习计划要求的必学内容，重点是习近平总书记系列重要讲话和党的十八届六中全会精神，同时，按区上相关部门的要求，学习习近平总书记在建党95周年上的重要讲话精神、换届选举纪律等内容。将学习与查摆整改问题相结合。将学习教育与推进工作相结合，以学促干。在开展"两学一做"的过程中，园区始终坚持把学习与园区目标任务、项目建设、招商引资、安全环保、廉洁从政等五个方面有机融合，转变作风，用工作业绩来检验学习的效果，做到了两手抓、两促进。全年各项经济指标和项目建设任务圆满完成。

(三)从严治党、廉洁教育不放松

一是加强教育引导。今年以来，园区以党的十八大、十八届三中四中五中六中全会和习近平总书记系列讲话精神为指导，深入学习贯彻了十八届中央纪委六次全会、市纪委和区纪委工作会议精神，组织学习宣讲《条例》《准则》。把中央八项规定精神、重庆市党员干部"八严禁"和"十二不准"经常强调，时常提醒，增强干部职工的红线意识，做到心中有戒尺，行动有规范。二是扎牢制度笼子。强化制度约束，将权力装在制度的笼子里。一年来，一系列规范权力运行和强化纪律的制度执行良好。印发了《白涛园区落实党风廉政建设党委主体责任纪委监督责任的实施细则(试行)》等制度并执行到位，监督到位。坚持民主集中制原则，充分发扬民主，全年召开党工委和主任会议33次，集体研究决定工作中重大事项。三是认真落实党建工作责任制，切实履行好党建第一责任人职责和班子成员"一岗双责"。坚决贯彻执行区纪委的提醒告诫、函询说明、谈话批评三项日常监督工作制度。园区上下呈现出干事创业、风清气正的良好氛围，没有发生班子成员和党员干部违法违纪案件。

珞璜工业园区

珞璜工业园区管委会

一、2016年发展回顾

2016年，珞璜工业园紧紧围绕江津区"两前三区一高地"目标定位，牢牢抓住国家级经济技术开发区申报、综合保税区即将获批、海关及检验检疫机构即将设立的重大机遇，开拓创新，积极作为，各项指标超额完成目标任务，园区整体得到较大提升。珞璜工业园实现工业总产值630.4亿元，同比增长23.4%，其中规上企业124家，实现工业总产值530.2亿元，同比增长18.8%；实现规上工业增加值179.9亿元，同比增长34.2%；实现规上工业企业利润71.5亿元，利润率13.5%；入库税金14.94亿元，同比增长27.4%；完成固定资产投资214亿元，同比增长29.2%，其中工业固定资产投资184.4亿元，同比增长25.1%；土地出让3603亩，合同引资234.4亿元，实际到位资金181.2亿元。

（一）招商引资有新突破

2016年新引进韩国现代、中国建筑等2家世界500强企业的子公司及成员企业现代EP、中建桥梁和中建二局等，占全园世界500强企业总数的30%。新引进宝湾物流、敏华控股等行业内领军上市企业2家，敏华控股的落户为园区形成高端智能家居产业集群奠定发展基石，同时突破性的引入总部经济项目，填补了园区该类产业的空白。颖锋光电的签约实现了园区由传统产业类型向电子信息产业转型升级的历史性跨越。

（二）项目建设有新进展

2016年珞璜工业园狠抓项目促建，实现现代EP等一批项目实现当年签约当年开工；中国物流项目实质性动工；玖龙三期项目配套工程完成60%；联邦中北一期、重通成飞、中国工艺等三大主导产业龙头项目相继投产，带动园区加快产业整体转型升级，打造优势产业集群效果明显。水公铁建设快速推进，珞璜港规划设计方案将年吞吐量从一千万吨提高至两千万吨，一期2个直立式码头主体开建；珞璜铁路综合物流枢纽一期即将完工，年到发货运量扩至千万吨；珞璜西立交进入全面施工。

（三）要素保障有新活力

2016年取得征转用批文4591亩，超额完成土地征转目标；完成出让用地3603亩，占全区出让总数的48%。新增实施集体土地拆迁4000余亩，分配拆迁安置还房2400套、21万平方米。建成给水管网总里程约5500米；珞璜电厂蒸汽管网项已完成土建40%，预计2017年底项目竣工；切实保障了企业生产建设需求。

（四）城市管理有新变化

园区中小学、云篆公园等相继投用，典雅温泉城、世纪华城等城市商业体不断积聚人气，城市配套功能日趋完善。以重庆主城标准为导向，着力推进环境风貌美化靓化，大力推行精细化、网格化管理，各街区、施工在建区、老旧场镇环境卫生与市容秩序明显改观。投入近2000万元实施增绿改造，新增绿化16.2万平方米，绿化景观总面积达66.4万平方米。精心打造节点景观形象，樱花大道、黄桷树大道、五彩草花等特色景观彰显，城市品位不断提升。

（五）民生实事有新成效

马宗二期安居房、渝黔新线邓家沟还房、碑亭安居房全部完工，年度还房建成总面积达42万平方米，共计3829套；另采购商品房用作还房安置1.2万平方米。加快完善了市民出行和经济发展的畅通工程，建成综北大道、马南大道、马垭大道等园区主干道路工程，形成了园内东西、南北贯通并辐射周边大交通的畅通交通网络。另外，高品质打造城市配套设施建设，江津区第三人民医院一期建成投用，二期主体施工完毕；玉观公交车站建成运营，珞璜工业园园内循环公交已开通。通过保障民生、改善民生，使人民群众有更多“获得感”。

（六）从严治党有新风貌

认真贯彻落实党的十八届六中全会和中纪委十八届七次全会精神，把纪律和规矩挺在前面，用铁的纪律从严治党。全面落实党组织的主体责任、书记的第一责任、班子成员的“一岗双责”，坚决支持纪委履行监督责任，分解落实党风廉政建设责任制。针对可能发生腐败的重点领域、重要岗位以及重要环节，建立预警机制，配套建立责任考核和责任追究制度。借助来信来访、日常考核、民主测评、廉情排查以及服务对象评价等监督渠道，把党风廉政建设的监督关注点延伸到日常生活作风和8小时之外的行为规范上。持续加大节假日查访，净化过节风气，防止“四风”反弹。持续开展党风党纪教育、警示教育和岗位廉政教育，加强廉政文化建设，筑牢拒腐防变思想防线。

二、发展中存在的问题

一是宏观形势下的复杂性、严峻性对经济增长带来的下行压力将长期存在；二是全园需加强理论学习，各级班子的理论知识和创新能力尚需加强；三是发展空间受限，园区后期用地空间严重不足，土地资源已“捉襟见肘”；四是全园干部队伍尚需加强对自身的要求和标准，距离建设成国家级经济开发区还需努力。

三、2017年发展目标

2017年，在江津区“一三三六”发展思路的指导下，珞璜工业园将充分发挥大枢纽、大口岸优势，加快发展开放型经济，集聚发展战略性新兴产业，构建大工业、大物流发展格局，努力建设成为江津区的集“大口岸”、“大枢纽”、“大基地”为一体的产城融合新城。

2017年，珞璜工业园预计实现工业总产值730亿元以上，同比增长16%；规上工业总产值620亿元以上，同比增长17%；规上工业增加值率31%以上；入库税金18.5亿元以上，同比增长23%；新增规模企业14户以上。完成固定资产投资224亿元以上，同比增长18%；其中工业固定资产投资199亿元以上，同比增长10%，其中技改投资60亿元，占工业投资比重30%以上。协议引资180亿元以上，实际到位资金150亿元以上，到位外资17000万美元，外贸进出口20700万美元。

正阳工业园区

胡 凡

一、2016年发展回顾

2016年，园区完成工业总产值233.8亿元，同比增长15%。其中规模以上企业实现工业产值211.2亿元，同比增长16%。园区规上工业集中度达到83.9%，较去年提高4.3个百分点。完成固定资产投资70亿元，完成年度目标的122.8%。其中完成重点项目投资43亿元，完成年度目标的107.1%，占固定资产投资的61.4%。园区产出强度达到84.5亿元/公里^2。全年跟踪对接项目85个，签订招商引资项目入驻协议29个，协议引资39.8亿元，全年实现招商引资到位资金68亿元，完成年度目标任务的101%。

（一）坚持创新发展，园区产业培育实现新跨越

鼓励企业加强技术创新、知识产权保护和开展质量体系认证，引导和推动企业创新驱动发展。全年共申请专利46项，申报商标8件，3家企业顺利开展ISO质量体系认证。园区高新技术企业达到5家，园区“重庆名牌产品”达7个，“重庆知名产品”达2个；积极引导企业发展电子商务，打造园区经济增长、释放内需潜力的新引擎，园区企业全年累计实现网上销售额1250万元，同比增加68%，园区电商发展实现良好起步；积极稳妥推进闲置土地盘活，成功收回正阳新材料PVC一体化项目476亩闲置用地，园区用地清理成果、土地集约节约更新评价已顺利上报市国土房管局。

（二）坚持协调发展，园区平台建设实现新突破

强化落实“工期倒逼”机制加快推进重点项目建设。全年共实施重点项目26个，其中产业项目18个，基础设施项目8个。园区新增、修复道路10.7公里，南青大道、南互通改造升级、物流西路等项目加快推进，提前实现年度目标；以“园中园”模式加快建设“材料、纺织、环保”三大产业园，推动卷烟及配套、新型材料、生物医药及配套、农副产品加工、节能环保、轻纺服装、新

兴产业“6+1”产业集群发展。继续实施“123”重点企业扶优扶强计划和中小企业培育壮大计划,全年新培育“123”重点企业6户,新培育规模以上工业企业6家。

(三)坚持绿色发展,园区生态环境实现新改善

大力推进“两城同创”工作,制作完成户外大型广告牌公益广告20处,完成各类平面广告189幅,张贴创卫宣传横幅、禁烟控烟标牌等宣传资料1100余幅,实施市政绿化工程64项,实施市政零星工程约200项,清理道路排水沟及雨污管网堵塞量达1950米^3;建立健全了“4+1”安全生产责任体系,全年共检查、复查企业178家次,排查整改各类隐患345起。开展重点企业职业病防治工作专项整治,园区职业卫生规范化企业达28家;深入开展投产企业各类专项整治,共检查企业161家次,排查整治安全隐患286起,营造了园区稳定环境。

(四)坚持开放发展,园区整体形象实现新升级

按照“引龙头、带配套”和“抓配套、引龙头”的产业招商思路,主动赴江苏、浙江、安徽等地开展招商工作12次,邀请客商来黔考察20余批次,接待来访客商100余批次,跟踪大小招商项目85个,涉及意向投资总额约260亿元。积极推进铁路物流发展,加强了与火车站沟通衔接,促进缩减企业物流成本。冷链物流中心一期低温冷藏库、气调库、高温库设备安装完毕,国际商贸物流中心一期10万平方米加工配送及综合服务区已正式投用,正阳现代物流基地物流综合枢纽功能加快完善。

(五)坚持共享发展,园区群众福祉实现新提升

召开就业扶持政策解答会、劳动合同法专题培训会等4次,组织园区10户企业参加产教融合校企合作座谈会,协调企业与区内3所职业院校开展了相关合作事宜。积极办理了京宏源实业、三磊玻纤、大恒纺织等15家企业125套廉(公)租房的申报事宜,引导园区40户企业工会建立劳动保护监督检查员会;全年累计落实住房安置682户合计2215人;坚持开展困难职工帮扶,发放园区170名建档困难职工慰问金9万余元,完成园区困难职工子女2016年职工金秋助学;鼓励园区企业吸纳征地拆迁群众,全年新招用被征地人员91人。

二、发展中存在的问题

一是企业经营困难。受宏观经济下行压力持续增大,企业融资难、融资贵问题依旧存在。二是招商成果不理想。当前项目跟踪落地转化率较低,对外投资、扩张的动力不足,客商投资落地意愿明显减弱。三是园区土地指标瓶颈尚未破解,项目用地困难。四是企业技术人员、高级管理人才、科研人才引进难、留住难问题依然存在。五是受物流基础设施、火车站货场停运、产业规模、货物整合不够等因素限制,园区企业物流困难难以在短期内解决,现代物流产业发展未取得实质性进展。

三、2017年发展目标

全年实现全部工业总产值235亿元,完成规上工业总产值220亿元以上,实现增速10%以上;完成固定资产投资75亿元,其中工业固定资产投资57亿元,实现增速10%以上;实现招商引资到位资金40亿元;新增城市人口3000人;稳健推进园区开发建设,实现新增建成面积1平方公里。

(作者单位:正阳工业园区管委会)

璧山高新区

王福忠 贾 雯

2016年，高新区管委会纳入重庆国家自主创新示范区核心建设区范围，成为国家科技部科技服务业区域试点单位。全年完成规上工业产值902.5亿元，增长15.7%；完成工业增加值237亿元，增长15.6%；完成固定资产投资335亿元，增长25%；建成面积16平方公里，入园企业963家，规上工业企业207家。有国家级众创空间1个，市级孵化器3个，国家级高新技术企业71家，国家级、市级企业技术中心24家，博士后科研站4所。

一、深入实施创新驱动，优化创新创业生态

一是优化创新创业政策措施。秉承政策“加法”换取创新“乘法”思路，因地制宜实施《璧山区促进科技创新奖励办法》《璧山区创业行动计划》《璧山区专利资助办法》《璧山区科技成果登记管理办法》等，切实支持创新创业，激发创新创业活力。同时，集聚一批市场化、社会化、专业化的科技服务机构，形成较完备的投融资体系，打造优良的创新创业生态。建立3000万元创业种子投资基金，投资创新型小微企业和创业团队。对入驻的国内外一流创新创业服务企业和平台，参照全区金融产业相关优惠政策，由区政府一事一议确定具体支持政策。其他入驻的创新创业服务企业和平台，在房租、装修、设施设备等基础设施上给予不超过50万元的一次性补助。

二是大力提升科技创新能力。璧山高新区纳入重庆国家自主创新示范区建设范围，成为全国第一批2个智能化工业园区，成为科技部第二批科技服务业区域试点单位。全年成功申报高新技术企业41家，同比增加136%；培育市级研发技术中心19家；投入资金1亿元，采取“总院+专业研究院”模式，打造以“中国工程研究院”为核心的“1+10”战略研究院；建成重庆·创智工场、利安科技企业孵化器等服务平台20个。

三是打造综合性科技创新平台。创建创业大厦、创业大道、金融集聚区、产业创新升级体验中心四大功能板块于一体的创新示范基地，规划面积9万平方米，分别承担科技型企业孵化器、创新型企业孵化器、金融综合服务和科技水平集中展示等功能，打造综合型、开放型的创新创业生态圈。采取市场化管理运作模式，高新区管委会和区科委负责整体规划和业务指导，重庆众合创园企业孵化器公司负责建设和日常管理工作。截至12月，入驻创新示范基地创客团队和企业59家，入驻金融机构20余家，带动就业近1000人；同时，通过举办创新创业大赛等，激发创造创新活力，扩大对外影响。

二、坚持规划引领，为快速发展奠定战略基础

一是合理规划发展空间。根据产业基础、产城融合发展和城市拓展进程，初步划定高新区拓展区面积28.23平方公里，为华夏幸福产业新城、中新产业园、国家自主创新示范区以及其他重点项目预留发展空间。在城区规划璧泉组团21.15平方公里，发展先进制造业和互联网产业；在渝蓉高速璧山下道口规划璧城组团3.16平方公里，发展仓储物流及大健康产业；在城区南部规划青杠组团3.92平方公里，发展先进制造业和大健康产业。截至12月，璧山高新区建成面积16平方公里。

二是谋划产业发展方向。经过多年发展，璧山高新区已基本形成智能装备、信息技术和生命健康三大主导产业，三大主导产业产值占规上工业总产值的75%以上，并根据国际、国内产业发展形势，结合自身产业基础，通过引进、并

购、重组、合作等方式，加速延伸打造先进制造业、互联网产业、“大健康”产业等竞争力强的战略性新兴产业体系，以此提升产业的科技含量和为经济发展的“供血”功能。

三是集中打造重点平台。抓住重庆发展万亿级电子产业的契机，规划建设3平方公里的“微电园拓展区”和3平方公里的“重庆台商工业园”。截至12月，入驻笔电配套企业135家、台资企业80家。抓住中新(重庆)战略性互联互通项目合作契机，拟与中新集团合作建设“中新产业园”。世界500强企业淡马锡、普洛斯物流等5家新加坡企业落户。依托得润电子丰富的行业资源，打造“中欧智慧能源产业园”，利用其与意大利美达公司合作，在璧山建设汽车车载充电机和汽车车联网等项目。依托众泰汽车和得润电子，建设众泰汽车新能源汽车整车生产基地和500亿级新能源汽车零部件制造基地。

三、强化招商引资，推进企业进入资本市场

一是加强招商引资工作。深化“3+3+N”招商引资新模式，从“拼政策”招商逐步深化到产业招商、股权招商和资本招商。快速推进重庆众泰汽车配套产业园一期项目，签约涉及汽车传动系统、制动系统等汽车核心零部件企业18家，总投资58亿元，进一步完善和壮大区汽车产业体系。全年引进得润电子等项目51个，总投资194亿元，华夏幸福产业新城、中新产业示范园、中欧智慧能源产业园等示范性产业项目取得重大进展。开工建设企业30家，投产达效企业32家。

二是实施股权投资计划。为扶持产业发展，在传统的奖励、补贴等资金扶持方式上，与西南证券等金融机构合作，共同组建“两山火炬股权投资基金”“两山西证股权投资基金”和“并购基金”，政府筹资30亿元，撬动社会资本100亿元参与。其中，“两山火炬股权投资基金”主要针对拟挂牌上市企业进行投资，以扶持产业为主，不以盈利为目的。“两山西证股权投资基金”主要与西南证券对区外企业进行股权投资，在追求投资利益回报的同时，引入其产业落户璧山。“并购基金”主要与西南证券和私募基金合作，通过收购上市公司“壳资源”或参与企业“定增”，引进一批“龙头”项目。截至12月，对众泰汽车、凯成科技等企业投资6.37亿元。

三是积极推动企业挂牌上市。为推动企业进入资本市场发展，与西南证券合作，引进其在璧山成立分公司，并作为挂牌上市企业综合金融业务财务顾问。出台《拟上市重点培育企业财政扶持暂行办法》，制定对企业成功上市奖励300万元、在“新三板”挂牌奖励150万元等一系列奖励扶持政策，增强企业进入资本市场发展积极性。同时筛选培育重点企业50家，积极引进区外拟挂牌上市企业迁到璧山，力争通过三年时间推动30家企业挂牌上市。截至12月，蓝黛传动在深交所上市，瑞普电气、兴渝涂料、梦赛力士3家企业已在“新三板”挂牌。

四、2017年发展目标

一是培养创新创业人才。依托璧山区“三千人引才计划”，目前，高新区和企业引进培养高层次人才816名，其中“海归”23名，博士、硕士522名；与8所高校和25家企业合作，共建大学生创新创业实训基地，5000余名大学生到10家企业实习培训，近100名企业技术骨干到高校深造学习。

二是强化劳务服务力度。全区有成年劳动力39万人，周边区县有上百万劳动力可以吸纳使用。区内建立职业高中和职业学校8所，专业设置全面，每年可向社会提供近万名技能性人才。联合区级相关部门建立劳务基地4个，成立30人工作团队专门招工，充分保障企业生产用工。

三是强化基础保障。打造园林景观，实施干道组团式绿化160万平方米；统一168家企业建筑色调，以接近大自然的“灰色”、“巧克力色”为主；坚持产城融合，按照“20分钟步行半径”布局生活服务设施，方便企业员工和家人的生产生活。引进新欧鹏集团建设商务国际区，建成新加

坡伊顿国际幼儿园,开工建设凤凰小学。建成观音塘湿地公园等7个公园，并在旁边建设保障性住房。为降低企业成本,建成日处理能力3万吨的污水处理厂，并采取低于周边区县收费标准,切实提升项目“承载力”。

(作者单位:璧山高新区管委会)

永川工业园区

永川工业园区管委会

2016年,在区委、区政府的领导下,永川工业园区紧紧围绕“兴业兴城,强区富民”的总任务,狠抓招商引资、项目建设、集群培育等三大重点,千亿级特色工业园区成效明显。

一、2016年发展回顾

2016年，永川工业园区总产值迈上千亿级台阶,达到1060亿元,增长29.8%;其中规上工业总产值851.6亿元,增长30.4%;完成固定资产投资365亿元,增长23.5%;新引进工业项目100个,协议引资260.5亿元;预计新增规模以上工业企业38个，规模以上工业企业总数达到177个;实现财政收入25.79亿元。

二、2016年主要工作推进情况

(一)狠抓招商引资,夯实园区发展后劲

紧紧围绕五大百亿级产业集群,按照“引龙头、建集群、补链条”的思路,大力推进特色产业招商,开展以商招商、专业招商、专家招商、专班招商、节会招商。通过举办中国(重庆)第二届机器人及智能制造装备博览会、中德MAV创新论坛、数控机床供给侧改革论坛等专业节会,宣传永川投资环境,吸引企业来永投资兴业。全年共新引进庆铃新能源汽车、中船重工智能产业园、赛亚迪锂电池、彼特福纸业、心连心进境木材等项目100个,协议引资260.5亿元。

(二)狠抓项目建设,打造工业增长亮点

开展“五个一批”(即在谈一批、签约一批、在建一批、投产一批、升规一批)工业项目推进工作。及时研究解决“五个一批”项目推进中存在的突出问题、共性问题,采取积极有效措施,推动签约项目落地、落地项目开工、开工项目建设、建设项目竣工、竣工项目投产、投产项目达产。全年投产台正智能装备制造产业园、精通力阳摩托车、理文浆粕技改、理文生活用纸二期、锋盈汽车等59个项目。

(三)狠抓集群培育,做大园区产业规模

以完善产业链条为纽带、以关联企业集聚为重点,着力做好产业链条延伸和补缺工作,培育壮大百亿级产业集群。机器人及智能装备产业实现规模以上产值50.3亿元，增长110.9%;电子信息产业实现规模以上产值139.6亿元,增长29.8%；汽车零部件产业实现规模以上产值188.9亿元,增长36.9%;特色轻工产业实现规模以上产值217.3亿元,增长15.4%;能源及材料产业实现规模以上产值205亿元,增长27.9%。

(四)狠抓要素保障,推进园区加快发展

凤凰湖工业园完成凤龙大道东段、兴龙大道接西三引道、龙马大道等道路工程完工通车;凤凰一路、凤凰二路、昌龙大道北延伸段、永津路改扩建等道路工程按计划推进；按照交通安全管理规范，完成园区智能交通工程及其交通设施建设。港桥工业园笋桥拓展区平场1500亩,完成主干道及水电气管网建设,满足了企业进场施工条件;完成西三环与滨江路带接道路、港桥新城环城路、铭祥中央商品房、港桥新城限价安置房建设,生产要素和城市配套能力提升。三教工业园新建供电项目7个、迁改3个;新建供水项目12个、迁改3个;新建供气项目8个、迁改3个,通过水电气能源网络的大力建设,构

建园区完善、安全的能源保障体系。

港桥工业园争取到国家电力体制改革试点,成立了港桥配售电公司,已向园区内中明环保、宝思迪、顺贸再生资源、世君压铸等8家企业正式售电,企业用电价格下降至0.6元/度,比电改前降低三分之一,切实降低了企业成本。

三、2017年发展目标

2017年,工业园区规模以上产值计划实现1080亿元,增长27%;完成工业固定资产投资369亿元,增长26.7%;新引进工业项目95个,实际到位资金200亿元。

四、2017年工作重点

(一)加快项目建设,促进产业集群发展

加快机器人及智能装备产业集群发展,着力构建"整机+配套""研发+制造+服务"全产业链,推动广数机器人、恒拓高机器人(一期)、佰思特工业机器人生产基地(一期)等项目建成投产,加快中船重工智能装备产业园、德国利勃海尔、固高机器人众创孵化研发中心及控制系统、水谷科技等项目建设,力争实现产值70亿元。加快汽车及零部件产业集群发展,深化产业链垂直整合与水平集聚,推动荣易达铝业、泰盈康等项目建成投产,加快庆铃新能源汽车、联豪科技等项目建设,力争实现产值230亿元。加快电子信息产业集群发展,积极承接致伸科技产业基地转移,推动永盛世纪、瀚荃电子等项目建成投产,加快PSA科技园、善政标准厂房等项目建设,力争实现产值180亿元。加快发展特色轻工产业集群,建成投产理文20万吨生活原纸、生活纸后加工产业园(二期)等项目,加快建设包材配套产业园、板桥食品工业基地等项目,力争实现产值260亿元。加快培育能源及材料产业集群,建成投产中交世通重工钢构,启动建设新型建材产业园,力争实现产值50亿元。力争2017年,五大产业集群实现产值800亿元。

(二)加大投入力度,推进基础设施建设

按照产业配套、生活配套的要求,加大土地征收和场地平整力度,加快标准项目建设,确保园区基础设施建设超前于项目需求。凤凰湖工业园加快推进昌龙大道及南北延伸段、凤凰一路、凤凰二路、永津路改扩建、永师路升级等道路工程,完善园区道路骨架;完成中船智能装备产业园场平工程;启动凤凰湖第二污水处理厂建设;完成土地征收4000亩。港桥工业园全面推进长江防洪堤、港桥新城天龙路等项目建设,启动永川港区征地拆迁工作,完成笋桥拓展区水、电、气、弱电系统等生产要素配套,满足新项目落地投产要求。三教工业园完成标准厂房建成工程量的80%,完成鼎盛大道、石龙路和玉峰路改造工程,完成金鼎大道绿化改造和小憩园工程,启动园区配气站建设和配套环网工程,3号线电缆沟工程及电力设施改造工程。

(三)加速招商引资,厚植工业发展后劲

继续围绕"三专"招商工作法,依托上级主管部门、行业专家、专业人士,充分发挥行业协会、商会的桥梁和纽带作用,实行龙头招商、配套招商和产业链招商,主要包括瞄准机器人、3D打印技术、智能手机、新能源汽车和智能汽车及其核心零部件、纸产品后加工、新型建材、新材料等项目,加快形成倍增效应。力争新引进一批100亿级、50亿级、10亿级的龙头企业。同时,不断完善对已落户企业的服务机制,切实解决企业在项目用地、项目建设、办证办件以及生产经营、企业发展中的各种困难和问题,优化招商引资软环境。

(四)加强平台建设,提升园区服务能效

一是进一步抓好融资服务,最大限度帮助企业解决融资难、融资贵问题,加快企业建成投产进度;二是千方百计抓好生产要素配套工作,切实起好"桥梁纽带"作用,为项目建设和企业生产保驾护航;三是完善企业联系帮扶机制,建立项目审批信息化跟踪制度,简化审批流程,进一步提高项目审批效率。

(五)加压安全监管,强化要素保障

认真落实"党政同责、一岗双责",按照"三个必须"的要求,落实好综合监管责任、行业主管责任、企业主体责任，突出抓好重点企业、重点行业领域、关键环节安全生产工作，深入开展安全生产大排查、大整治、大督察，切实消除企业安全生产隐患，确保不发生较大及以上安全生产事故。

大足工业园区

大足工业园区管委会

2016年，在区委、区政府的正确领导下，在市园区办的指导下，我委以开展“两学一做”学习教育活动为契机，认真转变工作作风，扎实开展各项工作，圆满完成年初制定的各项目标任务。现将2016年主要工作暨2017年工作打算报告如下：

一、2016年发展回顾

全年实现工业总产值439亿元，同比增长13.5%；实现规上工业总产值172.6亿元，同比增长9.6%；工业增加值129.8亿元，同比增长13.2%；主营业务收入404.6亿元，同比增长13.3%；利润34.3亿元，同比增长12.8%；税金7.42亿元，同比增长12.6%。园区工业集中度39.9%，产出强度73.2亿元/公里^2。全年完成工业投资65亿元。

二、2016年主要工作推进情况

（一）园区开发建设情况

园区积极强化要素保障，加快水电气讯路环保等基础设施建设步伐，整治土地600亩，建设道路3公里，雨污管网4200米，完成北二路、西环线等路灯、绿化工程，安装路灯455盏，绿化面积2.16万平方米，安装截污干管6.8公里，工业污水处理厂一期工程竣工投入试运行。全年完成投资5.17亿元，占全年任务的105%。完成融资17.5亿元。

（二）园区项目建设情况

全年引进豪迈家具等投资5000万元以上项目10个，占地3200亩，合同投资额98.3亿元，设计年产值163.2亿元。一是通过行业协会、以商招商、蹲点招商等方式，积极开展招商引资工作。二是通过网络、商会、协会等多种途径收集有价值招商信息16条，针对收集的有效信息，派出招商小分队先后赴北京、广东等地实地了解投资业主的实力及投资项目情况，积极跟踪洽谈。目前，在谈项目包括ATAT木门、整体家居、电子信息等15个项目。三是建立投资商信息库。不定时地联系投资商，切实掌握投资商动向，有针对性地提出具体措施，力促项目早日签约落户。全年23个项目相继建成投产，投产企业已达235户，其运行总体平稳。

（三）园区产业发展情况

加大产业集聚发展，五金、家居产业同步推进。一是“三创一强”、“四转一改”工作效果明显。通过扩大规模、技术改造，助推国恩、通达、兴业船舶等一批实力强劲的草根企业蓬勃发展，增强市场抗风险能力，促进传统产业转型升级。二是打造建成重庆市唯一家居产业园，随着尚鼎、什木坊、海安、亨多利、赛维、恒涛等一批家居企业和汇晶、恒洪教学设备制造企业的建成投产，园区产业集聚效应凸显。园区木门企业建成投产后，将年产套装门1000万套，占重庆总量一半以上。家居产业园将成为全市重要的木门生产基地和教学设备制造基地。“五金产业集聚高地、西部家居集散中心”逐步形成。

（四）强化服务意识，打造良好的投资环境

1.着力打造好全方位“服务平台”

园区成立了招商服务中心，免费为入驻企业提供全程代办手续服务，每个项目配备专人

实行“一对一”服务,把“保姆式”服务落到实处,打造诚信守约、优质高效的投资环境。以企业为出发点,每月定期走访,通过主动了解、领导参与、部门协作及时、高效解决企业在建设、生产、经营和生活中的困难和问题。同时,加强与金融部门、担保公司等部门的对接,积极创造融资高地,着力破解项目推进资金瓶颈,帮助企业解决融资难的问题。积极引导久拖不建、资金困难的业主退出项目建设,2016 年累计收回项目 22 个。为园区企业办理融资函 60 件,融资金额共计 24135 万元。

2.加强运行服务,力促企业提档升级

督促引导企业开展“三创一强”、“四转一改”工作,引导和支持上下游企业开展智能生产技术改造,不断提高生产效率和企业科技含量,降低生产成本,加快传统产业提档升级。目前,园区内已有 20 余户进行了自动化改造。

3.安全环保稳定工作成效显著

严格落实安全、环保“党政同责、一岗双责、齐抓共管”的责任机制,督促企业落实安全生产、环境保护主体责任。将监管与服务结合起来,积极协调安监、环保等部门,针对重点环节、重点部位开展专项整治,确保园区未发生一件重大以上安全事故和环境污染事故。加大矛盾隐患排查力度,将矛盾纠纷化解在萌芽状态,确保了园区生产生活秩序的稳定。

(五)快速推进重点项目建设

2016 年,园区承担 7 个区级重点建设项目(其中,新建 3 个,续建 4 个),计划完成投资 20.08 亿元,全年园区重点项目累计完成投资 23.61 亿元,完成年度计划的 117.6%。①家居产业园完成投资 7.61 亿元,完成年度计划的 127%;完成厂房建设共计 17 万余平方米,其中海安、策一、恒涛已建成投产,亨多利、什木坊开始试生产,雪中松进行厂房装修,和金完成厂房主体建设建设,豪迈和铭祖完成基础施工,其余企业正在办理相关手续。②微型孵化园完成投资 4.05 亿元,完成年度计划的 135%;共计完成厂房建设 5.3 万平方米,本怡汽车、鼎丰、群安、胜得宝、百炼五金、陈师傅建、数丰、环旭、国乔建成投产。③教学设备产业园项目完成投资 3.26 亿元,完成年度计划的 109%;汇晶教学设备建成投产,恒洪教学设备完成厂房装修 70%。④固豪木门(二期)项目完成投资 2.21 亿元,完成年度计划的 110.5%,已建成投产。⑤斯美丹家具项目完成投资 1.31 亿元,完成年度计划的 109%,已进行试生产。⑥拓展区基础及配套设施完成投资 4.46 亿元,完成年度计划的 106%;完成 600 亩土地整治和 2.8 公里道路及综合管网建设。⑦污水处理厂完成投资 7113 万元,完成年度计划的 105%;安装截污干管 6.8 公里。

(六)加强园区发展平台管理,确保园区平稳运行

园区管委会和园区公司实行“委司合一”运行模式,通过积极包装项目,加大与金融机构的协调,积极开展融资,有力地保证了园区征地拆迁及基础设施建设资金需求。园区公司资产总额达到 57 亿元,资产负债率 54.4%。园区公司经营运行情况良好,园区各项建设顺利推进。

(七)落实主体责任,加强党的建设

一是园区党工委认真落实主体责任,加强园区机关党的思想、组织、作风、反腐倡廉和制度建设。认真贯彻执行民主集中制、落实干部选用规定、建立人财物管理制度。组织党员干部参观烈士纪念馆、警示教育基地、观看警示教育片等形式,加强作风和党风廉政建设。及时制定实施方案、学习计划,建立中心组学习、党员学习长效机制,扎实开展“两学一做”学习教育。二是扎实推进非公党建工作,按照全市党群服务中心建设“三建三抓”的具体要求,同步推进硬件平台及软件环境建设,使园区党群服务中心提档升级,积极构建区域化非公党建工作格局。

三、发展中存在的问题

一是产业集聚度不高,企业产品技术含量低,引领带动的龙头企业欠缺。

二是企业融资困难,部分签约项目建设进度缓慢。

三是园区持续发展的压力大，造血功能不足，工业用地出让价格倒挂，商业用地升值空间有限且未出让。

四、2017年发展目标

(一)以招商引资为突破点

立足园区实际，按照“求差、找点、补链”的原则，重点围绕五金、汽摩零部件、装备制造(自动化设备、农机)、家居(门业、教具、健身器材)等主导产业开展招商，科学承接发达地区产业转移，以引进大项目和产业链关键节点项目为核心，发展壮大产业集群。同时，全力做好新能源汽车项目的跟踪落地服务工作。力争全年引进投资额5000万元以上企业13个以上，其中，投资5亿元以上项目3个。

(二)以在建项目建设为着力点

积极了解项目在建设中存在的问题和困难，加大协调对接，为项目建设出主意、想办法，全力以赴推进项目建设，坚持做到高标准规划建设、大力度推进实施，确保各项目工程建设高质量如期建成投产，进一步壮大园区规模，延伸和完善产业链条。力争全年13个项目建成投产。

(三)以重点项目建设为关键点

加强组织领导，积极承接重点项目建设任务，落实重点项目推进责任制，确保每个重点项目都有一名领导牵头负责，制定完善实施方案，做到定期跟踪了解项目推进情况，加强与相关职能部门联系对接，确保要素保障，做到安全文明施工，圆满完成重点项目建设目标。全年完成重点项目建设投资20.5亿元。

(四)以基础设施建设为保障点

抓紧完善拓展区道路、场平、污水、固危废、水电气讯等基础设施建设，为“筑巢引凤”打下坚实的基础。加快融资、研发、人力资源保障等公共服务平台建设，打造优良的投资软环境。积极配合区国土房管局力争土地空间全覆盖，努力争取土地指标，为下一步发展留足空间，增强发展后劲。

(五)以抓好党建工作为切入点

进一步激励广大党员干部端正服务态度、改进工作方式、提高服务质量、增强服务时效。一是切实抓好机关党建工作。深入贯彻习近平总书记系列重要讲话精神，紧紧围绕服务中心、建设队伍两大任务，着力强化机关党建工作责任，明确责任主体，严肃党内政治生活，坚持民主集中制原则；积极转变作风，强化服务意识，推动各项工作提速提效，为企业、为群众提供热情、便捷的优质服务。二是抓好非公党建工作。把非公企业党建工作列入重要议事日程，明确分工，责任到人。坚持实事求是、循序渐进的方式，做到成熟一个组建一个，实现应建尽建，实现党的组织全覆盖。积极鼓励非公企业党组织开展创先争优活动，开展“党员示范岗”、“党员科技创新能手”、“先锋班组”、“能工巧匠”评选活动，充分调动广大党员的积极性。

丰都工业园区

重庆丰都工业园区管理委员会

一、2016年工作情况

(一)经济总量稳中有升

预计完成工业总产值125亿元，同比增长25%。其中：规上工业产值110亿元，同比增长22%；工业增加值33亿元，同比增长26%。产品销售收入83亿元，同比增长15%；实现税收13234万元，同比增长34%。

(二)招商引资再创新高

充分发挥“1+5+X”招商平台的作用，大招商，招大商，新引进一、二、三产业大小投资项目29个(二产业28个，三产业1个)，合同引资达

35.188亿元，实际到位资金12.51亿元。其中：医药及医疗器械企业10个、光电子及软件13个、建筑产业现代化1个、食品精深加工4个。

（三）工业集聚效果明显

以"一基地四集群"产业为基础，鼓励企业集约用地，促进产业配套，实现园区集群发展。"一区四园"累积入驻企业132户，产出强度达73亿元/公里^2，规上、规下集中度分别是85%和26%，在渝东北片区考核排名估计第四。

（四）新兴产业发展良好

今年工业增速在同类区中稳居第一的原因在于近年来医药及医疗器械和光电子产业等新兴产业的异军突起，医药及医疗器械产业今年入驻10家，累积达到25家，实现工业产值6.2亿元，增长106%；光电产业新入驻企业13家，达23家，实现工业产值4.47亿元，增长105%。

（五）重点项目快速推进

始终把项目建设作为经济发展的引擎和"牛鼻子"，按照"五个一"的工作推进机制，狠抓项目的签约、落地、开工，全年入库工业建设项目39个，完成固定资产投资30亿元。其中：政府类投资项目共计11个，H1路、H2路、H5路、曹溪隧洞、林浆纤安置房等项目按期竣工，水天坪联网路和肉牛精深加工项目等顺利推进；社会类投资项目17个，旭天、惠全、孙记、丰拓、丰才、格薪源燃料等项目相继建成并投产，其他项目正有序推进。同时，狠抓用地保障，2天完成了历拖10年的老职中拆迁问题，安全事故为零，无上县、市、京集访事件。

（六）企业服务高效快捷

印发企业服务便民册，建立领导一对一联系结对企业制度，严格落实"首接首问制"，依托党群服务中心实行一站式办公，协调解决企业在生产经营发展中问题180余个，引导民济、卓工等入园企业与大专院校、科研单位合作申请专利20项，为30余家企业申报兑现各类优惠政策资金914万元，企业对园区满意率100%。

（七）资金筹措保障有力

通过向上争、银行贷、对外卖等方式，共计筹措资金13.6972亿元，保证了全县资金的统筹调度和园区的收支平衡。其中：财政投入2.73亿元，债券资金3.48亿元，农发行、三峡银行贷款7.31亿元，污水管网补助资金290万元，工业用地出让1482万元。

（八）党的建设不断加强

认真开展了"两学一做"学习教育活动，新建党群服务中心1000平方米，指导入园企业成立党支部5个，新发展党员1名，层层落实党风廉政建设"一岗双责"和"两个责任"，严格执行中央"八项规定"等制度，全年无违规违纪行为发生，在园区形成了"心齐、气顺、风正、劲足"的良好工作氛围。

二、2017年工作计划

（一）工作思路

坚持"生态优先、绿色崛起"发展理念，高举"135"发展战略，锁定"一基地四集群"产业发展定位，以"稳中求进、竞进提质、升级增效"为总基调，以完善大平台、引进大项目、实现大投资、培育大产业、做强大企业为抓手，坚定不移地走"工业立柱、富民强县"之路，努力形成"特色园区、集群产业"发展格局。

（二）主要目标

实现工业总产值140亿元，增长18%。其中：规模工业产值135亿元，增长22%；工业增加值33亿元，增长11%，实现产出强度75亿元/公里^2，规上集中度86%，规下集中度28%，本类区排名保四争三。工业板块合同引资30亿元，到位资金8亿元。完成固定资产投资30亿元。新开工工业项目10个，竣工8个。培育升规企业7家。

（三）重点工作

勇担招商引资主力军使命，引进大项目。坚持"招商引资第一动力"不动摇，依托现有园区平台，围绕"一基地四集群"产业，按照招大引强选优原则，大力实施精准招商、专业招商和友情招商等方式，引进一批高大上项目。一是实施精准招商。总结过去招商引资先进经验和成功做法,对正在对接的项目和掌握的信息,抽调精干力量,成立专项工作组,制定明确的方案和措施,实行"一对一"盯引,重点做好丰都高校联盟孵化器产业园、分布式能源供应项目等一批大项目、好项目落地建设工作。二是实行专业招商。切实发挥园区招商专业优势,根据全球、全国、全市产业发展趋势,结合我县实际,设立新能源、光电子、医药及医疗器械产业、食品加工、现代建筑等5个专项产业招商组。同时筛选一批与园区产业发展关联度高、行业内影响力大的中介机构开展长期合作,构建多层次的专业招商体系,提升服务招商工作的专业化水平。三是实现友情招商。充分挖掘和利用在外丰都能人资源和已入园企业的人脉优势,吸引和鼓励在外经商和创办企业的成功人士回乡投资创业。全年力争完成招商引资合同引资30亿元,到位资金8亿元。

承担工业经济主战场责任,完善大平台。牢固树立"工业经济第一经济"宗旨,秉承"产城融合"理念,按照城市建设标准,高起点规划、高标准建设、高要求管理,全力构筑大平台,保障工业经济发展空间。一是完善园区总体规划。按照"一张图"规划引领的要求,遵循高起点、前瞻性原则,在做好与城市总体规划对接的基础上,进一步完善开发区总体规划和安全、环评等专项规划,明确功能定位和产业布局,确保国家审核备案通过7.79平方公里,统筹推进平台开发工作。二是加快平台土地征迁。以破解平台建设的土地要素制约为着力点,强化与国土部门协调配合力度,力争完成汽车产业园等项目300亩土地报批工作;积极与兴义镇、名山街道、高家镇、湛普镇等相关乡镇街道配合,扎实推进"拔钉清障"专项行动,做好玉溪工业园38户拆迁个案攻坚。三是完善基础设施配套。完工水天坪工业园A06、A03-1/2及B04地块平场;完工丰都工业园区联网道路(Z2路、H3路、南拓展区连接道)、丰都港区水天坪作业区对外连接道、汽车综合产业园道路管网;启动3万平方米标准厂房、玉溪工业园基础设施建设(玉溪码头至丰忠高速下道口主干道、原高镇中小企业园主干道)、高镇110kV变电站、水天坪B07高切坡、N区高切坡建设。

一是配套平台。二是服务平台。三是发展平台。四是科技平台。依托党群服务中心众创空间、企业科技研发中心,认真贯彻"双创"精神,要通过搭建科技创新平台,提供科技金融服务,帮助欣汉医疗、民济医疗、丰圣科技、丰控科技等科技型自主品牌企业做大做强;培育更多"双高"企业,积极推动各个产业的知识产权创造,推动金籁电子、卓工科技、宏乾生物等科技创新型企业建设,努力研发或联合研发申报国家级专利,提高园区科技创新的核心竞争力。

认真贯彻"万众创业、大众创新"精神,通过搭建科技创新平台,提供科技金融服务,优化园区创新环境,将人才、创新、科技、金融、产业相结合,培育了欣汉医疗、民济医疗、丰圣科技地位、丰控科技等一批核心技术在同行业处于领先,在重庆,乃至国内具有一定影响力的科技型自主品牌企业。其中,金籁电子于2014年10月被授予"双高"企业。同时,园区积极推动各个产业的知识产权创造,实现了企业知识产权创造"覆盖广、结构优、质量好"。目前,共有金籁电子、卓工科技、宏乾生物等科技创新型企业17家,申报国家级专利37项,获批31项,极大提高了园区科技创新的核心竞争力。为丰都经济发展作出了较大贡献。

2017年2月23日,市经信委党组成员、副主任居琰一行到丰都工业园区调研科技创新工作,先后视察了卓工科技、金籁电子、民济医疗、上坤医疗等科技创新企业,随后,召开了座谈会。

会上,居琰副主任对丰都科技创新成果运用表示肯定,丰都工业园区在创新方面值得很多企业学习和借鉴,提出要把创新与招商引资紧密结合起来,为工业企业科技创新指明了方向,为招商引资工作传经送宝、支招献策。县长罗成、县委常委胡良才、副县长陈金富陪同调研。

发挥推动发展主引擎作用,实现大投资。全

面落实“项目投入第一抓手”要求,深入推进大干项目、干大项目,全力扩大有效投资。一是狠抓项目促投资。建成肉牛冻库及厂房项目、新加坡光电产业园控制及逆变电路和高低压控制系统设备项目、创面保护膜等医疗器械生产项目、监护床系列医疗器械生产项目、塑料包装袋项目、吸痰导管项目一期,干米粉加项目一期完成50%,启动蛋鸡良种繁育西南中心与蛋品加工项目,汽车配套服务产业中心完成沟谷回填及4S店建设,确保全年完成固定资产投资30亿元。二是内部挖潜促投资。全面深化以低效用地整治为主抓手,盘活科技孵化楼大力发展总部经济,对于能够开工建设的项目推动其尽快落地建设,对不符园区产业规划的钒彤、亨尔通等类企业动员地块置换转产,对于烽峦等长期已供地尢法开工的项目协助国土房管局启动法律程序尽快收回。三是强化保障促投资。加强与开工企业沟通衔接,帮助办理审批手续、协调周边矛盾等事项,协调解决生产经营中的困难和问题,确保项目顺利竣工、及时投产。

依托产业集聚主平台优势,培育大产业。把集群发展作为提升园区建设发展水平的根本路径,全力打造“一基地四集群”,确保2017年实现工业总产值140亿元。一是新能源基地。依托武汉凯迪等能源优势企业,围绕天然气资源招商,实现产值1.5亿元。二是医药及医疗器械产业集群。依托民济、上坤、欣汶、子钦等医疗器械企业,瞄准高附加值的医疗器械和生物制药产业招商,实现产值8亿元。三是光电子产业集群。依托丰圣、丰控、丰盛昌和金籁等光电、电子企业,瞄准高科技光电、笔电、电子产业项目招商,实现产值12亿元。四是食品加工集群。依托恒都、德清源、中粮、华裕农业等食品加工企业,围绕肉牛全产业链精深加工招商,实现产值35亿元。五是现代建筑产业集群。以大力发展建筑产业现代化为契机,加快推进建材产品部品化发展;同时依托东方希望和建典等龙头企业,围绕预制构件工厂化生产招商,实现产值35亿元。

塑造企业服务主窗口形象,做强大企业。扎实履行为企服务职能,努力为企业排忧解难,严格执行“五个一”工作机制,依托党群服务中心,以打造“态度最诚、业务最熟、时效最快、信用最佳、作风最硬”的“五最”企业服务主窗口品牌为载体,切实优化经济发展环境。一要加快培育龙头企业。要在培育龙头型企业上下功夫,鼓励和支持企业通过兼并、联合、重组等方式,走规模化扩张经营之路,培育一批主业突出、拥有自主品牌、区域竞争力强的国家级、市级、县级大型龙头企业。二要推进企业转型升级。引导和支持企业加快引进新设备、新工艺和应用新材料,加大新产品研发力度,大力推进产品质量提升,着力培育一批国家级驰名商标、市级品(名)牌。三要加大企业上市力度。根据《中国证监会关于发挥资本市场作用服务国家脱贫攻坚战略的意见》,抓住对贫困县企业上市政策机遇,加强引导和支持企业进入多层次资本市场,抓好梯队培育,做好重点扶持和推进工作,力争金籁电子、恒都肉牛成功上市,做好武汉凯迪、卓工科技等拟上市企业的培育。

忠县工业园区

忠县工业园区管委会

2016 年,是工业园区"十三五"计划实施的开局之年,同时也是本届领导班子的届满之年。一年来,工业园区以乌杨组团生态工业园为建设核心和发展重点,直面新形势,顺应新常态,调整思路,强化举措,全面贯彻实施创新驱动发展战略,实干,巧干,快干,着力提升平台承载能力,优化投资服务环境,工业园区建设取得可喜成绩,整体形象和综合效益稳步提升。

一、2016 年发展回顾

全年工业园区完成固定资产投资 29.62 亿元,实现工业总产值 80 亿元,税收 1.8 亿元,新增加劳动力用工 300 人,同比分别增长 5.5%、16.8%、8.6%、3.2%,继续保持稳中有升的良好发展形势。

(一)征地拆迁快速推进,土地保障后续有力

一是启动了乌杨公用码头前期工作及长帆环保间距内房屋拆迁。二是完成农副产品加工基地三期和主一路 2 个项目 485 亩土地利用规划调整报批前期工作,完成医药产业基地二期、柑子湾场平、生物质能发电等 3 个项目 737 亩土地利用规划调整报批。三是获取农副产品加工基地二期、医药产业基地二期用地 580 余亩批文,获取柑子湾场平、海螺至星博化工道路等 5 个项目临时用地批复,完成原红蜻蜓二期、医药产业基地二期 442 亩用地报批。四是完成医药产业基地二期及拓展区、生态工业园一期 640 亩等项目征地拆迁 1486 亩,拆迁销号近 500 户、1100 余人。五是完成 5 万吨柑橘鲜果商品化处理项目、10 万吨锂电池正极材料项目等 7 个地块约 685.7 亩土地的出让工作。六是筹措资金 1.05 亿元,启动了 2000 余人的征地农转非养老保险资金兑付工作。七是启动了海螺二期配料矿山石子 148 亩林地征用工作。八是启动了二期 2700 亩征地拆迁勘界、实物调查、调规、林地征用、报件等工作。

(二)融资对接多点开花,资金筹措效果良好

进一步创新融资模式,积极拓展融资渠道,加强融资对接,资金到位情况较好。全年共为园区建设融资 20.95 亿元,为入园企业投放产业基金 0.28 亿元,偿还存量债务本息约 4.19 亿元,确保园区建设的有序推进。

(三)园区规划同步完善,建设发展有规可循

一是为确保"十三五"规划的有序实施,研究制定了工业园区 2016—2018 年 "三年行动"计划。二是根据新兴产业发展形势和企业入驻实际状况,进一步调整优化了现有产业布局,加快了部分土地的调规转性工作,为生态药业、新能源汽车、装备制造、新材料企业的入驻创造了条件、提供了空间。三是积极配合乌杨镇政府完成《乌杨镇总体规划(修编)》,确保项目建设的合规性、合法性。四是完成将忠县工业园区纳入国家开发区审核公告目录申报资料报送工作。五是全面开展园区安全及环境影响评价工作。六是按照县第十四次党代会精神和县委、县政府安排部署,启动了乌杨新区规划编制工作。

(四)平台基础不断夯实,硬性环境日益优化

一是加快推进项目前期工作。完成了乌杨、洋渡片区至曹家高速路出口连接道项目和乌杨库岸综合治理项目的初步设计、施工图设计工作。二是加快推进房屋建设。全面建成生态工业园 A 区 12.8 万平方米安置房并交房,启动了 13.8 万平方米乌杨生态屏障区转移人口安置房建设工作。三是加快推进道路建设。建成海螺水泥至原星博化工延长线道路、农副产品加工基地道路和移民生态园主一路边坡治理工程,开

工建设医药产业基地周边道路（含南北连接道和主六路）和主一路北段，同步满足了入园企业物流运输需求。四是加快推进重点工程建设。完成日处理7500吨污水处理厂一期一阶段土建工程及工程设备采购工作；基本完成乌杨公用码头水下施工，部分完成陆域工程开挖和工程设备制造任务。五是加快推进项目场平。完成生态工业园一期(655亩)和二期医药产业基地530亩场平。六是启动了乌杨新区二期基础设施建设前期工作。

（五）招商服务成效显著，重点项目推进有序

一是始终坚持以商招商、产业链条招商，重点引进了一批实力强、效益好、讲诚信的优质企业。2016年园区共正签协议入园企业3家(尔邦药业、特瑞锂电、海螺固废处置项目)，协议引资达38.3亿元，新开工建设项目3个(香果农业、全伦笋竹、特瑞锂电)，新投产项目3个(威远玛咖、迈威机械、天海电池)，入园企业质量提升，企业发展形势较好。二是增强服务企业意识，主动拉近与入园企业的距离，“一对一”、“点对点”跟踪对接，帮助企业解决实际困难，确保了特瑞锂电新材料项目一期一阶段、年加工12万吨鲜竹笋项目、35万吨柑橘加工项目及医药产业基地项目等重点项目的有序推进和部分项目的顺利投产。

（六）自身建设持续加强，服务效能全面提升

一是安全信访常抓不懈。定期对园区安管人员、施工单位、入园企业进行安全生产教育培训，培训人次达600人次，参加全县安全生产知识竞赛，荣获二等奖，全面开展安全隐患大排查和大整治，一年来共开展安全生产例行检查60余次，排查整改安全隐患40余处，实现安全施工、生产“零事故”目标。持续抓好信访维稳工作，妥善解决一系列信访事件，实现了信访工作“零集访”。二是党的建设深入推进。全力开展“两学一做”学习教育，认真查摆、梳理党组织和党员存在的问题，切实制定措施加强整改，作风进一步改善，党组织凝聚力和战斗力增强。三是制度建设日益强化。规范和完善了考勤制度和各项工作制度，运行效率、干部办事能力和企业服务品质大幅提升。四是干部队伍建设成效显著。新增党政干部挂职锻炼基地脱岗锻炼挂职干部4名，提拔中层干部3名，推荐上派锻炼干部1名，为推动园区发展提供了坚强保障。

二、发展中存在的问题

一是随着11个专业招商组和园区招商引资工作的全面铺开，项目入驻所需土地保障难度较大，现有土地指标难以满足。二是建设资金主要依靠融资，易受多方因素影响，进而导致工程建设和项目推进滞后，严重制约重大企业(项目)入驻。

三、2017年发展目标

2017年，是新一届政府的开局之年。根据县第十四次党代会精神，决定加快建设产城融合、功能配套的乌杨新区，新的一年，我们将牢固树立政治意识、大局意识、核心意识、看齐意识，继续发扬敢于担当、敢于吃苦、敢于奉献的园区精神，坚定工业发展信心，解放思想，转变作风，以乌杨新区平台建设为重点，进一步提升承载能力，进一步优化服务环境，加快发展特色产业集群，力争全年实现园区工业总产值95亿元，税收2亿元，新增安置就业人员500人以上。

（一）先行开展土地征收，强化用地保障

根据企业入驻情况及发展需求，提前谋划、积极开展园区项目用地报批工作，协助涉园乡镇全面推进乌杨新区二期、装备制造基地、海螺项目矿山、乌杨新区中学等征地拆迁工作，创新举措，改进方法，做实、做细群众思想工作，依法依规处理征地拆迁疑难问题，力争全年完成征地拆迁4800亩以上，切实保障重点项目用地。

（二）重点破解资金瓶颈，增强后续支撑

加强融资人才的招录和融资人才的培养工作，为园区长远发展提供人才支撑。积极争取各类补助资金，精心策划包装PPP项目引入社会资本，加强银行对接建立基金，创新举措多渠道融资，力争全年筹集资金20亿元以上，满足20

余个重点项目建设资金需求。

（三）强力推进基础建设，加快建设乌杨新区

一是完成乌杨新区规划编制，调整土地利用规划，加快产城融合发展。二是全力以赴推进2700亩乌杨新区二期基础设施、12万平方米标准厂房、2060亩装备制造基地、5万平方米员工倒班房、乌杨公用码头、110千伏输变电工程等项目建设，建成园区自来水厂一期，污水处理厂形成日处理7500吨能力，平场2500亩以上，新建新区道路7.8公里、雨污管网10公里，开工建设13.8万平方米C区安置房，尽快拉开新区骨架，并统筹规划建设新区学校、医院、商务酒店和公园等，配套完善新区功能，为项目入驻和特色产业集群打造奠定坚实基础。

（四）全力抓好招商服务，提升后增之力

秉承"抓龙头、铸链条、建集群"的总体发展思路，将招商引资作为当前工作的"重中之重"予以推进，全面提升招商引资质效，加快打造特色产业集群。一是转变招商方式，全面出击大力招商。抽调精干力量，组建部门招商服务队伍，与全县11个专业招商队伍两相呼应、互为补充，形成"部门招商+专业招商"的新型招商模式，努力引进一批投资大、产出高、带动强，符合生态涵养环保要求的优质项目，力争全年牵头引进企业3~5家，协议引资12亿元，到位资金4.5亿元。二是瞄准医药、锂电材料、装备制造、柑橘四大产业，延伸链条精准招商。依托天地药业、尔邦药业招商引资项目打造渝东北最大的医药产业基地；推进特瑞锂电项目建设，确保2017年形成2万吨产能、启动一期二阶段建设，加快打造全市最大的锂电新材料生产基地；抓好长帆—卓能电池生产、绿远钢结构等项目招商服务，竭力打造百亿产值装备制造基地；促成鲜果集柑橘加工项目一期建成投产，完善上下游配套产业，努力打造全国一流柑橘加工基地。三是科学处置"空壳"和"僵尸"企业，"腾笼换鸟"效益招商。统筹考虑进梦铝业、五明科技等园区"空壳"和"僵尸"企业的处置问题，在合理合法且条件成熟的前提下，努力通过招商引资企业收购等方式，加快对土地、厂房等闲置资产的处置，争取资产得到有效再利用，降低招商企业建设成本，促进新区"去腐存精"，实现招商引资互利双赢。

（五）全面提升服务水平，助推企业发展

一是完善入园企业信息台账，实现动态管理与服务，协调解决入园企业生产发展过程中遇到招工难、融资难等问题，促进入园企业再生产，确保稳定健康发展。二是积极整合服务功能，打造综合性的服务平台，一切以园区发展与企业发展为中心，服从于发展，服务于发展，为企业提供优质的生产发展环境。三是完善企业服务机制，增强服务人员综合素质，"秘书式"服务特瑞锂电、鲜果集橙汁、绿远钢结构、三昇源电子产品、12万吨笋竹加工、医药产业基地等重点项目，以问题为导向竭力排忧解难，确保项目尽快落地建设、投产达效，以项目为支撑推动医药、锂电、装备制造、柑橘等特色产业发展。

（六）全面加强党的建设，提高服务效能

一是重视理论学习。以"两学一做"学习教育为契机，持续抓好党员干部理论学习工作，积极组织职工参加党章党规学习、政策理论学习及各类业务培训，不断提高理论素质、业务知识和工作水平，以适应园区发展的需要。二是加强廉政建设和效能建设。持之以恒抓好廉政教育，定期或不定期地开展廉政督察，确保"干成事、不出事"；严格执行上班签到制和外出去向牌制度，规范内部管理，切实改进作风，提高效能。三是强化班子队伍建设。明确班子成员分工，明晰工作职责，坚持定期召开班子会、民主生活会，开展批评与自我批评，注重团队协作配合，促进班子团结和谐，实现"分工不分家"，合力推动园区建设发展。

开州浦里工业新区

开州浦里工业新区管委会

一、2016年发展回顾

2016年，浦里工业新区党工委、管委会在区委、区政府的坚强领导下，围绕区委“1365”发展思路，紧盯年度目标任务，全面深化改革、积极探索创新、务实推进发展、确保安全稳定，较好地完成了年度各项目标任务。实现工业总产值265亿元，同比增长18%；实现工业增加值77.2亿元，同比增长18%；完成固定资产投资65.2亿元。

(一)机构整合全面到位，体制机制逐步完善

1.整合组织架构

2016年4月，区委、区政府成立了浦里工业新区筹备领导小组，负责浦里工业新区管委会的筹备组建工作，统筹赵家、临港、长沙三个组团的开发建设。5月，赵家园区管委会、临港园区管委会和浦里新区指挥部办公室实现了合署办公。9月，明确“三定”方案，配齐领导班子。管委会所属开发建设中心和投资促进中心2个正处级事业单位。

2.推进国企改革

优化重组金湖农业、金湖建设和百嘉港公司，组建成立了浦发集团公司和浦里建设开发、浦里工业发展、开州港务3个子公司。制定出台党工委、管委会议事规则，健全完善了内部运行机制及工作制度，厘清党工委、管委会及所属事业单位、公司的职能边界，基本形成“行政决策、公司执行、政企分开”的运行模式。

(二)征地拆迁稳妥有序，开发建设持续推进

1.保障用地需求

启动赵长快速通道（长沙段）及其影响区1200亩、赵长快速通道(长安—和平段)及其影响区230亩的项目包装和征地报批前期工作。开展临港组团拓展区900亩及工业用地区域场平取土场约650亩的项目包装和征地报批工作。实施临港组团一期308户1016人安置还房建设，开展了赵家组团长安、清桥安置区605个门面的抽签定址工作，有效保障了新区重点项目用地需求。全面完成浦万快速通道隧道工程(开州端)、赵长快速通道隧道工程(清桥—长安段)、赵家集镇蔡家片区污水管网、临港组团陈家院子及云安寨场平工程施工区域的征地拆迁补偿工作。

2.加快项目实施

实施重点项目34个，其中政府投资类项目28个、企业投资类项目6个，新建项目19个、续建项目15个，累计完成投资10亿元。政府投资类的浦万快速通道隧道工程已完成总工程量的20%，完成投资4.3亿元。赵长快速通道隧道工程实现预期，完成投资1.1亿元；开州港一期工程基建全面完工，完成投资1.6亿元；城区污水处理厂迁扩建工程实现试运行；陈家湾高切坡治理工程有序推进；赵家组团雨污管网清理整治工程基本完成；廉住房配套设施已完成总工程量的80%。

(三)服务能力不断提升，新区企业健康发展

1.强化要素保障

优化企业服务，加强与相关单位的协调，保障新区企业水、电、气等生产要素。强化与区金融服务中心和相关金融单位的协调，协助新区企业贷款近亿元。积极协调区运管所，做好定线班车的调度，确保公交车的准点率和到站率。协调开州港全力保障九鼎牧业、天邦果汗等企业的大宗货物到岸服务，降低企业物流成本。加大宣传引导力度，举办人才招聘会3次，招聘企业工人1600人，落实8家企业培训补助80万元，保障企业用工需求。优化整合9家企业闲置标准厂房3.25万平方米，保障新入驻企业和企业

产能拓展厂房需求。2016年新区累计入驻企业89家，投产81家，其中规上企业62家。

2.加大金融支持

不断拓宽融资渠道，采用传统融资与资本市场融资相结合方式，积极探索债券发行工作和民间资本融资，不断加强与金融机构对接。积极争取专项资金，2016年申报三峡补助资金3.8亿元，财政返还土地出让金1800万元，落实中央专项补助资金800万元。2016年新区共融资12.5亿元，已到位资金10亿元。

3.助力企业发展

深入推进“供给侧”结构改革，引导企业关注优势产业、市场动态和科技创新，鼓励其通过升级工艺、改造装备和调整产品架构等方式补齐短板和降低成本。紫建电子、润江羊绒、联峰电机、亚特蓝电器等13家企业投资9500万元进行了技改和扩建，产能提升20%以上。积极帮助企业脱困，会同区经信委、区法院等部门，坚持“企业主体、市场主导、政府服务”的原则，快速推进重庆欧华陶瓷有限责任公司对佛山新美陶瓷重庆(集团)有限公司整体收购和紫建电子公司上市培育工作。

(四)招商引资力度加大，产业发展提档升级

1.大力招商引资

修订招商引资优惠政策及实施办法，建立“保姆式”服务制度及招商快速协调机制，努力营造“亲商安商”环境。2016年以来，先后多次前往长三角、珠三角、京津冀等地，开展项目推介和对接，接待来园区实地考察洽谈企业项目30余批次。新引进落地招商引资项目8个，计划投资金额202.1亿元，用地2500亩，租用标准厂房2.4万平方米。保温板生产、钢化玻璃加工、针织内衣加工目、汽车配件、品胜环保漆、荣泰远东服饰荣泰苑等8个项目建成投产。

2.优化产业布局

着眼将浦里工业新区打造成“万开云”一体化发展的先行先试区、全面承接工业经济发展的重要平台、推进新型工业化和城镇化的重要载体、聚集千亿工业集群的主战场，科学布局“三个组团”，制定新区产业发展规划，规划发展300亿级产业1个（材料产业），200亿级产业2个（电子信息、汽车配套产业），100亿级产业4个(能源及利用、医药健康、绿色食品加工、轻纺服装产业)。

(五)安全责任刚性落实，信访稳定有序可控

1.强化安全责任

认真落实安全生产责任制，安全监管“党政同责、一岗双责”制度，加强安全生产宣传教育，制作安全宣传展板56个，张贴安全宣传挂画129幅，悬挂标语208幅，印发安全宣传资料10024份。开展安全检查136次，查出隐患237项，整改229项，整改率达96%以上。连续7年无一般及以上安全责任事故发生。

2.坚持下访接访

建立完善干部下访企业、建设工地制度，落实领导班子定期轮流接访群众制度。全年开展下访、走访活动42次，接待群众205人次，解决问题38件。办理“区长接待日”交办件3件，结案率达100%；接待来访群众和企业职工762人次，成功调解劳资、工人合同纠纷21起。

3.推进企业安全标准化建设

完成嘉萱食品、佳宝成能源、达升源机械等3家公司的安全标准化建设，全面完成了区安委会下达的任务。目前，新区规模以上企业90%以上已实现安全标准化建设。

(六)环境保护不断加强，绿色新区初见成效

1.落实环境保护责任

严格按照中央环境保护督察要求，坚持抓发展必须抓环保，明确1名班子成员分管环保工作，强化新区入园企业环境保护主体责任及行业主管部门监管责任。2016年，已完成29家入园企业环保备案。白鹤、平桥、赵家组团规划环评有序推进；新区环境应急预案完成备案。新区环境风险三级防控体系方案正加紧编制。

2.整改环境突出问题

严格按要求开展新区环评规划、一般工业固体废弃物堆放场选址及湿地保护区调规工作。强化约束和管控建设施工单位严格做好安

全文明施工措施。完成格瑞林公司、星星套装门公司涉及的3辆黄标车报废工作。以城乡环境综合整治行动为契机，坚持与街道、社区共建共管，加大浦里工业新区环境管理综合整治力度，新区环境整治工作有力有效推进，辖区企业、群众满意度较高。

3.加快环保设施建设

城区污水处理厂迁扩建工程一期已进入调试运行阶段，二期土建已进场。临港组团污水处理厂前期规模论证和方案设计已完成。赵家组团雨污排水管网建设已完成预验收。新区一般工业固体废弃物堆放场正在选址。赵家组团污水处理厂在线监测设备已安装完毕。澎溪河市级湿地自然保护区开州港建设规划调整已完成前期程序申报咨询工作。

(七)党的建设全面加强，新区开发保障有力

1.突出加强领导班子自身建设

认真落实全面从严治党责任，加强领导班子思想政治、作风及能力建设，提高履职能力。加强理想信念教育，牢固树立“四个意识”，强化政治规矩、严明政治纪律。坚持中心组学习制度，开展中心组学习6次。坚持“民主集中制”，健全完善党工委、管委会议事规则，对“三重一大”事项均由办公会议集体研究决策。带头落实、严格执行党风廉洁建设有关规定，班子成员及新区干部职工无违纪违法现象发生。

2.从严从实提升干部队伍

严格按照《干部选拔任用条例》，坚持标准、严格程序、公道正派选任新区管委会、开发建设中心、区投资促进中心内设机构负责人36名，较好地发挥了选人用人正向激励作用。强化教育培训，全体干部职工全面完成干部网络教育学习任务，选派12人次参加区委党校及区级有关部门组织的各类学习培训，3人次参加在职研究生学历教育；建立干部联系企业、联系工程项目、联系信访群体制度，参与赵家街道及渠口镇脱贫攻坚工作，结对帮扶困难户68户，筹集帮扶资金96万元，在工作一线历练作风。巩固扩大“三严三实”专题教育和作风整顿“三治”行动成果，健全完善机关学习、出勤考核、工作报告、过错追责、廉洁自律等系列制度，严格按要求开展公务员平常考核，强化干部日常管理监督。

3.扎实开展“两学一做”学习教育

成立新区非公企业党委，调整设置机关党支部，牵头组织机关及非公企业党组织“两学一做”学习教育。所属25个基层党组织书记讲专题党课30次，开展集中学习320次，完成规定篇目的学习任务。严格按要求分支部开展3个专题讨论，86人次作中心发言或讨论发言。召开专题组织生活会25次，按时完成民主评议党员工作。严肃党内政治生活，8个企业党组织按时按程序换届，所有党员均按要求补缴党费，党员党性意识明显增强。积极推进群团改革，坚持党建带群建，成立新区总工会、团工委、妇工委，更好地联系服务企业职工。按照“三建三抓”的要求，建立区域性大党委，有效发挥区域性党群服务中心作用。深化“双强双带”活动，充分发挥党组织和党员在创新创造、发展生产、维护稳定中的积极作用。

4.严格落实党风廉政建设“两个责任”

强化党工委抓党风廉政建设主体责任，支持纪检组履行专职监督责任，凡研究“三重一大”事项纪检组全程参与监督。班子成员认真履行“一岗双责”职责，带头抓好分管领域和干部廉洁自律工作。严格执行中央“八项规定”精神及市委“八严禁”“十二不准”要求，开展廉政集体约谈1次、干部谈心谈话120人次，组织学习有关违反廉洁自律规定的相关案例48件次，时刻敲响干部职工思想警钟。制定《项目资金拨付管理办法(试行)》，完善《项目结算内部审计管理制度》《“三公”经费使用管理规定》，从制度层面保障党风廉政建设责任制的落实。

二、发展中存在的问题

2016年，新区工作虽取得了一定成绩，但在基础设施建设、主导产业培育、企业运行监管等方面，与区委、区政府的要求和企业期盼还有一定差距。2017年，我们将按照区委、区政府的总

体部署，牢固树立和贯彻落实新发展理念，紧盯“千亿工业”目标，扎实干，加快推进浦里工业新区开发建设，为建设绿色新区、产业新区、宜居新区、开放新区而不懈努力！

三、2017 年发展目标

2017 年，浦里工业新区计划完成固定资产投资 72 亿元，同比增长 10%，其中政府类投资 20 亿元，市场类投资 52 亿元。实现工业总产值 300 亿元、增加值 90 亿元，增速 17%。启动征地拆迁 8711 亩，预计完成投资 15.5 亿元。实施重点建设项目 33 个，其中续建项目 15 个、新建项目 18 个，道路及管网类项目 13 个、场平及基础设施配套项目 14 个、产业发展类项目 6 个，预计完成投资 19.94 亿元。启动电子信息、汽车配套、医药健康、轻纺服装、家居家具五个特色产业园建设，培育 10 个以上工业“小巨人”企业。力争实现入驻新区企业达 100 家、投产达 90 家、规模以上达 70 家，吸纳就业 3 万人。启动市级高新技术开发区申报工作。

巫溪工业园区

巫溪工业园区管委会

一、2016 年发展回顾

2016 年，园区根据县委、县政府的工作部署，按照“146”工作思路，积极打造生态特色工业园区，创建中国西部石材加工基地、重庆市绿色食品加工基地、重庆市教育装备特色产业建设基地和重庆市中小企业产业园四大品牌，在重点突破基础上，努力实现园区上档升级。全年计划完成工业总产值 9 亿元，工业增加值 2.6 亿元，规模以上企业实现产值 7 亿元，固定资产投资 4 亿元。

园区完成工业总产值 10.03 亿元，完成目标任务的 114%，同比增长 14.4%；规模企业共有 12 家，其中 2016 年升规企业 2 家，规模企业实现产值 7.05 亿元，完成目标任务的 101%，同比增长 12.9%；工业增加值 2.65 亿元，同比增长 12.5%；固定资产投资 5.4 亿元，完成目标任务的 135%，同比增长 20%。实现税收 900 万元，入园企业实现税收 1580 万元。工业园区经济稳定向好，定位更加清晰，县委、县政府更加重视，出现了凤凰组团初见形象，尖山组团盘活发展，花台组团稳定调整，文峰、古路逐步拓展的新局面。

（一）招商引资成绩显著

2016 年，面对宏观经济下行的严峻形势，园区坚定信心，立足优势资源、立足政策支持、立足市场拓展，在县委、县政府的直接关怀下，采取委托招商，以商招商等有效方式，组织人员赴广州、贵州、浙江、福建等地进行实地考察，大力招商，成效显著。一是已经招商落地 4 家（重庆育才教育装备有限公司、重庆绿盛源食品有限公司、巫溪县豪成桂鞋业有限公司、巫溪县名欣针织有限公司），协议总投资 5.55 亿元，全部投产后实现产值 16 亿元，创税约 1800 万元，解决劳动力就业 1600 余人。其中，浙商园（含重庆渝欧散热器、育才教玩具生产、学生营养餐集中配送）共规划用地约 280 亩，协议总投资达 16 亿元，建成投产后实现年总产值 30 亿元，实现利润 1.5 亿元，创税 1.2 亿元，解决劳动力就业 1000 人以上，是工业园区也是我县近年来引进的规模较大的工业加工项目。项目的引进和投产将对全县工业发展、脱贫攻坚、全面建成小康社会具有里程碑意义。为此，巫溪县被市教委命名为重庆市教育装备生产基地县，市经信委授牌巫溪县为重庆市教育装备特色产业基地。二是建成投产 4 家。汇锦玻璃、后溪河电站、巴山佳芋、名欣针织分别建成投产，其中完成升规 2 家。三是正在谈判引进 3 家，分别是浙江全盛兔业有限公司、食品调料加工、东莞市瑞迪鞋材有限公司。四是提升企业服务,促进企业发展。通过多方协调,帮助面临倒闭的腾翔毛衫盘活资金、化解债务、筹集资金、开拓业务,使其逐步度过低谷期,起死回生,扩大了规模,加快了发展。另外,积极推进供给侧结构性改革,调整清理名存实亡、空壳僵尸企业。现已清理出园金闽渝服装和逸恒木业2家企业;正在对大宁河塑胶、渝惠冷链等企业进行清理。

(二)项目建设推进较快

目前,园区自建项目10个,完成投资1.52亿元,企业自建项目17个,完成投资3亿元,前期推进项目4个。一是基础设施加快推进。凤凰组团排洪沟工程、南北道路至柏杨河一号桥道路工程和凤马大道连接散热器道路、渝欧散热器项目场平、挡土墙工程等已经完成。育才项目场平及道路工程止在招标,杆线搬迁正在实施。柏杨河一号桥至二号桥道路正在加快建设前期工作。二是安置房屋建设完成。征迁安置房主体工程建设已完成。三是入园企业建成投产。双生配煤场、豪成桂皮鞋加工、巴山佳芋一期、汇锦玻璃加工、薯光农业粉丝加工、后溪河引水电站项目全部建成投产。四是配合项目积极推动。积极配合推动凤马大道、三期河堤、二水厂等重点项目建设。

(三)规划征迁再创佳绩

一是积极推进调整规划。完成土地调规460亩。其中凤凰组团430亩,尖山组团30亩。完成城市规划区耕地清理工作,维持了凤凰组团内700余亩有条件建设原土地规划;完成"十三五"重点项目规划;积极启动园区拓展规划工作。二是开展园区用地审核和利用评价。完成开发区审核公告目录修订工作和园区内土地集约利用程度评价工作。三是强力实施征地拆迁。完成征地200亩、农转非270人、拆迁房屋11户、搬迁坟墓30余座。特别是仅用两个多月的时间攻坚破难,完成了育才项目的征地拆迁工作,创造了新的征迁速度。

(四)财务管理不断提升

一是不断强化筹资融资。全年共完成筹融资17265万元,其中信托贷款8000万元,政府债券3000万元,标准厂房出让、租金、规费返还和专项资金收入1295万元,向县上争取哈尔滨银行资金3170万元,向其他国有公司组织资金1500万元。园区自身创税900万元,低成本置换贷款11000万元,节约成本28万元,正准备融资5000万元,土地保证金300万元。二是认真开展资产清理和经营。积极开展清理产权、明晰边界、增添围栏、转让土地、完善权证、清欠增收;完成资产审计调查和债务审计清理。三是财务管理不断规范。进一步完善财务管理制度,规范了审批流程;进一步强化车辆使用、办公用品购置等重点管理;进一步严格接待控制,严禁超标准接待、奢侈浪费;进一步严格财经纪律,认真遵守国家财经法规、财务管理办法、"八项规定"和"十二不准"要求,严格控制支出,节约成本。

(五)综合工作扎实推进

一是努力强化队伍建设。加强干部教育和管理,健全考核和激励机制,建设一支精干优良的园区干部队伍,不断提高园区整体素质和工作效率。园区干部得到较快成长,本次乡镇换届,有两名干部得到上级组织的重用提拔。二是继续深化国企改革。健全现代企业制度,通过筹集资金、推进建设、协助招商、资产运作、增收节支,促进国有资产保值、增值。三是扎实推进扶贫攻坚。领导高度重视,组织职工积极参与,组建了驻村工作队,落实了"第一书记",改善了办公条件,制定了脱贫帮扶计划,落实了帮扶责任,扎实开展结对帮扶。全年共筹集帮扶686余万元,其中,园区自筹资金6万元,协调解决资金680万元。发放慰问品价值5万多元,脱贫56户171人,贫困率达到3%以下,县上初验合格。四是切实加强廉政建设。严格执行党风廉政建设责任制、"八严禁"、"十二不准"、《中国共产党廉政纪律条例》和《中国共产党纪委处分条例》等文件规定。同时结合园区实际,加强对征地拆迁、土地拍卖、工程管理等重点领域的监督。五是认真推进平安建设。按照"党政同责、一岗双责"要求把安全责任落实到各个企业、职能部门、每个岗位；以“平安巫溪”建设为载体，切实加强综治安全检查监督，建立健全安全生产制度和安全台账，定期检查企业及建筑工地安全生产情况，及时排查安全隐患，促进安全生产监管工作经常化、规范化。2016年以来，园区召开安全专题会议5次，安全检查60余次，查出安全隐患90余条，下发整改通知书90余份，整改率达100%，全年未发生一起重大安全责任事故。巫溪县腾翔毛衫有限公司经县安监局核准为三级工贸企业安全生产标准化达标企业。六是扎实开展环保整改。按照县环委会交办的9个重点工作任务，园区加强领导，细化责任，扎实推进，确保限期整改到位。完成尖山组团污水处理厂、大宁塑胶材料处置、凤凰组团应急处理池等的整改；文峰临时污水处理厂完工；凤凰借用污水处理厂正在进行维修整改，新污水处理厂已立项、备案、选址。督促入园企业加强环保整改工作。七是切实加强“两学一做”学习教育、“四城一奖”创建等专项工作。

二、发展中存在的问题

一是入园企业规模较小，数量少，支撑能力弱，建设达产慢；二是重点项目厂房没有如期完成；三是债务大、包袱重，资产变现能力弱；四是园区的交通、环保、物流、企业服务等基础设施还不能满足建设发展的需要。

三、2017年发展思路

(一)突出一个中心

围绕积极打造山水工业、生态园区，不断提升工业园区发展水平这个中心，切实做好“强基础、搭平台、稳增长、调结构、促融合”，进一步补齐园区发展短板，增强发展活力，努力创建四大品牌，加快把园区建设成为工业发展的主战场，对外开放的主平台。

(二)实现两个目标

1. 经济稳定较快增长

2017年计划完成工业总产值10.5亿元，同比增长17%；固定资产投资5亿元，同比增长25%；工业增加值3亿元，同比增长16%；规模以上企业实现产值7亿元，同比增长20%。

2. 经济贡献持续扩大

支持园区企业做大盘强，提升企业的科技含量，提高企业的生存能力，做大园区企业经济总量，力争工业集中度在2016年的基础上有所提高。

(三)突出三大重点

1.全力招商引资，提升开放发展水平

2017年计划新引进3家企业，升规企业3家。一要合力联动招商。以“精准扶贫”为契机，主动争取，不断夯实市经信委、市国资委和县委、县政府及各级各部门的帮扶支持，上下联动，形成合力，做好招商工作。二要优势产业招商。充分找准比较优势，精心谋划，采取立足资源、包装项目、合资合作、产业扶持、市场培育等一切行之有效的方法进行招商。三要落实委托招商。按照与吉林省浙江商会签订的委托招商协议继续跟踪，扩大招商。四要开展以商招商。以巫溪在外和外籍在巫溪创业的成功人士为桥梁，推介巫溪优势资源，以身为范，吸引招商，以情以利，积极鼓励在外创业人员回乡创业。

2.聚力平台建设，营造良好投资环境

一是完成姜家湾至育才项目连接道路、高杨村至双凤村道路工程和启动凤凰组团污水处理厂建设或完成借用污水处理厂设施整改。力争完成柏杨河一号桥至老凤凰桥道路建设。二是完成浙商园育才项目场平及道路工程；完成绿盛源营养餐集中配送项目和育才项目主体工程建设。三是启动标准厂房、企业服务中心建设。四是开展古路组团建设前期工作。五是建立签约项目跟踪机制，推动项目尽早落地建设。积极帮助企业协调解决生产经营中的困难和问题，促进投产项目尽快达产达效。

3. 强力融资筹措，推进园区建设发展

一是采取多渠道、多元筹融资，力争筹融资49218万元，保障园区建设资金需求。其中，银行融资25000万元，争取债券资金8000万元，专项资金1000万元,争取县上调配资金10000万元,资产营运收入及清收债务5218万元,积极探索PPP社会投融资合作。二是优化使用,强化管理,合理资金安排使用。预计支出49000万元:定期偿还银行贷款本息12473万元, 支付历年工程欠款2000万元,拟建工程款14000万元,支付征地相关资金18700万元,上缴各种税费、招商引资等1827万元。三是盘活土地房屋资产,加快办证确权、土地储备、土地出让、厂房出租,提升园区资产使用效率。

(四)做好三项工作

1.推进规划拆迁

一是积极争取用地报批。积极争取育才、散热器、营养餐、尖山污水处理厂、巴山佳芋二期等项目用地报批。二是完成拓区调区上报。完成古路、文峰拓区调区上报。三是强化推进项目征迁。按计划拆迁巴山佳芋二期、育才项目杆线、标准厂房建设、风情小镇征地拆迁、新项目落地。四是解决征地遗留问题。完成浙商园、尖山污水处理厂、花台风情小镇等征地扫尾工作,及时解决征迁遗留问题。五是谋划新项目规建,积极完善标准厂房、企业服务中心和巴山佳芋二期等建设程序和手续。

2.增强发展后劲

一是坚持实施创新驱动战略,鼓励和引导企业加强技术改造,调整优化产业结构,转变经济发展方式,不断提高企业竞争力,促进产品升级换代。二是引导企业增强市场意识,健全内部运行机制,科学决策,改善管理。三是改进完善园区配套功能,推进科技研发、产品展示等平台建设。四是为贯彻落实全县"一城两带两区"重大战略部署,提请县委、县政府专题研究,尽快出台《关于加快提升工业园区发展水平的实施意见》。

3.加强自身建设

一是加强党风廉政建设。严格执行党风廉政建设责任制、"八严禁"、"十二不准"、《中国共产党廉政纪律条例》和《中国共产党纪委处分条例》等文件规定。同时结合园区工作,加强对征地拆迁、土地拍卖、工程管理等重点领域的监督。二是加强基层党组织建设。认真贯彻执行《中国共产党党和国家机关基层组织工作条例》等文件精神,充分发挥党工委的领导核心作用,积极指导、支持党支部加强基层建设,切实建立党工委负总责、党支部具体抓落实的党建工作责任机制。将党建工作与业务工作一起部署,一起落实,一起考核。三是加强非公党建工作。顺应入园企业增多的形势, 推动非公企业成立健全党组织, 督促企业党组织负责人切实担负起领导和指导责任, 把非公有制企业党组织活动抓实、抓具体,切实抓好非公党组建设。四是加强干部作风建设。深入开展"两学一做"活动,建立健全考核和激励机制,加强作风建设,强化纪律意识,不断提高园区整体素质和工作效率。五是加强园区机构职能建设。制定报批园区"三定方案",调整充实职能职责和内设机构,争取增添人员编制。

(五)强化五项措施

1.抓创新增活力

一是完善创新体系, 鼓励和支持企业加大研发投入,引进技术人才、开展技术攻关,实行技术改造,提升生产效能。二是围绕创新驱动、绿色发展,突出结构调整和补齐短板,创新经营管理,优化要素配套,激发园区发展活力。三是创新工作评价机制,定期研究经济指标、招商引资、规划征迁、项目建设等重点工作推进情况并及时通报,加强和改进考核评价,制定相应的激励措施,激发广大干部职工干事创业的热情。

2.抓督察重落实

按照县委、县政府的总体要求,结合园区实际,科学制定工作目标。对重点工作进行细化分解,逐一落实目标任务、时间节点、责任人员,并严格进行督察,确保各项工作落实到位。

3.抓服务强管理

以服务企业生产、服务园区发展为己任,加强统筹协调,做好入园项目的要素保障服务,积极协助企业办理相关手续;以入园企业为抓手,以园区建设为载体,进一步完善优惠政策,建立一对一服务机制, 改善服务态度, 提高服务水平，扎实解决实际问题，规范运行管理；落实企业主体责任，在安全生产、环保治理、用工管理、诚信守法等方面下功夫，努力营造企业发展的良好环境。

4. 抓融合上水平

一是积极打造产业集群。根据不同行业的特点，延长和完整产业链条，融合产业布局，推动三个产业的融合发展，打造产业集群。力争在石材加工、农副产品生产等方面有所突破。二是提升园区平台综合服务水平。积极改善园区畅通，建设科研、企服中心，积极为企业生产经营、物流、咨询等提供全方位的服务。三是大力推进产城融合。促进园区产业与城镇建设和职教发展深度融合。

5. 抓联动聚合力

一是争取市级部门倾斜帮助。二是争取县委、县政府重视支持。三是争取部门乡镇积极配合。四是争取入园企业协同协作。

第六编
区县经济

万州区

管 浩

一、2016 年发展回顾

2016 年，万州区深入学习贯彻习近平总书记系列重要讲话和视察重庆重要讲话精神，全面贯彻落实党的十八大、十八届三中四中五中六中全会精神，统筹推进“五位一体”总体布局，协调推进“四个全面”战略布局，积极践行“五大发展理念”，坚持“面上保护、点上开发”，紧扣“十三五”规划和“1+5”发展目标，精准用力、真抓实干，经济社会保持平稳健康发展，实现了“十三五”良好开局。实现地区生产总值 897.4 亿元，同比增长 10.8%。一、二、三产业增加值分别增长 5.1%、12.8%和 9.9%，三次产业结构调整为 7.5:47.9:44.6。一般公共预算收入 66.6 亿元，增长 5.8%，其中税收收入 39.8 亿元，增长 5.3%。完成固定资产投资 815.1 亿元，增长 12.4%。社会消费品零售总额 327.4 亿元，增长 13.7%。城乡居民人均可支配收入分别达到 31248 元、11898 元，增长 9.8%和 10.9%。

(一)工业经济持续壮大

实现工业增加值 322.85 亿元，增长 10.5%。全区 230 户规模以上工业企业完成总产值 865.57 亿元，增长 13.1%。产值过 50 亿元企业 4 户，过 10 亿元企业 17 户，过亿元企业突破 100 户，全年新增规模以上工业企业 10 户。规模以上工业企业利税增长 9%，利润增长 12.6%；产品销售率 97.2%，比上年提高 0.3 个百分点。经开区 82 户企业完成总产值 665.13 亿元，增长 14.6%，占全区规上工业企业产值的 77%。大全伊顿母线槽等 20 个项目竣工投产，万州经开公司与金龙集团战略合作稳步推进，万州医药产业园等 10 个项目加快推进，万创实业年产 2000 万台智能终端等 18 个项目开工建设。

(二)现代服务业加快发展

商贸业商品销售总额突破 1000 亿元。批发和零售业零售额 275.42 亿元，增长 13.7%。住宿餐饮业零售额 52.02 亿元，增长 13.9%。全年接待国内游客 1008.41 万人次，增长 3.1%；国内旅游总收入 51.59 亿元，增长 3.2%。金融业增加值 38.82 亿元，增长 7.4%，占全区生产总值的 4.3%。金融机构人民币存款余额 1049.73 亿元，增长 10%；人民币贷款余额 606.9 亿元，增长 8%。房地产开发投资 86.73 亿元，增长 9.6%。房屋施工面积 755.8 万平方米，增长 4.5%；竣工面积 154.4 万平方米，增长 47.9%。商贸“一核四圈”建设有序开展，万州国际汽车机电建材城一期正式营业，万州友豪红星美凯龙项目开工建设，上海老凤祥重庆总部、陕西秦经实业重庆总部落户万州。旅游“四水”资源开发加快实施，万州大瀑布群、长滩温泉、潭獐峡等景区景点打造加快推进，“平湖万州”被央视评为“新三峡”十大旅游新景观。中央新影国际传媒、华语大业等文旅融合项目积极推进。组建重庆三峡融资租赁有限公司和万州经开区产业股权投资基金，三峡人寿保险公司获批并注册万州。

(三)城市和交通建设取得突破

建成区面积 67.2 平方公里，城区常住人口 85 万人，城镇化率 63.8%，建成区绿地率 32.68%。城市“六大工程”完成投资 18 亿元。长江三桥南岸主塔柱越过 175 米水位，长江四桥成功合龙。万州北站南广场及主干道投入使用。5 条入城快速通道加快实施，南滨大道下延段加快推进，长岭、高梁入城大道开工。大力开展城区交通综合整治，改造交通节点 20 个、道路 3

条,新建城区桥梁2座、人行地下通道2条,安装中央隔离护栏8公里,整治背街小巷21条、综合市场4个;启动智慧交通建设,停车诱导系统投入使用,交通缓堵保畅长效机制基本形成。渝万高铁、万忠南线高速公路通车。郑万高铁、万利高速公路加快建设。新田港建设全面推进,新田港疏港大道隧道提前贯通,新田港铁路专用线、新田至高峰高速公路连接线前期工作取得重大进展。万州机场改扩建工程开工。

(四)农业农村稳步发展

粮食产量53.13万吨。新建李子基地3万亩、玫瑰香橙基地0.6万亩,新栽茶树0.2万亩,新建标准化养殖场51个,建成三峡库区万州生态渔场1万亩。耕地流转率、土地规模经营率分别达到43.6%、35%。新增市级现代农业示范园区2个、市级以上农业产业化龙头企业13户、农民合作社161个、家庭农场86个。国家农业公园启动建设,完成总体规划和甘宁、武陵核心区规划。持续实施农村“五大工程”、场镇“十个一”工程,行政村通畅率、撤并村通达率均达100%。完成山坪塘整治2207口、病险水库除险加固33座。全面完成68个集镇集中供水技改工程。完工290个村农网升级改造工程。高山生态扶贫搬迁9071人,建成集中安置点64个。

(五)脱贫攻坚扎实推进

大力实施精准扶贫、精准脱贫,累计投入25.4亿元,实施项目2371个。新建产业基地16.3万亩,硬化村组公路1167公里,硬化人行便道1038公里,改造D级危房7127户,农村安全饮水、环境整治、电网改造实现贫困村全覆盖。落实医疗救助、教育资助、低保兜底资金7664万元,惠及9.3万人次。消除贫困户“零转移”家庭886户。168个贫困村、10万贫困人口区级自验达到脱贫标准,贫困发生率降至0.33%。

(六)改革开放不断深入

围绕“三去一降一补”重点任务,务实推进供给侧结构性改革。全区煤矿生产企业全部关闭。清理国有“僵尸”企业、“空壳”公司5家,依法注销各类市场主体5843户。全面推行土地房屋征收住房货币化安置,化解商品房库存31.5万平方米。开展直供电试点,降低企业用电成本3000万元。企业社保降费2.8亿元,落实优惠政策直接减轻企业负担4500余万元。保税商品展示展销中心建成投运,建成国家进境粮食指定口岸。开通西安至万州、攀枝花至万州集装箱“五定”班列。航空口岸、水运口岸开放纳入国家口岸建设“十三五”规划。深化区域合作协作,“万开云”板块一体化协同发展深入推进,万州至开州快速通道加快建设,万云段天然气“县县通”工程开工,经开区5家企业在开州、云阳投资建设配套企业。坚持精准招商,新签约项目66个、协议总投资397亿元。成功承办第七届中国长江三峡国际旅游节。

(七)创新驱动步伐加快

制定出台创新驱动发展实施意见,加快推进以科技创新为核心的全面创新。设立年额度4000万元科技创新专项资金,全社会研究与试验发展经费支出占地区生产总值的1.3%。新培育市级企业技术中心1个、市级创新示范企业1家,新增市级知识产权优势企业5家。长安跨越改型跨界车等一批战略性新兴制造业项目竣工投产,战略性新兴制造业实现产值129.71亿元,增长14.5%,占规模工业产值比重达到14.9%;高技术产业产值152.35亿元,增长15%。

(八)生态环境持续改善

主要污染物总量减排完成年度目标,单位地区生产总值能耗下降2%。淘汰黄标车及老旧车2954辆,城区空气质量优良天数按照新标准达300天以上。长江干流万州段水质总体保持良好。建成五桥河流域、龙都片区等城区污水管网42.6公里,建成18个镇乡污水处理工程,城区生活污水集中处理率达到91.3%,城乡垃圾无害化处理率分别达100%、91%。完成造林绿化10万亩,全区森林覆盖率达49.6%。环境噪声达标区覆盖率达90%。完工行政村环境连片整治项目86个、养殖场污染治理项目53个。搬迁关闭城区畜禽养殖场39家。完工三峡后续地灾治理项目5个,实施“金土工程”搬迁避让11处507

人。完成水土流失综合治理14.5平方公里。

(九)民生保障不断加强

2016年度三峡后续项目获批88个,到位三峡后续工作专项资金12.4亿元。发放农村移民后期扶持直补、城镇移民困难补助和特殊救济等资金5616万元。落实教育制度性惠民资金1.5亿元,惠及学生6.8万人次。新增普惠性幼儿园39所,建成镇乡中心幼儿园5所。义务教育发展基本均衡区通过国家督导认定。高考上线率92.6%。完成鸡公岭小学等4所学校扩容改造。成功创建全国重点中西医结合医院1所，区人民医院三甲创建工作持续推进。新增市级医疗特色专科1个。四川竹琴《双枪老太婆》入围第十七届中国群星奖和第九届中国曲艺“牡丹奖”。建成重庆三峡移民纪念馆。建成17个村综合文化服务中心示范点。承(举)办全国男子青年手球锦标赛等系列赛事活动。新增城镇就业岗位4.5万个、就业人员4.3万人,城镇登记失业率2.9%。五大社会保险累计参保290万人次,征收社保基金32亿元，发放各类待遇50亿元,养老、医疗参保率巩固在95%以上。

(十)社会保持和谐稳定

严格按照“四个责任”“四个没有”的要求,不断深化平安万州建设,全区安全生产、信访稳定、社会治安形势不断好转。持续加大安全生产投入,本质安全能力不断提升,考核类安全生产事故起数、死亡人数持续下降。常态开展干部下访,调处矛盾纠纷2.25万件,市级、区级交办信访积案全部化解。推行“网格化+网络化+信息化”社会服务管理模式,村(社区)网格化管理实现全覆盖。

二、发展中存在的问题

经济总量不大、发展质量不优的问题依然突出;创新要素集聚不够,自主创新能力较弱;市场需求不足、要素成本上升,实体经济发展面临一些困难;对规划工作的重要性、基础性认识不到位,编制的前瞻性和执行的严肃性不够强,城乡基础设施建设相对滞后；公共服务供需矛盾依然存在,民生改善任务重,生态建设压力较大;少数干部开拓开放开明的意识不强,行政效能有待进一步提高。

三、2017年发展目标

地区生产总值增长10%左右，固定资产投资增长10.5%，社会消费品零售总额增长12%，一般公共预算收入增长8.5%，城乡居民人均可支配收入分别增长9.5%和10.5%，居民消费价格指数控制在103以内，城镇登记失业率控制在3.5%以内，单位地区生产总值能耗下降2%，完成主要污染物总量减排年度目标任务。

(作者单位:万州区政府办公室)

黔江区

丁亚超

一、2016年发展回顾

2016年,黔江实现地区生产总值218.84亿元,比上年增长10%。人均地区生产总值47184元,比上年增长8.9%(按常住人口计算)。其中,第一产业增加值22.03亿元,增长5.3%;第二产业增加值115.38亿元,增长10.2%;第三产业增加值81.43亿元,增长10.9%。完成固定资产投资307.33亿元,比上年增长15.1%。实现工业增加值94.74亿元,比上年增长9%,占地区生产总值的43.3%，规模以上工业增加值91.74亿元,增长9%。社会消费品零售总额92.44亿元,比上年增长14.3%。一般公共预算收入21.46亿元,比上年增长6.6%(同口径)，税收收入13.88亿元,增长 6.2%。城乡常住居民人均可支配收入分别达到 27164 元和 9820 元，比上年增长 10.1% 和 10.9%。

（一）扎实抓好“三农”工作,决战决胜脱贫攻坚

用脱贫攻坚统揽农业农村工作，推动农业提质增效，获批全国首批农村产业融合发展试点示范区。按照“六个精准”和“六个一批”的要求,投资 4.1 亿元实施脱贫项目 675 个,创新推出扶贫济困医疗救助机制、扶贫小额贷款“五分工作法”、高山生态扶贫搬迁“四个统筹”、扶贫资金“大数据”信息司法监管机制等精准扶贫精准脱贫新模式、新方法,实施“5211”结对帮扶,新完成 35 个贫困村整村脱贫，减少贫困人口 5755 户 22335 人,全面达到“户脱贫、村销号、区摘帽”验收标准,脱贫攻坚工作得到中央领导肯定和广大干部群众认可。“金融扶贫示范区”建设取得成效，设立 580 万元的扶贫小额贷款风险金、500 万元的涉农企业“增信贷”基金,发放扶贫小额贷款 3860 余万元。传统骨干产业稳量提质发展,连续 6 年产茧总量全市第一,连续 9 年获“全国生猪调出大县”称号,重庆 69 原种猪场建成国家生猪核心育种场，收购烟叶 10.3 万担。现代特色效益农业规模持续扩大,新发展优质水果基地 1 万亩、种植蔬菜 16.2 万亩。新型农业经营主体加快发展，新增市级农业产业化龙头企业 4 家、农民专业合作社 124 家、家庭农场 174 家。

（二）统筹推进城乡建设管理,聚力攻坚“两城同创”

以“两城同创”为载体推进“城市靓区”战略,着力打造特色精品城市,濯水镇入选首批中国特色小镇,新城新增城市人口 3 万人,全区常住人口城镇化率提高到 47.49%。创建国家卫生区以 815.2 分一次性通过国家暗访,群众满意率达 97.1%;创建全国文明城区工作取得阶段性成效。完成城市建设及环境综合整治投资 105 亿元,城乡隧道群亮化改造、老城交通路网整治、汽车南站东站和迎宾大道综合整治、新城正舟路拓宽工程等项目如期完工,高速公路西北南 3 个互通改造、新城污水处理厂等项目竣工投用,南青大道、新城及工业园区路网工程、老城北部环线党校段项目加快建设。建立全民参与“两城同创”共建机制,新增停车位 8340 个,依法规范、取缔“骑门摊”8000 余家,扣押非法营运三轮车 912 台,拆除违建亭棚 12 万平方米,清除卫生死角 2 万余处,清理各类垃圾 10 万余吨,“五小”门店卫生状况基本达标，老城所有废旧物资回收站点实现集中经营,城区背街小巷实现美化、亮化,有效解决游摊游贩以路为市、北门赶集、汽车南站与菜市场混杂等历史难题。同步推进 24 个集镇建设管理,完成集镇改造项目 50 个,“脏乱差”现象得到有效整治,集镇面貌大为改观。完成土地利用总体规划中期修改评估，中心城区“两核五组团”控规实现整合,完成老城总体城市设计及新城三个重点片区详细城市设计,镇村规划编制实现全覆盖。

（三）突出重点景区建设和宣传营销，提速发展旅游

按照“一城主导、一江拉动、一点引爆、全域发展”的思路,大力推进“旅游大区”战略,黔江荣膺“中国清新清凉峡谷城”称号,列入首批市级全域旅游示范区县创建单位。全年旅游组团达 50.9 万人次，接待游客 829.5 万人次，增长 24.1%;旅游综合收入 33.7 亿元,增长 27.6%。濯水景区创 5A 取得积极进展，游客副接待中心、景观大道等项目主体完工，风雨廊桥延伸工程等项目加快推进。芭拉胡景区一期工程基本完工,成功创建国家 4A 级旅游景区。阿蓬江“一江两岸”休闲农业与乡村旅游示范带建设初见成效,入选“重庆醉美乡村好去处”,爱莉丝婚庆植物园等六大主题园开园迎客。点上乡村旅游竞相发展,小南海板夹溪十三寨旅游形象彰显,云上水市、大美三塘盖等乡村旅游品牌初步形成。成功申报阿蓬江国家湿地公园，小南海景区被评为重庆游客最喜爱的景区。成功举办“中国旅游日”重庆分会场活动和首届中国武陵山国际民俗文化旅游节系列活动，国际溪钓大赛和中

国跑客节正在成为活动品牌。濯水古镇成为中国电影家协会、北京电影学院创作实训基地，《辅警威龙》《蜜月》等电影在黔江区全景拍摄。“神秘芭拉胡·魅力阿蓬江”旅游形象初显，黔江旅游资源价值得到广泛认可，旅游发展强大声势已经形成。

（四）创新“园中园”发展模式，推动工业骨干产业向集群化发展

坚持做大规模与提升质量并重、优化传统产业与培育新兴产业并举、扩大增量与盘活存量并行，深入推进“工业强区”战略，获批全国首批产城融合示范区，规模以上工业总产值达到251.7亿元，增长9.6%。启动建设材料、纺织、环保“三大产业园”，京宏源铝业40台合金槽、11台铸轧及冷轧投运，年产30万吨无碱玻纤项目开工建设，西南地区最大铬铁生产基地落户黔江，初步构建起以铝材料、玻纤材料、镁合金为主的材料产业园；年产300万件羊绒制品、3000万件雨具等项目投产，纺织产业集群初具规模；工业固废处理、垃圾焚烧发电项目启动建设，环保产业园起步发展。衡生药用胶囊项目一期工程全面投产，二期工程开工建设。继续实施“123”重点工业企业扶优扶强计划，新培育“123”重点工业企业5家、规上工业企业6家。电力投资创历史新高，达5.3亿元，3座110千伏输变电工程、5座110千伏变电站增容改造工程完工投用。渝东南天然气储备调峰输配送中心实现试运行，天然气“乡乡通”工程濯水镇实现通气点火。

（五）深入推进改革开放，加快培育发展新动能

强化改革引领、开放支撑、创新驱动，着力推动发展动力转换。供给侧结构性改革成效明显，关闭煤矿7家、烟花爆竹企业1家，一批“僵尸企业”和空壳公司平稳出清，商品房库存下降20.2%，落实全市“涉企30条政策”，为企业减负2.3亿元。积极争取专项建设基金，设立中小企业贷款政府风险补偿金、转贷应急周转金，创新开展“助保贷、银政通、银财保”和转贷应急业务，帮助40家企业获得银行低成本贷款15.5亿元、36家企业获得银行续贷支持5.7亿元。深化国资国企改革，严格国企对外投资担保管理和资金计划管理，在全市区县率先建立外派和内设相结合的监事会工作制度，完成乌江实业集团、盛黔污水处理厂等企业产（股）权改革。强化政府性债务管控，置换和偿还9%以上高成本债务44.9亿元，新增融资综合成本控制在6%以内，国企债务增长率降到10%以下。统筹整合财政专项资金40亿元，财政资金使用效益显著提高。新增各类市场主体9637户，增速全市第一。黔江海关和出入境检验检疫局建设进展顺利，实现进出口贸易总额2612万美元。签约招商引资项目111个，到位资金150.4亿元。部署实施创新驱动发展战略，设立首期规模500万元的创业种子投资基金，新培育科技型企业31家、高新技术企业3家、众创空间3家，建成1家市级院士专家工作站，成功创建首批2016—2020年度全国科普示范区。

（六）持续推进基础设施建设，着力扩大有效投资

兼顾当前稳增长与长远可持续，千方百计争取和推进项目建设，增强当前支撑作用和发展后劲。黔张常铁路、渝怀复线铁路等项目建设进展顺利，重庆至黔江高速铁路完成预可研编制，黔毕昭、黔恩、广（安）忠（县）黔（江）等铁路项目进入国市规划。黔石高速公路、黔江过境高速公路开工建设。武陵山机场改扩建项目初设获批，新开通至西安、海口航线。黔江北零换乘枢纽开展可研编制，1.2万平方米铁路客运站初设获批，黔江南450万吨铁路枢纽货场完成方案设计。实施80公里通乡干线公路改造工程，完成农村公路通畅通达工程770公里，实现乡镇通畅、行政村通畅、撤并村通畅、村民小组通达、行政村通客车率“5个100%”目标。太极水库、老窖溪水库实现试蓄水，罗家堡水库、瓦窑堡水库等项目顺利推进，渗坝分洪隧洞和小南海干渠中塘滑坡段改线隧洞完工投用，鹅池分洪隧洞实现贯通。建成舟白水厂和正阳水厂。完成6.4

万农村人口饮水安全巩固提升工程。

（七）加快发展现代服务业，增强中心城市集聚辐射能力

从区域性市场、电子商务、金融服务业和现代物流业四个方面发力，强化区域性中心城市综合服务功能，全区服务业增加值达到81.4亿元，增长10.9%，占地区生产总值比重提高到37.2%。获批创建全国电子商务进农村综合示范区，引进京东、阿里巴巴、猪八戒等知名电商品牌企业，渝东南电商产业微企孵化园建成开园，全区电商站点服务覆盖率超过80%，实现网络零售额20亿元，增长23%。大什字广场智慧商圈启动建设。引进吉之汇等知名品牌，万达广场达成入驻意向。汽摩机电交易市场、鑫众磊国际建材城、渝东南冷链物流中心、工程机械交易市场、武陵山国际商贸城一期建成投用，红星美凯龙购物中心加快建设，武陵山城市生活性仓储物流配送中心开工建设。民族风情城特色美食街开街营业。金融业继续保持较快发展，实现增加值14.4亿元，比上年增长18.4%，占地区生产总值的6.6%。全市首家专注扶贫网络小贷公司——中和农信获批筹建，重庆69原种猪场在上海股转中心E板挂牌。

（八）切实加强生态文明建设，筑牢绿色发展本底

坚持生态优先、绿色发展，持续实施环保“五大行动”，加快建设生态美丽黔江。实施公益林管护130万亩，森林覆盖率提高到56.8%，黔江国家森林公园获“中国森林氧吧”称号。持续开展大气污染联防联控，城区空气质量优良天数达到348天。黔江河下坝断面黑臭水体基本消除，阿蓬江水质达到Ⅲ类标准。强化集中式饮用水源保护，城乡集中式饮用水源水质全部达标。建设城市污水管网36.8公里，9个乡镇污水处理厂实现移交营运。实施85个行政村环境连片整治，创建市级生态乡镇5个、生态村25个。完成20家企业排污权交易。整改96个环境突出问题，立案查处环境违法行为62起。

（九）扎实推进社会民生建设，不断增进人民福祉

切实践行以人民为中心的发展思想，更加注重发展社会事业，滚动实施重点民生实事，全力维护社会安全稳定，人民群众在共建共享发展中享有了更多获得感。完成25件重点民生实事年度任务。顺应市民对优质教育资源的期盼，引进南开中学、人和街小学等5所重庆主城名校来黔江合作办学。顺利通过义务教育基本均衡发展国家督导认定。高考各项核心指标持续领先渝东南，一本硬上线人数首次突破千人大关。重庆旅游职业学院上划市级管理。中心医院正阳院区门急诊楼等项目主体完工，儿童医院开诊运行。启动民族医院创“三甲”工作。基层医疗卫生机构实现远程医疗全覆盖。城镇新增就业20463人，城镇登记失业率控制在3.01%。城乡最低生活保障线标准分别提高9.5%和30.4%，临时救助4115户次，救助供养特困人员2322人。新城安置区全面建成，安置遗留问题得到解决。《侯天明的梦》荣获中国电视金鹰奖提名奖，原创大型歌舞诗《云上太阳》赴法国巴黎访问演出，民族音乐歌舞诗剧《云水谣》成功上演。全面完成村(居)委会换届。乡镇派出所实现全覆盖，刑事、治安案件发案率继续下降，有效化解一批矛盾纠纷和重点信访事项，连续9年获评全市安全生产优秀区县，群众安全感指数达97.6%，高于全市平均水平2.4个百分点。

二、发展中存在的问题

经济结构不优，新动能不足，经济增长面临诸多挑战；社会投资占比不大，政府投资效率不高；财政收支矛盾突出，政府性债务管控压力较大，辖区银行不良贷款率有上升趋向；新型城镇化水平相对偏低，公共服务体系不够完善，中心城市集聚辐射能力不强；民间借贷领域存在潜在风险，房地产领域矛盾在累积，社会稳定压力增大；少数政府工作人员思想观念、工作作风、精神状态、能力本领不能较好适应新常态新要求。

三、2017年发展目标

全区经济社会发展主要预期目标是：全区生产总值增长10%，固定资产投资增长13%，规上工业增加值增长10%，一般公共预算收入同口径增长9.2%，社会消费品零售总额增长13%，城乡常住居民人均可支配收入分别增长10.5%和13%，节能减排等约束性指标完成市上下达任务。

（作者单位：黔江区政府研究室）

涪陵区

冉 瑞

一、2016年发展回顾

2016年，全区实现生产总值896.22亿元，同比（下同）增长10.21%，人均生产总值11789美元，略有增长。其中，第一产业增加值51.77亿元，第二产业增加值493.29亿元，第三产业增加值268.13亿元，同比分别增长4.3%、12.8%和11.2%。三次产业结构由上年的6.3:61.5:32.2调整为6.3:60.7:33.0，第三产业在国民经济中的占比提高。全年实现公共财政预算收入56.53亿元，增长12.0%；公共财政预算支出126.51亿元，增长34.8%。年末，区内金融机构人民币存款余额688.31亿元，比年初增长11.6%，其中个人存款余额375.07亿元，增长10.2%；贷款余额440.80亿元，增长0.8%。金融机构全年利润收入12.73亿元，下降3.4%；存贷比由上年的69.9%下降为64.0%。

（一）农业经济

全年实现农林牧渔业总产值87.93亿元，增长12.49%；农村常住居民人均可支配收入12253元，增长10.5%，较全市平均水平高704元。粮食播种面积9.66万公顷，同比微增，总产量47万吨，增长7.3%；蔬菜种植面积7.59万公顷，增长1.7%；油料播种面积3513公顷，增长4.9%。主要农产品产量：粮食43.8万吨，增长1.2%；蔬菜207.1万吨，增长3.0%，其中青菜头150.6万吨，增长0.6%；油料0.66万吨，增长63.%；生猪出栏82.09万头，下降1.4%；牛出栏1.67万头，增长8.4%；羊出栏3.1万头，增长12.4%；家禽出栏767.7万只，增长3.3%；蚕茧2800吨，增长3.7%；水产品2.10万吨，增长1.9%；果品13.01万吨，增长5.2%。新发展农民合作社63个、总数达694个，参合农户14.75万户、参合率61.8%，其中以土地承包权入股的农村新型股份合作社总数达111个，入股土地面积2833.3公顷。新注册家庭农场58家，总数达794家，经营土地面积4893.3公顷。获批市级示范社2家、市级示范场3户。全区累计流转耕地38093.3公顷，规模经营集中度37%。全面完成农村集体经济组织清产核资，集体经济组织有货币资金5.5亿元、实物性资产33.13亿元、农村集体土地资源26.54万公顷。承接农业部在全国7个省市开展的“全国土地经营权入股发展农业产业化经营试点”改革工作，实施方案已获农业部批复，正组织实施。全区开展水稻保险14653.33公顷、玉米保险14200公顷、能繁母猪保险2.89万头、生猪保险17.62万头、蚕种保险4.79万张、森林保险99546.67公顷，各级财政补贴1399.01万元，农业保险共涉案理赔1301.12万元。全面完成南沱镇睦和村等12个村“美丽乡村”示范村和南沱、马武“美丽乡村”示范片项目建设任务。新实施生态家园富民工程“一池三改”6398户、退耕还林户用太阳能3000户，完成养殖小区和联户沼气工程2处、中小型沼气工程1处、大中型沼气工程2处。天木生态农业园、南沱科技园先后获批“全国休闲农业与乡村旅游示范点”，武陵山乡被命名为全市休闲农业与乡村旅游示范乡（镇），马武坪上花溪生态旅游度假区、大顺祥和兴生态农庄、珍溪卉杰果树生态桃花源获批市级休闲农业与乡村旅游示范点。完成“十三五”《加快构建国家级现代农业示范区》重大课题调研并获二等奖。全年累计实施农业产业及基础设施项目124个,投入资金2.44亿元。完成基本口粮田建设906.67公顷、旱作节水农业示范基地333.33公顷、蔺市和南沱片区高标准农田建设1246.67公顷、粮食高产创建示范面积3663.67公顷、增殖流放鱼苗243.7万尾、各类作物测土配方施肥面积12.55万公顷等。实施各类农业科技计划项目33项,合作项目“苎麻与肉鹅种养结合研究与应用”成果获中国农科院青年科技创新奖,“重庆市现代特色(榨菜)效益农业产业技术体系”、“国家博士后科研工作站”获准建设。承担水稻品种区域试验国家7个组、重庆市4个组;承担玉米品种区域试验重庆市3个组和水稻品种展示示范项目11公顷、展示品种27个、示范品种6个。推广各类农机补贴机具13425台(套),完成机插秧5333公顷、机耕作业14.07万公顷、机收作业11466.67公顷,全区主要农作物耕种收综合机械化水平达43%,提高2个百分点;建成市级“平安农机”示范镇1个、示范村9个。新型职业农民培训2550人、农业实用技术培训2.69万人次;新培养农业科技示范户1200户、总数达6500户。签约招商到位农业项目13个、到位资金4.4亿元。新获绿色食品等“三品”11个、总数达143个。“涪陵榨菜”、“涪陵青菜头”农产品公用品牌价值评估分别为132.93亿元、20.23亿元;涪陵区被《经济学家周报》中国特色产业研究中心、中国发展战略研究会企业战略专家委员会联会评为“中国百家特色产业县(区)”,被中国蔬菜流通协会主办的“首届中国蔬菜品牌大会”授予“中国十大品牌生产基地”称号。推进农业信息化建设,建成区、乡、村信息化三级示范网站26个、村级网页125个,实现全覆盖;建立“农村电商平台”示范点25个,新增“农信通”2000户,全区农业信息进村入户率达77.8%,居全市前列。“涪陵江北现代农业(榨菜)科技示范园区”成功创建市级现代农业科技园,市级现代农业园区增加至5个。全区农业园区累计投入建设资金16.7亿元,有56家企业、128个专业合作社、454户家庭农场入驻园区参与生产经营,年总产值20.98亿元。查处农资和农产品违法行为40件,结案23件,罚没款10.79万元。查处渔业违法违规案10件,取缔销毁“三无”涉渔船舶6艘、木筏子9个等。新配备14个乡镇、街道农药残留速测设备,实现全区乡镇全覆盖。农残例行监测范围扩至8个区县,监测样本量、检测参数分别增至647个和31个,全年抽检合格率100%。检查农产品生产、投入品经营单位1049家次,取缔榨菜非法加工点2个、封存产品4180件,取消绿色食品企业2家。开展水稻重大病虫害专业化统防统治19.81万公顷,挽回产量7550.2万公斤。

(二)工业经济

工业总产值实现1480.49亿元,增长17.0%。其中,规模以上工业企业总产值1383.49亿元,增长18.0%;“三大工业园区”(涪陵工业园区、白涛化工园区、清溪再生有色金属特色产业园区)实现规上工业总产值1088.16亿元,增长16.7%;六大支柱产业(化工化纤、装备制造、食品医药、重要材料、电子信息、清洁能源)实现工业总产值1289.64亿元,增长16.9%;工业综合10强企业和创新型10强企业完成工业总产值687亿元,占全区规上工业企业产值的49.7%。工业增加值423.74亿元,增长12.1%,占全区生产总值的52.1%。工业产品产销率达95.9%,规上工业企业万元产值能耗下降0.24%。培育100亿级企业1户、50亿级左右企业6户、10亿至40亿级企业6户。纳入市级重点建设、投产工业项目30个。29个重点工业项目竣工投产或试生产,新增产能300亿元。涪陵页岩气探明储量增至3806亿立方米,年产能突破50亿立方米,平均日产能1515万立方米,累计产气43.90亿立方米,占全国页岩气生产的80%,成为全球除北美以外最大的商业开发页岩气田。12月经国家能源局验收,涪陵国家级页岩气示范区顺利创建。创新成果不断涌现,太极集团、万达薄板、能源集团和宏声实业跃居重庆市 2012—2014 年度优秀工业企业 50 户之列;华峰化工已建成全国己二酸最大生产基地;华兰生物人血白蛋白(5G)和人破伤风免疫球蛋白投产,年增加利润 5000 万元;三爱海陵获德国大众集团"全球十大优秀供应商"荣誉;"桂楼"获中国驰名商标。全年用电 76.4 亿千瓦时,用气 14.6 亿立方米,分别增长 8.6%和 10.2%。国家电网、聚龙电网等升级为 220kV 电压等级联网,首座智能杨柳冲 110kV 变电站建成投运,完成 21 个弃管小区电力改造。

(三)建筑业经济

有资质以上建筑企业 143 户, 实现总产值 388.93 亿元,增长 12.1%。区内增加值 69.56 亿元, 增长 17.9%。房屋施工面积 732.3 万平方米,竣工 150.11 万平方米,分别增长 5.7%和下降 7.0%;商品房销售面积 126.08 万平方米,销售额 65.79 亿元, 分别增长 16.63%和 13.74%;其中住宅销售额 54.01 亿元,增长 4.82%,每平方米(建筑面积)销售均价 5056 元, 下降 1.45%。

(四)交通运输与邮政业

交通运输、仓储和邮政业实现增加值 60.23 亿元,增长 12.2%。公路、水上运输货运量 6200 万吨,增长 6.9%;货运周转量 453.93 亿吨公里,增长 19.7%。客运量 3000 万人次,下降 0.7%;客运周转量 14.99 亿人公里,增长 7.7%。港口货物吞吐量 2507 万吨, 增长 10.3%。境内公路里程 5711 公里,增加 788 公里。全区行政村公路通达率、通畅率均达 100%。机动车保有量 18.09 万辆,其中营运汽车 8528 辆;营运船舶 344 艘。邮政业务收入 9200 万元, 增长 19.6%; 通讯收入 6.07 亿元,下降 1.3%。年末每百户居民拥有固定电话 40 部、互联网用户 45.5 户,分别减少 3 部和增加 5.5 户; 每百人拥有移动电话 86.4 部,增长 0.5%。

(五)固定资产投资

全社会固定资产投资 670.46 亿元, 增长 15.9%。按产业分,第一产业投资 5.43 亿元,下降 11.1%;第二产业投资 327.11 亿元,增长 6.3%;第三产业投资 337.92 亿元,增长 27.6%。按类别分,建设与改造投资 577.26 亿元,增长 14.0%;房地产开发投资 93.2 亿元,增长 29.4%。按区域分,区内项目投资 660.63 亿元,增长 14.8%;跨区投资 9.83 亿元, 增长 198.8%。"三大工业园区"投资 357.82 亿元,下降 2.1%,占全社会固定资产投资的 53.4%。工业投资 321.8 亿元,增长 4.6%,居全市第四位,其中页岩气勘探、开采、管输投资 135.52 亿元, 占全区工业投资总额的 42.1%。

(六)内外贸易与旅游业

全区社会消费品零售总额 229.7 亿元,增长 14.5%。其中,限额以上零售总额 147.33 亿元,限额以下零售总额 82.37 亿元,分别增长 16.9%和 10.6%;年末有限额以上批发零售、住宿餐饮单位 281 户,减少 11 户,其中销售额在 1 亿元以上企业 42 户、10 亿元以上企业 8 户。批发零售和住宿餐饮业实现增加值 74.44 亿元, 增长 10.2%。有各类市场 86 个,市场总面积 53.88 万平方米,免费 WiFi 覆盖率达 50%以上。城乡集贸市场成交额 77.56 亿元,增长 2.9%。引进国内外名牌 80 余个,开展联合促销活动 10 余次。渝东国际商贸城一期主题工程基本完成, 招商中心建成投用;钢龙·渝东国际工贸物流商城 8 幢主体建筑土建部分全部完工, 户外工程机械展区已承接商家入驻。培育发展第三方电子商务平台服务企业 10 户、自营电子商务平台服务企业 779 户, 先期在 7 个乡镇的 16 个村开展电子商务进村试点,并建成电商服务站(点)。全年完成电商交易额 225 亿元。

全年外贸进出口总额 12.5 亿美元, 增长 4.9%。其中进口 4.09 亿美元,增长 32.7%;出口 8.41 亿美元,下降 4.9%。新签招商引资项目 187 个,其中投资上亿元项目 32 个。实际利用外商直接投资 6200 万美元, 下降 41.9%; 利用内资(市外境内资金)303.76 亿元,增长 19.6%。福维科技智能终端、中山市东冠星光电科技公司、华峰化工年产16万吨己二酸和10万吨聚氨酯树脂等投资上10亿元或产值上50亿元的大项目纷纷签约落户涪陵。

全年接待游客883.69万人次,增长16.7%。其中,国内游客883.63万人次,增长16.7%;入境游客602人次,下降9.7%。实现旅游总收入47.8亿元,增长22.8%。有三星级以上饭店5家,床位1281张。完成旅游项目投资65.23亿元,增长148.5%。武陵山旅游度假区完成投资17亿元,建成投用重要节点和旅游服务设施设备,48公里旅游环线生态修复工程全面完工,成为全国首条通往景区的花园环道;江北旅游区完成投资10亿元,北山新城旅游地产一期、景观大道一期基础管网和路面全面建成;两江游项目完成投资5000万元,完成乌江赤壁、乌江鹦哥峡观景平台、游船装修等工程。武陵山国家森林公园、大木花谷·林下花园景区同时成功创建国家4A级景区,涪陵区、涪陵武陵山旅游度假区分别获"重庆十大最美旅游生态区县"和"2015重庆十佳避暑休闲目的地"称号。

二、发展中存在的问题

创新创业能力不足,产业结构偏老偏重,集群发展不够理想,发展质量有待提高,持续做大做强的基础尚不稳固。发展不平衡,区域之间、城乡之间差异仍然较为突出,中小企业成长不快,对发展的支撑够。资源环境约束趋紧,环境保护与生态建设任务艰巨。文化软实力不强,城乡建设管理服务水平与群众期盼仍有差距,新的社会风险和矛盾不断显现。

三、2017年发展目标

全年经济社会发展的主要预期目标是:地区生产总值增长11%左右,规上工业产值增长14%,固定资产投资增长14%,社会消费品零售总额增长12%,一般公共预算收入增长10%,城乡常住居民人均可支配收入分别增长9%、12%,城镇登记失业率控制在3%以内,主要节能减排指标达到市上约束性要求。

(作者单位:涪陵区政府办公室)

渝中区

刘冠男

一、2016年工作回顾

2016年,全区经济稳中有进、民生不断改善、社会大局稳定,实现了"十三五"的良好开局。全年地区生产总值1050.2亿元,增长9.5%,地均GDP产出52.3亿元/公里^2;二、三产业增加值分别为30.3亿元、1019.9亿元,分别增长2.7%、9.7%。区域税收收入209.3亿元,增长7.7%,占GDP的比重为19.9%。一般公共预算收入51.0亿元,同口径增长9.2%。社会消费品零售总额695亿元,增长9%;固定资产投资302.3亿元;城镇居民人均可支配收入34295元,增长8.5%。

(一)加快服务业转型升级

持续做大增量、提高质量,积极发展新兴金融,工银安盛人寿保险、英大泰和财产保险、魏桥金融保理等大型金融机构落户我区,交通银行离岸金融服务中心和建设银行跨境金融中心设立,金融业对经济增长贡献率达29%。持续丰富高端消费和体验式消费相结合的商业业态,新引进国际知名品牌11个,商品销售总额3000亿元,增长14%。完善专业服务业体系,新引进知名专业服务机构10家,总数达111家,增加值占地区生产总值比重达到17.5%。推进全域旅游示范区建设,开通半岛环线旅游观光巴士,接待国内外游客4762万人次、旅游总收入

272.3亿元，分别增长13.4%、14.6%。互联网服务业加快发展，新增互联网企业130家，大龙网、西港全球购等跨境电商平台销售增速超过100%。总部及重点企业达到400家，税收亿元楼宇达33栋。

（二）不断提升城市品质

突出文化商业旅游融合发展和城市历史文化特色。加快推进湖广会馆维修和更新改造及片区风貌建设、东水驿老街更新利用，白象街风貌区一期建设基本成型，十八梯风貌区成功引进杭州新天地集团实施建设。民国印钞厂文创街区初步建成。以有机更新的方式推进鲁祖庙等老街区保护性改造和科学利用。怡园陈列馆、中国民主建国会成立旧址陈列馆、重庆党史图片展览馆等建成开馆。东华观藏经楼、法国领事馆旧址、沈钧儒旧居、郭沫若旧居等4处文物保护修缮完成。加快文化产业发展，成功引进北京3W、酷狗音乐中国西区总部等一批知名文创企业，建成重庆国际IP产业园等文化产业基地，建成上清寺V谷“互联网+”文创产业园。投入财力物力，加强工作支持，加快奎星楼市级文艺院团团场建设。支持电影《从你的全世界路过》在渝中拍摄成片，取得城市宣传的良好效果。

（三）强化基础和重点项目建设

加大建设项目推进力度，着力完善城市功能、优化发展环境。曾家岩大桥、轨道5号线、10号线二期等17个市级重点项目有序推进，解放碑地下环道一、二期项目基本完工。龙湖时代天街D馆开业运营，瑞安化龙桥项目和来福士广场等重点项目建设加快推进，解放碑时尚文化城等一批项目开工建设。建成大坪、七牌坊变电站，新建通信基站150个，改造排水管网3公里、公厕10个。加强交通秩序、市容秩序和城市管理，拆除违法建筑4.2万平方米，实施“一岸一线”环境综合整治。加强朝天门市场、朝天门码头区域交通运行秩序和城市管理秩序整治，有效改善朝天门地区窗口形象。

（四）持续深化开放创新

充分对接全市内陆开放高地建设，成功进入重庆自贸试验区范围，推进自贸试验区体制机制建设和项目建设。积极融入中新合作示范项目，挂牌设立中新合作项目促进中心等平台，新加坡能源集团等一批中新合作项目签约落地，引入马来西亚丰隆集团摘牌十八梯协调区项目开发权。支持辖区银行境外直贷、跨境人民币贷款、境外发债等业务达26.4亿美元，新引进日本电装株式会社、美国史带集团等世界500强企业5家。坚持创新第一动力，全方位推进产业创新、制度创新、管理创新，加强服务业和城市建设管理领域的科技创新，培育和扶持壮大一批科技型、创新型、研发型企业。支持大众创业、万众创新，设立渝中创新创业种子基金和渝中盛世启赢股权投资基金，引导市场主体增加研发投入，新增国家级众创空间3家，市级以上众创空间8家，万人有效发明专利拥有量达13件。

（五）深入推进供给侧结构性改革

增加个性化、差异化、品质化有效供给，适当增加服务核心区的高端住宅和公寓供给，增加文化商业旅游融合功能供给，增添中央商务区活力。加快招商引资消化存量楼宇和增量载体，销售商业商务载体34.7万平方米、住宅63万平方米。贯彻全市“企业减负30条”，落实“营改增”等结构性减税减费政策。支持企业通过上市、发债等渠道融通资金，与金融机构合作大力开展“助保贷”、“助创贷”等业务，新增“新三板”挂牌企业8家。强化金融等重点领域风险防控，严厉打击非法集资、金融诈骗等行为。优化资源要素配置，完成区属企业改制10户，清理“僵尸”企业、“空壳”公司3990户。加强经济运行监测，优化财政资金调度，有序管控政府债务。

（六）着力保障和改善民生

推进医药卫生体制改革，启动公立医院改革，推行分级诊疗制度，全面建立基本药物制度。深化公共文化服务体系示范区建设，打造精品社区文化活动室12个。42中综合楼竣工，复旦中学运动场、人和街小学综合楼等项目有序推进,新增市级名师工作室2个。全民参保登记达到52.9万人,实施包含见义勇为救助等内容的政府综合保险项目,居民生命财产安全得到更好的保障。落实就业创业扶持政策,新增市级创业孵化基地1家,发展微型企业1109户,新增就业6.2万人次。竞技体育成绩显著,我区培养输送的跳水运动员施廷懋勇夺第31届里约奥运会两块金牌,我区代表队参加市五运会青少年组比赛获金牌数、奖牌数、团体总分第一的历史最好成绩。圆满完成第十届社区居委会换届选举。大力排查化解信访积案、重点矛盾纠纷和各类信访稳定事项。强化社会治安"五张防控网",全力维护社会秩序、市场秩序和网络秩序,"互联网+"社区警务模式在全市推广,刑事案件发案数同比下降23.1%,"渝安1号"专项行动排名全市第一。

二、发展中存在的问题

转型发展仍是渝中亟待破解的难题,在有限空间实现更高水平发展的任务繁重;保护彰显母城传统风貌和历史文化、精致打造现代化国际大都市窗口形象、推进全域景区式城市管理还有不少薄弱环节;社会矛盾复杂交织,平安稳定压力较大,社会治理任务繁重;民生改善还有不少短板,与群众期盼还有较大差距。

三、2017年发展目标

地区生产总值增长9.5%左右,区级一般公共预算收入同口径增长6%左右,社会消费品零售总额增长10%左右,固定资产投资300亿元,城镇居民人均可支配收入增长8.5%左右,调查失业率控制在4.5%以内。

(作者单位:渝中区政府办公室)

大渡口区

大渡口区统计局

一、2016年发展回顾

2016年,是"十三五"开局之年,是全面建成小康社会的关键之年。在区委区政府的坚强领导下,全区干部群众齐心协力、攻坚克难,将经济转型向纵深推进,传统产业转型与新兴产业培育双轮驱动,全区经济总体保持平稳运行。

(一)经济运行总体平稳,结构支撑更趋优化

2016年,全区实现地区生产总值(GDP)176.7亿元,同比增长10.5%,增速自2014年以来保持稳步提升的态势。第一、二、三产业结构为0.9:38.3:60.8,第三产业占比比去年提高1.3个百分点,经济结构进一步优化。

GDP稳定增长的支撑:一是工业作为稳定全区经济的首要支撑,拉动GDP增长3.0个百分点;二是以知识密集型服务业为主的金融和营利性服务业拉动GDP增长2.7个百分点;三是商贸、交通运输等传统服务业的稳定增长拉动GDP增长1.3个百分点;四是城建经济相关的建筑、房地产业拉动1.6个百分点;五是公共服务为主的非营利性服务业拉动1.9个百分点。

(二)传统产业持续平稳,运行质量效益提高

工业经济稳中有进。2016年,全区工业增加值46.3亿元,占GDP的比重为26.2%,增加值增长11.2%,拉动GDP增长3.0个百分点,是全区经济平稳增长的第一支撑。全区规上工业企业实现工业总产值206.6亿元,同比增长13.1%,保持了2015年以来两位数以上的增长。工业能耗持续下降,工业运行质量更高,规上工业万元产值能耗0.2吨标煤/万元,下降13.5%;规上工

业利润总额9.5亿元,增长11.7%。值得注意的是,全区工业投资19.7亿元,下降1.3%。

交通运输稳中有增。2016年1—11月,全区22家规模以上交通运输仓储邮政企业实现营业收入4.9亿元,同比增长22.2%;全社会客货周转量同比增长9.0%。全区交通运输仓储邮政业实现增加值11.7亿元,增长4.7%。

批零住餐稳步提速。2016年,区委、区政府积极顺应经济发展新常态,深入贯彻落实国务院关于促进消费结构升级的指导意见和重庆市实施意见,全区商贸经济平稳健康发展。全区批发零售和住宿餐饮业实现社会消费品零售总额45亿元,增长11.5%;批发零售业销售额204.6亿元,同比增长15.0%;全区住宿餐饮业营业收入11.9亿元,增长16.4%。

(三)新兴产业蓄势待发,产业培育取得成效

节能环保产业发展成势。环保科技产业园加快发展,中渝环保等项目及市环科院下属企业相继落户,重庆环保产业股权投资基金管理有限公司开始运营,节能环保产业体系初见雏形。

信息服务产业逐步聚集。移动互联网产业园成功创建全市首批电子商务示范园区,海康威视智能安防产业园开工建设,云旅科技、皖新传媒等项目落地。

文旅休闲产业稳步推进。文化休闲旅游业迈开新步伐,重庆工业文化博览园遗址公园建成投用,马桑溪古镇即将开街,艺度创·文化创意园、微企梦工厂文创企业开始聚集。

(四)知识密集型服务业快速增长

知识密集型服务业是指金融业、信息传输软件和信息技术服务业、租赁与商务服务业、科学研究和技术服务业。2016年,全区金融业增加值20亿元,占GDP比重11.3%,拉动GDP增长1.3个百分点,同比增长21.8%。其他知识密集型服务业规上企业同比增长39.7%。

二、发展中存在的问题

一是行业短期发展困难,结构调整尚待时日。工业持续快速增长困难,商贸业运行平稳提速难,新兴产业培育任重道远,城建经济后续乏力。二是先行指标压力加大,供给侧改革待蓄力。土地资金等要素供给压力大,投资缺乏增长点,技术创新成效还不明显,新产业重大项目少。

三、2017年发展目标

2017年,全区经济社会发展主要预期目标为:地区生产总值增长10%左右;全社会固定资产投资增长10%;规模以上工业增加值增长12%;社会消费品零售总额增长11.5%;一般公共预算收入同口径增长9%;全区居民人均可支配收入增长8%,单位地区生产总值能耗下降率完成市级下达的目标任务。

江北区

何 旭

一、2016年发展回顾

2016年,江北区坚持以习近平总书记系列重要讲话特别是视察重庆重要讲话精神为基本遵循,牢固树立和贯彻落实创新、协调、绿色、开放、共享的发展理念,着力加强供给侧结构性改革,全力稳增长、促改革、调结构、惠民生、防风险,全区呈现出经济稳中向好、民生不断改善、社会和谐稳定的良好态势。

(一)综合实力稳步提升

实现地区生产总值778亿元,同比增长11%。完成一般公共预算收入88.1亿元,同比增

长 3.1%；其中税收收入达 75.9 亿元，总量连续六年位居全市第一。规模以上工业总产值达 805.2 亿元，增长 10.5%。社会消费品零售总额达 480 亿元，增长 12.5%；商品销售总额达 2989.8 亿元，增长 16.0%。全社会固定资产投资完成 419.6 亿元。实际利用外资和内资分别达 8 亿美元、401.7 亿元，进出口总额达 55.3 亿美元。城乡居民收入分别达 33681 元和 16989 元，增长 8.6%和 8.9%。全社会 R&D 经费占 GDP 比重提高至 2.9%，位居全市前列。

（二）产业转型加快推进

三次产业比重从 0.5:34.2:65.3 调整优化为 0.1:27.6:72.3，六大战略性新兴服务业占 GDP 比重提高至 15%，现代服务业占第三产业比重提高至 55%。工业经济提质增效，港城、鱼复两大园区双核共振，汽车、电子电器两大集群基本形成，高新技术产品产值占规模以上工业总产值比重提高至 36.1%，战略性新兴制造业产值增速达 25%，工业企业全员劳动生产率提高至 33.3 万元/人，工业对 GDP 增长贡献率达 20%。商贸经济全面转型，观音桥现代商都“五大升级工程”全面提速，龙湖新壹街、新华协信中心等重点项目进展顺利，主城核心商圈地位进一步巩固；江北嘴中央商务区业态丰富、北滨路提档升级取得新进展，东原 D7 新新 PARK 成为跨界融合新地标，鎏嘉码头等特色街区多点开花，石马河梦里茶乡商业街成功创建市级商业特色街，电子商务交易额首破千亿大关。金融产业规模扩张，金融体系日益完善，银行、基金、保理等各类金融机构达 410 家，其中大型重点金融机构约占全市的 1/3，金融资产规模突破 1.2 万亿元，占全市 28%，金融机构存贷款余额占全市的 18%，金融业增加值占地区生产总值比重提高至 17%，功能性金融中心极核区地位更加凸显。

（三）城乡面貌大幅改观

全面加强规划引领，协调整合《江北区美丽山水规划》等 15 项专项规划，“多规合一”提速推进，生产空间、生活空间、生态空间相得益彰。深入实施环保“五大行动”“九大攻坚”，狠抓尾气排放、扬尘、噪声等关键环节整治，全年空气质量优良天数达 302 天，同比增加 16 天，PM2.5 浓度同比下降 18.9%，生活垃圾无害化处理率达 99.1%，建成区噪声达标区覆盖率达 100%，医疗废物、工业固废处置利用率稳定达到 100%，城市生活污水处理率达 95%，地表水水质达标率稳定达到 100%。森林覆盖率达 20.6%，建成区绿化覆盖率达 43.2%，成功通过国家环保模范城区验收。美丽山水城区加快建设，“两江三山四景五河”风光秀丽，“璀璨北滨路”“梦幻江北嘴”“活力观音桥”夜景迷人，铁山坪森林公园成功创建国家 4A 级旅游景区和重庆市旅游度假区。城市互联互通水平大幅提升，渝万铁路复盛高铁站建成投用，双碑嘉陵江大桥及东引道等 8 条道路完工通车，海尔路改扩建工程等 34 个项目建设有序推进，4、5、9、10 号线和环线等轨道交通项目进展顺利。文明文脉传承加强，着力打造文化“珍珠链”，精心保护明玉珍睿陵等历史遗迹，启动建设长安 1862 等历史文化街区，中复北仓、喵儿石创艺特区等建成开业。城市二次更新全面提速，清理低效土地 2078 公顷，完成农村征地 4170 亩、城市房屋征收和棚户区改造 39.4 万平方米、城中村拆迁 12.1 万平方米，庙溪嘴一期等 20 个项目成功扫尾，依法拆除违法建筑 66 万平方米，成功创建第三届全国国土资源节约集约模范县(市)。城市管理更加精细，全面推行网格化管理，在全市率先打造智慧城管综合管理信息平台，城市管理数字化覆盖率达 100%。全面加强城乡统筹，投入 4500 万元用于农村交通、饮水、卫生、文化等公共设施建设，户籍人口城镇化率达 93.8%。

（四）改革开放更添活力

深化供给侧结构性改革，出台供给侧结构性改革“1+5”系列文件，“三去一降一补”成效初显。关停无效产能和僵尸企业 26 家；推进区属国有“僵尸”企业和“空壳”公司整合重组，注销区属国企 27 家；出台 11 条商品房去库存措施，全年商品房住宅销售面积同比增长 35%以上；全面落实“涉企 30 条”等降成本政策，全年“营改增”减负24.7亿元，调整“五险一金”费率和低费基政策的覆盖面，社保降费减负10亿元，实施售电侧改革试点，企业电费减免2000万元以上；降低企业融资成本，探索推出风险共担的“助保贷”“接力贷”等信贷金融产品；深化商事登记制度改革，推进“五证合一、一照一码”，市场主体突破7.3万户。发挥“渝新欧”大通道、长江黄金水道交汇点优势，抢抓“一带一路”和长江经济带战略机遇，积极承接中新项目，主动对接重庆自贸区建设，不断增强对内对外双向开放的集聚力、辐射力和影响力，全年签约项目145个、签约金额1756亿元，引进1000亿元中新互联互通股权投资基金、新加坡绿叶医疗集团、雅高鑫兴、旺嘉融资租赁等23家重点外资企业。大力发展总部贸易、服务贸易、保税贸易等外向型经济，跨境电商全年实现订单340万单。全面加强对外交往，与意大利皮亚琴察市签署缔结友好城市关系意向合作书。

（五）民计民生持续改善

积极回应民生诉求，全年民生投入占一般公共预算支出比重达52.2%，“25件民生实事”年度任务圆满完成。实现城镇新增就业创业7.6万人，成功创建首批市级创业型城市。不断扩大社保征缴覆盖面，城乡养老保险参保率、医疗保险参保率分别达94%和95%。累计投入各类救助资金5826万元、救助16.8万人次，有效保障“老弱病残小”基本生活。新建社区养老服务站22个，社区便民服务中心12个。续建农转非安置房77万平方米，妥善安置群众2.3万人，城镇低收入住房困难家庭实现阶段性“应保尽保”。

（六）社会事业协调发展

启动江北嘴实验学校等9所学校建设，喜乐溪小学建设取得突破性进展，完成五里坪小学等4所学校主体建设，清华北大录取人数和重点大学上线比例居全市前列，被确定为全市唯一“国家学前教育改革发展实验区”，成功创建“全国社区教育示范区”。积极探索分级诊疗新模式，“医联体”建设取得明显成效，区中医院康复保健大楼正式投用，市红十字会医院改扩建工程进展顺利，公共卫生服务扩面提标，成功创建全国健康促进区。持续保障公共文化服务供给，开展各类惠民文化活动300余场次。成功举办全国校园铁人三项赛、铁山坪森林马拉松赛等系列品牌赛事和全区足球、篮球等系列联赛，在市五运会和市老年运动会中喜创佳绩，辖区经常性参加体育锻炼人数达45万人。完善立体化治安防控体系，依法打击各类违法犯罪，狠抓食品药品、农产品、危险化学品、道路交通、建筑、消防等重点领域安全监管，安全形势总体保持平稳，连续106个月实现较大及以上事故“零控制”，群众安全感指数达90%以上。积极推进社会治理创新，“三社联动”服务新模式全国推广，成功创建“全国社会工作服务示范区”。

（七）自身建设全面加强

坚持用改革提升行政效能，法治政府、服务型政府建设纵深推进。主动自觉接受区人大及其常委会的法律监督和工作监督、区政协的民主监督和社会各界监督，认真办理人大代表建议和政协委员提案，办结率达100%，满意率达99%以上。强化政府职能转变，着力围绕功能区建设、产业转型、改革创新、社会民生等工作加强顶层设计，改进调查研究，清理文山会海，核减节庆活动，精简审批流程，推行政务事务网上办理，服务效能大幅提升。全面落实党风廉政建设“两个责任”，大力推行“一把手3+X不直接分管”和“三重一大”制度，加强公务员队伍作风建设，扎实开展“两学一做”学习教育，严格落实中央八项规定精神和市委“八严禁”“十二不准”，以零容忍态度惩治“四风”和腐败，政风行风得到有效净化。

二、发展中存在的问题

一是产业转型升级任务艰巨，新旧动能转换任重道远；二是资源环境约束趋紧，土地节约集约利用水平不高，发展方式亟待转变；三是公共服务存在短板，优质教育、医疗等公共资源配置不均衡，公共文体阵地不足；四是安全稳定风险压力较大，一些领域矛盾纠纷易发多发，群众利益诉求趋于多元,社会治理亟待因时而变。

三、2017 年发展目标

2017 年，江北区国民经济和社会发展的主要预期目标是:地区生产总值增长 10%左右,规模以上工业增加值增长 10%，社会消费品零售总额增长 11.5%，一般公共预算收入增长 10%，固定资产投资增长 10%，实际利用外资 7 亿美元,常住居民人均可支配收入增长 8.5%,研发经费支出占 GDP 比重达到 3.1%,城镇登记失业率控制在 2.5%以内。

(作者单位:江北区政府办公室)

沙坪坝区

沙坪坝区发展和改革委员会

一、2016 年发展回顾

全年实现 GDP 786 亿元，增长 10.3%,比 2015 年同期提升 2.3 个百分点,历经 3 年个位数增长后,重回两位数增长区间。工业总产值突破 1900 亿元（其中，完成规模以上工业总产值 1789.9 亿元),实现固定资产投资 667 亿元、增长 14.4%，社会消费品零售总额 357.4 亿元、增长 11.5%,进出口总额 233 亿美元,一般公共预算收入 68 亿元、增长 15.2%,城乡常住居民人均可支配收入 31994 元、增长 8.5%,全年经济运行呈现“稳中有升、结构优化、亮点纷呈、趋势向好”的态势。

(一)创新发展动力进一步增强

1.创新活力不断增强

出台创新驱动发展意见，明确打造西部创新基地的路径。众创办协调机构常态化运转,扶持众创空间发展系列政策逐步落地。成立 1 亿元创新创业引导风险基金和 1000 万元种子基金,建成“众创 E 家”创新创业综合服务平台和产学研合作创新创业基地三期，成功举办全国双创活动周重庆分会场活动。华强跨境电商众创空间入驻众创工场，发展众创空间国家级 3 家、市级 15 家,新认定区级众创空间 8 家。全年新增市场主体 9931 户(其中企业 3819 户、个体 6102 户、农民专业合作社 10 户),为小微、困难企业减负 7.2 亿元，建成市级微企孵化园 5 个，万人发明专利拥有量 32.3 件、保持全市第一。

2.供给侧结构性改革起步推进

出台供给侧结构性改革实施方案，明确任务清单 15 个、具体项目 108 个。围绕增加有效供给、去除无效供给、减轻企业负担、防范金融风险、补强短板五大任务,成立医投、文投、教投等国有公司并完善其运营机制，大力培育战略性新兴产业;关闭青鹏煤业 15 万吨矿井、重庆汇丰纺织等 8 家产能过剩企业;推动涉企 30 条政策落地,“营改增”减征企业税收 6.5 亿元,推进社保费率调整及小微困难企业社保减负金额达 5.5 亿元;加强对 P2P、私募股权等企业风险排查,处置非法集资陈积案件 15 宗;建成重庆大学 B 区、重庆七中地下公共停车库,缓解老城区停车难题。

3.产业转型升级稳步推进

三大支柱产业逐步升级：三峡广场英伦风情街建成招商、西永中欧智慧光都试营业,实现商品销售总额 1255 亿元,增长 14.5%,住宿餐饮业实现营业额 84.8 亿元,增长 16.5%。小康工业 A 股上市,完成技改项目 20 个,规模以上传统工业实现产值 591.8 亿元,增长 13.2%。富士康乐视智能电视生产线投用,SK 海力士芯片、平板电脑进入量产，规模以上电子信息制造业实现产值 1198.1 亿元。四大特色产业逐步壮大:“渝新欧”开行 432 班,增长 68%,整车进口 2023 辆，增长 7.3 倍,中心站办理 42.4 万标箱、编组站编组318.3万辆;国际创客港、磁器口民俗博物馆试营业,实现文化产业增加值46亿元、旅游综合收入121亿元;全国首个加拿大荷兰学院合作办学项目和大学城教育培训文化创意产业园签约落地,实现教育培训产业产值2.5亿元,增长30%;中核健康城、海吉亚肿瘤专科医院等顺利推进,成功引进重庆首个国际A级世界铁人三项赛。战新产业取得突破:北斗民用、泰康仪表拉索等战新制造业项目和敦煌网、中垦融资、美团网结算等战新服务业项目成功落户,规模以上战新产业企业增至31户。土地规模化经营率提升至43%,凤凰花卉园成功建成市级农业园区。

(二)协调发展格局进一步优化

1.功能区建设深入推进

功能导向更加科学精准,明确“两区两带”功能格局和“两圈五园五城”重点功能板块,开展全域空间发展战略规划研究。规划引领得以增强,持续推进规划全覆盖,启动井双新城、三峡广场、物流园、歌乐山国际慢城等重点片区规划优化,开展26个行政村规划编制及海绵城市、智慧交通、综合管廊等专业专项规划研究。功能板块开发建设取得突破,万达文旅城全面开工建设,展示中心建成开放;青凤工业园3.78平方公里启动区全面开工,首期2160亩土地征地拆迁基本完成;首届歌乐山国际慢城慢游节成功举办,七彩祥耘开心农场、荷塘悦色等一批项目提档升级带动人气加速集聚;井双新城初步纳入国家老工业基地改造试点范畴,滨江路磁井段二期全面动工,征地征收和招商引资工作同步开展;其他8个功能板块建设有序推进。实施农村征地1.9万亩、城市征收40万平方米。

2.基础设施支撑更加强劲

轨道环线沙区段顺利推进,兰渝铁路、兴隆场编组站建成投用,重庆西站站房主体基本建成。内环快速路拓宽改造全面启动,成渝高速中梁山隧道扩容改造工程左右线全线贯通,双碑匝道建成通车。国际创客港与秋水长天小区断头路成功打通,大学城次干线建成投用。井口公租房和香榭街的2座人行天桥建成投用,凤凰广场二期等6个公共停车库前期工作进展顺利,慢行系统、充电桩等配套设施建设提速。开展空中挂线等25个专项治理,整治违法建筑55万平方米。

3.城乡一体化水平显著提升

实施美丽乡村建设项目10个,基本形成中梁—歌乐、曾家、凤凰—青木三大美丽乡村格局。新改建农村公路130公里,打造慢城上山通道4条、特色公路50公里,建成中梁镇龙泉村、庆丰山村供水工程,农村1公里公交站点覆盖率达60%。开展2个涉农补助资金股份化试点,完成12个村农村集体经济组织量化确权,培育新型农业经营主体4家。中梁镇成功申报重庆市特色小镇试点示范。

(三)绿色发展水平进一步提升

创国卫工作通过国家暗访,创文工作全面启动,城乡面貌显著改善。严格执行差异化生态保护和产业准入政策,落实排污权有偿使用和交易制度,关停并转高耗能、高污染企业,否决中机高科喷漆工艺等7个不符合功能导向的工业项目。深入实施环保五大行动,重拳整治8类尘污染源,有序开展污水管网、次级河流、湖库水质提升专项整治,完成940米三级排污管网改造,区域环境噪声稳定达标。西部新城重要节点(大学城南、北路)绿化改造完成,平顶山公园、绿壁公园等绿地项目提档升级。余家湾水库和大烂池水库地质塌陷整治完工,中部地区地质塌陷区两个农民集中居住工程全面开工。以中央环保督察为契机,全面加强环境突出问题整治。全区空气质量优良天数达280天,森林覆盖率保持27.5%,建成区绿地率保持35%。

(四)开放发展优势进一步凸显

微电园、物流园、万达文旅城三大板块约23平方公里纳入重庆自贸区申报范畴,区域发展再迎重大机遇。成立自贸区工作组,启动方案对接、政策研究等前期工作。“渝新欧”班列获批国际邮运试点,铁路保税物流中心B区一期B地块、植物种苗口岸及配套等项目开工,国际邮件互换中心加快推进,实现进口肉类、水果口岸等功能覆盖。成功引入京东、蜜芽宝贝、丰趣海淘等多家跨境电商,进口整车汽车产业链初具规模,物流园公司成功发行5亿美元狮城债。招商引资力度持续加强,成立3亿元产业招商资金,召开全区招商引资调度会,明确18个重大招商项目的责任领导和部门;第十九届渝洽会签约引进丰树跨境物流等40个项目,签约金额853亿元。全年实现进出口贸易总额233亿美元、实际利用外资16.6亿美元、实际利用内资474.6亿元。

(五)共享发展成果进一步改善

坚持民生优先,城市棚户区改造等18项市级和主干道老旧房屋综合整治等12项区级民生实事全面推动落实,30项民生实事投入37.96亿元,占全区财政支出44.8%以上。建成教育集团4个、学区共同体7个,新增南开景阳小学等6所中小学、幼儿园,优质教育资源日趋均衡,小升初实行"随机派位"。开展国家公共文化服务标准化试点,完成村(社区)文化室标准化建设20个。成功申报全国第二批医养结合试点区,全面实施药品零差率改革,建立全市首个区域性脑卒中救治体系,陈家桥医院完成竣工。市五运会取得"三个第一"佳绩,打造市级全民健身点15个。举办"就业援助月"、"民营企业招聘周"、"就业服务进高校"等特色就业服务活动,全年城镇新增就业5.8万人、创业1.5万人。初步建成全区人力资源基础台账信息库,全民参保登记采集任务基本完成。推进落实安全生产6大类37项重点任务,亿元GDP生产安全事故死亡率控制在5.1%以内,未发生较大及以上生产安全事故。以"五张网"项目库建设为载体,推动社会治安防控体系不断完善,开展"渝安1号"等专项行动,八类刑事案件、可防性案件的立案数同比分别下降10.7%、21.6%。信访积案化解率70%以上、信访老户妥善处置稳控在30%以内。实现城镇居民人均可支配收入32921元、增长8.3%,农村居民人均可支配收入16653元、增长9.1%。完成村(居)换届选举,丰文、香炉山街道挂牌运行,优化调整社区30个,建立社区社会工作室12个。

二、发展中存在的问题

新的经济增长点尚未完全形成,新的产业体系仍处于培育阶段,经济发展质量和效益有待提高;如何发挥好开放创新、科教文卫资源禀赋,尽快将其转化为经济发展新动力的办法还不多、效果还不明显;东部城区形象改善还有很大差距,西部城区提速提质发展面临巨大挑战;生态环境建设任务依然艰巨;少数干部缺乏干事创业的热情和开拓精神,不愿担当、得过且过,熬资历、混日子的现象依然存在。

三、2017年发展目标

2017年沙坪坝区经济社会发展主要预期目标是:GDP增长10%左右,一般公共预算收入增长10%,固定资产投资增长12.5%,社会消费品零售总额增长10.5%,工业总产值达到2000亿元,工业增加值增长8.5%,进出口总额增长5%,实际利用外资6亿美元,实际利用内资430亿元,常住居民人均可支配收入增长8%,城镇登记失业率控制在3%以内。

九龙坡区

吕 晋

一、2016 年发展回顾

2016 年,九龙坡区牢固树立五大发展理念,深入贯彻习近平总书记系列重要讲话和视察重庆重要讲话精神,全区经济社会发展呈现出质量更高、效益更好、结构更优、后劲更足的良好态势,实现了"十三五"的良好开局。

全区地区生产总值增长 10.3%,年均保持两位数增长,达到 1089.67 亿元,;实现规模以上工业总产值 1310 亿元、社会消费品零售总额 568.03 亿元、固定资产投资 754.77 亿元、一般公共预算收入 59 亿元,城乡居民人均可支配收入分别达 3.3 万元、1.7 万元;高新区"三次创业"取得重大进展,预计实现地区生产总值 425 亿元,占全区比重达 39%,对全区经济发展的引领作用更加凸显。

(一)全力以赴稳增长,经济运行稳健向好

统筹平衡稳增长和调结构,全面提高发展质量和效率。工业经济稳中趋优,中显智能等 5 个战略性新兴产业项目投产达产,赛力盟电机技改等 24 个重点技改项目顺利实施,西南铝高端铝材等新产品实现量产。服务经济优质发展,成功举办首届楼宇经济招商推介会,税收过亿元楼宇达 8 栋;新型金融业增加值增长 50%,重点电子商务企业交易额增长 30%,旅游收入增长 14.7%,规模以上文化企业营业收入增长 40%。优化投资结构,社会投资占比达 57.3%,123 个基础设施和公共服务类项目建成投用。促进消费升级,12 个重点商业商务项目建成开业,新增商业商务面积 153 万平方米,批发和零售业商品销售总额 3050 亿元,增长 16%。加快淘汰落后产能,规模以上工业企业利润总额增长 8%、单位地区生产总值能耗累计下降 1%;促进房地产业健康发展,累计消化库存商品房 3.8 万套、300 万平方米;切实减轻企业负担,多措并举为企业减负 10 亿元以上,"助保贷"等撬动银行资金 7.3 亿元,兑现产业扶持资金 3.6 亿元;强化政府债务管控,争取地方政府债券置换额度 32.6 亿元,融资成本降低 4 个百分点。

(二)聚精会神抓建设,功能板块竞相发力

坚持错位发展与联动发展相统一,空间布局和资源要素配置更趋优化。杨家坪商圈板块形象品质双提升,商圈二环西北段建成通车,中迪广场、华润·万象城二期项目加快建设,黄桷坪钢琴博物馆完成扩容,建川抗战博物馆顺利落户,限额以上社会消费品零售总额增长 15%。石桥铺高技术服务板块城市建设、产业创新同步发力,江厦·星光汇完成主体建设,四通都城等 20 余家高技术服务企业签约入驻,高技术服务业收入增长 30%。九龙半岛高端商务板块提升城市文化内涵,京渝国际文创园盛大开园,黄桷坪艺术街建成开街,五洲世纪文化创意中心启动建设,规模以上服务业营业收入增长 60%。彩云湖休闲宜居板块着力靓形象优产业,彩云湖公园提档升级,皇庭珠宝城建成开业,植恩药业等 9 家高新技术企业签约入驻,新增商业商务面积 60 万平方米,现代服务业营业收入增长 30 %。华岩新城板块提升宜居宜业宜游品质,九中路拓宽改造等 10 个基础设施项目顺利推进,华岩风景区风貌提升,华岩国际酒店用品城、美华星都建成开业,固定资产投资增长 15%。高新区西区板块加快战略性新兴产业集聚,引进哈迪斯科技等项目 45 个,鑫隆科技等 19 个项目投产达产,国家质检中心基地投入使用,战略性新兴产业产值增长 28.6%。陶家板块产业转型升级步伐加快,引进隆鑫低速电动车及无人机等战略性新兴产业项目 11 个,雅讯电源等 3 个项目建成投产,规模以上工业总产值增长 15.5%。

西彭板块提速特色“园中园”建设，博澳特智能终端及SMT等12个战略性新兴产业项目加速推进，创仕隆“1+9”等20个项目建成投产，规模以上工业总产值增长16%。

(三)自主创新添动能，创新生态焕发活力

加快资源要素聚集，创新创业环境持续优化。服务平台加快打造。全国首个石墨烯产业专利数据库建成投用，清研理工创谷建成营运。重庆科技服务大市场创新资源供给主体达5530家，完成技术及服务交易额累计51.7亿元，科技服务云平台建成投用。自主创新能力不断提升。重庆高创机器人研究院等4个高端研发平台建成投用，新增国家级高层次人才2人、市级高层次人才5人，5家企业获中国专利优秀奖。规模以上高新技术企业产值增长15%。保障体系更加完善。建立知识产权质押融资新模式，科技金融产品助企融资4亿元，发放“渝新券”1800万元。新增5家企业在“新三板”挂牌，总量达17家。设立5000万元创业种子投资基金，建成国家级孵化器和众创空间6个、市级众创空间11个。

(四)突出重点抓改革，发展潜能持续释放

深入落实全面深化改革中长期实施规划，13项重点改革专项和46项重要改革任务大力推进。狠抓经济领域改革。落实全面“营改增”税制改革，鼓励社会资本参与公共服务和产品供给，实施民安公园等PPP项目5个。全面推进财政项目绩效预算，设立产业引导股权投资基金，加强区属国有企业经营、考核、薪酬管理。深化行政领域改革。推进“放管服”改革，行政审批窗口即办率提升至63.2%；深入推进商事制度改革，发放“一照一码”营业执照6万余户。完善社会领域改革。扎实推进户籍制度改革，全面实施居住证制度。整合社保经办机构，推进全民参保登记。

(五)纵深拓展促开放，发展格局不断优化

全面融入全国全市开放发展格局，区域开放层级不断提升。开放平台加快建设。西部国际涉农物流加工区申请设立进口肉类保税仓，西彭有色金属期货交割库建成营运，高新区获批市级服务贸易特色园区。招商引资量质并举。成功引进太古食品集团区域总部、佳都新太西部结算中心，新签约项目达215个，战略性新兴产业、现代服务业项目占85%，实际利用内资520亿元、外资5.78亿美元。经贸合作全面加强。新设立外资企业20家，新增境外投资企业8家，预计实现外贸进出口总额25亿美元，跨境电商实现交易额1.2亿美元，完成服务外包离岸执行额1.3亿美元。

(六)注重内涵强功能，城市品质不断提升

突出特色内涵，城市空间形态和服务功能不断优化。对外通道提速建设。华岩隧道、中梁山隧道扩容双向贯通，轨道5号线及环线、渝黔客运线、重庆西站建设进展顺利，九永高速启动建设。内部路网日益完善。谢家湾立交改造等3个项目建成通车，渝州路改造等7个项目启动实施，打通“断头路”24条。规划建设有力实施。编制专业专项规划16项、村规划75项，查处整改违法用地740亩，消除违法建筑121万平方米。完成城市房屋征收81万平方米、集体土地征收8200亩。实现房地产开发投资323亿元，销售550万平方米。城市功能更加完善。成功入选“宽带中国”示范城市，智慧化城市网格管理全面推广。新建人行天桥3座、排水管网50.5公里、公共停车位2100个，改造城市供水一户一表1万户。生态环境持续改善。查处环境违法案件270件，空气质量优良天数达283天，启动实施跳蹬河综合整治和梁滩河防洪排涝整治，白含污水处理厂二期建成投用，新建绿道7公里、公园6个。

(七)千方百计惠民生，社会事业全面进步

保障民生投入，公共服务的共建能力和共享水平不断提高。社会保障全面加强。新增城镇就业5万人，城乡居民养老保险覆盖率达96%，居民医保财政补助标准提高至每人每年420元。实施“一户一策”精准扶贫帮困，在全市率先将支出型贫困家庭纳入低保。公共事业协调发展。杨家坪中学彩云湖校区等6所学校建成投用,区职教中心成功创建国家示范中职学校,获评全国社区教育示范区。区精神卫生中心迁建项目开工建设,金凤镇卫生院建成投用,家庭医生签约居民5.7万户,药品零差率销售让利群众3419万元,全面两孩政策稳妥实施。文体事业蓬勃发展。九龙沉香博物馆等项目建成运营,舒曼国际青少年钢琴亚太地区选拔赛永久落户,国家公共文化服务体系示范项目获评全国优秀。成功承办2016国际攀联世界杯攀岩赛等重大赛事活动7个,组织参加市五运会取得历史最好成绩。社会治理不断加强。顺利完成第十届村(居)委会换届,建成标准化社区便民服务中心10个,群工系统办理群众诉求2.9万件,满意率达98.9%。排查整治安全隐患9270个,渝州路街道成功创建国际安全社区。上级交办疑难信访案件化解率85.7%,重大矛盾纠纷化解率91%。完善社会治安防控体系,创新"情指联动"、民意监测等警务机制,刑事案件发案率下降16.8%,破案、打击数分别上升29.3%、9.5%,"渝安1号"专项行动战果排名全市第二,群众安全感指数保持在90%以上。

二、发展中存在的问题

一是经济稳定增长的基础仍不牢固,供需结构性矛盾依然存在,新旧动力转换步伐还不够快,产业转型升级任务繁重艰巨。二是创新核心竞争力不足,人才活力、成果转化活跃度等还有较大提升空间。三是基础设施建设仍有欠账,城市功能尚需完善,城市格局、特色、品质离现代化国际化大都市风貌展示区的要求还有差距。四是民生领域仍有短板,公共服务供给还不够均衡,促就业、助增收、保稳定压力依然较大。五是政府职能转变和作风建设永远在路上,少数干部能力素质与新形势、新任务、新要求还不相匹配,存在不作为、慢作为、乱作为等问题,个别干部违纪违法行为仍有发生。

三、2017年发展目标

2017年经济社会发展主要预期目标为:地区生产总值增长10%左右,规模以上工业总产值增长12.5%,固定资产投资增长10%,社会消费品零售总额增长10%,一般公共预算收入增长7.5%。单位地区生产总值能耗下降1%,主要节能减排指标达到国家年度约束性要求;居民人均可支配收入与经济增长基本保持同步,城镇登记失业率控制在4%以内。高新区地区生产总值增长12%,规模以上工业总产值增长15%。

(作者单位:九龙坡区政府办公室)

南岸区

李少龙

2016年,南岸区按照"五位一体"总体布局和"四个全面"战略布局的总要求,牢固树立和贯彻落实创新、协调、绿色、开放、共享的发展理念,着力稳增长、促改革、调结构、惠民生、防风险,有序推进供给侧结构性改革,国民经济运行呈现持续稳定增长态势,实现了"十三五"良好开局。

一、2016年发展回顾

(一)经济发展稳中有进

2016年,在世界经济"黑天鹅"事件层出不穷、国内经济下行压力持续加大的情况下,我区经济继续保持平稳较快增长,地区生产总值(GDP)增速高于全国、全市平均水平,全年增长10.8%,总量达到745.5亿元。

工业经济提质增效。全区规上工业总产值完成1579亿元、增长15.2%,规上工业增加值增长11.7%。发展质量稳步提高,工业产品产销率和利润总额分别达到97.9%和40亿元。电子信息产业拉动工业快速增长,聚集电子信息企业突破1000家,产值突破800亿元,占规上工业总产值的比重达到50.6%，同比提高约6.3个百分点。移动通信终端产业持续壮大，维沃等重点企业不断扩产，东方丝路手机生产基地项目投入试生产，移动通信终端出货量突破1.6亿台、产值达到700亿元。物联网全产业链集聚发展，聚集企业220余户，产业收入达到300亿元，同比增长12.1%。车联网产业初具规模，全国车联网监管与服务等车联网平台用户数突破2000万，产业收入达到70亿元。智能家电(家居)产业发展态势良好，芯片研发、传感器和终端设备制造、系统集成和运营服务的产业链体系基本建成，完成产值70亿元。传统装备制造产业提档升级，完成产值300亿元，占全区规上工业产值的比重达到19.1%。

服务业提速发展。服务业增加值增长10.3%，同比提高0.8个百分点，“十三五”国家服务业综合改革试点区成功获批。产业金融快速发展，聚集各类金融机构112家，上市企业达到24户，“三公司一平台”累计获得银行授信超过20亿元。大健康产业平稳发展，迎龙医药城实现试营业，广东康泽药业西南总部、医创社重庆分社等10余个医药项目成功引进。专业市场建设进展明显，朝天门国际商贸城正式营业，普洛斯东港物流园、首冠盛通物流园等项目快速推进。电子商务持续发力，重庆国际电商产业园成功创建市级电子商务示范园区，重庆康州大数据有限公司等3家企业成功创建市级电子商务示范企业，滔博、渝海等总部结算项目成功引进，线上线下电子产品销售金额达到100亿元。商旅文体联动发展，长嘉汇购物公园、杜莎夫人蜡像馆正式营业，重庆国际马拉松赛、迎春消费节、消夏美食节、南滨路音乐啤酒节等活动成功举办，全年接待国内外游客4180万人次，同比增长8%，旅游收入预计达到97亿元，同比增长13%。

创新能力逐步增强。积极培育知识产权试点优势企业，新增市级优势企业4家、试点企业16家。积极推动知识产权工作，新增专利申请量2198件，专利密度达到23.2件/万人。PCT国际专利申请累计达到15件，排名全市第一。新增高新技术企业29家，市级以上重点实验室、工程技术(研究)中心、企业技术中心累计达到138个，建成国家级科技企业孵化器1个、市级科技企业孵化器2个。R&D经费支出占GDP比重达到2.5%，获得市级科学技术奖励27项。“双创”工作深入推进，建成市级以上众创空间23个，孵化创客企业1000多户，新增市场主体1.4万户、小微企业6895户。

开放型经济亮点纷呈。全区实际利用内资、实际利用外资和外贸进出口总额分别完成261.4亿元、7.9亿美元和25.7亿美元。电子信息产品出口占全区进出口贸易总额的比重达到70%，维沃、联合利丰、五锋科技被评为全市进出口企业20强，嘉发跨贸中心成为全市首批服务贸易特色产业园。开放平台建设成效明显，策划东港综合物流多式联运基地、迎龙商务区重点片区综合开发等5个重点PPP合作项目，自贸区申报工作进展顺利。中新合作稳步推进，成功引进中银富登村镇银行、毅鸣股权投资基金、江南悦地购物中心等项目，南岸城建集团获得标准普尔和惠誉BBB+信用评级，实现新加坡境外融资10亿美元。

消费市场繁荣稳定。全区批发零售商品销售总额、社会消费品零售总额和住宿餐饮营业额分别完成1384亿元、416亿元和91亿元，增长14.8%、10.7%和16.6%。商贸物流体系进一步完善，捷江物流、九州通获得全市首批医药三方物流资质，建成末端公共取送点101个。传统商贸转型升级成效明显，万达、百联等传统百货完成转型升级，南坪商圈社会消费品零售总额达到355亿元，同比增长12%。会展经济快速发展，成功举办中国西部(重庆)国际农产品交易会、智能终端产业链全生态战略合作峰会等展会300余个，会展收入达到60亿元。江南新城商业配套水平不断提升，建成时代都汇、金科世界城、同景国际等商业设施27万平方米，大润发奥园水云间店正式开业。

固定资产投资结构优化。全区固定资产投

资完成433.8亿元，同比下降13.4%，工业及服务业投资占固定资产投资比重提高10个百分点，基础设施投资、房地产及其他投资占固定资产投资比重分别下降2.8个百分点和7.2个百分点。重点项目支撑作用明显增强，完成投资255亿元，占固定资产投资的比重达到63.8%，同比提高21.6个百分点。

资金运行稳健可控。全区一般公共财政预算收入完成75.5亿元。财税结构趋优，税收收入完成50.1亿元，税收占财政收入比重达到66.4%。全面推进“营改增”，全年为企业减轻税收负担10.4亿元。公共财政支出达到114.6亿元，重点保障公共安全、教育、科学技术、社会保障、医疗卫生、节能环保、城乡社区事务等民生领域。

生态环境不断改善。节能降耗成效明显，万元GDP能耗达到0.64吨标准煤，下降约0.5%。化学需氧量、氨氮、二氧化硫、氮氧化物等减排量超额完成市上约束性要求。深入推进环保“五大行动”，淘汰黄标车和老旧车1562辆，空气优良天数达到290天，比去年同期增加2天，细颗粒物平均浓度下降9.9%，长生河流域综合整治完成清漂河道48万平方米，集中式饮用水源地水质达标率100%，噪声投诉量同比下降30%。环保设施建设进展明显，新建或改建雨污管网17公里，东港新城污水处理厂新建工程、广阳岛污水传输工程等项目有序推进。

(二)城市建设加快推进

江南新城：中铁建重庆投资发展有限公司成功落户，梨花大道南段竣工通车，迎龙湖国家湿地公园展示区景观配套提升工程基本完成，悦地购物中心正式营业。弹子石商务区：腾龙大道提档升级工程全部完工，弹子石广场基本建成，重庆幸福百年股权投资基金管理有限公司、重庆能投集团相关公司等60家企业相继引入。南坪现代服务业聚集区：移动金融智能支付示范商圈初步建成，响水路口地块和二贸片区立体停车楼等项目启动建设。南滨路经济带：弹子石老街一期竣工投用，滨山大道(东原段)高架桥贯通，东原印长江、融侨城等项目有序推进。南山生态带：南山森林公园高屋休闲乐园、南山旅游风景区建设等项目加快推进，黄山抗战遗址群保护利用规划编制工作进展顺利。

(三)深化改革不断推进

南岸区委紧跟中央和市委全面深化改革重大部署，贯彻落实《重庆市全面深化改革中长期实施规划(2014—2020)》，坚持问题导向抓重点，坚持关键突破带全局，坚持结果导向求实效，围绕全区工作重点，有序推进全面深化改革工作。

根据市委15项重点改革专项、67项重点改革任务，按照“全面承接市上、结合基层实际”的原则，出台了《南岸区2016年全面深化改革工作要点》及分工方案，明确了我区深化改革8项重点突破性改革事项、8项重点攻坚改革专项、66项重要改革任务。目前，除因需中央和市委顶层设计的事项以外，均完成年度任务。全年做到了既全面贯彻落实市委部署的改革任务，又能立足基层实际实现特色突破。围绕是否有利于增添经济发展动力，是否有利于真正促进社会公平正义，是否有利于切实增强人民群众获得感，在群团改革、供给侧结构性改革、国有企业改革、司法责任制改革、创新社会治理等改革事项上，取得了一些重要成果。

二、发展中存在的问题

一是服务业结构性“短腿”，结构不尽合理，比重远低于全国、全市平均水平，与我区区位不相符。二是开放型经济的发展基础仍比较薄弱，对外通道和开放平台建设任重道远，开放意识和能力也有待进一步加强。三是创新能力与水平不足有待进一步提升，高水平研发创新平台较少，创新人才不多，创新氛围不浓。对于这些问题，我们将集思广益破解难题，奋发有为开拓创新，在发展过程中采取有效措施认真加以解决。

三、2017年发展目标

2017年经济社会发展的主要预期目标是：地区生产总值增长10%以上，规模以上工业总产值增长13%,公共财政收入增长5%,固定资产投资增长5%左右,社会消费品零售总额增长12%,商品销售总额增长16%,服务业增加值增长11%,进出口总额达到20亿美元,实际利用内外资分别达到280亿元和5亿美元,金融机构人民币贷款余额增长12%,城镇登记失业率控制在2.5%以内,常住居民收入增长与经济增长基本同步。完成市政府下达的节能减排目标任务。经开区地区生产总值增长11%,规模以上工业总产值增长15%,固定资产投资增长8%。

(作者单位:南岸区发展改革委员会)

北碚区

北碚区政府办公室

一、2016年发展回顾

2016年,北碚区认真贯彻落实市委、市政府各项决策部署,主动适应经济发展新常态,抢抓两江新区开发建设等重大机遇,以推进供给侧结构性改革为主线,以"五个一批"重点工作为抓手,着力营造良好发展环境,全区经济社会发展保持稳中向好势头,实现了"十三五"良好开局。完成地区生产总值475.41亿元,增长10.9%;规模以上工业总产值975.26亿元,增长15.9%;社会消费品零售总额165.96亿元,增长11.6%;全社会固定资产投资608.41亿元,增长2.3%;一般公共预算收入28.31亿元,增长5.9%;城乡常住居民人均可支配收入分别达到32758元、15898元,增长8.3%、9.7%。

(一)加快产业发展

完成工业固定资产投资206.19亿元,规模以上工业企业达到256家,高新技术企业达到80家。华安钢宝利等11个重点项目开工建设,重庆超硅半导体等14个重点项目建成投产,战略性新兴制造业产值占规模以上工业总产值的比重达到23.7%。蔡家商圈纳入市级核心商圈规划建设,同兴工业园区纳入重庆十大服务贸易产业园。全区批发和零售业商品销售总额429.46亿元,增长16%;住宿和餐饮业营业额39.98亿元,增长16.5%。完成房地产业投资192.58亿元,房地产销售面积208.47万平方米、销售额97.2亿元。加快发展战略性新兴服务业,两江健康科技城开工建设,浪潮等3个数据中心投入运行,成功创建"宽带中国"示范城市。推进旅游与其他产业融合发展,全年接待过夜游客181万人次,旅游实际收入47.52亿元。优化完善创新创业生态链,建成众创空间12个。

(二)实施重点改革

以供给侧结构性改革为主线,全面落实市、区两级改革专项。在全市率先实现乡镇煤矿整体关闭退出,商品房库存去化周期降至4个月。认真落实涉企30条政策,支持企业融资担保3.2亿元,"营改增"减税3亿元,调减社会保险费3.2亿元,发放稳岗补贴2065万元。加强与市级平台战略合作,联合市经信委、市农委共建重庆市"互联网+现代农业"产业园。推动产学研协同发展,工程技术研究中心达到37家、重点实验室达到20家。每万人发明专利拥有量14.96件,居全市第三。深化"放管服"改革,取消行政审批事项38项。顺利通过国务院第三次大督察。

(三)推进开放发展

开放平台建设取得新进展,包装策划中新(重庆)战略性互联互通示范合作项目18个,水土组团、蔡家组团共7.2平方公里成功纳入重庆自贸试验区试点范围。创新工作机制,强化专业招商队伍建设,组建5个专业招商小组。完善招商引资优惠政策,全力优化发展环境。成功引进联创电子等62个产业项目,其中万科等中外500强企业5家。实际利用内资417.24亿元,实际利用外资3.1亿美元。

（四）改善交通条件

立足北碚交通薄弱环节，狠抓重点突破。三环高速公路北碚段、渝广高速公路三圣及静观互通、水土嘉陵江大桥、轨道交通6号线支线二期等一批重点项目开工建设，蔡家大桥、一横线中梁山歇马隧道东西干道等重点项目前期工作取得突破性进展，“南下东进”的对外交通不断拓展。建成城市道路21公里、农村联网公路107公里，打通城区4条“断头路”，完成碚峡路升级改造，互联互通的城乡交通体系加快构建。

（五）加强生态文明建设

落实新发展理念，全力推进生态文明建设。强化大气污染防治，PM2.5浓度同比下降9.6%。完成马鞍溪水体治理，马河溪截污主干管建成投用，开工建设212国道沿线截污干管。完成渝武高速公路缙云山出口至温泉城道路景观改造，建成滨江休闲产业带（一期）、蔡家五彩滨江公园（一期）。深化市容环境综合整治，完成8个城区老旧社区改造，所有建制镇及部分农村重点区域纳入整治范围。接受中央环保督察，成功创建主城区首个市级生态文明示范区，顺利通过国家卫生区复审，缙云山国家级风景名胜区顺利通过住建部执法检查。

（六）加强要素保障

不断增强财政保障能力，有效推动基础设施、公共事业等重大任务顺利实施。完善政府投融资协调工作机制，有效管控政府债务，降低融资成本，清理盘活财政沉淀资金。完善调整全域永久基本农田划定和土地利用总体规划，拓展未来发展空间。清理闲置和低效用地，收回土地273亩，盘活存量厂房10万平方米。完成征地7515亩，供地8613亩，实现土地价款70.6亿元。顺利通过国家土地例行督察。

（七）增进民生福祉

始终把保障和改善民生作为工作的出发点和落脚点，民生领域支出占一般公共预算支出的50%以上，推动就业、教育、医疗、文化等各项社会事业持续改善。城镇登记失业率控制在2.5%以内。启动城区殡仪服务中心建设，建成社区养老服务中心（站）8个。城乡养老保险、城乡医疗保险参保率分别达到95%、96%。131万平方米征地安置房实现分房入住。开工建设西南大学两江实验中学等一批新区学校，人民路小学蔡家校区建成投用。成功创建国家公共文化服务体系示范区。举办首届“全民阅读月”和“中小学长跑月”活动。区中医院、市九院先后实施药品“零差率”改革。市九院全科医生临床培训基地等项目加快建设。完成第十届村（居）委会换届选举工作。加强和创新社会治理，刑事案件、八类暴力犯罪、侵财犯罪发案率分别下降11.6%、17.3%、10.1%，成功处置化解一批复杂遗留问题。全面落实安全生产责任，安全生产形势保持稳定。

二、发展中存在的问题

一是发展不足，经济总量偏小，经济质量和效益不高，财政实力较弱；二是产业结构仍处于调整优化期，战略性新兴产业比重不大，支撑全区可持续发展的产业基础有待加强；三是创新创业的氛围还不够浓厚，改革开放仍需继续深化，发展活力有待进一步增强；四是城乡之间、城区板块之间发展不协调，基础设施建设还需加强，对外交通条件亟须改善，一体化发展水平有待提高；五是保障和改善民生压力较大，公共服务水平不高，社会事业还有不少薄弱环节；六是少数政府公务人员大局意识不强，不敢担当，不愿作为，部门之间相互推诿时有发生，政府职能转变和作风建设还需加强，发展环境有待进一步优化等。

三、2017年发展目标

全区地区生产总值增长10%；规模以上工业总产值增长13%；全社会固定资产投资增长8%；社会消费品零售总额增长12%；实现进出口总额20亿美元；一般公共预算收入同口径增长10%；单位生产总值能耗下降1%；居民人均可支配收入与经济增长基本保持同步；新增城镇就业2.5万人。

渝北区

渝北区政府办公室

一、2016 年发展回顾

2016 年，区政府在市委、市政府和区委的坚强领导下，主动适应经济新常态，全面贯彻落实创新、协调、绿色、开放、共享发展理念，大力推进供给侧结构性改革和创新驱动发展战略，全力稳增长、促改革、调结构、惠民生、防风险，实现了全区经济社会平稳较快发展。

(一)发展质效进一步提升

一是产业结构不断优化。服务业快速发展，以钱宝跨境结算为代表的新型金融业、以唯品会为代表的电子商务、以中海大势为代表的总部贸易发展势头强劲，恒大中渝广场等大型商业综合体开业运营，第三产业增加值增长14.9%，对经济增长的贡献率连续两年超过第二产业。传统制造业持续发力，前沿科技产业接续成长，华粤世通、日永光电等 14 个智能终端项目建成投产，战略性新兴制造业产值占工业总产值比重达到 22%。二是投资结构不断优化。“四类十大”重大项目和政府投资项目开工率、投资完成率均超过 85%，带动固定资产投资快速增长，成为拉动经济增长的重要支撑力量。引导资本重点投向民生短板、前沿科技产业等领域，工业投资增长 16%，战略性新兴制造业投资占工业投资比重达到 38%，民间投资增长 18%。三是效益结构不断优化。企业生产效率明显提升，规模以上工业企业利润总额增长 10.4%，工业综合能耗下降 7%。税收占财政收入比重超过80%。市场活力不断增强，金融机构贷款余额达到 3800 亿元，增长 15.8%，不良贷款率低于全市平均水平。

(二)创新生态圈建设初见成效

一是创新发展思路更加明晰。制定出台《关于大力实施创新驱动发展战略加快建设创新生态圈的意见》，进一步明确了创新发展目标和实现路径。重点是按“一心一城两基地”功能布局，引导创新要素向仙桃国际数据谷、创新经济走廊、空港工业园、空港新城及“三龙”地区等重点区域集聚，打造多要素联动、多主体协同、各板块互补、具有国际竞争力的创新生态圈，努力成为创新驱动引领区。二是企业主体地位更加凸显。研发机构法人化改革工作深入推进，新增长安新能源汽车等 11 家试点单位，21 家研发公司完成注册并实现对外运营，重庆纤维研究设计院被评为市产业技术创新研究院。创新型和科技型企业加速发展，新增国家级高新技术企业 28 个、市级科技研发平台 18 个，科技型企业总数位居全市前列，全社会研发经费支出占地区生产总值比重达到 3%，科技竞争力继续保持全市前列。三是创新环境持续优化。出台《加大研发经费支出支持办法》等扶持政策，兑现创新驱动发展资金 2 亿元。与市科委联合设立的 5.2 亿元科技投资基金已与 10 家企业签订贷款协议。“8+N”公共技术平台加快推进，智能样机、3D 打印等六个平台全面建成。市级示范性众创空间总数达到 11 个，入驻创业企业 280 家，重庆漫调科技等 4 家在孵企业在重庆股份转让中心成功挂牌。万人有效发明专利拥有量高出全市平均水平 4.5 件，专利申请量位居全市前列。

(三)重点领域改革不断深化

一是供给侧结构性改革成效明显。实施“八个一批”供给侧结构性改革专项行动，构建起了“1+2+4+N”政策体系。着力化解过剩产能，退出煤矿、有色金属两个行业，清理 26 家在库“僵尸”企业；通过盘活闲置资产，提高了区内企业产能利用率。多措并举去库存，率先试点“房票”政策，房地产销售近400 万平方米，住宅类去化周期低于全市平均水平。着力减轻企业负担，全面推开"营改增"试点，累计减税降费22亿元，兑现各类企业扶持资金8.1亿元，企业综合融资成本降到6.5%左右。二是投融资改革持续推进。充分发挥配投资金引导作用，参投招商慧林等10支产业基金，产业发展基金规模达到50亿元。深入推进PPP投融资改革，渝北区公共停车楼场、路边智能停车项目开工建设，两路农贸市场智能立体停车楼领先全市。加强政府债务管控，短期、高成本债务比重持续降低，债务率控制在绿色范围，投融资综合成本降到6%。三是其他各项重点改革事项统筹推进。群团改革进展顺利，人员进一步精减、职能进一步转变、服务能力进一步增强。商事制度改革成效显著，新增市场主体1.5万个，全区市场主体达到10万余个。国资管理更加规范，245亿元国有资产实现动态化、常态化管理。公车改革第一阶段工作圆满完成，公务用车保障有力，司勤人员得到妥善安置。

(四)开发开放成效显著

一是国家临空经济示范区获批设立。从8个申报城市激烈竞争中脱颖而出，成为首批两个"国家级临空经济示范区"之一，被赋予了内陆开放空中门户、低碳人文国际临空都市区、临空高端制造业集聚区、临空国际贸易中心和创新驱动引领区五大发展支撑。二是中新示范项目加快推进。华融金融服务结算中心等12个项目正式签署战略合作协议，成功引进新加坡胜安航空公司，重庆至新加坡航班由每周2班增加到5班。三是招商引资成果丰硕。坚持把招商引资作为经济发展的头等大事来抓，深化"3+18"招商工作机制，全年共引进投资亿元以上重大项目近百个，实际到位内资600亿元、外资21.5亿美元，为经济社会持续健康发展增添了强大动力。四是重点平台建设全面提速。仙桃国际数据谷加快建设，大数据与物联网学院主体完工，建成商务楼宇15.4万平方米，科大讯飞等46家企业签约入驻，"3+8+N"产业体系初步形成。创新经济走廊建设推进有序，前沿科技城完成平场1万亩，石港大道建成通车，建成标准化厂房20万平方米，欧珀、中光电等大项目成功落户。国际物流分拨中心规模不断壮大，木耳国际物流园加快发展，远成物流城一期项目完成平场，新引进圆通西部航空货运枢纽等物流项目。五是积极服务两江新区开发建设。扎实做好征地安置、社会事务等工作，悦来智能城项目开工建设，拓展空间5600亩，保税港区完成征地8600亩，龙兴工业开发区现代汽车项目基本建成。江北机场T3A航站楼及第三跑道主体完工，客货吞吐量分别达到3500万人次、32.5万吨。

(五)城市建管水平稳步提高

一是城市功能不断完善。渝广高速渝北段开工建设，轨道3号线北延伸段通车运行，新增城市道路29公里，中华置地横二线等13条断头路顺利贯通，以机场为中心的城市综合交通网络体系不断完善。建成一批城市停车设施，新增停车位2万个，"停车难"问题有所缓解。城市供水管网进一步完善，城区日供水能力提高到43万吨，高峰供水缺口问题得到彻底解决。二是城市环境不断改善。改造棚户区18万平方米，拆除违法建筑48.7万平方米，实施锦绣丽舍小区等9个重点环境整治项目，金港国际周边环境改造进入收尾阶段。建成木耳垃圾转运站等基础设施，城区污水处理率、垃圾无害化处理率分别达到96%、100%。集中开展双龙湖等12个城区湖库综合治理，沐仙湖湿地公园等3个城市公园建成开放，新增城市绿地78万平方米，城区绿化率达到45%。严格控制城区工地扬尘污染，空气质量优良天数位居主城区前列，国家生态文明示范区建设初见成效。三是城市管理能力不断提升。前沿城市综合服务云系统和智慧城管应用系统调试运行，实现城市社区网格化管理和全网格全时段巡逻监控，城市管理服务热线案件办结率达到100%。顺利通过全国文明城区复查验收，"五字工作法"网传核心价值观等经验在全国推广。

(六)统筹城乡发展有序推进

一是临空高效农业加快发展。十个万亩特

色高效农业基地加快建设,新发展蓝莓、中草药等特色农业基地1万亩,新培育农业龙头企业24家、农民合作社18个、家庭农场33家,梨橙、歪嘴李通过国家地理标志认证。“互联网+临空农业”快速发展,农村电商产业园建成开业,新增镇村服务站100个。乡村旅游蓬勃发展,兴隆花海等乡村旅游景区景点初见成效,茨竹放牛坪成功创建国家3A级景区,旅游接待人数、综合收入再创新高。二是农民生产生活设施不断完善。“一道三通”工程进展顺利,群众热切期盼的南北大道建成通车、茨竹段开工建设,打通了北部片区发展的大动脉;“硬化路村村通”完成420公里,“自来水村村通”基本实现,场镇4G网络和行政村光纤实现全覆盖。镇村建设全面提速,有序推进统景全国建制镇示范试点工作,完成两岔等7个撤并场镇综合整治,新建7个农民聚居区,改造农村危旧房1844户,又增添了一批村级文化服务站、健身器材。三是农民收入稳步增长。“拨改投”试点、“1%农村低收入人群滚动帮扶计划”、农村土地经营权有序流转等农村综合配套改革取得初步成效,农民经营性、财产性、工资性收入同步增加,农村常住居民人均可支配收入增长10.4%。

(七)社会民生持续改善

加大民生投入,全年民生支出达到61亿元,超过公共财政支出的60%。围绕民生补短板,滚动实施了32件民生实事,群众幸福感、获得感进一步提升。一是教育事业提速发展。成功引进重庆八中、渝北巴蜀小学等优质教育资源,黄炎培中学扩建工程主体开工,农村初中寄宿制学校实现全覆盖,又规划启动了一批中小学建设。二是医疗卫生条件不断改善。重医附三院建成投用,新人民医院加快建设,新中医院完成平场工作,“家庭医生”、“分级诊疗”、“远程诊疗”等创新医疗模式不断推广,“看病难”问题逐步缓解。三是文体服务能力明显提高。新图文两馆基本建成,全民健身中心主体开工,千人占有公共文体设施建筑面积增加到近200平方米。两江国际影视城建成开放。四是社会保障体系更加健全。城乡养老、医疗保险基本实现“应保尽保”,同步调整机关事业单位和企业退休人员养老待遇,低保和医疗救助标准持续提升;竣工安置房75.7万平方米;区社会福利中心主体完工。五是就业形势总体稳定。城镇新增就业6万人,城镇登记失业率控制在1.9%以内,“零就业”家庭动态保持为零。六是社会治理能力不断提高。“智慧天网”工程加快建设,“六个一”社会治理体系逐步完善,刑事警情数、生产安全事故起数、死亡人数分别下降9.6%、13.8%、9.7%,群众安全感、满意度保持在92%以上。

二、发展中存在的问题

临空产业集聚不多,智能制造等前沿科技产业占比不高,创新能力还不强;城乡发展不平衡,镇域经济发展滞后,城乡差距和南北差距仍然存在;城市交通管理问题还比较突出,基本公共服务供给不足,教育、医疗、文化体育等领域存在短板;影响社会和谐安全稳定的隐患依然存在,社会治安、安全生产、信访稳定压力仍然较大等等。

三、2017年发展目标

2017年,是实施“十三五”规划的重要一年,也是新一届政府开篇之年,还是国家临空经济示范区建设全面启动之年。

(一)全面启动建设国家临空经济示范区

一是建立完善机制体制。积极争取市里组建联合开发平台公司,建立协调机构和规程,尽快出台临空经济示范区建设方案,对示范区统一规划、分区建设、分期推进,给予重点区域享受与两江新区直管区同等优惠政策,并在规划范围内项目建设给予渝北更大的审批自主权。二是全力打造国际航空港。围绕“一场一园一镇”空间布局,着力提升区域承载能力和辐射功能。做好江北国际机场服务工作,推动T3A航站楼、国航基地、川航基地等项目年内建成投用,铁路枢纽东环线开工建设,打造国际航空枢纽,推动“11157”目标尽早实现。启动航空产业园规划建设,引进一批航空制造、航空服务等航空关联性产业项目，打造中新合作航空领域集中展示区。以产城融合为导向,在工职院以北片区高标准规划建设航空小镇,吸引航空商务人士、外籍人士、企业高管等群体居住。三是策划实施一批重大项目。根据示范区发展需要,围绕基础设施、临空产业、片区开发、社会事业等重点领域,包装一批重大项目,建立滚动实施项目储备库,确保城市轨道交通工程等在建项目如期完工,前沿产业园二期等项目开工建设，西航金融总部基地等前期项目达到开工条件。

(二)全力抓好经济运行调度

一是强化投资拉动作用。按照确定的148个重点投资项目,加强建设管理和责任落实,确保开工率和投资完成率均超过85%，带动固定资产投资增长10%。充分挖掘社会资金潜力,继续引导资本向前沿科技产业聚集，战略性新兴产业投资占工业投资比重达到40%。二是加大招商引资力度。进一步充实招商力量,围绕完善笔电、汽车等传统产业链和十大前沿科技领域,招龙头企业、关键零部件企业,力争签约项目、招商引资到位资金不低于去年。充分发挥国家临空经济示范区、重庆自由贸易试验区、中新示范项目“三叠加”政策优势,吸引临空高端制造、服务业等领域项目落地。加大督察力度,促进一批签约未落地、落地未开工、开工未建设的项目尽快落地,形成产能,实现见技术、见产品、见人才、见数据、见效益“五见”目标。三是增强要素统筹调配能力。多渠道融资,提高低成本融资比重,力争国家专项建设基金、财政专项资金额较去年有所提高。强化土地供给,稳妥推进存量闲置土地清理，加大向市里争取新增建设用地指标力度，努力争取获批多宝湖等区域的土地储备权,为重大项目建设和未来发展提供保障。加强水、电、气、油等要素和运输的调度,加强人力资源保障,多措并举解决企业融资难问题,切实降低企业综合生产成本。坚持引资与引技、引智相结合,大力引进关键部件和核心技术,深入实施“临空海外英才千人计划”等引智工程,全年引进海内外高端人才300名，培养技能人才1万名。

(三)持续推进产业转型升级

一是聚集发展前沿科技产业。围绕智能终端、机器人、新能源汽车、生物医药、航空装备等临空指向性强的产业方向，集聚发展临空高端制造业，力争战略性新兴制造业占工业增加值比重达到35%。打造智能终端产业集群,推动欧珀智能终端产业园开工建设，力促中光电触控一体化项目年内释放产能,新增产值150亿元。打造智能装备产业集群,推动福玛特机器人、华科尔无人机等项目投产达产，力争再吸引5~10家智能装备生产及研发企业，再添一批规上企业。加快发展生物医药、新材料等新兴产业,力促圣天制药、再升科技新型高效滤材等项目尽快投产。突破发展航空产业,推动天骄航空动力项目年内建成投产。在前沿科技城加快建设智能制造产业园,完成供地3000亩,新增标准化厂房10万平方米,同步完善园区水电气路讯等基础设施,实现与周边城区融合发展。在空港园区加快建设智能终端产业园，建成标准化厂房18万平方米。二是加快传统制造业向智能化转型。整合财政资金2亿元，集中力量支持有前景、有实力的传统制造业企业加快开发新产品,实施技术改造,转型升级,做大做强实体经济。以机器人制造应用和“两化融合”为核心,实施驰骋汽车等20个智能改造项目,力争工业能耗下降7%。支持汽车企业扩大产量,力促利纳马等汽车零部件项目建成投产。引导段记服饰等服装企业转型升级,抱团集聚发展,推出一批高端品牌,打造集时装、展演、设计、销售、制造为一体的时装小镇。三是推动服务业向高端化转型。加快发展金融业,培育引进互联网金融、融资租赁等各类金融机构20家以上,金融业增加值增长12%。大力发展电子商务,新增电商平台企业20家，建成重庆U创等跨境电商产业园,电子商务和跨境电商交易额分别达到600亿元和5.5亿元。做大风华美景总部贸易基地规模,力争入驻总部企业总数达到22家以上。加大重庆广告产业园招商引资力度，引进重庆影视版权、文化产权交易中心，文化产业增加值增长15%。支持国博中心举办大型会展活动，实现收入18亿元。提升嘉州、空港商圈业态品质，开工建设两江国际商务中心，加快太平洋森活广场、圣名世贸城等商业综合体建设，新增商业设施50万平方米。启动建设西南汽车展销城，引进5家高端4S店，促进汽车销售稳定增长。按照“房子用来住的、不是用来炒的”的要求，支持居住型和改善型购房，加强房地产市场监管和整顿，促进房地产业平稳健康发展。

(四)加快建设创新驱动引领区

一是推进创新平台建设。完善“一心一城两基地”功能布局，引导创新资源脱虚向实，分类集聚。以仙桃数据谷为主阵地，加快中美协同创新加速器及大数据学院建设，引进一批国内外知名研发机构，推动8大创新共性平台运营发展，打造具有影响力的创新研发中心。加快推进前沿科技城建设，布局一批集研发、制造、服务于一体的前沿科技项目，推动新加坡南洋理工大学等科研院所落户，打造创新产业集聚区。支持空港工业园区、空港新城和“三龙”地区重点打造创新升级示范基地和现代服务业创新基地。二是大力培育创新型企业。持续深化研发机构法人化改革，力争再启动10家。实施创新型领军企业培育计划和科技型中小微企业培育工程，新增国家级高新技术企业10家，科技型企业超过580家，形成大中小型企业相互促进、相得益彰的“企业丛林”。三是不断优化创新环境。完善政策扶持体系，激发企业创新积极性主动性，R&D投入占GDP比重达到3.2%。推进以众创空间为重点的孵化平台建设，新增市级示范性众创空间2家，建成集科技研发、成果转化和交易、大众创新等于一身的线上管理服务平台。实施100项科技研发推广计划，每万人有效发明专利拥有量达到11件。

巴南区

巴南区政府办公室

一、2016年发展回顾

2016年，在市委、市政府的坚强领导下，巴南区以“稳增长、强实体、推改革、补短板、惠民生、控风险”为主线，着力推进供给侧结构性改革，加快“四区一基地”“大美·大善·尚文巴南”建设，实现了“十三五”良好开局。实现地区生产总值635.4亿元，同比增长(下同)11.1%；规模以上工业总产值824.4亿元，增长16.8%；固定资产投资779.3亿元，增长6.2%；社会消费品零售总额309亿元，增长12.3%；一般公共预算收入33.8亿元，同口径增长7.1%；城乡居民人均可支配收入分别为32978元和15252元，分别增长8.7%和9.9%。

(一)狠抓项目攻坚，增强发展动能

牢固树立“抓项目就是抓发展”的理念，实行“工作目标网格化+微信督察+全方位巡查”等落实举措，强力推进重点项目建设。将惠科液晶面板第8.5+代生产线项目列为“一号工程”，组建专人专班“嵌入式”服务，坚持“一周一调度”抓好促建，32万平方米主体厂房如期建成2017年3月将投产。智睿生物产业园等17家生物医药项目落户麻柳沿江开发区并集中动工，植恩研发平台、宸安生物等建成投运。采用“PPP模式”建设的龙洲湾隧道工程全线启动隧洞施工，掘进2000米。观景口水利枢纽工程提前一年实现截流目标，进入大坝主体施工阶段。顺利推进南彭公路保税物流中心(B型)建设并完成验收，公路车检场获批并启动建设。高洞子水利枢纽、白居寺长江大桥、南川—两江新区高速公路等一大批基础设施建设项目有序推进。成功引进万全医药重庆研发基地、中建隧道总部、美的金融等102个项目，实际到位资金400亿元。

(二)推进产业发展,优化经济结构

把推进新型工业化作为做大做强实体经济的重中之重。以电子信息、生物医药为代表的26家战略性新兴制造业企业实现产值150亿元,增长67%;1000万台液晶显示器、颖扬新材料、攀渝钛业等18个工业项目建成投产;引导宗申集团、重庆美利信、建设机电、弘愿工具、光宇摩托等企业向通用航空、智能制造、专用汽车等领域转型发展。全区工业总产值首次突破千亿大关。大力发展金融、现代物流、跨境电子商务及结算、云计算、大健康及文化旅游等现代服务业。新增3家金融机构、在区金融机构达90家,金融业增加值占比达3.5%。开通重庆东盟国际公路班车专线,发车54次、运送货物1300吨。重庆华南城120万平方米市场群建成并滚动开业,成交额突破18亿元。京东电子商务产业园大件仓、京东全球购保税自营仓启用,双“11”期间完成订单136万单,增长13%。协信汽车公园、普洛斯城市配送物流中心正式运营。成功举办东盟家博会、首届商用车博览会、中华山水茶道文化节、生态烧烤文化节、年猪美食节等节庆展会,积极推进“春赏花、夏避暑、秋摘果、冬泡泉”的“四季乐游”生动体验,全年吸引游客1500万人次,拉动消费72亿元。现代都市效益农业稳步发展,农业产业基地规模达45.5万亩，建成特色产业基地26个,“三品一标”累计认证81个。大力促进“农商文旅”融合发展，重大旅游项目达152个，星级农家乐87家。

(三)抓好供给侧改革,优化发展效益

把供给侧结构性改革作为提升发展质效的核心举措,制定了《巴南区推进供给侧结构性改革实施方案》,出台了“提振实体经济40条、双创28条、房地产去库存34条”等措施,从供需两端发力有效激发经济活力。通过发展战略性新兴产业、推动科技创新、提升开放水平等,做好“加法”,促进形成高质量、宽领域、多层次的有效供给体系。采取“四个一批”等方式,注销“空壳公司、僵尸企业”726户。落实“房地产去库存34条”，鼓励商品房源向产业用房转型,举办秋季房交会、电子房交会、房地产巡展销售等活动,有力化解房地产库存,商品房成交面积231万平方米、增长22.7%,去库存150万平方米。积极推进“营改增”,落实税收优惠政策,切实降低“四大行业”企业税负。促进区内企业互联共生，多渠道消纳本地产品17亿元。通过助力融资、用工减负、降低社保负担等措施帮助企业节资增效,多途径节省企业运营成本12.29亿元。

(四)深化改革创新,激发内在动力

完善了支持创新驱动的“1+7”政策体系，大力支持企业技术创新，培育科技型企业90家,新增金泰航空、惠森驰恒、建设工业、理工清研等13家国家高新技术企业，实现主营业务收入260亿元。加强创新平台建设，打造市级企业技术中心17家、国家级2家,建成7个市级众创空间,重庆极速超越众创空间成功创建为国家级众创空间。发挥技术展示与交易平台的带动作用，实现技术展示115项，助推万人发明专利拥有量达5.96件。大力推进“大众创业、万众创新”,新增市场主体1万余户,新发展小微企业4296户。有序推进“放管服”,规范和公布全区105个单位4454项部门行政权力、36项镇行政权力、35项街道行政权力,清理55项区级行政审批中介服务项目,减免、取消和停征40项行政事业收费，行政审批时间在法定时限内提速1/3。着力推进城乡一体改革,“四权”自愿退出探索获得国家关注,初步形成“1+4+1”政策体系并纳入市级改革任务。完善政府性债务管理办法，严控债务总量,优化债务结构，完成综合成本9%以上的高成本融资置换。率先推行国地税“一站式”办税服务,办税流程减少30%。

(五)推进片区开发,靓化城市形象

通过拓展空间、完善功能和强化管理,加快推进山水城市风貌展示区、中央文化休闲活动区、生态健康体验区建设。龙洲湾滨江片区开发总量和投资额持续领跑主城十大片区，恒大、中交、荣盛、联发等知名地产企业抢滩巴南，区属土地出让综合价金超75亿元。华熙体育中心、极地海洋公园、珠江欢乐园等10多个文化休闲项目加快建设，将在2017年陆续投用。重庆高职城重庆教育管理学校、五一技校、西部人才产业园等将陆续投用，已汇聚2万名大学生和教职员工入住。南温泉医美小镇、鹿角生命健康城有序推进，环樵坪经济区和麻柳沿江开发区产城融合步伐加快。丰盛镇成功创建国家级卫生镇，木洞老街成功申报市级历史文化名镇，成为主城5个传统风貌保护区之一。持续推进城市环境综合整治，花溪河实施污水治理、河道清淤、流域生态修复等工程，整治城区主次干道6.58万平方米，新建城市绿地141.8万平方米，改建路灯1273盏，整治违法建筑34.34万平方米，城市精细化管理水平不断提高。

(六)办好民生实事，提高幸福指数

以办好25件市级民生实事为重点，民生支出43亿元，占一般公共预算支出的65%，着力构建学有所教、劳有所得、病有所医、老有所养、住有所居、贫有所扶的民生保障体系。宗申金蓝湾、越昕晖等4所小区配套幼儿园和巴渝小学、巴南小学等4所新建学校建成开学，增加义务教育阶段学位6570个，顺利通过全国责任督学挂牌督导创新区评估验收。按“三甲”标准新建的区人民医院完成主体工程70%，区中医院三期综合楼加快建设，初步构建起三级医疗卫生服务体系，每千常住人口床位数达到6.45张。实施药品零差率销售，区人民医院、区中医院直接让利群众5064万元。大力推进公租房建设和分配，云篆山水、樵坪人家公租房累计签约入住21000多户，对2996户住房困难家庭实施廉租住房保障，完成44.16万平方米棚户区改造，拆迁安置居民7276户。新建改建农村公路200公里、村社便道500公里，二环外的一品片区实现公交开行，百姓出行更加便捷。采用市场化运作模式推进以“1+5科技护城墙”为核心的社会治安防控体系，完成安装1300套老旧社区单元门和智能门禁系统，155栋老旧居住建筑消防设施全部更新，安全保障更加有力。

(七)完成督察迎检，健全长效机制

全区上下齐心协力、边查边改，圆满完成国务院稳增长政策落实大督察、中央环保督察、国家土地例行督察和党政主要领导五年经济责任审计等“四大任务”。扎实落实中央、市里稳增长方面的各项决策部署，不打折扣、主动作为，确保了国务院督察涉及4个方面23项任务迅速落地生根、取得实效。牢固树立“绿水青山就是金山银山”的理念，深入开展环保专项行动，关停二环内15户烧结砖厂和3户烟花爆竹企业，全面完成1878家工业企业“四清四治”，解决49项突出环境问题和126个群众反映强烈的环境问题。对国家土地例行督察反馈的6大类11分类具体问题逐一整改，守住基本农田底线，加强设施用地、临时用地管理，严肃追究责任人员，有力规范了土地集约利用。针对经济责任审计反馈的问题，通过限期整改、举一反三，建立健全31项长效工作机制。

(八)加强平安建设，维护社会稳定

坚持把妥善应对突发事件、及时化解矛盾风险作为检验依法执政能力的重要标尺，坚持守土有责、守土尽责，动态开展房地产开发建设、小区物业管理、非法集资等领域的专项治理。特别是针对建设领域的突出不稳定事项，成立由相关区领导亲自挂帅的7个专案小组，按照“一个项目、一个专班”的要求，找准问题症结，细化解决方案，积极推进网签、延期交房、产权证办理、配套设施建设、拖欠工程款和民工工资等问题取得突破。顺利完成村(居)委会换届。历时24年之久的攀渝钛业老厂区农房拆迁问题得以解决。阻挡重庆工程学院二期扩建长达12年的重点户拆迁问题妥善解决。坚守安全生产“红线意识”“底线思维”，持续开展安全隐患大排查大整治大执法，累计排查整改安全隐患9314处，整改率达99.4%。圆满完成中央挂牌督办的李家沱其龙服装“三合一”区域性火灾隐患整治。

(九)坚持从严治党,加强自身建设

扎实组织开展政府系统“两学一做”学习教育,区政府党组先后开展“两学一做”专题学习7次,带领政府系统扎实全面开展“两学一做”专题学习、专题讨论、专题党课,教育引导政府系统党员尊崇党章、遵守党规,牢固树立“四个意识”特别是核心意识和看齐意识,自觉与以习近平同志为核心的党中央保持高度一致。严格落实中央八项规定精神和市委“八严禁”“十二不准”,严肃查处违反中央八项规定精神问题44个,处理47人,对工作履职不到位的进行诫勉谈话、函询、约谈64人,支持区监察局立案审查违纪案件81件86人,有力促进了廉政建设。扎实推进依法行政,落实行政机关负责人出庭应诉制度,全区行政负责人出庭应诉率达34%,“六五”普法工作取得阶段性成效,巴南区荣获“全国法治宣传教育先进区”。强化以“结果为导向”的新政执行模式,首创政府工作“微信督察”制度,政府执行力得到进一步提升。自觉接受区人大常委会法律监督、工作监督和区政协的民主监督,认真办理人大代表建议162件、政协委员提案325件,按时办结率和回执满意率均达100%。

二、发展中存在的问题

一是经济总量不大、产业结构不优、重大项目储备接续不足,战略性新兴产业集聚效应尚未显现,保持中高速增长压力大。二是各类创新主体作用发挥不够,创新领军人才短缺,发展动能转换任重道远。三是城市基础设施、要素配套等公共服务供给欠账较多,农业低效化、农村空心化、人口老龄化问题凸显,城乡二元结构尚未根本转变。四是受宏观经济下行影响,实体经济成本攀升,部分企业经营十分困难,房地产开发建设等领域矛盾和群众利益诉求相互交织,维护社会稳定的压力依然较大。面对这些问题,我们将保持定力,把握大势,严守底线,以对党、对人民高度负责的态度正视问题,采取坚强有力、切实有效措施加以解决。努力推动巴南经济社会发展“稳中有进、稳中向好”。

三、2017年发展目标

2017年,是“十三五”发展的关键之年,更是新一届政府的届首之年。我们将坚持稳中求进工作总基调,以“实体经济提质增效年”为主题,以“深入推进供给侧结构性改革”为主线,扎实干,大力发展实体经济,切实增加有效供给,着力弥补基础设施和基本公共服务短板,促进经济平稳健康发展和社会和谐稳定。2017年的主要预期目标:地区生产总值增长11%左右,规模以上工业总产值增长15%左右,全社会固定资产投资增长9%左右,社会消费品零售总额增长13%左右,一般公共预算收入增长11%左右。重点任务是打好“七大战役”:

一是以投资拉动为引导,持续推进“项目攻坚”战役。完成固定资产投资840亿元,全面推进165个重大项目建设,突出抓好龙洲湾隧道、惠科液晶面板第8.5+代线项目等引领性项目。创新“整机+配套、资本+股权、金融+市场”等招商模式,围绕信息通信、生物医药、现代物流、保税贸易等领域积极引进龙头项目,并切实抓好项目促建。二是以集群发展为方向,持续推进“产业升级”战役。推进工业提档升级,惠科液晶面板第8.5+代线项目、蓝月亮、恒安二期、惠森驰恒等14个工业项目建成投产、投用,力争战略性新兴制造业实现产值200亿元。落实“提振实体经济40条”,深化“服务企业周”,引导宗申集团、南方阻燃、弘愿工具、长安铃木等存量企业突出主业,对照同行标杆、加快转型升级、增加优质产能。推进服务业扩量提质,力促公路物流基地实现交易额200亿元。加快龙洲湾、李家沱商圈建设,提升购物中心、商业综合体、商街步行街等功能集聚和辐射带动作用。大力发展电子商务,实现电商销售收入65亿元、电商广告收入100亿元。启动创建市级全域旅游示范区,东温泉文旅休闲综合开发项目取得突破,建成一批乡村酒店,大力发展特色民宿。推进农业供给侧结构性改革,全面推动“三百四线五片”

现代农业集群发展，推进农产品标准化、品牌化、特色化建设。三是以三区联创为抓手，持续推进“城市提质”战役。加大商业性用房、写字楼等去库存力度，促进房地产业健康发展。持续推进龙洲湾滨江城市经济带、鹿角新城项目建设。加强城市精细化、精致化、标准化管理，落实新开发片区市政管理同步跟进。深入推进环保“五大行动”，促进生态优先、绿色发展。四是以改革创新为核心，持续推进“动能提升”战役。深入推进供给侧结构性改革、商事制度改革等。打造独立法人的科研平台，发挥在区高校作用，促进科技成果转化和技术合作。建成进境木材监管区，适时开通南向国际物流大通道中线，持续扩大对外开放。围绕液晶面板、高档饰品、高端服装等延伸产业链。五是以夯实基础为根本，持续推进“要素保障”战役。巩固土地例行督察整改成果，落实土地管理长效机制。推进区属平台公司融资管控，严防债务风险。通过“园区聚才、高校育才、项目招才”等方式，加速聚集一批高层次创新人才。发挥重庆高职城作用，订单式培养人才，保障企业用工需求。六是以和谐稳定为根本，持续推进“平安强基”战役。严格落实企业安全主体责任和属事属地监管责任，坚决杜绝重特大事故，有效防控较大事故，努力压减一般事故。推行领导接访、带案下访制度。持续开展社会治安突出问题整治，深入推进“三社联动”。加强国防动员建设、推进军民融合发展。七是以惠民富民为目标，持续推进“民生改善”战役。扩大就业，落实政策，全力改善社会民生。持续推进“三名工程”，扩大优质教育资源覆盖面，提高教育质量。深化医疗卫生体制改革，推动区中医院三期综合楼等项目建设。加强“尚文巴南”建设，推进文化项目建设，办好文化体育赛事。在完成市级民生实事任务的基础上，再投资14亿元，办好10件重点民生实事。

长寿区

江世笑

一、2016年发展回顾

2016年，全区坚持稳中求进工作总基调，牢固树立和贯彻落实新的发展理念，主动适应把握引领经济发展新常态，上下同心同向谋发展，凝心聚力求突破，铆足干劲争上游，全面完成了年度主要目标任务，实现了“十三五”良好开局。全区地区生产总值达到454亿元，增长10.7%。地方财政收入达到91.2亿元，增长10%。其中一般公共预算收入达到37.4亿元，增长10%。全社会固定资产投资达到589.2亿元，增长16.2%。其中工业投资319.5亿元，增长16.4%。社会消费品零售总额达到117.1亿元，增长13.4%。城镇居民人均可支配收入达到29915元，增长8.5%；农村居民人均可支配收入达到13252元，增长10%。

（一）综合施策确保经济稳中向好

围绕工作创新年主题，提高“三位一体”抓发展实效。年度“十大项目”顺利推进，新增国家专项建设基金项目16个，完成区级重大项目投资265亿元。加强补链招商，引进项目200个，其中新兴产业项目46个，合同引资500亿元，到位资金260亿元。加强实体经济降本增效，全面完成营改增，企业税负下降27.6%，社保降费为企业减负1.5亿元，工业用天然气价格下调降低企业成本15亿元以上，37家电力直接交易企业减少工业电费支出近亿元。设立转贷应急周转资金，兑付支持实体经济发展专项资金1.1亿元。全区规上工业较上年减亏8.4亿元，医药化工、装备制造、新材料新能源等产业增速均超过

25%。加强金融支持力度,银行业金融机构存贷款余额分别增长6%、7.5%,新发放贷款179.6亿元。加强金融风险管控,新增政府债券30.2亿元,置换和调整政府平台高成本债务38.3亿元,融资成本下降2.6个百分点。立案查处非法集资企业14家,打非工作走在全市前列。

(二)调整升级助推产业提质增效

围绕全面建成"三地一中心"的战略性目标,夯实产业基础、提高发展效益。推动工业做优做强,联合渝康、重庆钢构成立千信国贸公司,助推重钢与攀华集团合作,支持川维、博腾等80余家企业技改升级,新引进聚氨酯上下游企业12家,开工成元、星宇等现代汽车配套项目14个,友为技术、信誉通、长讯科技等电子信息项目投产。推动农业稳产增效,温氏5000头种猪、源创2万头生猪、标杆60万只蛋鸡项目建成投产,现代粮食生产园核心区二期完工,移民生态农业区基本建成,成功打造中国无公害果蔬示范区。推动休闲旅游内涵发展,完成乡村旅游总体规划编制,迪信通国际房车营地、长商悦湖荟项目入驻长寿湖,长寿文化创意产业孵化园开园、"韩国街"开街,成功举办长寿湖龙舟民俗文化节、全国铁人三项锦标赛等系列文体旅结合的品牌活动。推动商贸物流转型升级,生产生活、传统现代、线上线下一体化发展态势良好。引进"胖胖狗互联网+供应链"项目,搭建"幸福长寿"和"供销e家长寿馆"农产品电商平台,化工品交易市场上线运营,全年电商交易额达5亿元,农副产品网上交易额突破1亿元。

(三)统筹发展促进城乡繁荣共进

围绕以人为核心的新型城镇化,推动城乡一体化发展、共同繁荣。扎实推进全国文明城区创建,开展"整容、正风、良序、家园、提素、造势"六大专项行动,城区公共环境和公共秩序显著改观。推进城区功能提升和互联互通,新增城市建成区面积1.1平方公里、通车里程13公里、停车泊位5002个,竣工投用人行天桥2座。推进违法建筑专项整治,拆违治乱5.1万平方米。大力提高镇村建设水平,实施小城镇基础设施项目64个,完成凤城复元、龙河秀才湾等4个农民新村建设。全面完成土地利用总体规划修编,全域永久基本农田划定工作取得阶段性成果。切实加强生态文明建设,深入开展环保专项行动,整治突出环境问题100余个。严格禽畜养殖污染防控,按照"三区划分"规范畜禽养殖发展。完工烟坡城市饮用水源保护工程,完成50个农村集中式饮用水源标准化建设,改造升级街镇二、三级污水管网,24座街镇污水处理厂移交市环投公司规范运营。桃花河截污干管、清淤和生态景观工程有力推进。

(四)改革开放不断释放创新活力

围绕供给侧结构性改革主线,努力实现改革开放创新三轮驱动。以改革增效益,调减船板钢产能200万吨,整体去除煤炭产能。全年新增商品房市场供应量下降24.6%,社会商品房销售面积增长29.5%,可售商品房去库存周期处于合理区间。以开放添动力,大力发展转口贸易、服务贸易、跨境电商,外贸进出口总额实现10亿美元,实现离岸服务外包执行额1.2亿美元,实际利用内资240亿元、外资2亿美元。以创新聚活力,系统谋划创新驱动发展,出台36条政策措施。强化企业创新主体地位,新培育科技型企业74家、高新技术企业14家、国家知识产权优势企业3家。依托"一区一园"搭建孵化平台,建成长寿经开区市级科技企业孵化园、长寿工业园区区级科技孵化器,打造市级众创空间2家。

(五)强化保障持续改善社会民生

围绕增进民生福祉,切实加强基础保障和优质服务。扎实筑牢民生之基,全面开展五大扶贫工程和六大扶贫行动,城镇新增就业2.3万人,城镇登记失业率控制在2.2%。完成社保经办机构"五险整合",社会保险扩面征缴,实现城镇职工和城乡居民等法定人员参保登记全覆盖。扎实改善公共服务,晶山小学、长寿中学晶山校区、实验一小古镇校区建成投用,重庆化工职业学院迁建开学,长寿湖远恒佳学校开工建设。公立医院实行药品零差率销售，区人民医院北城分院主体完工，区中医院、区残疾人康复中心和区妇幼计生服务中心扩建有序推进，重医大附三院长寿康养中心启动建设。文体惠民服务、群众性体育和竞技体育蓬勃发展。扎实维护安全稳定，注重社会矛盾预排预调，调解矛盾纠纷1.3万件，持续开展以打击盗抢骗为重点的“百日会战”专项行动。生产安全事故防控有力，全域建成重庆市安全社区。顺利完成全区第十届村居换届，基层治理能力进一步提升。

二、发展中存在的问题

经济总量不够大，传统产业升级、新兴产业培育任重道远；改革开放力度还不够强，思想解放程度、创新驱动能力亟待增强；城乡区域发展不平衡，城市功能和品质仍需提升，农业农村基础需要更加夯实；社会事业还存在短板，保障和改善民生仍需持续用力；资源环境约束趋紧，生态环保突出问题还未彻底解决；社会矛盾和各类风险交织，社会治理需要进一步创新；政府工作与发展所需、群众所盼还有差距，自身建设有待进一步加强。

三、2017年工作目标

2017年，以提高发展质量和效益为中心，以推进供给侧结构性改革为主线，全面做好稳增长、促改革、调结构、惠民生和防风险各项工作，促进经济社会平稳健康发展。经济社会发展的主要预期目标是：地区生产总值增长10%以上；地方财政收入增长6%，其中，一般公共预算收入增长6%；全社会固定资产投资增长12%；商品销售总额增长15%，社会消费品零售总额增长11%；城镇居民人均可支配收入增长7%以上，农村居民人均可支配收入增长10%以上；单位生产总值能耗、主要污染物减排达到约束性要求。

（作者单位：长寿区政府办公室）

江津区

马小玲

一、2016年工作回顾

2016年，江津区地区生产总值674.1亿元，同比增长11.1%。其中，第一产业增加值83.7亿元，增长4.3%；第二产业增加值397.4亿元，增长12.6%，其中工业增加值328.2亿元，增长11.4%；第三产业增加值193亿元，增长10.8%。城镇常住居民人均可支配收入30495元，增长9.1%；农村常住居民人均可支配收入15177元，增长10.6%。按常住人口测算，人均地区生产总值达50210元(7232美元)。一般公共预算收入65亿元，增长16.8%；一般公共预算支出112.2亿元，增长15.7%。全年实现金融业增加值14亿元，增长11.3%。年末有中资银行地区支行19家。金融机构本外币存款余额772.8亿元，比年初增长19.1%。其中，人民币存款余额770.4亿元，比年初增长19.0%。金融机构本外币贷款余额461.2亿元，比年初增长12.0%。其中，人民币贷款余额460.1亿元，比年初增长12.6%。

（一）稳增长有新成效

一、二、三产融合发展，稳中有增。农林牧渔业总产值122.1亿元，增长10.3%。全社会工业总产值突破2000亿元大关，达2003亿元，增长21.3%；其中规模以上工业总产值1612.5亿元，增长18.5%。年末共有规模以上工业企业415家，比上年末净增46家。产值上亿元的企业262家，50亿元以上企业3家。社会消费品零售总额259.4亿元，增长13.2%。全年实现批发业零售额

62.8 亿元，增长 18.5%；零售业零售额 165.5 亿元，增长 13.5%；住宿业零售额 2.6 亿元，增长 31.9%；餐饮业零售额 28.5 亿元，增长 0.6%。实现批发和零售业商品销售额 730.0 亿元，增长 25.5%。实现住宿和餐饮业营业额 62.0 亿元，增长 18.6%。双福国际农贸城、和润汽摩城、攀宝钢材市场共实现销售额 347 亿元。全力推进 129 个重大项目建设，全区固定资产投资达到 834 亿元，其中工业投资 489 亿元，占 58.6%。在实体经济稳步发展和投资需求有效拉动下，全年 GDP 增长 11.1%，稳增长效果明显，受到国务院通报表扬。

(二) 促改革有新突破

坚持政府引导和市场主导相结合，扎实推进 20 项改革开放创新重大举措、60 项重要改革任务。关停鹏程、隆盛等 4 家钢铁企业，化解过剩产能 81.8 万吨。出台促进房地产市场平稳健康发展 15 条政策，商品房销售 300 万平方米，增长 18.8%。创新投融资体制，设立目标规模 100 亿元的开放创新、文化旅游产业引导投资基金和新型城镇化专项基金并成功落地运行。出台江津区科技创新激励扶持办法，设立首期 5000 万元创新创业种子基金和 5000 万元“鸿雁”人才引进专项资金，R&D 支出占比提高到 2%。全年实现货物进出口总额 5.8 亿美元，增长 0.4%。其中，出口 3.7 亿美元，下降 9.2%；进口 2.1 亿美元，增长 23.6%。招商引资项目 392 个。其中，投资亿元以上项目 160 个，10 亿元以上项目 21 个。协议引资 1035 亿元。实际到位资金（含续到）623 亿元，增长 14.1%。全年实际利用外资 4.8 亿美元，增长 37.7%。实际利用内资 467.1 亿元，增长 15.6%。

(三) 调结构有新作为

坚持工业为要、五业互动、产城融合，改造提升传统产业，加快培育新型业态，促进产业结构优化提升。装备制造、汽摩整车及零部件、新型材料、电子信息、食品工业五大优势产业集中度达到 90%；五大支柱产业实现产值 1453.1 亿元，增长 20.9%。122 家汽车摩托车及零部件企业实现产值 528.1 亿元，增长 26.9%；79 家装备制造企业实现产值 362.7 亿元，增长 14.9%；105 家新型材料制造企业实现产值 350.8 亿元，增长 14.9%；27 家电子信息企业实现产值 129.1 亿元，增长 26.6%；18 家食品加工企业实现产值 82.4 亿元，增长 31.9%。德感、珞璜、双福、白沙四大工业园规模以上工业企业实现产值 1556 亿元，增长 20%。战略性新兴产业完成产值 338 亿元，占规模以上工业产值比重达到 21%。重庆跨境电商（汽摩）产业园落户江津，构建以硒货网店、菜鸟县域智慧物流、镇村电商服务站点组成的云、网、端系统，富硒产业产值 40 亿元，增长 21.2%。接待国内外游客 1465.7 万人次，增长 15.6%。其中四面山接待游客 513.7 万人次，增长 13%；海外游客 9.4 万人次，增长 13.3%。实现旅游综合收入 90.8 亿元，增长 19%。其中，四面山实现旅游综合收入 36.3 亿元，增长 37.2%。

(四) 惠民生有新亮点

围绕群众关心关切，加快补齐民生短板。城乡居民人均可支配收入 24936 元，增长 10.6%。全区参加城镇基本养老保险人数 51.3 万人，参加城乡居民养老保险 56.2 万人。参加城镇职工基本医疗保险 17.4 万人，参加城乡居民医疗保险 127.5 万人。参加失业保险 11.5 万人。参加工伤保险 15.3 万人。参加生育保险 10.0 万人。年末全区共有 1.2 万人享受城市最低生活保障，3.2 万人享受农村最低生活保障。农村五保供养 10496 人。城镇新增就业 4.2 万人，学前三年儿童毛入园率达 95.3%，高考上线率达 94.5%，6 人被北大清华录取；稳步推进公立医院改革和分级诊疗制度，药物零差率直接让利群众 2900 万元；完成 30 件民生实事年度任务，江津电视台成功创建一级台，城镇居民生活用水、用气均实行阶梯价格。33 个同城一体化项目全面实施，整治违法建筑 10 万平方米，对农村改房、改路、改水、改电和改文化体育设施投入达 4.7 亿元。加强生态环境治理，推进禁养区畜禽养殖场取缔关闭，中心城区空气质量优良天数达到 226 天，城乡生活垃圾集中收运处置率达 85%，成功创建5个市级生态文明镇、7个市级生态文明村。

（五）防风险有新举措

加强政府投资项目和平台融资管理，调整完善镇街、平台财税体制，控制平台融资成本和资产负债率，强化房地产和金融市场监管。强化稳定第一责任，创新社会治理，以社会管控和服务网络建设为重点，切实加强矛盾纠纷排查和安全隐患整治，努力构建安全稳定防控网络。公安“三所一队一中心”建成投用，社会治安防控“五张网”全面铺开，依法打击违法犯罪，群众安全感指数连续五年保持在95%以上。建成重庆首家社区矫正服务中心。积极稳妥处置信访稳定问题，创新“1+N+3”大调解体系，调解成功率达99.5%；开展小区物业、拖欠农民工工资等突出问题专项治理，信访总量持续下降。全面落实安全生产责任制，安全事故和死亡人数持续下降。生产安全、食品药品安全和应急管理工作有力有效，公共安全风险得到较好防范和化解。

二、发展中存在的问题

经济总量不够大，人均水平不够高，在全市的经济版图上总体还处于二、三梯队；经济结构不够优，三次产业互动协同发展水平不高，总体上还处于低总量低速度低效能发展的弱平衡状态；创新驱动发展能力不强，战略性新兴制造业和服务业总量小、占比低，总体上还处于新一轮产业转型升级、动力培育转换的初始阶段；中心城区和农村城镇的集聚辐射、综合承载能力不够强，建设的质量和品位不够高，城市管理还有诸多缺位、失位，对一些历史文化载体缺乏有效的保护与开发；公共服务保障能力不强，群众普遍关心的就业难、就学难、就医难、出行难、停车难等问题还局部存在，平安建设任务仍然较重；政府工作的系统性、协同性、前瞻性、规范性、实效性和长效性仍需进一步加强，一些部门单位工作标准要求不高不精，一些行业领域的管理不深不细，一些干部的工作作风不严不实，个别干部还存在不廉洁行为等等。

三、2017年发展目标

2017年，全区经济社会发展主要目标是：地区生产总值增长11%以上，工业增加值增长11.8%，全社会固定资产投资增长18%，社会消费品零售总额增长12.5%以上，一般公共预算收入增长13%以上，外贸进出口额增长20%，居民人均可支配收入与经济增长基本保持同步，城镇登记失业率控制在3%以内，主要节能减排指标达到年度约束性要求。

（作者单位：江津区政府办公室）

合川区

合川区政府办公室

一、2016年发展回顾

2016年，在市委、市政府的坚强领导下，坚持稳中求进工作总基调，扎实推进稳增长、促改革、调结构、惠民生、防风险各项工作，加快培育发展新动力，全区经济社会实现有速度、有质量、有效益的发展，实现了“十三五”良好开局。全年实现地区生产总值532.2亿元，增长10.8%；固定资产投资620.3亿元，增长16.3%；社会消费品零售总额251.3亿元，增长13.3%；一般公共预算收入41.1亿元，增长3.3%；城乡居民人均可支配收入分别达29505元、14516元，增长8.3%、10.1%。

（一）经济实力显著增强

坚持做大总量、优化结构、提升效益，努力发展壮大实体经济，经济总量和质量不断提升。工业集聚集群发展。坚持把推进新型工业化摆在更加突出位置，形成了“区级统筹、组团支撑、镇街协同、现场管理”的良好格局。完成工业总产值1383.6亿元,增长15.2%。其中规模以上工业总产值844.4亿元,增长19.3%。装备制造、消费品、信息技术三大主导产业渐成规模,其中汽车产业基本形成完整产业链。工业园区被确定为长江经济带国家级转型升级示范开发区,工业集中度达71.2%。农业提质增效发展。粮食总产量、生猪出栏量、水产品产量稳居全市第一。新增市级现代农业示范园区2个。新培育“三品一标”农产品17个,新培育市级名牌产品6个。土地流转率达48.6%、规模经营率达41.1%。商贸旅游繁荣发展。合川主城核心商圈社会消费品零售总额突破百亿元,建成镇级农村电商服务中心8个,村级农村电商服务站259个。玻璃器皿、工业塑料等12个产业电商平台成功上线,总交易额达2.2亿元。合川跨境电商产业园(出口加工区)挂牌成立。农旅文旅融合发展。涞滩古镇成功创建国家4A级景区,新增市级休闲农业与乡村旅游示范点3个,合川获评中国特色乡村旅游体验目的地、中国国际休闲垂钓基地、全国休闲农业与乡村旅游示范区,共接待游客682.9万人次,实现旅游收入12.67亿元,分别增长23.1%和39.3%。

(二)城镇品质稳步提升

着力把潜在的人口承载力转化为现实的人口聚集力,城镇建成区达78.6平方公里、人口达84.7万。城市承载力进一步增强。依托工业园区,推动园城融合,充分考虑资源、环境承载力、产业发展和人口实际,强化资源优化配置,统筹布局产业、人口、交通等基础设施,新的城市片区正在渐次展开。突出方便群众生活,完善城镇功能配套,一批公园、公厕、公交站亭、过街设施投入使用。融入大交通体系步伐加快。市郊铁路(渝合线)花滩节点工程基本完工,渭沱物流园区PPP方案取得批复。渝广高速(合川段)预计2017年6月通车,合(川)长(寿)高速(合川段)清平段开工建设。启动改造21条102公里对外通道,撤并村通达率、行政村通客车率及道路通畅率均达100%。生态环境持续优化。深入实施蓝天、碧水、宁静、绿地、田园五大环保行动,三江主要水体保持Ⅲ类水质标准。城区绿化覆盖率达45.9%,赵家渡防洪护岸生态治理综合工程获“大禹奖”,三江国家湿地公园通过国家评审。合川被确定为国家循环经济示范城市。

(三)民计民生持续改善

始终把民生作为第一目标,量力而行、尽力而为,滚动实施民生实事项目,努力让城乡居民生活得更加美好。民生实事务实推进。围绕群众关注的住房、教育、医疗、健康、养老、就业等10多个领域部署38件民生实事,完成投资21.83亿元,超年度计划18.6个百分点。创业带动就业效应显现。成功创建市级创业型城市,发放创业担保贷款7389.9万元,新增创业10756人,就业技能培训7176人,城镇新增就业30732人。教育发展更加均衡。投入近5200万元实施薄弱学校改造、校舍维修等,惠及100余所学校。深入推进教育领域综合改革,义务教育发展基本均衡区创建工作扎实推进,“大班额”问题得到进一步缓解。健康服务水平持续提升。4家区直医院分别与23家基层单位组建医疗联合体,实现优质医疗资源下沉。实行药品“零差率”销售,减轻群众医药负担5428万元。人民医院创“三甲”有序推进,区中西医结合医院成功创建“二甲”医院。扶贫攻坚深入开展。精准制定扶贫措施,实施产业扶贫项目68个和危旧房改造387户,2016年新识别的贫困户364户1098人,扶贫工作加快推进,2015年10个贫困村和9014户27543名贫困人口脱贫越线工作得到进一步巩固。

(四)社会大局和谐稳定

严格落实“党政同责、一岗双责”等制度,扎实推进平安建设,全区社会大局稳定。信访维稳总体可控。常态化开展干部下访,完善重大事项社会稳定风险评估机制,区委常委会定期听取矛盾纠纷隐患排查化解汇报,矛盾纠纷化解率保持在90%以上,到市进京上访特别是非正常上访得到有效控制,有力确保G20、党的十八届六中全会等敏感时段安全稳定。市级交办的13

件疑难信访案件全部办结。安全生产形势向好。强化安全生产监管,深入排查消除重点行业、关键环节安全隐患,全区未发生较大以上安全事故。关闭煤矿17家,实现全区镇煤矿整体退出。综合治理成效明显。完善立体防控体系,建成网格化服务管理智能信息中心,群众安全感指数达97.1%。严厉打击电信诈骗、传销、合同诈骗等各类经济犯罪,侦办涉众型经济案件10件,起诉10人。加强网络空间治理和网络舆论引导,网络空间日益清朗。依法治区全面推进。依法行政、严格执法、公正司法、全民普法守法有序开展、有效推进,司法公信力全市第一。

(五)改革开放纵深推进

坚持改革释能、开放聚力,持续增强发展动能。重点领域改革稳步推进。扎实推进供给侧结构性改革,关闭"僵尸"企业11家、焦炭和造纸企业各1家;合理调控土地供给,信贷、货币化安置等多渠道引导住房消费,商品房成交面积169.69万平方米,房地产市场平稳运行;探索企业股权融资模式,顺博铝业、天人节能挂牌"新三板";落实"企业减负30条",社会保险降费、"营改增"试点政策分别为企业减负4.1亿元、3.4亿元。群团改革取得阶段性成效。推行PPP融资试点,在推PPP项目21个、总投资334亿元。推进行政审批改革,取消区级行政审批项目171项,网上行政审批系统上线运行,审批效率提升66%。开放水平有效提升。发展开放型经济,新增外贸企业10家,全区实现外资到位金额0.7亿美元,外贸进出口总额1.9亿美元。推进开放口岸建设,正在申报在渭沱物流园设立海关办事处和布局保税(B型)区,中欧保税中心项目前期工作正抓紧推进。狠抓招商引资,信息安全产业基地等项目签约落地,全年实现到位资金228亿元。

二、发展中存在的问题

一是经济总量不够大、产业结构不够优、发展质量不够高,转型升级任务比较艰巨。二是发展方式粗放、内生动力不足,自我调控能力、平衡能力、民生保障能力不够强。三是城乡基础设施仍有欠账,工业园区综合配套不够完善。四是快速发展中累积的各种矛盾和问题日益凸显,经济社会发展受到不同程度影响和制约。

三、2017年发展目标

2017年是新一届政府的开局之年,并将迎来党的十九大、重庆直辖20周年。合川将深入贯彻习近平总书记系列重要讲话特别是视察重庆重要讲话精神,坚持稳中求进总基调,突出改革引领、开放支撑、创新驱动,盯住发展干、盯住民生干、盯住安全稳定干,统筹抓好经济社会发展各项工作,努力提高发展质量和效益。力争实现地区生产总值增长10.5%左右,全社会固定资产投资增长10.5%,一般公共预算收入增长10%,社会消费品零售总额增长11.5%,城乡常住居民人均可支配收入分别增长10%、12%。

永川区

永川区政府办公室

一、2016年发展回顾

面对宏观经济下行压力持续加大的挑战,在市委、市政府的坚强领导下,永川区深入贯彻习近平总书记系列重要讲话和治国理政新理念新思想新战略以及视察重庆重要讲话精神,牢牢把握稳中求进工作总基调,全面贯彻落实新发展理念,全区经济社会保持稳中有进、稳中向好的发展势头,实现了"十三五"良好开局。

(一)经济发展保持平稳较快增长

全区地区生产总值636.2亿元,增长11.2%。规上工业总产值1200.8亿元,增长17%。

全社会固定资产投资837.5亿元，增长16.3%。一般公共预算收入49.2亿元,增长9%。社会消费品零售总额308.3亿元,增长15.3%,增速继续保持全市第一。城乡居民人均可支配收入分别达到30903元和15258元，增长9.1%和10.5%。城区建成区面积68.3平方公里,城镇常住人口73万人,常住人口城镇化率66.4%。

(二)供给侧结构性改革取得实效

关闭煤矿31家、钢铁企业8家,分别去除产能200万吨和175.5万吨。房地产市场控增量、消存量“双管齐下”,出台城市棚户区及城中村改造房屋征收货币化安置鼓励政策，消化库存商品住宅45万平方米。严控政府、国有企业债务规模和风险,优化债务结构,债务综合成本下降1.5个百分点。售电侧改革试点稳步推进。完善产业发展引导政策，推动去产能企业转型升级。出台“工业企业降成本34条”,通过兑现贴息、退税等方式为企业减负1.9亿元。

(三)重点产业集群快速扩张

机器人及智能装备产业产值50.3亿元，增长110.9%;电子信息产业产值139.6亿元，增长29.8%;汽车及零部件产业产值188.9亿元,增长36.9%;特色轻工产业产值217.3亿元,增长15.4%;页岩气勘探开发取得重要进展。新投产台正智能装备制造产业园、理文生活纸后加工产业园(一期)、美渝港光电科技、中交PC预制件等项目42个，新开工埃马克机床、韩国东一汽车配件等项目68个，新引进庆铃改装汽车、德国利勃海尔机床总装基地等工业项目95个。服务业支撑作用进一步增强,万达广场开业运营,五洲国际工业品博览城开工建设,新引进国际木业高新产业园、纵达国际汽车城、元臻国际赛道体育公园等服务业项目56个；软件与信息服务外包产业产值80亿元,增长128.6%;携程网西南客服中心开业运营,新引进科大讯飞、博大光通等项目98个；中铁华夏传媒西南总部、碧桂园重庆总部等落户永川。与重庆银行开展“双创基金”战略合作。

(四)城乡基础设施建设加快推进

国家铁路总公司确定渝昆高铁过境永川并在城南设站。115公里县道改造工程加快实施。金鼎寺水库主体完工,南瓜山水库、凤凰湖第二污水处理厂等项目顺利开工。中石化双石油库等项目前期工作有序推进。纳入国家新型城镇化综合试点。

(五)社会民生持续改善

建成神女湖小学,改善8所学校办学条件,开工建设5所学校。城镇新增就业3.6万人。完成萱花旅社、桂山公园等片区棚户区改造10万平方米。改造整治7个老旧小区及周边道路。为背街小巷无灯区安装LED路灯146组。清掏化粪池200座。优化调整公交线路8条。硬油化农村公路302公里，新建泥结石公路125公里,建成村社便道616公里。改造农村危房2100户。完成山坪塘整治1185口。实施动态扶贫3084户。对4284名农村留守儿童实施关爱帮扶。深入开展临江河流域水生态综合治理、城乡饮水安全综合治理前期工作。2016年共投入资金26.7亿元,全面完成民生实事年度目标任务。

二、发展中存在的问题

一是经济总量不大、结构不优、产业支撑不强,缺少竞争力强的优势产业集群。二是城市规划建设管理与发展要求还不相适应,新区、老城发展不平衡,城区交通拥堵、停车难等问题有待解决。三是生态环境建设任务艰巨,城区河道亟须大力治理,非煤矿山开采亟待规范。四是公共服务水平有待进一步提高,义务教育学校“大班额”和群众看病难、看病贵等问题尚未得到根本解决,民生建设与人民群众期盼还有较大差距。

三、2017年发展目标

围绕全面落实永川发展“一二三四”总体思路,坚持以提高发展质量和效益为中心,坚持以推进供给侧结构性改革为主线，大力发展实体经济，更加注重以发展新兴产业集群促进经济转型升级，更加注重抓住机遇加快重大基础设施建设，更加注重以改革开放创新促进动力转换，更加注重统筹城乡区域协调发展，更加注重持续保障和改善民生，更加注重抓好生态建设和绿色发展，更加注重做好风险防范管控，促进经济平稳健康发展和社会和谐稳定。

2017 年经济社会发展主要预期目标是：全区地区生产总值增长 11%左右，规上工业增加值增长 11%，固定资产投资增长 12%，社会消费品零售总额增长 15%，一般公共预算收入增长 8%，研发经费支出占生产总值比重达到 1.85%，居民收入增长与经济增长基本同步，城镇登记失业率控制在 3.5%以内，单位生产总值能耗、主要污染物排放达到重庆约束性目标。

南川区

邓盛勇

一、2016 年发展回顾

2016 年，南川区大力推进供给侧结构性改革，努力克服宏观经济下行压力和自身转型困难，实现了“十三五”良好开局。

全区地区生产总值达到 210.8 亿元，增长 10.7%，赶上全市平均水平。完成固定资产投资 204.7 亿元，增长 19.2%；规上工业产值达到 191.7 亿元，增长 13.6%；实现一般公共预算收入 23 亿元，增长 17.9%；社会消费品零售总额达到 117 亿元，增长 13.6%；城乡居民人均可支配收入分别增长 8.0%、9.9%；金融机构存贷款余额达到 525 亿元，增长 21.7%。各项指标逆势上扬，质量效益明显提升。

（一）产业结构持续改善

1.工业经济稳步提速

工业增加值 50.67 亿元，比上年增长 10.8%。其中规模以上工业增加值增长 10.8%。全区有规模以上工业企业 128 户，完成总产值 191.67 亿元，增长 13.6%。全年规模以上工业企业实现利税总额 18.45 亿元，同比增长 17.9%；实现利润总额 12.59 亿元，同比增长 26.1%；实现营业利润 11.85 亿元，同比增长 10.5%。工业园区整体开发。南平组团升级为市级特色产业基地，大观组团成功获批。鸿庆达、南商机器人等 9 家企业投产放量，新增规上企业 22 家。煤电铝一体化、页岩气勘探开发等 47 个项目加快建设，工业投资增长 58.7%，位列全市第一，创近年最好水平。中医药科技产业园区一年引进项目 25 个，积聚起加快发展的强大势能。

2.旅游发展再上台阶

全年接待旅游者 1534 万人次，比上年增长 15.5%；旅游综合收入 60.50 亿元，增长 17.9%。入列首批“国家全域旅游示范区”创建单位，全市全域旅游现场会在我区召开。金佛山获评“国家生态旅游示范区”，“十二金钗大观园”开园迎客。金佛山南坡公路、天马旅游公路开工建设，天星温泉城等项目建成投用，主要景区购票游客达 116.6 万人次，旅游综合收入增长 18%。

3.商贸流通持续活跃

外贸进出口总额 22876 万美元。出口 21752 万美元，同比增长 4.2%。全年实际利用内资（市外境内资金）140.13 亿元，同比增长 18.0%；利用外资 6754 万美元。商贸物流园区建成面积达 40 万平方米，电商产业园、快递物流园投入运行，圆通快递、云穰科技等 48 家企业入驻运营。新增限上商贸企业 62 家。

4.农业产业化深入推进

农林牧渔业增加值 44.23 亿元，比上年增长 5.1%。农村常住居民人均可支配收入 12349 元，农村常住居民人均生活消费支出 10521 元。粮食总产量达 34.09 万吨，保持总体平稳。在全市率先完成农村集体经营性资产量化确权任务。杂交水稻连续两年刷新重庆高产纪录,新培育家庭农场 172 家,新增无公害农产品 7 个。全市唯一的“农业部农村实用人才培训基地”落户我区。

(二)项目投资不断优化

开展“重点项目建设提速年”活动,实施“6+1”项目清单动态管理,正威一期、中新·金佛山旅游文化产业园等 34 个项目开工建设,三南铁路、隆化一小 A 校区等 9 个项目竣工投用,重点项目完成投资 140 亿元,带动作用更加凸显。新获批建设用地 8084 亩,征收土地 6200 亩,拆迁房屋 43.3 万平方米;融资到位 102.5 亿元,完成全年目标的 172%;争取债券置换资金 25.1 亿元,政府债务率处于绿色区间。新引进项目 74 个、总投资 1069 亿元,康美药业、鸿路钢构、奥地利 AST 等一批大企业落户南川。深化项目跟踪服务,37 个新签约项目落地开工,到位资金 37.8 亿元。南信智能手机、超群汽车轮毂等项目从签约到投产不到 4 个月时间。

(三)改革创新务实推进

深化供给侧结构性改革,认真落实“企业减负 30 条”“降低电气价格 15 条”,出台“民营经济发展 22 条”,直接为企业节约成本近 2 亿元。健全区属国有公司管理体制和考核办法,推动公司加快转型,城投、惠农、园业 3 家公司获 AA 信用评级。搭建政银企合作平台,设立 30 亿元“重银—南川”双创基金、3000 万元转贷应急周转资金,助保贷、购置贷规模扩大至 2.3 亿元。鼓励企业上市融资,大众能源在“新三板”成功挂牌。关闭年产 9 万吨及以下煤矿 13 家,有效去除过剩产能 104 万吨。推进国有资产管理改革,健全国有资产监督体系,全面开展行政事业单位清产核资。稳步落实“营改增”政策、资源税从价计征改革,顺利实现税制转换。公务用车改革有序推进。深化“两集中、两到位”、网上行政审批改革,新增市场主体 7994 户、微型企业 1251 家。农村综合改革标准化试点项目通过国家验收,农村土地规模化经营度提高至 46%。深入推进创新驱动发展战略,出台鼓励科技创新 14 条,设立 1000 万元创业种子投资基金。获批国家级众创空间 1 个,新发展高新技术企业 9 家,有效发明专利数量达到 39 件。

(四)城乡建设扩容提质

建成区扩展 0.80 平方公里,达到 23.32 平方公里,常住人口城镇化率 57.3%,比上年提高 1.7 个百分点。全年房地产开发投资 41.48 亿元,商品房施工面积 414.20 万平方米,增长 15.2%;竣工面积 66.36 万平方米,增长 4.7 倍;商品房销售面积 67.76 万平方米,增长 37.0%,有效化解房地产库存 16 万平方米。城乡总规修编、土规调整加快推进,实施高架桥、九鼎山、凤嘴江片区控规整合,获评“第三届国土资源节约集约模范区”。龙济一路、龙凤西路、南大街延伸路换乘中心段投用,隆化大道、渝南大道等 6.5 公里城市道路加快建设,新拓展建成区 1.01 平方公里。商务中心、文化艺术中心启动装修。改造升级城区 3 个农贸市场、20 个小游园,新增城市绿化面积 30 万平方米,全域森林覆盖率达到 51%,城区空气质量优良天数稳定在 340 天。新建、改建各类乡村道路 485 公里。全面完成黄淦河专项整治,建成全市首个喀斯特水质监测体系。国家卫生城市创建一次性通过暗访,同步推进全国文明城区创建,城市品质显著提升。

(五)民生福祉有效改善

脱贫攻坚顺利通过验收,1.87 万贫困人口如期越线,摘掉了 31 年的“贫困帽”。30 件民生实事全面兑现,新增城镇就业 1.7 万人,发放创业担保贷款 1.4 亿元。着力补齐教育短板,不断改善办学条件,教育信息技术装备实现全覆盖,国家义务教育发展基本均衡区创建通过市级督导评估。引进重庆医科大学精神卫生学院。北师大南川附校开学,国家示范性综合实践基地一期建成。区人民医院成为重庆医科大学非直管附属医院,妇幼保健院创成“二甲”医院;宏仁中西医结合医院、区精神卫生中心竣工投用,区中医医院迁建一期工程封顶。文体事业蓬勃发展,区广播电视台成功创建国家标准化二级电视台,打造中国健身名山登山赛品牌,全国公安系统第三届武装越野登山赛、奥运健儿公益服务行动在南川举行，举办群众性文体活动1200余场(次)。有效应对"6·2"特大暴雨洪灾等自然灾害，发放各类救助救济资金7500多万元。扎实开展社会治安综合治理，八类暴力案件下降15%。

二、发展中存在的问题

一是发展水平不高。速度不快、总量不大、结构不优的现状没有根本改变。二是产业实力不强。工业基础薄，产业链条短，聚集程度低，转型升级刚刚起步；农业大而不强，农产品加工转化率低；旅游商贸不够活跃，与"旅游名城"定位还有较大差距。三是创新能力不足。创新发展意识落后、氛围不浓，尤其是科技创新投入不够、人才匮乏，对经济发展的贡献率低。四是公共服务不健全。教育、社保、医疗等基本公共服务供给不均衡，一些民生问题仍未有效解决。

三、2017年发展目标

2017年经济社会发展的主要目标是：地区生产总值增长11%左右，工业增加值增长15%，固定资产投资增长18%，社会消费品零售总额增长13%，一般公共预算收入增长10%，城乡居民人均可支配收入分别增长8%、10.5%，城镇登记失业率控制在3.2%以内。

重点项目建设任务：统筹实施建设类重点项目100个、助推类重大项目15个。完成年度投资170亿元，按236亿元的固定资产投资测算，重点项目建设占固定资产投资的72%。从建设性质看：新开工项目44个，年计划投资60亿元，占35.3%，开工时间全部在三季度及以前；续建项目56个，年计划投资110亿元，占64.7%；竣工项目24个。从五大板块看：工业类项目21个，年计划投资70亿元，占42%；旅游类项目17个，年计划投资16.1亿元，占10%；生态及农业类项目8个，年计划投资4.8亿元，占3%；城市建设类项目39个，年计划投资51.8亿元，占30%。其中：房地产投资28.5亿元，占16%，占本板块的52%；基础设施类项目15个，年计划投资24亿元，占15%。从资金性质看：国有投资77.2亿元，占46.4%；企业投资89.5亿元，占53.6%。

(作者单位：南川区政府办公室)

綦江区

陈正科

一、2016年发展回顾

2016年，面对严峻复杂的经济形势和持续加大的下行压力，区政府在区委的坚强领导和区人大、区政协的监督支持下，带领全区上下攻坚克难、砥砺前行，求真务实、开拓创新，全面推进"四区一城"建设，经济社会实现平稳快速发展。据统计，全区生产总值实现317.93亿元，增长10.5%；一般公共预算收入28.79亿元，增长9%；规模以上工业总产值达到470.13亿元，增长15.4%；社会消费品零售总额实现115.82亿元，增长12.5%；全社会固定资产投资实现441.73亿元，增长18.6%；城镇常住居民人均可支配收入27809元，增长8%；农村常住居民人均可支配收入12669元，增长9.8%。

(一)突破重点难点，筑牢发展根基

加快项目建设，106个重点项目、103个政府投资项目、33个中央预算内投资项目有序推进，三环高速江津至綦江段建成通车，安稳电厂二期点火运行，茶树湾水利工程全面完工，渝黔铁路新线加快建设。优化投资结构，社会投资占比达63%。狠抓招商引资，积极参加"渝洽会"、"东盟华商会”等重大招商展会,成功引进杭萧钢构等重点项目35个,全年协议引资310亿元、到位资金128亿元、实际利用内资100.6亿元。推动创新发展,R&D经费支出达3.4亿元,新培育认定国家高新技术企业13家,完成科技成果登记240项,转化科技成果项目169项。积极推进供给侧结构性改革,产能9万吨及以下煤矿全部关闭,住宅类商品房库存同比减少18.2%,累计减税降费3.6亿元。

(二)围绕集群集聚,提速转型升级

主导产业加快发展,铝加工企业全面盈利,三大支柱产业占规上工业总产值54.6%,园区实现产值258亿元。新增规上工业企业25家,中国动力首台新能源整车下线,荆江半轴、航墙铝业、源泉机电挂牌上市。三江老工业基地存量资产迅速消化,永城、石角、扶欢等中小企业创业园加快发展。城市商圈加快形成,红星国际、万达广场、名扬国际等大型商业项目高速推进,建成市级社会便民商圈5个,三江街道跻身市级商贸综合服务中心。电商发展取得重大突破,京东“綦江特产馆”顺利开馆,阿里巴巴LBS渝南片区服务中心签约入驻,綦江电子商务公共服务中心建成投用,160家传统商贸企业触网转型,电子商务交易额同比增长117.7%。

(三)提升品牌品质,丰富三养内涵

深入推进“城旅、农旅、文旅、商旅、医旅”五大融合,成功举办“三养綦江”旅游养生季系列活动30余次,累计接待游客871.8万人次,实现旅游综合收入30.3亿元。编制完成旅游业发展总体规划,初步形成十大休闲旅游度假区总体空间布局。古剑山艺术村成功开园,山里中国精品度假酒店建成营业。花坝旅游度假区加快建成,李公坝开放营运,万隆鲜花小镇初具雏形,游客服务中心主体竣工。横山旅游发展趋旺,天仁路建成通车,凤凰谷开园迎客,带动旅游地产销售3.9万平方米。东溪古镇扎实推进国家4A级景区创建工作,完成景区内标识标牌更换修复,南华宫、万天宫原貌修复开放。老瀛山地质公园完成游客接待中心外部装修。

(四)着力增产增收,打造特色农业

坚持以山地现代农业示范园区建设带动全区农业发展,蔬菜、特经、畜牧三大产业不断壮大,农业总产值实现68.8亿元,增长8%。夯实农业基础,建设高标准农田1.22万亩、巩固退耕还林成果基本口粮田4000亩,茶树湾水库、黄沙水库等一批水利设施加快推进,新建人行便道110公里。核心区加快发展,永丰河、珠滩溪现代农业示范园区分别被认定为市级三产融合型、产业复合型示范园。推进规模经营,新增土地流转面积4968亩,土地流转率达46.1%,打造优质蔬菜基地3000亩、特色养殖基地1000亩、特色经果种植基地1000亩;发展培育农业产业化龙头企业30家、农村合作社50个、种养大户100家、家庭农场200家。实施农业新技术示范推广23项,新增“三品一标”认证22个。

(五)强化管理治理,提升城市形象

城市建设提质增速,东部新城的交通、商贸、教育、医疗卫生以及产业配套等基础设施日趋完善,市民服务中心、綦江中医院、綦江中学、通惠河城市亲水休闲带状公园等项目有效推进。大力开展城乡环境综合整治,实施102项重点任务,建设“鲜花大道”3公里,打造花卉景观带4万平方米,城市形象明显改善。着力缓解交通拥堵,在强化管理的同时,加快推进城北路改造、新惠大道等道路建设,建成城区智能交通系统,规范临时停车位2600余个。推进数字化城管体系建设,研发了城市管理“大家管”APP,发布信息167条,在全市各区县推广应用。

(六)突出便民利民,改善社会民生

全面完成17件市级涉綦民生实事和10大区级民心工程年度建设任务。社会保障服务深入推进,新增就业1.4万人,城镇登记失业率控制在3%内,城乡居民医疗保险实现全覆盖。社会救助体系进一步完善,发放各类困难救助资金1.89亿元。义务教育均衡发展通过国检验收,职教中心、石壕中学等项目加快建设。规范公立医院基本药物配备与使用,实现24个贫困村卫生室标准化建设全覆盖。继续巩固和扩大扶贫成果，新修农村公路190公里、饮水工程4处，改造农村C、D级危房1700户。推进23个美丽乡村建设，实施农村饮水安全工程25个，新建改扩建农村敬老院24所，建成6个城市社区养老服务中心。加强社会综合治理和应急管理，强化食品药品和安全生产监管，妥善化解各类矛盾纠纷，社会更加和谐安定。

(七)注重效能效率，推进职能转变

强化作风建设，扎实开展“两学一做”学习教育。从严落实中央八项规定精神，持续整治“四风”。全面推进法治政府建设，严格实施政府权力清单和责任清单，进一步清理和规范行政权力。狠抓“放管服”改革，进一步提升政府效率。推进行政审批制度改革，科学串联建设领域审批流程，积极推进网上行政审批，7个街镇的行政审批和公共服务事项接入网审平台。积极推进国家新型城镇化综合试点和国家中小城市综合改革试点，扩权强镇、返乡农民工创业等专项改革取得阶段性成效。完成公车制度改革，削减公务用车199辆。推进土地例行督察整改工作。全面完成381个村(居)换届选举。

二、发展中存在的问题

经济总量不够大，产业结构不够优，竞争力和自主创新能力偏弱；龙头企业偏少，带动力不强，部分企业生产经营较为困难；刚性支出需求迅速增长，财政收支矛盾逐步显现；社会事业发展相对滞后，发展水平与群众期待仍有差距；政府职能仍需继续转变，法治政府建设需要进一步加强。

三、2017年发展目标

2017年经济社会发展的主要目标是：力争全区生产总值增长10.5%左右，固定资产投资增长15%，社会消费品零售总额增长12%，规上工业总产值增长14%，一般公共预算收入增长6%，城乡常住居民人均可支配收入分别增长8%和10.5%。单位生产总值能耗和主要污染物减排完成市政府下达的约束性要求。

(作者单位：綦江区政府办公室)

大足区

蔡哲宇

一、2016年发展回顾

2016年，是“十三五”开局之年，面对复杂的经济形势、激烈的区域竞争和艰巨的发展任务，大足区在市委、市政府的坚强领导下，在市级各部门的大力支持下，全面贯彻党的十八大、十八届三中四中五中六中全会和习近平总书记系列重要讲话精神，以“1368”发展思路为引领，坚持“稳中求进”工作总基调，聚精会神抓建设，全力以赴促发展，不断推动全区综合经济实力迈上新台阶。

全年全区地区生产总值386.6亿元，同比增长11.1%。其中：第一产业实现增加值44.6亿元，增长4.8%；第二产业实现增加值221.7亿元，增长12.3%；第三产业实现增加值120.3亿元，增长11.2%。三次产业结构比为11.5:57.3:31.2，分别拉动经济增长0.6、7.2和3.3个百分点，对GDP的贡献率分别为5%、64.8%和30.2%。固定资产投资618.2亿元，增长18.9%。其中民间投资458亿元，占全区固定资产投资比重达74.5%。地方财政收入65.3亿元，增长7.6%。

(一)三次产业协调发展，综合实力稳中有升

1.工业经济提质增效

坚定不移实施“工业强区”战略，着力推进“一区两园”建设，坚持走集群化、智能化发展的新型工业化道路，汽车摩托车及零部件、智能装

备、现代五金、电子信息、现代家居等主导产业加快集聚、不断壮大,全区工业总产值迈上千亿台阶,达到1100亿元。工业发展势头强劲,全年完成工业投资287.5亿元,增长29.8%;实现工业增加值183.3亿元,增长11.1%。规模工业支撑有力,全区规模工业总产值达到611亿元;规模以上工业企业、产值上亿企业分别达到348家、245家;规模工业主营业务收入590亿元,增长16.2%;总资产贡献率为29.8%,比上年提升了2个百分点;成本费用利润率为10.2%,比上年提升了0.1个百分点。工业产品产销两旺,大中型工业企业累计实现总产值264.1亿元,增长17.3%;工业品产销率达到98.7%,比上年提升了0.2个百分点。

2.商贸旅游加速发展

“大足印象”商业中心初具规模,居然之家、新世纪百货、大润发生活超市等相继入驻,全区商贸业态不断丰富。全年实现社会消费品零售总额115.9亿元,增长13.7%。其中:批发零售业93.8亿元,增长14.1%。餐饮业22.1亿元,增长11.9%。商贸业增加值30.1亿元,增长9%。商品销售总额、专业市场交易额分别达到263亿元、320亿元。限上商贸企业达到236家。实现外贸进出口17743万美元,增长81.7%。其中:进口3492万美元,增长58.6%;出口14251万美元,增长88.4%。金融业得到长足发展,全区金融机构总数达到43家。年末金融机构本外币存款余额达到338.3亿元,比上年末增长16.6%;本外币贷款余额252.4亿元,比上年末增长15.5%。以创建国家全域旅游示范区为契机,依托大足石刻旅游开发区和龙水湖旅游度假区,推动文旅商融合发展,大力发展全域旅游,大足旅游知名度、美誉度不断提高。全年共接待海内外游客1501万人次,增长17.2%。其中:接待国内游客1447.7万人次,增长17.5%;接待海外游客53.3万人,增长10.4%。实现旅游总收入50亿元,增长18.5%。

3.农业实力稳步提升

按照“一区二园十基地”规划布局,稳步推进现代农业示范区建设,农业基础设施日臻完善,新型农业经营主体不断发展壮大,优质粮油、特色果蔬等五大农业主导产业规模效益日益凸显,有效推动枇杷、葡萄、冬菜、荷莲、雷竹、芳香、黑山羊等特色农业产业迅速做大做强。全年实现农林牧渔业总产值66.4亿元,增长4.6%;农业增加值44.6亿元,增长4.8%。全区粮食种植面积6.6万公顷、油料种植面积1.9万公顷、蔬菜种植面积1.8万公顷;全年出栏生猪67.2万头、家禽882.6万只、肉羊2.2万只。实现粮食总产量43.9万吨、蔬菜产量38万吨、油料产量4.7万吨、肉类产量6.4万吨。全区农业机械化率达到52.4%,农业组织化程度达到70.2%。

(二)改革开放深入推进,提振经济效果突出

1.改革创新成果丰硕

供给侧结构性改革深入推进,产能9万吨及以下煤矿全部关闭退出,去产能99万吨;关闭钢铁企业2家,去产能13万吨;消化商品房库存50万平方米;共清理“僵尸企业”和空壳公司26家。深入实施创新驱动发展战略,扎实开展“四转一改”“三创一强”工作,培育国家级高新技术企业12家、科技型企业71家,研发新产品64件。深入开展“大众创业、万众创新”,全年新增创业人员7716人,市场主体总量突破5万户;共获得国家专利授权634件,其中:发明专利授权21件、实用新型专利授权388件、外观设计专利授权225件。全面落实各项税收、金融、社保等优惠政策,为企业减负6.5亿元,支持民营经济发展2亿元。国资国企改革成效突出,资产总额达到529亿元,为全区基础设施建设、土地整治储备、平台载体打造作出了重大贡献。一批重点改革任务推进有力,全国农村土地征收制度和农村集体经营性建设用地入市改革试点工作取得阶段性成效。在2016年国务院第三次大督察中,我区“强化企业服务,促进民间投资健康发展”的典型经验受到国务院通报表扬,成为重庆此次唯一受表彰的区县。

2.招商引资成效明显

高度重视招商引资,主动承接发达地区产

业转移,理顺招商体制机制,丰富完善招商方式方法,优化招商环境,提升招商成效,努力扩大利用内资、外资规模。全年引进投资5000万元以上项目30个,协议引进资金360亿元。实际利用内资272.6亿元,增长20.8%;实际利用外资7108万美元。成功引进世界500强正威国际集团投资建设电子信息产业园,招商项目落地开工率超过70%。

(三)城乡发展提质提速,区域面貌焕然一新

1.统筹推进新型城镇化建设

精心规划城乡空间,全面拉开城市骨架,切实加强生态保护,着力展现山水秀美的"大足风光"。海棠新城3.6平方公里核心区初具形象,新城骨架拓展至15平方公里,城市建成区面积达到40平方公里。一大批"老旧小区"改造升级。全区城镇化水平不断提高,常住人口城镇化率55.4%,较年初提高1.7个百分点。一幅城乡共同发展、共同繁荣的美丽画卷逐步展现。

2.统筹推进城乡基础设施建设

全年房地产开发投资完成91.6亿元,增长22%。商品房销售面积189.5万平方米,销售总金额达76亿元。城市功能不断拓展,开通公交线路数量达21条;"三馆一中心"主体建成投用,中国西南城·建材城、居然之家正式营业。区域交通不断完善,新建城市道路10余条,新建、硬化农村公路350公里。全区公路通车里程达到1969公里,其中高速公路通车里程达到83公里,下道口增加至8个,交通区位优势进一步凸显。

3.统筹推进城乡环境建管并重

按照"干净、整洁、有序、美化、亮化"要求,不断加强城市管理,拆除违法建筑20万平方米,整治户外广告5000平方米,补(改)植绿化49.7万平方米,新设停车位860个,新建灯饰工程156处,城区市容环境、摊区经营、农贸市场、车辆停放等不断规范有序。生态环境不断改善,完成营造林面积11万亩,森林覆盖率和建成区绿化覆盖率分别为43.6%、42.2%,人均公园绿地达13.1平方米;镇街污水处理厂实现全覆盖,城市污水集中处理率在90%以上,三级垃圾收运体系不断完善,农村环境连片整治覆盖率达64.8%,城区空气质量340天达到优良。

(四)民生实事不断落实,社会事业全面进步

1.人民生活水平持续提高

就业规模持续扩大,全年新增城镇就业人员2.7万人,年末城镇登记失业人员2206人,城镇登记失业率2.43%,比上年下降0.53个百分点。居民收入不断增加,城乡居民可支配收入分别达到29483元、13718元,增长8.7%、10.3%,城乡居民可支配收入比缩小到2.15:1。生活水平显著提高,城镇人均消费支出20502元,农村居民人均生活消费支出9890元,城乡居民恩格尔系数分别为39.8、41.4。社会保障稳步推进,五大社会保险扩面提标,参保人数达到175万人次;实施基本药物制度,财政补贴3200万元;全年共有31081人享受居民最低生活保障,发放最低生活保障金超过1亿元;全区累计发放城乡低保、医疗救助、临时救助等社会救助资金2.3亿元。

2.各项社会事业全面推进

教育事业优先发展,全区共有学校468所,其中普通中学30所,小学173所。普通中小学校共招生41488人、在校学生达152342人,分别增长5.6%、2.5%;学龄儿童入学率达到99.6%。科学投入力度不减,全年科学事业支出7575万元,比上年增长0.1%。医疗卫生加速发展,区人民医院正式晋升国家三级甲等综合医院,实现了大足医疗卫生事业历史性跨越。年末拥有卫生机构35个,其中医院、卫生院29个,妇幼保健院1个,疾病预防控制中心1个。文化事业日益繁荣,全区拥有博物馆1个、档案馆1个、文化馆2个、公共图书馆2个。年末电视覆盖率、广播覆盖率、综合电视入户率均达到99.7%。推进"大足学"学科建设,加强非遗文化保护传承,全面实施文化惠民工程,三级文体服务体系逐步完善,基本建成城镇"15分钟文体服务圈"和农村"半小时文体服务圈"。安全稳定持续向好,群

众安全感指数保持在93%以上，安全生产工作连续5年获全市优秀。

二、发展中存在的问题

经济总量还不够大，产业核心竞争力有待强化，产业结构还需进一步优化，保持区域健康快速发展的任务还很重；对外开放的广度和深度不够，创新创业氛围不够浓，创新要素没有真正实现集聚，创新成果转化率偏低，产业、企业转型升级的压力还较大，创新驱动还需进一步增强；城乡统筹发展的任务还很艰巨繁重，城市集聚力和辐射带动力不够强，新型城镇化有待提速，城市品位仍需进一步提高；民生领域还有一些短板，教育、医疗等社会民生事业发展水平与人民群众多层次、多样化的需求还有一定差距，公共服务能力还有待进一步提升。

三、2017年发展目标

2017年经济社会发展的主要目标是：地区生产总值增长11%左右，固定资产投资增长14%，规上工业总产值增长14%，社会消费品零售总额增长13%，一般公共预算收入增长11%，居民收入增长与经济增长基本同步。开展“招商引资年”活动，在重大工业项目引进上实现新的突破，力争完成工业投资300亿元、规上工业总产值700亿元以上。努力改善生态环境，深入开展环保“五大行动”，力争全区森林覆盖率达到44%。完善旅游基础设施，深化旅游服务标准化建设，力争游客满意度达98%。实施“科技型中小微企业培育计划”，计划培育科技型企业100家、国家高新技术企业20家。继续谋划和实施好一批重点民生实事，争取新增就业1.5万人以上。

（作者单位：大足区政府办公室）

潼南区

朱海红 刘潺潺

一、2016年发展回顾

2016年，在市委、市政府的坚强领导下，潼南区围绕“新型工业基地、生态文化旅游目的地、西部绿色菜都、川渝合作示范区”四个定位，解放思想、抢抓机遇、创新实干，经济社会持续快速健康发展。全年实现地区生产总值300.65亿元，增长11.6%，增幅全市第一；全社会固定资产投资总额400.7亿元，增长21.1%，增速全市第二；社会消费品零售总额86.7亿元，增长13.2%；一般公共预算收入20.6亿元，增长12.2%；税收10.44亿元，增长20%；城乡常住居民人均可支配收入分别达到2.83万元、1.28万元，增长9.2%、10.7%。实现了“十三五”良好开局。

（一）工业新区加速发展

依托“一园三区”发展平台，集群化发展工业，工业总产值达到650.6亿元，增长22.4%，成为全国循环化改造园区。加快企业建设，金阳光新材料、宝控智能等56个项目开工，中欣维动力30亿级动力电池、表面处理环保产业园等31个项目竣工投产，宝禾复合肥二期等25个项目加快推进。推动集群发展，智能机产量突破2000万台，占比超过1/3，骐福能源日产200万立方米LNG等项目加速推进，泰盛集团重组维尔美纸业，机械制造、电子信息、精细化工、清洁能源、消费品工业等五大产业集群产值达到422亿元，占工业总产值的65%。既发展传统产业，又发展新兴产业，战略性新兴企业达到17家，是2015年的近3倍；实现产值45.5亿元，是

2015 年的 5 倍。

(二)现代农业提质增效

加快“双百工程”建设,成立国家农业科技园区管委会,基本建成“百村百园”。打造农业全产业链,柠檬产业列入全市百亿级产业链规划,汇达柠檬等农产品深加工企业发展迅速。注重品牌效应,“三品一标”认证达到 302 个,柠檬、玫瑰、桑葚等“潼南绿”系列产品达到 300 多个。蔬菜、油菜、柠檬种植面积和产量均居全市第一,成为国家农业综合标准化示范区和首批国家农产品质量安全区。

(三)商贸旅游日趋活跃

商业业态不断丰富,滨江商圈投入运营,新城商圈全面招商,家居建材、小商品等五大专业市场销售额突破 30 亿元,限额以上商贸流通企业达到 281 家。电子商务发展迅猛,区镇村三级电商网络实现全覆盖,出口快递物流量成倍增长,电商交易额突破 25 亿元。成功举办菜花节、梨花节等 10 个乡村旅游节会,全年来潼游客 645 万人次,增长 19.7%,旅游综合收入达到 31.2 亿元,增长 50%,获评全国十佳生态休闲旅游城市、全国休闲农业和乡村旅游示范区。

(四)城乡面貌焕然一新

完善功能要件,档案馆建成投用,大佛寺湿地公园、时光长廊等项目加快建设。强化基础设施建设,启动金福新区开发,航电枢纽蓄水发电,东安大桥、产业大道、绕城路建成通车,大石桥水库建设完成 50%,涪江大桥重建完成 40%,城北水厂建设完成 30%,打通一批“断头路”。促进房地产市场持续健康平稳发展,商品房新开工 143 万平方米,竣工 142 万平方米,房屋销售面积 135 万平方米,增长 35%。加强城市管理,整治 8 个农贸市场、232 个开放式小区,增设停车位 3400 多个,新安装路灯 1600 多盏,国家卫生区建设取得重大进展。加快镇村建设,场镇道路全部“白改黑”,完成 40 个行政村人居环境改善、16 个行政村环境连片整治,完成“村改居”40 个,双江入选全国首批特色小镇,太安罐坝被评为全国美丽休闲乡村。常住人口城镇化率达到 50.39%,增长 1.82 个百分点,增速全市第二,成为国家新型城镇化综合试点地区。

(五)项目建设有序推进

区委党校迁建工程等 324 个重点项目开工建设,金福岛安置房工程等 232 个项目有序推进,S440 崇龛至柏梓升级改造项目等 92 个项目建成投用,全年完成各类投资 178.88 亿元,开工率和年度计划投资完成率均达 90%以上,创历年新高。发行企业债券 24.9 亿元;东升大桥及南北连接道路工程等 13 个项目纳入重庆市 PPP 项目储备库首批储备项目,涉及总投资 64 亿元;获批中央预算内投资项目 25 个,资金 1.9325 亿元;获批专项建设基金项目 14 个,资金 9.25 亿元;争取上级资金首次突破 40 亿元,达到 41.4 亿元。

(六)社会事业全面进步

加快推进教育均衡发展,新建成潼南二中,实现 3 所农村高中“进城”,高考录取率 94.93%,高考重本上线率提高到 17.9%;“全面改薄”工程完成校舍建设 15589 平方米,运动场改造 14350 平方米。推进人民医院、中医院创“三甲”,人民医院挂牌“重医附一院潼南医院”,中医院挂牌“西南医科大学附属中医院潼南医院”,成为川渝中医药合作示范区,精神卫生中心完成整体搬迁,妇幼保健院搬迁有序推进。图书馆、文化馆成为国家一级馆,政府购买公共文化服务“1+4”项目成为国家示范项目。

(七)民生稳定持续改善

投入 7.3 亿元,全面完成 27 件市区两级民生实事。实施巩固脱贫成果三年计划,国道 351、省道 107 加快建设,新增农村公路 290 公里,改造农村危房 2272 户,整治山坪塘 1040 口。建成安置房 1521 套、廉租房 654 套,改造城市棚户区 244 户。城乡饮用水源地水质达标率分别达到 100%、95%。殡仪馆改扩建完成主体工程,镇街敬老院全覆盖。城镇新增就业 27093 人,城乡居民养老保险和城乡居民医疗保险参保率均保持在 95%以上。发放养老退休待遇 9.4 亿元,医保报账 5 亿元。深入开展“五项清理”“两强一非”专项整治,平安建设持续巩固,安全生产稳定向好，没有发生“三类恶性案事件”，市级交办信访案件化解率100%。

(八)改革创新积极推进

扎实推进供给侧结构性改革，落实“三去一降一补” 五大任务，3家化工企业环保搬迁有序推进，消化库存商品房125万平方米，“营改增”为企业减税5430万元，通过直接购电、“一户一策”为用电大户降低成本1050万元，“三转四升”规范升级市场主体1891家。深化“放管服”改革，全面取消调整非行政许可审批事项，清理规范行政审批中介服务38项，进一步简化行政审批事项，深入推进“先照后证”“五证合一、一照一码”以及个体工商户“两证整合”登记制度改革，进一步优化审批流程，审批时限压缩30%以上。坚持“以升促建”，明确“12573”创新驱动发展思路，制定29项措施，新增高新技术企业18家，是2015年末的3倍，培育科技型企业107家，全社会R&D经费投入2.5亿元、增长31.6%，申请专利1230件，专利授权950件。“星创天地·潼南农家”成为首批国家级众创空间，承办中英创业计划大赛总决赛，成功创建市级高新区，加快创建国家高新区。

(九)自身建设不断加强

始终把纪律和规矩挺在前面，牢固树立法治思维，认真执行区人大及其常委会决议和决定。广泛接受社会各方监督，共办理区长公开信箱744件。积极推进“互联网+政务服务”，着力推进政务公开，主动公开各类信息1.5万条、规范性文件31件。认真抓好“两学一做”学习教育，落实全面从严治党要求和党风廉政建设主体责任，严格遵守中央八项规定精神和市委“八严禁”“十二不准”等规章制度，持之以恒转变作风，全年累计开展作风监督检查140余次，查处违纪违规和“四风”问题21个28人，党政纪处分14人；坚定不移惩治腐败，全年立案114件，党政纪处分139人，其中追究刑事责任10人。

二、发展中存在的问题

经济面临既要在做大总量中调优结构，又要在保持较高增速中实现新旧动能接续转换的双重挑战；新兴产业刚刚起步，传统产业正在转型，产业补“短板”压力依然突出；创新资源不足，配置效率不高，创新能力有待提升。

三、2017年发展目标

潼南将坚定不移地贯彻中央、国务院和市委、市政府的总体要求，抢抓成渝城市群发展重大机遇，坚持稳中求进工作总基调，牢固树立和贯彻落实新发展理念，适应把握经济发展新常态，更加注重经济结构调整和动力转换，更加注重供给与需求良性互动，更加注重改革开放和创新驱动，更加注重壮大实体经济，更加注重城乡统筹发展，更加注重保障和改善民生，更加注重生态保护和绿色发展，更加注重风险防范管控。2017年的主要发展目标是：地区生产总值增长11%左右，规上工业总产值增长18%，一般公共预算收入增长11%，全社会固定资产投资增长18%，社会消费品零售总额增长13%，城乡常住居民人均可支配收入分别增长9.5%、11.5%，单位地区生产总值能耗下降3%，城镇登记失业率控制在3%以内。

(作者单位：潼南区政府办公室)

铜梁区

王 刚

一、2016 年发展回顾

2016 年，铜梁区深入贯彻中央和市委决策部署，以建设重庆工业化、城镇化主战场为总任务，主动适应经济发展新常态，着力稳增长、促改革、调结构、惠民生、防风险，全区经济社会保持平稳较快发展，实现了“十三五”良好开局。全年地区生产总值实现 341.57 亿元，增长 11.1%；工业增加值实现 161.96 亿元，增长 10.8%；固定资产投资实现 605.9 亿元，增长 14.9%；社零总额实现 109.19 亿元，增长 13.4%；公共财政预算收入实现 27.57 亿元，增长 20%，其中税收收入 17.97 亿元，增长 25.7%；三次产业结构比达到 12.1:58.9:29；城乡常住居民人均可支配收入分别增长 8.5%和 9.9%，达到 30955 元和 15108 元。

(一)工业化进程加快，工业结构持续优化

成功引进导轨电车等项目 82 个，开工建设君卓机械等项目 14 个，建成投产川普机械等项目 22 个，祥龙电气等 4 家企业成功上市。淮远河 110 千伏变电站建成投用。全年实现工业增加值 161.96 亿元，增长 10.8%。工业对全区经济的贡献率 47.6%，拉动经济增长 5.3 个百分点。全区规模以上工业企业 330 家，完成工业总产值 526.61 亿元，增长 14.2%。全区实现规上工业利税 50.1 亿元，增长 4%。规上工业总资产贡献率 17.7 %，产品销售率 97.3%。工业用电量达 8.1 亿千瓦时，增长 11.1%。企业加快提质增效，工业企业技改扩规 110 家，完成技改投资 35 亿元。高新区发展态势良好，完成工业投资 146 亿元，规上工业实现总产值 450 亿元，增长 22%。从三大主导产业看，规模以上工业中 225 家三大主导产业完成工业总产值 391.88 亿元，增长 19.4%，占规模以上工业总产值的 74.4%。

(二)商贸旅游日趋活跃，服务业加快发展

消费转型升级加快，完成城市核心商圈业态规划，出台商贸集聚区招商政策，积极打造特色商业街区和便民商圈。消费环境不断改善，核心区商圈、蒲吕商圈加快建设，小北海物流园基本建成，新增限上企业 30 家，全区批发和零售业实现销售额 257 亿元，增长 18%。新引进跨境电商品牌体验店 10 个。旅游消费快速增长，安居古城、黄桷门风情小镇、淮远古韵等旅游商贸业态初步形成，住宿和餐饮业实现营业额 42 亿元，增长 19%。服务业加快发展，全区实现服务业增加值 100 亿元，增长 11%。旅游亮点纷呈，特色旅游打造成效显著。与中铁集团合作，共同打造安居古城。举办系列乡村旅游节会。全年共接待游客 750 万人次，增长 38%；实现旅游综合收入 35 亿元，增长 72%。金融形势较好，成功引进浦发村镇银行，金融机构存款余额达到 373.6 亿元，增长 16.1%；投放贷款 301.4 亿元，存贷比达到 80.7%。房地产市场整体态势平稳，全年商品房销售面积 157.73 万平方米，增长 20.9%，其中住宅销售面积 129.54 万平方米，增长 10.5%；商品房销售额 67.07 亿元，增长 23.1%，其中住宅销售额 48.32 亿元，增长 8.3%。交通运输物流业快速增长，规模以上交通运输业营业收入达到 15 亿元，增长 23%；道路运输、水上运输总周转量达到 69459 万吨公里，增长 11.2%。

(三)现代农业稳步发展，农村经济平稳增长

加快特色农产品生产基地建设，绿色蔬菜、特色水产、名优经果和特种养殖等产业快速发展，农业总产量稳步增长，粮食、油料、蔬菜、水产品等主要农产品产量均有增加，农业总产值达到 59.5 亿元，增长 9.2%；实现农业增加值 37

亿元，增长4.5%。农业产业化进程加快，新增土地规模经营面积3.8万亩，土地适度规模经营累计达到45.9万亩，适度规模经营集中度达到48%。农业服务体系不断完善，农业品牌不断提升，新创建"三品一标"40个，累计达到133个；新创建重庆市名牌农产品1个，累计达到4个。

(四)城市品质不断提升，城乡面貌不断改善

加强中心城区规划管理，实现城乡规划全覆盖。南环路建成通车，北环路建设、金龙大道改造等项目加快推进，轨道交通璧山—铜梁段、铜梁至两江新区高速公路等重大项目取得阶段性进展。城区管网雨污分流二期、金龙大道提质改造、三环西互通环境综合整治和中南路综合整治等工程稳步实施。整治老旧小区15个，整治面积13640平方米；整治背街小巷6条，整治面积7100平方米；改造"城中村"5个，整治面积5530平方米；全面完成裸露地面33处，整治面积5.8万平方米；拆除违法建筑5.7万平方米。以创建国家卫生城区为突破口，全面提升城市园林景观，加强城区环卫保洁力度，清扫面积共615万平方米。完成基本农田划定方案编制，征地5346亩。重点片区加快发展，小北海度假区、巴岳山玄天湖度假区建设稳步推进，高新区发展框架达到20平方公里，城市核心区发展更加夯实，安居古城景区、大庙现代加工物流园区、渝蓉高速围龙互通加快建设。能源项目加快建设，淮远河110千伏、岚峰35千伏等输变电工程竣工投运，铜梁500千伏、盘龙220千伏输变电工程等重大能源工程启动建设，继续实施农村电网升级改造，完成投资2400万元；加快推进琼江安居提水二期(远期5万吨)、城乡一体化供水、城乡一体化供气等项目建设。镇村建设稳步推进，完成13个撤并乡场镇环境综合整治，完成C级危房改造1622户、D级危房改造400户。全面建成农村公路200公里。50%行政村生活垃圾实现集中清运。

(五)重点改革深入推进，对外开放水平提升

实施投融资体制改革，重组成立金龙城投公司、安居古城华夏文化旅游公司等8个重点国有企业，实现市场化运作、组团式开发，强化要素聚集功能，按照市场法则配置资源，综合融资成本控制在5.5%左右。稳步推进供给侧结构性改革，围绕"三去一降一补"重点任务，关闭煤矿和非煤矿山16家、钢铁企业2家及烟花爆竹企业2家，淘汰落后煤炭产能38万吨、过剩钢铁产能16.2万吨；出台去库存政策，促进商品房销售157.73万平方米；启动区属国有企业改革，分类处置"僵尸企业"和空壳公司；减免企业税费4.2亿元，调减社会保险费1.2亿元。全面规范政府采购、工程招投标和镇街财政管理。深化"放管服"改革，继续推进行政审批制度改革，审批时限缩减1/3。稳步推进机关单位公务用车改革、商事制度改革、医疗体制改革、户籍制度改革等重点改革事项。对外开放水平提升，招商引资成效显著，新引进项目150个，其中5亿~10亿元项目20个、10亿元以上项目5个，总协议引资金额520亿元，实际到位资金270亿元。实际利用内资323亿元，增长16%。经济外向度继续提高，进出口总额达到4.7亿元，增长6%；对外合作交流日益频繁，实际利用外资1.1亿美元，增长35.8%。

(六)创新驱动发展战略加快推进，创新引领成效初显

成功创建市级高新区和市级农业科技园区，启动国家级高新区、资源型城市产业转型升级示范区创建。创新创业平台更加夯实，围绕主导产业和战略性新兴产业加大科技扶持力度，研发经费支出占地区生产总值的比重达到0.88%。新建区级科研平台8个，累计达21个；新建市级科研平台2个，累计达6个。加快推进大众创业、万众创新，新发展各类市场主体6887户，其中企业2044户，市场主体总量达到40179户。新发展微型企业1270户，累计发展6871户。创新成果增长较快，新培育国家高新技术企业13家，累计达38家；新培育市级高新技术产品96个，累计达190个。全年专利申请受理量达1658件，专利授权940件，其中发明专利授权84件，每万人有效发明专利拥有量达1.69件。深入

推进质量强区和品牌发展战略，全区新增注册商标631件，有效注册商标总量达3842件，其中驰名商标5件、地理标志证明商标5件、重庆市著名商标28件、铜梁区知名商标45件。新创建重庆名牌产品10个，累计达62个；新创建重庆知名产品1个，累计达21个。

（七）生态环境持续改善，生态文明建设卓有成效

大力推进"蓝天、碧水、绿地、宁静、田园"环保五大行动。淘汰黄标车332辆、老旧车767辆，全区共计削减化学需氧量762.67吨、氨氮74.78吨、二氧化硫480.91吨、氮氧化物946吨。全年城区空气质量优良天数213天。强化饮用水源保护，实施巴川河黑臭水体整治和沿岸雨污管网、污水直排点截污整治，城市集中式饮用水水源地水质达标率100%，乡镇集中式饮用水水源地水质达标率92%。推进跳蹬排水渠沿岸污水截流管网整治，全面加强水体保护。大力开展水利基础设施建设，整治渠道32.84公里、提灌站4座，改善灌面3.16万亩，年增节水能力630.39万立方米；整治山坪塘869口，新增蓄水能力258万立方米、灌溉面积8.6万亩。进一步改善水生态环境，实施黎家沟水库水资源涵养及水生态修复，完成小安溪流域水土流失治理13.3平方公里。全年完成营造林10万亩。严格林地保护管理，确保林地红线不突破。全区森林覆盖率达48.3%。严守耕地红线，更加严格保护资源，实施农村建设用地复垦1641亩。强化农村面源污染治理，取缔禁养区养殖户11家，完成规模化养殖场治理17家，整治非煤矿山及砖瓦窑企业55家，实施矿山环境恢复治理和复垦复绿，实施二、三级污水管网建设与农村垃圾收运，大幅提升农村生态环境。

（八）社会事业全面进步，人民生活水平不断提高

投入3.9亿元，办理35件重点民生实事。民生投入稳步增长，民生支出占一般公共预算支出的60.4%。大力开展就业创业培训，新增就业2.1万人。建成投用实验中学、立心小学、玉泉小学、外国语实验小学等中小学校，完成义务教育招生划片和学校布局调整。义务教育发展基本均衡区通过国家督导评估。完成公办幼儿园建设7所、农村寄宿制学校建设10所，启动教师周转房建设和维修改造，教育资源布局更加均衡。妇女儿童医院竣工投用，中医院全科医生培养基地、第三人民医院、精神卫生医院扩建启动建设，医疗卫生环境持续提升。药品零差率让利患者5414万元。成功举办首届国际舞龙争霸赛、全民健身运动会等文体活动。启动创建全国文化先进区。完成藕塘湾灯光球场改造、20个行政村农民体育健身工程新建、15个行政村农民体育健身工程更换和25个社区全民健身路径安装。新建社区服务中心4个、社区养老服务站40个，新建和改扩建东城、围龙、小林等敬老院8所，城乡养老设施逐步完善。启动实施公办养老设施标准化建设，整改32所敬老院消防设施。建成保障性住房3717套，其中，限价商品房3207套，廉公租住房510套。开通铜梁至旧县、铜梁至蒲吕公交，优化全区公交线路，实现城区公交全覆盖。人民生活水平明显改善，城镇和农村常住居民人均可支配收入分别达到30900元、15200元，增长8.5%、10.5%，实现居民收入与经济发展同步增长。全年社会保险参保人数达到140.75万人次。社会和谐稳定，全面落实"党政同责、一岗双责"，较大及以上安全生产事故"零发生"。扎实推进社会治安综合治理，积极排查化解矛盾纠纷，严厉打击违法犯罪，刑事案件、八类严重暴力案件、侵财案件和可防性案件数量分别下降7.8%、30.4%、7.1%和18.3%。

二、发展中存在的问题

一是经济总量不够大，财政实力不够强。二是对外开放程度不够高，外贸进出口总额和利用外资规模不够大。三是区域发展不平衡，城乡统筹的任务比较繁重。

三、2017年发展目标

抢抓重庆大都市区一体化发展的重大机

遇，大力推进实体经济发展、供给侧结构性改革、招商引资、项目建设，牢牢抓住实体经济特别是制造业这个根基，打造重庆重要现代制造业基地、生态宜居城市和重要产业转移承接示范区。2017年全区经济社会发展的主要预期目标是：地区生产总值增长11%，工业增加值增长13%左右，固定资产投资增长15%，社会消费品零售总额增长12%，一般公共预算收入增长15%，税收收入增长15%，城镇化率达到51.5%，城镇调查失业率控制在5%以内，城乡居民收入增长与经济发展同步。

（作者单位：铜梁区政府办公室）

璧山区

王福忠

一、2016年发展回顾

全年完成地区生产总值428.4亿元，增长11.4%，增速居全市第3位。按三次产业分，第一产业增加值27.16亿元，增长4.1%；第二产业增加值301.50亿元，增长12.0%；第三产业增加值99.69亿元，增长10.9%。从三次产业对经济增长的贡献程度看：第一产业贡献率1.9%，拉动经济增长0.2个百分点；第二产业贡献率76.6%，拉动经济增长8.7个百分点；第三产业贡献率21.5%，拉动经济增长2.5个百分点。全年居民消费价格总水平同比上涨1.5%，其中食品类价格上涨2.8%。在食品价格中粮食价格上涨1.2%、鲜菜价格上涨4.2%、畜肉价格上涨12.3%、水产品价格上涨5.4%、蛋价格下降1.9%、鲜果价格下降2.0%。

（一）农业经济稳步发展

全年完成农林牧渔业总产值40.5亿元，按可比价计算，增长3.6%，完成增加值27.2亿元，按不变价计算，增长4.1%。农业产值22.4亿元，增长5.6%；林业产值0.5亿元，增长12.7%；牧业产值14.7亿元，增长0.4%；渔业产值2.6亿元，增长7.0%；农林牧渔业服务业产值0.3亿元，增长13.7%。全年水果、蔬菜、禽兔、花卉苗木四大主导产业产值28.4亿元，增长38.7%，占农林牧渔业总产值比重达70.0%。全年粮食产量17.44万吨，减少0.25%；水果产量15.1万吨，增长8.0%；蔬菜产量75.6万吨，增长7.5%；全年出栏生猪27.88万头，下降3.5%；出栏家禽3294万只，增长1.9%；出栏肉兔365.91万只，增长0.59%。

全年新型职业农民培训人数400人。农村劳动力转移新增2159人，全区农村劳动力转移累计总人数达到18.24万人次。

（二）工业经济大幅提升

全年完成地区生产总值428.4亿元，增长11.4%，增速居全市第3位。全区完成工业增加值267.4亿元，增长11.3%。工业对全区经济增长的贡献率达64.2%，拉动经济增长7.3个百分点。全区规模以上工业企业320户，完成工业总产值1029.2亿元（含电力），增长12.5%。主营业务收入984.9亿元，增长12.2%。利税总额90.8亿元，增长8.6%。利润总额59.7亿元，增长13.0%。从业人员平均人数101814人，增长4%。

璧山国家高新区实现规上工业产值890亿元，增长18.7%，高新技术产业产值占比达到43.5%。首辆“璧山造”众泰新能源汽车整车下线，引进得润电子新能源汽车零部件等项目51个。开工建设项目30个，建成投产项目32个。高新区成为国家科技部科技服务业区域试点单位，纳入重庆国家自主创新示范区核心建设范围。科技创新激发产业活力。采取“总院+专业研究院”模式，组建重庆军民融合协同创新研究院，成功举办重庆军民深度融合产业发展交流会，加快组建中国工程科技军民融合发展战略研究院和10个专业研究院。建立创业种子基金，科技创新示范基地建成投用，"璧山创智工场"被命名为国家级众创空间。与重庆大学、重庆理工大学等高校共建大学生实训基地，培训大学生5000名、企业员工1000名。新增高新技术企业41家、科技型企业103家，新增重庆名牌产品7个。新增发明专利190件，万人发明专利拥有量达到5.9件。实施股权投资计划。坚持"创新+资本=新动力"经济逻辑，打造金融创新高地。帮助潜力企业争取国家专项建设基金17.4亿元。"两山西证""两山火炬"两支股权投资基金投资众泰汽车等项目6.4亿元，实现"新三板"挂牌企业瑞普电气、兴渝涂料、梦赛力士3家，完成上市筹备企业凯成科技等6家。

全区完成在地建筑业产值188亿元，增长18.7%。全区完成建筑业增加值34.1亿元，增长18.1%，对经济增长的贡献率为12.4%，拉动经济增长1.4个百分点。全区注册的资质建筑企业有37个，其中三级以上施工总承包建筑企业27家，三级以上专业承包建筑企业10家。全区注册地建筑企业完成建筑业产值95.5亿元，增长54.4%；房屋建筑施工面积619.3万平方米，增长40.1%，其中本年新开工面积456.2万平方米，增长77.8%；房屋建筑竣工面积363.7万平方米，增长65.6%。

（三）交通通讯发展迅速

年末全区公路里程2352公里，其中等级公路1064公里。全区汽车拥有量74540辆，增长19.5%。全社会公路客运量2443万人次，旅客周转量134691万人公里；公路货运量2234万吨，货运周转量219002万吨公里。

全年完成邮电业务收入4.3亿元，增长10.1%。其中邮政业务收入0.9亿元，增长15.4%；电信业务收入3.4亿元，增长8.8%。年末固定电话用户9.33万户，比年初下降5.7%；移动电话用户55.1万户，比年初增长0.9%；互联网用户13.4万户，比年初增长2.6%。

（四）投资建设成绩显著

全年完成固定资产投资718.7亿元，增长13.9%。分经济类型看，国有经济投资158.8亿元，增长19.1%；集体经济投资0.6亿元，下降30.2%；私营个体经济投资440.8亿元，增长5.8%；港澳台及外商投资24.3亿元，增长540.5%；其他经济投资94.2亿元，增长24.0%。分产业看，第一产业投资16.5亿元，下降15.8%；第二产业投资377.7亿元，增长12.5%；第三产业投资324.5亿元，增长17.8%。高新区完成投资335.0亿元，增长25.0%；绿岛新区完成投资83.1亿元，增长6.8%。

房地产开发投资80亿元，下降6.7%。全年房屋施工面积632.5万平方米，下降8.2%，其中新开工面积94.3万平方米，下降16.9%。住宅施工面积460.1万平方米，下降8.3%；住宅新开工面积83.0万平方米，增长22.6%。全年房屋竣工面积91.1万平方米，下降6.9%，其中住宅竣工面积71万平方米，下降9.7%。全年商品房销售面积199.1万平方米，增长15.0%，其中住宅销售面积168.8万平方米，增长26.0%。

全年实际利用内资296.6亿元，增长23.8%；实际利用外资12837万美元，下降19.4%。完成进出口总额13.4亿元，下降30.1%。其中进口额3.4亿元，增长35.5%；出口额9.9亿元，下降40.2%。

（五）商贸金融繁荣稳健

全年完成社会消费品零售总额122.4亿元，增长14.8%。其中限额以上法人企业完成社会消费品零售额54.9亿元，增长23.6%。分行业看，批发业零售额5.7亿元，增长13.4%；零售业零售额41.8亿元，增长24.1%；住宿业零售额0.3亿元，增长34.3%；餐饮业零售额7.1亿元，增长30.0%。

云雾山"裸心"度假酒店项目完成概念规划设计，"千年重庆"民俗文化旅游项目启动建设。俊豪购物广场完成主体工程，南门唐城创建为市级特色夜市街区。新增金融机构8家，金融业增加值占GDP比重达到2.6%。

全年接待游客1306.49万人次，增长3.6%；完成旅游收入30.7亿元，增长4.5%。

全年辖区内财政收入149.8亿元，增长4.1%。地方财政收入131.6亿元，增长1.6%。一般公共预算收入56.2亿元，增长13.7%。一般公共预算收入中，税收收入完成27.5亿元，增长11.5%；非税收入28.7亿元，增长16.0%。地方财政支出158.3亿元，增长5.7%，其中一般公共预算支出78.7亿元，增长9.7%。在一般公共预算支出中，教育支出9.0亿元，增长9.2%；社会保障和就业支出6.3亿元，增长7.4%；医疗卫生与计划生育支出8.4亿元，增长4.7%；节能环保支出4.5亿元，增长29.5%；城乡社区支出28.7亿元，增长19.1%；农林水支出6.9亿元，增长17.5%。

年末，全区金融机构本外币存款余额426.7亿元，比年初增长24.3%，其中人民币存款余额418.5亿元，比年初增长23.5%。人民币住户储蓄存款余额276.7亿元，比年初增长11.8%。全区金融机构本外币贷款余额286.8亿元，比年初增长2.7%。全年保费收入6.2亿元，增长15.6%；赔付支出3.8亿元，增长24.1%。

（六）城市建设加快推进

绿城、水城、古城建设快速推进。绿岛新区完成征地拆迁192.13公顷，御湖新区4.7公里环湖路建成通车。新建生态停车场11个，新增公共停车位1120个。完成居民楼院立体绿化1200户，建成示范街区5条。实施河湖水系连通工程，新建扩建水库3座、湿地4处，水网密度达到2.7公里/公里^2，城区水域面积占比提高到10.5%，人均水域面积达到10平方米。启动“海绵城市”建设项目20个，覆盖试点面积2平方公里。建成仿古建筑5.7万平方米、仿古亭廊14处，新开工1.6万平方米。基础设施日益完善。九永高速璧山段完成48%的工程量，轨道一号线缙云山隧道双向掘进3公里，六旗大道动工建设，合璧津高速、渝蓉高速连接北环立交进入开工准备阶段。长江提水璧山供区工程隧洞整体贯通，新区水厂开工，中水回用二期工程投用。建成220千伏茅莱变电站，编制新能源汽车充电桩建设规划，建成充电桩137个。新建4G基站720个，新增“无线城市”免费WiFi热点62个。城市管理更趋精细化。整治城区违法建筑64.9万平方米，改造“城中村”22个。新建改造标准化公厕8座、垃圾收集站16个，垃圾收运体系逐步完善，城镇生活垃圾无害化处理率达到100%。深入实施环保“五大行动”，主要污染物削减达标率完成市政府下达任务，顺利通过中央环保督察。城区空气质量优良天数达到336天，区域环境噪声和交通干线噪声平均值控制在54.5分贝和66.7分贝。“人生链条”服务体系更加健全。人民医院新院落成，实现与重医一院合作办医，中医院新院破土动工。璧山中学与重庆一中联盟办学、实验小学与巴蜀小学合作办学纵深推进，伊顿幼儿园和重庆护理职业学院开学招生，职教中心改扩建顺利推进。重庆西郊福寿园人文纪念公园开工建设。

（七）城乡建设统筹发展

全面巩固扶贫脱贫成果。在全面完成脱贫任务基础上，设立相对贫困户识别标准，新识别1117户、3169人。落实每户2000元以上产业扶持资金，帮助脱贫户稳步增收。投入139万元为脱贫户和相对贫困户购买保险，解决因病因灾返贫问题。道口经济发展持续推进。实施大路道口征地拆迁49.33公顷，大路物流园项目开工建设，引进现代农业、智慧物流项目5个，投资额6亿元。建成中铁任之健康城体验区2.4万平方米，22万平方米颐养区和养老公寓主体完工。特色效益农业迸发生机。农林牧渔业产值达到40.5亿元，增长28.9%。璧北10万亩蔬菜基地2533.33公顷，播种面积达到7873.33公顷，蔬菜产量达到27.19万吨。绿化（花卉）苗木基地5266.67公顷，本年新增绿化（花卉）苗木面积133.33公顷。璧西果木基地新增种植面积333.33公顷，“三大基地”产值突破10亿元。全年粮食作物播种面积28612公顷，下降0.39%。油料种植面积2864公顷，增长0.5%。蔬菜种植面积22047公顷，增长2.0%。完成永久性基本农田划定，建成高标准基本农田4533.33公顷，实施农村宅基地复垦44.33公顷。新建改建农村水利设施 2000 处。引进培育农业龙头企业 15 家、专业合作社 48 家。新增重庆名牌农产品 5 个,新认证无公害农产品 28 个。发展农村电子商务,建成镇街电商服务中心 13 个、村级电商服务站 60 个,信息进村入户率达到 50%。生态创建长抓不懈。加大考核力度,治污防污长效机制和督察巡查机制不断健全。完成行政村环境连片整治 28 个,实施通道绿化 132 公里,关闭污染企业 21 家,关停整治畜禽养殖场 26 家。启动全市首个生态文明建设示范基地建设,创建全国节约型公共机构节能示范单位 2 个、国家级生态镇街 12 个、市级生态文明建设示范镇街 1 个、市级生态村(社区)61 个,获全市首批生态文明建设示范区命名。

(八)民生实事出色完成

民生实事逐项落实。投入 6.2 亿元,集中力量办好 25 件重点民生实事。其中,保障性住房建设、农村危房改造、城市供水“一户一表”改造、社区便民商业设施建设等 9 件全面完成三年目标任务,农村公路危险路段安全防护设施安装、山坪塘整治及村社便道建设、农村妇女“两癌”检查和孕妇产前出生缺陷筛查及残疾人帮扶、流动文化服务进村、扩大就业技能培训等 5 件超额完成年度任务。新建扩建中小学校 4 所,改善义务教育薄弱学校基本办学条件 65 所,义务教育阶段学生营养餐实现全覆盖。完成镇街敬老院标准化建设 4 个,建成社区养老服务设施 6 个和社区健身点 8 个。改造升级农村电网 400 公里,实现 165 个行政村(社区)光纤全覆盖。开工建设精神卫生中心,基层卫生机构医用计量设备免费检定 260 家。改造老旧居住建筑消防设施 23 栋,规范设置城区重要节点信号灯和交通标识 27 个。

(九)社会事业协调发展

社会事业稳步推进。新建民办幼儿园 4 所,完成御湖小学、凤凰小学主体工程建设。全面推进教育系统绩效考核,实施课程改革学校 41 所,高考重本上线突破 800 人。启动医联体建设和分级诊疗,推进人民医院、妇幼保健院“三甲”创建工作,国家卫生区创建通过初步检查。全面两孩政策有序实施。举办大型文艺演出活动 11 场,承办重庆市第三届原创歌曲大赛,完成全国第一次可移动文物普查并通过验收。参加市五运会并获历史最好成绩,举办第一届老年人体育健康运动会,常年参加体育锻炼人口比例达到 45.5%。就业和社会保障不断加强。城镇新增就业 2.6 万人,城镇登记失业率为 2.51%。新发展微型企业 680 户,带动就业 3600 人。积极构建和谐劳动关系,确保农民工工资按时足额发放。社会保险不断扩面,参保待遇逐步提高。发放城乡低保金 3280 万元、五保金 1555.9 万元、“三无”人员生活补助金 1236.6 万元,受益 2.3 万人。实施医疗救助、临时救助 13.6 万人次,发放救助金 2660 万元。1.8 万名 80 岁以上老人享受高龄营养补贴 1278.3 万元,467 个失独家庭获得特别关爱金 744 万元。平安建设深入推进。创建“2+N”矛盾纠纷联调机制,调处纠纷 1795 件。集中开展打击“盗扒骗”专项行动,严厉打击“黄赌毒”、非法集资、传销等违法犯罪行为。新配备禁毒专职社工 43 名,禁毒康复中心开工建设。在全市率先建立反信息诈骗中心,查处涉案账户 71 个,止付涉案资金 492.8 万元。组建百人特警队,维稳处突能力进一步提升。社会安全事件应急联动指挥系统建成投用,城市交通智能化示范有序推进。完成 6000 个重点风险源登记识别及评估,开展应急演练 30 次。探索建立安全生产诚信体系,实现安全监管关口前移。关闭危化生产企业 5 家,安全生产基本面持续改善。全年未发生较大以上安全生产事故。

二、发展中存在的问题

在经济社会不断进步的同时,制约发展的矛盾和问题仍未根本消除。经济总量不大,发展质量和效益亟待提升;产业结构不优,创新能力不强,多点支撑格局尚未形成;土地、环境、资金等要素约束还未得到彻底解决;民间投资热情不高,企业融资难、融资贵问题依然存在;城乡缺乏良性互动,农村经济增长乏力,发展现代农业任重道远;社会治理、公共服务、基础设施建设相对滞后；干部队伍中还一定程度存在漠视问题、不敢担当，思维惯性、“手艺”不精等问题。

三、2017年发展目标

基本思路和主要任务是：深入实施“三区一美”战略，坚持稳中求进工作总基调，牢固树立和贯彻落实新发展理念，适应把握引领经济发展新常态，以提高发展质量和效益为中心，坚持稳增长、促改革、调结构、惠民生、防风险，坚持创新引领，加快培育发展新动能，继续抓好“去产能、去库存、去杠杆、降成本、补短板”，加快建设重庆的生态宜居区、新型工业化示范区、统筹城乡先行区，打造“和美璧山”。

2017年经济社会发展主要预期目标是：地区生产总值增长11%左右，一般公共预算收入增长10%，固定资产投资增长11%，工业增加值增长11%，社会消费品零售总额增长13.5%，实际利用内外资分别增长20%、12%，进出口总额增长10%，城乡居民人均可支配收入增长11%左右，城镇登记失业率控制在3.5%以内，单位GDP能耗、主要污染物减排等约束性指标完成市里下达的目标任务。

（作者单位：璧山区政府办公室）

荣昌区

荣昌区政府办公室

一、2016年发展回顾

2016年，在市委、市政府的坚强领导下，荣昌全区上下牢固树立和贯彻“五大发展理念”，围绕打造成渝城市群新兴战略支点，敢于担当，积极作为，扎实开展“实体经济发展深化年”主题活动，荣昌区经济社会呈现持续健康稳定发展的良好态势。

（一）经济增长持续稳健

积极抢抓国家“一带一路”、长江经济带、成渝城市群，坚持突出重点、把握关键、综合施策，实现经济平稳较快增长，实现地区生产总值368.12亿元，增长10.8%。全力以赴发展实体经济。扎实开展“实体经济发展深化年”主题活动，认真落实“企业减负30条”，完善《推进工业经济稳增长促发展二十五条措施》，落实财税扶持资金7.5亿元，聚力推动以工业为核心的实体经济发展。坚定不移强化项目投资。实施重点项目149个，年度完成投资110亿元。完成全社会固定资产投资520亿元，其中，工业固定资产投资320亿元，增长17.5%。设立1500万元专项资金用于重大项目储备。积极主动狠抓招商引资。扎实开展“招商引资季”活动，推行产业垂直整合招商模式。全年共引进项目270个，合同资金310亿元，到位资金200亿元。其中，工业项目142个，合同资金150亿元，到位资金101亿元。

（二）工业经济提质增量

积极构建“一区三园三基地”工业发展平台，荣昌高新区成功获批市级高新区，启动国家级高新区创建工作并取得重大突破。荣昌高新区建成区面积12.7平方公里，入驻企业385家，全区工业总产值突破860亿元，增长13%。平台建设不断加强。强力推进园区基础设施建设，完成征地3616亩、土地平场3500亩，新建道路11公里、雨污管网18.6千米。盘活园区闲置土地100亩、闲置厂房6.7万平方米。“一区三园三基地”实现工业总产值640亿元，增长16.2%，占全区工业总产值的74.4%。产业集群持续壮大。全区规上工业总产值实现820亿元，增长14%。其中，消费品工业306.7亿元，增长22.4%；装备制造产业257.5亿元，增长11.1%；生物医药产业77.1亿元，增长21.6%；节能环保产业65.6亿元,增长35%。主导产业占全区规上工业总产值的86.2%。转型升级成效显现。鼓励企业加大创新投入，工业企业研究与试验发展经费支出占工业增加值比重达2.9%，新申报市级高新技术产品66个，新产品产值达180亿元。企业帮扶有力有效。扎实推进"百名中层干部进百企"活动，解决企业实际问题和困难231项。筹资1.6亿元成立节能环保等股权投资基金。投入4500万元,联合金融机构创新金融产品,为企业融资2.8亿元。发放创业担保贷款1.69亿元,城镇新增就业1.73万人,城镇登记失业率3.01%。落实社保政策,减免企业社会保险费1.1亿元。工业气价下降0.71元/米^3,工业电价下降0.11元/度，为企业节约成本4500万元。工业用电、用气分别增长12%、8.5%。

(三)商贸旅游日益繁荣

新增限上商贸企业和规上服务企业54家，服务业增加值增长11.5%。商贸流通转型升级。台湾大润发正式开业,红星美凯龙、农副产品批发市场、二手车市场主体完工,渝西国际冷链物流港等项目加快推进。盘活存量商业综合体,整体打造夏布时尚小镇。国家生猪市场、农特电商产业园、互联网+电商产业园、"在村头"等平台快速发展,电商企业及个体达1400余家,电商交易额突破15亿元。景区建设加快推进。万灵福邸、万灵影视基地、花漾万灵、移民文化公园基本建成。安陶小镇、荣昌陶博物馆片区、青少年示范性综合实践基地主体完工。古佛山水源生态工程、主题村落民居改造及景区道路建设等全面完成。旅游总收入实现9.8亿元，增长31.5%;接待游客365万人次,增长25.8%。对外贸易稳步增长。新增外贸企业18家,常年进出口企业达69家。实现进出口总额7亿美元,增长6.2%。夏布、兽药、不锈钢制品等产品市场拓展至90多个国家和地区。成功举办中国国际时装周荣昌夏布时装发布会。

(四)农业农村稳步发展

以抓工业方式发展农业,构建"2+N"现代农业产业体系,实现农业一、二、三产融合发展,农村经济总收入突破170亿元，畜牧产业集群规模达到123亿元。扶贫成果有效巩固。出台《脱贫户长效帮扶机制》，投入4536万元完善脱贫村基础设施,重点解决脱贫户危旧房改造、患大病救助等难题,确保脱贫户稳定脱贫。农牧产业融合发展。成功创建全国首批农产品质量安全县。天兆猪场等一批标准化、现代化猪场建成投用，饲料兽药、精深加工等上下游产业不断延伸。成功举办第七届中国畜牧科技论坛,建成重牧硅谷等创新创业孵化基地。全国首个以农牧为特色的国家高新区纳入科技部专家评审。农业基础不断夯实。启动高升桥水库扩容前期工作，玉滩水库至万福寺水库连通等工程加快推进。新建高标准农田9.6万亩，整治山坪塘846口、病险水库13座,治理水土流失11.44平方公里。建成"双高"优质粮油示范带18万亩。农业改革深入推进。完成全国农业改革与建设试点区建设任务。农村产权制度、农业水价、供销合作社等改革扎实推进。新增家庭农场25家,农业生产社会化服务面积达50万亩。新流转土地8600余亩、适度规模经营度达到52%。

(五)改革创新纵深推进

持续深入开展"放管服"改革,大力实施创新驱动发展战略,以供给侧结构性改革为重点,着力"三去一降一补",发展质量不断提升。供给侧改革成效初显。建立"1+2+X"供给侧结构性改革体系。关闭煤炭企业17家、钢铁企业2家,去除煤炭产能107万吨、钢铁产能9万吨。调控建设用地规模,通过户籍制度改革、货币化安置等方式去存量商品房72.84万平方米。扩大18项行政事业性收费免征范围,通过降社保费、降水电气价、融资帮扶等,帮助企业降成本。重点领域改革扎实有力。深化财税体制改革,加大预决算公开力度,扎实推进"营改增"。清理规范行政审批项目349项并全部实现网审平台办件;强化建设领域并联审批,提速70%。深化商事制度改革，新增市场主体6072户。推进公务用车制度改革,封存车辆213辆,节支率7.09%。深化投融资体制改革，联合大北农集团共同打造国家生猪市场，交易范围全国覆盖，年交易额突破280亿元。创新发展能力不断增强。出台《加快实施创新驱动发展战略的实施意见》《建设新兴工业城市人才支持政策》。新增国家高新技术企业17家、院士工作站1个，市级科技型企业达53家，完成专利申请1450件。181家科技小微企业入驻创新发展中心等孵化平台。荣昌猪资源保护与开发利用项目获国家科技进步二等奖。全社会研究与试验发展经费支出占地区生产总值的1.9%。

二、发展中存在的问题

一是经济总量不大，综合实力相对较弱，工业经济支撑作用不够，三产占比偏低，特别是现代服务业偏弱；二是创新能力不足，缺乏中高端专业技术和管理人才，拥有核心技术的企业不多，创新氛围不浓；三是公共服务供给不足，特别是优质教育、医疗资源缺乏，居民休闲健身场所不足，农村交通便民设施欠账，与群众要求还有一定差距；四是部分机关事业人员进取精神不强，主动服务意识和谋事创业能力不够，部分单位存在“中梗阻”“踢皮球”等现象；五是政府职能转变有待加快，新常态下组织经济工作方式亟须改进等。

三、2017年发展目标

地区生产总值增长10.5%左右；工业增加值增长10.5%；一般公共预算收入同口径增长11.1%；全社会固定资产投资增长13%；社会消费品零售总额增长12.5%；城镇和农村常住居民人均可支配收入分别增长8.5%、10.5%；单位地区生产总值能耗下降3%。

梁平县

彭 飞

一、2016年发展回顾

2016年，在市委、市政府的坚强领导下，梁平县坚持以马克思列宁主义、毛泽东思想、邓小平理论、“三个代表”重要思想、科学发展观为指导，深入贯彻习近平总书记系列重要讲话精神和视察重庆重要讲话精神，自觉践行五大发展理念，一任接着一任干，一张蓝图绘到底，圆满完成了县十六届人大一次会议确定的主要目标任务，为梁平实现“撤县设区”历史性跨越、如期全面建成小康社会奠定了坚实基础。

全年实现地区生产总值271.02亿元，同比(下同)增长10.6%；公共预算收入完成33.41亿元，增长8.4%；实现工业总产值350亿元，增长12.9%；工业增加值113亿元，增长10.7%；社会消费品零售总额90.3亿元，增长14.5%。城乡常住居民人均可支配收入分别达28990元和12485元，分别增长9.7%和10.8%。

(一)突出特色培育产业集群

实施特色工业集群三年行动，建立“五个一”机制，同步推进招商、建设、投产和物流销售各环节工作。组建四大特色工业产业招商组，依托“三大招商平台”，引进巨源“七连轧”等工业项目67个，合同引资106亿元；实际利用内资238亿元；平伟实业半导体封测线等9个重点项目建成投产；园区新征土地3300亩，屏锦回龙组团拓展区通过市级认定。强化科技创新，成立塑料生态产业园院士工作站、重庆市高分子材料产业技术研究院和塑料检测中心。培育平伟实业等国家、市级知识产权优势企业11家。落实全市企业减负“30条”，为民营企业争取中央专项基金3.5亿元；县上筹集1.1亿元，出台“1+6”扶持措施；将“梁平造”工业品纳入政府重点鼓励采购产品目录，举办第二届中国国际工程塑料产业创新峰会、首届梁平特色产品展销会；与万州区合作共建多式联运物流通道；全方位扶持实体经济发展。

(二)扩容提质建设宜居城市

抢抓土地利用总体规划调整完善和永久性基本农田划定机遇，优化城乡总体规划，完善双桂城区一期公共服务配套设施，中央商务区商业综合体基本建成，规划展览馆投入使用；高标准启动二期功能性牵引项目，双桂湖公园北岸示范段、城市地下综合管廊、体育馆及游泳馆、梁平枫叶学校等重点工程全面开工。改善城区市容市貌，完成13.4万平方米棚户区改造，实施迎宾路房屋立面改造。加快商贸发展，引进跨境电商、进出口贸易等7家企业入驻亿联总部大厦；建成"梁平特色馆"、10万吨粮食储备库。成功申报国家电子商务进农村示范县。

(三)调整结构推进农旅升级

实施"一核一带三区"板块联动，优化调整产业结构和空间布局，突出梁平柚"扩面创牌"、粮菜"稳面提质"、水产"生态延链"、畜禽"盘大做强"，引导效益农业向全产业链发展。梁平柚种植面积达15万亩，年产8万吨。着力打造"两大"核心景区，完成百里竹海旅游景区总规深化和双桂文化旅游景区总规编制，加速建设百里竹海旅游快捷通道等基础设施；双桂堂保护修缮工程全面竣工。启动特色风情集镇、美丽乡村建设三年行动，金带镇、屏锦镇获批"市级特色小镇"，合兴龙滩等3个村入选"市级美丽宜居村庄"。因地制宜发展乡村旅游，打造采柚节等系列特色文旅品牌活动。

(四)闯关攻坚推动转型发展

全县上下思想统一、认识到位，全力打好"去产能、促转型"攻坚战。坚持依法、科学、安全处置，平稳关停27家烟花爆竹生产企业，安全关闭12个乡镇煤矿、削减产能50万吨。积极稳妥整改土地流转"非农化"问题，拆除建(构)筑物面积30万平方米，复耕复绿土地697亩，建立规范土地流转长效机制。指导帮助企业做好从业人员再就业培训和就业安置，促进转型发展。

(五)聚焦民生办好惠民实事

滚动实施"18+10"重点民生实事。抓住公、廉租房并轨管理政策机遇，完善配套措施，已累计交付3785套，2238户居住困难群众搬入新居。实施农村危房改造3353户。优化教育、公共卫生资源布局，建成知德小学等4所学校、县精神卫生中心(一期)、安宁社会福利中心。完成文图两馆扩建和老年大学迁建，建成双桂城区文化体育活动中心。新改扩建村(社区)便民服务中心36个。优化城区客运站设置，开通14个行政村客运，"二环路"实现客运全覆盖。整治山坪塘718口，左柏水库、猎神水库等一批重点民生工程启动建设。设立县级后续扶贫基金，落实常态长效帮扶，贫困发生率控制在1%以下。在2016年义务教育发展基本均衡县国家认定中，以94.3的高分名列全市11个区县第一名。

(六)严守底线改善生态环境

突出水环境综合治理，严格落实"河长制"，与四川大竹、开江协作开展水环境区域联动共治，县域6条主干河流水质持续改善，集中式饮用水源地水质达标率100%；实施梁山城区55公里污水管网建设，完成大河河等6.2公里河道整治，新建污水处理厂(站)18个，完成30个行政村环境连片综合整治，城镇生活污水、生活垃圾无害化处理率分别达80%、90%。强化环境执法联动，依法查办环境违法案件53起，着力化解了一批群众关注的环保热点难点问题。

二、发展中存在的问题

一是经济总量不够大、结构不够优、综合经济实力偏弱；投资增长乏力，缺重大工业项目、龙头企业带动支撑。二是城市管理精细化水平不高，公共服务与人民群众的期待还有差距，政府公共服务和社会管理仍需加强。三是发展环境有待进一步优化，行政效率有待进一步提高，人才、企业融资、能耗等制约因素仍未得到有效解决。

三、2017 年发展目标

2017 年，梁平县将坚持稳中求进的工作总基调，牢固树立和贯彻落实新发展理念，坚持以推进供给侧结构性改革为主线，坚持以提高发展质量和效益为中心，着力稳增长、促改革、调结构、惠民生、防风险，深化创新驱动，下苦功夫发展壮大实体经济，努力呈现新气象、展现新作为、实现新发展。

2017 年经济社会发展目标是：地区生产总值增长 10.5%以上，工业增加值增长 12%以上，固定资产投资增长 15%左右，社会消费品零售总额增长 14%左右，公共预算收入增长 10%，城镇化率提高 2 个百分点，居民收入增长与经济增长基本保持同步，完成市里下达的能源总量控制目标和环保约束性指标等任务，主要河流水质继续改善。

（作者单位：梁平县政府办公室）

武隆区

王家宏

一、2016 年发展回顾

全年实现地区生产总值 145.6 亿元，增长 10.2%。一般公共预算收入 14.78 亿元，增长 8.5%；固定资产投资 172.6 亿元，增长 14.4%；社会消费品零售总额 52.5 亿元，增长 13.3%；全体居民人均可支配收入 18240 元，增长 11.8%。

（一）产业结构不断优化

一、二、三产业实现增加值 21.56 亿元、57.38 亿元、66.65 亿元，分别增长 5.5%、12.7%、9.5%，三次产业结构比优化为 14.8:39.4:45.8，三次产业对经济增长的贡献率分别为 8.2%、50.1%、41.7%。

1.旅游发展持续红火

围绕“山水结合、文旅融合、全域旅游、全民兴旅、国际品牌”的旅游五大发展战略，突出旅游三大战场，按照“一心一带四区一网”的旅游空间布局，打造“中国武隆国家公园”。完成《全域旅游总体规划》；总投资 500 亿元，75 个重点项目集中布局；荣获“国家绿色旅游示范基地”、“全国森林喀斯特旅游文化产业知名品牌创建示范区”；接待游客 2450 万人次，增长 13.4%。提档仙女山第一战场。仙女山机场开工建设；武仙路复线完成路基工程；印象武隆升级改版；天坑寨子、芙蓉江索道、仙女山室内滑雪场等投入运营；星际未来城、懒坝国际文化艺术主题公园、阳光童年等旅游重大项目开工建设。开辟白马山第二战场。完成《白马山旅游度假区总体规划》等编制；望仙崖景区完成规划设计，全面开工建设。夯实乡村旅游第三战场。7 条精品线路加快打造，50 个乡村旅游示范村（点）启动建设，新增乡村旅游接待户 1506 户。

2.工业产业加快培育

工业总产值达到 135 亿元，增长 15.3%；规模以上工业企业产值 70.5 亿元，增长 12%；工业增加值 27.4 亿元，增长 15.9%；完成工业投资 23.8 亿元；新培育规模以上工业企业 8 家。完成平桥组团二期安置房、白马货运码头进场道路等建设；长坝组团场平三标段启动建设。正信四联、久味夙技改搬迁等项目建成投产。页岩气开发取得重大突破，建成平台 8 个、钻井 12 口，页岩气勘测开发储量达到 4000 亿立方米；白马航电枢纽进入核准程序；浩口电站第一台机组、罗洲坝电站进入设备安装；大梁子风电启动建设。完善招商引资体制机制，新引进招商引资项目 15 个，到位投资 34.4 亿元。

3.农业三大富民工程成效显著

乡村旅游接待游客 620 万人次，收入突破 10 亿元；成为全国电子商务进农村综合示范县，电商交易额突破10亿元;启动建设农业与扶贫示范基地68个、重点项目146个。市级现代农业示范园区加快建设。粮食种植70万亩,产量16.5万吨;蔬菜种植38万亩,产量56万吨;烤烟种植7.1万亩,产量16.9万担;畜禽出栏185万头(只)。

(二)城乡品质不断提升

城乡建设完成投资49亿元,新增建成区面积2平方公里。完成2个乡规划、4个农民新村规划,启动97个行政村规划。城区左岸大木桥段堤防工程正开展二级挡墙混凝土浇筑;南滨路加高正开展土石方开挖;北滨路启动建设;商贸物流园开工建设。瑜珠酒店西侧开发、梓桐片区旧城改造、复烤厂片区开发等前期工作加快推进。仙女山度假区西部片区开发、室内体育文化运动中心等加快建设。完成平桥、江口2个市级中心镇项目建设。开工商品房41万平方米,竣工28万平方米。拆除"两违"建筑4.2万平方米。

扎实推进交通、水利等基础设施建设。交通完成投资16.5亿元。土坎乌江大桥成功合龙;白马危隧整治、S205大河屯隧道等建成通车;G65土坎互通、龙溪至后坪公路等加快推进;白果坪至天尺坪、S429白马至和顺至鸭江段大修、白马山生态示范路等开工建设;渝湘高铁、仙女山机场连接路等项目前期工作加快推进。水利完成投资4.1亿元。大河沟、核桃水库完成大坝填筑;河心水库、仙女山水库完成大坝开挖;沙河水库开工建设;整治山坪塘264口。

加快推进生态文明建设。扎实推进生态文明示范区县建设;深入实施环保"五大行动",认真贯彻"气十条""水十条""土十条";城区空气质量优良天数343天;城镇集中式饮用水源水质达标率100%;营造林11.3万亩;城区污水处理厂、建筑弃渣填埋场加快建设;完成51个村环境连片综合整治;列入全国农业面源污染治理试点县;双河木根村荣获"中国美丽休闲乡村现代新村"、火炉万峰村荣获"全国生态文化村"称号。

(三)两大攻坚彰显成效

全力打好脱贫摘帽攻坚战。坚持把脱贫攻坚作为一项重要政治任务,举全区之力,强力实施"十大扶贫攻坚行动"。累计投入17.3亿元,完成扶贫项目1762个;贫困发生率从建卡时的18.6%下降到1.7%,贫困人口人均纯收入从建卡时的2215元增加到6842元;顺利通过国家、市级等多次督察巡查,探索总结的精准扶贫经验得到国务院领导批示,在全国推广。全力打好羊角搬迁攻坚战。坚持把羊角场镇危岩避险搬迁作为一项重要政治任务、生命工程和民生工程,举全区之力推进早搬、快搬、全搬,完成险区1843户7569人的搬迁安置和56家企业过渡搬迁安置,拆除房屋面积45万平方米,创下大规模应急避险搬迁奇迹,得到了市委、市政府的高度肯定。按照"城市副中心、旅游古镇"的定位,加快新址建设,搬迁群众将在春节前后陆续搬进新居。

(四)社会民生不断改善

新增城镇就业6012人,城镇登记失业率下降到1.77%;6568名深度贫困人口全部纳入农村最低生活保障;对8251名"三留守"人员实施关爱帮扶;完成社区养老服务设施建设4个。义务教育基本均衡县创建通过市级评估;土坎中小学、白马中学、仙女山希望小学改扩建和白马二小新建完成主体封顶;职教中心改扩建完成实训楼建设。落实"全面二孩"政策;中医院门诊住院综合楼扩建主体工程建设顺利推进;妇幼保健院改扩建完成主体工程。完成乡镇健身广场2个,健身路径6条,开展"唱响武隆"等系列文化体育活动;安装广播电视"户户通"4575户。

努力办好民生实事。完成高山生态扶贫搬迁6806人,其中贫困人口搬迁安置4399人;完成凤山公园(一期)建设,梓桐公园启动建设;北滨广场完成箱涵和旋挖桩施工;新增停车位1000个;完成棚户区改造351户,农村危房改造2000户,其中D级危房816户;新增农村客运线路9条,新安装农村公路钢护栏110公里;完成农村通客道路改造387公里;硬化人行便道500

公里;建成村级电商服务点 190 个;武隆一中、中堆坝小学和幼儿园即将建成投用;基本完成殡仪馆迁建主体工程;完成老旧居住建筑消防设施改造 16 栋;完成高标准农田建设 2 万亩;完成乡镇卫生院升级改造 12 个,村卫生室标准化设备配置 50 个,乡镇卫生院 DR 远程诊疗系统 10 个;实施 2.8 万名农村适龄妇女“两癌”免费检查。

(五)创新活力不断迸发

推进供给侧改革。深化“放管服”改革,开展“三减一优”流程再造,新增市场主体 3688 户。淘汰落后产能,在全市率先整体退出煤矿开采;累计关停 37 家采石场和 4 家污染企业。化解房地产库存,销售面积 26.8 万平方米。降低企业杠杆,4 家企业通过 OTC 挂牌;建立 3000 万元的中小微企业贷款风险补偿基金。降低企业成本,落实税收优惠政策,累计为企业减负 2.5 亿元。推进重点领域改革。加快国企改革,启动喀斯特(集团)公司资产重组,加快推进印象公司“新三板”挂牌;推进旅游景区管理体制改革,成为全国旅游标准化示范区;完成党政机关公务用车改革;率先启动农村土地承包经营权抵押贷款试点。推进创新驱动发展。实施创新驱动“八大行动”,提高全社会研发经费投入,创新能力不断增强。国家级高新技术企业从无到有,新增科技创新转化平台 4 个,入库科技型企业 12 家;成功创建全国科普示范县;仙女山镇荣获“中国产学研合作创新示范镇”。

(六)依法行政不断加强

坚持重大事项向人大报告和政协通报制度,自觉接受人大法律监督、工作监督和政协民主监督;办结人大代表建议 137 件、政协委员提案 83 件,满意和基本满意率 99%;完善政府议事规则、项目管理办法、招投标细则、政府采购等制度,发挥财政、监察、审计等职能作用,进一步拧紧监督螺栓、扎紧制度笼子;阳光政务 114 热线、群工系统、电子监察系统实现一体化运行;认真听取民主党派、无党派人士、工商联的意见和建议,支持人民团体依法按章履行职责。

(七)要素保障不断提升

完成辖区工商税收 12.4 亿元;争取上级转移支付 33.7 亿元;国有企业到位融资 71.4 亿元,获得国家发改委 12 亿元停车场债券批复;区内金融机构年末存款余额 195.2 亿元、增长 24.5%,贷款余额 173.1 亿元、增长 20%;争取建设用地指标 3574 亩;引进人才 207 名。

二、发展中存在的问题

受宏观经济下行等因素影响,经济发展困难增加,少数指标增速回落,重大项目储备不多,新的经济增长点缺乏;城乡统筹任务艰巨,改革创新还需加强,要素瓶颈制约明显;羊角搬迁、扶贫攻坚等重大民生实事需持续加快推进,上学、就医、就业等困难和问题较多;政府职能还需加快转变,发展环境仍需优化。

三、2017 年发展目标

地区生产总值增长 11%左右;一般公共预算收入增长 10%左右;固定资产投资增长 12%左右;社会消费品零售总额增长 13%左右;居民人均可支配收入增长 11%左右;城镇登记失业率控制在 3%以内。

(作者单位:武隆区政府经济发展研究中心)

城口县

詹同浩

一、2016 年发展回顾

2016 年,全县人民在县委、县政府的坚强领导下,认真贯彻“五位一体”总体布局和“四个全面”战略布局,深入学习贯彻习近平总书记系列重要讲话精神,牢固树立五大发展理念,全面落实生态涵养发展战略,紧紧围绕“科学发展、富民强县”的总任务,完成了“十二五”规划目标任务,谋划实施“十三五”规划,为全面建成小康社会奠定了坚实基础。2016 年,实现地区生产总值 45.12 亿元,同比增长 10.4%;固定资产投资 85.66 亿元,同比增长 16.3%;财政一般公共预算收入 3.14 亿元,同比增长 10%;社会消费品零售总额 14.31 亿元,同比增长 12.1%;城乡居民人均可支配收入 12810 元,同比增长 10.7%,其中城镇居民人均可支配收入 22974 元、农村居民人均可支配收入 7946 元,同比分别增长 8.8%和 10%。在九个方面取得明显成效:

(一) 大力推进基础设施建设

配合完成 G69 银百高速城开段项目规划设计、勘测论证等前期工作,启动征地拆迁和控制性工程建设。积极抓好渝西高铁、安张铁路途经城口和支线(通用)机场的争取工作。实施河鱼至平利公路、城观二路、周溪至双河公路等一批重点工程,推进明中至巫溪红池坝、城口至紫阳(龙田至巴山段)等一批重点交通项目前期工作。实施行政村通畅 320 公里,全县行政村通畅率达 100%。安装公路防护栏 102 公里,新增 31 个行政村通客运。龙峡水库加快建设,云盘水库、三合水库完成主体工程。完成邱家湾水厂二期建设和羊耳坝水库水源地生态修复工程,实施了一批乡镇安全饮水工程,新建山坪塘 80 口,解决 2.1 万人饮水安全问题。建成以 220kV 为中心、110kV 为骨架、35kV 为延伸的供电主网络。新建光纤线路 500 皮长公里、4G 基站 90 个,完成乡镇有线电视数字化改造,城区双向数字化网络覆盖率达 99.5%。

(二) 精准推进脱贫攻坚战

出台“6+2”精准脱贫政策措施,解决 6992 名贫困人口看病难题,资助 11791 名贫困学生,完成 1303 户深度贫困户搬迁,实施 4975 名贫困人口兜底,带动 1 万余贫困人口转移就业,评选脱贫致富光荣户 297 户,推进 196 个行政村和 2 万余户村容户貌综合整治。大力发展城口山地鸡、中药材、干果、中蜂等脱贫产业,基本实现贫困村有 1~2 个特色主导产业,贫困户有 1~2 个增收项目。开展农业项目财政补助资金股权化改革试点,构建农村产业发展利益联结机制,新建乡村旅游扶贫示范片 1 个、示范村 9 个、示范户 280 户。实施脱贫项目资金精细化管理,优化脱贫攻坚项目实施程序,实现脱贫项目“三账一表”网络化精准管理。推进网络扶贫带动产业扶贫,引进阿里巴巴农村淘宝进驻城口,建成农村淘宝站 30 个、网上村庄 20 个。整合资金 7.2 亿元用于精准脱贫,实现 55 个贫困村整村脱贫、5055 户 19238 名贫困人口脱贫越线,贫困发生率下降 4.7 个百分点。我县精神扶贫主要做法被国务院扶贫办作为经验推广。

(三) 强力推进城市建设攻坚战

完成城乡总体规划修编。推进“一滨河一片区一环道”建设,滨河公园 PPP 项目完成招投标,土城片区综合改造全面启动,完成东北大街、低坝子地下管网和东北南大街道路改造。启动木瓜坝片区、北环路市政道路建设,建成半月御池市政道路延伸段、大东门隧道引道工程、三塘坝大桥至殡仪馆段市政道路。结合县城棚户区改造,推进房地产开发,建成商品房 14.1 万平方米。完成土地房屋征收 3.7 万平方米,回迁安置925户。强化城市精细化管理,持续开展新一轮“五城联创”,成功创建国家卫生县城。统筹推进乡镇场镇和美丽乡村建设,建成高山生态扶贫搬迁集中安置区45个,改造农村危旧房3208户,打造美丽乡村5个。

(四)蓄势推进旅游发展攻坚战

完成黄安坝亢谷景区旅游总体规划编制。成功创建亢谷国家4A级景区,完成龙洞湾步道二期改建、九重花岭二期改造、亢谷巴渝民宿项目一期建设,完成黄安坝景区“三权”回购。启动亢谷国家5A级景区创建,推进土城老街国家4A级景区建设。调整旅游产业扶持方式,建立1000万元旅游发展融资担保基金,撬动银行信贷3500万元、社会资本5000万元助推乡村旅游发展。加快旅游扶贫试验区建设,探索出旅游扶贫发展新路了并形成大巴山森林人家特色品牌,启动3个乡村旅游集群片区建设,大巴山森林人家达到1290家。加强旅游宣传营销,旅游综合收入同比增长34.9%。东安镇被评为市级特色景观旅游名镇,列为市级特色小镇示范点创建单位。

(五)全面推进特色产业发展

持续推进农业产业化发展,实施“互联网+特色效益农业”,加快三大主导产业产业化发展,推进农产品区域性公用品牌建设,农业总产值增长10%。积极稳定工业生产,坚持县级领导联系帮扶机制,“一企一策”落实专项直供电、“助保贷”政策措施,促进工业企业复产投产,工业园区巴山组团开工建设,建成中盛裕康3.3万吨锰硅铝复合合金中试生产线、富宇矿业电解金属锰生产线扩容技改等项目,启动鲁渝矿业高纯氯化钡项目建设,工业总产值增长10%。大力培育现代服务业,推进商贸物流业发展,培育限额以上企业8户。加快农村电子商务国家示范县创建,建成农村电商综合服务点148个,电子商务网上交易突破3亿元。

(六)持续推进生态文明建设

完成大巴山自然保护区调规工作,启动生态保护红线划定。实施天然林保护二期和退耕还林后续产业基地工程,完成营造林16万亩,退耕还林11万亩,综合整治水土流失面积81.38平方公里,森林面积达到327.39万亩。深入实施环保“五大行动”,落实产业禁投清单,实施农村环境连片整治118个,县城生活污水集中处理率达90%,城镇生活垃圾无害化处理率达85%。制定出台环保工作责任规定,完善生态保护、排污许可、环境信息公开等制度。

(七)深入推进改革开放创新

全面深化146项重点改革,统筹抓好投融资体制改革、国资国企改革、农村产权制度改革、公立医院改革、生态文明制度改革,以需求为导向突出抓好供给侧结构性改革,关闭煤矿9个、非煤矿7个,淘汰煤矿和非煤矿落后产能60万吨,去房地产库存12.45万平方米,置换高成本政府债务7.2亿元,落实企业降税减费2400万元。完成“营改增”等财税改革,创新政府投资项目“甲供材”和“清包工”管理方式。深化国资国企改革,完善国有企业负责人薪酬管理办法和考核办法,完成电影公司转企改制。全力抓好招商引资工作,引进各类资金13.5亿元。推进创新驱动发展,锰钡新材料、城口山地鸡、中蜂、核桃等领域技术创新取得实效,评选奖励科技进步成果9项。落实1000万元大众创业、万众创新专项基金,培育市级科技型企业16家。

(八)着力保障和改善民生

完成20件民生实事年度目标任务。落实贫困寄宿学生生活补助、营养改善计划、免学杂费、乡村教师岗位生活补助等政策,改扩建幼儿园10所,改造农村寄宿学校22所,建成教师周转宿舍201套,义务教育发展基本均衡县创建通过市级综合督导评估。启动县医院综合大楼和精神卫生中心建设,购置了一批大型医疗设施设备,改建乡镇卫生院2个,改造村标准化卫生室51个,远程心电覆盖23个乡镇。建成23个村综合文化服务中心示范点,开展流动文化巡演352场次,完成剩余13个乡镇广播电视网络整合,新建了一批农民体育健身工程。城镇新增就业3383人,城镇登记失业率控制在3.2%以内,创建充分就业村(社区)186个。"五大保险"累计参保39.07万人次,城乡低保、城市"三无"、农村五保等救助标准稳步提高。深入推进平安城口建设,深化安全生产大排查大整治大执法,刑事和治安案件稳定可控,安全事故起数和死亡人数在市政府下达的控制指标之内。

(九)扎实推进政府自身建设

认真学习习近平总书记系列重要讲话精神,扎实开展"两学一做"学习教育,落实全面从严治党各项要求,不断加强政府自身建设。深化简政放权,清理规范行政权力和公共服务事项,编制并公布行政权力清单和流程图,审批时限缩短1/3。推进依法行政,坚持法律顾问、专家顾问和特邀监察员制度。深入推进政务公开,改进和加强行政复议和行政应诉。持续加强作风建设,严格执行中央八项规定精神,强力整治"不作为慢作为乱作为""不会为不善为不能为"突出问题,"三公"经费下降5.65%。认真办理人大代表议案建议和政协提案,满意率达100%。认真落实党风廉政建设责任制,用好监督执纪"四种形态",通过批评教育、诫勉谈话、岗位调整等方式处理党员干部99人。加强扶贫项目资金监管,完善建设领域廉政风险防控制度。强化违纪惩处震慑作用,查处违纪违规案件82件106人,行政效能问责16件48人。

二、发展中存在的问题

一是基础瓶颈制约明显。城乡基础设施与发达地区差距依然很大,特别是现代综合交通体系还未形成,与周边区县的快捷通道尚未连通,与大中城市的时空距离仍然较远。二是经济发展内生动力不足。传统产业发展空间收窄,以特色产业、生态旅游为主的新兴产业起步较晚,投资单轮驱动格局尚未根本改变,开放程度偏低,创新能力较弱,培育新动能的压力较大。三是要素保障水平偏低。资源环境约束趋紧,用地保障压力较大,投融资模式较为单一,债务风险防控要求严,专业人才支撑不足,社会化服务水平较低。四是民生保障供需矛盾突出。经济总量偏小,经济发展水平低,财力保障不足,教育、医疗、职工福利待遇等与人民群众的预期还存在较大差距。五是发展环境不够优化。部分干部思想解放不够、开放意识不强,责任担当缺乏,开放包容的社会环境、公平正义的市场环境差距较大,部分群众"等靠要"思想比较严重,发展环境有待进一步优化。

三、2017年发展目标

2017年城口县经济社会发展预期目标是:地区生产总值增长10%左右;固定资产投资增长12%左右;财政一般公共预算收入增长10%左右;社会消费品零售总额增长12%左右;城乡常住居民人均可支配收入分别增长9%左右和11%左右;城镇登记失业率控制在3.2%以内。人口自然增长率、单位地区生产总值能耗、主要污染物减排等指标控制在市政府下达的目标之内。

(作者单位:城口县政府办公室)

垫江县

垫江县政府办公室

一、2016年发展回顾

2016年,垫江县以习近平总书记系列重要讲话和视察重庆重要讲话精神为根本遵循,在市委、市政府的坚强领导下,坚持稳中求进工作总基调,生态优先,加快建设"三地一心一城"(重庆重要工业基地、优质农产品生产加工基地、休闲旅游目的地,渝川东部区域性商贸物流中心,重庆生态宜居城市),统筹做好改革发展稳定各项工作,保持了良好的经济基本面。实现地区生产总值263.3亿元,增长10.5%。全社会固定资产投资331.6亿元,增长13.5%。社会消费品零售总额93.5亿元,增长15%。一般公共预算收入17.2亿元,增长13.1%。城乡常住居民人均可支配收入分别达29202元、12697元,增长9.6%、10.6%。

(一)工业发展势头向好

大力发展"6+2"特色产业(生物医药、汽车零部件、食品加工、天然气化工、新型建材、电子电器和钟表计时、铜材线缆),加快建设重庆重要工业基地,实现工业增加值105.2亿元。"一园四集聚区")县城工业园区,澄溪、高安、城北、砚台工业集聚区)累计入驻145户企业,工业集中度达84%。重庆钟表计时及精密加工特色产业基地挂牌成立,钟表产业园15万平方米标准化厂房建成投用,重庆钟表公司年产1000万只智能手表项目竣工投产。佳佳乳业成为伊利、蒙牛在西南地区唯一的代加工企业。国泽光电、山西利虎汽车玻璃等一批重大项目签约落地,为垫江发展注入了强劲动力。

(二)休闲旅游实现突破

加快建设重庆休闲旅游目的地,全年接待游客216万人次,实现旅游收入17亿元,分别增长25.8%、51.2%。兴垫公司成立运营,旅游项目包装、建设和投融资平台从无到有。太平牡丹源、乐天花谷等景区提档升级,牡丹樱花世界、华夏牡丹园等景区加快发展。长寿湖环湖公路白家段建成投用,迎风湖国家湿地公园成功创建,卧龙盐浴项目启动钻探勘查,天下第一古寨堡签约建设。《美丽中国乡村行》《乡约》等央视品牌栏目走进垫江,垫江旅游影响力不断提升。

(三)现代农业稳步发展

突出发展"3+2"特色产业(重庆粮仓、都市菜园、花果之乡、农产品加工和劳务经济),加快建设重庆优质农产品生产加工基地,实现农业增加值41.6亿元。盐井溪水库、龙滩水库枢纽工程基本建成,将有效保障县城及10个乡镇50万人口的生产生活用水。粮食产量总量达39.4万吨,榨菜、晚熟柑橘等适度规模经营达42万亩。培育新型经营主体167家,发展农产品加工企业154家。建设标准化基地70.9万亩,创建"三品一标"30个,被认定为市级农业科技园区,成为"国家农产品质量安全创建县"。

(四)商贸物流繁荣活跃

加快建设渝川东部区域性商贸物流中心,发展限上商贸企业26家,实现三产增加值92.3亿元。发展鑫园食品等总部型、连锁型企业4家,开设直营、连锁店19家。"五彩田园网"等本土电商平台加快发展,新增电子商务市场主体570户,农特产品电商交易额达6000万元。成功申报"国家电子商务进农村综合示范县"。垫江储备粮有限公司15万吨粮仓项目建成仓库主体11栋、完成储粮3万吨。寄递物流在全市率先实现实名登记率、收寄验视率、过机安检率三个100%目标。

(五)城乡面貌明显改善

加快建设重庆生态宜居城市,城镇化率达43.1%。开工建设玉鼎大道、三合大道及地下综合管廊,城市"二环"基本贯通。在沿线区县率先建成渝万城际铁路配套枢纽工程,有力保障了铁路正式运行。尚品今典等楼盘加快建设,牡丹湖湿地公园、凤山公园(扩建)相继建成,城市人居品质明显提升。统筹推进村镇建设,完成3个市级中心镇建设项目,建成美丽宜居村庄2个,改造农村危房1250户。以中央环保督察为契机,从严落实生态环保责任,突出抓好水污染防治,龙溪河出境断面水质优于入境断面。

(六)发展环境不断优化

全面关闭辖区煤矿和烟花爆竹生产企业。推进放管服改革,一般性行政审批提速70%以上,带动新发展各类市场主体5737户。落实"企业减负30条"等政策,为企业减负近2亿元。加快实施创新驱动发展战略,35家企业获得重庆市科技型企业认定,9家企业获得国家高新技术企业认定。持续扩大对外开放,携手长寿、梁平积极打造龙溪河生态经济带,与渝北、长寿、邻水共同推动川渝"两地四方"融合发展。银行存贷比达54.4%,创历史新高,为地方发展提供有力的金融支持。开展征地拆迁集中攻坚行动,项目落地难问题得到有效解决。

(七)民计民生持续改善

圆满完成25件民生实事,民生支出占一般公共预算支出的比例达66.9%。巩固脱贫攻坚成果,防止贫困户脱贫再返贫。城乡养老、医疗保险参保率均达95%以上,城镇登记失业率控制在3.3%以内。“义务教育发展基本均衡县”通过国家督导认定。成为“全市县级公立医院改革示范县”“全国医养结合试点县”,临床医师“县管乡用”等改革经验被新华社内参《国内动态清样》《人民日报》深入报道。承办全市深化平安建设暨社会治安综合治理创新工作会,垫江“五微工作法”在会上交流推广。连续6年未发生较大事故,保持了良好的安全生产基本面。

二、发展中存在的问题

一是经济总量仍然偏小,产业结构有待优化。二是区域间发展仍不平衡,南部乡镇发展基础还相对薄弱。三是城镇功能不够完善,停车难、“大班额”等问题仍客观存在。四是生态建设任务较重,资源环境约束趋紧。五是安全生产、社会稳定形势依然严峻。六是个别政府工作人员服务意识差、执行力不强,不敢担当、不愿负责。

三、2017年发展目标

2017年,垫江县将围绕未来五年“一个建成、六个显著”奋斗目标(全面建成小康社会,综合实力显著增强、城乡面貌显著变化、生态环境显著改善、民主法治显著加强、党风政风显著转变、人民福祉显著增进)和“12345”政府工作任务(再造一个垫江工业、努力建设重庆重要工业基地,打造两大旅游品牌、努力建设重庆休闲旅游目的地,加快农业“三化”进程、努力建设重庆优质农产品生产加工基地,构建四大流通格局、努力建设渝川东部区域性商贸物流中心,实施五大提升行动、努力建设重庆生态宜居城市),以“项目建设推进年”为主题,全力稳增长、促改革、调结构、防风险、惠民生。主要预期目标是:地区生产总值增长11%左右。一般公共预算收入增长12%。全社会固定资产投资增长12%以上。社会消费品零售总额增长15%。居民收入增长与经济增长基本同步。

丰都县

丰都县发展改革委员会

一、2016年发展回顾

2016年,丰都县坚持“提速争先、实干兴丰”,全面推进供给侧结构性改革,大力实施创新驱动发展战略,较好完成了县十七届人民代表大会第六次会议确定的目标任务,实现了“十三五”良好开局。

(一)全力推进脱贫攻坚

坚持以脱贫攻坚统揽经济社会发展全局,统筹整合资金13亿元,实施贫困村脱贫项目1196个,新修产业路245公里、人行便道729公里,新建集中式水厂104座,新改扩建便民服务中心44个,农资超市、电商网点、金融网点实现贫困村全覆盖。精准落实贫困户扶持政策,发放扶贫贷款2.6亿元,实施到户产业项目1.1万个,组织5087个贫困剩余劳动力转移就业,将符合条件的7401个贫困人口纳入低保兜底,实施贫困户D级危房改造1055户、易地搬迁2896人,资助贫困学生4.7万人次,贫困人口免费就医1.4万人次,帮助贫困户解决困难问题2.9万个。积极争取水利部等对口单位帮扶,动员号召社会各界广泛参与扶贫事业,筹集帮扶资金5.8亿元,形成了多方合力攻坚的大扶贫格局,脱贫攻坚群众满意度达到92.5%。

(二)推动工业提档升级

强力推进工业精准招商、产业集群发展。装机5万千瓦的大唐新能源风电项目实现并网发电。4万吨冻库和12条牛肉精深加工线开工建设,投资7.5亿元的华裕农科雏鸡生产及蛋品加工项目签约落户。新引进艾伯尔3D干细胞打印等医药及医疗器械项目15个。建筑PC构件一期项目完成厂房建设。东方希望实现满产达能,成为全县首个税收超亿元企业。强化企业运行服务,新增高新技术企业9家、规模以上企业4家,年产值过亿元企业达到20家。全年工业增加值实现39.5亿元,同比增长11%。

(三)统筹推进城乡发展

龙河东、峡南溪、丁庄溪等城市组团开发全面发力,龙河新城兴丰大道、A区市政干道、安置房建设完成,峡南溪沟谷回填全面完成,长江二桥、幸福大道全线贯通,火车站站前广场、丁庄货运停车场建成投用。完成城区横四路综合整治,升级改造海客等3个农贸市场,转山堡公园建成开放,立体停车库基本建成,实施北岸城区棚户区改造12万平方米。北岸环线、南岸旅游环线公路建设有序推进,湛亭路、南暨路改造全面完成,建成乡镇客运站6个、农村客运招呼站50个,符合条件的行政村通客车率达到100%。梨子坪中型水库完成大坝填筑,硝厂沟等3座小型水库开工建设,整治重点河段4.2公里。实施24个场镇升级改造。大力改善农村人居环境,清理农村存量垃圾6.4万吨,打造人居环境示范点3个、市级农民示范新村3个。

(四)持续繁荣旅游商贸

名山景区5A创建项目有序推进,丰都古城一期工程全面完工,游轮港整体规划、通航审批、趸船建设同步推进。南天湖景区滑雪场、天堂谷森林公园开工建设,达沃斯酒店、厢坝市政道路等配套建设加快推进,成功创建南天湖市级旅游度假区。成功举办第19届丰都庙会,吸引游客近50万人,创历史新高。全年实现旅游综合收入48亿元,同比增长20%。丰都港纳入国家一类口岸"十三五"规划,15万吨粮食仓储物流园加快建设,五洲国际建材家居城全面开工,再生资源交易中心、汽车驾驶人考试中心建成投用。启动服务业三年行动计划,丰都美食街龙城香街基本成型,农村电商网点实现乡镇全覆盖。外向型经济加快发展,进口冰鲜牛肉3.5万吨,新增进出口企业2家,实现进出口总额5200万美元。

(五)提升农业现代化水平

推动肉牛产业转型升级,高档肉牛养殖场、黑安格斯原种场建成投用,新建优质牧草基地5000亩,新发展庭院牧场100个,肉牛饲养量达到33.5万头。榨菜种植面积达到20万亩,精品榨菜出口量达到1万吨。新建优质红心柚基地3000亩、花椒基地3000亩、笋竹基地1万亩。烟叶生产规模持续稳定,上中等烟叶比例达到100%。农产品有机种植面积扩大到6000亩,"不汇九亩"有机大米获国家金奖。启动农业生产全程社会化服务试点。新培育市级龙头企业4家、农民专业合作社109个。实施土地综合整治5万亩,耕种收综合机械化水平提高1.7个百分点达到42.7%,土地规模经营度提高1.5个百分点达到31.7%。

(六)强化生态文明建设

强力推进环保"五大行动",集中开展环保督察专项行动。全面实行PM2.5空气质量监测,淘汰黄标车和老旧车805辆,新增市级扬尘控制示范工地5个。大力开展碧溪河等流域治理,完成211家畜禽养殖场污染治理,建成乡镇污水处理厂15个,污水处理厂污泥焚烧处置项目正式投运,包鸾河水生态文明建设试点稳步推进,乡镇饮用水源水质达标率达到97%。持续改善城区声环境质量,新创建市级安静居住小区1个。实施新一轮退耕还林6.5万亩,治理石漠化28.7平方公里、水土流失11.36平方公里。

(七)深入推进重点领域改革

行政审批制度改革加快推进,完成县乡行政权力事项及责任事项清理,取消行政审批事项100项,行政审批基本实现网上运行。财税改革不断深化,在建筑、金融等行业全面推进"营改增”,深入推行财政全口径预算,深化国库集中支付管理,公务卡结算率达75%以上。推进投融资体制创新,乡镇污水处理厂等PPP项目顺利推进,16个获批项目累计融资26.72亿元。商事制度改革扎实开展,全面推行“五证合一、一照一码”登记,新登记市场主体5053户。农村综合改革稳步开展,农业项目财政补助资金股权化改革全面启动。在全市率先建成“信用丰都”网络平台,率先在金融领域推广应用信用报告。全面完成党政机关公务用车制度改革,减少公务用车170台。

(八)着力保障和改善民生

加大创业就业扶持力度,新增创业主体6213个,完成技能培训7307人,开发公益性岗位1607个,新增就业1.5万人。在全市率先实施农民工住房公积金缴存试点,“五大保险”参保达到20.7万人次,城乡养老、医疗保险参保分别达到29.5万人、73.9万人,救助困难群众14.7万人次。推进教育均衡发展,新改扩建校舍3.1万平方米,高考重本上线突破千人大关。提升计生卫生水平,“全面二孩”政策平稳实施,三甲医院主体工程基本完工,新建标准化村卫生室75所。新图书馆、数字电影院等文化阵地建成投用,成功举办中国围棋甲级联赛等大型赛事活动。切实加强法治建设,办理法律援助案件510件,人民调解实现应调尽调。严格落实安全生产责任制,全面关闭煤矿企业,烟花爆竹企业全部退出生产领域,安全生产事故起数、死亡人数同比均下降26.7%。化解信访疑难案件35件,实现群众到市进京非正常集访和大规模集访、重大恶性事件和群体性事件四个“零目标”。扎实推进社区网格化管理,社会治理水平不断提高。

兑现对人民群众的庄严承诺,在全面完成市上交办民生实事的同时,滚动办好10件县级重点民生实事:建成龙河东组团、高家镇三期安置房39.4万平方米,峡南溪、瓜草湾安置房建设加快推进;新县城安全供水保障工程加快推进,打通隧道5公里,安装管网5公里;完成农村饮水安全巩固提升工程134处,解决2万贫困人口安全饮水问题;完成通村通畅公路312公里;适存中学、高家镇中学开工建设,水天坪小学、龙城小学实现招生入学,城区学校“大班额”现象有效缓解;7个乡镇垃圾收运系统投入运行,25个垃圾收运系统启动建设;丰都博物馆前期工作有序推进,城市灯饰工程、城市客运中心、龙河新城滨江公园启动建设。

二、发展中存在的问题

丰都仍然属于欠发达地区、处于欠发达阶段,发展中还存在不少差距,面临诸多挑战:一是县域经济总量偏小、质量不高,经济结构不尽合理,产业支撑乏力,适应动力转换的能力较弱。二是地方财力相对薄弱,收入结构不尽合理,财政收支矛盾突出。三是社会转型中的各类矛盾问题相互交织,维护安全稳定的任务繁重。四是依法行政水平不高,部分干部适应新常态、引领新发展能力不足,执行力和办事效率有待提高,从严从实作风还需加强。

三、2017年发展目标

2017年是新一届政府的开局之年,是实施“十三五”规划的重要一年,是丰都强化生态涵养、加速绿色崛起的大干之年。做好今年的政府工作,我们必须坚持稳中求进工作总基调,牢固树立和贯彻落实新发展理念,适应把握引领经济发展新常态,以提高发展质量和效益为中心,以推进供给侧结构性改革为主线,大力推进“一心两极三带”生产力布局,着力稳增长、促改革、调结构、惠民生、防风险,推动经济持续健康发展、社会和谐稳定。

综合考虑各种因素,2017年全县经济发展预期目标是:地区生产总值增长11%,固定资产投资增长15%,社会消费品零售总额增长14%,一般公共预算收入同口径增长12%,城镇和农村常住居民人均可支配收入分别增长10%、11.5%,城镇登记失业率控制在3.7%以内,单位生产总值能耗、主要污染物减排等约束性指标达到市下达的目标。

忠 县

忠县政府办公室

一、2016年发展回顾

全县实现地区生产总值（GDP)240.7亿元，比上年增长9.2%，三次产业结构比为16.2:49.5:34.3。完成固定资产投资208.48亿元，比上年增长8.7%。财政一般公共预算收入15.06亿元，较上年增长10.9%。城镇建成区面积40.81平方公里，城镇建成区绿化覆盖率41.88%，建成区绿地率38.4%，人均公园绿地面积10.94平方米。完成居住区综合治理0.25平方公里。全县常住居民人均可支配收入19002元，比上年增长11.0%。居民消费价格(CPI)总水平比上年上涨1.8%。获评全国首批农村产业融合发展试点示范县，成功创建国家园林县城、国家农业科技园区、三峡生态鱼牧场获国家农业标准化示范区称号。

（一）县域经济稳步发展

坚持特色发展，着力壮大县域经济，三次产业结构比由2011年的18.6:43.3:38.1调整为15:50.8:34.2。发展农副产品加工、装备制造、医药、矿产资源及材料加工，培育规模以上工业企业62户，建成7平方公里工业园区框架，全县实现工业总产值327亿元，工业经济成为发展的骨干支撑力量。柑橘、笋竹、生态鱼、优质粮油等现代农业产业体系基本形成，建成柑橘基地35万亩、笋竹基地10.3万亩、三峡生态鱼牧场4.5万亩、红豆杉基地3.5万亩，“派森百”获评中国驰名商标，认证农产品地理标志3个，培育国家级农业品牌产品5个、重庆名牌产品23个，国家现代农业示范区建设开局良好。文化旅游融合发展，《烽烟三国》大型山水实景演艺成功开演，完成石宝寨景区提档升级、白公祠修缮，建成天子山休闲农业观光园、双桂橘乡荷海等乡村旅游景点，全县累计接待游客1320万人次，实现旅游综合收入31.1亿元。城乡商贸快速发展，永辉超市、苏宁电器等落户忠县，限额以上商贸企业达114户。全国电子商务进农村综合示范县、全国供销合作总社电子商务示范县创建工作取得明显进展，阿里巴巴农村淘宝等入驻忠县，电商经营主体达2293户，农产品商品率达75%。

（二）城乡面貌明显改善

提速城市建设，完善城镇功能，城镇规模不断扩大，城镇化率达41.5%。忠丰、忠万、忠梁三条高速建成通车，新增高速公路69.7公里，高速出口达11个，国道、省道基本实现乡镇(街道)全覆盖。忠州大道、县城沿江综合整治工程西山段、玉溪二桥和环城西路建成通车，汽车总站完成改扩建，城区拥堵有效缓解。建成中博香山湖、香山国际等住宅小区，竣工商品房214万平方米。建成忠州广场二期及三期、滨江公园等城市公园5个，建成区人均公园绿地面积达10.93平方米。新建停车场(楼、库)40个、新增车位1.05万个，新建和改扩建公交站104个，城区主要街道和城郊结合部实现公交出行全覆盖。注重城乡统筹发展，新建和改扩建农村公路2290公里，行政村通畅率、撤并村通达率均达100%。完成高山生态扶贫搬迁1.33万人，建成农民新村38个，改造农村危旧房3.5万户，建成人行便道1470公里。行政村实现光纤全覆盖。创建全国重点镇3个，市级生态乡镇5个、生态村12个、“美丽乡村”示范点5个。成功创建国家卫生县城和市级文明县城、森林城市、山水园林城市，获全国县级文明城市提名资格。吴林香获评“全国道德模范”，杨钢等9人获评“中国好人”。

（三）改革开放稳步推进

深化供给侧结构性改革，去除房地产库存50万平方米，“营改增”税制改革累计为企业减税1.2亿元，落实重庆市“企业减负30条”为企业减负5823万元。开展以商事制度、投融资体制、财税金融为核心的经济体制改革，市场活力进一步释放，全县市场主体突破4万户，在县金融机构28家。深化农业农村改革，完成地票交易1.14万亩，培育新型农业经营主体3936个。整合农业项目财政补助资金3017万元，扎实推进股权化改革试点。实施户籍制度改革，累计“农转城”近8万人。推进医药卫生体制改革，加快建立现代县级公立医院管理机制，全面实施基本药物制度。深化行政体制改革，精减政府工作部门3个、事业单位63个，新设街道2个，整合优化职能职责66项。出台“简政放权16条”，完成行业内综合行政执法改革，取消行政审批事项69项、下放12项。完成行政许可网上审批工作，审批时限明显缩短。乡镇（街道）、村（社区）两级服务中心和群工系统实现规范化运行。支持工商联、工会、团委、妇联、科协、侨联、残联、文联、计生协会和红十字会等10个群团组织改革。成功引进年产10万吨特瑞锂电正极材料等优质项目，累计协议引资1050亿元，全县实际利用内资857亿元、外资1354万美元，进出口总额达1.1亿美元。

（四）人民生活逐步提高

坚持把民生作为第一目标，加大财政投入，补齐民生短板，解决了一大批群众最关切的现实问题。累计实施整村脱贫项目505个，72个贫困村全部实现“建八有、解八难”，6.2万贫困群众稳定越过贫困线并实现“两不愁、三保障”，贫困发生率降至0.73%，即将摘掉市级重点贫困县“帽子”。城镇登记失业率控制在3.4%以内，养老、医疗、失业、工伤、生育等五大保险实现政策全覆盖，基本实现人人享有社会保障的目标。建成保障性住房4085套。白石水库等重点水源地得到有效保护，金鸡水库主体工程完工，整治山坪塘5524口，解决33.56万人的饮水安全问题。实施创新驱动发展战略，规模以上工业企业研究与试验发展经费投入逐年增加，创建高新技术企业5户，科技型企业20户、众创空间5户。大力发展教育事业，实施两轮“教育三年行动计划”，新建学校5所，改扩建校舍20余万平方米，“数字化校园”建成使用，投资近1亿元实施学生营养改善计划，化解教育债务2.2亿元，高考上线率连年位居前列，县职教中心被列为市中等职业教育示范项目学校，忠州幼儿园成为重庆市百强幼儿园。卫生计生事业健康发展，县医院迁扩建项目主体完工，18个乡镇卫生院成功创建一级甲等医院，28个乡镇（中心）卫生院、400个村卫生室完成标准化建设，基本公共卫生服务实现全覆盖。“单独两孩”、“全面二孩”政策先后稳妥实施。建成社区养老服务站14个、农村幸福院80个，县社会福利中心一期工程主体完工。积极发展文体事业，忠州博物馆、游泳馆主体工程完工，“两馆一站”免费开放。三峡移民工程顺利通过国家终验。获批三峡后续项目201个，完成投资65.7亿元。争取对口支援帮扶资金1.3亿元。

（五）生态环境不断优化

深入实施蓝天、碧水、宁静、绿地、田园“五大环保行动”，扎实推进全国首批生态文明示范工程试点县和全国首批生态文明先行示范区建设。城区环境空气质量持续改善。长江干流忠县段及主要次级河流水质达到水域功能要求，城区、乡镇饮用水源地水质达标率分别为100%、87.2%。建成污水处理厂33座、配套管网385公里，城区、乡镇污水处理率分别达96%、86%。三峡库区唯一一个生活垃圾环保一体化处理系统建成投运，城镇生活垃圾无害化处理率达95%。城市区域环境和道路交通噪声均达到国家标准。植树造林19.6万亩，全县及长江两岸森林覆盖率分别达到50%、66%。综合治理畜禽规模养殖场161家，关闭禁养区养殖场64家，完成22个村的农村环境连片整治。海螺水泥等重点工业企业完成节能减排任务，万元GDP能耗下降15%。落实排污权有偿使用和交易制度，实现排污交易额809万元。

（六）社会大局和谐稳定

全面推进依法治县，社会治理水平不断提高。完成“六五”普法，获全国法治县（市、区）创建活动先进单位。依托群工系统上下联动，积极推进诉访分离，为群众解决各类问题2.1万件，集体上访、非正常上访人次明显下降，“移民大县、信访小县”成果进一步巩固。强化社会治安综合防控，完成应急联动指挥中心提档升级，新建和恢复派出所11个，乡镇（街道）司法所全覆盖，应急管理体系基本建成。实施公路安保工程857.5公里，成功创建18个市级安全社区，食品安全工作获全国、重庆市两级人大常委会《食品安全法》执法检查好评，全县未发生重特大安全事故。

（七）自身建设不断加强

扎实开展党的群众路线教育实践活动、“三严三实”专题教育和“两学一做”学习教育，落实中央八项规定精神，政府公信力、执行力明显提升。认真执行县人大及其常委会决议决定，自觉接受法律监督和工作监督，主动接受县政协及民主党派的民主监督，办理人大代表建议1222件、政协提案1010件，满意及基本满意率分别达99.9%、100%。坚持依法行政，建立健全领导干部学法用法制度，56个县政府部门和乡镇（街道）聘请了法律顾问，清理规范性文件502件。进一步规范政务公开，扩大公开范围，提升公开质量。切实加强绩效管理和效能监察，干事创业氛围更加浓厚，机关作风进一步改进。

二、发展中存在的问题

一是工业经济较弱。工业经济总量小，规模以上工业企业只有62户，与周边区县差距较大。医药、锂电、装备制造等产业缺乏上下游配套企业，产业集群尚未形成。二是城市规模较小。2015年全县城镇化率低于全国15.96个百分点、全市20.8个百分点。城市骨架尚未拉开，县城建成区面积只有16平方公里，主要集中在州屏片区，人口密度大、道路拥堵、停车难等问题突出。缺乏大型城市综合体、大型专业市场、高端酒店，难以满足城乡居民和旅游消费需要。三是重大基础设施建设滞后。周边区县均已开通铁路，步入高铁时代，而我县开通铁路还要做大量的工作。新生港目前还未开工建设，港口效应显现尚需时日。四是区域竞争激烈。近年来，全市先后有7个县撤县设区。在剩余12个县中，不少县发展势头迅猛，“标兵渐远，追兵渐近”，撤县设区任务艰巨。五是少数干部作风较差。少数干部思想保守、能力不足、作风不实、不敢担当，耽误了建设，影响了开放，阻碍了发展。

三、2017年发展目标

地区生产总值增长11.5%左右，工业增加值增长13.5%左右，固定资产投资增长17%左右，社会消费品零售总额增长13.5%左右，财政一般公共预算收入增长10%左右，新增研究与试验发展经费投入5000万元，实际利用内资增长12%左右，居民人均可支配收入增长10.8%左右，客货运周转总量增长17%左右。主要约束性目标为：长江干流忠县段水质满足水域功能要求，居民消费价格涨幅控制在3%左右，万元GDP能耗下降1%。

开州区

开州区政府办公室

一、2016 年工作回顾

2016 年，开州区深入学习贯彻习近平总书记系列重要讲话精神和治国理政新理念新思想新战略、视察重庆重要讲话精神，认真贯彻落实中央和市委市政府决策部署，统筹推进“五位一体”总体布局和协调推进“四个全面”战略布局，自觉践行新的发展理念，主动适应把握引领经济发展新常态，以供给侧结构性改革为主线，统筹推进稳增长、促改革、调结构、惠民生、防风险，实现经济社会发展稳中有进、稳中向好，较好完成了年度目标任务，实现了“十三五”良好开局。2016 年，实现地区生产总值 360.62 亿元，比上年增长 10.9%；一般公共预算收入 24.68 亿元，增长 14.3%；固定资产投资 413.71 亿元，增长 15.4%；社会消费品零售总额 169.57 亿元，增长 12.5%；居民人均可支配收入 17761 元，增长 11.1%。

（一）工业转型发展成效初显

集中力量建设浦里工业新区，加快推进全区工业发展，工业增加值达到 102.72 亿元，增长 10.5%。调整工业发展空间布局，优化完善招商引资体制机制，完成《“十三五”工业和信息化发展规划》《浦里工业新区工业产业发展规划》编制，产业发展定位更加明晰。能源、材料、食品加工、纺织服装四大传统支柱产业持续壮大，电子信息、汽车配套、医药健康三大新兴产业发展势头良好。健全浦里工业新区“一体化”管理运行机制，组建投融资及开发建设平台，浦里工业新区被市政府确定为万州国家级经开区 B 区；赵家组团功能不断完善，临港组团达到企业入驻条件，长沙组团基础设施建设有序推进。园区建成区达到 8 平方公里，工业集中度突破 60%。瀚青针织、奥荣建材等一批项目竣工投产，千能实业、联峰电机等一批投产企业达产达效。全区规模以上企业 127 户，产值过亿企业 46 户。坚持区级领导联系企业等制度，支持优质企业采取租赁经营、兼并重组等措施，帮助困难企业扭亏脱困、提质增效，促进了工业经济稳健运行。

（二）城镇化水平稳步提升

以环汉丰湖开发建设为重点，加速推进新型城镇化，全区常住人口城镇化率达到 44.76%。启动环湖开发建设第一次大会战，交叉推进基础开发、形态开发、功能开发。城市总体规划规模增至 58 平方公里，建成区域达到 33 平方公里 35 万人。建成区功能不断完善，东部、西部、北部新区和南部红光片区建设加快推进，丰泰、花椒园大桥和邹家山、帽壳顶隧道等一批重大基础设施开工建设，完成高速路入城大道和车行道、人行道、地下网管等一批重点项目建设改造，投用开州举子园、寨子坪公园和“两桥一街一节点”夜景灯饰、公共停车场等一批公用设施。新建环湖步道 12.8 公里、滨湖公园 13 万平方米。提速推进环湖景观生态修复，完工汉丰湖涉水工程，满足常年蓄水要求。城区绿化覆盖率达到 40%、人均公园绿地达到 15 平方米，成为重庆市首批生态园林城市。获批市级特色小镇 1 个，获评国家级美丽宜居村庄 1 个、市级美丽宜居村庄 4 个。持续开展城镇、农村环境综合整治和“两违”整治，城乡人居环境持续改善。三峡后续工作扎实推进，实施特色产业、生态环保、基础设施等三峡后续项目 37 个，到位专项补助资金 6.8 亿元、库区基金 1.02 亿元，完成移民职业技能培训 1.1 万人次，移民安稳致富步伐加快。

（三）现代服务业繁荣活跃

把发展服务业作为挖掘消费潜力、调整产

业结构的着力点，大力推动服务业优化提升，第三产业增加值达到121.97亿元，增长9.5%。旅游业蓬勃兴起，新增3A级景区3个，接待游客653万人次，实现旅游收入39亿元。汉丰湖景区入选“新三峡十大旅游新景观”，被评为“重庆最受游客喜爱十大景区”；雪宝山旅游景区开发有序推进，基础设施和服务设施加快建设；成功举办全市乡村旅游扶贫开村节，新建市级休闲农业与乡村旅游示范点4个，3个乡镇、1个村成为市级全域旅游示范创建单位。商贸服务业活力增强，城市核心商圈服务功能持续提升，东西部片区商业中心初步成型，亿丰开州国际商贸城、渝东北农副产品商贸城、假日国际商业综合体等一批重点项目加快建设，海宁皮草、老凤祥黄金等一批知名品牌入驻开州，商业新业态、新模式不断涌现。电子商务加快发展，实现本土电商平台“开街网”上线、“开街创谷”开街，电商主体达到800余家，网络交易额突破18亿元。房地产业稳健运行，开发品质大幅提升。金融服务业快速成长，2016年末辖内银行存贷款余额分别达到511.5亿元、222.5亿元，比年初分别增加70.5亿元、9.5亿元，社会融资规模存量突破340亿元。1户企业在股份转让中心挂牌。成功发行全市首支停车场专项债券10亿元，获准发行公司债券40亿元。严厉打击非法融资，依法处置民间借贷，金融生态持续优化。

（四）“三农”工作成效明显

以现代农业建设为突破口，有力推动农业增效、农民增收和农村发展，农业增加值达到38.41亿元，增长5.6%。特色效益产业产值占农业总产值的比重达到45%。“332”产业体系基本形成，粮食产量超过60万吨，出栏生猪118万头，生产蔬菜47万吨、柑橘25万吨，出栏山羊78万只，西南片区最大的冷水鱼流水养殖基地建成投产，新建中药材基地5000亩，巩固发展饲料桑基地1万亩。围绕“一圈三区”空间布局，启动江里现代农业区建设，新增市级现代农业示范园2个、乡镇现代农业示范园5个、村级农业示范点（场）10个。新增市级龙头企业9家，总数居全市第一。累计发展农民合作社1529个、专业大户2.98万户、家庭农场690个、社会化服务组织107个，农业综合机械化水平达到35%。新增“三品一标”认证产品15个、市级名牌农产品2个，农产品商品率达到67%。农业产业链条不断延伸，成为全市首批一、二、三产业融合发展试点区。

（五）发展基础不断改善

加速构建“内畅外联互通”交通格局，新建农村公路300公里，安装防护栏100公里，行政村通畅率达到100%；完成开州收费站连接道拓宽改造、大垭口森林公园对外连接道改造和岳溪至五通公路大修，赵家至长沙快速通道控制性工程清桥隧道双洞贯通，万开周家坝—浦里快速通道双向掘进约4公里，开城高速公路建设顺利推进；渝西高铁、达万铁路扩能、达开万城际铁路、跳蹬水库进入全市“十三五”重点项目库。兴建各类水利工程4500余处，小江大灌区项目全面完工，除险加固水库38座，天白水库建设进展顺利；陈家坪水厂至赵家集镇输水管网和歇马、丰乐输水管网开工建设，场镇供水工程投用1处、开建3处；整治山坪塘2825口，完成5.38万人农村饮水安全巩固提升工程；完成小江防洪护岸工程4.6公里，恢复改善灌面5.5万亩，建设高标准农田3.5万亩。能源、信息基础设施不断完善，建成小园三级水电站、歇马110千伏变电站、中和35千伏变电站，基本建成关子口加油加气站；“智慧开州”“互联网+开州”“大数据开州”启动实施，新增4G基站826个，光纤到村实现全覆盖。

（六）环境质量持续好转

深入实施环保五大行动，切实改善“四大生态”。森林生态持续改善，实施造林绿化8万亩，森林覆盖率达到48.9%；探索出湿地建设“四大模式”，澎溪河市级湿地自然保护区综合整治取得阶段性成效。农业生态不断改善，拆除禁、限养区规模养殖场56家，开展测土配方施肥10万亩、绿色防控6万亩，实施10个行政村环境连片整治。城镇生态有效改善，整治城区排水管网 20 公里，城区污水处理厂迁扩建工程试运行；建成垃圾焚烧发电项目，乡镇污水处理设施、垃圾收运系统实现全覆盖，城镇生活污水和垃圾无害化处理率分别达到 75%、99.3%；城周"四面山"生态屏障加速构建，城区空气质量优良天数比例达到 93%。水生态明显改善，新建和整治城镇河堤 20 公里，治理石漠化 9.5 平方公里、水土流失 15 平方公里；实施"河长制"，城区、乡镇集中式饮用水源地水质达标率分别达到 100%、90.7%，汉丰湖及江河流域水质稳定保持在Ⅲ类，鲤鱼塘水库水质 60%以上指标达到Ⅰ类。

（七）培育发展新动能有力有效

坚持以供给侧结构性改革为主线，着力强化改革引领、开放支撑、创新驱动三大支撑，推动经济社会持续健康发展。关闭退出 37 个年产 9 万吨及以下煤矿、2 户水泥企业，烟花爆竹生产企业全部转型为经营性企业。把握好土地供应节奏和强度，多渠道引导住房消费，房地产市场平稳健康运行。认真落实减税降费、企业减负 30 条等政策措施，设立 5000 万元应急转贷周转资金，采取直供电、降低气价、社保降费、优化营商环境等举措，有效降低企业用工、用能、融资和制度性交易成本。支持非公有制经济健康发展，新发展市场主体 9500 户。深化国企改革，优化国有资本布局结构，国有企业活力进一步激发。深化投融资改革，拓宽融资渠道，政府性债务安全可控。深入推进农村改革，扩大农村集体资产量化确权改革试点，探索推进农业项目财政补助资金股权化改革，新发放农村产权抵押贷款 5.2 亿元。深化对外开放合作，主动承接产业转移，实际利用内资 245.06 亿元，增长 12.4%，华鑫汽车、天圣制药等一批重点项目落户开州。进出口总额达到 3050 万美元。实施创新驱动发展战略，建成知识产权创新园，打造一批众创空间，新增国家高新技术企业 6 家、市级科技型企业 37 家，新建市级企业工程技术研究中心 1 个，获得国家专利 824 件。

（八）社会大局和谐稳定

将脱贫攻坚作为头等大事，统筹整合各类资源，深入开展"十大扶贫行动"，实施一批脱贫项目，90 个贫困村实现整村脱贫，贫困人口减少 57282 人。教育质量大幅提升，高考重本上线 1738 人，义务教育均衡发展通过国家督导认定；新改扩建校舍 4.57 万平方米、运动场 5.5 万平方米；农村义务教育学生营养改善计划惠及 12 万余人，教育资助、教育慈善惠及 10 万人次。深入推进区级公立医院改革，建立城乡一体化医疗联合体 6 个，分级诊疗体系不断完善；完成精神卫生中心迁建，启动中医院"三甲"创建，新增一甲医院 3 所；创建国家卫生乡镇 2 个、市级卫生乡镇 3 个，成为全国健康促进区。送演出、送电影等文化惠民工程惠及 200 余万人次。成功举办全国城市钓鱼对抗赛等大型活动。发放创业担保贷款 3.92 亿元，扶持 5350 人自主创业，带动就业 2.2 万人，获评全国农民工返乡创业试点区。城乡居民养老、医疗保险参保率分别达到 93%、95%。发放城乡低保、医疗救助、临时救助、慈善救助等资金 3.8 亿元。改造农村危房 2350 户。新建农村幸福院 40 家、居家养老日间照料所 10 个，社会养老机构床位数达到 2509 张。扎实推进平安开州建设，完善立体化社会治安防控体系，群众安全感进一步提高。深化重点领域整治和打非治违，连续 70 个月未发生较大生产经营性安全事故。加强联动排查和源头预防，有效化解一批矛盾纠纷，信访秩序持续向好。

二、发展中存在的问题

经济总量不够大，人均水平较低；产业转型升级步伐不快，经济增长内生动力不足；城乡区域差异较大，公共服务水平不高；资源环境约束趋紧，生态建设任重道远；困难群众依然较多，脱贫攻坚任务艰巨；政府职能转变尚未到位，作风不实、服务不优、效能不高等问题仍然存在。

三、2017 年发展目标

主要预期目标：地区生产总值增长 10%左右。一般公共预算收入增长 11%。固定资产投资增长 15 %。社会消费品零售总额增长 12%。研发经费支出占 GDP 比重提高到 1%。实际利用内资增长 10%。常住人口城镇化率提高 1.5 个百分点。城镇新增就业 5500 人,城镇登记失业率控制在 3.7%以内。居民消费价格涨幅控制在 3%以内。居民人均可支配收入增长 10.5%。辖区流域水质保持Ⅲ类及以上,完成市政府下达的环保约束性指标等任务。

云阳县

蔺宗宗

一、2016 年发展回顾

2016 年,在市委、市政府的坚强领导下,坚持“稳中求进、进中求好、好中求快”工作总基调,以“脱贫攻坚决战年”和“转型发展深化年”为抓手,抢抓机遇、奋力前行,圆满完成了年初确定的主要目标任务,实现了“十三五”良好开局。地区生产总值达到 213 亿元,增长 10.4%,三次产业结构比调整为 21.3∶43.4∶35.3;固定资产投资达到 282 亿元,增长 17.2%;社会消费品零售总额达到 104 亿元,增长 14.7%;一般公共预算收入达到 15 亿元,增长 18.5%;城乡居民人均可支配收入分别达到 23611 元和 9982 元,增长 9.3%和 10.2%。

(一)更加注重转型发展,三次产业增量提质

生态工业集群规模加速壮大。围绕“3+3”产业集群,完成工业固定资产投资 74 亿元,增长 17.5%,云海药业迁扩建等 10 个项目竣工投产,乌天麻深加工等 10 个项目开工建设,年产 300 万瓦汽车动力锂电池等 10 个重大项目有力推进,新创规模企业 8 家。启动万州经开区 C 区(云阳水口工业新区)建设。6 个返乡创业园入驻企业达到 82 家,其中规上企业达到 18 家。实现工业总产值 230 亿元;实现增加值 65 亿元,增长 10.5%,工业对经济增长的贡献率达到 32%,占全县 GDP 的比重突破 30%。

1. 生态农业供给效益稳步提升

围绕“3+2+X”产业体系和“两廊三带”空间布局,大力发展特色效益农业,晚熟柑橘种植面积、牛羊出栏量居全市前列,农业总产值达到 69 亿元。农业 7 条产业链进一步拉长壮大,销售收入超过 40 亿元。“天生云阳”区域公用品牌知名度进一步提高,20 多种农产品受益,农产品附加值大幅提升。新培育家庭农场 76 家、农民合作社 120 家、农民股份合作社 10 家,形成“经营主体+农户”利益链接机制。柑橘、阳菊、乌天麻、三峡白蜜等一批优质农产品成功走出国门。

2. 生态旅游业持续做大叫响

坚持“景区景点、全域全季”,推动旅游经济呈井喷式增长,全年接待游客突破 1000 万人次,实现旅游综合收入 46 亿元,分别增长 100.6%和 35.9%。龙缸 5A 级旅游景区创建工作强力推进,陆续开放云端廊桥、绝壁栈道、石笋河、大安洞等景点,持续引爆全国。国庆期间,龙缸景区获评“全国旅游服务最佳景区”。提档升级张飞庙景区。成功举办世界低空跳伞等大型旅游活动,持续深化 13 个精品乡村旅游节庆品牌,上坝露营节、耀灵林原风情节等乡村旅游节庆活动亮点纷呈,周末游、近郊游成为乡村旅游新常态,乡村旅游实现“月月有活动、季季有高潮”。最美乡村大道芳容绽放。全市最大滑雪场开工建设。

3. 现代服务业不断提档升级

渝东北农产品综合交易市场等“五大商贸工程”和主体培育“三年倍增”计划加快推进,新培育限上企业 70 户,亿联、城中城等重大商贸项目正式开业。消费市场持续活跃,云阳红苕粉等一批农特产品借助电商平台走向全国。持续

加大农特产品“上行”,成功举办第二届“9·28”电商日活动,涉农网上销售超2亿元,电商主体总数达到1334个,电商物流工作经验全国推广。

(二)更加注重难点突破,脱贫攻坚深入推进

聚焦政策落地、难点突破、改革探索,创新突破产业扶持、危房改造、医疗救助三大难点,圆满实现101个贫困村整村销号、5.7万贫困人口稳定脱贫,贫困发生率下降到3%以下。整合涉农、财政、地票等资金13.7亿元,落实规划项目2685个。统筹帮扶资金6742万元,援建项目69个,引进金融资本14亿元。贫困人口饮水安全新解决6.2万人,入户率达到100%。贫困村电网改造、光纤宽带、移动信号、广播电视信号实现全覆盖,农村电商服务站点覆盖99个贫困村。产业扶贫纵深推进,各类产业扶贫项目覆盖贫困户3.2万户,占贫困户总数的88%,实现每个贫困村至少建成一个特色主导产业、组建一个农民专业合作社、对接一个龙头企业、带动一批贫困户的目标。全面解决贫困户住房安全,兜底改造2517户深度贫困户D级危房,完成2667户一般贫困户C、D级危房改造。教育资助惠及建卡贫困生15669人,办理贫困大学生助学贷款5507万元,没有学生因贫失学。建立贫困群众大病救助资金,构建起“五重”医疗保障。持之以恒推进文明卫生等“八大理念”在贫困村落地,有效激发贫困群众的内生动力。

(三)更加注重统筹兼顾,城乡面貌绽放新颜

1.城镇化快速推进

深入贯彻落实中央城市工作会议精神,大力实施“东进北拓中提升”战略,县城常住人口增加到32万人,建成区达23平方公里。全县常住人口城镇化率达42%。“50平方公里、50万人口”城市总体规模获市政府批准同意。北部新区路网骨架全部成型,公建项目强力推进,房产开发健康有序,“三年成城”目标圆满实现,“北拓”取得阶段性成效。有序推进亮水坪、薛家沟片区开发,“东进”步伐全面提速。持续优化老城区业态空间和居住环境,“中提升”稳步推进。

2.城市更加宜居宜游

坚持把城区“按景区打造、当客厅管理、作资本运营”,按“骑走跑坐可享、山水花石可赏、文史科艺可品”思路倾力打造33公里环湖绿道,重要节点阳光沙滩、水上花园、月光草坪先后建成开放。县城建成区绿化率达42.2%,人均公园绿地面积21.9平方米,成功创建市级生态园林城市,获评“全国十佳生态休闲旅游城市”。深入实施城区民生项目,新投放纯电动公交车30辆、出租车55辆,新增和优化公交线路各3条,建成投用公交智能调度系统,实现城区微型客车全部退市,公交、出租“一大一小”公共交通格局全面形成;推行老旧住宅实施物业管理203万平方米;改造人行道16万平方米、公厕21座,整治背街小巷1.6万平方米,实现主次干道“白改黑”全覆盖;新增停车位2235个,城区停车难有效缓解。

3.镇村条件持续改善

加快推进城乡一体化进程,不断完善城镇基础设施,提升城镇运行保障能力,中心镇广场、管网基本建成,巩固提升集镇人饮安全工程5处,新建污水处理厂4个,实现建制乡镇集镇污水处理厂全覆盖。新建农民新村117个。新建、改造10千伏线路126.9公里、低压线路139.8公里、10千伏变压器140台。实施行政村通畅工程592公里,实现行政村通畅全覆盖;安装农村公路安全防护设施270公里。完成61个行政村通客运。完成行政村通光纤78个,实现全县行政村通光纤全覆盖。

4.重要基础设施不断完善

紫金隧道建成通车,21公里城市内环线和40公里城市外环线正加快建设,“两环”城市格局基本成型。平顶、施家沟两座小型水库建成投用,向阳大型水库、幸福中型水库前期工作有序推进。天然气“县县通”万云段工程加快建设。迎宾大道改扩建、郑万高铁云阳段开工建设。G42云阳东互通、南溪至县城快速通道、开云高速、沿江货运铁路等重大基础设施前期工作有序推动。

(四)更加注重生态建设,绿色本底不断筑牢

牢牢把握“五个决不能”底线,坚定不移走生态优先、绿色发展之路,保持山清水秀的自然生态。深入实施环保五大行动和“四大”造林工程,集中整治露天焚烧,加快推进乡镇污水处理厂及垃圾填埋场建设,实现城镇垃圾污水处理、医疗废弃物集中规范处置全覆盖,城区空气质量优良天数占比达96%,全县森林覆盖率达51%,“一江四河”水质稳定在Ⅱ~Ⅲ类,县城和乡镇饮用水源地水质达标率分别达到100%和86.4%。大力实施三峡库区“消落带”治理等重大生态功能修复保护项目,“一江四河”生态屏障区绿化54.8万亩。荣获“国家可再生能源建筑应用示范县”。成功创建市级生态文明建设示范县。

(五)更加注重共建共享,幸福指数节节攀升

1.社会事业全面进步

各类教育均衡发展,高考本科上线率62.9%、重本上线率21%,再创新高,9名学生被北大清华录取;素质教育全面开花,荣获国际奖、国家奖各2项。扎实推进医药卫生体制综合改革,“三位一体”改革试点取得明显进展。县中医院成功创建“三甲”医院,县人民医院迁扩建主体工程全面完工。获评“全国计划生育优质服务先进县”。红狮镇、凤鸣镇卫生院被国家卫计委命名为“群众满意的乡镇卫生院”。深入实施文化惠民工程,引进民族音乐会等一批高端剧目,举办“四国篮球联赛”等一批大型赛事活动。实施“五险统征”,实现社保政策全覆盖。基本实现社会救助全覆盖、城乡低保应保尽保。城镇登记失业率控制在3.1%以内。

2.民生质量不断提升

市上交办的17件和我县确定的10件民生实事全面完成。建成寄宿制学校7所,累计完成校舍改造任务的52.8%、教学仪器和生活配套设施任务的60%。标准化改造贫困村卫生室32个。孕妇产前和“两癌”分别免费检查16260名、33262名。开展流动文化服务进村1936场。办理遗留问题房屋产权证5138户。高山生态扶贫搬迁10638人,农村危房改造5753户。新建蔬菜基地2000亩。资助家庭经济困难学生18.84万人次。完成直播卫星“户户通”19290户。整治山坪塘2105口,新建农村饮水安全工程435处,解决10.3万人饮水安全问题。新修机耕道482.3公里、人行便道1291公里。

3.社会秩序安定和谐

坚持“清单管理落实责任、严管重罚倒逼落实”的安全生产工作主线,围绕煤矿、交通、建设等重点行业领域,扎实开展安全专项治理行动和隐患排查行动,实现较大事故、生产安全事故、道路交通事故、事故总量“四个大幅下降”和多个行业持续向好目标。高度重视高温汛期安全,强化监测预警、落实应急值守,全面排查治理森林防火、地质灾害等安全隐患,经受住了高温、强降雨等严峻考验。扎实推进依法治县各项工作,县乡两级行政权力清单体系基本形成,厘清权力、责任4713项;尊法学法守法用法社会氛围更加浓厚,获评为“全国法治宣传教育先进县”。持续深入推进干部下访、依法逐级走访,全年信访总量3820件、10353人次。

(六)更加注重改革创新,发展动能持续增强

1.重点领域改革有力推进

在持续推进25项专项改革基础上,着力推进一批事关云阳未来发展的重大改革。围绕“三去一降一补”,深入推进供给侧结构性改革。实现煤矿整体退市,化解过剩产能172万吨。“营改增”工作顺利推进。建立政府性债务管控机制,政府杠杆率总体可控。认真落实“涉企33条”,组建种子基金、“双创”基金,继续实施中小企业贷款贴息,切实降低企业成本。农村集体资产量化确权改革覆盖所有贫困村,建立农业财政资金与农户利益链接机制,惠及农户11799户。成功引入PPP模式建设地下公共停车场等项目。组建宏源水利投资开发公司。积极推进“双随机一公开”,全面完成“一单两库一细则”。全面完成行政审批制度、事业单位养老保险制度、群团改革、公车改革等重点改革任务。

2.对外开放合作步伐加快

主动融入“双两百”城市发展,积极推进基

础设施互联互通、产业发展互利共赢、社会事业共建共享和发展基金项目策划等重点工作,“万开云”板块一体化协同发展有力实施。理顺招商工作机制,成功引进长安跨越、红太阳循环产业园等一批重大项目,新签约项目65个,实现到位资金76.5亿元。密切与江苏、山东、九龙坡、中国进出口银行等地方和单位合作,累计争取对口帮扶资金2.5亿元,一批援建项目成功落地。

3.创业创新战略全面实施

全面启动创业就业五年行动计划,制定进一步促进市场主体快速发展的实施意见,大力弘扬“创业光荣、发展有责”的财富意识和“吃苦耐劳、敢闯敢试”的进取精神,大众创业、万众创新的氛围明显浓厚,创新驱动发展的局面有力打开。成功申报国家高新技术企业1家,净增市场主体1.1万余户,增长68.7%,带动就业4.45万人,全县市场主体总量达到52585户。

(七)更加注重廉洁高效,自身建设不断加强

认真学习贯彻党的十八届六中全会精神,扎实开展政府系统“两学一做”学习教育,不断加强学习型、服务型、法治型、实干型和廉洁型政府建设。深入推进政务公开、办事公开,进一步健全县长公开电话、县长信箱、民生热线、群工系统“四位一体”综合服务平台,按期办结率达100%。自觉接受人大及其常委会法律监督、工作监督和政协民主监督,办理人大代表建议意见101件、政协提案109件,办复率和满意率均为100%。着力推进政府职能转变,积极推进“放管服”改革,承接上级取消、下放和调整的行政审批事项49项,取消、下放和调整县级行政审批事项39项,缩短行政审批时限55%。强化政府目标管理,坚持“文不过夜、事不过周”,推行“限时办结”,政府系统运行进一步高效。不断提高财政预算和“三公经费”透明度,“三公经费”下降15.04%。坚持用制度管权、管事、管人,深化政府采购、工程建设、土地出让等重点领域改革和制度建设,坚决纠正损害群众利益的“四风”问题,严肃查处一批贪污腐败案件,廉政建设持续加强。

二、发展中存在的问题

一是经济总量不大,结构不优,效益不高,自主创新能力不强,转变经济发展方式还需负重致远。二是城乡之间发展不平衡,脱贫摘帽任务艰巨,农业产业化程度不够高,统筹城乡发展还任重道远。三是社会事业仍有不少欠账,公共服务水平总体较低,与人民群众期盼还有差距。四是部分公职人员思想意识、工作能力与发展的“新坐标”还不相适应,政风建设、反腐倡廉的任务还需加强。

三、2017年发展目标

2017年,云阳县将以“产业强县推进年”和“脱贫攻坚决胜年”为抓手,坚持生态经济产业化、产业发展生态化、产城融合城镇化、城乡统筹一体化“四条路径”,着力在推动创业创新、深化改革开放、加强政府自身建设三个方面下更多功夫,推进产业发展、城乡统筹、生态文明、改革创新、民生保障、社会治理“六个新跨越”。主要预期目标是:地区生产总值增长11%左右,人均GDP突破2.5万元;一般公共预算收入增长12%;工业增加值增长11%以上;全社会固定资产投资增长16%;社会消费品零售总额增长14%;城乡居民人均可支配收入分别增长10%和11%。单位生产总值能耗和碳排放均下降4%,主要污染物减排符合市定约束性要求。城镇登记失业率控制在3.8%以内。R&D经费支出占GDP的比重提高到0.8%。

(作者单位:云阳县政府办公室)

奉节县

唐 滔

一、2016年发展回顾

2016年，全县实现地区生产总值222.6亿元，同比增长11.4%。地区生产总值中三次产业结构比例为18.5:38.8:42.7，三次产业对经济增长的贡献率分别为9.8%、52.1%、38.1%，其中：第一产业实现增加值41.2亿元，同比增长5.2%；第二产业实现增加值86.5亿元，同比增长17.3%；第三产业实现增加值95亿元，同比增长9.5%。按常住人口计算，实现人均地区生产总值29550元，同比增长14.3%；地方预算内财政收入32亿元，同比增长6.7%，预算内财政支出89.1亿元。

(一)着力优化经济结构，突出特色形成个性

农业经济健康发展。立足大生态，突出大旅游，做精大农业，形成融合发展大格局。因地制宜布局特色效益农业“4+3+X”体系，确立了脐橙、油橄榄、中药材、山羊4大主导产业，粮油、蔬菜、烟叶3大优势产业，蚕桑、茶叶、名优水果等多个特色产业。2016年，一产业总产值64.98亿元，增加值41.86亿元，同比增长5.7%；农村居民人均可支配收入9228元，同比增长10.1%。全县粮食作物播种面积139.1万亩，总产量44.26万吨，增长0.57%；蔬菜播种面积25.81万亩，总产量31.07万吨，增长5.57%。全年出栏生猪94.34万头、山羊44.5万只、家禽710万只、肉牛4.2万头、兔30万只，禽蛋产量2.3万吨，肉类总产量达到9.3万吨，畜牧业产值达到25.1亿元，同比增长5.4%。水产养殖面积12480公顷，产量4798吨，比去年增加125吨，增产2.67%，其中养殖产量4633吨，捕捞产量165吨，渔业经济总产值1.25亿元。第一产业对经济增长的贡献率为9.8%，拉动GDP增长1.1个百分点。

生态工业加快发展。深入推进去产能，开展“百日关矿”行动，关闭煤矿37个，化解过剩产能187万吨。大火电500千伏输出工程基本完成，120万千瓦装机成功完成168小时满负荷试运行。成立了重庆红豆杉产业技术创新研究院，成功办理生产许可证。汀来食品获全市农产品加工企业100强称号。工业园区签约入驻企业11户，其中亚美欧眼镜、红豆杉制药等8家企业投产达效。启动草堂30万平方米标准厂房建设，注重资本与技术相结合，引进大型企业和标杆企业入驻园区。全年实现工业产值32亿元，同比增长9.8%；规上企业达到44户，规上工业增速10.4%。

第三产业持续繁荣。收回两大景区经营权，积极落实奉节—巫山—巫溪长江三峡旅游“金三角”一体化战略，启动《归来三峡》实景演艺项目，奉节成功跻身国家全域旅游示范区创建名录。金融机构存款余额270.3亿元，各项贷款余额158.6亿元，存贷比达到70.4%，创历史新高。社会消费品零售总额54.8亿元，同比增长13.7%。实现批发和零售业增加值21亿元，同比增长8.2%；住宿和餐饮业增加值5.6亿元，同比增长8.4%；房地产业增加值11.5亿元，同比增加10%。实际利用内资81.6亿元，同比降低7.5%。商品房销售面积68万平方米，同比增长48%。商品房销售额达34亿元，同比增长21.9%。全年共接待游客1249万人次，同比增长15.5%，实现旅游综合收入45.5亿万元，同比增长18.8%。交通运输、仓储和邮政电信业增加值17.6亿元，同比增长7.2%。

(二)加快实施项目建设，经济发展稳健增长

谋划争取重大项目。积极谋划融入大战略、构建大格局，主动对接国家重大投资工程包、重点专项规划和三年投资滚动计划，策划储备重大项目400余个，并全面启动前期工作。争取中央预算内投资项目90个、国家建设基金项目14

个,资金15.7亿元;争取上级财政增量补助1.5亿元,全年共争取上级财政补助资金66.4亿元。实施重大项目216个,集中开工夔门港、机场连接道等17个重大项目,促成郑万高铁奉节段全面动工,实现华电奉节电厂点火运行,完成年度投资89亿元,固定资产投资增长10.3%。抓重大项目实施,力求从供给侧角度补短板,从稳增长角度扩大有效投资。

农村发展彰显活力。探索农村土地所有权、承包权、经营权"三权分置",创新渝东北生态涵养区土地"化零为整"模式,实现土地适度规模经营。积极探索构建新型农业经营体系,培育新型农业经营主体。全县发展家庭农场759个,组建农民合作社2551个,农业龙头企业134家,生产组织化程度进一步提高。以阿里巴巴农村淘宝为龙头,引进猪八戒网为服务商,引进杰夫电商集团为运营商,引进甲骨文公司做农产品溯源,加上正在引进的大数据企业,基本形成"1+4"电商营销体系。现已建成1个2500平方米的县级农村淘宝运营中心,120个村淘服务站,270个二级村淘点,7个"网上村庄",农特产品上行超过2亿元。

(三)改革创新提升形象,发展环境显著改善

生态环境持续向好。城区空气质量持续改善,一江四河水质均达到地表水环境质量Ⅲ类标准;城市、乡镇集中式饮用水源水质达标率分别为100%、92.2%。建成污水处理厂18座、垃圾中转站2个;完成12个乡镇二、三级污水管网建设。城市生活污水集中处理率达到85%,生活垃圾无害化处理率达到100%。投入1080万元,完成黄井水库和安坪龙潭河饮用水源保护工程建设;投入1000万元,整治长江及重要支流周边畜禽养殖污染,关闭畜禽养殖场31家。

改革创新成效初显。整合县属国有企业,组建宏安集团、赤甲集团两大平台公司,提升了企业融资能力和抗风险能力;成立融资租赁公司,丰富了区域金融牌照;成立首期1亿元产业发展股权投资基金,支持实体企业做大盘强;设立6000万元应急转贷周转金,为226户实体经济提供转贷2.5亿元;入股夔州担保公司,增资兴农担保公司,设立2000万元风险分担基金,优化了金融生态;系统谋划创新驱动发展,细化落实企业研发准备金,放活科技生产力,谋定设立"一院一所四中心"研发平台,培育高新企业3家。全年新增市场主体8248户,"四上企业"32家,创历史新高。深度谋划去库存,谨慎投放土地出让,改变征地拆迁补偿安置模式,以货币安置为主,扩大消费终端。认真落实涉企减负政策,"营改增"为137个企业降税5473万元,322户企业减收社保费6571万元。

(四)持续用力改善民生,社会大局稳定和谐

脱贫攻坚全面发力。统筹资金18.4亿元用于脱贫攻坚工作,65个贫困村整村脱贫,解决了"八难"、实现了"八有";精准落实"七个一批"帮扶政策,为贫困户解决问题23270个,56962名贫困人口越线达标,人均纯收入达到6289元。创新金融扶贫产品,推进"三权"抵押,发放小额信贷1.5亿元。注重贫困村与非贫困村同步推进,注重基础建设与产业培育同步实施,扎实推进"七个一批",帮扶措施精准到户、精准到人。

民生任务圆满完成。高起点构架了教育和卫生事业的发展框架,师德师风和医德医风明显改善,成功争取重庆市三峡卫生学校布局到我县。建成2处临时停车场,拓宽7处城市道路路口,整改5个农贸市场,建成下王家坪蔬菜批发市场,城市环卫保洁日渐好转,完成主次干道路灯节能改造;建成智能交通系统,乱停乱放、不文明驾驶行为有效改善。奉溪高速建成通车,整修国省道300公里,修建农村公路2800公里,安装防护栏600公里,行政村百分之百通畅、撤并村百分之百通达。建成农村供水工程3244处,整治山坪塘3310口,除险加固病险水库36座,实现72.8万名农村居民安全饮水,天赐湖、草坪河水库等一批重点水利项目有序推进。争取国有建设用地1.4万亩,建成高标准基本农田14.3万亩。农村电网改造全面完成,实现城乡同网同价。实施高山生态扶贫搬迁6280人。改造棚户区25.7万平方米、农村危旧房17743户,建成保障性住房25.4万平方米。

社会事业全面进步。新增校舍38万平方米,"改薄"农村学校213所,建设幼儿园53所,高考本科上线率达到51%。县人民医院扩建项目主体工程竣工,县中医院、妇幼保健院创成"二甲"医院,基层医疗卫生机构标准化率达到90%,创成全国基层中医药工作先进单位。文化馆、图书馆免费对外开放,建成夔州博物馆、标准化二级广播电视台,城区数字电视转换率达到98%。培育市级科技型企业15家,专利申请674件、授权409件。劳动力转移输出常年保持在30万人左右,城镇新增就业4.6万人,城镇登记失业率控制在3.5%以内。募集善款7640万元,惠及困难群体3.8万人次。

二、发展中存在的问题

奉节集小县城、大农村、大山区、大库区于一体,"双欠"的基本县情还没有根本改变;经济总量、人均财力、城镇和农村常住居民人均可支配收入与全市平均水平还有较大差距;"一煤独大"的经济格局刚刚破解,煤炭产业刚刚实现关闭退出,转产转型发展还在阵痛期,生态经济产业化、产业经济生态化刚刚起步;大美奉节拥有绿水青山,但没有变成金山银山,"旅游+"的格局还没有形成;市场主体散小弱,大众创业、万众创新的活力还没有真正体现;工业起步晚,对经济贡献率低,未能在经济结构中占支撑地位;投资规模不大、投资结构不够合理,重大产业项目太少;社会信用体系建设还需进一步加大力度,民间借贷需要加强风险监测预警、防范杠杆叠加和交叉传染风险;社会治理面临不少新情况,就业、教育、医疗、公共安全等领域关系群众切身利益的问题还不少;政府适应新常态、引领新常态的能力和水平还有差距,还缺乏大刀阔斧、锐意改革的勇气,国有企业在经济领域的主导作用还需进一步发挥。这些都是制约奉节当前发展的瓶颈和短板。

三、2017年发展目标

2017年,是新一届县政府工作的开局之年,是全面建成小康社会的关键一年,我们将坚持以提高发展质量和效益为中心,坚持以推进供给侧结构性改革为主线,更加注重投资拉动,更加注重发展实体经济,更加注重保障和改善民生,更加注重风险防范管控,促进经济快速发展、社会和谐稳定。主要预期目标是:全县地区生产总值达到250.4亿元,增长12%以上;地方财政收入达到35亿元,其中一般公共预算收入增长12%以上;完成全社会固定资产投资307亿元,增长20%;实现社会消费品零售总额63.6亿元,增长16%;城镇和农村常住居民人均可支配收入分别达到25997元、10335元,增长10%、12%。科技研发投入增长20%以上。

(作者单位:奉节县政府研究室)

巫山县

杨世清

一、2016年发展回顾

全年实现地区生产总值101.79亿元,增长10.6%;一般公共预算收入10.32亿元,增长12%;全社会固定资产投资150.34亿元,增长23%;社会消费品零售总额37.33亿元,增长14.4%;城乡居民人均可支配收入分别为25483元、8537元,增长9.3%%、10.4%;金融机构存贷款余额为174.46亿元、93.87亿元,增长26.6%、28.6%。

(一)务实推进供给侧结构性改革

全部关闭退出9万吨及以下产能的煤矿。成功举办首届房交会,全年销售商品房30万平方米,同比增长1倍。全面实施"营改增"。阶段性降低企业职工社会保险费率。行政企事业性和涉企收费免征45项。深化商事制度改革，新增市场主体4037户。围绕交通、旅游、新城和重点产业等领域，加大有效投资，补齐发展短板，完成重点项目投资141.2亿元，同比增长21.6%。争取上级资金54亿元、对口支援资金6500万元。引进中化岩土、广东励丰、三峡新能源、民生集团、上海北桥、盈昇农业等企业来巫投资兴业。

（二）纵深推进脱贫攻坚

“1+5+11”政策体系全面落地，整合资金10.5亿元，实施项目900余个，道路、饮水、卫生室等脱贫“硬件”全覆盖。在全市率先实施“千名医务人员”“一帮一”救助贫困家庭患者攻坚行动，救助治疗2252人，健康扶贫救助模式在全国推广。完成培训就业转移2.3万人。实施高山生态扶贫搬迁6600户2.3万人。持之以恒推进“1+3”主导产业。新增山羊出栏8万只。脆李栽种达15万亩，实现产值5亿元。收购烤烟18.2万担，群众直接收益3亿元。中药材种植达15万亩，产值3.2亿元。组建非贫困村特别行动队19个，统筹推进贫困村和非贫困村协调发展。顺利完成60个贫困村整村脱贫，36313名贫困群众越过贫困标准线。

（三）全面启动全域旅游示范区创建

小三峡景区顺利回购。神女溪水陆环线基本成型，柳坪—黄岩景区开门迎客。当阳大峡谷漂流正式开漂，平河度假村提档升级，瀑布群基本建成。成功举办第十届巫山国际红叶节和首届长江三峡国际越野赛。推出巫山民间歌曲集萃。合力推进长江三峡旅游金三角一体化。不断深化“渝鄂金三角”区域合作。摩天岭风情小镇等避暑休闲地产开工建设。特色餐饮住宿业快速发展，高唐美食街、滨江风情街彰显特色，新增五星级标准酒店1家，两坪、望天坪、忍子坪、青石等地农家乐生意红火，越来越多的群众吃上了“旅游饭”。

（四）统筹城乡协调发展

县城功能不断完善。新增停车位3768个，城市智能停车引导系统正式投运。建成公厕21座。新安装人行护栏13公里。完成城区电网改造。建成朝云公园三期、文峰公园二期、迎宾大道文化墙。实施背街小巷升级改造。市容市貌环境卫生综合整治取得新成效。大昌、官渡、骡坪、龙溪、官阳、平河、当阳、笃坪等乡镇场镇绿化美化亮化持续推进。庙宇镇荣获重庆市特色景观旅游名镇。曲尺乡被誉为“库区最美花果之乡”。培石乡公路沿线建成美丽家园。美丽乡村建设示范村、农民新村示范点、搬迁集中安置点成为乡村新亮点。

（五）持之以恒改善民生

“25件重点民生实事”全面完成。建成通村通畅工程617公里。新开通农村客运线路20条。县城古城码头和双龙、培石、大溪等乡镇码头改造升级。新建饮水工程494处，整治山坪塘605口。义务教育发展基本均衡办学基本标准通过市级专项评估。县乡医疗联合体实现全覆盖。成功创建新一轮全国计划生育服务先进单位。县文化馆、图书馆达到国家一级馆标准。新增城镇就业3047人。动态调整低保对象4000余人。开展城镇房屋不动产登记。三峡后续申报年度项目55个、专项补助资金18.8亿元。完成移民统建房屋整修42万平方米。神女、朝云小区综合帮扶项目全面完成，61个移民村纳入了精准帮扶规划，移民小区综合帮扶在库区作经验交流。

（六）加强和创新社会治理

持续改善安全生产基本面。实施县城地质安全和公共设施安全全面“体检”。完成红岩子滑坡整体搬迁。妥善处置“6·27”国宾酒店外侧挡墙变形险情。新安装公路防护栏200公里。全部拆解自用小快艇。深化平安建设。刑事案件、八类案件、侵财案件、可防性案件分别下降16.8%、21.2%、19.3%、5.8%。创新严重精神病障碍患者等特殊群体服务管理机制在全市推广。强化依法治访。开展“3+3”信访突出问题专项治理，一批信访问题得到有效解决。加强基层自治。城乡居民大操大办治理深得民心，村社道路、农村水利工程自治管护全面实施，农村面源污染治理有序推进。

二、发展中存在的问题

一是由于受宏观经济调控影响，加之产业结构调整需要时间,全县经济总量仍然偏小、支柱产业核心竞争力较弱、创新引领和驱动乏力的基本现状还未得到根本改变。二是民生改善需求较大，特别是在未来一段时间既要打赢脱贫攻坚战,又要打好脱贫巩固战。三是各种矛盾和各类风险交织,安全生产、信访稳定压力在一定程度上影响发展,社会治理创新还需加强。

三、2017 年发展目标

总体要求是：高举中国特色社会主义伟大旗帜,以毛泽东思想、邓小平理论、“三个代表”重要思想、科学发展观为指导,深入贯彻习近平总书记系列重要讲话和视察重庆重要讲话精神,按照“四个全面”战略布局,牢固树立和贯彻五大发展理念,全面融入长江经济带建设,立足生态涵养发展区功能定位,不断加强经济建设、政治建设、文化建设、社会建设、生态文明建设和党的建设,确保新一届政府开好局、起好步,持续推动经济社会健康发展。经济社会发展预期目标是：实现地区生产总值 110 亿元，增长 10%;全社会固定资产投资 173 亿元,增长 18%;社会消费品零售总额 42.5 亿元,增长 14%;一般公共预算收入 11.3 亿元,增长 10%;城乡常住居民人均可支配收入分别达 28000 元、9700 元,增长 9%、11.5%。环境保护等约束性指标完成上级下达的目标任务。

(作者单位:巫山县政府办公室)

巫溪县

巫溪县政府办公室

一、2016 年工作回顾

2016 年，实现地区生产总值 82.37 亿元,增长 9.7%;三次产业结构比调整为 20.4:37.2:42.4;固定资产投资 172.66 亿元,增长 12.6%;社会消费品零售总额 28.5 亿元,增长 13.6%;一般公共预算收入 7.46 亿元,增长 10.5%;金融机构人民币存贷款余额增长 20.2%;城乡居民收入分别达到 21380 元、7826 元,增长 9%和 11.5%。

(一)紧扣生态优先,深入实施“一城两带两区”发展战略

认真贯彻全市发展战略，制定出台《巫溪县深化拓展“一城两带两区”实施意见》,不断完善“一城两带两区”发展“1+3+N”政策体系。优化区域产业布局，各功能区带呈现差异发展、特色发展、协调发展的良好格局。加强生态建设保护,深入实施五大环保行动,开展河道采砂等突出环境问题整治,县域环境质量保持全市领先,通过重庆市生态文明建设示范县现场验收。

(二)决战脱贫攻坚,圆满完成年度销号任务

整合投入脱贫资金 12.3 亿元,圆满完成 100 个贫困村销号、5.2 万贫困人口脱贫越线。贫困村基础设施全面改善，实施农村公路硬化 658 公里;解决 5.25 万人农村人口饮水安全问题;改造农村危房 4196 户；完成高山生态搬迁 9418 人,其中建卡贫困人口 8053 人。创新实施光伏扶贫、构树扶贫、金融扶贫三大试点,贫困户增收渠道逐步拓宽,规划建设村集体光伏 121 座、户用光伏 1300 座;试点推广构树种植 500 亩,发展中药材“订单”种植 2690 亩;出台建卡贫困户教育资助和医疗精准救助政策,设立 1500 万元风险金、1500 万元贴息金、500 万元保险金,“1+1+11”脱贫攻坚政策体系不断完善。贫困人口人均纯收入增速达 20%以上。

(三)培育骨干产业,经济发展基础不断夯实

1.农业发展提质增效

实现农业增加值 17.79 亿元，增长 5.8%。“1112”重点农业产业及核桃、土鸡等特色产业加快发展。启动中国·比利时马铃薯工程中心建设。新增农业产业化市级龙头企业 8 家、农民专业合作社 71 个、家庭农场 105 个,农村土地适度规模经营率达 30.2%。新认证无公害农产品 29 个、绿色食品 2 个,获批市级名牌农产品 2 个。

2.工业基础逐步夯实

新增规上工业企业 3 户，规上工业产值达到 23.3 亿元。完成水泥产量 42 万吨。新增大理石产能 80 万平方米。镇泉电站、建楼电站投产发电，新增水电装机 4 万千瓦，完成发电量 14 亿度。成功引进“浙商产业园”、豪成桂鞋业等项目入驻工业园区。汇锦玻璃、巴山佳芋一期、红池腊鲜技改项目建成投产。

3.商贸服务持续繁荣

完成批零总额 59.9 亿元、住餐营业额 7.6 亿元,分别增长 16.2%、18.5%。新增限额以上商贸流通企业 9 家。亿联商贸城主体工程竣工,招商态势良好。新世纪百货巫溪商都开业。建成渝中·巫溪电商产业园和 235 个电商服务站点,实现电商交易额 15.2 亿元。

4.生态旅游加快发展

全年接待游客 480 万人次，增长 18.6%;实现旅游收入 19 亿元,增长 17.4%。红池坝、兰英大峡谷、大宁古城等重点景区配套设施建设取得新进展,宁厂古镇开发权回购工作全面启动。成功举办红池坝国际攀岩活动、红池坝高山花海音乐季、国际山地自行车赛等活动,旅游知名度不断提升。新培育乡村旅游接待户 100 户,年接待游客 50 万人次。古路镇、花台乡、通城镇成功申报重庆市首批全域旅游示范乡镇(街道)创建单位。

(四)统筹城乡建设,城乡面貌显著变化

1.城市建设扩模提质

新增城镇建成区 1 平方公里，竣工城镇房屋 150 万平方米,新增城镇人口 8000 人,常住人口城镇化率达 34%,提高 1.5 个百分点。顺利开展城乡总体规划编制和城市规划修编，启动海绵城市规划编制和 4 个镇总体规划修编，推进城乡专项规划编制，完成综合交通等 3 个县域专项规划和 5 个城区专项规划。完成城市棚户区改造 13 万平方米,南门湾、交运、丝厂等片区改造有序推进。成功引进碧桂园集团,启动碧桂园·翡翠郡建设。五宗限价商品房累计完成主体建设 90 万平方米,南岸 F 地块、帝景豪庭三期等商住小区主体工程竣工。启动体育馆、游泳馆、博物馆、科技馆、青少年宫建设前期工作,中医院住院大楼、大宁河防洪护岸工程强力推进,县城第二污水处理厂、第二自来水厂即将竣工,马镇坝北岸一横四纵路网建成投用，北门大桥及县城岩崩避绕公路竣工通车。

2.城镇建设加快推进

积极推进国家级重点镇、市级中心镇、特色小镇建设。建成 5 个农民新村示范点和 3 个市级美丽宜居村庄。24 个乡镇集中居住点进入扫尾阶段。

3.基础设施不断夯实

实施行政村通畅工程 658 公里，行政村通畅率达 100%;新增客运车辆 30 台、农村客运班线 7 条,行政村通客车率达 69.7%。建设高标准基本农田 1 万亩，启动农村饮水巩固提升项目 128 个;整治和新建山坪塘 95 口;建成金鱼水库及配套引水工程;完成病险水库加固 4 个,新增蓄水能力 60 万立方米，恢复和改善灌溉面积 0.3 万亩。全面完成农村电网升级改造。城区、乡镇、重点村 4G 网络实现全覆盖。

(五)落实改革部署,创新驱动发展全面推进

1.实施供给侧结构性改革

出台《巫溪县推进供给侧结构性改革工作实施方案》,推进“三去一降一补”重点任务。全面完成煤矿关闭任务,关闭煤矿 17 个,化解煤炭产能 90 万吨。成功举办首届房交会,成交商品房 17.1 万平方米。全面清理“僵尸”企业和“空壳”公司。认真落实市政府“涉企政策 30 条”,发放创业担保贷款 1.1 亿元，着力降低企业成本,

有效促进实体经济发展。

2.加快推进行政审批制度改革

公开318项审批事项清单。全面核对4908项行政权力清单、保留4850项,并在县政府门户网上公布。全面实施集中支付改革,非税收入全部纳入"收缴系统"。全面落实"营改增"试点扩围工作。深入推进投资审批改革,固定资产投资项目全面实行"线上审批"。全面实行"五证合一、一照一码"登记制度改革。完成农村集体资产清产核资和112个村(社区)农村集体资产量化确权改革,启动农业项目财政补助资金股权化改革试点。完成全县党政机关公务用车制度改革。稳步推进国有企业、投融资体制、户籍制度、机关事业单位养老保险、县级公立医院、供销合作体制、国有林场等其他专项改革。

3.扎实推进创新开放

制定出台《巫溪县深化体制机制改革加快实施创新驱动发展战略实施方案(2015—2020年)》,设立财政支持创新驱动专项资金。新争取市级科技项目8个,成功申报专利180项,培育创新创业平台13家。致恒科技、龙凤木梳等20家企业进入重庆市科技型企业数据库。不断优化发展环境,提高纵深开放水平,全年利用内资总额21.4亿元,到位对口帮扶、东西协作、对口支援资金5617.4万元。

(六)坚守绿色本底,生态环境质量持续优化

坚持把生态优先发展放在首位,严守"五个决不能"底线和耕地、林地、森林三条生态红线。深入实施环保"五大行动"。淘汰黄标车及老旧车338辆,超额完成市下达的节能减排任务,空气质量优良天数保持在360天以上。新造林17.73万亩,森林覆盖率达64.8%。完成生态环境综合治理1.27万亩,石漠化治理1.77万亩。全力开展河道采石和制沙行业专项整治行动,主要河流水质保持稳定。稳步推进尖山等7家污水处理厂前期工作,完成峰灵污水处理厂主体工程。完成16个农村环境连片整治项目。建立畜禽养殖分级管控和部门合作机制。健全生态文明制度建设,完成产业准入负面清单,扎实开展突出环境问题专项整治。中央环保大督察交办问题全面整改落实。顺利通过全国可再生能源建筑应用示范县验收和"市级生态文明建设示范县"现场验收。

(七)加强民生保障,不断增进民生福祉

1.社会事业加快发展

制定义务教育基本均衡县创建方案,整合"全面改薄"、校安工程等项目资源,不断改善办学条件,实现贫困学生资助和营养改善计划全覆盖。推进县人民医院后续工程、县中医院住院大楼工程、县精神卫生院主体工程建设,完成39个村卫生室标准化建设,加强公共卫生服务,贯彻落实计划生育基本国策。完成28个村公共文化服务中心示范点和13个社区文化室建设,新建2个农民体育健身广场、50个农体工程。

2.社会保障不断加强

发放创业担保贷款9200万元,新增城镇就业4217人,城镇登记失业率控制在3.9%。城乡居民养老保险、医疗保险参保率稳步提升。实现低保对象应保尽保,特困人员供养切实开展,双拥优抚、临时救助、医疗救助力度进一步加大。

3.社会大局平安稳定

强化安全生产监管,没有发生较大及以上安全生产事故,事故起数和人数双下降。扎实开展矛盾纠纷排查化解和信访维稳工作,加强社会治安立体化防控体系、公安基层基础建设,群众安全感指数名列全市前茅。

二、发展中存在的问题

产业基础薄弱、结构不合理,农业仍以碎片化经营、初级产品加工为主,龙头企业整合带动效应不明显,精深加工企业引进及农产品品牌培育滞后;煤矿关闭致使水泥行业持续低迷,水电行业发展瓶颈开始显现,新的工业增长点和支柱产业短时间难以形成和发挥支撑作用;房地产市场发展不确定因素增多,去库存压力将逐渐传导;城乡居民收入增速不快,社会事业发展相对滞后,脱贫攻坚任务艰巨,基本公共服务体系尚不健全,安全稳定压力仍然较大。

三、2017 年发展目标

2017 年全县经济社会发展的主要预期目标是：地区生产总值增长 9.5%左右，全社会固定资产投资增长 10%，社会消费品零售总额增长 12%，一般公共预算收入增长 8.5%，金融机构人民币存贷款余额增长 20%，居民收入增长与经济增长基本同步，主要污染物减排达到国家和市定约束性要求。一是整合全县力量，决战决胜脱贫攻坚；二是着眼转型升级，大力培育支柱产业；加速发展生态旅游，提质增效生态农业，转型升级特色工业，繁荣活跃商贸服务。三是统筹城乡建设，不断夯实发展基础。加强城乡规划建设管理，加快完善城乡基础设施。四是深化改革创新，加快释放发展活力。推进供给侧结构性改革，强化重点领域改革，实施创新驱动发展战略，全力抓好招商引资。五是坚持以民为本，着力增进民生福祉。促进社会事业协调发展，提升社会保障能力，加强和创新社会治理，扎实办好市县民生实事。六是坚守绿色本底，强化生态文明建设。七是着力加强政府自身建设。

石柱土家族自治县

石柱县政府办公室

一、2016 年发展回顾

2016 年，全县人民在市委、市政府和县委、县政府的坚强领导下，全面贯彻“五大发展”理念，深化落实发展战略，紧紧围绕“三县一地”目标，全力稳增长、促改革、调结构、惠民生、防风险，全县经济社会持续健康发展，人民群众安居乐业，实现“十三五”良好开局。

（一）综合经济实力持续提升

全年实现地区生产总值 145.42 亿元，同比增长 10.5%；全部工业增加值 50.92 亿元，增长 11.8%；固定资产投资 156.36 亿元，增长 17.5%；公共财政预算收入 13.54 亿元，同口径增长 14%；社会消费品零售总额 55.17 亿元，增长 14.4%；城乡居民人均可支配收入分别达到 27527 元、10674 元，增长 9.6%、10.7%。城镇登记失业率 2.1%。居民消费价格涨幅控制在 2%以内。全面完成市下达总量减排目标任务。

（二）全力以赴稳定经济增长

有序推进供给侧结构性改革，提前完成煤矿关闭攻坚任务，整体退出煤炭生产市场；认真落实减税降费政策，减轻企业负担 1.6 亿元；实施楼市新政去库存 8 万平方米。集中攻坚 100 个重点项目，投资增长“由负转正”。加强政府债务管控，优化债务结构，债务总额严格控制在红线以内。策划包装基金项目 41 个，申请专项基金 25.1 亿元。新增银行贷款 15.3 亿元，存贷比达到 48%。立项争资 31.5 亿元。新增用地指标 2695 亩。依法征收集体土地 2131 亩。拆除违法建筑 2.1 万平方米。

（三）加快推进以康养为主的绿特产业发展

突出发展康养休闲生态旅游业。理顺旅游管理体制机制，启动国家全域旅游示范区和康养旅游示范基地创建工作，冬季冰雪旅游取得突破，千野草场成功创建国家 4A 级景区，黄水民俗生态旅游服务标准化试点成功通过国家标准委验收。全年接待游客 683 万人次，实现收入 34.1 亿元。大力发展特色效益农业。“4+X”特色产业体系加快形成，武陵山现代农业科技创新园成效初显，成功创建全市首个国家农业综合标准化示范县。农业增加值达到 24 亿元，增长 5%。加快发展特色生态工业。持续完善园区功能配套，全力抓好集群招商、项目落地和重点企业培育，电子信息产业产值超过 10 亿元。完成工业投资 28.5 亿元，实现规上工业产值 120 亿元，增长 14.5%。积极发展商贸流通业。鲤塘坝、都督大道、火车站片区商业配套逐步完善,渝东中央大街商务区加快形成;积极创建全国电商进农村综合示范县,建成农村电商公共服务站323个,绿特农产品电商交易额突破1.5亿元。商品销售总额达到115亿元,增长15%。

(四)着力加快城乡一体化步伐

加快基础设施建设。建成沿江高速公路,开工建设石黔高速公路,完成48公里国省道路面大修,新建改建农村公路402公里;扎实推进东方红水库和重点输变电工程建设。突出抓好县城建设与管理。统筹推进新区开发和老城提质,策划总投资32.6亿元城市重点项目,加快实施龙河生态湿地公园等33个项目,完成牛石嵌道路改造等项目;全面启动“四城同创”,开展城市综合整治“六大行动”,“脏乱差堵旧”顽疾有所改善。着力打造特色集镇。持续开展场镇综合环境提升工程,扎实推进鱼池、枫木等6个特色功能小镇建设。加快建设美丽乡村。加强农村基础设施、公共服务设施建设,开展农村环境综合整治和“豪华墓”“活人墓”专项治理,农村人居环境明显改善。

(五)扎实推进改革开放

扎实推进重点领域改革,“放管服”、国有企业、投融资体制、农村领域及公车改革等取得突出成效;加大基层改革力度,重点推进9项特色改革,调整财政管理体制、强化行政效能问责机制等方面取得积极进展;大力支持群团改革,群团工作活力增强。加强与科研单位、金融机构合作,大力推动集群招商。全年合同引资360亿元、实际到位56亿元;新增外贸企业4家,实现外贸出口2500万美元。出台13条科技创新政策,支持企业完成20个技改扩能项目,培育2家市级众创空间、2家国家高新技术企业,3家企业成功入选全市100户“专精特新”工业企业。

(六)抓紧抓实脱贫攻坚工作

全年投入资金9.7亿元,组建驻村工作队85个,集中人力物力攻坚。坚持精准扶贫、精准脱贫,扎实推进“六个一批”政策到户到人。大力推广14种产业扶贫方式和4种资产收益扶贫模式,引导712家市场经营主体与1.5万贫困户建立利益联结机制,发展特色种植业5.4万亩、养殖业30余万头(只)。实施易地扶贫搬迁1067户、3835人。争取山东淄博、中核集团、金科集团等社会扶贫资金7167万元。实现2.93万贫困人口稳定脱贫、35个贫困村脱贫销号,代表重庆市接受国务院督察巡查,年度脱贫工作初步通过市级验收。

(七)高度重视和加强生态文明建设

加强生态环境保护。坚决守住“三条生态红线”,完成营造林23万亩,建立中小型河流环境保护“河长”管理制度。抓好突出环境问题治理。深入实施环保“五大行动”,县城空气质量优良率达到93%,集中式饮用水源地水质安全,主要污染物削减达标率居渝东南首位;实施农村环境连片整治项目21个;扎实开展大排查大整治大执法大督察专项行动,立案查处环境违法案件21件;持续开展林业有害生物防治,严厉打击乱砍滥伐行为。扎实开展基层生态创建工作。建成市级生态文明建设示范乡镇3个、示范村8个。

(八)切实保障和改善民生

全年民生支出27亿元,占公共财政预算支出的59.3%。认真办好民生实事。新建农村生产便道193公里,新增农村客运线路9条,整治山坪塘380口,完成58个村卫生室标准化改造、101个村卫生室基本设备配备。统筹推进社会事业发展。改造寄宿制学校6所、薄弱学校30所,顺利通过义务教育发展基本均衡县市级综合督导;启动县人民医院创“三甲”工作,改扩建13个乡镇卫生院,建成重医黄水康复中心;开工建设民族文化中心;率先在全市成功创建全国民族团结进步示范县;成功举办首届民族体育运动会、承办国家民委“中华民族一家亲”系列活动。切实增强社会保障能力。新增城镇就业9336人,实施棚户区改造375户,建成社区养老服务站3个,城乡居民养老保险、医疗保险参保率均稳定在95%以上。

(九)深入推进社会治理创新

加强城乡社区建设,社区网格化、便民化水平不断提升。深化依法治访工作,突出抓好信访问题源头治理和“非访”问题依法治理,“信访终结”课题获得全国首届法治信访进步奖。加强房地产、金融等重点领域社会风险排查化解,妥善做好应对处置工作。持续开展“打非治违”和安全生产专项整治,生产安全事故起数、死亡人数同比分别下降15.4%、26.7%。重视防灾减灾和应急管理工作,妥善处置各类突发事件183起。加强食品药品监管,餐饮安全、用药安全得到有效保障。不断完善立体化社会治安防控体系,扎实开展“渝安1号”专项行动,“八类主要刑事案件”下降15%,全县社会祥和安宁。

二、发展中存在的问题

一是经济总量偏小,投资增长动力不足,第三产业水平不高,稳增长、扩总量任务艰巨。二是传统产业转型升级慢,新兴产业尚在起步阶段,特色产业链条延伸不够,转方式、调结构任务艰巨。三是城市建设管理有待加强,农村基础薄弱,社会事业欠账大,贫困程度深,脱贫攻坚、全面小康任务艰巨。

三、2017年发展目标

2017年预期目标是:完成“三县一地”建设年度任务。地区生产总值增长10.2%、规上工业增加值增长12.3%、固定资产投资增长16%、社会消费品零售总额增长14%、公共财政预算收入增长11%,城乡居民人均可支配收入分别增长9.5%、11.5%,城镇登记失业率控制在4.5%以内,居民消费价格涨幅控制在3%以内。主要节能减排指标达到市定约束性要求。

秀山土家族苗族自治县

秀山县政府办公室

一、2016年发展回顾

2016年,秀山围绕“科学发展、富民兴秀”总任务,坚定贯彻生态保护发展战略,强力推动产业发展城乡建设,经济社会平稳较快发展。

(一)县域经济在持续培育支柱产业中不断发展

地区生产总值实现150.6亿元,增长10.2%;城乡常住居民人均可支配收入分别实现27483元、9263元,增长9.3%、10.8%。农业产业稳步发展。主打“一药两茶”重点农业产业,新增培育新型农业经营主体943家,新认证“三品一标”48个,农机化综合作业率、规模经营集中度分别达到49.0%、40.5%,农业总产值、增加值分别增长14.2%、5.4%,增幅保持全市前列。工业经济逐步发力。确立工业“1+2+X”产业体系,组建投资促进中心,掀起主攻工业、决战园区的新高潮。海王药业等一批重点项目相继落地,新增工业项目41个。工业园区二期3.9平方公里扩展区启动开发,新增完成投资25亿元,园区工业集中度达到81.8%。秀山成为国家独立工矿区转型试点县。商贸物流更趋活跃。全县商业设施面积突破180万平方米,限上商贸企业达到109家。物流园区县外消费占比达到60%,实现货物周转400万吨、市场交易额150亿元。农村电商再添亮点,“村头”平台上线5个月吸引全国县域加盟商31个,全县电商交易额实现65亿元、增长38.6%,“互联网+三农”秀山模式逐步走向全国。旅游发展提速进挡。川河盖、边城洪安、百年西街等旅游项目统筹推进,乡村旅游持续火热,完成旅游投资39.1亿元,游客接待量406万人次,旅游综合收入达18.8亿元,分别增长

117.2%、29.6%、45.7%。

(二)城乡统筹在持续改善基础环境中扎实推进

突出城市建设、基础夯实、生态改善等重点，强力推进城乡一体化发展。城市建设结硕果。完成《城乡总体规划(2015—2030年)》编制，乡镇总体规划实现全覆盖。县城建成区面积拓至18.7平方公里,城镇化率达到38.64%。重点项目土地房屋征收逐个破题，征收总量相当于过去两年之和。城市外环线等项目全速推进,城市路网体系加速完善。新建、续建房地产256万平方米,改造城市棚户区5.5万平方米。海绵城市年度建设项目完成质量为全市3个试点区县最佳。持续开展“五城同创”,成功创建国家卫生县城、国家园林县城。基础建设获突破。秀松高速正式通车,渝怀二线(秀山段)推进顺利,秀印高速等纳入市级规划。完成国省道升级改造,新增实施农村通畅工程150公里,行政村通畅率、撤并村通达率实现“双百”目标。隘口水库蓄水成功,第三水厂即将投用,全年新增解决5.9万农村人口饮水安全问题。完成47个村电网升级改造。生态环境有改善。进入国家生态文明先行示范区、国家生态保护与建设示范区建设序列。扎实推进环保“五大行动”,节能减排降碳全面达标。实施营造林15万亩、石漠化治理60平方公里,森林覆盖率达到51%。农村生活垃圾有效治理比例达到87.6%，农环治理工作走在全市前列。

(三)发展动能在持续深化改革开放中蓄势渐发

坚持用好改革、开放和创新三把“金钥匙”,使之成为强大的内生动力。稳步推进农业生产全程社会化服务等农村综合改革试点，农业企业、合作社与农村集体经济组织及成员利益联结机制更加紧密。不断深化财税体制改革,政府债务绿色可控,“营改增”改革取得关键进展。深化投融资体制改革,争取地方政府新增债券5.5亿元、置换债券资金3.7亿元,节约利息支出1.3亿元。工业园区成功发行8亿元企业债券,成为全市县级行政单元首家。抢抓“拨改贷”契机,到位专项建设基金13.7亿元。扎实推进供给侧结构性改革,制定清单15个、任务80项。积极推进商事制度改革，工商登记前置审批事项减至34项。清理并公开现行有效行政权力4558项,全面运行网审平台,34个单位行政审批事项全部录入。成功举办第五届武陵山商品交易博览会。与山东德州等市内外城市及周边区县的交流日益密切。

(四)民生福祉在持续强保障促公平中扩面提质

坚持财政支出民生类占比在60%以上,人民群众的获得感和满意度不断提高。构建民生实事滚动实施机制，年度25件民生实事全面完成。义务教育发展基本均衡县创建工作顺利通过市级验收,高级中学高考核心指标继续领先渝东南。养怡康复医院等社会资本办医积极进入,城乡医疗服务体系全面夯实,县域医疗资源总量不断加大。加快“双创”示范基地建设,新增市场主体6259个。成功创建县级一等车管所,武陵驾考中心投入运营,极大方便群众。突出的环境问题得到有效整改。平安秀山成效明显,人民群众安全感明显提升。社会矛盾纠纷联动排查化解卓有成效,信访总量持续下降。安全生产形势稳定好转,煤炭企业全部关闭,提前摘掉全国金属非金属矿山安全生产攻坚克难重点县牌子。

二、2017年发展目标

2017年,全县经济社会发展的主要目标是:地区生产总值增长10%以上，固定资产投资增长16%以上,规上工业增加值增长14%以上,社会消费品零售总额增长15%以上，一般公共预算收入增长10%以上，城乡常住居民收入增长与经济增长基本同步。单位生产总值能耗、二氧化碳减排等约束性指标完成市定任务。

酉阳自治县

许乾江

一、2016 年发展回顾

(一)经济发展

2016 年,全县地区生产总值 129.48 亿元,同比增长 10.1%。第一、二、三产业增加值分别为 27.71 亿元、54.53 亿元、47.24 亿元,三次产业对经济增长的贡献率分别达 11.8%、50.4%、37.8%,分别拉动经济增长 1.2、5.1 和 3.8 个百分点。按常住人口算,人均生产总值 23370 元,增加 2462 元,增长 11.2%。组织全口径财政收入 23.6 亿元,增长 28.23%;本级一般公共预算收入 13.6 亿元,增长 12.98%,同口径增长 19.6%;本级一般公共预算支出 58.1 亿元,增长 11.2%;地方财政收入 18.2 亿元,增长 32.59%;地方财政支出 63.3 亿元,增长 11.2%。年末金融机构各项存款余额 205.14 亿元,增长 23.1%;贷款余额 100.28 亿元,增长 38.18%,银行存贷比 48.88%,上升 5.33 个百分点。金融机构住户储蓄存款余额 131.14 亿元,增长 12.26%。保险机构 12 个,保费总收入 4.25 亿元,增长 24.63%;各类保险赔款支出 1.51 亿元,增长 30.30%。

农业总产值 44.83 亿元,增长 16.1%,其中:种植业产值 21.95 亿元,增长 13.32%;林业产值 3.5 亿元,增长 18.64%;牧业产值 18.57 亿元,增长 18.36%;渔业产值 0.53 亿元,增长 47.22%;农林牧渔服务业产值 0.28 亿元,增长 16.67%;实现农业增加值 27.9 亿元,其中:农业 15.1 亿元、林业 2.71 亿元、牧业 9.45 亿元、渔业 0.44 亿元、服务业 0.2 亿元。

粮食作物播种面积 138 万亩,粮食总产量 38.49 万吨,增长 0.47%;油料产量 3.01 万吨,增长 3.21%;蔬菜产量 31.86 万吨,增长 5.51%;水果产量 20077 吨,减少 7.5%;茶叶产量 1375 吨,增长 12%;烟叶产量 12206 吨,减少 8.1%;水产品产量 1875 吨,增长 4%;肉类产量 6.7 万吨,减少 1.5%,其中:猪肉 4.89 万吨,禽肉产量 4154 吨,生猪出栏 661325 头,减少 3.3%,存栏 546635 头,减少 3.3%。农业企业 586 家,其中:农业产业化县级龙头企业 81 家,市级龙头企业 25 家。农民专业合作社 1452 家,其中:市级示范社 15 家,国家级示范社 4 家;家庭农场 152 家,种养大户 2400 户。申报注册农产品商标 379 个,获重庆市著名商标 3 个、重庆老字号 1 个、重庆市名牌农产品 2 个、重庆市优质土特产 3 个、无公害认证 37 个、绿色认证 6 个、有机认证或处于转化期 6 个、国家地理标志证明商标 7 个。新增农产品初加工企业 30 余个,改造升级 8 个。

工业总产值 145 亿元,增长 17.28%,规上企业 27 户。规模以上工业总产值 105.98 亿元,增长 16.1%,其中:轻工业产值 77.17 亿元,增长 26.9%;重工业产值 28.81 亿元,下降 5.4%。工业产品销售率 99.8%,与上年度基本持平。工业销售产值 150.1 亿元,增长 11.18%,其中:规模以上工业销售产值 105.77 亿元,增长 106.9%。工业利税总额 15.59 亿元,增长 13.6%。工业企业全年生产电子元件产量 2112 万只,下降 31.18%;服装产量 639.51 万件,增长 19.78%;商品混凝土产量 9 万立方米,减少 50%;纱产量 1667 吨,减少 40%;十种有色金属产量 7925 吨,增长 17.7%;饲料产量 5890 吨,增长 4.1%;水泥产量 73.51 万吨,增长 19.84%。

建筑业产值 75.9 亿元,增长 15%。完成投资 10.6 亿元,增长 5%。新开工商品房 27.77 万平方米,减少 33.7%;竣工商品房 36.2 万平方米,增长 65.3%;销售商品房 28.35 万平方米,增长 95.5%;商品房销售均价 4500 元/米^2,增长8.3%。

全年有万僖中央广场、土家八千、盛世华典、阳光新世界、华章财富国际、龙湾嘉苑等房地产项目22个,其中:竣工项目12个,在建项目10个。

公路客运量1391万人次,增长1.5%,客运周转量89068万人公里,减少5.2%;货运量560万吨,增长5.7%,货运周转量49429万吨公里,增长12.2%。水路运输客运量5.7万人次,增长5.7%,客运周转量91.8万人公里,增长20.8%;货运量3.7万吨,减少12%,货运周转量237万吨公里,减少19.1%。通车里程4045公里,其中:国道261公里,高速公路101公里,省道460公里,县道120公里,乡道562公里,村道2536公里,林业专用公路5公里。行政村通畅率达100%,撤并村通达率达100%。

邮电业务总量3.89亿元,增长15.3%,其中:邮政业务量6860万元,增长21.1%;电信业务量3.2亿元,增长14.1%。年末拥有固定电话用户47736户,增长46.7%;移动电话用户468618户,增长11.5%,其中:城区137446户,农村331172户;宽带上网用户9.4万户,增长86.5%。

全社会固定资产投资171.58亿元,增长13.4%,其中:工业投资22.32亿元,下降32.1%;农业投资18.56亿元,增长19.6%;水利建设投资19.13亿元,增长20.3%;房地产开发投资13.14亿元,增长29.6%;交通投资27.93亿元,增长19.8%;其他投资70.48亿元(含旅游投资12.06亿元),增长32.9%。全年实施重点项目96个,涵盖交通、水利能源、城镇建设、工业、旅游开发、商贸流通、社会事业、农业农村等八大重点领域,其中:续建项目35个、重大前期项目9个、新开工项目42个,完成投资63亿元。西沿高速全线贯通,S422线改造工程基本完工,完成10000人高山生态扶贫搬迁安置、160公里村社便道建设、320余公里行政村通畅及撤并村通达建设项目。西城河景观改造项目一期工程建设加快推进,桃源世家、酉州广场、东风坝农贸市场等项目加快推进。完成45个行政村农村环境连片整治,5个村寨被评为传统历史文化村落,启动4个市级农民新村和13个传统村落保护项目建设。

社会消费品零售总额52.3亿元,增长13.9%,其中:城镇48.2亿元,增长21.6%;乡村4.1亿元,减少34.4%。集市贸易市场40个,其中:县城3个,乡镇37个。集贸市场交易额17亿元,其中:钟灵山、酉州商业城、城南等3个县城农贸市场交易额共达10亿元,增长19.6%,37个乡镇集贸市场交易额7亿元,增长16.5%。居民消费价格指数1.8。钟灵山农贸市场跻身全市农贸市场20强,板溪公共配送中心建成投用,麻旺镇、李溪镇建成重庆商贸强镇。新增星级农家乐25家,桃源水街建成市级特色夜市,酉州古城通过商务部中华美食街评审。举办第六届中国·酉阳桃花源美食节暨羊肉品尝周,会展直接销售收入2407.8万元,会展经济增长23.5%。重百超市设立“酉阳直采蔬菜”专区。“一馆两园三中心”建成投用,完成35个乡镇电商服务中心和202个村级服务站建设,实现贫困村全覆盖。县、乡、村三级农村电商服务体系初步建立。阿里巴巴“旺农贷”成功落地。快递进港585万单,出港112万单,电商交易额20.5亿元,增长65.8%,农产品上行销售额2.08亿元,增长138.7%。

外贸进出口总额2.1亿美元,其中:外贸出口额2.095亿美元,协议利用外资1135万美元,实际利用外资1135万美元。新增对外贸易经营备案企业3家,外贸实绩企业1家,跨境电商020体验店3家。利用内资95亿元,增长12.7%。

接待游客1019.34万人次,增长25.10%;旅游综合收入46亿元,增长46.63%,购票旅客突破100万人次,其中:国内游客1006.45万人次,增长25.35%;境外游客12.87万人次,增长8.88%,旅游外汇收入7722万元;过夜游客153.34万人次,增长10.87%。建成桃花源景区自助售取票系统和基础网络,网络分销系统与OTA平台成功对接。开通凤凰、张家界、恩施、宜昌、武汉、河南等省市直达酉阳旅游直通车和专列,新增贵阳、广州、上海、郑州、西安等5个旅游营销办事处,驻外旅游营销办事处增至8个,旅游营销网络覆盖全国20余个省市。改版升级《梦幻桃源》,新创作编排《土司嫁女》《州官巡城》《土家祭祀》等文化精品节目5个。

(二)社会事业

科技活动经费支出1.72亿元,其中研究与发展经费支出1.7亿元。实施市级科技计划项目8个,组建1000万元(首期300万元)创业种子投资引导基金;首次设立企业自主创新引导专项。新增市级"众创空间"1个、创新创业团队1个、科研及技术服务机构2个、高新技术企业2个、科技型企业39个,科技中介服务机构和科研机构分别增至6个和10个。新认定重庆市高新技术产品5个,登记科学技术成果4件。专利申请63件,增长26%,其中:发明专利申请21件,增长75%;专利授权37件,与上年持平。

全县有各级各类全日制学校396所,其中:小学290所(包括教学点150个)、初中36所、完全中学3所、高级中学1所、职业教育学校2所、特殊教育学校1所、幼儿园63所。各级各类在校学生139268人,其中:幼儿21879人、小学67013人、初中31231人、普高15540人、中职3519人、特教86人。教职工8548人,其中:幼儿园教师903人、特校教师25人、小学教师3867人、初中教师2466人、高中教师944人、中职教师343人;专任教师7551人,其中:幼儿园教师487人、特校教师24人、小学教师3701人、初中教师2223人、高中教师846人、中职教师270人。有教学班3126个,其中:学前教育669个、小学1549个、初中590个、高中226个、中职81个、特教11个。小学、初中正常适龄儿童入学率均达100%,小学、初中巩固率分别达99.9%、98.8%,小学、初中毕业率分别为100%、99.99%。高考本科上线3269人,上线率50.54%,提高2.94个百分点;专科以上上线6312人,上线率97.6%,提高2.42个百分点。

有县级文化馆1个、乡镇综合文化站38个、村级农家书屋278个。有县级图书馆1个,馆藏量10万册。完成数字图书馆、数字文化馆建设,数字文化馆建设纳入全国试点。政府向社会购买公共文化演出服务404场次。发放并安装直播卫星"户户通"12810套。建成10个贫困地区村综合文化服务中心。送电影到行政村、社区4888场次,惠及观众588420人次。新增市级"非遗"项目11项,县级非遗项目76项。有国家级"非遗"项目3项、市级"非遗"项目25项、县级"非遗"项目198项,国家级、市级"非遗"传承人37人,县级非遗传承人224人。建成"非遗"传习所8个。赵世炎烈士故居、南腰界革命根据地纳入全国红色旅游经典景区名录。龙潭镇吴家院子纳入重庆市第一批优秀历史建筑名录。有广播电视台1家,高山台无线发射站1个,有线数字电视用户3.1万户,乡镇经营维护站13个;有体育馆1个、体育场1个、游泳馆1个、网球场3个、乡镇健身广场9个、健身路径工程25个、体育主题公园登山步道8个、农民体育健身工程265个、社区健身示范点5个,有体育协会10个。

有各级各类医疗卫生机构295个,其中:村卫生室(含撤并村卫生室)239个,乡镇卫生院37个,街道社区卫生服务中心2个,县属卫生计生单位7个(县人民医院、县中医院、县精神病医院、县妇幼保健计划生育服务中心、县卫生计生监督执法局、县疾控中心、县结防所),民营医院10个。医疗机构病床数2851张,其中:公立医院2436张、民营医院415张。公立卫生机构从业人员1954人,民营医疗机构从业人员395人;户籍人口出生率9.24‰;户籍人口符合政策生育率88.29%,提高1.59%。

机关事业单位在岗职工14896人,在岗职工年平均工资87396元,城镇常住居民人均可支配收入22473元,增长9.9%;农村常住居民人均可支配收入8069元,增长11.1%。城镇居民人均住房面积41.33平方米,农村居民人均住房面积49.38平方米。

参保总人数117.6万人次,增长0.02%,其中:养老保险26896人次、医疗保险34688人次、工伤保险 38166 人次、生育保险 25429 人次、失业保险 29837 人次。基金征收 49384.69 万元，增长 0.05%，其中：养老保险基金 3193 万元、医疗保险基金 17967.56 万元、工伤保险基金 1157.2 万元、生育保险基金 567.45 万元、失业保险基金 511.9 万元。社保基金总支出 98684 万元，增长 59%，惠及 317622 人次，其中：养老保险基金支出 59034 万元，惠及 129394 人次；医疗保险基金支出 37993.8 万元，惠及 158862 人次；工伤保险基金支出 625.2 万元，惠及 144 人次；生育保险支付 1031.08 万元，惠及 498 人次；失业保险基金支出 159.7 万元，惠及 952 人次。城乡居民和城镇职工医疗保险综合报销比例分别达 51.2% 和 75%。

城镇新增就业 5386 人，登记失业人员 2366 人，就业困难人员再就业 654 人，分别完成市级目标任务的 203.25%、394.34%、186.86%，城镇登记失业率 2.98%，比市级控制目标低 0.72 个百分点。公益性岗位结存 1410 个。劳动力转移就业 235124 人，劳务总收入 46.2 亿元。农民工回引 8793 人，农村劳动力培训结业 10183 人，农民工参加意外伤害保险 42556 人。发放小额贷款 892 户、10711 万元，回收率 99.2%；完成各类培训 3066 人，开展鉴定 1933 人，颁发职业资格证书 1789 人。

二、发展中存在的问题

经济总量小，结构不优，发展的层次和水平低；城镇化水平不高，基础设施薄弱，创新能力不强，内生动力不足，与发达区县的发展态势仍有较大差距；城乡居民生活水平不高，社会事业发展不平衡，公共服务配置不尽合理，人民群众的获得感、幸福感有待增强。

三、2017 年经济发展目标

实现地区生产总值 145 亿元，增长 11%左右；完成全社会固定资产投资 195 亿元，增长 13%；实现社会消费品零售总额 60 亿元，增长 14.7%；完成一般公共预算收入 15 亿元，增长 10%；城镇常住居民人均可支配收入达 24780 元，增长 10.2%；农村常住居民人均可支配收入达 9095 元，增长 12%；城镇化率提高到 35%；居民消费价格涨幅控制在 3%以内；万元 GDP 能耗下降 5%。

（作者单位：酉阳县政府办公室）

彭水苗族土家族自治县

彭水县政府办公室

一、2016 发展回顾

2016 年，彭水自治县在市委、市政府的坚强领导下，深入贯彻落实习近平总书记系列重要讲话和治国理政新理念新思想新战略，全面落实习近平总书记视察重庆重要讲话精神，紧紧围绕“五位一体”总体布局和“四个全面”战略布局，着力“五化”统筹推进，促进“三区”协调发展，全力稳增长、促改革、调结构、惠民生、防风险，全县经济社会持续健康发展。全年实现地区生产总值 128.7 亿元、同比增长 10.3%，规上工业增加值 28.3 亿元、同比增长 13.8%，固定资产投资 179.4 亿元、同比增长 18.1%，社会消费品零售总额 59.4 亿元、同比增长 14.3%，地方财政收入 29 亿元、同比增长 14.5%，城镇常住居民人均可支配收入 24482 元、同比增长 9.6%，农村常住居民人均可支配收入 9294 元、同比增长 10.8%。

（一）特色产业提速升级

阿依河通过国家 5A 级旅游景区景观质量

评审，蚩尤九黎城创建国家4A级旅游景区,成功举办首届渝东南生态民族旅游文化节，接待游客1718万人次、同比增长35.3%,实现旅游综合收入74.8亿元、同比增长42.2%。加快建设太极健康食品产业园,稳定发展36家规模以上工业企业，实现利税总额13.96亿元、同比增长18.4%。推进农业全产业链发展,红薯、烤烟、食用菌等特色产业质效提升，承办中华蜜蜂产业发展大会、全市退耕还林现场会,荣获农业类市级以上表彰24项。打造电子商务进农村综合示范县,行政村电子商务服务站点覆盖率达60%,农村电子商务交易额达12.8亿元。

(二) 城乡面貌提速改观

城市空间布局进一步完善,以老城、新城、蚩尤九黎城为核心的新型城镇化进入新阶段,城市规划范围拓展到30平方公里,城市常住人口增加到20万人,全县一体化科学发展取得明显进展。引进建工、巨能等大型企业参与新城开发建设,开工房建80万平方米,集聚人口2万余人。推进老城中心客运站搬迁、水泥厂至蚩尤九黎城滨江路等重点工程，完成城市棚户区改造8万平方米,城市人居环境不断优化。建设9个农民新村，改造农村C级危房2467户、D级危房560户。基础设施互联互通水平提升,行政村通畅公路、自然村通达公路、光纤网络、3G网络实现全覆盖,解决2.9万人饮水安全问题。

(三) 环境质量提速优化

牢牢把握“五个决不能”底线,深入推进“五大环保行动”，县城空气质量优良率达97.7%,区域环境噪声平均值控制在国家限值以内。完成长溪河市级鱼类自然保护区生态能力建设补助项目,实施石漠化治理1.82万亩,天保工程封山育林2万亩,森林覆盖率达53%。启动县城污水处理厂二期工程,县城污水集中处理率达95%，集镇生活垃圾无害化处理率达88%，集中式饮用水源地水质达标率达100%,乌郁两江地表水、次级河流水质稳定达标。实施农村环境连片整治项目99个，建成市级生态文明示范村20个。大力发展绿色低碳循环经济,完成12家企业排放权交易,万元生产总值能耗下降3%。

(四) 发展活力提速释放

推进供给侧结构性改革,关闭退出16个煤矿,去房地产库存24.3万平方米。积极落实“企业减负30条”和国家“营改增”扩面等结构性减税政策,切实降低实体经济成本。全面推进网上行政审批改革，行政审批事项办结率达98.5%。深化商事制度改革，新发展各类市场主体4377个。策划实施系列PPP投融资项目,吸引民间投资55亿元。加快推进以科技创新为核心的全面创新,实现科技成果引进登记38项,培育科技示范基地18个，推广运用新品种新技术近50个,专利申请434件、授权156件,成功申报市级知识产权试点企业2家。招商落地项目34个,全年实际利用县外资金48.18亿元。外贸进出口总额达1830万美元,同比增长18%。

(五) 精准脱贫提速推进

按照“六个精准”要求,大力实施产业扶贫、设施扶贫、教育扶贫、医疗扶贫、搬迁扶贫、社会扶贫“六大扶贫工程”,完成40个贫困村、46379名贫困人口脱贫，贫困发生率下降至2.27%,实现每个贫困村都有1~2个稳定增收的特色产业,高山生态扶贫搬迁5608人,教育扶贫惠及贫困家庭学生3万人，医疗扶贫救助贫困患者1.8万人次,兜底救助“三留守”、智障重残人员等特殊困难群体,“七个着力”脱贫攻坚项目入选第四届中国民生发展论坛“2016民生示范工程”。创新实施金融扶贫,发放精准扶贫专项贷款14175户、7.1亿元,助推贫困户发展稳定增收产业。

(六) 社会民生提速进步

继续滚动实施重点民生实事，民生支出占一般公共预算支出的63%。加快推进民族中学B校区、新城第一示范幼儿园等重点项目,建成投用彭水二中,全面消除城乡学校D级危房,高考各批次上线率达98.7%。县人民医院成功创建“二甲”,推行基层医疗机构集团化管理,分级诊疗基层首诊率达72.9%。扩大“五大保险”覆盖面，城乡居民养老保险、医疗保险参保率分别达93%、95%。优化创业就业服务，城镇新增就业5732人，贫困高校毕业生就业率达100%，城镇登记失业率3.13%。群工系统受理事项办结率达98.9%，群众对已办结事项评价满意率达99.7%。“六五”普法教育、法律援助工作荣获全国先进，连续13年杜绝重特大安全事故。

二、发展中存在的问题

一是经济总量偏小，经济结构不优，主导产业支撑不足，特色优势尚未充分发挥；二是生态环境脆弱，基础设施建设相对滞后，城镇化率较低，城乡一体化发展水平亟待提升；三是财政收支矛盾突出，可支配财力有限，保障和改善民生压力较大，基本公共服务有待加强；四是深化改革、提升效能、转变作风仍需努力，发展环境有待进一步优化。

三、2017年发展目标

2017年，彭水自治县将深入学习贯彻习近平总书记系列重要讲话精神和治国理政新理念新思想新战略，全面落实习近平总书记视察重庆重要讲话精神，适应把握经济发展新常态，牢固树立和贯彻落实新的发展理念，坚持稳中求进工作总基调，紧扣限时打赢脱贫攻坚战、全面建成小康社会，深化拓展“五化”统筹推进、“三区”协调发展战略，着力稳增长、促改革、调结构、惠民生、防风险，促进经济社会持续平稳健康发展。力争2017年底实现地区生产总值145亿元、同比增长11%，规模以上工业总产值73亿元、同比增长14%，固定资产投资200亿元、同比增长15%，一般公共财政预算收入15.6亿元、同比增长13%，社会消费品零售总额68亿元、同比增长15%，城镇和农村常住居民人均可支配收入分别达26950元、10500元，同比分别增长10%、12%；城镇化率提高2个百分点左右，万元生产总值能耗下降2个百分点，全县贫困发生率控制在3%以内。

第七编

附　录

2016年重庆市经济大事记

1月

人民广场隆重举行升国旗仪式。

团结村铁路集装箱中心站完成扩能，年吞吐能力由30万标箱增加到60万标箱。

我市加速打造“1+3+9”港口群，预计2020年港口货物吞吐能力将达2.2亿吨。

1月4—6日，国家主席习近平在重庆调研，深入港口、企业考察调研，就贯彻落实党的十八届五中全会精神和中央经济工作会议精神进行指导。

国家主席习近平在重庆召开推动长江经济带发展座谈会，听取对推动长江经济带发展的意见和建议并发表重要讲话。

市委常委会召开扩大会议，专题传达学习习近平总书记视察重庆重要讲话精神，研究贯彻落实意见。

我市召开干部大会，传达学习习近平总书记视察重庆重要讲话精神，全面部署我市贯彻落实工作。

今年全市交通领域计划投资780亿元，力争达到800亿元。其中将有5条高速公路建成通车，沿江高速将全线建成通车。

肺癌靶向抗癌药实现中国制造，第三军医大学大坪医院参与三期临床试验并贡献了20多例有效病例。

国务院批准在重庆等12个城市设立跨境电子商务综合试验区。

我市出台“互联网+”行动计划。

我市今年开工40个城市基础设施项目，包括水土嘉陵江大桥、郭家沱长江大桥、白市驿隧道等。

我市将深入构建内陆开放功能体系，其中，推动中新(重庆)战略性互联互通示范项目是第一重点。

25日 荣昌—永川页岩气勘探取得重要突破，永页IHF井点火成功，具备页岩气高产条件。

27日 下午，市政协四届四次会议完成各项议程后，在人民大礼堂举行闭幕大会。本次会议1月23日开幕，会期5天。

28日 市四届人大四次会议闭幕。本次会议1月24日开幕，会期5天。会议审议通过了《重庆市国民经济和社会发展第十三个五年规划》。

30日 全市行政村光纤通达率达到75.5%，预计2017年达到100%。

2月

4日 2016年春节团拜会在重庆国际会展中心举行。

5日 2016年全市财政部门将在五个方面重点发力，预计全年全市一般公共预算收入将增长10.5%。

我市重点物流主干道—东城大道正式建成通车，南彭公路物流基地将实现“水陆空铁”多式联运。

13日 2月6日至13日春节长假，我市接待游客3289万人次，同比增长11.83%，实现旅游总收入85.77亿元。

15日 我市邮电大学、长安集团等单位参与国家车联网专用通信项目建设，建成后将在车联网关键核心技术方面取得重大突破。

16日 市长黄奇帆主持召开市政府常委会审议通过相关建设计划，我市年内启动内环高架与十字通道建设。

17日 重庆市国家级互联网骨干直联点检测系统基本建成投入使用。今后将其打造成基于云计算的大数据分析枢纽。

重钢集团发展钢结构产业，破解钢铁产能

过剩难题。

23日 黄奇帆视察市联合产权交易所、农村土地交易所、药品交易所，并听取航运交易所等市属交易所汇报，强调去杠杆风险促进要素市场稳健发展。

24日 市委市政府调整优化两江新区管理体制，撤销北部新区，其管理职责划归两江新区。

25日 国务院发文同意在若干城市和新区开展服务贸易创新发展试点，两江新区名列其中。

27日 江北黑石子建筑弃料利用厂于近日正式运营，年处理建筑垃圾将达80万吨。

3月

1日 第三军医大学在世界上首次揭示人体抗细菌新机制，有助于研发更有效的抗细菌，抗病毒和肿瘤治疗性疫苗，为细菌感染治疗提供新路径。

2日 我市全面启动驾驶证自主预约考试。

第二批全国学雷锋活动示范点和岗位学雷锋标兵公布，我市两个集体两名个人上榜。

3日 在全球范围内三军医大教授首次发现凋亡细胞吞噬和免疫耐受新机制，将为治疗系统性红斑狼疮等免疫性疾病提供新路径。

4日 我市2016年重点项目确定，包括政府主导类和市场主导类，共12个方面651个项目，总投资2.9万亿元，年度投资计划为4500亿元。

7日 我市2016年第一轮专项巡视全面启动，市委8个巡视组全部进驻，重点巡视市属国企。

《"万开云"板块一体化协同发展规划》出炉。

15日 西南医院完成我市首例3D打印辅助切除上颈椎肿瘤。

我市3家企业通过中美C-TPAT联合验证，通关速度大幅度提升，出口美国24小时内即可通关。

16日 我市宣布将建全国首个北斗民用战略性新兴产业研究院，该项目落户沙坪坝。

18日 截至2015年底，我市营改增试点，累计减税33.41亿元，减税面积96%。

截至2015年底，全市林地面积达到6551万亩，森林面积达到5562万亩，森林覆盖率达45%。我市森林生态系统生态服务年价值达2587亿元，其中涵养水源的价值最高，达到853.71亿元，相当于一年储水100多亿立方米。

19日 国家机器人检测与评审中心(重庆)明年投运。

《2016年全市应急管理工作要点》发布，较大及以上突发事件须30分钟内电话报告，1小时内书面报告，并实时核报。

20日 我市验收726个民营经济专项资金支持项目，522个项目按期达产，达产面为72%，实现产值1416.3亿元。

21日 历时8年，改造管网总长超过1000公里，主城区老旧供水管网改造基本完成。

我市将开展输配电价改革试点，电力市场化改革迈出重要一步。

22日 我市今年将整合1亿元设立"创业引导资金"支持农民工返乡创业。

23日 我市出台《关于加快长江上游航运中心建设的实施意见》，2020年建成"服务+辐射"型长江上游航运中心，届时，5000吨级单船级万吨级船队可常年满载通行重庆主城。全市港口货物吞吐能力达到2.2亿吨，集装箱吞吐能力达到500万标箱，船舶总动力达到700万载重吨，航运交易年结算额超过100亿元。

我市发放"助保贷""购置贷"超过18亿元，解决500多户小微企业融资难题。

24日 我市新增8项微企后续扶持项目。

我市今年再推200家企业挂牌重庆股交所。

25日 中新(重庆)项目跨境人民币创新业务试点启动，我市企业和个人跨境人民币结算，投融资将更加便利。

27日 重庆市人民医院正式成立，该院由市第三人民医院与中山医院整合而成。

28 日 我市环保投融资体制创新得到环保部充分认可，排污权交易收益额达 2 亿元。

30 日 截至 2015 年底，13 家渝企在香港上市，IPO 融资 264 亿港元。

4 月

1 日 《重庆市人口与计划生育条例》修订后今起实施，"全面二孩"政策在我市落地。

4 日 清明小长假期间，我市共接待游客 905.68 万人次，同比增长 16.25%；实现旅游收入 49.46 亿元，同比增长 17.12%。

8 日 哈工大机器人系列项目落户两江新区，总投资 10 亿元，预计年产值 15 亿元，年结算额 30 亿元。

12 日 长安无人驾驶汽车今起赴京，跨越五省市行程约 1900 公里。

2016 年中国(重庆)邮政高层论坛举行。

13 日 "重庆造"防弹车首次卖到美洲。

15 日 一季度，全市实现地区生产总值 3772.73 亿元，同比增长 10.7%。

多项财政政策促我市手机产业加快发展，2017 年全市手机产量有望突破 3 亿台。

16 日 市政府和新加坡贸工部共同在我市举办"推进中新(重庆)战略性互联互通示范项目交流会"。

18 日 中新(重庆)互联互通股权投资基金成立。

西南大学举办组建 10 周年暨办学 110 周年庆祝大会，张轩、袁隆平等出席。

我市推出科研项目与科技经费管理"七条新政"，今年起在所有新立项的市级科研项目中推行。

19 日 奥特斯(重庆)半导体封装载板工厂投产。

市政府通过《重庆市"十三五"高山生态扶贫搬迁实施方案》，"十三五"期间，我市将投入 150 亿元，规划实施 25 万人高山生态扶贫搬迁。

21 日 第十二届重庆高交会开幕，首日签约金额达 14.5 亿元，11 个重大项目将在渝落地。

市长黄奇帆召开市政府 第 123 次常务会，审议通过阶段性降低社保缴费费率和住房公积金缴存比例的相关方案。

24 日 第十二届重庆高交会暨第八届国际军博会落幕，本届高交会共签约项目 366 个，总金额超过 725 亿元。

25 日 西南大学自主研发的"电动汽车自适应自动变速器"国内许可权卖了 3 亿元。

《2015 年重庆市知识产权保护状况发布》，专利申请受理量为 82791 件，企业专利占比为 74.63%，创历史新高。

26 日 市委中心组举行"两学一做"学习教育专题学习会，深入学习贯彻习近平总书记视察重庆重要讲话精神，推动我市"十三五"发展。

西安至万州首发铁路集装箱班列顺利驶入万州港红溪沟铁水联运港区。

27 日 修订后的《重庆市城乡居民最低生活保障条例》将于 2016 年 5 月 1 日起实施，低保对象将定期动态清理，低保标准动态调整。

28 日 重庆至东盟公路班车在巴南区重庆公路物流基地正式首发。南向连接海上丝绸之路，比海运可缩短近半月时间。

国内首台空间在轨 3D 打印机在渝研制成功。

30 日 三峡水库水位加速消落逼近 160 米，释放的库容为 131 亿立方米，占有效防洪库容的 59%。

5 月

1 日 重庆东港重载汽车流装码头正式投运，位于南岸区广阳镇。

全球 130 余户大中型照明企业投资重庆，未来三年内产值有望达到 1000 亿元。

3 日 "五一"小长假期间，我市接待游客 1222 万人次，同比增长 16.31%，实现旅游收入 70.3 亿元，同比增长 17.28%。

重庆凯瑞车辆传动制造有限公司形成高铁齿轮箱研发生产能力，打破国外技术封锁。

4 日 国家发改委、住建部联合印发《成渝城市群发展规划》。此前2011年国家曾批复《成渝经济区区域规划》。

6日 目前我市工业园区集中度达78%，工业园区产业强度达79亿元/公里²。

西南铝集团与法国空客签订采购协议，成为某型号合金铝材唯一供应商。

9日 我市出台对区县转移支付改革新政，区县财力新增约100亿元一般性转移支付。

10日 市属国有重点企业分类改革方案出台，40户国企划分为三类：商业一类、商业二类和公益类。

我市加快发展钢结构产业，到2020年，规模以上钢结构企业销售产值将突破200亿元。

11日 2020年我国将打造150个现代综合客运枢纽，枢纽示范城市包括重庆、广州、武汉、郑州等。

华谊兄弟电影小镇落户两江新区。

13日 我市发布2015年主城区交通年报、主城区汽车拥有110.2万辆，千人汽车拥有132辆。

14日 市商委统计，目前涉农电子商务平台超过110家，涉农网商超过2万户，2015年全市农产品网络覆盖超过27亿元。

15日 兰渝铁路重庆至广元段首次开行和谐车组，运行压缩至3小时。

17日 由重庆市政府、亿赞普集团和招商局集团合资组建的全球结算机构——重庆钱宝区域清算环网络已进入39个国家，堪称亚洲最大规模结算机构，未来3年成员或将增至120个。

18日 市政府与中国兵装集团签署军民深度融合发展战略合作协议。

19日 中新(重庆)战略性互联互通示范项目第二批重点项目签约，25个项目涉及六大领域，投资总额达65.8亿美元。

20日 重庆市政府分别与中国石油天然气集团公司、中国石油化工集团公司签署“十三五”时期的战略合作协议。

通过货运列车进行国际邮运，重庆获准成为全国唯一试点城市。

21日 首趟“渝新欧”平行进口汽车回程专列从德国发车，预计14天后抵达重庆。

23日 两江新区入围国家首批双创示范基地。

今年我市将完成行政村卫生室标准化改造673所，为1500所村卫生室配备基本设备。

重庆市公共资源交易中心挂牌成立。

24日 全国碳市场能力建设中心落户重庆。

25日 新华社发表署名文章，报道重庆发展十大战略性新兴产业推动供给侧调查情况。

湖南省党政代表团访渝，渝湘两省市签署战略合作框架协议。

26日 我市出台培育高新技术企业“二十条”，到2018年将新增科技型企业1万家。

27日 市政府常务会审议通过《关于加快发展生活性服务业促进消费结构升级的实施意见》。

28日 西南医院在国内率先使用3D打印制作移植物修复骨缺损。

新华社报道：重庆小小“地票”缘何撬动农村城镇大格局。

30日 新华社报道：重庆城镇化率超60%，市内人口净流出减少，市外人口净流入增加。

我市启动综合医改试点工作。

6月

1日 新华社报道：重庆市场导向抓新供给，矫错减负激发活力。

全球著名集成电路企业格罗方德签约在渝建芯片制造厂。

市政府与上海黄金交易所签署战略合作备忘录。

2日 我市将全面推行四川等8省市在渝居民跨省异地身份证受理业务。

7日 我市累计建污水处理设施978座，其中乡镇污水处理厂873座。城市生活污水集中处理率达90%，乡镇污水处理率达到75%。

8日 全国统一启用“中欧班列”，今后渝新欧班列成为“中欧班列”。

9 日 我市研发出公众应急发布系统，在通信网络因灾瘫痪时，可迅速向公众发布应急信息。

11 日 端午小长假我市接待游客 727.11 万人次，同比增长 12.35%，实现旅游收入 30.55 亿元。

重庆首台第三代达·芬奇手术机器人上线。

12 日 川渝签署《关于加强两省市合作共筑成渝城市群工作备忘录》，携手共建西部重要增长极，一年实施 18 个重大合作项目。

我市冷链物流发展项目获 2 亿元中央财政资金支持。

13 日 重庆至东盟公路班车东线复线开通，采取陆海联动，每车每趟成本较陆路运输节约 1.7 万元。

第十五届国际铝合金大会在渝举行，20 余国 500 多名代表参会。

15 日 酉阳至贵州沿河高速公路正式通车。

中西部首个加工贸易废料交易平台——重庆市加工贸易交易平台正式运行。

16 日 重庆两江产业发展集团成立，系整合原两江新区直属企业上千亿元优质资产。

2016 年中国“互联网+”峰会揭晓“中国互联网+”十大标杆城市，重庆入围。

17 日 市政府与三峡集团签署“1+3”基金合作协议，共同设立重庆三峡产业投资基金。

西南首个专业汽车风洞试验室在我市开建，达到国际最先进水平。

国际机器人巨头发那科在两江新区建西部地区生产基地。

24 日 我市三峡库区首座垃圾焚烧发电厂投入运行。

28 日 市四届人大常委会举行第二十六次会议，通过开县撤县设区有关事项的决定。

7 月

1 日 重庆最大装配式节能建材生产基地 8 月在西彭开工。

2 日 我市集中签约第三批 PPP 项目，涉及 34 个合作项目、1300 多亿元。

重庆渝康资产经营管理有限公司成立，注册资本金 50 亿元。

3 日 2015 年，我市信息化发展指数达到 72.18，在全国 31 个省区市中名列第 12 位；指数水平比 2014 年增长了 9.69%，增速位居全国第 5。

7 日 近日，市人力社保局发布 2016 年度社保月缴费基数。以个人身份参加城镇企业职工基本养老保险的人员，今年月缴费基数的上限和下限分别为 5175 元、3105 元。

9 日 我市创业联盟创业孵化器分盟成立，75 家创业孵化器将与其他分盟共享资源。

11 日 江津石蟆镇成立新型农业经营主体联合会，212 个新型农业经营主体抱团破解单干困境。

12 日 1—6 月，全市交通业完成投资 340.7 亿元，完成客运量 3.3 亿人次。

13 日 我市社会信用体系建设取得积极进展，“双公示”信用信息生成与归集系统已覆盖所有区县。

14 日 九龙坡区成功入围 2016 年全国小微企业创业创新基地城市示范，未来 3 年将获中央财政 6 亿元补贴。

16 日 初步核算，上半年全市实现地区生产总值 8000.82 亿元，同比增长 10.6%。

19 日 西南地区首个以装配式建造方式建设的农民新村——綦江区篆塘镇文胜场农民新村，已于日前通过竣工验收。新村建筑总面积超过 7000 平方米，预制装配率达 65%。

21 日 艾伯尔 3D 医学打印西南中心正式落户丰都，是国内首个 3D 医学打印中心。

23 日 重庆市开州区正式挂牌。

25 日 上半年，全市规模工业完成总产值 10888 亿元，首次实现半年产值过万亿元，产值增长 9.4%。规模工业增加值增长 10.2%，工业投资增长 16.3%。

26 日 近日，国家发展改革委印发了新一轮《中长期铁路网规划》，我市有七条高铁被纳入规划,重庆被定位为全国综合性铁路枢纽。

黔江区、江津区、忠县入选全国首批农村产业融合发展试点示范区县。

27日 重庆高新区获批建设国家自主创新示范区。

九龙坡和北碚入选“宽带中国”示范名单。

28日 上半年,我市商品销售总额为11060.7亿元,首次突破万亿元,增幅达16.8%。

29日 上半年,全市完成行政村通畅工程3543公里。

30日 上半年,渝新欧班列开行164班,运输货量约1.4万个标箱,同比增长74%。

8月

2日 国家发展改革委副主任连维良表示,重庆能源集团加快进度、积极稳妥去产能的经验,值得全国煤矿学习借鉴。

3日 我市被确定为首批内陆国际贸易“单一窗口”试点省区市。

5日 市政府批复6个高速公路PPP投融资方案,总里程约390公里,总投资约480亿元。

上半年重庆房地产去库存成效明显,房屋新开工面积同比下降4.1%,商品房销售面积同比增长20.7%。

6日 我市被选为全国12个农村一、二、三产业融合发展试点省市之一,并获得中央财政试点资金1亿元的支持。日前,我市已确定在20个区县进行试点。

8日 2016美丽中国行·走进山水重庆暨世界旅游城市重庆香山峰会“四大主题线路”体验采风之旅,在涪陵武陵山大裂谷启动。

12日 上半年,我市与新加坡发生的跨境人民币实际收付结算量达50.5亿元。

中信银行国际业务运营中心落户重庆。

13日 上半年,我市已完成334个行政村卫生室标准化改造,占全年目标的50.5%。

15日 上半年,全市已完成行政村通畅工程3543公里,新解决581个行政村公路通畅问题。

16日 上半年,我市有26个项目入选国家艺术基金资助项目,8318个农家书屋续配工作全面启动,实现文化产业增加值285.09亿元。

17日 梁平率先在全国试点退出承包经营权。

我市将试行“医保健身一卡通”制度,九大类体育健身项目消费将纳入全市医保管理信息系统。

“窄带蜂窝物联网重庆永川区规模试点”项目暨智慧城市整体合作协议在渝签署,标志着中国移动将永川作为了窄带蜂窝物联网技术在全国的首个试点样板城市。

19日 市政府与国家发展改革委签署友好协议,国家发展改革委支持我市打造国际产能和装备制造合作示范城市。

22日 近日,重庆高新区成功通过“国家知识产权试点园区”考核验收。

25日 2015年度全国财政专项扶贫资金绩效考评结果公布,我市被评为A等第一名,获得国家绩效考评奖励资金3.6亿元,扶贫成效奖励资金2.8亿元。

26日 2017年我市居民医保个人缴费标准出台:一档每人每年140元,二档每人每年350元。

27日 中西部首家民营银行重庆富民银行成立,注册资本金30亿元。

28日 西南铝成功研制出重型运载火箭用直径10米级铝合金环件,刷新世界整体铝合金环件纪录。

30日 我市调整城乡居民大病保险报销比例,起付标准至20万元(含)以内报销50%,20万元以上报销60%。

9月

1日 近日,党中央、国务院决定,在辽宁省、浙江省、河南省、湖北省、重庆市、四川省、陕西省新设立7个自贸试验区。

2日 2016年全国“质量月”活动启动仪式在渝举行,重庆国家质检基地落户九龙坡。

重庆电力交易中心挂牌成立,标志着我市

电力体制改革取得新突破。

5日《中国区域科技进步评价报告2015》发布，重庆综合科技进步水平指数跻身全国第八位，创历史最高水平。

《2016年中国旅游城市吸引力排行榜》发布，重庆位列第三。

6日 我市整车口岸今年进口的整车已突破了1000辆，共计1028辆，货值达2.83亿元。

2015年市级一般公共预算财政拨款开支"三公"经费6.41亿元，决算数较当年初预算减少0.31亿元，下降4.6%。

7日 中共重庆市委四届九次全会于9月5日至6日召开。审议通过《中共重庆市委、重庆市人民政府关于深化改革扩大开放加快实施创新驱动发展战略的意见》。

"十二五"时期，我市共治理岩溶石漠化面积3477.8平方公里，新增林(草)地面积2万公顷，封山育林5.4万公顷。

9日 1—7月，全市实现社会消费品零售总额4084.6亿元，同比增长13%。

首批40家国家旅游示范基地出炉，武隆被评为中国绿色旅游示范基地之一。

13日 1—7月，我市民间投资增长14.4%，继续高于全国平均水平。

16日 1—7月，全市实现直接融资2441亿元，新增上市和"新三板"挂牌企业29家。

17日 全国旅游规划扶贫示范成果出炉。成果共66项，其中有3项来自我市。

19日 从2016年7月1日起，提高全市城乡低保对象保障标准。城市居民最低生活保障线标准提高到每人每月460元，农村居民最低生活保障线标准提高到每人每月300元。

20日 2016世界旅游城市联合会重庆香山旅游峰会在重庆悦来国际会议中心开幕。

从2016年1月1日起，我市上调退休人员基本养老金。企业和机关事业单位退休人员统一每人每月增加60元。

22日 1—8月，全市一般公共预算收入1516.9亿元，增长10.2%；全市一般公共预算支出2457.9亿元，增长13.1%。

23日 武隆仙女山机场正式开工建设，总投资16.79亿元，计划于2019年建成投运。

近日，全国商用车车联网服务联盟在我市南岸区成立。

24日 重庆万达文旅城昨日开建，该项目总投资达550亿元，计划于2020年建成。

25日 重庆市市长国际经济顾问团会议第十一届年会在悦来国际会议中心举行。年会主题为"'中国制造2025'与'互联网+'背景下的服务贸易发展"。

27日 重庆三环高速江津至綦江段今日全线通车。

新建万盛黑山谷通用机场项目已获得市发展改革委批复，两年内将启动建设。

29日 水土嘉陵江大桥、轨道交通9号线一期开工建设。水土嘉陵江大桥全长约5.03公里，总投资约17亿元。轨道交通9号线一期全长32公里，总投资约198亿元，是我市首条采用PPP投融资模式建设的轨道交通线路。

我国最大的3D打印应用中心——重庆华港工业园在江北港城工业园正式投入运营。

30日 重庆机场集团整体移交市政府管理。

10月

4日 中国智慧交通车联网产业创新联盟落户重庆。

5日 英国石油公司与中石油签署了页岩气勘探、开发和生产的产品分成合同。勘探开发区块位于荣昌北，区块总面积约为1000平方公里。

8日 今年国庆长假，我市共接待游客2531.79万人次，同比增长21.3%；实现旅游总收入81.69亿元，同比增长25.6%。

9日 重庆科技资源共享平台正式上线，目前我市已基本形成"线上网络平台、线下服务载体、专业服务机构、政策制度安排"四位一体的科技资源共享服务体系。

11日 市政府办公厅近日下发《关于加强地

方政府债务管理的通知》,提出了限规模、限举借、限使用和限偿还四条限制性措施。

石柱县成功创建我市首个国家农业综合标准化示范县。

13日 合川区与北京赛普星通投资管理有限公司签订合作协议，双方将携手共建信息安全产业基地,打造千亿级通信技术产业集群。

14日 我市613个建档立卡贫困村被纳入乡村旅游扶贫工程,覆盖32个区县,共有建档立卡贫困户50900户,贫困人口181047人。

14—15日 “2016中国共产党与世界对话会”在重庆举行。刘云山出席开幕式并发表主旨讲话。会议通过了《重庆倡议》。

17日 今年以来,我市脱贫攻坚工作成效显著,18个市级扶贫集团继续“一对一”帮扶18个贫困区县,已直接投入资金6.7亿元。“万企帮万村”行动聚集民营企业1196家,投入35.6亿元结对帮扶贫困村，爱心扶贫网站接受社会捐赠4000余万元。

18日 《2016年重庆市环保产业发展报告》发布,2015年，我市对环境保护的总投资达399.24亿元，全市环保产业年产值达503.23亿元,实现税收58.57亿元。

19日 2016年中国经济社会论坛在渝举行,论坛主题为“增强创新驱动力,培育发展新动能”。

21日 2016年重庆企业100强榜单出炉,长安汽车以2015年销售收入24336亿元,连续13年蝉联重庆企业100强榜首。

渝新欧首次全程运邮测试成功，开中欧国际铁路货运班列全程运输国际邮包的先河。

25日 前三季度全市工业运行稳中向好,全市规模工业企业完成总产值17040亿元，同比增长9.9%,增加值同比增长10.4%。

26日 我市将生产出全球首辆“量子列车”,预计2017年1月完成安装调试并交付用户。

前三季度，全市中小企业共实现增加值5114.6亿元,同比增长11.1%,对全市GDP增长的贡献率达到43.0%,拉动全市经济增长4.6个百分点。

前三季度,全市完成工业投资4009亿元,同比增长14.1%，增速快于全国平均水平10.9个百分点。

27日 全球最大、技术最先进的铬盐生产基地由重庆昌元化工集团有限公司在甘肃白银投建。

28日 第七届中国长江三峡国际旅游节在万州开幕,成功签约16个旅游项目,签约总金额达173.2亿元。

丰都县率先在全市试点缴存农民工住房公积金。

轨道交通六号线支线二期、十号线二期工程动工开建。市长黄奇帆宣布开工。

30日 1—9月,全市社会融资规模增量实现2795.4亿元,同比增加112.1亿元,金融业运行总体平稳。

11月

2日 我市武隆县、奉节县、石柱县入围全国第二批“国家全域旅游示范区”创建名单。

3日 浪潮(重庆)云计算中心昨日揭牌,浪潮(西南)大数据中心签约落户重庆。

8日 我市出台全国首部公租房物业管理规范,共14章,318项具体条款。

我市二级及以上医疗机构预约诊疗服务实现全覆盖。

10—11日 2016中国国际友好城市大会在渝举行,大会发布并通过了《重庆倡议》。重庆市获得“国际友好城市特别贡献奖”。

11日 市林业局首次发布《重庆市生态文明建设林业公报》。截至2015年底,全市林业生态服务功能评估价值已达3068亿元。

13日 我市印发《生态保护红线划定方案》,30790.9平方公里划入“红线”区域。

15日 我市主城区应急备用水源、国家重大水利工程——观景口水利枢纽工程成功截流。

16日 合川区涪江赵家渡段防洪护岸生态治理工程荣获2015—2016年度中国水利优质工

程“大禹奖”。

17 日《重庆市建设国家重要现代制造业基地“十三五”规划》近日出炉，到 2020 年，我市建设国家重要现代制造业基地取得重大进展，工业总产值达到 4 万亿元。

果园港成西南首个国产高档车水路分拨中心。

18 日 国务院办公厅对“十二五”期间实行最严格水资源管理制度成绩突出的 5 个省级人民政府给予通报表扬，重庆市位列其中。

重庆成为支撑型知识产权强省建设试点省市。

20 日 1—10 月，我市跨境电商交易额已突破 140 亿元，我市跨境电商步入高速发展期。

21 日 国内最大冻干咖啡项目正式落户重庆保税港区。

23 日 1—10 月，全市共完成棚户区改造 5.75 万户，提前完成 2016 年度改造任务。

24 日 我市拟试点财政支持农村垃圾收集保洁模式，每个试点区县补助不少于 500 万元。

25 日 市政府近日发布了《重庆市建设国际知名旅游目的地“十三五”规划》。到 2020 年，建成国家旅游中心城市和具有世界吸引力和竞争力的国际知名旅游目的地。

截至 10 月底，今年我市已完成高山生态扶贫搬迁安置 10.7 万余人，其中农村建档立卡贫困人口 8.9 万人，提前完成市委、市政府确定的年度目标任务。

28 日 渝万高铁正式开通运营。

12 月

1 日 江北机场 T3A 航站楼土建主体工程完成，预计 2017 年上半年投入使用。

郑万高铁巫山段正式开工建设，估算总投资 67 亿元，预计建设周期 5 年。

3 日 我市首家医药分离民营医院璧山区仁康医院正式接诊。

6 日 今年我市已建成乡村旅游扶贫村 201 个，打造乡村旅游扶贫片区 53 个，武隆天生三桥、巫山神女景区、涪陵武陵山大裂谷获评全国旅游扶贫示范项目。前三季度，我市乡村旅游共接待游客 9502.13 万人次。

9 日 丰都至忠县、忠县至万州和梁平至忠县等 3 条高速公路正式通车。

渝北至长寿高速公路扩能工程项目正式开建，预计 2020 年下半年建成通车。

10 日 国家电网公司和重庆市“十二五”规划重点能源建设项目——重庆蟠龙抽水蓄能电站场内路明线全线贯通。重庆蟠龙抽水蓄能电站装机容量 120 万千瓦，动态总投资 71.18 亿元，总工期 8.5 年，预计 2024 年 3 月建成。

我国首个全产业链数控机床产业园——重庆台正智能装备制造产业园正式开业，首批入驻的数控机床企业达 33 家。

12 日 2016 年，我市投入 14.36 亿元，对 27019 口山坪塘进行了整治。新增、恢复蓄水 8377 万多立方米，新增、恢复灌面 59.91 万亩，为 150 万人口提供了生产生活水源保障。

14 日 党的十八届三中全会以来，重庆试点 PPP 模式累计签约发布项目 73 个，总投资 3900 亿元。其中，有 30 个项目已经开工，总投资 2115 亿元。

15 日 2016 年，全市共完成营造林 338 万亩，其中人工造林 150 万亩，封山育林 93 万亩，退化林修复 95 万亩，全市生态环境得到持续有效改善。

16 日 我市印发《重庆市环境保护督察办法（试行）》，从明年起将每两年对各区县进行一次集中环保督察。

17 日 我市在全国率先实施环保机构监测监察执法垂直管理，并将在今年内基本完成体制改革工作。

19 日 重庆与英国国际协同创新生态圈建设正式启动，双方将在仙桃数据谷规划建设约 13 万平方米的重庆—英国国际协作产业园。

近日，《重庆市体育发展“十三五”规划》正式发布，到 2020 年，重庆要初步建成中西部地区体育强市，人均体育场地面积将提高至 1.7 平方米。

20日 国家发展改革委与市政府签署共建综合交通枢纽示范工程合作框架协议，共同推进我市现代综合交通枢纽示范城市建设。

21日 2016年，两江新区保持快速发展态势，预计全年直管区可实现地区生产总值增长14.6%左右，规模以上工业增加值增长12%左右。

23日 秀山至贵州松桃高速公路（重庆段）今日建成通车。

27日 **1—11月**全市完成工业投资5092亿元，比上年同期增长12.6%，高于全国工业投资增速9.2个百分点。

28日 2016年，全市建成7305处农村饮水安全工程，1677个贫困村、55.08万贫困人口脱贫销号。

轨道交通3号线北延伸段碧津—举人坝正式开通试运营，我市轨道交通运营里程达到213公里，运营里程位居中西部第一。

31日 市四届人大常委会举行第三十二次会议决定任命张国清、屈谦为重庆市人民政府副市长，决定张国清为代理市长。会议决定接受黄奇帆辞去重庆市人民政府市长职务的请求，决定接受吴刚辞去重庆市人民政府副市长的请求。

我市11个区县通过义务教育均衡发展国家督导评估。

2016年重庆市国民经济和社会发展统计公报

重庆市统计局 国家统计局重庆调查总队

2016年，重庆市委、市政府坚持稳中求进工作总基调，以新发展理念引领经济发展新常态，大力推进供给侧结构性改革，着力培育经济发展新动能，全市经济实现了持续稳定增长，发展质量效益同步提升。经济社会发展保持了稳中有进、稳中向好的良好态势。

一、综合

初步核算，全年实现地区生产总值17558.76亿元，比上年增长10.7%(见图一)。按产业分，第一产业增加值1303.24亿元，增长4.6%；第二产业增加值7755.16亿元，增长11.3%；第三产业增加值8500.36亿元，增长11.0%。三次产业结构比为7.4:44.2:48.4。非公有制经济实现增加值10728.77亿元，增长10.9%，占全市经济的61.1%。其中，民营经济实现增加值8760.49亿元，增长12.1%，占全市经济的49.9%。

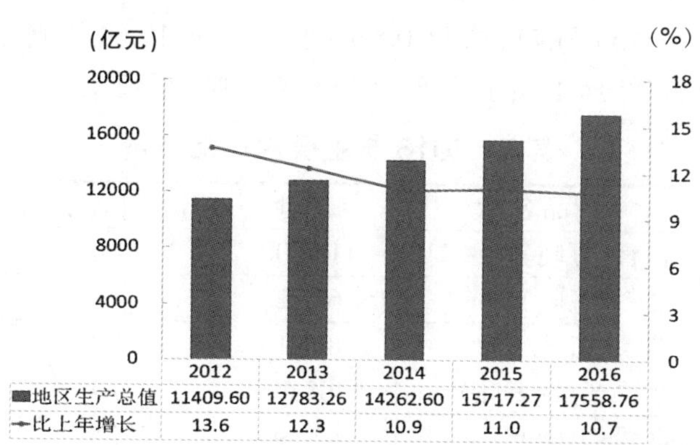

图1 2012—2016年地区生产总值及其增长速度

按常住人口计算，全市人均地区生产总值达到57902元(8717美元)，比上年增长9.6%。

全市常住人口3048.43万人，比上年增加31.88万人，其中城镇人口1908.45万人，占常住人口比重(常住人口城镇化率)为62.6%，比上年提高1.66个百分点（见表1)。全年外出市外人口500.78万人，市外外来人口157.10万人。

全年人口出生率为11.77‰，死亡率为7.24‰，人口自然增长率为4.53‰。全市常住人口性别比(以女性为100，男性对女性的比例)为102.45，出生婴儿性别比为108.8。

表1 2016年年末常住人口数及其构成

指 标	年末数(万人)	比重(%)
全市常住人口	3048.43	100.0
按城乡分		
城 镇	1908.45	62.6
乡 村	1139.98	37.4
按性别分		
男 性	1542.66	50.6
女 性	1505.77	49.4
按年龄段分		
0~15岁（含不满16周岁）	538.24	17.7
16~59岁(含不满60周岁)	1905.58	62.5
60周岁及以上	604.61	19.8
65周岁及以上	381.97	12.5

城镇新增就业人员72.09万人。城镇登记失业人员实现就业29.30万人，比上年增长5.7%。累计农村劳动力非农就业818万人。年末城镇登记失业率3.7%。高校应届毕业生年底就业率95.3%。

全年全员劳动生产率为101544元/人，比上年提高10.0%(见图2)。

全年居民消费价格比上年上涨1.8%，其中食品价格上涨4.7%。工业生产者出厂价格下降1.4%。工业生产者购进价格下降1.6%。固定资产投资价格下降1.1%。农产品生产者价格上涨9.8%。

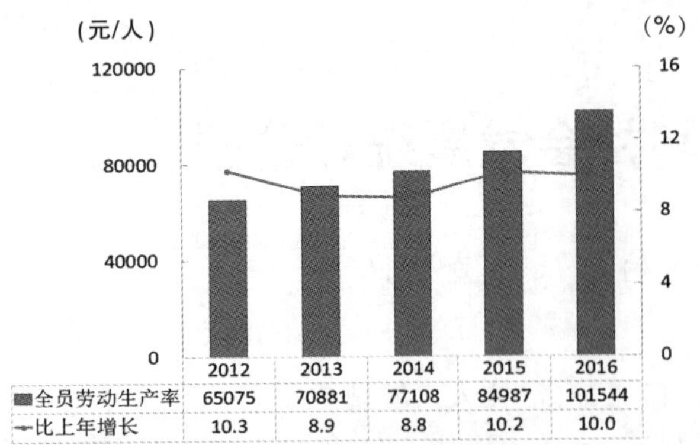

图 2　2012—2016 年全员劳动生产率及其增长速度

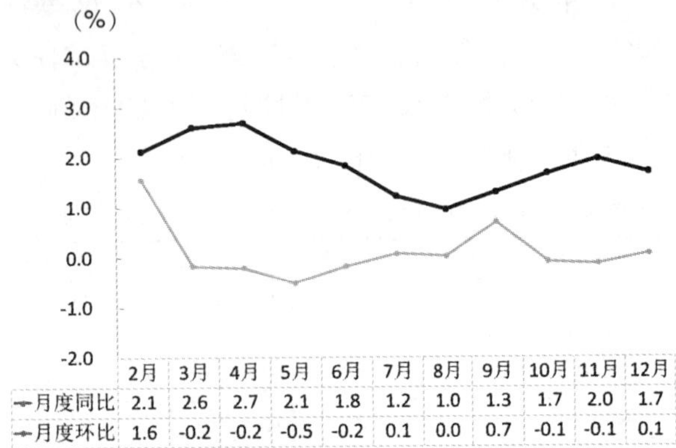

图 3　2016 年居民消费价格月度涨跌幅度

表 2　2016 年居民消费价格比上年涨跌幅度

指　　标	比上年增长(%)
居民消费价格	1.8
食品烟酒	3.6
衣　着	2.4
居　住	1.1
生活用品及服务	0.6
交通和通信	0.6
教育文化及娱乐	–0.5
医疗保健	1.8
其他用品和服务	2.6

全年一般公共预算收入 2227.9 亿元，比上年同口径增长 7.1%。其中税收收入 1438.4 亿元，增长 6.0%。一般公共预算支出 4001.9 亿元，增长 4.9%。

截至 2016 年，全市共有各类市场主体 214.45 万户，比上年增长 10.7%。其中，内资企业 66.49 万户，外资企业 0.60 万户，个体工商户 144.41 万户，农民专业合作社 2.95 万户。2016 年新发展微型企业 9.05 万户，年末微型企业达 52.06 万户，增长 16.8%。

二、农业

全年实现农林牧渔业增加值 1324.66 亿元，比上年增长 4.7%。其中，种植业 862.30 亿元，增长 4.4%；畜牧业 320.69 亿元，增长 2.9%；林业 53.61 亿元，增长 11.3%；渔业 66.64 亿元，增长 10.2%；农林牧渔服务业 21.42 亿元，增长 9.8%。

全年全市农林牧渔业总产值达 1968.27 亿元，比上年增长 4.5%。其中，农业、林业、牧业、渔业、农林牧渔服务业产值分别为 1151.77 亿元、73.43 亿元、627.45 亿元、85.30 亿元和 30.32 亿元，分别增长 4.4%、11.4%、3.0%、10.2%和 9.8%。

全年粮食播种面积 3375.10 万亩，比上年增长 0.7%。粮食综合单产 345.5 公斤/亩，增长 0.2%。油料播种面积 479.96 万亩，增长 3.4%。蔬菜播种面积 1120.59 万亩，增长 2.1%。水果种植面积 540.38 万亩，增长 2.8%。中药材种植面积 184.76 万亩，增长 8.7%。

全年粮食总产量达 1166.0 万吨，比上年增长 1.0%。其中，夏粮产量 145.9 万吨，下降 1.7%；秋粮产量 1020.1 万吨，增长 1.4%。全年谷物产量 806.24 万吨，增长 0.8%。其中，稻谷产量 510.55 万吨，增长 0.8%；小麦产量 19.64 万吨，减产 14.1%；玉米产量 264.69 万吨，增长 1.9%。

表 3　2016 年主要农产品产量

产品名称	产量	比上年增长(%)
粮食(万吨)	1166.00	1.0
油料(万吨)	62.72	4.8
蔬菜(万吨)	1875.13	5.3
水果产量(万吨)	408.69	8.7
禽蛋(万吨)	47.39	4.5
牛奶(万吨)	5.45	0.2
出栏生猪（万头）	2047.81	–3.4
出栏牛(万头)	70.44	4.1
出栏羊(万只)	300.67	9.6
出栏家禽(万只)	24928.08	3.0
猪肉(万吨)	151.31	–3.1
水产品(万吨)	50.84	5.7

三、工业和建筑业

全年实现工业增加值6040.53亿元，比上年增长10.2%，占全市地区生产总值的34.4%。规模以上工业增加值增长10.3%。

在规模以上工业中，分经济类型看，国有企业增加值增长0.5%；集体企业下降12.8%，股份制合作企业增长7.5%，股份制企业增长11.6%，外商及港澳台商投资企业增长5.7%，其他经济类型企业增长6.1%。分门类看，采矿业下降4.8%，制造业增长11.2%，电力、热力、燃气及水生产和供应业增长7.1%。

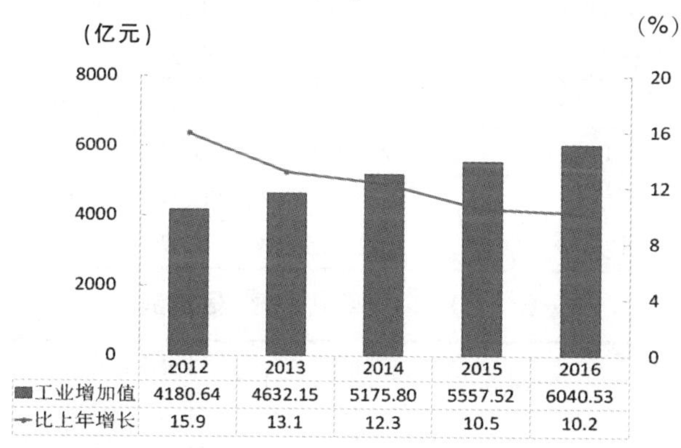

图4 2012—2016年全部工业增加值及其增长速度

全年规模以上工业中，分行业看，农副食品加工业增加值比上年增长12.2%，化学原料和化学制品制造业增长3.9%，非金属矿物制品业增长10.4%，黑色金属冶炼和压延加工业下降12.3%，有色金属冶炼和压延加工业增长8.8%，通用设备制造业增长11.7%，汽车制造业增长11.2%，铁路、船舶、航空航天和其他运输设备制造业增长7.2%，电气机械和器材制造业增长10.3%，计算机、通信和其他电子设备制造业增长32.7%，电力、热力生产和供应业增长4.7%。工业战略性新兴产业增加值增长27.2%。高技术产业增加值增长24.2%(见表4)。

表4 2016年规模以上工业主要产品产量

产品名称	产量	同比增长(%)
汽车(万辆)	315.62	3.4
#轿车	97.95	-10.0
运动型多用途乘用车(SUV)	126.25	28.2
多功能乘用车(MPV)	40.29	-16.9
#新能源汽车	1.45	2.2
摩托车(万辆)	787.66	-6.4
微型计算机设备(万台)	6764.65	7.4
#笔记本计算机	5842.16	4.8
平板电脑	831.40	33.6
打印机(万台)	1374.62	-5.1
手机(万台)	28708.36	58.7
#智能手机	11526.37	47.7
集成电路(万块)	33454.12	38.7
液晶显示屏(万片)	3948.69	556.7
钢材(万吨)	1234.22	-11.7
铝材(万吨)	216.18	26.4
水泥(万吨)	6781.59	-0.4

全年规模以上工业企业，实现利税总额2652.01亿元，同比增长7.8%；实现利润总额1584.97亿元，同比增长12.6%；产品销售率98.2%，同比提高0.4个百分点；总资产贡献率14.2%，同比下降0.6个百分点；资产负债率61.3%，同比下降0.3个百分点；资本保值增值率112.7%，同比下降3.8个百分点；全员劳动生产率29.1万元/人。

全年实现建筑业增加值1714.63亿元，比上年增长15.1%。建筑业总产值达7035.81亿元，增长12.4%。全市具有资质等级的总承包和专业承包建筑业企业实现利润336.92亿元，增长9.9%。

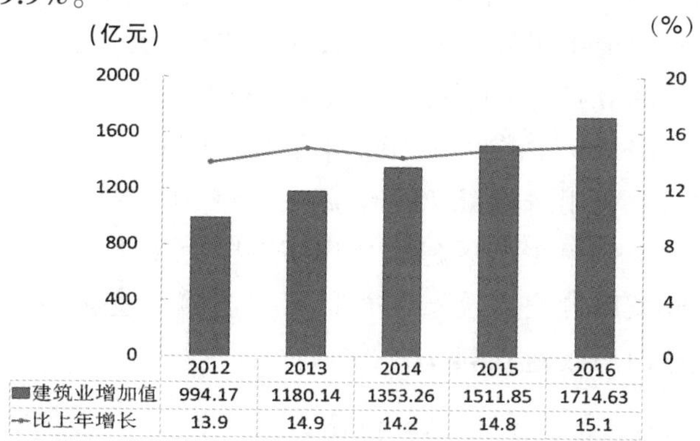

图5 2012—2016年建筑业增加值及其增长速度

四、固定资产投资

全年完成固定资产投资总额17361.12亿元，比上年增长12.1%。其中，基础设施建设投资5660.87亿元，比上年增长30.0%，占全市固定资产投资的32.6%；民间投资8858.50亿元，增长11.0%，占全市固定资产投资的比重为51.0%。

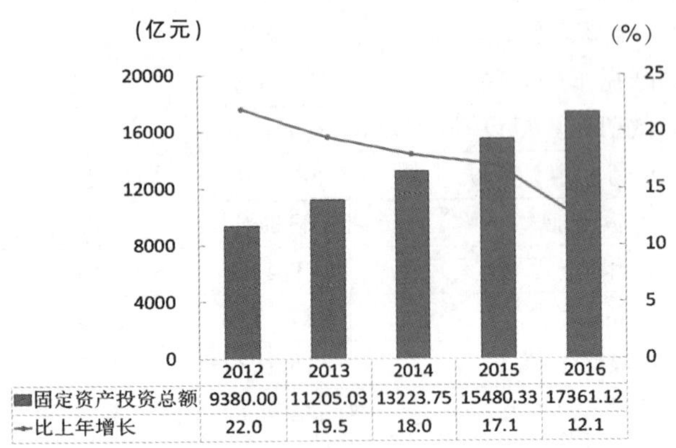

图6 2012—2016年固定资产投资总额及其增长速度

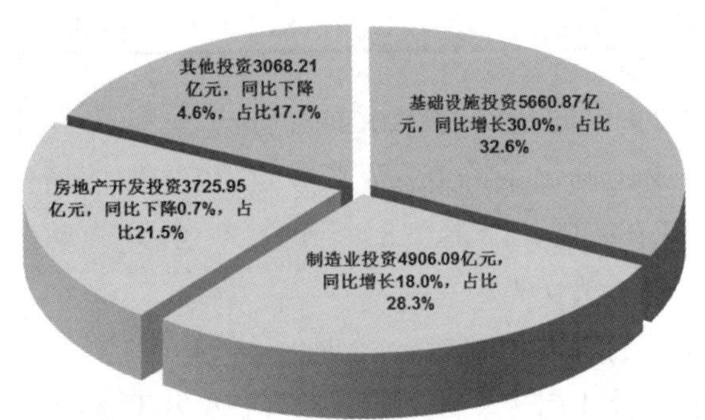

图7 2016年按领域分固定资产投资及其占比

全年房地产开发投资3725.95亿元，比上年下降0.7%。其中，住宅投资2319.97亿元，下降3.0%；办公楼投资166.04亿元，下降18.4%；商业营业用房投资704.37亿元，增长14.3%。

全年主城区建成公租房327万平方米。完成城市棚户区改造356.64万平方米。完成农村危旧房改造6.44万平方米。

五、国内贸易

全年批发和零售业实现增加值1470.85亿

表5 2016年按产业分固定资产投资及其增长速度

指标	绝对量（亿元）	比上年增长（%）	比重（%）
全市固定资产投资总额	17361.12	12.1	100.0
第一产业	558.09	4.7	3.2
第二产业	5666.36	13.4	32.6
#工业	5663.73	13.5	32.6
汽车制造业	760.91	3.2	4.4
电子制造业	970.16	37.7	5.6
装备制造业	887.91	3.5	5.1
化医行业	502.95	42.5	2.9
材料行业	642.76	9.3	3.7
消费品行业	1172.45	29.0	6.8
能源工业	726.60	-13.5	4.2
第三产业	11136.67	11.9	64.1
#房地产开发	3725.95	-0.7	21.5

表6 2016年商品房建设与销售

指标	绝对量	比上年增长（%）
施工面积（万平方米）	27363.39	-5.6
#住宅	17932.69	-7.5
办公楼	1020.20	-10.9
商业营业用房	4193.65	2.0
新开工面积（万平方米）	4875.16	-16.1
#住宅	2998.92	-18.3
办公楼	160.79	2.1
商业营业用房	899.94	-13.3
竣工面积（万平方米）	4421.30	-4.5
#住宅	3084.00	-3.2
办公楼	100.97	-48.4
商业营业用房	634.46	4.7
销售面积（万平方米）	6257.15	16.3
#住宅	5105.46	14.0
办公楼	106.99	-7.6
商业营业用房	622.18	34.4
销售额（亿元）	3432.00	16.3
#住宅	2635.64	17.4
办公楼	98.86	-16.2
商业营业用房	552.77	14.3

元，比上年增长 7.9%，占全市地区生产总值的 8.4%；住宿和餐饮业实现增加值 391.19 亿元，增长 7.7%，占全市地区生产总值的 2.2%。

全年实现社会消费品零售总额 7271.35 亿元，比上年增长 13.2%，扣除价格因素，实际增长 11.7%。按经营地统计，城镇消费品零售额 6905.74 亿元，增长 13.1%；乡村消费品零售额 365.61 亿元，增长 14.8%；按消费类型统计，商品零售额 6244.40 亿元，增长 13.0%；餐饮收入额 1026.95 亿元，增长 14.5%。

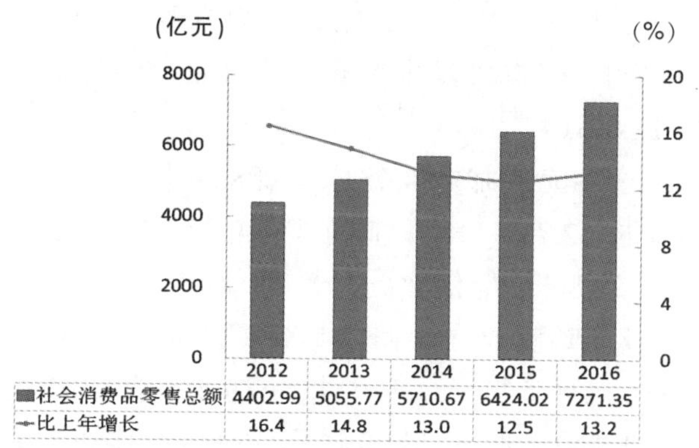

图 8 2012—2016 年社会消费品零售总额及其增长速度

在限额以上法人企业商品零售额中，通讯器材类比上年增长 26.7%，建筑及装潢材料类增长 22.5%，饮料类增长 21.8%，石油及制品类增长 20.9%，汽车类增长 18.5%，中西药品类增长 18.2%，文化办公用品类增长 18.1%，粮油、食品类增长 18.1%，家具类增长 17.3%，烟酒类增长 14.9%，家用电器和音像器材类增长 13.0%，服装、鞋帽、针纺织品类增长 10.2%，日用品类增长 8.8%，化妆品类增长 7.2%，体育、娱乐用品类下降 5.9%，金银珠宝类下降 8.9%。

全年限额以上法人企业实现网上零售额 245.99 亿元，比上年增长 45.3%。

从限额以上零售企业业态看，全年无店铺零售实现零售额 81.79 亿元，比上年增长 73.6%。其中，网上商店增长 65.2%，电话购物增长 51.0%；在有店铺零售企业中，百货店增长 0.8%，超市和大型超市增长 14.9%，购物中心、仓储会员店和厂家直销中心增长 32.7%。

六、对外经济

全年实现货物进出口总额 4140.39 亿元，比上年下降 10.3%。其中，出口 2677.96 亿元，下降 21.6%；进口 1462.43 亿元，增长 22.1%。按美元计算，货物实现进出口 627.71 亿美元，比上年下降 15.7%。其中，出口 406.94 亿美元，下降 26.3%；进口 220.77 亿美元，增长 14.5%。全市货物出口前三位国家(地区)为美国、德国和中国香港，分别出口 643.94 亿元、264.46 亿元和 259.51 亿元，比上年分别下降 16.1%、12.6%和 2.6%。货物进口前三位国家(地区)为中国台湾、韩国和马来西亚，分别进口 227.11 亿元、173.44 亿元和 159.85 亿元，中国台湾和韩国分别增长 24.6%、19.2%，马来西亚下降 5.3%。

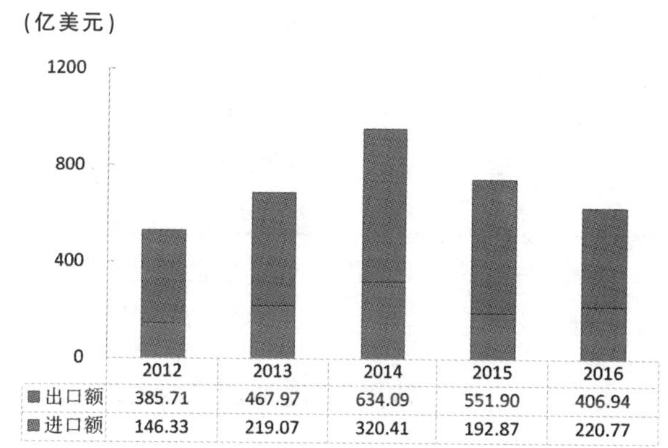

图 9 2012—2016 年货物进出口总额

全年服务外包离岸执行额 20.53 亿美元，比上年增长 12.9%，其中，知识流程外包 12.33 亿美元，增长 1.7%。全年我市 18 个示范区国际服务外包累计执行额 19.3 亿美元。

全年实际使用外资金额 113.42 亿美元，比上年增长 5.4%。其中，外商直接投资 26.26 亿美元，下降 30.4%。全市新签订外资项目 260 个，合同外资额 40.93 亿美元，分别下降 17.5%和 15.0%。全年实际利用内资项目 3.56 万个，下降 3.2%。实际利用内资金额 9345.04 亿元，增长 9.6%。截至 2016 年底，累计有 272 家世界 500 强企业落户重庆。

全年对外承包工程签订合同额 27.54 亿美

表7 2016年货物进出口总额

指 标	绝对量(亿元)	比上年增长(%)
进出口总额	4140.39	-10.3
出口额	2677.96	-21.6
#国有企业	113.60	24.6
外资企业	1534.02	-6.4
私营企业	1010.60	-39.4
#一般贸易	1133.44	-36.8
加工贸易	1447.39	-6.9
#机电产品	2241.95	-13.6
#高新技术产品	1657.15	-5.1
#笔记本电脑	1050.34	-9.2
进口额	1462.43	22.1
#国有企业	432.91	49.6
外资企业	669.18	11.4
私营企业	359.91	16.8
#一般贸易	665.17	39.7
加工贸易	220.44	-4.9
#机电产品	1101.55	11.7
#高新技术产品	862.08	14.1

元,比上年增长1.03倍;完成营业额13.35亿美元,增长10.5%。

七、交通、邮电和旅游

全年交通运输、仓储和邮政业实现增加值848.22亿元,比上年增长5.8%,占全市地区生产总值的4.8%。全市高速公路通车总里程2818公里,路网密度3.4公里/百公里[2]。全市铁路营运里程达到2231公里。轨道交通营运里程213.3公里,日均客运量189.97万人次。全年完成货物运输10.79亿吨,比上年增长3.7%;完成旅客运输量6.34亿人次,下降1.2%。

全年内河港口完成货物吞吐量17372.80万吨,比上年增长10.9%。空港完成旅客吞吐量3659.30万人次,增长10.6%;空港完成货物吞吐量36.34万吨,增长13.1%。国际标准集装箱吞吐量126.94万标准箱,增长16.2%。

年末全市民用车辆拥有量510.25万辆,比上年末增长10.4%,其中私人汽车拥有量279.20

表8 2016年客货运输量

指标	绝对量	比上年增长(%)
货物运输量(万吨)	107850.45	3.7
铁 路	1788.60	1.8
公 路	89388.71	2.8
水 运	16659.68	9.1
航 空	13.46	10.5
旅客运输量(万人次)	63403.97	-1.2
铁 路	4910.95	23.0
公 路	55594.00	-3.4
水 运	751.55	2.7
航 空	2147.47	14.1

万辆,增长20.4%。民用轿车拥有量167.52万辆,增长17.5%,其中私人轿车152.85万辆,增长18.6%。

全年完成邮电业务总量898.80亿元,比上年增长62.7%。其中,邮政业务总量79.22亿元,增长29.8%;电信业务总量819.58亿元,增长66.8%。邮政业全年完成邮政函件业务2301.09万件,包裹业务38.64万件,快递业务量2.84亿件,快递业务收入38.96亿元。电信业移动电话交换机容量4037.0万户。

全市电话用户3421.72万户,其中,固定电话用户541.62万户,移动电话用户2880.10万户。固定电话普及率下降到18.00部/百人;移动电话普及率上升至95.50部/百人。固定互联网宽带接入用户873.50万户,增长25.4%;手机上网用户2359.76万户,增长8.0%。互联网用户3255.13万户,其中移动互联网用户(不含WiFi用户)2550.41万户,增长11.5%。

全年旅行社组织出境旅游人数196.24万人次,比上年增长7.7%。全年接待入境旅游人数316.58万人次,旅游外汇收入16.87亿美元,分别增长12.1%和14.9%。年末全市拥有国家A级景区214个,其中,5A级景区7个,4A级景区76个。

八、金融

全年金融业实现增加值1642.59亿元,比上年增长10.3%,占全市地区生产总值的9.4%。其中,新型金融业企业实现增加值318.11亿元,增长 29.9%。金融机构资产规模达到 4.7 万亿元，增长 9.4%。

年末全市金融机构本外币存款余额为 32160.09 亿元，比年初增加 3374.41 亿元。其中，人民币存款余额 31216.45 亿元，增加 3122.08 亿元。金融机构本外币贷款余额为 25524.17 亿元，比年初增加 2568.42 亿元。其中，人民币贷款余额 24785.19 亿元，增加 2390.72 亿元。

表 9　2016 年年末金融机构存贷款余额

指标	年末数（亿元）	比年初增长(%)
本外币存款余额	32160.09	11.7
# 人民币存款余额	31216.45	11.1
# 住户存款	13399.44	9.8
非金融企业存款	11214.57	12.2
政府存款	4743.21	12.0
非银行业金融机构存款	1837.90	12.9
本外币贷款余额	25524.17	11.2
# 人民币贷款余额	24785.19	10.7
# 短期贷款	5383.08	–2.8
中长期贷款	17657.00	14.7
# 个人贷款及透支	8106.28	11.1

全市共有证券公司总部 1 家，证券公司营业部 186 家，证券分公司 23 家。境内上市公司 44 家，总股本 549.92 亿股，股票总市值 6691.25 亿元。全年通过境内市场累计筹资 2482.88 亿元，比上年增加 1785.88 亿元。

全市共有保险法人机构 4 家，营业性保险分公司 51 家。保费总收入 601.61 亿元。其中，财产保险收入 165.23 亿元；人寿保险收入 335.25 亿元；健康和意外伤害保险收入 101.13 亿元。全年赔付各类保险金 250.16 亿元。其中，财产保险赔付 90.37 亿元；人寿保险赔付 103.22 亿元；健康和意外伤害保险赔付 56.57 亿元。

九、人民生活和社会保障

全市居民人均可支配收入 22034 元，比上年增长 9.6%。按常住地分，城镇常住居民人均可支配收入 29610 元，增长 8.7%；农村常住居民人均可支配收入 11549 元，增长 9.9%。按全体常住居民五等份收入分组，低收入组人均可支配收入 6872 元，中等偏下收入组人均可支配收入 13107 元，中等收入组人均可支配收入 19730 元，中等偏上收入组人均可支配收入 29012 元，高收入组人均可支配收入 46754 元。

全市居民人均消费支出 16385 元，比上年增长 8.2%。按常住地分，城镇常住居民人均消费支出 21031 元，增长 6.5%；农村常住居民人均消费支出 9954 元，增长 11.4%。全市居民恩格尔系数为 34.2%，比上年下降 1.0 个百分点，其中城镇为 32.7%，农村为 38.7%。

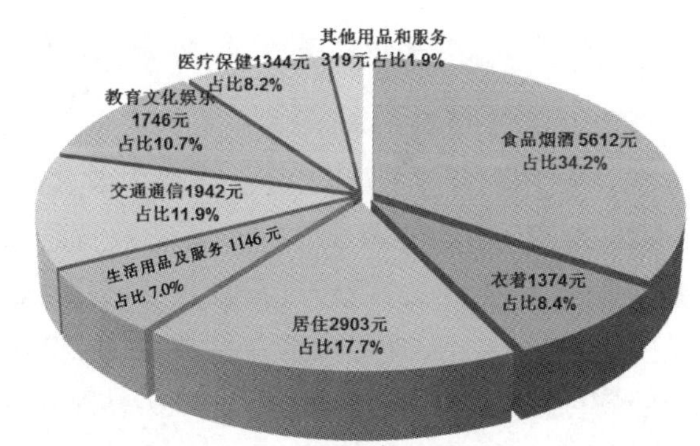

图 10　2016 年全市居民人均消费支出及构成

表 10　2016 年居民人均可支配收入

指 标	全市居民		城镇常住居民		农村常住居民	
	绝对量（元）	比上年增长(%)	绝对量（元）	比上年增长(%)	绝对量（元）	比上年增长(%)
人均可支配收入	22034	9.6	29610	8.7	11549	9.9
工资性收入	11558	8.3	17043	6.9	3966	10.7
经营净收入	3684	11.1	3348	12.6	4150	9.9
财产净收入	1414	3.4	2221	2.2	296	6.3
转移净收入	5378	13.1	6998	13.7	3137	9.4

全市城镇企业职工基本养老保险参保人数862.24万人,比上年增长3.0%。城乡居民社会养老保险参保人数1115.82万人,增长0.4%。城镇职工基本医疗保险参保人数604.76万人,增长2.8%;城乡居民基本医疗保险参保人数2654.52万人,下降0.9%。工伤保险参保人数455.72万人,增长6.4%。生育保险参保人数365.74万人,增长3.2%;24.25万人次享受生育保险待遇,增长34.2%。失业保险参保人数447.10万人,增长1.7%。

年末全市共有34.78万人享受城市居民最低生活保障,58.98万人享受农村居民最低生活保障。农村特困人员救助供养人数16.88万人。全年资助65.13万城市困难群众参加医疗保险,资助90.46万农村困难群众参加新型农村合作医疗。

城市居民最低生活保障标准为460元/月,农村居民最低生活保障标准为300元/月,城市"三无"人员、农村特困人员最低供养标准均为600元/月。

十、教育、科学技术和文化、体育

全市共有普通高等教育学校65所,成人高校4所,中等职业学校182所,普通中学1120所,小学2979所,幼儿园5109所,特殊教育学校36所。研究生招生1.76万人,在校生5.22万人,毕业生1.54万人;普通高校本专科招生21.52万人,在校生73.25万人,毕业生18.99万人;成人本专科招生4.87万人,在校生13.82万人,毕业生5.73万人;中等职业学校招生13.77万人,在校生40.16万人,毕业生12.62万人;普通高中招生19.97万人,在校生60.68万人,毕业生21.92万人;普通初中招生33.17万人,在校生96.60万人,毕业生31.91万人;普通小学招生33.46万人,在校生209.82万人,毕业生32.17万人;学前教育招生42.18万人,在校生93.26万人,毕业生35.54万人;特殊教育招生0.29万人,在校生1.61万人,毕业生0.18万人。高等教育毛入学率为43.0%,初中入学率为99.80%,小学入学率为99.99%。

全年研究与试验发展(R&D)经费支出约300亿元,占全市地区生产总值的比重为1.7%。截至年底,市级及以上重点实验室共126个,其中国家重点实验室8个;工程技术研究中心共454个,其中国家级中心10个,企业工程技术研究中心164个。全年共受理专利申请5.95万件,获得专利授权4.27万件。截至年底,有效期内高新技术企业1443家,有效发明专利1.67万件。全年技术市场签订成交合同2094项,成交金额257.4亿元。

年末全市共有产品检验检测机构483个,其中国家检测中心16个。现有产品质量、体系认证机构2个。法定计量技术机构8个,全年强制检定计量器具557.28万台(件)。全年修订地方标准1项,制定地方标准89项。

全市共有注册商标24.10万件,比上年增长22.0%。共有驰名商标135件、著名商标1294件、地理标志量209件。

全市共有艺术表演团体13个,博物馆87个,文化馆41个,公共图书馆43个。全年有线广播电视实际用户415.33万户,数字电视实际用户357.25万户。广播综合人口覆盖率98.86%;电视综合人口覆盖率达到99.19%。全年生产电视剧10部356集,电视动画片4部1036分钟,全年生产故事片17部,其中动画片1部。出版各类报纸55153万份,各类期刊4695万册,图书12173万册(张)。公共图书馆人均图书拥有量0.47册(张)。全市共有国家综合档案馆40个、市级专业档案馆1个、市级部门档案馆4个。

我市获世界级比赛金牌17枚,国家级比赛金牌14枚。全市共有农民体育健身工程8947个,全民健身路径工程1368个。全市有标准体育场36个、体育馆39个、游泳池(馆)31个。国民体质监测抽样合格率92.7%。

十一、卫生

年末全市共有各级各类医疗卫生机构(含村卫生室)19933个,其中,医院699个,乡镇卫生院 894 个,社区卫生服务中心 199 个,诊所(卫生所、医务室)5491 个,村卫生室 11241 个,疾病预防控制中心 42 个,卫生监督所 39 个。共有医疗卫生机构床位数 19.09 万张，其中医院床位 13.62 万张,乡镇卫生院床位 4.00 万张。全市共有卫生技术人员 17.93 万人,其中执业医师和执业助理医师 6.47 万人,注册护士 7.75 万人。

十二、移民与扶贫

全年三峡库区引进对口支援经济合作项目 22 个,项目资金 42.27 亿元。兑现农村移民后期扶持直补资金 1.15 亿元，发放城镇移民困难扶助资金 2.40 亿元。

全年安排财政性扶贫资金 45.4 亿元，比上年增长 13.2%。全年贫困人口脱贫 59.6 万人。

十三、资源、环境和安全生产

初步核算，全年能源消费总量比上年增长 3.0%。万元地区生产总值能耗下降 6.9%。煤炭消费量下降 3.2%,成品油消费量增长 7.2%,天然气消费量增长 11.6%,电力消费量增长 5.0%。

全年水资源总量 588.88 亿立方米。年平均降水量 1217.8 毫米。全年总用水量 77.48 亿立方米。治理水土流失面积 1655 平方公里。

全市自然保护区 53 个,其中国家级自然保护区 6 个。新造林地 10.06 万公顷。完成营造林面积 579.15 万亩。全市森林覆盖率 45.4%。

全市 211 个监测断面水质Ⅰ~Ⅲ类水质比例为 80.6%,水质满足水域功能要求的断面比例为 83.9%。全市 64 个城区集中式饮用水水源地达标率为 100%。

全市区域声环境噪音平均等效声级为 53.8 分贝,比上年增加 0.2 分贝。主城区环境空气质量满足优良天数 301 天,增加 9 天。主城区环境空气细颗粒物(PM2.5)平均浓度为 54 微克/米^3,下降 5.3%。

全年生产安全事故死亡人数 1148 人,比上年下降 8.6%。其中,较大生产安全事故死亡人数 88 人,下降 20.7%。亿元地区生产总值生产安全事故死亡人数 0.065 人,下降 18.8%。工矿商贸企业就业人员每 10 万人生产安全事故死亡人数 2.57 人,下降 7.6%。道路交通万车死亡人数 2.02 人，下降 8.2%。煤矿百万吨死亡人数 3.34 人,增长 1.7 倍。

全年共发生地质灾害 96 起,直接经济损失 7033 万元。

注：

1.本公报中 2016 年数据均为初步统计数,部分数据因四舍五入的原因，存在着与分项合计不等的情况。

2.地区生产总值、各产业增加值绝对数按现价计算,增长速度按可比价计算。

3. 根据国家核算方案,2012—2015 年全员劳动生产率为地区生产总值(以 2010 年价格计算)与全部就业人员的比率;2016 年全员劳动生产率为地区生产总值（以 2015 年价格计算)与全部就业人员的比率。

4.常住人口是指在本乡镇(街道)居住半年以上的人口,或虽居住不满半年,但离开户口登记地半年以上人口以及户口待定人口。外出市外人口是指户口所在地为重庆市，现居住在重庆市外,离开户口登记地半年以上的人口。市外外来人口是指户口所在地为重庆市外，现居住在重庆市内,离开户口登记地半年以上的人口。

5.高技术制造业包括医药制造业,航空、航天器及设备制造业,电子及通信设备制造业,计算机及办公设备制造业，医疗仪器设备及仪器仪表制造业,信息化学品制造业。

6.工业战略性新兴产业包括节能环保产业,新一代信息技术产业,生物产业,高端设备制造产业,新能源产业,新材料产业,新能源汽车产业等七大产业。

7.基础设施投资是指建造或购置为社会生产和生活提供基础性、大众性服务的工程和设施的支出。本文中的基础设施投资包括交通运输、邮政业,电信、广播电视和卫星传输服务业,互联网和相关服务业,水利、环境和公共设施管理业投资。

8.民间固定资产投资是指具有集体、私营、个人性质的内资企事业单位以及由其控股（包括绝对控股和相对控股）的企业单位建造或购置固定资产的投资。

9.居民五等份收入分组是指将所有调查户按人均收入水平从低到高顺序排列，平均分为五个等份，处于最高20%的收入群体为高收入组，依此类推依次为中等偏上收入组、中等收入组、中等偏下收入组、低收入组。

10.万元地区生产总值能耗按2015年价格计算。

11.天然气消费量包含页岩气消费量。

12. 2016年固定宽带接入用户含电信增值企业、广电企业发展用户。

13.行业统计标准：

规模以上工业：年主营业务收入2000万元及以上的工业法人单位。

有资质的建筑业：有总承包、专业承包和劳务分包资质的建筑业法人单位。

限额以上批发和零售业：年主营业务收入2000万元及以上的批发业、年主营业务收入500万元及以上的零售业法人单位。

限额以上住宿和餐饮业：年主营业务收入200万元及以上的住宿和餐饮业法人单位。

房地产开发经营业：全部房地产开发经营业法人单位。

规模以上服务业：年营业收入1000万元及以上，或年末从业人员50人及以上服务业法人单位。包括：交通运输、仓储和邮政业，信息传输、软件和信息技术服务业，租赁和商务服务业，科学研究和技术服务业，水利、环境和公共设施管理业，教育，卫生和社会工作；以及物业管理、房地产中介服务、自有房地产经营活动和其他房地产业等行业。年营业收入500万元及以上，或年末从业人员50人及以上服务业法人单位。包括：居民服务、修理和其他服务业，文化、体育和娱乐业。

工业生产者价格统计调查：工业样本法人单位。

14.三峡库区是指库区15区县，包括万州区、涪陵区、渝北区、巴南区、长寿区、江津区、开州区、武隆区、丰都县、忠县、云阳县、奉节县、巫山县、巫溪县、石柱土家族自治县。

资料来源：

本公报中就业、失业、社会保障数据来自市人力社保局；各类市场主体、商标数据来自市工商局；财政数据来自市财政局；部分金融数据来自市金融办和人行重庆营管部；证券数据来自重庆证监局；保险数据来自重庆保监局；教育数据来自市教委；公租房、城市棚户区和农村危旧房改造数据来自市城乡建委；货物进出口数据来自重庆海关；对外经济数据来自市商务委；交通数据来自市交委；民用汽车数据来自市公安局；邮政数据来自市邮政管理局；通信数据来自市通信管理局；旅游数据来自市旅游局；科技数据来自市科委；质量检测数据来自市质监局；专利数据来自市知识产权局；文化数据来自市文化委；档案数据来自市档案局；体育数据来自市体育局；卫生数据来自市卫生计生委；最低生活保障标准数据来自市民政局；移民数据来自市移民局；扶贫数据来自市扶贫办；水资源数据来自市水利局；自然保护区、林业、森林数据来自市林业局；水质、噪音、空气监测数据来自市环保局；生产安全事故数据来自市安监局；地质灾害数据来自市国土房管局；其他数据来自市统计局、国家统计局重庆调查总队。

2016年长江沿线主要城市经济发展态势

上海市

一、2016年工作回顾

过去一年，上海在党中央、国务院和中共上海市委的坚强领导下，深入贯彻习近平总书记系列重要讲话精神和治国理政新理念新思想新战略，按照当好全国改革开放排头兵、创新发展先行者的要求，主动适应经济发展新常态，坚持稳中求进工作总基调，坚持新发展理念，着力加强供给侧结构性改革，着力推进创新驱动发展、经济转型升级，完成了市十四届人大四次会议确定的目标任务，实现了“十三五”发展的良好开局。

一年来，全市经济社会发展总体平稳、稳中有进、好于预期，创新驱动发展的积极效应进一步显现。一是经济平稳增长。全市生产总值比上年增长6.8%，新增就业岗位59.9万个，城镇登记失业率为4.1%，居民消费价格上涨3.2%。二是经济结构、质量和效益持续向好。第三产业增加值占全市生产总值的比重提高到70.5%，一批新产业、新业态呈现良好发展势头。一般公共预算收入比上年增长16.1%。预计单位生产总值能耗下降3%以上，环保投入相当于全市生产总值的比例保持在3%左右，主要污染物排放量进一步下降，PM2.5年平均浓度从上年的53微克/米^{3}下降到45微克/米^3。三是改革创新取得重大进展。中国(上海)自由贸易试验区建设总体实现三年预期目标，制度框架基本形成，累计100多项制度创新成果在全国复制推广，区内新增企业4万家，超过挂牌前20多年的总和。科技创新中心建设成效显现，预计全社会研发经费支出相当于全市生产总值的比例达到3.8%，每万人口发明专利拥有量从上年的29件提高到35件，技术合同成交额增长16.2%。四是人民生活进一步改善。预计城镇和农村常住居民人均可支配收入比上年分别增长8.9%和10%，基本公共服务均等化水平稳步提高。

(一)坚持制度创新、系统集成，全面深化以自贸试验区建设为重点的改革开放，着力构建法治化、国际化、便利化的营商环境

持续推进自贸试验区制度创新。启动市场准入负面清单制度试点，深化外商投资管理、境外投资管理和商事制度改革，确立以负面清单管理为核心的投资管理制度。实施国际贸易“单一窗口”2.0版，推动货物状态分类监管试点扩大到物流贸易型企业，深化“三互”大通关建设改革，确立符合高标准贸易便利化规则的贸易监管制度。推出金融综合监管试点等一批实施细则和创新案例，实施自由贸易账户功能拓展等一批改革举措，确立适应更加开放环境和有效防范风险的金融创新制度。制定实施自贸试验区和浦东新区事中事后监管深化方案，开通企业信用信息公示系统，确立以规范市场主体为重点的事中事后监管制度。

加快推进重点领域改革。制定实施国有企业混合所有制改制的操作指引，基本完成企业集团公司制改革，实现国有金融企业的国资统一监管，规范国资流动平台运作，75%的国有资产集中到战略性新兴产业、先进制造业、现代服务业、基础设施和民生保障等领域。宝武集团在沪成立。探索政府和社会资本合作模式，设立中小微企业政策性融资担保基金。实施市场主体“五证合一、一照一码”、个体工商户“两证整合”登记制度改革。

进一步扩大对内对外开放。在“一带一路”

沿线地区实施一批重点合作项目，进一步支持企业走出去。制定外贸稳定增长、加工贸易转型、服务贸易发展等政策措施，启动跨境电子商务综合试验区建设，服务贸易进出口额比上年增长15%。完善总部经济发展政策，新增跨国公司地区总部45家。积极落实长江经济带、长三角城市群发展规划，帮助对口支援地区精准扶贫、精准脱贫。

（二）致力于构筑“四梁八柱”，聚焦体制机制改革，加快建设具有全球影响力的科技创新中心

增强科技创新能力。张江综合性国家科学中心建设方案、上海系统推进全面创新改革试验方案先后获国家批准实施，基本确立科技创新中心建设的重大布局。组建上海张江综合性国家科学中心理事会，编制张江科学城规划，启动建设上海光源二期、超强超短激光等重大科技基础设施，实施脑科学、材料基因组等重大科技项目。建设创新集聚区，推动大众创业、万众创新，各类众创空间达到500多家，90%以上为社会力量创设。

创新科技体制机制。完善人才发展政策，制定财政科技投入统筹管理等配套政策，科技创新中心建设的政策体系基本形成。启动药品上市许可持有人制度试点，推进股权奖励递延纳税、投贷联动等先行先试。成立知识产权交易中心、国际知识产权学院，在浦东新区建立知识产权侵权查处快速反应机制。

推进智慧城市建设。提升信息基础设施服务能级，光纤宽带网络和第四代移动通信网络基本覆盖全市域。实施一批“互联网+”重点行动，建成一批便民惠民信息化平台，成立数据交易中心，城市信息化应用水平进一步提高。

（三）着重加强供给侧结构性改革，大力推动“四个中心”建设、经济稳定增长和产业结构调整，不断扩大有效供给

制定推进供给侧结构性改革的意见，落实“三去一降一补”重点任务。全面实施营业税改征增值税试点，调整社会保险费率，下调工商业用电价格，降低进出口环节收费，取消和停征部分行政事业性收费，切实帮助企业降本减负。

加快“四个中心”建设。上海保险交易所、上海票据交易所、中国信托登记公司正式开业，全球清算对手方协会、中保投资有限责任公司落户，开展互联网金融风险专项整治，金融市场直接融资额近10万亿元。发布上海航运保险指数，中远海运集团等航运机构落户，上海港集装箱吞吐量连续七年位居世界第一，空港旅客吞吐量超过1亿人次。率先启动海关和检验检疫通关一体化改革试点，全面完成内贸流通体制改革试点，推动一批大宗商品现货市场上线运行，商品销售总额超过10万亿元。促进消费升级，文化、旅游、健康、绿色等新消费快速增长。

加快产业结构调整。制定“四新”经济发展指导意见，支持软件首版次、新材料首批次应用，落实生产性服务业发展促进政策。设立集成电路产业基金，中芯国际、华力二期、和辉光电二期等一批重大产业项目开工建设。实施工业强基工程，支持企业加快技术改造和设备更新。淘汰高能耗、高污染、高危险和低效益的落后产能1176项。

加快重大工程建设。完善重大工程推进机制，新开工项目42个，比计划增加22个，完成投资1280亿元，比计划增加23.6%。加快建设9条、216公里轨道交通线，建成长江西路越江隧道、17条区区对接道路和5个区域排水系统，黄浦江上游金泽水源地投入使用。国际旅游度假区和迪士尼乐园开园运营，世博央企总部集聚区全面建成，黄浦江10公里岸线的公共空间贯通开放。

（四）更加注重保障基本民生，着力推进普惠性、基础性、兜底性民生建设，建立健全更加公平、更有效率的民生保障制度

强化基本生活保障。实现老年照护统一需求评估的全覆盖，全面开展高龄老人医疗护理计划试点，新增长者照护之家51家、老年人日

间服务中心81家、公办养老床位7069张,“五位一体”社会养老服务体系初步形成。统一城乡居民基本医保制度，社会保障制度基本实现城乡统一，来沪从业人员参加社会保险政策与国家政策全面接轨。建立老年综合津贴制度。新增供应各类保障性住房5.2万套,改造中心城区二级旧里以下房屋59万平方米,实施旧住房综合改造527万平方米。加大房地产市场调控力度,制定实施“沪九条”等调控政策。全面开展创业型城区建设,帮扶1.2万人成功创业。

加快文化和社会事业改革发展。推进媒体、国有文艺院团和世纪出版集团改革，建成国际舞蹈中心、刘海粟美术馆新馆,基本实现社区文化活动中心的社会化、专业化管理。稳步推进教育综合改革,合并高考一本、二本招生批次,启动高水平地方高校建设试点，新开办中小学和幼儿园85所。制定实施综合医改试点方案,初步建立公立医院医疗服务评价体系，社区卫生服务综合改革扩大到184个街镇。落实“全面两孩”政策。圆满完成第九届全球健康促进大会的承办任务。成功举办国际滑联上海超级杯、第二届市民运动会等重要赛事，上海体育健儿在第三十一届奥运会上取得优异成绩。深入推进国防动员、人民防空、双拥共建等工作,军民融合深度发展取得阶段性成果，驻沪部队为推动上海发展发挥了重要作用。

(五)紧紧围绕守底线、补短板,加强社会治理和环境治理,推进城乡统筹发展

切实保障城市安全。严格落实烟花爆竹安全管理条例,实现外环线以内“零燃放”。开展安全隐患排查整治，完成住宅小区老旧电梯安全评估、燃气管道占压整治,为100个老旧住宅小区增配或改造消防设施，完成226万平方米危险房屋和严重损坏房屋的处置，完成关键信息基础设施的网络安全检查。发布危险化学品安全管理办法,实施第三批危险化学品禁止、限制和控制目录。强化网络餐饮服务的食品安全监管,建成全市统一的食品安全信息追溯平台。积极推进街镇应急管理能力建设。

加强社会治理和城市综合管理。建立职能部门事务下放街镇、居村的准入制度,完成66个基本管理单元的资源配置,城市管理综合执法力量下沉街镇全部到位,网格化管理工作站覆盖所有居村。加快落实住宅小区综合治理三年行动计划,完成3567万平方米居民住宅二次供水设施、102万户老旧住宅小区供电设施的改造。实现初次信访事项办理的全过程网上公开。扎实推进全面深化公安改革综合试点,集中整治电信网络诈骗等社会治安突出问题,实施人口管理、出入境管理等57项便民利民措施。开展道路交通违法行为大整治,道路违法行为明显减少,交通事故明显减少,交通秩序明显改善。

加快推进城乡发展一体化。制定进一步加强城市规划建设管理工作的实施意见，基本完成新一轮城市总体规划编制,完成15个历史文化名镇名村规划。顺利完成崇明撤县设区。制定实施促进农民向城镇集中居住的若干意见。加大农村环境整治力度，完成涉及5万户的村庄改造、3.3万户农村生活污水处理设施改造。推进整建制创建国家现代农业示范区，新增家庭农场435户。基本完成村级集体经济组织产权制度改革,稳妥推进镇级产权制度改革试点,继续实施一批农村综合帮扶“造血”项目。

强化资源节约和环境保护。全力推进“五违四必”区域环境综合治理,完成前两批28个市级地块和258个区级地块的整治，区域环境显著改善。提前完成清洁空气行动计划的重点任务,完成60万千瓦及以上燃煤发电机组的超低排放改造、1456家企业的挥发性有机物治理,新增新能源汽车4.5万辆,修订空气重污染专项应急预案。实施水污染防治行动计划,开展中小河道综合整治,完成155公里河道整治、3048公里中小河道疏浚,完成5家污水处理厂提标改造。进一步推动长三角区域大气污染、水污染联防联控。新增100万户生活垃圾分类减量“绿色账户”。新建林地7.6万亩、绿地1221公顷,长兴、青西郊野公园开园。完成城市开发边界划示,低

效建设用地减量 7.3 平方公里。

二、发展中存在的问题

改革创新仍需向纵深推进，制度创新的系统集成要继续加强，科技创新的体制机制和政策措施要继续完善，企业创新活力和动力要进一步激发。经济下行压力仍然较大，转方式、调结构任务仍然艰巨，工业、出口等领域仍处在结构调整的阵痛期。城乡发展差距依然存在，农村生产生活方式有待进一步转变。改善民生还要加大力度，养老服务能力需要持续提升，教育卫生改革需要深化突破，历史遗留问题仍需妥善解决。社会治理、城市管理的精细化水平还要继续提高，食品、消防、生产等领域的安全隐患整治必须进一步加大力度。水、大气、土壤等环境质量亟待改善，环境综合治理仍需持续发力。

三、2017 年奋斗目标

2017 年将召开党的十九大和市第十一次党代表大会，也是本届政府任期的最后一年，是实施"十三五"规划的重要一年和推进供给侧结构性改革的深化之年。要坚持稳中求进、进中提质，着力在优化结构、增强动力、化解矛盾、补齐短板上取得新进展，全面完成本届政府提出的各项目标任务。

做好今年政府工作，要全面贯彻落实党的十八大和十八届三中四中五中六中全会以及中央经济工作会议精神，以邓小平理论、"三个代表"重要思想、科学发展观为指导，深入贯彻习近平总书记系列重要讲话精神和治国理政新理念新思想新战略，牢固树立政治意识、大局意识、核心意识、看齐意识，认真落实十届市委十四次全会部署，统筹推进"五位一体"总体布局和协调推进"四个全面"战略布局，坚持稳中求进工作总基调，牢固树立和贯彻落实新发展理念，主动适应经济发展新常态，坚持以提高发展质量和效益为中心，坚持以推进供给侧结构性改革为主线，持续推进创新驱动发展、经济转型升级，促进经济平稳健康发展和社会和谐稳定，继续当好全国改革开放排头兵、创新发展先行者，以优异成绩迎接党的十九大和市第十一次党代表大会胜利召开。

综合各方面因素，全市经济社会发展的主要预期目标是：经济发展质量和效益进一步提高，全市生产总值增长 6.5%左右，一般公共预算收入增长 7%，全社会研发经费支出相当于全市生产总值的比例保持在 3.8%以上。人民生活水平进一步提高，城镇登记失业率控制在 4.4%以内，居民人均可支配收入增幅与经济增长保持同步，居民消费价格指数与国家价格调控目标保持衔接。生态环境持续改善，环保投入相当于全市生产总值的比例保持在 3%左右，单位生产总值能耗、主要污染物排放量进一步降低。

（《重庆经济年鉴》编辑部根据上海市有关资料整理）

南京市

一、2016年工作回顾

过去的一年，面对复杂多变的宏观经济环境，南京市在以习近平同志为核心的党中央坚强领导下，认真贯彻落实党中央国务院、省委省政府决策部署和市委工作要求，围绕“强富美高”新南京建设目标，坚持稳中求进工作总基调，自觉践行新发展理念，主动适应经济发展新常态，以供给侧结构性改革为主线，统筹做好改革发展稳定各项工作，较好地完成了市十五届人大四次会议确定的主要目标任务，实现了“十三五”发展的良好开局。预计全年实现地区生产总值10450亿元，增长8%，人均地区生产总值达12.65万元；一般公共预算收入完成1142.6亿元，增长12%；全社会研发经费投入316.6亿元，占地区生产总值比重达3.03%；全体居民人均可支配收入增长8.3%左右；PM2.5浓度较上年下降15.4%，单位地区生产总值能耗降幅、主要污染物排放强度达到省定标准；民生十件实事全面完成。

（一）落实五大任务、分类精准施策，经济平稳健康运行

积极应对经济下行压力，加强宏观形势研判，强化经济组织运行，着力解决制约经济稳定增长的突出问题。有针对性制定出台扩大消费、促进投资、稳定外贸等方面政策措施，切实增强经济增长协同拉动力。全力推进216个市级重大项目建设，台积电晶圆厂、中航南京机电科技研发生产基地等一批重大项目进展顺利。紧扣供给侧结构性改革目标，推动“三去一降一补”任务落地见效，全市39家企业涉及低效产能淘汰工作全部完成，五大高耗能行业产值同比下降4%左右；加大房地产市场调控力度，保持房地产健康稳定发展；置换政府债务589亿元，市政府分五年出资200亿元，设立总规模500亿元的市产业发展基金和500亿元的市城建发展基金，新增挂牌上市公司114家；落实降成本“双二十条”意见，为实体经济企业降低成本超过200亿元，规上工业企业财务费用同比下降10%左右；七大短板领域120个项目加快实施，基础设施领域投资增幅达10%。组建市企业服务中心和投资建设代办服务中心，服务实体经济特别是小微企业力度进一步加大。

（二）实施创新驱动、加快转型步伐，产业竞争力稳步提升

制定贯彻国家创新驱动发展战略纲要实施方案，出台36条政策措施，推动科技与产业紧密融合。新增高淳、麒麟、白马三家省级高新区，苏南国家自主创新示范区“一区两园多载体”联动格局初步形成。全市高新技术企业达到1500家，产值达到8800亿元，增长8.5%。积极推动大众创业万众创新，新增科技部备案众创空间27家，新增60人入选第二批国家“万人计划”，在宁高校就地转化应用技术成果1864项。实施青年大学生创业引领计划和高校毕业生租房补贴政策，培育自主创业者1.6万人，在宁高校毕业生就地就业达5.5万人。现代服务业发展步伐加快，电子商务交易额增长25%，软件和信息服务业、旅游业收入分别增长15%和13%，金融业增加值增长14%，服务业增加值占地区生产总值比重达到58.4%，较上年提高1.1个百分点。战略性新兴产业提速发展，七大类14个重点领域新兴产业实现主营业务收入6800亿元，增长13%，较上年提高2.3个百分点，其中新能源汽车、卫星应用、集成电路及专用设备等产业主营业务收入增幅超过20%。新增设施农业4.2万亩、高标准农田10万亩，农业基本现代化水平位居全省第一。

（三）全面深化改革、着力扩大开放，动力活力明显增强

扎实推进各项改革，全市42项306条改革

任务全部达到序时进度,21 项国家和省级重点改革试点任务加快落实,行政审批、医疗卫生、户籍制度、内贸流通等改革取得明显成效。积极推进"放管服"改革,动态调整 455 项行政权力事项。"三位一体"国企监督体系创新列入全国国企改革 50 例。商事制度改革持续推进,率先实行"多证合一、一照一码",新增市场主体、注册资本分别增长 28.6%、58.7%。成立全国首家综合性文化金融服务中心,苏宁银行获批筹建江苏首家民营银行。基本完成农村土地承包经营权确权登记,农村产权交易市场实现了区、街全覆盖。积极创建国家信用示范城市,正式启用市民诚信卡。持续扩大对外开放,实际利用外资 34.5 亿美元,跨境电子商务产业园等项目建成运营,空港经济开发区成功获批筹建省级开发区,中欧货运班列开通运行。宁镇扬一体化、南京都市圈合作务实推进,对口支援工作成效显著。

(四)加大统筹力度、完善功能品质,承载能力不断提高

南京市城市总体规划和江北新区城市总体规划正式获批,城市规划建设管理进一步加强。江北新区建设框架基本拉开,中心区基础设施建设和中央商务区地下空间开发加快推进,扬子江隧道建成通车,过江隧道免费通行。三大枢纽经济区、江心洲生态科技岛、麒麟科创园形象初显,鼓楼滨江、铁心桥—西善桥等五大片区改造顺利推进。基础设施建设步伐加快,地铁 4 号线一期试运行,宁和线一期、宁高线二期、宁溧线加快推进,长江五桥开工建设,红山南路东延一期等工程顺利建成。推进城市精细化管理,落实"门前三包"责任制,实施交通枢纽、特色景区及明城墙等夜景照明提升工程,推进 19 条干道和 4 个重点片区环境综合整治,拆除违规户外广告 460 处。实施美丽乡村示范区建设 340 平方公里,高淳桠溪镇成功入选第一批国家级特色小镇。

(五)加强环境治理、强化生态保护,人居质量持续改善

贯彻落实中央环保督察组反馈意见,整改一批矛盾突出的环境问题。以市政府 1 号文件出台《水污染防治行动计划》,下力气整治城市黑臭河道,43 条黑臭河道水质明显改善,完成排水达标区创建 230 个,县级以上主要集中式饮用水源地达标率保持 100%。强化畜禽养殖环境管理,基本完成禁养区内规模养殖场关闭搬迁。深化大气污染防治,实施 125 项大气污染治理重点工程和冬春季管控措施,完成 30 家重点企业挥发性有机物治理项目,实行黄标车和无标车全市域全时段禁行,全面执行国Ⅴ排放标准。全市空气质量达到二级标准以上天数比例较上年提升 1.6 个百分点,其中优秀天数同比增加 21 天。四大片区工业布局调整取得新进展,实施 100 个重点节能项目,燃煤消耗下降率实现年度目标。全市绿化造林 2.7 万亩。南京荣获"国家生态市"称号。

(六)坚持以人为本、突出发展惠民,社会建设全面加强

持续加大民生投入力度,全市财政一般公共预算支出中民生支出占比达 77.8%。精准帮扶就业创业,新增城镇就业 21.52 万人,城镇登记失业率控制在 1.88%。全面开展新一轮农村脱贫致富奔小康行动,20%的低收入农户和经济薄弱村实现脱贫。社会保障水平稳步提升,在全省率先实现城镇职工五大险种市级统筹,城乡最低生活保障、居民基础养老金标准继续提高。各项社会事业加快发展,教育质量不断提升,义务教育优质资源覆盖率达 85%;医疗健康资源布局进一步优化,市儿童医院河西院区、公共卫生医疗中心投入运行;文化惠民"百千万工程"成功创建国家公共文化服务体系示范项目。住房保障力度不断加大,新开工建设保障房 495 万平方米,竣工 413 万平方米,完成棚户区改造 365 万平方米,率先将公租房货币化保障对象扩大到城市中等偏下收入住房困难家庭和新市民,发放住房租赁补贴 5.28 亿元。公交都市建设持续推进,新辟、调整公交线路 81 条,新增公共自行车服务点 700 个,投放公共自行车近 3.5 万辆,累计超过 7 万辆,主城区公交机动化出行分

担率达 63%。成功举办 2016 年世界速度轮滑锦标赛和南京马拉松竞赛。深入推进平安南京、法治南京建设,实施“平安保民十项举措”,深化全国质量强市示范城市创建,全市安全生产、食品药品安全、信访形势稳定向好。再次获得“全国双拥模范城”殊荣,实现“八连冠”。特别是面对严峻汛情,全市上下一心,军民团结奋斗,取得防汛抗灾的全面胜利。

二、发展中存在的问题

固定资产投资增长乏力，特别是工业投资出现下滑趋势,外贸出口低位运行,新的经济增长点有待加速培育；科技创新带动作用还不显著,企业创新主体地位还不突出,科技成果转化率有待提高;实体经济困难较多,中小企业融资难问题仍然存在;生态环境质量尚未根本好转,空气污染防治、黑臭河道和积淹水片区治理任务艰巨;城乡居民持续增收难度加大,公共服务资源配置仍不够均衡,交通、养老、医疗、教育等方面还存在不少薄弱环节；政府职能转变步伐还需进一步加快，依法行政意识和能力有待增强,一些政府工作人员服务意识不强,“四风”和腐败问题仍有反复。

三、2017 年总体思路和目标任务

2017 年是党的十九大召开之年、供给侧结构性改革的深化之年，也是全面落实省第十三次党代会、市第十四次党代会精神的开局之年。做好今年政府工作，要全面贯彻党的十八大和十八届三中四中五中六中全会精神，深入贯彻习近平总书记系列重要讲话特别是视察江苏重要讲话精神，按照省第十三次党代会和市第十四次党代会部署，以及省委常委会对南京发展的新要求,统筹推进“五位一体”总体布局,协调推进“四个全面”战略布局,围绕省党代会确立的“两聚一高”主题和市党代会确定的“一个高水平建成、六个显著”目标,坚持稳中求进工作总基调,牢固树立和贯彻落实新发展理念,主动适应把握引领经济发展新常态，坚持以提高发展质量和效益为中心，以推进供给侧结构性改革为主线,全面做好稳增长、促改革、调结构、惠民生、优生态、防风险各项工作,确保经济平稳健康发展和社会和谐稳定，在高水平全面建成小康社会上迈出坚实步伐，以优异成绩迎接党的十九大胜利召开。

全市经济社会发展主要指标,分为两大类：一是预期性指标。地区生产总值增长 8%左右，一般公共预算收入同口径增长 8%,固定资产投资增长 5%以上，社会消费品零售总额增长 10%;城镇新增就业 16 万人,城镇登记失业率控制在 3.5%以内；全体居民人均可支配收入增长 8%以上，其中农村居民人均可支配收入增速高于城镇居民人均可支配收入增速。二是约束性指标。单位地区生产总值能耗下降 4%,燃煤消耗总量减少 100 万吨,控制在 2980 万吨以内;主要污染物排放指标完成省定任务，基本消除建成区 109 条河道黑臭现象,PM2.5 浓度比 2013 年下降 20%以上，空气质量达到二级标准以上天数力争达到 70%。

（《重庆经济年鉴》编辑部根据南京市有关资料整理）

武汉市

一、2016 年工作回顾

过去的一年，我们认真贯彻落实习近平总书记系列重要讲话精神和治国理政新理念新思想新战略，在省委省政府和市委的坚强领导下，积极应对经济下行和特大洪涝灾害，勇于创新、克难奋进，实现了“十三五”良好开局。地区生产总值 11912 亿元，增长 7.8%。

——发展新动能加快形成。高新技术产业产值 8446 亿元，占规模以上工业总产值比重达到 64%，高新技术产业、现代服务业等新动能占经济总量比重达到 60%。

——供给侧结构性改革成效明显。“三去一降一补”扎实推进。钢铁行业提前完成去产能任务。企业直接融资规模 1459.9 亿元，增长 11.3%。打好“营改增”、降低涉企收费等“组合拳”，为企业减负 175 亿元。

——对外开放实现新突破。以武汉片区为主体的中国(湖北)自由贸易试验区、武汉新港空港综合保税区获批，武汉成为内陆唯一拥有两个综合保税区的城市。口岸出入境人数 251.7 万人次，居中部城市第一。

——抗洪救灾取得重大胜利。2016 年，我市遭遇历史罕见的特大洪涝灾害，一度周降雨量 592.3 毫米，为武汉有气象记录以来最高值。全市上下众志成城，打赢了郫城保卫战，确保了 20 万群众生命财产安全；打赢了天河机场保卫战，确保了国际国内航班正常运行；及时处置了倒口湖管涌群等 236 处各类险情，确保了城市安全。及时转移安置群众，紧急救助灾民 25 万人次，倒损房屋群众全部搬入新居。军民并肩奋战，共同谱写了新世纪抗洪壮歌！

——市民生活品质不断提高。轨道交通 6 号线、机场线通车试运营，地铁日均客运量 207 万乘次，增长 25.8%，市民出行更加舒适便捷。中山大道完成改造，百年老街焕发新颜，东湖绿道建成开放，深受市民欢迎。新、改、扩建公园 15 个，新增绿地 783 万平方米，市民更好亲近自然。精准脱贫年度任务超额完成，减少贫困人口 45739 人、贫困村 77 个。

一年来，我们主要抓了以下工作：

一是迎难而上稳增长促转型。突出抓好“6+6+8”等一批重大增长点和重点企业，突出抓好服务业升级，经济运行缓中趋稳、稳中向好。

重大产业项目建设实现突破。华星光电六代线、东风雷诺等 5 个投资 50 亿元以上工业项目建成投产，为近年最多。新签约引进 7 个投资 50 亿元以上、6 个投资 30 亿~50 亿元先进制造业项目。存储器项目开工建设，总投资 240 亿美元，为新中国成立以来我市最大的单体投资项目。

主要支柱产业发展实现突破。汽车及零部件产值突破 3000 亿元，汽车产量 176.7 万辆，信息技术制造产值突破 2000 亿元。金融机构本外币存贷款余额首次双超 2 万亿元，存款余额增速居副省级以上城市首位，贷款余额增速居第 2 位。社会消费品零售总额 5610.6 亿元，旅游业增加值、软件和信息服务业收入均超过千亿元。农产品加工业产值 2682.1 亿元。

二是先行先试抓创新强驱动。全面创新改革试验方案获国务院正式批复，“中国制造 2025”城市试点示范、投贷联动试点等 10 项国家授权先行先试改革任务落地实施。

创新人才创投资本加速汇聚。认定“城市合伙人”116 名，新引进创新创业领军人才 251 名，其中国家千人计划人才 13 名，留汉就业创业高校毕业生 15 万人，创历史新高。全市各类创投机构 724 家，管理资本规模过千亿元。

双创平台不断完善。东湖新技术开发区成为全国首批双创示范基地。启动3批共13个“创谷”建设。各类孵化器221家,总面积超过千万平方米,居全国城市首位。举办“黄鹤杯”高层次人才创新创业项目大赛等双创活动，新增大学生创业企业2100家。

企业创新主体作用日益增强。新增国内外500强和跨国公司研发机构30个、各类科技创新平台201个。发明专利申请量20643件,增长36.9%,企业申请量占一半以上。高新技术企业新增521家，累计2177家。涌现出超高速超大容量超长距离光传输、首台常温常压储氢·氢能汽车等一批世界领先的自主创新成果。

三是突出重点抓改革扩开放。统筹推进100项重点改革任务,着力提升开放功能,发展活力显著增强。

重点领域改革取得突破。推进区级行政审批3.0改革全覆盖,实现审批职责、事项、环节全集中;推进“双随机一公开”监管创新,80%的执法部门建立“一单两库”。改革市、区财政体制,深化专项资金管理。拓宽民间投资领域,启动10个PPP项目试点,民营众邦银行获准筹建。新增各类市场主体14.61万户,增长12.3%。社会治理“1+10”改革取得新进展。深化法治政府建设,办结人大议案2件、代表建议283件,政协建议案3件、提案615件,满意率均达到99%以上。

开放型经济加快发展。实际利用外资增长16.1%，引进世界500强企业13家，累计243家。开通5条国际航线,累计41条。中欧(武汉)国际货运班列业务延伸到亚欧28个国家。英国在汉设立总领事馆。新增国际友好城市、国际友好交流城市19个。武汉首届国际马拉松赛等重大国际性赛会成功举办。

四是城建跨越强功能提品质。保持建设势头,城建投资突破2000亿元。

一批重大城建交通项目建成投用。天河机场第二跑道投入使用，机场旅客吞吐量突破2000万人次。武孝城际铁路通车运营。阳逻港集装箱铁水联运项目开工建设。第三轮轨道交通建设规划的10条线路全部开工,轨道交通运营里程达到181公里。四环线西段主线贯通,汉阳大道改造、东风大道高架二期等项目竣工。

市政保障功能不断提升。新增排水干网105公里、污水管网107公里,在建排涝能力490米³/秒,污水处理厂提标在建9个。加快智慧城市建设,在全国率先推出“易行江城”智慧交通、渣土车智能管控等智慧应用系统，拥堵延时指数全国城市排名继续下降。

生态环境品质明显改善。认真接受中央环保督察,全年清查整改环境突出问题92个。空气质量优良天数237天,比上年增加45天,优良率64.8%，比上年提高12.2个百分点,PM10、PM2.5平均浓度分别下降11.5%、18.6%,空气质量全国74个城市排名前移7位。水环境质量逐步好转,长江、汉江岸线资源环境整治取得明显成效。对牛山湖实施永久性退垸还湖。深化“绿满江城、花开三镇”行动,造林绿化4.1万亩,中心城区花卉面积增加8万平方米。

五是民生优先增福祉促和谐。新增就业17.9万人,扶持创业2.66万人。企业退休人员人均养老金、城乡居民基本养老保险基础养老金标准分别提高8%、25%。建成保障房5.5万套。新、改、扩建53所公益普惠性幼儿园,完成46所中小学标准化建设。公立医院综合改革全面推开,市、区属公立医院全面取消药品加成。武汉中共中央机关旧址纪念馆建成开放。“平安武汉”建设进一步深化,食品药品安全保障水平不断提升,安全生产形势保持平稳。第七届世界军人运动会场馆建设全面启动。再次荣获“全国双拥模范城”称号。

二、发展中存在的问题

综合经济实力与标兵城市差距较大，传统产业转型升级艰难，部分行业受多种因素影响大幅下滑,部分主要经济指标没有实现预期;民营经济发展不充分,经济外向度、国际化水平亟待提升;精细化管理水平和城市品质有待提高,山水资源禀赋彰显不够,交通拥堵、城市渍水、环境污染等短板亟待补齐;农民增收后劲不足,城乡二元结构依然突出;教育、医疗、养老等公共服务与群众期待还有差距;少数干部担当拼搏精神不足,不想为、不会为、不敢为现象依然存在,隐形变异“四风”问题还时有出现。对此,我们将采取有效措施,切实加以解决。

三、2017 年发展目标

2017 年是新一届政府的开局之年。我们将全面做好稳增长、促改革、调结构、惠民生、防风险等工作,促进经济平稳健康发展、社会和谐稳定,以优异成绩迎接党的十九大和省第十一次党代会胜利召开。

2017 年发展的主要预期目标是:地区生产总值增长 8%左右,地方一般公共预算收入增长 8%,全社会固定资产投资增长 10%左右,社会消费品零售总额增长 10%,城乡常住居民收入增长与经济增长同步。全面完成省下达的节能减排任务。

(《重庆经济年鉴》编辑部根据武汉市有关资料整理)

2016年直辖市及西部省(区)经济发展统计比较表

表1 国民生产总值

省、市自治区		国民生产总值（亿元）	第一产业增加值（亿元）	第二产业增加值（亿元）	第三产业增加值（亿元）	人均生产总值金额（元）
直辖市	北京市	25669.13	129.79	4944.44	20594.9	118198
	上海市	28178.65	109.47	8406.28	19662.9	116562
	天津市	17885.39	220.22	7571.35	10093.82	115053
	重庆市	17740.59	1303.24	7898.92	8538.43	58502
西部省区	内蒙古	18128.1	1637.39	8553.63	7937.08	72064
	广西	18317.64	2796.8	8273.66	7247.18	38027
	四川	32934.54	3929.33	13448.92	15556.29	40003
	贵州	11776.73	1846.19	4669.53	5261.01	33246
	云南	14788.42	2195.11	5690.16	6903.15	31093
	西藏	1151.41	115.78	429.17	606.46	35184
	陕西	19399.59	1693.85	9490.72	8215.02	51015
	甘肃	7200.37	983.39	2515.56	3701.42	27643
	青海	2572.49	221.19	1249.98	1101.32	43531
	宁夏	3168.59	241.6	1488.44	1438.55	47194
	新疆	9649.7	1648.97	3647.01	4353.72	40564

表2 农业

省、市自治区		粮食总产（万吨）	油料总产（万吨）	肉类总产（万吨）	水户总产（万吨）
直辖市	北京市	53.69	0.55	30.37	5.428
	上海市	99.15	0.89	17.41	29.62
	天津市	196.36	1.60	45.51	39.43
	重庆市	1166.00	62.72	210.84	50.84
西部省区	内蒙古	2780.25	220.02	258.89	15.82
	广西	1521.30	68.94	411.19	361.76
	四川	3483.50	311.29	696.29	145.43
	贵州	1192.38	103.42	199.28	28.98
	云南	1902.89	68.50	375.63	74.36
	西藏	101.90	6.21	27.71	0.09
	陕西	1228.29	63.79	111.72	15.9
	甘肃	1140.59	76.01	97.32	1.53
	青海	103.45	30.03	36.04	1.2
	宁夏	370.60	14.65	30.88	17.45
	新疆	1512.27	71.39	160.96	16.16

表3 工业、建筑业、固定资产投资

省、市自治区		工业 增加值（亿元）	工业 其中规模以上企业增加值（亿元）	建筑业 增加值（万元）	固定资产投资 总额（亿元）
直辖市	北京市	36891.28	16643.16	11992728.17	7943.89
直辖市	上海市	29593.37	23414.82	8351461.98	6755.88
直辖市	天津市	19176.63	12253.46	5819291.32	12779.38
西部省区	重庆市	14360.61	9237.93	15729911.08	16048.09
西部省区	内蒙古	22411.03	9876.95	2705942.22	15080.01
西部省区	广西	11557.34	7449.36	5837382.42	18236.78
西部省区	四川	27202.93	17075.54	13920073.02	28811.95
西部省区	贵州	9853.02	5933.96	3479562.19	13203.99
西部省区	云南	13005.79	6700.95	6463148.09	16119.40
西部省区	西藏	667.40	239.35	254695.07	1596.04
西部省区	陕西	24533.87	11198.33	9977874.08	20825.25
西部省区	甘肃	8703.29	4322.62	3458438.51	9663.99
西部省区	青海	4458.82	1644.90	885271.07	3528.05
西部省区	宁夏	6183.01	2814.31	925281.92	3794.24
西部省区	新疆	13430.17	5858.03	5046677.90	10287.52

表4 交通、邮电、旅游

省、市自治区		交通 货运 货运量（万吨）	交通 客运 客运量（万人次）	邮电 邮政 业务总量（亿元）	邮电 电信 业务总量（亿元）	旅游 总收入（百万美元）
直辖市	北京市	20733.98	61519.18	386.00	593.08	5070
直辖市	上海市	88323.95	14415.55	564.24	509.97	6419.2
直辖市	天津市	50505.60	18377.22	86.51	183.09	3556.87
西部省区	重庆市	107966.11	61254.90	79.22	349.01	1686.82
西部省区	内蒙古	186726.08	15735.22	27.24	249.64	1139.03
西部省区	广西	160760.57	48698.57	63.69	388.96	2164.27
西部省区	四川	160970.26	123745.81	199.03	714.93	1581.68
西部省区	贵州	89525.79	89464.11	42.68	336.23	252.71
西部省区	云南	115504.53	46519.05	50.04	500.98	3074.77
西部省区	西藏	1970.63	1154.78	3.12	32.95	194.39
西部省区	陕西	149045.51	69820.01	92.03	464.99	2338.55
西部省区	甘肃	60660.71	41626.27	22.18	232.05	19.14
西部省区	青海	16880.94	5933.50	4.83	67.21	44.16
西部省区	宁夏	43259.66	8756.63	15.19	94.73	40.58
西部省区	新疆	71961.25	32148.03	27.49	252.85	518.73

表 5 贸易

省、市自治区		国内贸易		国外贸易			
		社会消费品零售总额（亿元）	比上年±%	进出口总额（万美元）	其中		
					出口总额（万美元）	进口总额（万美元）	外商直接投资（亿美元）
直辖市	北京市	11005.10	6.5	28234896	5202284.3	23032611.7	4273.70
	上海市	10946.57	8	43376819.1	18335213.2	25041605.9	7342.46
	天津市	5653.81	7.2	10265594.7	4427869.4	5837725.3	2225.93
	重庆市	7271.35	13.2	6275363.7	4065437.9	2209925.8	880.65
西部省区	内蒙古	6700.80	9.7	1164030.1	439598.8	724431.3	410.80
	广西	7027.31	10.7	4762743.1	2292641.3	2470101.8	437.20
	四川	15501.90	11.7	4930625.2	2794761.7	2135863.4	941.92
	贵州	3708.99	13	569961.7	474279.2	95682.5	237.19
	云南	5722.90	12.1	1990236	1149031.4	841204.6	330.04
	西藏	457.00	12.5	78192.2	47172.5	31019.7	22.59
	陕西	7302.57	11	2994722.3	1583756.1	1410966.2	560.81
	甘肃	3184.39	9.5	683298	406256.3	277041.8	75.28
	青海	767.30	11	152920.4	137006.1	15914.3	75.27
	宁夏	850.10	7.7	325248.9	248674.8	76574.1	87.06
	新疆	2825.90	8.4	1763774.4	1558216.5	205557.9	96.65

表 6 财政、保险

省、市自治区		地方财政总收入（亿元）	比上年±%	一般预算收入	一般财政支出	保险
				金额（亿元）	金额（亿元）	保险费收入（亿元）
直辖市	北京市	5031.30	7.5	5081.26	6406.77	1834.24
	上海市	6406.13	16.1	6406.13		
	天津市	2723.46	10.0	2723.5	3699.43	527.99
	重庆市	2227.90	7.1	2227.91	4001.81	600.32
西部省区	内蒙古	2016.50	2.6	2016.43	4512.71	487.04
	广西	1556.24	2.7	1556.27	4441.70	469.17
	四川	3389.40	8.3	3388.85	8008.89	1703.52
	贵州	1561.33	8.1	1561.34	4262.36	320.69
	云南	1812.26	5.1	1812.29	5018.86	529.23
	西藏	206.00	17.4	155.99	1587.98	22.24
	陕西	1833.93	6.0	1833.99	4389.37	713.96
	甘肃	786.81	8.8	786.97	3150.03	307.65
	青海	238.42	8.3	238.51	1524.80	68.75
	宁夏	387.65	8.0	387.66	1254.54	133.89
	新疆	1299.00	–2.4	1298.95	4138.25	439.28

表 7 科学技术、高等教育

省、市自治区		科学技术			高等教育	
		专利申请	专利授权	专利合同成交额	高校总数（所）	在校大学生
		数量（件）	数量（件）	金额（万元）		数量（万人）
直辖市	北京市	189129	100578	39409751.78	91	599188
	上海市	119937	64230	7809858.08	64	514683
	天津市	106514	39734	5526360.69	55	513842
	重庆市	59518	42738	1471870.16	65	732475
西部省区	内蒙古	10672	5846	120492.03	53	436699
	广西	59239	14858	339922.26	73	810282
	四川	142522	62445	2993006.35	109	1446559
	贵州	25315	10425	204436.76	64	573932
	云南	23709	12032	582559.01	72	656594
	西藏	712	245		7	35034
	陕西	69611	48455	8027887.05	93	1076254
	甘肃	20276	7975	1506615.35	49	457204
	青海	3284	1357	569189.63	12	61860
	宁夏	6149	2677	40525.73	18	117149
	新疆	14105	7116	42754.61	46	319875

表 8 人口、人民生活

省、市自治区		人口			人均可支配收入		人均可消费支出	
		年末常住人口总数（万人）	人口出生率（‰）	人口自然增长率（‰）	城镇	农村	城镇	农村
					金额（元）	金额（元）	金额（元）	金额（元）
直辖市	北京市	2173	9.32	4.12	57275.31	22309.52	38255.52	17329.02
	上海市	2420	9	4	57691.66	25520.40	39856.75	17070.84
	天津市	1562	7.37	1.83	37109.57	20075.64	28344.58	15912.05
	重庆市	3048	11.77	4.53	29609.96	11548.79	21030.93	9954.35
西部省区	内蒙古	2520	9.03	3.34	32974.94	11609.00	22744.45	11462.59
	广西	4838	13.82	7.87	28324.43	10359.47	17268.45	8351.24
	四川	8262	10.48	3.49	28335.29	11203.13	20659.80	10191.57
	贵州	3555	13.43	6.5	26742.61	8090.28	19201.68	7533.28
	云南	4771	13.16	6.61	28610.57	9019.81	18622.39	7330.51
	西藏	331	15.79	10.68	27802.39	9093.84	19440.47	6070.32
	陕西	3813	10.64	4.41	28440.09	9396.44	19368.90	8567.69
	甘肃	2610	12.18	6	25693.49	7456.85	19539.22	7487.03
	青海	593	14.7	8.52	26757.40	8664.36	20853.16	9222.15
	宁夏	675	13.69	8.97	27153.00	9851.62	20364.23	9138.39
	新疆	2398	15.34	11.08	28463.42	10183.18	21228.50	8276.99

注：以上各表数据均来自《中国统计年鉴》；其空格处为统计年鉴中没有提供或统计口径不同所致。

编纂说明

由重庆市人民政府办公厅主管,重庆社会科学院、重庆市人民政府发展研究中心主办的《重庆经济年鉴》,是一部全面介绍重庆经济发展状况的大型工具书,极具史存性、实用性和工具性。2017 年卷为《重庆经济年鉴》的第十七卷。

一、本卷《重庆经济年鉴》的特点

本卷年鉴总体结构上由"重要经济文献、经济与社会发展综述、经济运行与部门管理、产业状况、开发区与园区建设、区县经济、附录"共七编组成。

二、本卷《重庆经济年鉴》的稿件来源

本卷年鉴主要收录了市第四届人民代表大会上的部分文献,其他文稿、数据、图表等主要来自市级有关部门、各区县政府、部分开发区与工业园区,以及编辑部收集整理的西部省区、长江沿线主要城市、部分环渝区域市县的经济社会发展情况。

三、本卷《重庆经济年鉴》编纂的有关技术性说明

①本《年鉴》以编为单位进行编纂。每编大体反映一项相对独立的经济内容;编以下不设章、节;本卷共七编。

②本《年鉴》侧重对重庆市 2016 年度经济运行状况的反映,这与其他类型的年鉴有明显的区别。为了突出经济内容,本书对文化、教育、体育、卫生等社会发展方面的内容未专设编目。文中涉及社会事业发展方面内容的,根据具体情况,作了适当保留。

③本《年鉴》表现形式大体采用专题文章。文章体例大致是:年度主要状况及分析、存在的问题、发展展望。"重要经济文献"、"附录"等编目,则未作统一的体例要求。

④本《年鉴》中的统计数据,截至到 2016 年底,个别内容则稍作延伸。统计资料来源于重庆市统计公报和市统计局。另外,有必要指出的是,因统计口径的不同,有关部门和各区县(自治县)所用数据与"统计公报"中的数据不尽一致,采用时请予注意。

⑤本《年鉴》有关材料,系相关单位、部门所撰写,所用技术术语、专业名词、名称以稿件提供单位为准。不属于专业用语的,从习惯。

⑥根据年鉴因承相袭的惯例,本年度反映上年度的内容。2017 年卷《重庆经济年鉴》也从这一惯例。

2017 年卷《重庆经济年鉴》的编辑工作,得到了重庆市各部门、各单位、各级领导和长江沿线的上海、南京、武汉等主要城市、西部省区及广大读者的热情支持,在此深表谢意。另外,尽管编辑部的同志在编纂过程中尽了最大努力,但因时间紧、内容多、来稿渠道广,加之编辑部水平能力有限,本卷《重庆经济年鉴》存在疏漏,热忱希望得到读者的指正。

《重庆经济年鉴》编辑部

二〇一七年十二月